Josef Bautz

Die Lehre vom Auferstehungsleibe, nach ihrer positiven und spekulativen Seite

Josef Bautz

Die Lehre vom Auferstehungsleibe, nach ihrer positiven und spekulativen Seite

ISBN/EAN: 9783744668040

Hergestellt in Europa, USA, Kanada, Australien, Japan

Cover: Foto ©ninafisch / pixelio.de

Weitere Bücher finden Sie auf www.hansebooks.com

Die Lehre vom Auferstehungsleibe

nach ihrer positiven und speculativen Seite

dargestellt

von

Lic. Joseph Bautz.

Paderborn.

Verlag von Ferdinand Schöningh.

1877.

Seinem hochverehrten Lehrer

Herrn Dr. A. Berlage,

Hausprälaten Sr. Heiligkeit des Papstes,
Professor der Dogmatik, Examinator Synodalis &c. &c.

in dankbarer Verehrung

Der Verfasser.

denen die heilige Saat seiner Kirche schlummert, um an die christlichen Gräber Fragen zu knüpfen, deren Beantwortung, so unvollkommen sie ausfallen mag, dem Geiste und dem Herzen in gleicher Weise Genuß und Nahrung bietet.

Die nachfolgenden Blätter beschäftigen sich nicht mit der Auferstehung überhaupt, auch nicht mit den Auferstandenen als solchen; sie beschäftigen sich lediglich mit dem auferstandenen Leibe und wollen die Beschaffenheit desselben, insbesondere die des verklärten, einer nähern Untersuchung unterziehen. Diese Untersuchung gliedert sich naturgemäß in drei Theile. Zunächst kann nämlich nach der innern, substantiellen Verfassung oder Zusammensetzung dieses Leibes gefragt werden, und diese Frage ist wesentlich gleichbedeutend mit der andern, vielfach ventilirten und verschiedenartig beantworteten, ob und inwiefern nach naturwissenschaftlichen, philosophischen und theologischen Principien an der stofflichen Identität des Auferstehungsleibes mit dem frühern Leibe festgehalten werden könne und müsse. Im Weitern kommt dann aber vor allem die äußere, accidentelle Beschaffenheit oder Vollkommenheit des auferstandenen und verklärten Leibes in Frage; und da diese eine doppelartige, eine natürliche und übernatürliche sein kann und thatsächlich sein wird, so sind hiermit die drei Theile der Abhandlung ganz von selbst gegeben.

Der Gegenstand, den wir zu behandeln versucht haben, bietet unverkennbar eine Reihe der mannigfachsten und tiefgehendsten Schwierigkeiten dar. Um so mehr glaubt der Verfasser auf die Nachsicht seiner Leser rechnen zu dürfen; um so mehr glaubte er auch aus guten Gründen zu handeln, wenn er sich in seinen Ausführungen so eng als möglich an die bewährte kirchliche Wissenschaft namentlich des Mittelalters anschloß, ohne dabei die Ergebnisse der neuern Wissenschaft zu vernachlässigen. Wie es in der Natur der Sache liegt, mußte in unsrer Darstellung auch ein gutes Theil Naturwissenschaft zur Verwendung kommen; und auch nach dieser Seite hin legten wir die naturphilosophischen Principien der mittelalterlichen Schule zu Grunde, brachten aber mit ihnen die Resultate der neuern Forschung zur Erweiterung, theilweise auch zur Berichtigung der Scholastik thunlichst in Verbindung.

Einschlägige Literatur stand dem Verfasser nur in beschränktem Maße zur Verfügung. Er begnügte sich mit den ihm zunächst erreichbaren Werken und glaubte, sich mit ihnen begnügen zu dürfen, weil sie ein Material darboten, welches hinlänglich schien, für die Lösung der vorkommenden Fragen die nothwendige Grundlage abzugeben. — Von den h. Vätern wurde namentlich der h. Augustinus hier und da eingehender berücksichtigt;[1] von den Scholastikern wurden insbesondere die beiden Repräsentanten der ältern und der neuern Schule benutzt, der h. Thomas[2] und Suarez.[3] Neuere Werke gaben für manche Einzelheiten willkommene Ausbeute, so die Dogmatiken von Berlage, Jungmann, Franzelin, Albertus a Bulsano, die dogmengeschichtlichen Werke von Schwane, Bisping's exegetische Schriften, Kleutgen's Philosophie und Theologie der Vorzeit, endlich Görres' christliche Mystik.[4] Die übrige benutzte Literatur ist jedesmal an den betreffenden Stellen gewissenhaft aufgeführt. —

Unser Werkchen trägt eine kirchliche Approbation nicht an seiner Stirne, ein Umstand, der in den bestehenden Zeitverhältnissen seine hinlängliche Erklärung findet. Es bedarf aber der Versicherung nicht, daß der Verfasser seine Arbeit in aller Demuth dem Urtheile seiner h. Kirche unterwirft und daß er schon im Voraus alles widerruft, was er gefehlt haben sollte.

[1] De civitate Dei. Parisiis. Mellier, 1842.
[2] Summa theol. Parisiis, Belin, 1857. Summa phil. Parmae, Fiaccadori, 1855. In libros sent. Parisiis, Vivès, 1874.
[3] Parisiis, Vivès, 1866.
[4] Regensburg 1837.

Münster in der Pfingstoctav 1877.

Der Verfasser.

Inhaltsverzeichniß.

I. Theil.
Die Identität des auferstehenden Leibes mit dem frühern.

Erste Abtheilung.
Die numerische Identität des Auferstehungsleibes mit dem frühern Leibe.

	Seite
§ 1. Erklärungen. Das Wesen des Körpers überhaupt und des menschlichen Leibes insbesondere. Identität des Körpers. Seine chemischen Bestandtheile	1
§ 2. Die Lehre der Kirche über die numerische Identität des Auferstehungsleibes	15
§ 3. Die Lehre der h. Schrift	29
§ 4. Die Lehre der Väter und kirchlichen Theologen	49
§ 5. Die theologische Speculation über die numerische Identität der Auferstehungsleiber	79

Zweite Abtheilung.
Möglichkeit einer Auferstehung unter Festhaltung der numerischen Identität.

§ 6. Theorien und Erklärungsversuche	96
§ 7. Unsere Lösung und ihre Möglichkeit im Allgemeinen	113

	Seite
§ 8. Die eigentliche Schwierigkeit und ihre Lösung	123
§ 9. Dieselbe Lösung in anderer Form	131
§ 10. Die Identität der einzelnen Körpertheile. Gesammtergebniß . .	143

II. Theil.
Die natürliche Vollkommenheit der auferstehenden Leiber.

Dritte Abtheilung.
Die Unversehrtheit des Auferstehungsleibes und anderweitige allgemeine Bestimmungen desselben.

§ 11. Vorbemerkungen	154
§ 12. Die Unversehrtheit des auferstehenden Leibes rücksichtlich der ihm zukommenden Glieder und Organe. — Die Wundmale Christi und der h. Märtyrer	156
§. 13. Unversehrtheit des auferstehenden Leibes rücksichtlich der ihm angehörigen Säfte. — Athmungs- und Erwärmungsprozeß	170
§ 14. Allgemeine Bestimmungen der auferstehenden Leiblichkeit und zwar zunächst ihre sexuelle Differenzirung	178
§ 15. Fortsetzung. — Alter und Größe, Gesundheit und Schönheit der auferstandenen Leiber. Ein Blick auf die Leiber der Verdammten und der erbsündlichen Kinder	191

Vierte Abtheilung.
Das den auferstehenden Leibern eigene vegetative Leben.

§ 16. Das vegetative Leben der Auferstandenen vom Standpunkte der h. Schrift und der theologischen Speculation	204
§ 17. Fortsetzung. Lehre der Väter und der kirchlichen Theologen dem Chiliasmus gegenüber	219

Fünfte Abtheilung.

Das den auferstandenen Leibern eigene sensitive Leben.

§ 18. Das sensitive Leben der Auferstandenen im Allgemeinen. — Sinnliches Begehren und willkürliche Bewegung 235
§ 19. Der Tast- oder Gefühlsinn 247
§ 20. Der Geruchs- und Geschmackssinn 256
§ 21. Der Gesichtssinn 263
§ 22. Gehör und Sprache 273

III. Theil.

Die übernatürliche Vollkommenheit der auferstehenden Leiber.

Sechste Abtheilung.
Die Verklärung des Leibes im Allgemeinen.

§ 23. Speculative Herleitung der Verklärungsgaben und ihre tiefere Bedeutung. Vierzahl derselben und ihr begrifflicher Ausdruck . . 281
§ 24. Fortsetzung. — Das Verhältniß der Verklärungsgaben zur natürlichen Vollkommenheit des Leibes; ihr Verhältniß zur Glorification der Seele, zu den Integritätsgaben des Paradieses und den analogen Erscheinungen im Leben der Heiligen 305

Siebente Abtheilung.
Die leiblichen Verklärungsgaben im Besondern, und zwar zunächst die das Sein des Leibes vervollkommnenden Attribute.

§ 25. Die Leidensunfähigkeit. — Realität derselben in den verklärten Leibern; ihre inhaltliche Bestimmung, Grund und innere Möglichkeit 324

Seite

§ 26. Die Klarheit des verklärten Leibes. Realität dieses Attributes und seine nähere Bestimmung 346

§ 27. Fortsetzung. — Die verschiedenen Lichtphänomene des gloriösen Leibes; naturwissenschaftliche und theologische Begründung derselben 362

Achte Abtheilung.

Die die Thätigkeit des Leibes vervollkommnenden Verklärungsattribute.

§ 28. Die Behendigkeit und ihre Erscheinungsformen; Begründung und Erklärung derselben 385

§ 29. Die Durchdringungsfähigkeit. Realität derselben und ihre Erklärung. — Bemerkungen über die Multilocation 412

Berichtigungen.

					statt:		lies:
Seite	162,	Zeile	4	von oben	sogleich		folglich.
„	„	„	5	von oben	„ bemerkte	„	bemerkt.
„	207,	„	3	von unten	„ e-	„	et.
„	„	„	4 u. 5	von unten	„ post sibilis	„	possibilis.
„	230,	„	12	von oben	„ Lehrer	„	Seher.
„	243,	„	2 u. 3	von unten	„ repsa	„	reipsa.
„	253,	„	20	von oben	„ leiblichen	„	lieblichen.
„	265,	„	9	von unten	„ sehen	„	gehen.
„	312,	„	10	von unten	„ Vorstellung	„	Darstellung.

Erste Abtheilung.

Die numerische Identität des Auferstehungsleibes mit dem frühern Leibe.

§ 1.

Erklärungen. Das Wesen des Körpers überhaupt und des menschlichen Leibes insbesondere. Identität des Körpers; seine chemischen Bestandtheile.

Zur Grundlegung der folgenden Abschnitte, vielleicht auch zum bessern Verständnisse derselben schicken wir in einigen allgemeinen Zügen dasjenige voraus, was geeignet ist, auf das eigenthümliche Wesen des Körpers und insbesondere des menschlichen Leibes einiges Licht zu werfen. Die scholastische Metaphysik soll dabei unsere Führerin sein, während wir der neuern Wissenschaft die Aufgabe zutheilen, die Theorie der Alten nicht so sehr zu berichtigen, als vielmehr zu vervollständigen. Selbstredend haben wir uns bei dieser Untersuchung einer gedrängten Kürze zu befleißigen und werden die erforderlichen Beweise mehr andeuten, als ausführen können.

1. Anstatt uns bei einer Widerlegung des Dynamismus und Atomismus aufzuhalten,[1] gehen wir sofort dazu über, die Anschauungen der alten Schule über den Gegenstand, der uns beschäftigt, in Kürze vorzulegen.

---

[1] Vgl. die Widerlegung bei Stöckl, Lehrbuch der Philosophie. 3. Aufl. Metaphysik S. 121. ff.

Die Schule unterscheidet zwischen erster und zweiter Materie (materia prima, materia secunda).[1]) Unter der **ersten Materie** versteht sie diejenige, die noch völlig unbestimmt ist und noch gar keine Form des Daseins aufweist. Es versteht sich, daß sie als solche gar nicht existiren kann und niemals existirt hat, weil kein Ding existiren kann, das nicht in irgend einer Weise bestimmt ist.[2]) Die erste Materie kann nur unter der Bedingung ins Dasein treten, daß sie zur zweiten Materie sich gestaltet; nur unter der Bedingung, daß sie durch schöpferische Thätigkeit Gottes eine bestimmte Form annimmt, die **substantielle Form** (forma substantialis). Aus der Verbindung beider, der Materie und Form, resultirt die **zweite Materie**. Sie wird Körper, oder auch körperliche Substanz genannt. Denn ein Ding ist dann **Substanz**, wenn es in sich selber alle Bedingungen zu einem selbstständigen, unabhängigen Dasein hat; wenn es also in und durch sich selber so existirt, daß es keines andern Dinges bedarf, dem es, um existiren zu können, inhäriren müßte. Und weil die Form es eben ist, durch welche ein Ding zur Substanz wird, so heißt sie ebendeßhalb auch substantielle Form; nicht aber aus dem Grunde, als wäre sie schon in sich selber Substanz. Sie soll erst in Verbindung mit der Materie zur Substanz werden; eben darum kann sie auch nur in Verbindung mit der Materie Dasein haben; wie auch die Materie ohne sie kein Dasein haben kann. Selbstredend haben wir es hier zunächst mit den niedern, materiellen oder inhärenten, nicht aber mit den höhern, geistigen oder subsistenten Formen zu thun. —

In der angedeuteten Weise läßt die Scholastik zunächst **die einfachen Körper, die chemischen Elemente** (corpora simplicia) entstehen, die sich, je nach den Formen, welche ihr Sein begründen und bestimmen, wesentlich von einander unterscheiden. — Aus den einfachen Körpern aber entwickeln sich durch Aufnahme höherer Formen die vollkommneren und höher angelegten körperlichen Substanzen. Sind nämlich die chemischen Elemente unter dem Einflusse der Naturkraft und des Naturgesetzes entsprechend gemischt und hinlänglich

---

[1]) Vgl. S. Thomas, S. 1. q. 66. a. 1. Kleutgen, Philosophie der Vorzeit. II. n. 676 u. 711.

[2]) Kleutgen a. a. O. n. 674.

vorbereitet, so entsteht in ihnen unter dem Einfluß derselben Naturkraft die höhere substantielle Form, und eben damit constituiren sich die vollkommneren Körper selbst, und zwar zunächst die unorganischen Verbindungen, die gemischten unorganischen Körper (corpora mixta), die sich gleicherweise je nach den Formen wesentlich von einander unterscheiden.[1])

Durch die Aufnahme noch höherer Formen entsteht aus den unorganischen Körpern der organische, der mit vegetativen und sensitiven Potenzen ausgestattet ist.

Seine Entstehung aus unorganischen Stoffen kann zunächst selbstredend durch schöpferische Wirksamkeit Gottes hervorgerufen werden. Sie wird aber in der bestehenden Schöpfung durch die den vorhandenen organischen Körpern innewohnende plastische Kraft bewirkt, vermöge welcher sie die unorganischen Stoffe aufnehmen und in organische Materie umgestalten. Ein Theil der organisirten Materie wird dann von ihnen auf dem Wege der Zeugung weiter disponirt, um endlich nach Aufnahme einer eignen Form als gleichartiges, selbstständiges Wesen von ihnen ausgeschieden zu werden. — Nach dem Vorgange des hl. Augustinus gab übrigens die Scholastik die sog. Urzeugung oder ungleichartige Zeugung (generatio aequivoca) zu und glaubte, Gott habe in den unorganischen Stoff die Kraft gelegt, aus sich selber unter gewissen Bedingungen gewisse Organismen niederer Art hervorgehen zu lassen.[2]) Die neuere Wissenschaft hingegen, soweit sie eben auf Ernst und Tiefe Anspruch erheben kann, bestreitet mit Recht die Möglichkeit aller und jeder Urzeugung, und sie berichtigt also nach dieser Seite hin die Lehre der Scholastik.

2. Mit besonderm Nachdrucke betont die Scholastik die strenge Einheit der substantiellen Form, in dem Sinne, daß sie jedem körperlichen Wesen nur eine einzige Form zuschreibt, der es alle seine wesentlichen Vollkommenheiten verdankt. Dem thierischen Organismus z. B. eignen drei wesentliche Bestimmungen: er ist Körper, er ist vegetativer und er ist sensitiver Körper. Die erste Bestimmung hat er mit dem Steine gemein, die zweite mit der Pflanze, die dritte kommt nur ihm allein zu. Alle diese drei Bestimmungen aber empfängt er von

---

[1]) Kleutgen, Ph. der V. n. 740 u. 744.
[2]) S. Thomas, S. 1. q. 71. a. 1. — q. 72. a. 1.

einer und derselben substantiellen Form. Wäre dieses nicht der Fall, verdankte er jede einzelne dieser Bestimmungen einer besondern Form, so würde er drei Formen haben, die dann entweder sämmtlich substantielle Formen sein müßten, oder von denen nur die eine substantielle, die beiden andern aber accidentelle Formen wären. Beide Annahmen sind aber durchaus unzulässig und unmöglich. Wären alle drei Formen substantielle, so würde, da jede Form einer entsprechenden Materie bedarf, mit der sie sich verbinde, der thierische Organismus in drei getrennte Substanzen aufgelöst und er könnte als einheitliches Wesen, welches er doch offenbar ist, nicht mehr festgehalten werden. Nehmen wir aber an, daß von den drei Formen bloß die eine substantiell, die andern aber accidentelle seien, so müßte, da ein Ding zuvor sein muß, bevor es accidentelle Bestimmungen anzunehmen fähig ist, die ihm zuerst zukommende als substantielle, die beiden folgenden aber müßten als accidentelle Formen aufgefaßt werden. Dann würde sich aber ergeben, daß bloß die Körperlichkeit zum Wesen des thierischen Organismus gehöre, alle andern Bestimmungen aber als außerwesentliche anzusehen seien. Es gäbe mithin zwischen dem Stein, der Pflanze und dem Thiere keinen substantiellen Unterschied mehr, sondern lediglich einen außerwesentlichen und zufälligen.[1]

Wenn demnach, das ergibt sich aus dem Gesagten, aus vorhandenen Substanzen eine neue Substanz entsteht, dann müssen nothwendig die erstern bei der Aufnahme der neuen Form die eigne Form verlieren, nicht zwar der Potenz, wohl aber dem Acte nach. Zur Bestätigung dessen können wir uns auf die Thatsache berufen, daß es auch mit Hülfe des schärfsten optischen Instrumentes nicht möglich ist, in einer chemischen Verbindung die Elemente zu unterscheiden, aus denen sie zusammengesetzt ist. Diese Elemente, so müssen wir folglich auf Grund der Beobachtung urtheilen, sind als solche gar nicht mehr vorhanden, sondern haben durch die neue und höhere Form ein anderes und höheres Sein empfangen. Darum sind sie aber nicht vernichtet; denn bei der Zersetzung des Körpers kommen sie alle wieder zum Vorschein, unverändert und unverkürzt.[2]

---

[1] Kleutgen a. a. O. n. 706 ff.; vgl. auch den hl. Thomas 4. c. gent. c. 81; Suppl. q. 79. a. 1. ad 4. — Wir werden die betreffende Stelle weiter unten bringen.

[2] Vgl. S. Thomas in Aristot. Phys. 1. c. 9. Suarez, Metaph.

3. Nachdem wir die scholastische Ansicht vorgelegt, müssen wir einen Blick auf den chemischen Atomismus werfen, welcher unter den Gelehrten unserer Tage die durchgängig herrschende Theorie ist. Wir geben zunächst dieselbe in ihren Grundzügen wieder, um daran eine kurze Beurtheilung ihres Werthes und ihrer Bedeutung anzuknüpfen.

Die neuere Atomistik nimmt gegen 65 einfache Stoffelemente an. Diese Elemente heißen aber deßwegen einfache, weil sie in heterogene Bestandtheile nicht ferner aufgelöst werden können. Jedes Element setzt sich aus sog. chemischen Molekülen zusammen, d. h. aus kleinsten Stofftheilchen, die, in sich selber vollendet, die ganze Wesenheit und Natur des Elementes an sich tragen. Jedes einzelne Molekül ist dann weiterhin aus je zwei Atomen zusammengesetzt, die man als kleinste, aber immer noch ausgedehnte Körperchen anzusehen hat, und die weder durch mechanische noch durch chemische Kraft einer ferneren Theilung fähig sind. Seinem Sein nach ist das Atom unvollendet; daher ist es auf ein selbstständiges Dasein auch gar nicht angewiesen; es kann getrennt für sich gar nicht einmal existiren, und man trifft es daher in der Natur auch niemals selbstständig an, sondern stets nur in molekülarem Verbande. Erst das Molekül hat ein vollendetes Dasein; es ist der eigentliche Repräsentant des Stoffes, so zwar, daß die elementaren Körper selbst nur größere oder kleinere Summen dieser Stoffindividuen sind. — Die Elemente, theils unter dem Einflusse äußerer Naturkräfte, theils unter der Einwirkung der in ihnen selbst waltenden chemischen Kräfte (Cohäsion, Affinität, Repulsion) gehen unter sich die mannigfaltigsten Verbindungen ein, indem sich ihre Bestandtheile, die Atome und Moleküle, in den verschiedenartigsten Weisen mischen und aneinander lagern. Eben solche Verbindungen sind es, die uns in den mannigfachen physischen Körpern, unorganischen und organischen, entgegentreten. In diesen Verbindungen aber, so fügen dann manche Atomisten hinzu, bleiben die Elemente, was sie waren, eine substantielle Veränderung geht nicht mit ihnen vor. Daher unterscheidet sich der zusammengesetzte Körper nicht sub-

---

Disp. 14. sect. 1. Kleutgen a. a. O. n. 717 ff. Natur und Offenbarung. XV. S. 98. Graham-Otto, Lehrbuch der Chemie. 3. Aufl. II. Band. Einl. S. 10.

stantiell, dem Sein und Wesen nach, sondern nur accidentell von seinen Componenten. Ebenso besteht zwischen jenen Naturwesen, denen dieselben Elemente zu Grunde liegen, so verschieden sie sonst sein mögen, kein substantieller, sondern nur ein accidenteller Unterschied. Bloß zwischen den verschiedenen Elementen selbst besteht eine substantielle Verschiedenheit, obgleich auch dieses von Einzelnen bestritten wird.[1])

Wir können uns indessen mit dieser Theorie im Allgemeinen nimmermehr zufrieden geben, und gerade die letzten Sätze sind es vor Allem, die wir mit aller Entschiedenheit bestreiten müssen. Wir erklären uns keineswegs in jeder Beziehung gegen den chemischen Atomismus, denn er gibt uns ohne Frage höchst willkommene und auch zuverlässige Aufschlüsse über die körperlichen Dinge, die wir bei den Scholastikern nicht zu suchen brauchen. Aber wir behaupten, daß dasjenige, was wir soeben von ihm hörten, nur eine Erklärung des Stoffes, der Materie, keineswegs aber eine ausreichende Erklärung des Körpers ist. Zur Erklärung des Körpers bedarf es nach der sehr wahren und richtigen Anschauung der Scholastiker außer dem Stoffe noch eines andern Constitutiv's, der substantiellen Form. Und das ist es, was wir jetzt in Kürze zeigen müssen.

4. Um unsern Nachweis von den einfachen Elementen selbst zu beginnen, so nimmt auch die Atomistik an, daß zwischen ihnen eine substantielle Verschiedenheit bestehe, daß sie ihrem Sein nach verschieden seien. Die wesentliche Verschiedenheit ihrer Natur, ihrer Eigenschaften und Wirkungen macht diese Annahme unbedingt nothwendig. Nun aber, so argumentiren wir, liegt allen Elementen derselbe bestimmungslose Urstoff zu Grunde. Weil also jene Verschiedenheit eine substantielle ist, eine Verschiedenheit in der Gruppirung der Stofftheile aber nur einen accidentellen Unterschied begründen kann, so muß nothwendig außer dem Stoffe noch ein anderes Princip angenommen werden, welches jene substantielle Verschiedenheit begründet, und das nennen wir eben substantielle Form. Wir können zum Belege auf ein eclatantes Beispiel hinweisen.[2]) Der Sauerstoff und das Ozon sind

---

[1]) Vgl. Natur und Offenbarung. XV. S. 55. 64. 98 ff. Lorscheid, Anorg. Chemie. Einl. S. 3. Kleutgen a. a. O. n. 711 ff.

[2]) Nat. u. Offb. XV. S. 105.

substantiell verschiedene Elemente. Und dennoch liegt beiden ganz derselbe Stoff zu Grunde, da 6 Atome Sauerstoff sich zu 2 Molekülen Ozon chemisch verbinden. Und da die Verschiedenheit in der Lagerung der Theile nur ein accidentelles Moment ist, so ist die Nothwendigkeit einer substantiellen Form von selbst gegeben.

Gehen wir zu den chemischen Verbindungen der Elemente über, die entweder durch eine Addition, oder Division, oder auch durch eine Permutation ihrer Moleküle zu Stande kommen,[1] so ergibt sich dasselbe Resultat. Der chemisch zusammengesetzte Körper ist von seinen Componenten nicht accidentell, sondern wesentlich und substantiell verschieden.[2] Und folglich ist auch hier die Annahme einer substantiellen Form, welche die sich verbindenden Elemente zu einem neuen und eigenthümlichen höhern Sein bestimmt und erhebt, unbedingt geboten.

Ein Gleiches ist von den organischen Verbindungen und von den organischen Körpern auszusagen, was in mehr als einer Weise gezeigt werden kann. Zunächst gibt es eine Reihe von organischen Körpern, denen bei aller substantieller Verschiedenheit genau dieselben Elemente zu Grunde liegen. Und da es unmöglich ist, diese Verschiedenheit aus den zu Grunde liegenden Elementen zu erklären, wie die berühmtesten Vertreter der Naturwissenschaft selbst zugeben,[3] so werden wir ebendeßhalb mit Nothwendigkeit zur Annahme der substantiellen Form hingeführt.

Dann ferner ist es bekannt genug, daß es der Chemie noch nicht gelungen ist und sicherlich auch niemals gelingen wird, irgend einen Körper von organischer Bildung, sei es auch nur eine Faser oder Zelle, herzustellen. Und doch kennt man die Elemente ganz genau, welche ihnen zu Grunde liegen. Der Grund ist einfach der, weil zu den elementaren Stoffen ein wesentlich anderes und neues Princip hinzutreten muß, das in den Elementen nicht enthalten ist und durch keinen chemischen Prozeß aus ihnen producirt werden kann, die substantielle Form. Freilich ist es der neuern Chemie gelungen,

---

[1] Nat. und Offb. XV. S. 105. ff.
[2] Graham-Otto a. a. O.
[3] Liebig, Chem. Briefe. I. S. 356 ff.

gewisse Säfte und Flüssigkeiten chemisch darzustellen, die in organischen Körpern gefunden werden. Aber diese sog. organischen Flüssigkeiten sind doch noch keine Organismen und haben auch nicht die leiseste Spur irgend einer Organisation an sich.[1])

Endlich dürfte auch die andere Thatsache bekannt sein, daß die Samenzellen mancher Organismen, die den niedrigsten und den höchsten Ordnungen angehören, in keiner Weise unterschieden werden können. Sie haben genau dieselbe Figur und Structur, sie sind genau aus denselben Elementen zusammengesetzt. Und doch entwickeln sich aus ihnen Organismen, die in substantieller Beziehung absolut verschieden sind. Woraus erklärt sich das, wenn nicht daraus, daß in diesen Samenkörperchen dynamische Principien, substantielle Formen thätig sind, die, weil sie unsichtbar sind, sich den Blicken des Chemikers völlig entziehen?[2])

Und so finden wir es erklärlich genug, wenn gerade die berühmtesten Vertreter der Naturwissenschaft: Cüvier, Flourens, Burmeister, Bischoff, Biot, Quatrefages, Berzelius, Liebig u. A. den organischen Körpern außer dem Stoffe noch ein anderes neues, substantielles Princip zuschreiben: das Lebensprincip, die Seele, die substantielle Form, ohne welche der organische Körper nicht erklärt und nicht begriffen werden kann. Und so können wir uns für unsern Satz nicht bloß auf die Philosophie, sondern auch auf die berühmtesten Auctoritäten auf dem Gebiete der Naturwissenschaft berufen.[3])

5. Was soeben von den organischen Wesen im Allgemeinen gesagt wurde, gilt insbesondere auch vom Menschen. Auch die menschliche Substanz besteht aus zwei substantiellen Bestandtheilen, aus Form und Materie. Wir brauchen dieses im Nähern nicht mehr nachzuweisen. — Nur auf zwei Punkte haben wir noch aufmerksam zu machen. — Zunächst muß daran erinnert werden, daß die Form des menschlichen Wesens keine Form ist, wie die der übrigen organischen Wesen; sie ist keine materielle Form, so daß sie nur in substantieller Verbindung mit ihrer Materie Dasein haben könnte; sie

---

[1]) Liebig a. a. O. S. 252. Graham-Otto a. a. O. S. 11 f. Nat. und Offb. XIV. S. 382. XVI. S. 265. Reusch, Bibel und Natur. 3. Aufl. S. 324 f.

[2]) Vgl. Carus bei Hettinger, Bew. des Chr. I. S. 182.

[3]) Das Nähere bei Hettinger a. a. O. S. 310 f. 354 ff. 360 ff.

ist vielmehr eine **subsistente Form** (forma subsistens), die in sich selber schon Substanz ist und darum in sich selber die Bedingungen hat, auch außerhalb ihrer Materie dasein zu können. Obgleich nun aber die menschliche Wesensform, die vernünftige Seele, in sich selber Substanz ist, so ist sie darum noch keine vollendete Substanz (substantia completa), sie ist noch nicht **die menschliche Substanz** oder **der Mensch**; sondern sie ist **unvollendete Substanz** (subst. incompleta), die angewiesen und bestimmt ist, erst in Verbindung mit der Materie in ihrem Sein und Leben vollendet zu werden. Ebenso ist auch der menschliche Leib keine komplete Substanz; er ist durch sich selber nicht einmal menschlicher Leib, sondern er wird es erst durch die Seele, welche sich mit dem Stoffe als Wesensform verbindet. Die menschliche Substanz **entsteht** also dadurch, daß sich die menschliche Seele mit der ihr convenirenden Materie als Wesensform verbindet, und sie **besteht** in der substantiellen Vereinigung einer menschlichen Seele und eines menschlichen Leibes.

Das andere, woran wir erinnern wollten, ist dieses, daß wie bei den übrigen aus Materie und Form zusammengesetzten Wesen, so auch beim Menschen **nur eine einzige Wesensform**, die vernünftige Seele, angenommen werden darf. Bekanntlich ist dieser Satz in verschiedenen Zeiten in verschiedener Weise bestritten worden. Abgesehen von Plato, der drei Seelen, eine vegetative, eine sensitive und eine intellective unterschied, huldigten manche ältere Secten dem sog. Trichotomismus und nahmen außer dem Leibe zwei immaterielle Principien im Menschen an, Seele und Geist. Aehnlichen Anschauungen begegnen wir bei manchen spätern Philosophen, wie bei Ocham, Cartesius, Leibnitz, Lotze und Günther, die außer dem vernünftigen Geiste noch ein anderes seelisches Princip behaupteten, welches den Körper informire und ihm das vegetative und sensitive Leben mittheile. Die Anschauung Herbart's weicht von der genannten insofern ab, als sie diesem seelischen Princip außer der Informirung des Leibes bloß die Einflößung des vegetativen Lebens zuschreibt. In noch abgeschwächterer Form tritt uns endlich der Trichotomismus bei einem der ältern Scholastiker, bei Duns Skotus, entgegen. Skotus statuirte nur ein einziges Princip, auf welches er das intellective, sensitive und vegetative Leben des Menschen zurückführte, die vernünftige Seele. Aber außer dieser nahm er noch eine eigene Form an, welche, wie er glaubte, dem Leibe die Gestalt und Structur des menschlichen Leibes mittheile. Er nannte sie forma corporeitatis. Form der Körperlichkeit oder Leiblichkeit. [1])

Wir können und brauchen uns auf eine eingehendere Widerlegung aller dieser die substantielle Einheit des Menschen zerstörenden Theorien nicht einlassen. [2]) Wir weisen nur noch auf die hierher gehörigen kirchlichen Entscheidungen hin, die nicht bloß deßhalb bemerkenswerth sind, weil sie die strenge Einheit der menschlichen Seele aufs klarste definiren, sondern auch insofern, als sie die scholastische Unterscheidung von Materie und substantieller Form, wenigstens mit Rücksicht auf das menschliche Wesen, durch lehramtlichen Spruch rechtfertigen und bestätigen. Schon das vierte Concil von Constantinopel definirte die strenge Einheit der menschlichen Seele. Die allgemeine Synode von Vienne und die fünfte vom Lateran erklären sich aber noch genauer, indem sie lehren, daß die Substanz der vernünftigen Seele durch sich selbst und wesentlich die Form des menschlichen Leibes sei. [3])

Ebenso erklärt Pius IX. in seinem apostolischen Sendschreiben an den Erzbischof von Köln dem Günther'schen Irrthum gegenüber, daß der Mensch durch Leib und Seele in der Weise abgeschlossen und vollendet sei, daß die menschliche Seele durch sich selbst wahre und unmittelbare Form des menschlichen Leibes sei. [4]) Nachdem dann die Wiener Provinzialsynode v. J. 1858 Baltzer gegenüber sich in ähnlichem Sinne ausgesprochen

---

[1]) Kleutgen a. a. O. n. 808 ff. Stöckl, Metaph. S. 227 f.

[2]) Vgl. die Widerlegung bei S. Thomas 4 c. gent. c. 81. — Suppl. q. 79 a. 2. Ebenso Stöckl und Kleutgen a. a. O. An der zuerst genannten Stelle bemerkt der h. Thomas bündig und klar: „Non enim sunt diversae formae substantiales in uno et eodem, per quarum unam collocatur in genere proximo, puta in genere corporalis vel animalis, et per aliam in specie, puta hominis aut equi; quia si prima forma faceret esse substantiam, sequentes formae iam advenirent ei, quod est hoc aliquid in actu et subsistens in natura, et sic posteriores formae non facerent hoc aliquid, sed essent in subiecto, quod est hoc aliquid. sicut formae accidentales."

[3]) „Substantiam animae rationalis esse per se et essentialiter formam humani corporis."

[4]) „Hominem corpore et anima ita absolvi, ut anima eaque rationalis sit vera per se atque immediata corporis forma."

hatte, erklärte noch einmal Papst Pius IX. in einem Breve v. J. 1860 an der Fürstbischof von Breslau, daß die Sentenz, welche alle Wesensbestimmungen des menschlichen Leibes von der einen vernünftigen Seele herleite, die unbedingt herrschende in der Kirche Gottes sei, und daß sie gemäß dem Urtheile der meisten und bewährtesten Doctoren dergestalt mit dem katholischen Dogma verbunden und verwachsen sei, daß man sie ohne einen Irrthum im Glauben nicht bestreiten könne.¹)

Somit ist durch diese kirchlichen Entscheidungen aufs klarste und bündigste zweierlei festgestellt: erstlich die strenge Einheit der menschlichen Seele; zweitens aber wird gelehrt, und zwar ganz genau im Einklange mit den Anschauungen der alten Schule, daß diese eine menschliche Seele ihrer Substanz nach, durch sich selbst, wahrhaft und unmittelbar die Form des menschlichen Leibes sei, so zwar, daß dieser alle ihm eignen Wesensbestimmungen unmittelbar von ihr empfange. Zwar vermissen wir in den kirchlichen Entscheidungen das Epitheton substantialis (sc. forma). Allein das verschlägt nicht. Denn mag auch das Wort fehlen, um so deutlicher ist die Sache selbst gegeben. Denn was ist die substantielle Form nach den Anschauungen der Schule? „Nur jene, antwortet Kleutgen, die in dem Subjecte keine andere voraussetzt und folglich das erste Sein des Dinges, das, wodurch es als dieses bestimmte Wesen für sich da ist, begründet." Eben dieser Begriff der substantiellen Form ist aber in den kirchlichen Bestimmungen klar und unzweideutig ausgesprochen. „Denn wenn die vernünftige Seele unmittelbar durch ihre eigne Wesenheit die Form des Leibes ist, so ist sie es nicht dadurch, daß sie das schon durch eine andere Seele (Form) bestimmte Sein und Leben durch einen Verkehr mit ihm erhöht, sondern dadurch, daß sie selbst den Stoff, woraus der Körper besteht, zu dem einem menschlichen Leibe eignen

---

¹) „Sententiam, quae unum in homine ponit vitae principium, animam sc. rationalem, a quo corpus quoque et motum et vitam omnem et sensum accipiat, in dei ecclesia esse communissimam, atque doctoribus plerisque et probatissimis quidem maxime cum ecclesiae dogmate ita videri coniunctam, ut huius sit legitima solaque vera interpretatio, nec proinde sine errore in fide possit negari." Vgl. Kleutgen a. a. O. — Liberatore, Instit. philos. pag. 663; 670 sq.

Sein und Leben bestimmt. Ein solches bestimmendes Princip bildet aber nothwendig mit dem Bestimmten eine Natur und Wesenheit."[1])

6. Noch ein Punkt ist uns übrig geblieben, der einer kurzen und vorläufigen Erklärung bedarf und der uns zu unserm eigentlichen Thema unmittelbar hinüberführen wird. — Der Zweck unserer Abhandlung geht dahin, den Nachweis zu liefern, daß der Leib der Auferstehung mit dem Leibe des sterblichen Lebens numerisch, der Zahl nach, identisch sein werde. Um also den status quæstionis mit aller Schärfe zu bestimmen, müssen wir erklären, was unter numerischer Identität eines Wesens, und zwar speciell eines organischen Wesens zu verstehen sei.

Man unterscheidet eine dreifache Identität: die generische, die specifische und die numerische. Die erste (identitas generica) kommt denjenigen Wesen zu, die zu einer und derselben Gattung gehören; die zweite (id. specifica) denjenigen, die zu einer und derselben Species oder Art gehören; die dritte endlich (id. numerica seu individui) kommt jedem Individuum einer Art zu, insofern eben jedes Einzelwesen mit sich selber eins und dasselbe ist. Um diese letzte Identität also handelt es sich in unserer Untersuchung.

Wollen wir nun wissen, was erforderlich ist, damit ein Individuum der Zahl nach, oder mit sich selber eins und dasselbe bleibe, so müssen wir untersuchen, wodurch denn das Individuum als solches constituirt wird. Denn offenbar wird jedes Einzelwesen so lange mit sich selbst identisch sein und bleiben, als ihm dasjenige verbleibt, durch welches es dieses bestimmte Einzelwesen ist. — Es ist nun aber nach allem vernünftigen Denken und nach ausdrücklicher Lehre der Philosophie, wie wir später noch genauer hören werden, das Individuum dadurch Individuum, daß es eine bestimmte, concrete Substanz besitzt; oder auch — da die zusammengesetzte Substanz wesentlich aus Form und Materie besteht — es ist dadurch Individuum, daß es einerseits eine bestimmte, concrete Materie besitzt, die ihm im Unterschiede von andern Individuen allein und ausschließlich zukommt, und andererseits dadurch, daß es eine bestimmte, concrete Form besitzt, die ihm im Unterschiede von den übrigen Individuen seiner Art ebenfalls ganz allein und ausschließlich zukommt. — Dasselbe gilt nun auch vom Menschen.

---

[1]) Vgl. Kleutgen a. a. O. n. 809 und 815.

Der Mensch ist dadurch dieser bestimmte individuelle Mensch, daß er diese bestimmte menschliche Seele besitzt, und dadurch, daß diese Seele als Wesensform eine bestimmte Materie zu diesem bestimmten menschlichen Leibe informirt. Es folgt also aus dem Gesagten: das individuelle Sein eines Menschen, der Mensch als Individuum, bleibt mit sich selbst identisch, so lange ihm dasjenige verbleibt, wodurch er als dieses Individuum wesentlich constituirt wird; so lange also, als ihm diese concrete menschliche Substanz verbleibt; oder, was dasselbe ist, so lange ihm diese concrete menschliche Seele und dieser concrete menschliche Leib verbleiben. Wollen wir aber das Gesagte speciell auf den Leib als solchen anwenden, da wir es mit dem Leibe als solchem zu thun haben, so müssen wir bezüglich seiner Identität genau dasselbe sagen, was von der Identität jedes andern organischen Wesens auszusagen ist. Er bleibt so lange ein und derselbe individuelle Leib, als er diese concrete menschliche Leibessubstanz bleibt, die aus dieser bestimmten Form und aus dieser bestimmten Materie zusammengesetzt ist.

Dem Gesagten haben wir nur noch eine Bemerkung hinzuzufügen. — Bezüglich der numerischen Identität, von welcher wir reden, muß noch eine Unterscheidung gemacht werden. Es kann nämlich diese Identität eine absolute, sie kann aber auch eine relative sein.[1]) Die Identität eines Steines z. B. ist und bleibt eine absolute; denn der Stein ist und bleibt in seiner Substanz nach Form und Materie durchaus unveränderlich. Eine Identität in diesem Sinne kann nun offenbar von einem organischen Körper nicht ausgesagt werden, in dessen Natur es liegt, durch fortwährenden Stoffwechsel sich zu entwickeln und zu erhalten. Lehrt ja die Naturwissenschaft, wie wir später hören werden, daß der organische Körper im Laufe seiner Entwickelung die ursprüngliche Materie gegen andere vollständig austauscht, und daß dieser Prozeß sich im Laufe der Zeit nicht bloß einmal, sondern mehrmals erneuert. Eben dasselbe gilt auch vom organischen Menschenleibe. Es bleibt nun freilich nichts desto weniger der Organismus der Zahl nach stets einer und derselbe, und niemand wird behaupten, daß in irgend einem Momente dieser Entwickelung ein der

---

[1]) Vgl. Stöckl, Metaph. S. 72 u. Anm. 1. Tongiorgi, Instit. phil. III. S. 90 f.

Zahl nach anderer organischer Körper entstanden sei. Aber diese Identität ist insofern eine relative, als die Materie, bei dem Fortbestande einer und derselben Substanz unter einer und derselben Form, in einer fortwährenden, der Natur des Organismus entsprechenden Wandlung begriffen ist.

Wenn wir es uns nun zum Ziele gesetzt haben, in den nachfolgenden Abschnitten die numerische Identität des Auferstehungsleibes mit dem frühern sterblichen Leibe nachzuweisen, so wird dieser Nachweis dem Gesagten zufolge allerdings darthun müssen, daß die Substanz des erstern mit der des letztern der Zahl nach identisch sein werde, und daß folglich der Leib der Auferstehung nicht bloß aus eben derselben Form, was sich von selbst versteht, sondern vor allem auch aus eben demselben Stoffe sich bilden werde, aus welchem der frühere Leib bestand. Weil aber, wie wir hörten, die Substanz des Leibes unbeschadet ihrer numerischen Identität in stofflicher Rücksicht Veränderungen zuläßt, so werden wir auch bei der Constituirung des Auferstehungsleibes unbeschadet der Identität entsprechende Zugeständnisse machen können und müssen. Die spätere Untersuchung wird dieses im Nähern auszuführen haben.

7. Um nun schließlich auch noch die chemische Zusammensetzung des menschlichen Leibes in ihren Grundzügen anzudeuten, so setzt sich der menschliche Organismus hauptsächlich aus drei Bestandtheilen zusammen, aus Fleisch, aus Fett und aus Knochensubstanz. Dem Fleische liegen chemische Verbindungen organischen Charakters zu Grunde: Eiweis, Faserstoff und Käsestoff. Dieselben finden sich in den Pflanzen und im Fleische der Thiere, welche der Mensch genießt, fertig vor und setzen sich ihrerseits aus den vier Elementen: Kohlenstoff, Sauerstoff, Wasserstoff und Stickstoff zusammen. Die im menschlichen Körper enthaltenen Fette sind ebenfalls organische Verbindungen, denen aber nur die drei Elemente: Kohlenstoff, Sauerstoff und Wasserstoff zu Grunde liegen. Auch sie finden sich in der Nahrung des Menschen fertig vor, oder sie bilden sich im Organismus selbst aus dem Stärkemehlgehalt mancher Nahrungsmittel. Die Stärke selbst ist wieder eine organische Verbindung aus den zuletzt genannten drei einfachen Elementen. Die Knochensubstanz endlich besteht vorwiegend aus phosphorsaurem und kohlensaurem Kalk, also aus unorganischen Verbindungen. Von andern unorganischen Verbindungen, welche im mensch-

lichen Leibe ihre Verwendung finden, nennen wir außerdem noch das Wasser, welches in großer Menge in allen festen und flüssigen Bestandtheilen des Organismus enthalten ist, und ebenso das Kochsalz, welches sich in manchen Säften und Flüssigkeiten vorfindet. Im Blute endlich, in welchem sich alle die genannten Stoffe concentriren, finden sich neben der Kohlensäure außerdem noch zwei einfache Elemente in freiem Zustande: der Sauerstoff und der Stickstoff. Wir fügen noch hinzu, daß das einfache Zellgebilde, mit welchem sich ursprünglich die Seele zur Bildung der menschlichen Leibessubstanz vereinigt, hauptsächlich aus Faserstoff, Stärke und einigen Salzen gebildet ist. — Die Aufgabe der menschlichen Seele besteht dann darin, die genannten Stoffe bei der Entstehung und Entwicklung des Leibes zu informiren, sie in die einzelnen Theile des Organismus umzubilden und diese letztern zur Einheit der menschlichen Leibessubstanz zu verbinden und zusammenzuhalten.

§ 2.
Die Lehre der Kirche über die numerische Identität des Auferstehungsleibes.

Die Identität des Auferstehungsleibes, so lautet unsere Thesis, wird nicht bloß mit Rücksicht auf die Form, was ja selbstverständlich ist, sondern vor allem auch mit Rücksicht auf die Materie eine numerische sein. Wir treten also mit diesem unserm Satze in Gegensatz zu jener Theorie, welche von dieser stofflichen Identität glaubt Abstand nehmen zu können.[1]) Die numerische Identität der Form oder Seele, so sagt man, ist vollkommen ausreichend; rücksichtlich des Stoffes ist nur die specifische Identität festzuhalten. Verbindet sich die Seele mit Stoffen von der gleichen Art, wie sie in ihrem frühern Leibe enthalten waren, und gestaltet sie dieselben genau nach der Form und Gestalt des frühern Leibes, dann hat sie denselben Leib, den sie früher hatte. Es ist das die Theorie einzelner Theologen, von denen Oswald spricht, z. B. Lacordaire's.[2]) Andere Gelehrte erklären beide Theorien

---
[1]) Diese, wie auch verschiedene andere Theorien, welche man rücksichtlich der Identität des Auferstehungsleibes aufgestellt hat, werden wir später an gelegener Stelle zusammenstellen und einer kurzen Besprechung unterziehen.
[2]) Eschatologie. III. Aufl. S. 303.

für zulässig, die von uns vertheidigte sowohl, als auch diese letztere.[1]
Andere endlich lassen die Frage ganz unentschieden.[2] Es fragt sich
also zunächst, ob sich unsere Thesis aus der Lehre der Kirche hinlänglich begründen lasse. Und dieses ist in der That der Fall. Wir
müssen uns nur von dem Grundsatze leiten lassen, der für alle und
jede Exegese maßgebend ist, daß wir auch die Worte der Kirche so
lange nach ihrem einfachen und natürlichen Sinne verstehen müssen,
als kein gewichtiger Grund für das Gegentheil ersichtlich ist.

1. Es lehrt also zunächst die Kirche im apostolischen Symbolum: „Ich glaube an eine Wiederauferstehung des Fleisches; credo carnis resurrectionem," und das Nicäno-Constan-
tinopolitanische Symbolum enthält die ganz gleichbedeutenden Worte:
„Und ich erwarte eine Wiederauferstehung der Todten;
et exspecto resurrectionem mortuorum." Es könnte scheinen, daß
diese so knappen und allgemeinen Ausdrucksweisen für unsere Beweisführung ganz und gar werthlos seien. Und dennoch, so behaupten
wir, beweisen sie mit aller Bestimmtheit gerade das, was wir beweisen
wollen. Denn was ist der einfache und natürliche Sinn der Worte
resurgere und resurrectio? — Schon das Simplex surgere bezeichnet nach dem gewöhnlichen Sprachgebrauche[3] nicht die erste Entstehung eines ganz neuen Dinges, sondern es bezeichnet eine Veränderung, welche mit einem und demselben, bereits vorhandenen Dinge
vor sich geht. Ein und dasselbe Ding, ein und dasselbe Individuum,
das ist der Sinn, welches schon vorher da war, verändert sich, indem
es, vorher liegend, nun wieder aufersteht. Noch deutlicher aber ist
dieses in den Worten „Wiederauferstehung, resurrectio, resurgere"
ausgedrückt. Denn alle diese Ausdrücke setzen offenbar ein präexistirendes
Subject voraus; und von diesem Subjecte oder Individuum, als von
einem und demselben, sagen sie eine Reihe von Veränderungen aus:
daß es schon einmal gestanden habe, daß es dann gefallen sei, und
daß es nun wiederum, zum zweiten Male, erstanden sei oder erstehe.

---

[1] Natur und Offenbarung. VII. S. 360.
[2] z. B. Oswald a. a. O.
[3] Nur der dichterische Sprachgebrauch macht eine Ausnahme und verbindet mit diesen Ausdrücken nicht selten die Vorstellung einer erstmaligen Entstehung, wie wenn es heißt: arbores, flores, cogitationes surgunt. Vergleiche Georges Lexicon.

Handelte es sich nicht um ein und dasselbe Individuum, so würde der Begriff einer Wiederholung ganz und gar keinen Boden haben.[1]) Die in den genannten Ausdrücken angezeigte Veränderung eines und desselben Dinges kann nun selbstredend von einer doppelten Art sein; sie kann eine accidentelle sein, z. B. wenn es heißt: ein Schlafender oder Kranker steht wieder auf; sie kann aber auch eine substantielle sein, so daß der Sinn ist: Ein und dasselbe Ding, welches schon einmal da war, aber zu sein aufgehört hatte, erscheint wieder, steht wieder auf, indem seine substantiellen Theile, durch deren Verbindung es früher da war, ihre Trennung aufhebend, wiederum zusammentreten. Dieser letztere Sinn ist nun offenbar der Sinn der kirchlichen Ausdrücke, da sie eben eine Wiedererstehung der Todten im Auge haben. Und mit Recht bemerkt Suarez, daß dieser Sinn den Alten nicht bekannt sein konnte, weil ihnen eben die Sache unbekannt war.[2]) — Welche Folgerung ergibt sich nun aus dem Gesagten? — Das Wort resurrectio, wie es von der Kirche gebraucht wird, bezeichnet nach seinem natürlichen Sinne eine Veränderung, und zwar eine substantielle Veränderung, welche ein und dasselbe Individuum zum Gegenstande hat. Und folglich ist das Product dieser Veränderung, das auferstandene Subject, eben jenes Individuum, welches früher da war und welches gestorben ist. Weil nun aber nach dem Frühern zur Identität des Individuums die Identität der Materie wesentlich concurrirt, so wird nach Lehre der Kirche zur Constituirung des Auferstehungsleibes eben jene Materie erstehen, aus welcher ehemals der Leib gebildet war. Gerade dieses letztere ist es zunächst und vor allem, bemerkt der h. Thomas, worauf der Ausdruck resurrectio seinem natürlichen Wortsinne nach zu beziehen ist. Er bezieht sich

---

[1]) Ganz derselbe Begriff einer Wiederholung liegt in dem ἀνά der griechischen Ausdrücke ἀνιστάναι, ἀνάστασις, der sich auch in manchen andern Verben in gleicher Weise wiederfindet. Vgl. in Penseler's Lexicon die Verben: ἀναζάω, ἀναβιόω, ἀναγγέλλω, ἀναγιγνώσκω, ἀναμάχομαι u. a.

[2]) „Apud Latinos enim veteres non reperitur resurrectionis vox, præsertim in hac significatione. Neque mirum est, quod, quum rem non agnoverint, nec vocem indiderint. Unde licet interdum utantur verbo resurgendi, non tamen in ea proprietate, quam descripsimus, sed ut significat instaurationem seu restitutionem rei ad priorem statum, quamvis non idem numero quod perierat reparetur." in 3. Disp. 44. sect. 1. n. 1. Paris. Vivès 1866, T. 19.

viel eher auf den Leib, der im Tode hinsinkt, als auf die Seele, welche nach dem Tode lebt. Wenn also die Seele nicht denselben Leib wiedererhält, dann findet der Begriff einer Auferstehung gar keine Anwendung, sondern, was geschieht, ist nichts weiter als die Annahme eines neuen Leibes durch dieselbe Seele. Und folglich wird ebendieselbe Materie der Wiederherstellung des Leibes dienen, aus welcher er ehemals gebildet war.[1]) — Dächte sich die Kirche den Hergang der Auferstehung in anderer Weise und wollte sie nicht gerade die numerische Identität der Materie mit allem Nachdrucke betonen und festhalten, dann begreift man in der That nicht, weßhalb sie sich nicht anderer, viel passenderer Ausdrücke bedient, deren es doch eine ganze Reihe gibt.[2]) Nun aber ist der Gebrauch des Wortes resurrectio oder ähnlicher derartig constant und ausschließlich — und von der Schrift und den Vätern gilt ganz dasselbe —, daß die h. Kirche andere termini gar nicht zu kennen scheint. Das deutete auch der h. Thomas soeben schon an, und ganz dasselbe thut Suarez.[3]) Dazu kommt endlich noch, wie wir später sehen werden und wie von Suarez ebenfalls hervorgehoben wird,[4]) daß alle Väter und Doctoren der Kirche in der gegebenen Erklärung des Wortes

---

[1]) „Eiusdem autem est surgere et cadere. Unde resurrectio magis respicit corpus, quod post mortem cadit, quam animam, quae post mortem vivit. Et ita si non est idem corpus, quod anima resumit, nec dicetur resurrectio, sed magis novi corporis assumptio." — — — „Et sic eadem materia ad corpus humanum reparandum reducetur, quae prius materia eius fuit." Suppl. q. 79. a. 1. corp. art. et ad 3.

[2]) Z. B. Refectio, restitutio, renovatio, restauratio, reproductio u. a.

[3]) „Dicimus enim inprimis resurrectionem esse mutationem, in quo a creatione seu potius a recreatione distinguitur. Si enim Deus angelum vel hominem semel productum in nihilum redigeret, rursumque illum postea produceret, esset illa recreatio seu restitutio eiusdem rei, quae antea fuerat, in quo cum resurrectione conveniret; non tamen foret resurrectio, prout nunc loquimur, quia non esset mutatio, sed simplex effectio ex nihilo. Est ergo de ratione resurrectionis, ut sit propria mutatio, atque adeo ut fiat ex praesupposita materia seu subiecto; in hoc enim differt propria mutatio a simplici effectione, quae mutationem non includit." a. a. O.

[4]) „Hoc constat ex communi usu huius vocis, praesertim in scriptura et sanctis patribus et ecclesiasticis doctoribus, a quibus potissimum sumenda est huius vocis significatio, quia non tam latina est quam ecclesiastica." a. a. O.

resurrectio ganz einstimmig sind, und daß sie eben in dieser Bedeutung desselben ein schlagendes Argument für unsere Thesis finden. Ganz dasselbe thut auch der römische Katechismus.¹)

So ist also in den ersten und einfachsten Erklärungen der Kirche, in dem einfachen Worte resurrectio, unsere Thesis mit aller nur wünschenswerthen Klarheit und Bestimmtheit ausgesprochen. Wenn demnach in den spätern Entscheidungen der Kirche derselbe Ausdruck wiederkehrt, so brauchen wir auf dieses Argument nicht wieder zurückzukommen, sondern werden uns auf den Nachweis beschränken, wie unser Satz auch sonst noch in mannigfacher Weise sich aus diesen Entscheidungen der Kirche darthun läßt.

2. Das Athanasianische Glaubensbekenntniß enthält die folgende auf unsere Frage bezügliche Erklärung: "Bei dessen (Christi) Wiederkunft werden alle Menschen auferstehen mit ihren Leibern, und sie werden Rechenschaft geben über ihre Werke, und diejenigen, welche Gutes gethan haben, werden in das ewige Leben eingehen, die aber Böses, in das ewige Feuer."²) Um also, wie wir soeben sagten, von dem Worte resurgere abzusehen, so drückt diese Erklärung der Kirche unsern Satz außerdem noch in zweifacher Weise aus. Zunächst heißt es, die Menschen würden mit ihren Leibern auferstehen, und gerade dieses einfache Wörtchen suis ist für uns beweisend. Verstehen und beziehen wir nämlich dieses Possessiv suis ganz einfach und natürlich, dann weist es doch wohl auf einen Leib hin, der bereits unser Eigenthum ist oder war, nicht aber auf einen solchen, der es erst noch werden soll. Wenn wir auferstehen, das ist der ganz einfache Sinn des kirchlichen Ausdruckes, dann werden wir eben den Leib wiedererhalten, den wir schon früher einmal in Besitz gehabt haben, und der also unser Eigenthum ist, mit andern Worten: Unsere Seele wird sich bei der Auferstehung wieder mit der Materie vereinigen, mit welcher sie früher verbunden war, und eben damit wird sie ihr Eigenthum, ihren frühern Leib, wiedererhalten. Oder sollte denn vielleicht die Kirche wirklich haben ausdrücken wollen, daß die Seele bei der

---

¹) P. 1. c. 12. q. 7.

²) „Ad cuius adventum omnes homines resurgere habent cum corporibus suis et reddituri sunt de factis propriis rationem, et qui bona egerunt, ibunt in vitam aeternam, qui vero mala, in ignem aeternum."

Auferstehung sich mit irgend einer andern beliebigen Materie vereinigen werde, und daß der so gebildete Leib dann eben ihr angehören und ihr Leib sein werde? Das braucht uns die Kirche doch wohl nicht zu sagen; denn es versteht sich ganz von selbst, daß, wenn unsere Seele sich einen Leib bildet, der so gebildete Leib dann unser Leib ist. — Oder sollte vielleicht gar die Kirche durch das Possessiv suis die specifische Identität haben betonen wollen? Das wäre noch viel überflüssiger. Denn das weiß doch wohl jedes Kind, daß die menschliche Seele nur mit einem wahrhaft menschlichen Leibe, nicht aber mit einem Thierleibe oder einem andern specifisch verschiedenen Körper zur Einheit des Seins verbunden werden kann. Diese letztere wäre ja geradezu metaphysisch unmöglich, weil die Seele als Wesensform eine bestimmte Form (forma determinata) ist und daher, wie alle andern substantiellen Formen, nicht jede beliebige Materie zu jedem beliebigen Leibe, sondern nur eine bestimmte Materie zu einem bestimmten Leibe, zum menschlichen, gestalten oder informiren kann.[1] Darum sagt mit Recht Suarez, daß über die specifische oder wesentliche Identität gar kein Zweifel bestehen und gar keine Rede sein könne. Denn da zur Wesenheit des menschlichen Leibes und folglich auch zur Wesenheit des Menschen eine bestimmte Art des Stoffes erforderlich sei, so würde, wenn bei der Auferstehung sich die Species des Stoffes änderte, das so entstandene Wesen nicht einmal Mensch, geschweige denn der frühere Mensch sein. Was wir Auferstehung nennen, sei dann gar keine Auferstehung mehr, sondern vielmehr die Neuschaffung irgend eines noch nie dagewesenen Monstrums.[2]

Wenn daher die Kirche sich veranlaßt sieht, zur Bekämpfung eines bezüglichen Irrthums zugleich auch die specifische Identität zu betonen, so unterläßt sie es nie, wie zur Entschuldigung hinzuzufügen, daß sie durch wahnsinnige Menschen zu dieser Erklärung genöthigt

---

[1] Vgl. Kleutgen, Ph. d. V. II. n. 889 ff.
[2] „In qua (quaestione) non est dubium de identitate specifica seu essentiali. Quia quum haec species materiae, scilicet rerum generabilium et corruptibilium, sit de essentia corporis humani et consequenter de essentia hominis, si materia corporis resurgentis non esset eiusdem speciei, compositum ex illa non solum non esset idem homo, qui antea fuerat, verum etiam neque esset homo. Non esset ergo illa resurrectio, sed nova productio cuiusdam novi monstri." a. a. O.

worden sei. Wir werden sogleich dafür ein Beispiel beibringen.¹) Und so kann denn über den Sinn des in Rede stehenden kirchlichen Ausdruckes gar kein vernünftiger Zweifel bestehen. — Wenden wir uns also zu dem zweiten Beweismoment, welches, wie wir sagten, in der Erklärung des Athanasianischen Bekenntnisses enthalten ist. Die Kirche sagt: Alle Menschen werden auferstehen mit ihren Leibern und sie werden Rechenschaft geben, und je nach ihren Werken wird ihnen vergolten werden. — Zwischen der Auferstehung der Leiber und der sich anschließenden Vergeltung besteht also offenbar nach der Anschauung der Kirche ein innerer Zusammenhang. Eben darum werden die Menschen mit ihren Leibern wieder auferstehen, das will sie sagen, weil auch der Leib seinen Lohn oder seine Strafe erhalten soll. Es wird dieses noch anschaulicher durch die Entscheidung des Lateranense IV., in welcher das copulative et (ibunt in vitam aeternam, — in ignem aeternum) mit dem finalen ut (recipiant secundum opera) vertauscht ist. Wenn es sich also nach Anschauung der Kirche bei der Auferstehung zugleich darum handelt, daß auch dem Leibe die ihm gebührende Vergeltung werde, so meint sie doch wohl keinen andern, als eben jenen Leib, mit dem früher die Seele umkleidet war. Setzen wir nun den Fall, unsere Seele bilde sich ihren Leib nicht aus der frühern, sondern aus anderweitiger Materie, so würde dieser Leib, den sie sich bildete, gar nicht der frühere, sondern ein anderer, neuer Leib sein; nur sie, die Form oder Seele, wäre dieselbe geblieben, nicht aber der Leib. Und folglich würde der von der Kirche insinuirte Zweck der Auferstehung gar nicht erreicht.

2. Wenden wir uns nun zu der schon angezogenen Definition der Lateranensischen Synode. Sie lautet: „**Alle werden auferstehen mit ihren eigenen Leibern, welche sie jetzt führen, damit sie empfangen gemäß ihren Werken.**"²) Man sieht, in diesem einen Satze des kirchlichen Symbolums concentriren sich alle Beweismomente, die wir in den frühern Entscheidungen bereits vereinzelt betrachtet haben; sie sind nur noch deutlicher und expresser auch dem Wortlaute nach herausgestellt. Das Possessiv suis zunächst hat noch den verstärkenden Zusatz propriis erhalten.

---

¹) Vgl. die nachstehende Definition des Toletanums.

²) „Omnes cum suis propriis resurgent corporibus, quae nunc gestant, ut recipiant secundum opera sua."

Außerdem wird, damit auch nicht die entfernteste Möglichkeit einer Mißdeutung übrig bleibe, noch die Bemerkung hinzugefügt, daß der Leib der Auferstehung ein und derselbe sei mit dem, den wir jetzt haben oder führen. Wollen wir die Worte der Kirche, deren Sinn dem unbefangenen Leser von selbst einleuchtet, auch wissenschaftlich deuten, so kann nur Folgendes gesagt werden: Einen Leib haben oder führen heißt nichts anderes, als durch die Seele als Wesensform mit einer bestimmten Materie verbunden sein. Wenn also die Kirche sagt, die Auferstehenden würden ihren eigenen Leib wiedererhalten, mit dem sie früher umkleidet waren, so heißt das nichts anderes, als daß die Seele als Wesensform wiederum mit jener bestimmten Materie sich verbinden wird, mit der sie früher verbunden war. Unsere Thesis kann nicht deutlicher ausgesprochen werden, als es hier geschieht. — Indessen gibt es noch andere, neue Beweismomente, die wir in verschiedenen andern Erklärungen der Kirche finden und die wir nicht übergehen dürfen.

4. Zunächst wollen wir uns zum Symbolum der elften Provincial-Synode von Toledo hinwenden, deren Glaubensentscheidungen, wie wir nicht unterlassen zu bemerken, vom Papste Innocenz III. für authentisch erklärt worden sind und mithin vollgültige dogmatische Beweiskraft haben.[1] — Das Symbolum geht zunächst von der Auferstehung Christi, unseres Hauptes, aus und fügt dann unmittelbar hinzu, daß nach dem Vorbilde dieser Auferstehung auch die Auferstehung unseres Fleisches sich vollziehen werde, und daß sie eben darum eine wahre und eigentliche Auferstehung sein werde. — Wie ist denn Christus auferstanden? so fragen wir, den Gedankengang der Synode unterbrechend. Und wir antworten: Er ist dadurch auferstanden, daß sich seine Seele wiederum mit ebendemselben Leibe, mit ebendenselben Stoffen vereinigte, mit denen sie früher vereinigt war. Die Folgerung ergibt sich von selbst. — Daher, so fährt die Synode fort, indem sie sich gegen die wahnsinnigen Behauptungen gewisser Irrlehrer wendet, wird der Leib der Auferstehung nicht aus ätherischem Fleische bestehen, noch auch aus anderm Fleische, von welcher Art es auch sein mag, sondern aus eben

---

[1] Vgl. die einleitende Note bei Harduin, Acta concil. T. 3. S. 1018 u. 1023. Paris 1714.

diesem Fleische, in welchem wir leben, in welchem wir uns bewegen und in welchem wir sind.¹) — Jede weitere Bemerkung ist überflüssig.

5. Noch ein anderes, nicht minder schlagendes Beweismoment finden wir in einem Decrete des Concils von Trient, welches in der 25. Session von der h. Versammlung angenommen wurde und welches die Anrufung der Heiligen zum Gegenstande hat. In jenem Decrete macht es die h. Synode unter Anderm allen Bischöfen und allen denjenigen, welche mit dem kirchlichen Lehramte betraut sind, zur strengen Pflicht, die Gläubigen mit aller Gewissenhaftigkeit zu unterweisen, und sie darüber zu belehren, daß auch die Leiber der h. Martyrer und die h. Leiber aller derjenigen, die in Christus leben, von den Gläubigen fromm zu verehren seien, und zwar deßhalb, weil sie (die Leiber) lebendige Glieder Christi und Tempel des h. Geistes gewesen und weil sie für die Auferstehung zum ewigen Leben und für die himmlische Verklärung aufbewahrt würden.²) — Auch das ist wieder eine Sprache, die, wie die übrigen Entscheidungen der Kirche, für einen vernünftigen Zweifel keinen Raum mehr läßt, und selbst die verwegenste Sophistik wird an diesen Worten der Tridentinischen Kirchenversammlung nicht rütteln können. Die Leiber der Martyrer und zwar ebendieselben, die wir auf unsern Altären oder an andern Orten aufbewahren und verehren; ebenso alle andern Leiber, welche lebendige Glieder Christi und Tempel des h. Geistes gewesen und darum heilig sind, eben diese h. Leiber und Gebeine werden für die Auferstehung aufbewahrt und werden dereinst im Glanze der Verklärung der Seele wiederum zur Wohnung dienen.

---

¹) „Morti adiudicatus et cruci (Christus) veram carnis mortem excepit, tertio quoque die virtute propria sua suscitatus e sepulchro surrexit. Hoc ergo exemplo capitis nostri confitemur veram fieri resurrectionem carnis omnium mortuorum, neque in aërea vel qualibet alia carne (ut quidam delirant) resurrecturos nos credimus, sed in ista, qua vivimus, movemur et sumus."

²) „Mandat s. synodus omnibus episcopis et ceteris docendi munus curamque suscipientibus, ut — — — fideles diligenter instruant, docentes, — — — sanctorum quoque martyrum et aliorum cum Christo viventium sancta corpora, quae viva membra Christi fuerunt et templum s. spiritus, ab ipso ad aeternam vitam suscitanda et glorificanda a fidelibus veneranda esse."

So lehrt es die Kirche. Wer aber möchte behaupten, die Kirche denke dennoch nicht an eben diese Leiber und Gebeine, die sie zur Verehrung der Gläubigen ausstellt, sondern sie habe andere Leiber und Gebeine im Auge, die, aus andern Stoffen gebildet, nur die Gestalt und Figur mit jenen gemeinsam haben würden?

Zum Ueberflusse erklärt sich auch noch der römische Katechismus über unsern Lehrpunkt, bezüglich dessen, wie er sagt, viel daran liege, daß wir eine sichere Ueberzeugung hätten. Und dann versichert er, daß eben dieser unser Leib, und zwar ebenderselbe, der einem jeden eigen sei, also genau der frühere individuelle Leib, dereinst zum Leben werde erweckt werden. Es sei demnach dieser Leib der Auferstehung ebenderselbe mit jenem, der im Tode sich in seine Elemente auflöse und dessen Staubtheile sich nach allen Seiten hin zerstreuten. Aber diese seine Auflösung in Staub hindere nicht, daß er als ebenderselbe wieder auferstehe. — Dann fügt der Katechismus noch Einzelnes zur Begründung hinzu und beruft sich unter Anderm, wie wir schon oben bemerkten, auf den h. Johannes von Damaskus und auf die Folgerung, welche dieser Heilige mit zahlreichen andern Vätern und Doctoren der Kirche aus dem Worte resurgere herleitet.[1]

Nach allem diesem erscheint auf Grund der kirchlichen Entscheidungen die Wahrheit unserer These zweifellos gewiß. Verstehen wir nur die Worte der Kirche in ihrem einfachen und natürlichen Sinne, dann sprechen sie eben keine andere, als unsere These aus, mögen wir nun mit der Auffassungsgabe des gewöhnlichen Mannes, oder mögen wir mit wissenschaftlicher Interpretation an sie herantreten.

---

[1] „Quum vero multum referat, nobis certo persuaderi, hoc ipsum atque adeo idem corpus, quod unius cuiusque proprium fuit, quamvis corruptum sit et in pulverem redierit, tamen ad vitam suscitandum esse, illud etiam parochus accurate explicandum suscipiet. Haec apostoli est sententia, quum inquit: Oportet corruptibile hoc induere incorruptionem, ea voce hoc proprium corpus aperte demonstrans. Job etiam de eo clarissime vaticinatus est: Et in carne mea, inquit, videbo Deum, quem visurus sum ego ipse, et oculi mei conspecturi sunt, et non alius. Hoc idem colligitur ex ipsius resurrectionis definitione. Est enim resurrectio, auctore Damasceno, ad eum statum, unde cecideris, revocatio. Denique, si consideramus, cuius rei causa resurrectionem futuram paulo ante demonstratum est, nihil erit, quod cuiusquam animum hac in re dubium facere possit." P. 1. c. 12. q. 7.

Sie thun es aber, wie wir gesehen haben, nicht in einer, sondern in den verschiedenartigsten Weisen und in den mannigfaltigsten Formen. Und da nun alles dasjenige, was klar und deutlich und in einer für jedermann verständlichen Weise in den kirchlichen Glaubensentscheidungen und Glaubenserklärungen ausgesprochen ist, ohne Frage als kirchlich proponirte, dogmatische Wahrheit anzusehen ist, so nehmen wir keinen Anstand, von unserer These zu behaupten, daß sie de fide, daß sie **kirchlich proponirte, dogmatische Wahrheit** sei.

Von den feierlichen Entscheidungen des **außerordentlichen** Lehramtes der Kirche wenden wir uns jetzt, obgleich es im Grunde überflüssig ist, noch zu denjenigen Aeußerungen hin, die sie uns auf dem Wege des **ordentlichen** Lehramtes zukommen läßt. Denn nicht bloß dasjenige, was von der Kirche förmlich definirt ist, ist als dogmatische Wahrheit anzusehen, sondern auch alles dasjenige, was durch ihr ordentliches Lehramt klar und deutlich als geoffenbarte Wahrheit allgemein verkündigt wird.[1]) Dieses ordentliche Lehramt hat nun verschiedene Formen, in denen es sich ausspricht, und zwar äußert es sich zunächst in den gottesdienstlichen Gebräuchen und liturgischen Gebeten, rücksichtlich derer die Päpste selbst mehr als einmal den Grundsatz aufgestellt haben: „Legem credendi lex statuat supplicandi."[2]) Auf diese Aeußerungen des ordentlichen kirchlichen Lehramtes also wollen wir zum Schlusse dieses Abschnittes ebenfalls noch einen Blick werfen.

6. In ihren feierlichen Definitionen hat die Kirche, wie wir sahen, ihren Glauben an die Identität des Auferstehungsleibes mehr als deutlich bekundet. Mit dieser ihrer förmlich und feierlich ausgesprochenen Ueberzeugung steht nun alles dasjenige im besten und vollsten Einklange, was sie in ihren Gebräuchen und Gebeten ausdrücklich oder thatsächlich ausspricht. Sie hat es als ihren Glauben bezeugt und bekannt, daß eben dieser sterbliche Leib zur Unsterblichkeit berufen, daß eben diese Stoffe, aus denen er besteht, zu einem neuen, himmlischen und verklärten Leben bestimmt seien. Eben dieses bekundet sie in dem öffentlichen Culte, den sie den Leibern der Verstorbenen erweist, oder besser gesagt, den sie dem Staube und der Asche erweist,

---

[1]) Vgl. Kleutgen, Theologie der Vorzeit II. Aufl. I. n. 57 ff.
[2]) So Papst Cölestin, ep. 2 ad episcop. Galliae, und Pius IX. in der auf die Immaculata Conceptio bezüglichen dogmatischen Bulle.

aus denen sie bestanden. Denn nach der Trennung von ihrer Form hat die Materie aufgehört, menschlicher Leib zu sein; sie war menschlicher Leib, jetzt ist sie wieder Materie, Staub und Asche. — Um unsern Nachweis zu liefern, können wir uns darauf beschränken, in aller Kürze einige wenige Züge zusammenzustellen, wie wir sie im römischen Missale und Rituale vorfinden.[1]) Es sind Gebräuche und Vorschriften der Kirche, Ueberzeugungen, Hoffnungen, Segenswünsche und Gebete. —

Aus dem Missale heben wir zunächst einen Zug hervor, der sich auf die Leiber und Reliquien der Heiligen bezieht. — In dem dem Reliquienfeste angehörigen Festgebete bittet die Kirche, Gott, der in den Reliquien seiner Heiligen Wunderbares wirke, möge in uns den Glauben an die Auferstehung vermehren, und er möge uns jener unsterblichen Glorie theilhaftig machen, als deren Unterpfand wir die Asche seiner Heiligen verehren.[2]) Gerade vorher aber im Introitus spricht sie es als ihre Ueberzeugung aus: „Es behütet der Herr alle ihre Gebeine; auch nicht eins von ihnen wird verderben."[3]) — Gott selbst, so will also die Kirche sagen, hat die Gebeine der Heiligen, den Staub und die Asche ihrer h. Leiber ausgezeichnet und von dem übrigen Weltenstoffe ausgeschieden. Das bezeugt er dadurch, daß er gerade in ihnen Wunderbares wirkt. Warum aber behütet und beschirmt er diese Gebeine und verfolgt fort und fort den Staub, in den sie zerfallen, mit seinem allwissenden und alles durchforschenden Auge? — Er thut es deßhalb, weil sie eben den Leibern seiner Heiligen angehören und weil sie die hohe Bestimmung haben, einst wieder aufzuleben und an der ewigen, himmlischen Verklärung Antheil zu nehmen. —

Was dann weiterhin den Cult anbetrifft, den die h. Kirche den Leibern aller ihrer Kinder erweist, so ist vorab zu bemerken, daß

---

[1]) Das dem Rituale angehörige Material haben wir dem Manuale Sacerdotum von P. Schneider S. J. entlehnt. In der Zusammenstellung und Gruppirung haben wir uns, wie man sehen wird, einige kleine Freiheiten gestattet.

[2]) „Auge in nobis, Domine, resurrectionis fidem, qui in Sanctorum tuorum reliquiis mirabilia operaris, et fac nos immortalis gloriae participes, cuius in eorum cineribus pignora veneramur."

[3]) „Dominus custodit omnia ossa eorum; unum ex his non conteretur."

dieser Cult einen doppelten Grund hat. Die Kirche erweist den Leibern einmal deßhalb diesen Cult, weil sie weiß, was sie gewesen sind; vor Allem aber thut sie es deßhalb, weil sie weiß, was sie einst sein werden. Dieses letztere haben wir zu zeigen.

Der Ort, an welchem die Kirche ihre Todten bestattet wissen will, ist ein geweihter und geheiligter Ort, sei er das Gotteshaus, die Kirche selbst, oder sei es ein anderer, profanem Gebrauche vollständig entzogener, kirchlich gesegneter und geweihter Ort. Warum dieses? Weil der Staub, den die Kirche der Erde anvertraut, kein gewöhnlicher Staub ist, sondern weil er eine heilige Saat ist, die nur kurze Zeit im Schooße der Erde schlummert, um dann zu einem neuen und herrlichen Leben zu erstehen. Coemeterium (Schlummerstatt), Gottesacker (campus sanctus), so nennt sie eben deßhalb jene Stätte. —

Das ist der Grund, warum die Kirche will, daß auch die Gläubigen den Leibern der Dahingeschiedenen die gebührende Ehre erweisen. Die Leiber der Erwachsenen sollen sie mit einem reinen, weißen Kleide schmücken, das Haupt der Kinder außerdem mit einem Kranze von Blumen und duftigen Kräutern. Die Kirche selber aber begleitet die Leiber ihrer entschlafenen Kinder zu ihrer letzten Ruhestatt, sie ehrt sie mit brennenden Lichtern, mit Weihrauch und gesegnetem Wasser, ihnen voran aber trägt sie das Bildniß des Gekreuzigten und Auferstandenen, des Erstlings aus den entschlafenen Brüdern. Alsdann bestattet sie dieselben zur letzten Ruhe, so aber, daß sie mit dem Antlitze nach dem Hauptaltare blicken, auf dem der Richter der Lebendigen und der Todten seinen Thron aufgeschlagen, auf daß sie ihn schauen mögen, sobald die Posaune des Engels sie vor seinen Richterstuhl beruft. — Voll hoher Zuversicht ruft dann die Kirche aus: „Es werden im Herrn aufjubeln die Gebeine, die jetzt zum Staube erniedrigt sind."[1]) Und dann betet sie: „Befreie, o Herr, die Seele deines Dieners von allen Banden der Sünde, damit er in der Glorie der Auferstehung unter deinen Heiligen und Auserwählten wieder zum neuen Leben erwache." — „O Gott, durch dessen mildeste Barmherzigkeit die Seele deines gläubigen Dieners zur Ruhe eingegangen ist, segne dieses Grab und bestelle ihm deinen

---

[1]) „Exsultabunt Domino ossa humiliata."

heiligen Engel als Wächter." [1]) Dann endlich bezeichnet die Kirche den Leichnam des Verstorbenen mit dem Zeichen des h. Kreuzes, indem sie spricht: „Ich bezeichne deinen Leib mit diesem Zeichen des Kreuzes, damit er am Tage des Gerichtes wieder erstehe und das ewige Leben gewinne." [2]) Denn das ist der Glaube und die festeste Zuversicht der Kirche, daß ebendasselbige, was sie dem Grabe anvertraut und in den Schutz Gottes und seiner heiligen Engel empfohlen hat, auch aus dem Grabe wiedererstehen wird, sobald die letzte Posaune erschallt:

„Tuba mirum spargens sonum
Per sepulchra regionum
Coget omnes ante thronum."

Alles dieses nun, was die Kirche für die Leiber ihrer entschlafenen Kinder thun läßt und thut, wird unverständlich, wird zwecklos und gegenstandslos, wenn nicht dereinst das Grab ebendenselben Leib, ebendieselben Stoffe wiedergibt, welche die Kirche seinem Schooße anvertraut. Bildet sich die Seele bei der Auferstehung aus beliebigem andern Stoffe und darum auch an beliebigem andern Orte ihren Leib, dann besteht zwischen dem Leibe des Grabes und dem Leibe der Auferstehung nur eine äußere Beziehung, aber kein wahrer und innerlicher Zusammenhang. Kehrt nicht der Stoff des frühern Leibes bei der Auferstehung zurück, dann kehrt von dem Leibe, der bestattet wurde, eben nichts zurück, nicht einmal die Figur und Structur, die, als Accidenzien des Körpers, bei der Auflösung des Körpers zu Grunde gingen. Die Seele wandert dann von dem einen Leibe in den andern, wie Suarez ganz richtig hervorhebt,[3]) und nur die äußere Aehnlichkeit ist geblieben.

---

[1]) „Absolve, quaesumus Domine, animam famuli tui ab omni vinculo delictorum, ut in resurrectionis gloria inter sanctos et electos tuos resuscitatus respiret." — „Deus, cuius miseratione animae fidelium requiescunt, hunc tumulum benedicere dignare, eique angelum tuum sanctum deputa custodem."

[2]) „Signo corpus tuum hoc signaculo crucis, ut in die iudicii resurgat et vitam aeternam possideat."

[3]) a. a. O. sect. 2, n. 3.

§ 3.
Die Lehre der h. Schrift.

Was über die Ansicht, die wir bekämpfen, vom Standpunkte der Philosophie und der Naturwissenschaft aus zu urtheilen ist; ob sie vom Standpunkte dieser Wissenschaften aus als denkbar und möglich erscheint, berührt uns vorläufig in dieser unserer Untersuchung nicht. Erst später werden wir der Frage unter diesem Gesichtspunkte etwas näher treten. Wir betrachten hier jene Ansicht vom Standpunkte der Offenbarung und der Offenbarungsquellen und untersuchen, ob sie mit Rücksicht auf diese als annehmbar und zulässig angesehen werden kann. Wir haben nun bereits an erster Stelle die Entscheidungen und Aeußerungen des kirchlichen Lehramtes betrachtet und haben gefunden, daß nach dieser Seite hin jener Ansicht so sehr alle und jede Berechtigung abgesprochen werden muß, daß der von uns vertheidigten offenbar und geradezu der dogmatische Charakter zukommt. Damit ist nun für den gläubigen Christen unsere Frage bereits hinlänglich gelöst, da alles das als Lehre der Offenbarung anzusehen ist, was vom Lehramte der Kirche unzweifelhaft als solche proponirt wird. Indessen so sehr dieses der Fall ist, so ist mit einer solchen Lösung noch nicht den Forderungen genügt, welche man an die wissenschaftliche Dogmatik zu stellen berechtigt ist. Die Aufgabe der wissenschaftlichen Dogmatik geht eben weiter. Sie soll alles dasjenige, was durch das Lehramt der Kirche als Lehre der Offenbarung verkündigt wird, aus den Quellen der Offenbarung selbst, aus Schrift und Tradition, wissenschaftlich nachweisen. Und diesen Nachweis haben wir nunmehr anzutreten. Wir werden dabei durchgehends in ganz ähnlicher Weise verfahren müssen, wie es im vorigen Abschnitte geschah. Wie wir durch eine einfache und ganz natürliche Deutung der kirchlichen Aussprüche jedesmal zu unserer Thesis hingeführt wurden, so wird dasselbe Verfahren, auf Schrift und Ueberlieferung angewandt, dasselbe Resultat zur Folge haben. Dabei wird sich gleichzeitig herausstellen, daß der dogmatische Charakter unseres Lehrsatzes, den wir bereits auf doppeltem Wege nachgewiesen haben, sich auch noch auf andern Wegen mit gleicher Sicherheit darthun läßt. Wenden wir uns also zunächst zu der schriftlichen Offenbarungsquelle, zu den heiligen Büchern des Alten und des Neuen Testamentes.

Die Sprache der h. Schrift ist bezüglich unseres Lehrsatzes durchaus bestimmt und unzweideutig. Wenn die h. Bücher bloß im Allgemeinen die Identität des Auferstehungsleibes, oder auch nur des Auferstehungsmenschen betonten, so würden wir mit vollem Rechte solche Erklärungen auf die numerische, nicht aber etwa auf die specifische Identität des Menschen und seines Leibes beziehen müssen, da diese letztere, weil durchaus selbstverständlich, keiner besondern Versicherung durch die Schrift bedarf. Wäre die specifische Identität zur Zeit der Abfassung der h. Bücher bestritten worden, dann freilich wäre für die h. Schriftsteller alle Veranlassung gegeben gewesen, eine Wahrheit zu betonen, die sich für jeden Vernünftigen ganz von selbst versteht. Aber mit solchen Gegnern der Auferstehungslehre hatte die h. Schrift es eben nicht zu thun. Die Auferstehung selbst wurde freilich bestritten, nicht bloß von den Heiden und Sadduzäern, sondern auch selbst von einzelnen Christen, z. B. von Hymenäus und Philetus, ebenso auch von einigen rationalistisch gesinnten Heidenchristen in Corinth, und daher richteten auch die neutestamentlichen Schriftsteller ihre Polemik gegen sie.[1]) Aber die h. Schrift hatte keine Gegner, welche die Auferstehung selber zuließen, die specifische Identität aber bestritten, und daher hatte sie auch gar keine Veranlassung, diese letztere eigens zu betonen. Aber auch selbst von dieser Erwägung abgesehen, lassen die heiligen Texte einem vernünftigen Zweifel nicht den mindesten Raum.

Was zunächst, um dieses vorab zu bemerken, die Ausdrücke resurrectio, resuscitatio, ἀνάστασις, ἔγερσις betrifft, deren sich die Schrift nach constantem Brauche bedient, so haben wir schon im vorigen Abschnitte aus ihnen unsere Folgerung gezogen und brauchen es daher nicht von Neuem zu thun. Außerdem aber kommen hier noch andere Stellen in Betracht, die sich in gleicher Weise für unsere Argumentation verwerthen lassen. Es sind das jene Stellen, in denen die Schrift das Sterben ein Entschlafen, das Todtsein ein Schlafen, den Tod selbst einen Schlaf nennt.[2]) Wir haben uns also die Auf-

---

[1]) Vgl. Matth. 22. Act. 17, 24. 26. I. Cor. 15. II. Tim. 2.
[2]) II. Reg. 7, 12. III. Reg. 2, 10; 11, 21; 14, 20. Act. 7, 59; 13, 36. I. Cor. 11, 30. I. Thess. 4, 12 sqq.

erstehung als das Wiedererwachen eines Entschlafenen zu denken. Und so legt sich auch hier der Schluß auf die Identität nahe genug. — Nach diesen allgemeinen Bemerkungen werfen wir nun zunächst einen Blick auf die heiligen Urkunden der vorchristlichen Zeit.

1. An erster Stelle haben wir den wichtigen Ausspruch Job 19, 25 u. ff. zu betrachten. Derselbe lautet nach dem Texte der Vulgata: „Ich weiß, daß mein Erlöser lebt, und ich werde am jüngsten Tage von der Erde auferstehen, und werde wieder umgeben werden mit meiner Haut, und werde in meinem Fleische meinen Gott schauen. Ich selbst werde ihn sehen, und meine Augen werden ihn anschauen, und kein anderer. Diese Hoffnung ruhet in meinem Busen."[1] — Daß diese Sätze im Sinne des redenden Dulders eben von der dereinstigen Auferstehung, nicht aber von einer etwa erwarteten Wiederherstellung der leiblichen Gesundheit und des irdischen Besitzstandes zu verstehen seien, geben sogar rationalistische Exegeten, wie Michaelis, Rosenmüller u. A. zu. Und in der That! Job verspricht sich nichts mehr von dieser Welt, er glaubt den Tod unmittelbar bevorstehend und sehnt sich nach ihm.[2] Denn das ist sein Glaube und seine zuversichtliche Erwartung: das Jenseits wird dem Mißverhältnisse ein Ende machen, welches zwischen seiner Tugend und seinem Unglücke besteht. Und eben in der tröstlichen und beglückenden Ausschau auf diesen jenseitigen Ausgleich bricht er in die Worte aus: „Wer gibt mir, daß meine Worte geschrieben werden? Wer gibt mir, daß sie in ein Buch gezeichnet werden mit eisernem Griffel, und auf Täflein von Blei, oder eingehauen werden mit dem Meißel in einen Felsen?" Und dann folgen unmittelbar die oben angeführten Worte, die als süße Hoffnung in seinem Busen ruhen. In der That verstehen auch, mit alleiniger Ausnahme des h. Chrysostomus und des h. Johannes Damascenus,[3] die sämmtlichen Väter und Theologen unsern Text, so weit sie auf ihn zu sprechen kommen, von der einstigen Auferstehung.[4]

---

[1] „Scio enim, quod redemptor meus vivit et in novissimo die de terra surrecturus sum, et rursum circumdabor pelle mea, et in carne mea videbo Deum meum; quem visurus sum ego ipse et oculi mei conspecturi sunt, et non alius. Reposita est haec spes in sinu meo."

[2] Vgl. Job 17, 1. 11. 14 ff.

[3] Vgl. die neueste Erklärung des Buches Job von Zschokke, Wien 1875.

[4] „Es ist von der Gegenseite als auffallend bezeichnet worden, bemerkt Oswald (Esch. S. 275), daß weder im N. T., noch von den ältesten Apologeten,

Und schon dieses allein ist nach katholischen Principien für die Auslegung maßgebend.

Job's Ausspruch handelt aber nicht bloß von der Auferstehung im Allgemeinen, sondern er bestimmt auch die Weise derselben im Nähern dahin, daß die numerische Identität des Individuums überhaupt und die des Leibes insbesondere streng und allseitig betont wird. — Jener Ausgleich zwischen meiner Tugend und meinem Unglück, das ist der Gedanke, der Job's Worten zu Grunde liegt, wird ein ganz vollkommener sein. Eben derjenige, welcher so schwer geprüft wurde, wird es auch sein, der die volle Vergeltung empfangen wird. Job drückt dieses aufs schärfste aus, positiv und negativ: **ich selber werde es sein und kein anderer.** Damit ist aber die numerische Identität des auferstehenden Individuums mit hinlänglicher Schärfe ausgesprochen, nicht bloß nach der immateriellen, sondern vor allem auch nach der materiellen, stofflichen Seite. Denn die Identität der Seele bedurfte gar keiner so scharfen Hervorhebung, sie versteht sich und verstand sich ja von selbst. Aber Job begnügt sich nicht mit diesem allgemeinen Ausdrucke; er hebt gerade die stoffliche Identität noch eigens mit dem vollsten und schärfsten Nachdrucke hervor. Zwar wird dieser mein Leib, so erklärt er sich, in Staub zerfallen, aber wisset, mein Erlöser lebt. Und so wird auch dasjenige von mir, was im Staube ruht, sich wieder aus dem Staube erheben, damit auch ihm seine Vergeltung werde. Ich werde wieder mit Haut und Fleisch umkleidet werden, und zwar mit eben diesem Fleische, in welchem ich geduldet und gelitten habe; und ich werde auch meine Augen wieder erhalten, und zwar eben diese meine Augen, die all den Jammer

---

wie Athenagoras und Irenäus, die doch sonst, wo sie unser Lehrstück behandeln, Schrifttexte auf Schrifttexte häufen, unsere Stelle erwähnt wird. — — Jene Kirchenschriftsteller mögen aber aus dem Grunde unsern Text übergangen haben, weil die Septuaginta, welche sie bei Unkenntniß des Hebräischen allein gebrauchen konnten, an diesem Orte durch Varianten so entstellt und unklar ist, daß sich wenig mit ihr machen läßt." — Dann heißt es unten in der Note: „Doch deutet vielleicht der h. Klemens von Rom, I. Cor. 25, mit den Worten auf Job hin: καὶ ἀναστήσεις τὴν σάρκα μου ταύτην, τὴν ἀναπλήσασαν ταῦτα πάντα." Diesem Zweifel Oswald's gegenüber ist zu bemerken, daß der h. Klemens an jener Stelle nicht „vielleicht", sondern thatsächlich und mit ausdrücklichen Worten sich auf Job bezieht. Wir werden später an seinem Orte die ganze Stelle vorlegen.

angeschaut, und in eben diesem meinem Fleische und mit eben diesen meinen Augen werde ich meinen Gott und meine Vergeltung schauen.

Eine ganz einfache und natürliche Deutung der Worte Job's führt also mit zwingender Nothwendigkeit zu unserm Lehrsatze hin. Wäre aber auch unsere Auffassung nicht in diesem Grade handgreiflich, so würde eben wieder die übereinstimmende Erklärung der Väter zu ihrer Annahme nöthigen. Denn wir werden im folgenden Abschnitte sehen, daß sie mit großer Uebereinstimmung die Schrift und das in ihr ausgesprochene Auferstehungsdogma, unter Berufung auf Job 19 oder andere verwandte Stellen, im Sinne unseres Lehrsatzes interpretiren. Dasselbe geschieht von den späteren Doctoren der Kirche,[1]) denen sich, wie wir bereits vernahmen, auch der Tridentinische Katechismus anschließt.[2]) Nehmen wir die Worte des Urtextes, wie sie Zschokke übersetzt, so finden wir in ihnen unsern Lehrsatz in noch greifbarerer Form ausgesprochen. Die Uebersetzung lautet nämlich: „Denn ich weiß: mein Erlöser lebt und als Letzter wird er auf dem Staube sich erheben, und nach meiner Haut, die man zerstört, dieser da, und aus meinem Fleische werde ich Eloah schauen, den ich schauen werde mir, und meine Augen sehen werden und nicht ein anderer." Dazu gibt Zschokke noch die folgende Erläuterung: „Als „„Letzter"", d. h. als der alle Ueberlebende, „„wird er (der Erlöser) auf dem Staube sich erheben."" Unter dem Staube versteht Job hier nicht einfach die Erde, sondern sich, den im Grabe zu Staub Verwesenden; also auf dem Staube meines Leichnams, oder über meinem Grabe wird er (der Erlöser) sich erheben, um zu meiner Erlösung, zu meiner Vertheidigung einzuschreiten. Der Sinn ist demnach: Er, der Lebende, wird dann, wenn ich schon zu Staub und Asche geworden, als der Letzte, wenn Alles vom Tode verschlungen sein wird, zu meiner Rechtfertigung und Erlösung erscheinen. — — — Und wenn diese meine Haut, d. i. mein Leib, zerschlagen, d. h. verfault sein wird, so werde ich aus diesem Fleische da, nämlich dem wiederhergestellten, verklärten Leibe, Gott schauen."

2. Aus den Büchern der Propheten heben wir zwei Stellen hervor, von denen die eine sich bei Isaias, die andere bei Ezechiel

---

[1]) Vgl. S. Thomas, Suppl. q. 79. a. 1. Suarez, l. c. sect. 2. n. 5.
[2]) P. 1. c. 12. q. 7.

findet.¹) Die erstere lautet: „Es leben deine Todten wieder, meine Erschlagenen sind erstanden. Wachet auf und lobsinget, die ihr wohnet im Staube." Die andere bei Ezechiel geben wir bloß ihrem Inhalte nach: Der Prophet wurde vom Geiste des Herrn auf ein Feld geführt, das mit Todtengebeinen bedeckt war. Alsdann versicherte ihn der göttliche Geist, eben diese Gebeine, die dort lägen, seien zu neuem Leben bestimmt und würden wieder lebendig werden. Und es geschah, was der Geist Gottes gesprochen hatte. Es fing an zu rauschen, und es regte sich, und Gebein näherte sich zu Gebein, ein jegliches zu seinem Gliede; und Nerven und Fleisch kamen über sie, und Haut zog sich darüber. Darnach fuhr der Geist in sie, und sie lebten und stellten sich auf ihre Füße, ein großes, sehr großes Heer. Und dann sprach Gott der Herr: „Siehe, ich will eure Grabhügel aufthun und euch, die ihr mein Volk seid, aus euren Gräbern herausführen und euch bringen in's Land Israel." —

Was die Deutung dieser Stellen anbetrifft, so bezieht der unanimis consensus patrum²) dieselben auf die dereinstige Auferstehung von den Todten, mit dem Unterschiede jedoch, daß viele Väter der Ansicht sind, es sei ausschließlich von dieser Auferstehung die Rede, während wohl richtiger andere nach dem Vorgange des h. Hieronymus in seinem Commentar zu dieser Stelle die Meinung vertreten, es handle sich in diesen Weissagungen zunächst um die Befreiung und Wiederherstellung Israels, diese aber werde unter dem Bilde der zukünftigen leiblichen Auferstehung dem Volke vorgeführt und veranschaulicht. Aber auch in dieser Fassung ist die Darstellung des Propheten für den Glauben an die Auferstehung gleicherweise beweiskräftig, weil, wie Hieronymus a. a. O. sagt, Gleichnisse und Sinnbilder nur von Gegenständen entlehnt werden, die wirklich da sind, oder deren Dasein allgemein geglaubt wird.³)

Dieses vorausgesetzt, kann nun auch über die Weise der Auferstehung, die in den vorliegenden Stellen zum Ausdrucke kommt, kein Zweifel bestehen. Denn wenn es bei Isaias heißt: „Wachet auf, die ihr im Staube ruhet," so fragen wir eben: Inwiefern ruhen denn

---

¹) Vgl. Isai. 26, 19. Ezech. 37, 1. ff.
²) Vgl. Suarez l. c. Disp. 50. sect. 1. n. 5.
³) „Nunquam poneretur similitudo resurrectionis — —, nisi staret ipsa resurrectio et futura crederetur."

die Todten im Staube? Und die Antwort lautet: Nur insofern, als die Stoffe ihrer frühern Leiblichkeit sich im Staube der Erde befinden. Wenn also die im Staube Ruhenden wieder aufwachen und wieder auferstehen sollen, so sollen sie es nach der Anschauung des Propheten eben dadurch thun, und sie können es auch nach allem vernünftigen Denken nur dadurch thun, daß sich ihre Geister mit eben diesen Stoffen wieder zu neuem Leben verbinden. Noch viel augenscheinlicher aber wird dieses durch die Darstellung des andern Propheten. Ezechiel läßt ja die Geister der Hingeschiedenen nicht mit beliebigen Stoffen sich verbinden, sondern er führt sie eben zu den Gebeinen ihrer frühern Leiblichkeit zurück, er läßt die Gräber der Todten sich öffnen, in denen ihre Asche ruht, und läßt jedweden Todten wieder aus seinem Grabe heraufsteigen. — Andere ähnliche Stellen, welche sich bei den Propheten finden, können wir füglich übergehen, und es wird genügen, bloß auf sie aufmerksam gemacht zu haben.[1])

Wir weisen schließlich noch auf die Stelle im zweiten Buche der Machabäer c. 17 hin, wo die vom Tyrannen gepeinigten und ihrer Gliedmaßen beraubten Martyrerbrüder ihrem Glauben und ihrer Hoffnung Ausdruck geben, Gott werde ihnen dereinst alles das wiederschenken, was sie jetzt um seines h. Gesetzes willen einsetzen und verlieren, ihren Leib und ihre Glieder. „Nach diesem, heißt es da unter Anderm, wurde der Dritte mißhandelt. Und als man ihm die Zunge abforderte, zeigte er sie alsbald und streckte die Hände standhaft aus und sprach mit Vertrauen: Vom Himmel habe ich dieses und für Gottes Gesetz verachte ich eben dieses, denn von ihm hoffe ich es wiederzuerhalten — E coelo ista possideo, sed propter Dei leges nunc haec ipsa despicio, quoniam ab ipso me ea recepturum spero." — Das populäre Verständniß, nicht minder jede unbefangene wissenschaftliche Deutung, werden über den wahren und natürlichen Sinn dieses Ausspruches keinen Augenblick im Zweifel sein. — Wenden wir uns also jetzt zur Lehre des Neuen Testamentes hin.

3. Wir disponiren das Material in der Weise, daß wir zunächst das 15. Capitel des ersten Briefes an die Corinther in Betracht ziehen. Dasselbe handelt nämlich ex professo über die Auferstehung,

---

[1]) Vgl. Os. 6, 3 und Dan. 12, 2.

und es läßt sich mithin von vornherein erwarten, daß wir in demselben auch für unsern Zweck bedeutsame Aufschlüsse erhalten werden. Dem Texte des h. Apostels folgend, wollen wir die einzelnen hierher gehörigen Momente der Reihe nach herausheben. Im Anschlusse hieran werden wir dann noch einige andere für uns bedeutungsvolle Stellen in Erwägung ziehen, die sich sonst noch, theils in den beiden Briefen an die Corinther, theils in andern Theilen der neutestamentlichen Schrift, zerstreut vorfinden.

Das 15. Capitel des ersten Corintherbriefes handelt, wie gesagt, von der Auferstehung der Todten, speciell von der Auferstehung der todten Gerechten, und ist in vorwiegend polemischer Tendenz gegen gewisse rationalistisch gesinnte Corinther (τινές vgl. V. 12) gerichtet, welche das Auferstehungsdogma läugneten. Der erste Theil des Capitels (V. 1—35) beweist zunächst die Realität der Auferstehung, und zwar vorzugsweise aus der Thatsache der Auferstehung Christi, genauer: aus dem Verhältnisse des auferstandenen Christus zur Menschheit. Christus ist nämlich das Haupt, und die Menschheit bildet seinen, aus zahllosen Gliedern bestehenden Leib. Aus der innigen Lebensgemeinschaft nun, welche zwischen dem Haupte und den Gliedern, vor allem den lebendigen Gliedern des Leibes besteht, folgt aber, daß die Glieder an den Schicksalen des Hauptes participiren werden und participiren müssen. Nun ist Christus, das Haupt, von den Todten auferstanden. Und folglich werden auch die Glieder ihm hierin ähnlich sein. Wie vom ersten Adam sich geistiger und leiblicher Tod auf seine Nachkommen fortpflanzte, so wird aus Christus, dem zweiten Adam, ein neues Geschlecht hervorgehen, welches aus ihm neues geistiges und neues leibliches Leben empfangen wird. — Nachdem der Apostel aus diesem und aus einigen andern Gründen die Realität der Auferstehung nachgewiesen hat, geht er V. 35 u. ff. dazu über, einiges Nähere über die Weise und Möglichkeit jenes geheimnißvollen Wunderprozesses vorzuführen. Und in diesem Theile der paulinischen Darstellung werden wir verschiedene auf unsere Frage bezügliche Beweismomente finden oder wiederfinden.

Der Apostel hebt an mit der Doppelfrage: „Wie stehen denn die Todten auf? In welchem Leibe werden sie kommen?" [1]) Es mochten

---

[1]) „Sed dicet aliquis: Quomodo resurgunt mortui? qualive corpore venient?"

eben die Gegner einwenden: Wie ist eine Auferstehung möglich, da ja der Leib verweft und in Staub zergeht? Und was wird das für ein Leib sein, da doch der gegenwärtige Leib in seiner unvollkommenen Gestalt sich für einen Zustand idealer Vollendung unmöglich eignen und schicken kann? In echt speculativer Weise gibt der h. Apostel auf beide Fragen die Antwort, indem er das Geheimniß der übernatürlichen Ordnung durch Analogien, die er der natürlichen Ordnung entlehnt, erläutert und dem Verständniß näher bringt. „Du Thor, so ruft er aus, was du säest, lebt nicht auf, wenn es nicht zuvor stirbt. — — Gott aber gibt ihm einen Leib, wie er will, und einer jeden Samenart ihren besondern Leib u. s. w."[1] Auch der dem Schooße der Erde anvertraute Same verweset, will der h. Paulus sagen, und doch läßt Gottes Macht die lebendige Pflanze aus ihm hervorgehen. So kann er also auch aus dem zu Grabe getragenen Menschenleibe neues Leben erstehen lassen. Und wie Gottes Macht jedweder Pflanze ihren besondern Leib gibt, gerade so, wie es der Natur und Bestimmung der Pflanze entspricht; und wie er überhaupt Macht hat, Körper von der verschiedensten Art und von der verschiedensten Beschaffenheit, sei es am Himmel, sei es auf der Erde, ins Dasein zu rufen, so wie es ihrer Natur und ihrer Bestimmung und der Ordnung des Ganzen entspricht, ebenso ist er auch im Stande, dem auferstehenden Leibe diejenige Form und Beschaffenheit zu geben, die der neuen Ordnung der Dinge entspricht, und welche die Verhältnisse des neuen, übernatürlichen und himmlischen Lebens erheischen: „Gesäet wird der Leib in Verweslichkeit u. s. w."[2] — Um nun aus dem Gesagten unsere Schlußfolgerung zu ziehen, so ging der Einwand der Gegner, wie wir schon andeuteten, ohne Frage von der Voraussetzung aus, daß zu einer wahren Auferstehung die Rückkehr eben jener Stoffe erforderlich sei, aus denen früher der Leib gebildet war. Und weil diese Stoffe bei der Verwesung und Zersetzung des Körpers sich nach allen Winden hin zerstreuen, so fanden sie, wie die spätern Gegner, eben in diesem Umstande die Hauptschwierigkeit des Auferstehungsdogma's; eine andere Schwierigkeit

---

[1] „Insipiens, tu quod seminas non vivificatur, nisi prius moriatur. — — Deus autem dat illi corpus, sicut vult, et unicuique seminum proprium corpus."

[2] „Sic et resurrectio mortuorum. Seminatur in corruptione, surget in incorruptione."

von Belang ist wenigstens nicht ersichtlich und kaum gedenkbar. Wie also löst der Apostel die vorhandene Schwierigkeit? Macht er etwa den Gegnern begreiflich, ihre Voraussetzung sei eben eine falsche oder doch wenigstens keine nothwendige, und mithin sei die angebliche Schwierigkeit gar nicht vorhanden? Mit Nichten! Er acceptirt die Schwierigkeit und eben damit auch die Voraussetzung, nimmt aber der erstern ihr Gewicht theils durch eine Analogie, theils aber durch den Hinweis auf Gottes unendliche Macht.

Aber auch die vom Apostel gewählte Analogie selbst enthält ein neues und klares Beweismoment. Es ist freilich richtig, daß eine Analogie nicht in allen Stücken zuzutreffen braucht und auch nicht zutreffen kann. Darum folgt auch aus dem Vergleiche des Apostels keineswegs, daß es sich mit der Auferstehung des Leibes in jeder Beziehung so verhalte, wie mit der Auferstehung der Pflanze. Wir würden dann zu ganz wunderlichen und falschen Vorstellungen hingelangen. Der Same der Pflanze stirbt ja bekanntlich nicht, wenn er in die Erde gelegt ist. Er schließt vielmehr den lebendigen Keim der Pflanze, also die Substanz (Form und Materie) der Pflanze selber, bereits in sich; und dieser Keim entwickelt sich unter dem Einflusse von Wärme und Feuchtigkeit, sprengt seine Hülle und steigt dann als entwickelte Pflanze aus dem Erdreich empor. Einen solchen palingenetischen Prozeß will der Apostel sicherlich nicht auf unsere Auferstehung übertragen wissen und er kann es nicht. Aber das folgt doch mindestens aus jener Analogie, daß, wie factisch zwischen dem Keime und der Pflanze eine substantielle und stoffliche Identität im numerischen Sinne besteht, so der Apostel eine solche auch zwischen dem verwesten und wieder auflebenden Menschenleibe annimmt. Wo bliebe auch sonst die Aehnlichkeit zwischen den beiden Prozessen, wenn der h. Paulus sagen wollte: Wie die Pflanze sich aus dem in die Erde gelegten Samen bildet, nachdem der Samenkörper als solcher sich aufgelöst hat, so wird der Auferstehungsleib sich nicht aus dem in die Erde gelegten Leibe, sondern aus beliebigen andern Stoffen bilden? Das wäre gar keine Analogie mehr, sondern schneidender Gegensatz. — Nur so endlich haben die Ausdrücke des Apostels einen Sinn, die sich V. 37. 42. u. ff. finden: „Was du säest, lebt nicht auf, wenn es nicht zuvor stirbt. — — — So ist es mit der Auferstehung der Todten: Gesäet wird der Leib in Verweslichkeit, auferstehen wird er in Unverweslichkeit u. s. w." Also dasselbe wird wieder aufleben, was zuvor gestorben und begraben ist; es handelt sich um dieselbe Substanz, um dasselbe Individuum. Nur in den Eigenschaften, den Accidenzien wird ein Wechsel stattfinden; die Eigenschaften, welche dem auferstehenden Leibe anhaften, werden andere sein, als diejenigen, welche dem sterblichen eigenthümlich waren. — Damit ist nun der Apostel wieder zu der andern Frage zurückgekehrt, auf welche er schon oben theilweise geantwortet hatte: in welchem Leibe die Auferstehenden erscheinen würden. Er zählt zuvor die vier bekannten Eigenschaften oder dotes des verklärten Leibes auf, und nachdem er vorab noch auf den Gedanken hingewiesen hat, daß es in der Natur der endlichen Dinge liege, aus einem anfänglich noch unvollkommenen Zustande zum Zustande der Vollendung allmählich fortzuschreiten, weist er dann V. 47 u. f. auf den auferstandenen und verklärten Christus, den zweiten, himmlischen Menschen hin, als das Muster und Vorbild unserer Auferstehung und unserer Verklärung. Und bei diesem Gedanken müssen wir wiederum verweilen.

4. Der Apostel sagt, die auferstandenen und verklärten Menschen würden Christo, dem himmlischen Menschen, ihrer Beschaffenheit nach ähnlich sein: „Der erste Mensch aus Erde ist irdisch, der zweite Mensch vom Himmel ist himmlisch. Wie der Irdische, so auch die Irdischen, und wie der Himmlische, so auch die Himmlischen."[1]) In welcher Weise haben wir uns aber nach der Anschauung des Apostels den Prozeß zu denken, welcher die irdischen Menschen dem himmlischen Menschen Christus ähnlich machen soll? — Die Verähnlichung mit Christus nimmt schon hier auf Erden während unseres sterblichen Lebens ihren Anfang. Wir müssen zuerst geistiger Weise sterben und, in geistiger Umbildung Christo ähnlich geworden, geistiger Weise wieder auferstehen, wie der h. Paulus Röm. 6, 5 und II. Cor. 3, 18 ausführt.[2]) An diese geistige Wiedergeburt schließt sich dann die leibliche

---

[1]) „Primus homo de terra terrenus; secundus homo de coelo coelestis. Qualis terrenus, tales et terreni; et qualis coelestis, tales et coelestes."

[2]) „Ut complantati facti sumus similitudini mortis eius, ita simul et resurrectionis eius." — „Nos vero omnes revelata facie gloriam Domini speculantes in eandem imaginem transformamur a claritate in claritatem." Vgl. hierzu Bisping's Exeg. Handbuch.

Wiedergeburt, die Auferstehung und Verklärung; und diese charakterisirt der Apostel mit den für uns bemerkenswerthen Worten: „Unser Wandel aber ist im Himmel, woher wir auch den Heiland erwarten, unsern Herrn Jesum Christum, welcher den Leib unserer Niedrigkeit umgestalten wird, daß er gleichgestaltet sei dem Leibe seiner Herrlichkeit."[1] — In diesen wenigen Bemerkungen sind die Prämissen für unsere Schlußfolgerung enthalten. Christus ist dem Gesagten zufolge das Vorbild unserer Auferstehung und Verklärung. Nun aber ist Christus in der Weise auferstanden und leiblich verklärt worden, daß er mit ebendemselben Leibe sich wiedervereinigte, der im Grabe ruhte, und daß er über eben diesen Leib den Glanz der Verklärung ausgoß. Und folglich wird sich, wenigstens der Hauptsache nach, ganz dasselbe auch in unserer Auferstehung und in unserer Verklärung wiederholen. Eben darauf deutet auch das Wort hin, welches der Apostel wählt; reformabit, μετασχηματίσει sagt er wie von der geistigen, so auch von der leiblichen Wiedergeburt, und gibt also auch hierdurch evident zu verstehen, daß wir, wie bei der geistigen, so auch bei der leiblichen Umwandlung keineswegs an eine Veränderung der Substanz, sondern an eine Veränderung der accidentellen Form und Beschaffenheit zu denken haben. In dieser Beweisführung stimmen denn auch alle Theologen, wie Suarez bemerkt, vollkommen überein, und zwar speciell auch gerade in der Folgerung, welche wir für die Identität des Auferstehungsleibes gezogen haben. Denn wenn Christus, sagt Suarez, das Vorbild unserer Auferstehung ist, dann wird er es zunächst und vor allem in dem sein, was das Wesen und das Fundament aller Auferstehung ist, in der numerischen Identität des auferstehenden Leibes.[2]

5. Auf diese transformatio oder reformatio des Auferstehungsleibes beziehen sich auch die Schlußverse des 15. Capitels. — Der Leib im gegenwärtigen Zustande, betont der Apostel, kann das Reich Gottes nicht besitzen, er muß sich zuvor einem Verwandlungsprozesse unterziehen: „Denn dieses Verwesliche muß anziehen die Unverweslichkeit, und dieses Sterbliche anziehen die Unsterblichkeit. Wenn aber dieses Sterbliche angezogen hat die Unsterblichkeit, dann wird erfüllet werden

---

[1] „Qui reformabit corpus humilitatis nostrae configuratum corpori claritatis suae." Phil. 3, 26.
[2] in 3. Disp. 50. sect. 5. n. 2 et 3.

das Wort, das geschrieben steht: Verschlungen ist der Tod im Siege. Tod, wo ist dein Sieg? Tod, wo ist dein Stachel? Der Stachel des Todes aber ist die Sünde, die Kraft der Sünde ist das Gesetz. Gott aber sei Dank, der uns den Sieg verliehen hat, durch unsern Herrn Jesum Christum."[1] — Diese Worte, wie man sieht, enthalten ein neues, doppeltes Argument für unsern Lehrsatz. — Zunächst sagt der h. Paulus, dieses Sterbliche, dieses Verwesliche (hoc mortale, hoc corruptibile) müsse und werde die Unsterblichkeit anziehen. Er hat also speciell den Leib im Auge, der sterblich und verweslich ist, und zwar hat er, wie er ausdrücklich sagt, diesen Leib im Auge, diesen concreten, individuellen Leib, auf den er wie mit dem Finger hinweist, und von eben diesem Leibe sagt er aus, daß er die Unsterblichkeit anziehen müsse. Setzen wir nun den Fall, die Seele bilde sich bei der Auferstehung einen neuen Leib aus beliebigen neuen Stoffen, dann hätte nicht dieser unser sterbliche Leib die Unsterblichkeit, sondern unsere Seele hätte sich eine neue, unsterbliche Leiblichkeit angezogen.

Weiterhin aber — und das ist das zweite Argument — feiert der Apostel mit einer solchen Emphase den Sieg Jesu Christi über den Tod, daß seine Sprache zu einem wahren Triumph- und Siegesgesange sich gestaltet. Aber wo wäre dieser so gefeierte Sieg Jesu Christi, wenn der Tod im Besitze seiner Beute bliebe, im Besitze jenes Leibes, den er uns einst mit grausamer Hand entrissen? Soll der Sieg Jesu Christi ein vollständiger sein, und auf einen solchen vollständigen Sieg weist unverkennbar die triumphirende Sprache des h. Apostels hin, dann muß der Sieger Christus dem Tode wieder eben jene Beute entreißen, die er einst geraubt und die er nun im dunkeln Kerker des Grabes gefangen hält. Ebenderselbe Leib, der im Grabe ruht, ebendieselben Stoffe, die einst, vom Tode geraubt, zu Grabe getragen wurden, müssen zu einem neuen, unsterblichen Leben erstehen.

---

[1] „Oportet enim corruptibile hoc induere incorruptionem et mortale hoc induere immortalitatem. Quum autem mortale hoc induerit immortalitatem, tunc fiet sermo, qui scriptus est: Absorpta est mors in victoria. Ubi est, mors, victoria tua? ubi est, mors, stimulus tuus? Stimulus autem mortis peccatum est; virtus vero peccati lex. Deo autem gratias, qui dedit nobis victoriam per Dominum nostrum Jesum Christum."

6. Obgleich nach diesen Ausführungen die Lehre des h. Paulus nicht mehr zweifelhaft sein kann, so wollen wir doch noch auf einige andere Aussprüche aufmerksam machen, und zwar zunächst auf eine Stelle im 6. Capitel desselben Briefes. — Lasterhafte und der Sinnenlust ergebene Corinther hatten ihre Fleischessünden dadurch zu rechtfertigen gesucht, daß sie die Auferstehung des Fleisches läugneten. Der Leib habe nur die Bestimmung, während dieses zeitlichen Lebens der Befriedigung sinnlicher Lust, der Gaumenlust und der Fleischeslust, zu dienen. Eine höhere, ins jenseitige Leben hineinreichende Bestimmung habe er nicht, vielmehr falle er im Tode für immer der Vernichtung anheim. Darum sei auch eine entsprechende Heilighaltung des Leibes mit Rücksicht auf eine solche höhere Bestimmung in keiner Weise geboten. „Die Speisen sind für den Bauch, so sagten sie, und der Bauch für die Speisen; Gott aber wird sowohl diese als auch jenen zerstören." [1]) Was aber erwiedert der h. Paulus? Er bestreitet zunächst die Folgerung, indem er bemerkt: „Aber der Leib ist nicht für die Hurerei, sondern für den Herrn, und der Herr für den Leib." Dann aber stößt er die Prämisse um, aus welcher die Folgerung gezogen wurde: „Gott aber hat den Herrn auferweckt und er wird auch uns auferwecken durch seine Macht." [2]) Der Leib also, den ihr zur Unzucht mißbraucht, ist keineswegs, wie ihr behauptet, auf immer der Vernichtung geweiht; er wird zwar im Tode zerfallen, aber Gott wird ihn durch seine Macht wieder zum Leben erwecken, wie er auch den Herrn Jesum erweckt hat. Und darum sollt ihr ihn so gebrauchen, wie es seiner dereinstigen erhabenen Bestimmung entspricht. — Auferstehung und Identität, beides kommt, wie man sieht, in dieser Stelle zu einer gleich klaren und bündigen Aussprache. Insbesondere leuchtet ein, daß die ganze Kraft der paulinischen Argumentation nur bei festgehaltener numerischer Identität bestehen bleibt. Denn bildet sich die Seele bei der Auferstehung aus andern Stoffen ihren Leib, dann steht der Unzüchtige gar nicht mit jenem Leibe wieder auf, mit dem er der Wollust gedient hat, sondern mit einem andern Leibe, welcher dem frühern nur ähnlich ist. Nur die Seele oder Form als

---

[1]) „Esca ventri, et venter escis; Deus autem et hunc et has destruet." I. Cor. 6, 13. Vgl. Bisping z. d. St.

[2]) Corpus autem non fornicationi, sed Domino, et Dominus corpori. Deus vero et Dominum suscitavit, et nos suscitabit per virtutem suam."

solche wäre dieselbe geblieben, nicht aber auch der Leib. Die vermeintliche Rechtfertigung der Corinthischen Lastermenschen wäre dann nichts weniger als gründlich abgethan.

7. Zur Vervollständigung der paulinischen Lehre müssen wir auch noch einen Blick auf den zweiten Brief an die Corinther werfen, der in seinem 5. Capitel zwei neue bemerkenswerthe Züge enthält. Der erste findet sich im Eingange dieses Capitels und läßt sich, ungeachtet einzelner exegetischer Schwierigkeiten, die unsern Gegenstand nicht näher berühren, unschwer herausfinden. — Der Apostel bemerkt im ersten Verse, daß, wenn dieses unser irdisches Wohnhaus, der sterbliche Leib, zerstört sein werde, wir ein anderes erhalten würden, ein unsterbliches, ewiges, himmlisches, welches Gottes Macht für uns bereiten werde. Wie aber wird sich diese neue, himmlische Wohnung zu der alten, irdischen verhalten? Dieses erläutert der h. Paulus in den unmittelbar folgenden Versen. Er weist zunächst darauf hin, daß wir Menschen uns in diesem Leibe der Sterblichkeit nicht glücklich fühlen, daß wir von seiner Last beschwert immerfort seufzen und eine Aenderung herbeisehnen. Die Aenderung aber, nach welcher wir sehnsüchtig verlangen, besteht nicht darin, daß wir dieses unseres Leibes beraubt zu werden wünschen, denn uns graut vor dem Tode; vielmehr wünschen wir, mit diesem unserm Leibe vereinigt zu bleiben, um über ihn, gleich einem Gewande, die neue himmlische Daseinsform des Leibes, die Verklärung, herüberzuziehn (superinduere).[1] Freilich wird dieser Wunsch seinem ganzen Inhalte nach nicht für alle sich erfüllen, so deutet der dritte Vers nach der gewöhnlichen Erklärung an, sondern nur für diejenigen Menschen, die bei Christi zweiter Ankunft nicht nackt, des Leibes beraubt, sondern noch mit dem Leibe bekleidet werden erfunden werden;[2] denn in eben diesem Leibe werden sie sofort überkleidet werden. Was aber diejenigen betrifft, die bei dieser Ankunft Christi schon gestorben sein werden, — denn auch solche hat der Apostel im Auge, und laut V. 1 gehört ja er selbst vielleicht mitsammt seinen Zeitgenossen zu ihnen —, so ist

---

[1] „Scimus enim, quoniam, si terrestris domus nostra huius habitationis dissolvatur, quod aedificationem ex Deo habemus, domum non manufactam, aeternam in coelis. Nam et in hoc ingemiscimus, habitationem nostram, quae de coelo est, superindui cupientes."

[2] „Si tamen vestiti, non nudi inveniamur."

ein Theil ihrer Sehnsucht, mit dem Leibe vereinigt zu bleiben, freilich nicht erfüllt worden; aber dann kann doch etwas Anderes geschehen: sie können mit eben dem Leibe, mit dem sie vereinigt waren, wiedervereinigt werden, um dann über ihn, den wiedervereinigten, die Verklärung herüberzuziehn, gerade so, wie es die Andern gethan. Denn mögen wir nun bei der Parusie Christi, bemerkt der h. Paulus ganz allgemein, noch leben oder mögen wir gestorben sein, unsere natürliche Inclination geht auf diesen unsern jetzigen Leib, wir trennen uns nicht gerne von ihm; und haben wir ihn im Tode verloren, dann wünschen wir keinen andern, sondern nach dem frühern sehnen wir uns zurück, um **über ihn** die Verklärung herüberzuziehen, damit er, früher sterblich, dann vom Leben verschlungen werde.[1]

Die Darstellung des h. Apostels ist also hier durchaus speculativ. Was er früher, wie wir gezeigt haben, in der mannigfaltigsten Weise thatsächlich als seine Lehre ausgesprochen hat, das empfiehlt und begründet er hier dadurch, daß er zeigt, wie eine solche Lehre ganz und gar im Einklange stehe mit den natürlichen Trieben und der natürlichen Sehnsucht des menschlichen Herzens, also mit Dingen, die der natürlichen Ordnung angehören. Wir haben also hier ein speculatives Moment, einen Congruenzgrund für unsern Lehrsatz, dessen Wahrheit und Berechtigung die unfehlbare Auctorität des h. Apostels für sich hat.[2] Wenn übrigens auf Grund dieser letzten Stelle einzelne Theologen zu der Ansicht hinneigen, daß die Seele im Tode mit einer gewissen Leiblichkeit verbunden bleibe, über welche sie dann bei der Auferstehung den Leib der Verklärung ziehe (superinducre), so hat diese Anschauung weder in der zuletzt betrachteten Stelle, noch in der anderweitigen Lehre des h. Paulus, welche wir vorlegten, irgend welchen haltbaren Grund. Wir werden später wieder auf diese Ansicht zurückkommen.

Im zehnten Verse dieses Capitels finden wir dann endlich noch ein zweites und letztes Beweismoment für unsere These, welches wir noch mit einigen Worten erwähnen müssen. Die Stelle, welche in inniger Verbindung mit dem Vorhergehenden steht, lautet: „Denn ihr alle

---

[1] „Nam et qui sumus in hoc tabernaculo, ingemiscimus gravati, eo quod nolumus exspoliari, sed supervestiri, ut absorbeatur, quod mortale est, a vita."

[2] Vgl. Kleutgen, Theol. der Vorzeit. V. n. 384 u. 461.

müſſet erſcheinen vor dem Richterſtuhle Chriſti, damit ein jeder davon trage das dem Leibe Eigene (ihm Zukommende), je nachdem er gethan hat, Gutes oder Böſes."[1] Vorher hatte der Apoſtel darauf hin= gewieſen, daß wir im Vertrauen auf Gott und ſeinen h. Geiſt freudig und muthig den Augenblick erwarten können und ſollen, in welchem die erſehnte Verklärung des Leibes eintritt. Aber darum ſollen wir es nicht unterlaſſen, nach Kräften das Unſere zu thun, ſo lange wir in dieſem ſterblichen Leibe fern vom Herrn als Pilger auf dieſer Erde wandeln. Wir ſollen uns vielmehr bemühen, während dieſes ſterb= lichen Lebens in Allem dem Herrn zu gefallen. Denn am Tage der Auferſtehung, bei der zweiten Erſcheinung Chriſti, müſſen wir alle vor Chriſti Richterſtuhl erſcheinen, damit eben der **ganze Menſch**, nach Leib und Seele, die Vergeltung empfange für alles dasjenige, was er als **ganzer Menſch**, im ſterblichen Leibe, Gutes oder Böſes gethan. — Wir haben alſo hier denſelben Gedanken, den wir bereits im vorigen Abſchnitte in den Entſcheidungen der Kirche ausgeſprochen fanden, und den wir darum hier nicht weiter zu ver= folgen brauchen.

Die Lehre des h. Paulus iſt alſo ſo klar und überzeugend, daß einzelne Schwierigkeiten, welche man hier und da in ſeinen Worten hat finden wollen, von vornherein unerheblich und bedeutungslos erſcheinen. Wenn er z. B. I. Cor. 15, 37 die Auferſtehung unſeres Leibes mit der Auferſtehung des Samenkorns vergleichend, die Bemer= kung macht: „Und was du ſäeſt, du ſäeſt nicht den Körper, der werden ſoll, ſondern bloßes Korn,"[2] ſo will er damit nur andeuten, daß dasjenige, was aus der Erde herausſprießt, eine ganz andere Form und Geſtalt hat, als der Körper, der ausgeſäet wurde; die ſubſtan= tielle Identität der Pflanze mit dem Keime, aus dem ſie ſich entwickelt, will er ſicherlich nicht in Abrede ſtellen. Ebenſo wenig enthalten die Ausdrucksweiſen V. 44 und 50 eine Schwierigkeit. Es heißt an der erſten Stelle: „Es wird geſäet ein thieriſcher Leib, es wird auferſtehen

---

[1] „Omnes enim vos manifestari oportet ante tribunal Christi, ut unusquisque referat propria corporis, prout gessit, sive bonum, sive malum."

[2] „Et quod seminas, non corpus, quod futurum est, seminas, sed nudum granum."

ein geiſtiger Leib u. ſ. w.," und an der zweiten: „Das aber ſage ich euch, Brüder, daß Fleiſch und Blut das Reich Gottes nicht beſitzen können." [1]) Der Apoſtel will nur ſagen, daß der Leib in ſeiner gegenwärtigen Beſchaffenheit ſich für das Reich Gottes nicht eigne und daß er darum vergeiſtigt und verklärt werden müſſe. Er behauptet alſo lediglich eine Veränderung in den Accidenzien, nicht aber in der Subſtanz.[2])

7. Das Hauptmaterial zum Beweiſe unſeres Lehrſatzes findet ſich ohne Frage beim h. Paulus; doch bieten auch die übrigen Schriften des Neuen Bundes einige wichtige Momente dar, die wir nicht übergehen dürfen. — Das erſte findet ſich bei Luk. 21, 18, wo der Heiland zu ſeinen Jüngern ſpricht: „Kein Haar von eurem Haupte wird zu Grunde gehen — capillus de capite vestro non peribit." Vgl. Matth. 10, 30. Der Herr ermuntert ſeine Apoſtel und ihre Nachfolger angeſichts der Verfolgungen und Gefahren, die ihnen bevorſtehen, ſie möchten den Muth nicht ſinken laſſen, denn ſie alle ſtänden unter ſeinem ganz beſondern Schutz, und ſeine ganz beſondere Vorſehung wache über ſie, ſo zwar, daß kein Haar ihres Hauptes verloren gehen werde. — Man kann dieſe Stelle dahin deuten, daß man annimmt, der Heiland wolle die Apoſtel, um ihren Muth und ihr Vertrauen zu ſtärken, bloß darauf aufmerkſam machen, daß Gottes Weltregierung ſich auf alles, auch auf das Kleinſte, erſtrecke, ſo daß auch nicht das Geringfügigſte geſchehe ohne ſeinen Willen und ohne ſeine Zulaſſung. Dann ergäbe ſich der Sinn: Nicht einmal ein Haar eures Hauptes werdet ihr verlieren ohne Gottes Willen und ſeine Zulaſſung. Man kann aber die Stelle auch ganz ſtrenge nach ihrem Wortlaute interpretiren, und dann ergibt ſich der Sinn: Es wird im eigentlichen Sinne kein Haar eures Hauptes verloren gehen; ihr werdet vielmehr alles dasjenige, was ihr verliert, einſtens wieder erhalten, euren Leib, eure Glieder, ſogar die Haare eures Hauptes. — So gefaßt würde alſo dieſe Stelle allein ſchon für unſere Frage entſcheidend ſein. In der That faſſen

---

[1]) „Seminatur corpus animale, surget corpus spiritale. — — Hoc autem dico, fratres, quia caro et sanguis regnum Dei possidere non possunt, neque corruptio incorruptelam possidebit."

[2]) Vgl. S. Gregor. Moral. 1. 14. c. 19. S. Thomas 4. c. gent. c. 84.

die Väter in großer Anzahl die Worte unseres Herrn in diesem letztern Sinne;¹) dasselbe geschieht von den Scholastikern,²) und ihnen schließt sich auch der Römische Katechismus an.³)

8. Im hohen Grade beachtenswerth und für sich allein unbedingt entscheidend sind endlich noch einige andere Stellen der neutestamentlichen Schrift, auf welche wir zum Schlusse hinweisen müssen. Wenn die h. Schrift erzählt,⁴) bei Christi Tode hätten sich die Gräber geöffnet, und manche der Entschlafenen seien zum Leben zurückgekehrt, so ist schon dieser Vorgang bedeutungsvoll. Denn was man immer über diese Auferstehung bei Christi Tode denken mag, — die Ansichten sind verschieden — der Prozeß, welcher sich hier vollzog, lehnte sich eben an die Gräber der einzelnen Todten an und an die Stoffe, die dort bestattet lagen. Es wäre das mindestens ein höchst bedeutsamer Fingerzeig für die allgemeine Auferstehung, auch wenn die h. Schrift gar keine anderweitigen Andeutungen enthielte. Nun findet sich aber eine Reihe von Aussprüchen bezüglich der allgemeinen Auferstehung selbst, die an Klarheit nichts zu wünschen übrig lassen.

Zunächst äußert sich der Heiland bei Matth. 24, 31 mit den Worten: „Und er wird seine Engel mit der Posaune senden mit großem Schalle, und sie werden seine Auserwählten von den vier Winden, von einem Ende des Himmels bis zum andern zusammenbringen."⁵) — Warum werden denn die Engel die Auserwählten von den vier Winden, d. h. von den verschiedensten Richtungen her, zusammenbringen? Etwa deßwegen, weil die Seelen, nach den verschiedensten Richtungen zerstreut, sich an den verschiedensten Orten aufhalten? Niemand wird das behaupten wollen. Also nur mit Rücksicht auf die Leiber, die an den verschiedensten Orten begraben, deren Bestandtheile nach allen Seiten hin zerstreut sind, kann solches gesagt und verstanden werden. — Ferner sagt unser Heiland bei Joh. 5, 28: „Es kommt die Stunde, in der alle, welche in den

---

¹) Vgl. Suarez, in 3. Disp. 44. sect. 2. n. 5.
²) Thomas, Suppl. q. 80. a. 4. Sed contra. — Suarez a. a. O.
³) P. 1. c. 12. q. 9.
⁴) Matth. 27, 52.
⁵) „Et mittet angelos suos cum tuba et voce magna, et congregabunt electos eius a quatuor ventis, a summis coelorum usque ad terminos eorum."

Gräbern sind, die Stimme des Sohnes Gottes hören werden."[1]) Diese Stelle ist so klar, daß wir über sie kein weiteres Wort zu verlieren brauchen. — Ganz dasselbe gilt endlich von dem Ausspruche im zwanzigsten Capitel der geheimen Offenbarung: „Und das Meer gab die Todten, die darin waren, und der Tod und das Todtenreich (d. h. die Gräber) gaben ihre Todten, die darin waren, und sie wurden gerichtet, ein jeder nach seinen Werken."[2])

9. Werfen wir nun einen Rückblick auf dasjenige, was uns die hh. Bücher des Alten und des Neuen Testamentes gelehrt haben, und führen wir es uns im Zusammenhange vor, so werden wir gestehen müssen, daß die h. Schrift einen vernünftigen Zweifel bezüglich unseres Lehrpunktes in keiner Weise zuläßt. Sie spricht sich an den verschiedensten Stellen und in den verschiedensten Formen aus; aber alle ihre Aussprüche, mögen wir sie in ganz schlichter Weise auffassen, oder mögen wir sie wissenschaftlich deuten, führen ausnahmslos zu unserer Thesis hin. Wollen wir dagegen diese Stellen von einer bloßen specifischen Identität verstehen, bei der es auf die Stoffe des früheren Leibes gar nicht ankommt, dann wird eben Alles wunderlich, gezwungen und unnatürlich, die Sprache der hh. Bücher nicht minder, als die Deutung derselben. — Ziehen wir also zum Schlusse wieder unsere Folgerung. — Wir haben schon im vorhergehenden Abschnitte den dogmatischen Charakter unserer Thesis behauptet, und zwar zunächst auf Grund der förmlichen Entscheidungen des außerordentlichen kirchlichen Lehramtes; dann aber auch auf Grund einer Reihe von Aeußerungen des ordentlichen Lehramtes, die uns in den öffentlichen Gebeten und Culthandlungen der Kirche entgegentreten. — Nun gibt es aber noch eine andere Weise, in welcher die Kirche ihr gewöhnliches Lehramt ausübt, nämlich dadurch, daß sie uns die h. Schrift als Quelle der geoffenbarten Wahrheit in die Hand gibt. Denn damit gibt sie zu verstehen, daß wir alles dasjenige, was in der h. Schrift klar und unzweideutig und für jedermann verständlich ausgesprochen ist, als kirchlich proponirte Wahrheit des Glaubens nicht bloß ansehen dürfen,

---

[1] „Venit hora, ubi omnes, qui in monumentis sunt, audient vocem filii Dei."

[2] „Et dedit mare mortuos, qui in eo erant; et mors et infernus dederunt mortuos suos, qui in ipsis erant; et iudicatum est de singulis secundum opera ipsorum."

sondern auch ansehen müssen, mag auch eine förmliche Entscheidung des außerordentlichen Lehramtes nicht vorliegen.¹) Die Anwendung auf unsern Fall und auf unsere Frage ist aber damit ganz von selbst gegeben.

§ 4.
Die Lehre der Väter und der kirchlichen Theologen.

Die Lehre der Väter über das Auferstehungsdogma ist ungemein reichhaltig. Hat doch eine ganze Reihe derselben, z. B. Justin, Tertullian, Athenagoras, Clemens von Alexandrien, Origenes, Gregor von Nyssa, Ambrosius, Methodius u. A. eigene Monographien über diesen Gegenstand geschrieben. Wir werden uns daher in der Darstellung der Väterlehre möglichster Kürze befleißigen und werden aus der reichen Fülle des gegebenen Materials nur dasjenige herausheben, was mit unserer Frage unmittelbar in Verbindung steht. Auch einer weitern Besprechung und Erläuterung der Aussprüche der Väter können wir uns dabei enthalten, da wir sonst nur dasjenige wiederholen müßten, was wir bereits in den vorigen Abschnitten zur Klarstellung der kirchlichen und biblischen Ausdrucksweisen in Erinnerung gebracht haben. Die Sprache der Väter ist auch durchgehend so klar und ihr Sinn so greifbar, daß es, um zu unserm Lehrsatze zu gelangen, weiterer Deductionen gar nicht einmal bedarf. Ebendasselbe gilt aber, wo möglich in noch höherm Grade, von der Lehre der spätern kirchlichen Theologen. Indem wir nun dazu übergehen, zunächst die Zeugnisse der Väter vorzulegen, scheint es am zweckmäßigsten zu sein, wenigstens im Ganzen der chronologischen Ordnung zu folgen, und zwar hauptsächlich aus dem Grunde, weil wir so am besten zu zeigen hoffen, daß die Lehre der Väter bezüglich unseres Lehrsatzes vom ersten Anfange an durch alle spätern Jahrhunderte hindurch eine ganz constante und übereinstimmende gewesen und geblieben ist.

1. Um also von den apostolischen Vätern zu beginnen, so ist hier zunächst der h. Ignatius, vor allem aber der h. Clemens von Rom zu nennen.²) Im 9. Capitel seines Briefes an die Trallianer warnt der h. Ignatius vor denjenigen, welche in ihrer

---
¹) Vgl. Kleutgen, Theol. der Vorzeit. I. n. 59.
²) Vgl. Hefele, Patrum apost. opera. Tübingen 1839. S. 46 und 95.

Lehre die Gemeinschaft mit Christus aufgehoben haben, der aus dem Stamme David's entsprossen, wahrhaft aus Maria geboren, unter Pontius Pilatus gekreuzigt und gestorben sei, und den sein Vater wahrhaft von den Todten wieder auferweckt habe. Diese Auferstehung Christi ist aber zugleich das Vorbild für unsere eigene, dereinstige Auferstehung. Denn nach der Aehnlichkeit mit der Auferstehung Christi und gerade so wird der Vater auch uns Gläubige dereinst von den Todten wieder auferwecken.[1]

Der h. Clemens von Rom widmet in seinem Briefe an die Corinther der Lehre von der Auferstehung mehrere ganze Capitel. Im 24. Capitel weist auch er zunächst auf Jesum Christum hin, das Vorbild aller Auferstehung, den er mit dem h. Apostel (I. Cor. 15, 20.) den Erstling ($\mathring{\alpha}\pi\alpha\rho\chi\acute{\eta}$) der Entschlafenen nennt. Daran schließen sich zwei Analogien aus der Natur, von denen die erstere nur im Allgemeinen auf eine Auferstehung hindeutet. Der h. Clemens weist nämlich auf den Wechsel von Tag und Nacht hin, auf die tagtäglich vor unsern Augen sich vollziehende Auferstehung des Tages aus dem vorausgegangenen Schlummer der Nacht. Die zweite Analogie dagegen weist ganz speciell auf die stoffliche Identität des auferstehenden Leibes hin. Denn der Heilige bedient sich desselben Vergleiches, den wir früher schon vom h. Paulus angewendet fanden. Arm und nackt, sagt er, wird das Samenkorn in die Erde gelegt, um dort der Verwesung anheimzufallen. Aber eben aus dem Moder und der Verwesung ($\mathring{\epsilon}\kappa$ $\tau\tilde{\eta}\varsigma$ $\delta\iota\alpha\lambda\acute{\upsilon}\sigma\epsilon\omega\varsigma$) wird es von des Schöpfers Macht und Weisheit zu einem neuen, reichen und fruchtbaren Leben wiedererweckt. — Im folgenden Capitel bringt dann der h. Clemens noch eine fernere Analogie, die er der Mythe entlehnt. — Nach Sonnenaufgang hin, in den Gegenden Arabiens, so erzählt er uns, gibt es einen einsam lebenden, seltsamen Vogel, den man Phönix nennt. Hat dieser Vogel sein fünfzigstes Lebensjahr erreicht, dann trägt er sich sein Nest zusammen, setzt sich auf dasselbe und stirbt, sobald seine Zeit gekommen ist. Aber siehe da! Aus dem verwesenden Fleische und seiner Feuchtigkeit bildet und entwickelt sich ein neuer Phönix, der, groß und stark geworden, das Nest mit den noch übrigen, gröbern Knochenresten in seinen

---

[1] Ὅς καὶ ἀληθῶς ἠγέρθη ἀπὸ νεκρῶν, ἐγείραντος αὐτὸν τοῦ πατρὸς αὐτοῦ, ὡς καὶ κατὰ τὸ ὁμοίωμα ἡμᾶς τοὺς πιστεύοντας αὐτῷ οὕτως ἐγερεῖ ὁ πατὴρ αὐτοῦ.

Schnabel nimmt und von Arabien nach Egypten zur Heliopolis trägt, wo er dasselbe auf den Altar der Sonne niederlegt. Alsdann fliegt er wieder von dannen und kehrt nach Arabien an seinen Ort zurück. — Was der Heilige hier erzählt, ist eine Mythe; aber was seine Anschauung bezüglich der Auferstehung gewesen, kann nicht zweifelhaft sein. — Im 26. Capitel weist der h. Clemens dann noch auf zwei Stellen der h. Schrift hin, die er theilweise frei und nur dem Sinne nach citirt, nämlich auf die Worte Ps. 21, 23; 3, 6: „Denn er sagt irgendwo (der Schöpfer und Vollender aller Dinge): Und du wirst mich auferwecken, und ich werde dir lobsingen; und ich schlief ein und schlief, und ich erwachte, weil du mit mir bist." Dann aber weist er, wie wir schon früher gelegentlich bemerkten, mit ausdrücklichen Worten auf Job 19, 25 hin: „Und wiederum Job sagt: Und du wirst auferwecken dieses mein Fleisch da, welches alles dieses gelitten hat."[1]) Das folgende Capitel gibt dann endlich, unter dem Hinweis auf die zukünftige Auferstehung, eine Exhortation zum treuen Festhalten an dem allmächtigen und allwissenden Gott.

2. Gehen wir jetzt zur Lehre der Apologeten und derjenigen Väter über, die dem Concil von Nicäa vorausgingen.[2])

Der h. Justinus in seiner Schrift über die Auferstehung[3]) richtet zunächst seine Darstellung gegen diejenigen, welche die Möglichkeit einer Auferstehung bestreiten zu können glaubten. Gott hat den Leib aus Nichts geschaffen, so argumentirt er seinen Gegnern gegenüber, muß es also seiner Allmacht nicht viel leichter sein, den vermoderten Leib wieder zu neuem Leben zu erwecken? Die Materie des Leibes geht ja beim Tode nicht verloren, sie löst sich nur auf in die Elemente, die nach dem eigenen Zugeständnisse der heidnischen Philosophen unverändert fortbestehen. Die Auferstehung dieses unseres Leibes paßt aber auch auf das Vollkommenste in den Zusammenhang der übrigen Glaubensdogmen. Hat doch der Schöpfer selber unsern Leib gebildet, und daher ist ihm gerade dieser Leib werthvoll und theuer, wie auch dem Künstler das Kunstwerk werthvoll und theuer

---

[1]) Καὶ πάλιν Ἰὼβ λέγει· „Καὶ ἀναστήσεις τὴν σάρκα μου ταύτην, τὴν ἀνατλήσασαν ταῦτα πάντα."

[2]) Vgl. zu diesem Theile unserer Darstellung Schwane, Dogmengeschichte der vornicänischen Zeit. S. 427 ff. 449 f. 474. 510.

[3]) Vgl. Justinus de res. c. 1. 7. 8.

ist, das seine Hand geschaffen. Gott wird also eben diesen Leib wiederherstellen, der im Tode zerfallen ist, und er kann es auch. Denn wie sollte er die getrennten Theile des Fleisches nicht wiederum zusammenbringen können, um jenen Leib wiederherzustellen, den er ursprünglich erschaffen hatte?[1]) Gott wird dieses um so eher thun, als dieser Leib zugleich mit der Seele durch die Gnade der Erlösung in der h. Taufe gesegnet und geheiligt wurde. — Zum Schlusse wird dann noch auf das Vorbild des auferstehenden Heilandes hingewiesen, der mit demselben Leibe, in welchem er am Kreuze gelitten, am dritten Tage glorreich aus dem Grabe hervorging.

Auch Athenagoras verfaßte ein eigenes, fünfundzwanzig Capitel umfassendes Schriftchen über die Auferstehung der Todten,[2]) in welchem er seinen Glauben an die Identität des Auferstehungsleibes mit der größten Klarheit und Bestimmtheit ausspricht. Er berührt unter anderm die Einwendung, daß die stofflichen Bestandtheile des Leibes sich auflösten und zerstreuten; daß menschliche Leiber nicht selten von Raubthieren verzehrt würden, in das Fleisch dieser Thiere übergingen und dann weiter wanderten; daß in Folge der Anthropophagie menschliches Fleisch unmittelbar in andere Menschenleiber übergehe, und so dieselben Stoffe Bestandtheile mehrerer Menschenleiber werden. Athenagoras löst nun diese Einwendung dadurch, daß er sagt, Gott habe jedenfalls Menschenfleisch nicht als Nahrungsstoff angeordnet, und daher bewirke er durch seine Weisheit und Macht, daß menschliches Fleisch niemals, wenn es genossen werde, in die Substanz anderer Menschen und Wesen übergehe, sondern den fremden Organismus wieder verlasse, um für die Auferstehung aufbewahrt zu werden. Es ist das freilich eine Lösung der Schwierigkeit, die mit Recht von Suarez,[3]) Augustinus[4]) u. A. als irrig verworfen wird, allein —

---

[1]) Ὁ δὲ θεὸς ἀναλυθέντα τὰ μέλη τῆς σαρκὸς ἀπ' ἀλλήλων οὐ δυνήσεται πάλιν συνάγων ποιῆσαι τὸ αὐτὸ τῷ πρότερον γεγονότι ὑπ' αὐτοῦ σώματι; Vgl. de res. c. 7.

[2]) Vgl. Athenagoras de res. c. 7. 8. 13.

[3]) „Plura vero de hoc argumento scribit Athenagoras libro de resurrectione, ubi dicit, etiamsi quis humanis carnibus vescatur, numquam illis nutriri, nec eas in se convertere, sed vim nutritivam statim resilire et id alimentum abiicere. Sed hoc et contra experientiam est et contra rationem physicam, quia naturalis calor naturaliter operatur." l. c. Disp. 44. sect. 2. n. 6.

[4]) de civ. Dei. XXII. 20.

und darauf kommt es hier zunächst an — die Anschauungen dieses Apologeten bezüglich unseres Lehrpunktes können nicht deutlicher ausgesprochen werden, als es hier geschieht. Athenagoras läßt dann noch zwei Argumente folgen, die, wie die Auferstehung überhaupt, so speciell die numerische Identität des auferstehenden Menschen und seines Leibes darthun sollen und auch darthun. Gott habe, so sagt er, den Menschen als Menschen erschaffen, d. h. als ein Wesen, das aus Leib und Seele besteht; und diesem aus Leib und Seele bestehenden Menschen habe er eine ewige, himmlische Bestimmung gegeben. Solle aber der Mensch dieser ewigen Bestimmung theilhaftig werden, so müsse er auch nach Leib und Seele fortleben, und den Leib, wenn er durch den Tod zerstört worden sei, einstens als wesentlichen Bestandtheil der menschlichen Natur wiedererhalten. Ebenso folgert Athenagoras aus der Nothwendigkeit einer Vergeltung für Tugend und Sünde die Wiederauferweckung des Leibes, damit der Leib, der an den Verdiensten und Mißverdiensten hier auf Erden theilgenommen hat, auch seinen Antheil am Lohne oder an der Strafe erhalte. Es ist das also dasselbe Argument, dessen Bedeutung für unsere Frage wir bereits früher in Erwägung gezogen haben.

Ganz dieselbe Lehre finden wir bei Theophilus.[1]) Sowohl um die Möglichkeit, als auch um die Art und Weise der zukünftigen Auferstehung darzuthun, weist er auf das Samenkorn hin, das zuvor verwesen muß, um dann als lebendige Pflanze aus der Verwesung emporzusteigen. Auch vergleicht er die Wiedererneuerung und Auferstehung des Leibes mit der Umgießung und Umformung eines zertrümmerten Gefäßes.

Reich an Beweismomenten ist die Lehre des Irenäus in seinem gegen die Häretiker gerichteten Werke.[2]) Wenn es des Menschen Bestimmung ist, so argumentirt er, ewig beseligt zu werden, so kann der Leib davon nicht ausgeschlossen sein, sondern es muß derselbe Leib, der hier auf Erden mit der Seele verbunden war, auch an dem Lohne oder der Strafe des jenseitigen Lebens seinen Antheil nehmen. Thöricht ist also die heidnische Vorstellung einer Seelenwanderung, da zu jeder menschlichen Seele auch nur Ein menschlicher Leib gehört. Wie beide sich hier auf Erden zur Einen, individuellen menschlichen Substanz ergänzten, und in dieser ihrer Vereinigung am Verdienste betheiligt waren, so werden auch beide in derselben Ver-

---

[1]) Ad Aut. I. 13.
[2]) Adv. haer. II. 33. V. 2. 3. 6. 8. 12. 14.

einigung den ewigen, himmlischen Lohn genießen. — So wahr der Leib des Herrn aus dem Tode gerettet worden ist, so wahr wird auch unser Fleisch aus dem Grabe wiedererweckt werden. — Und wie vielfach und groß ist die Würde dieses unseres Leibes? Ist er nicht von Gott selbst erschaffen? ist er nicht durch Christus erlöst? Er ist ein Tempel des h. Geistes; er ist ein Glied am Leibe Christi; er ist durch den Genuß der eucharistischen Speise übernatürlich genährt, gestärkt, geweiht und geheiligt. Wahrlich! thöricht über die Maßen sind diejenigen, welche Gottes weisheitsvolles Wirken verachten und an eine Wiedergeburt des Fleisches nicht glauben, und ihre Worte sind schwere Blasphemie.[1]) Wenn Gott aus dem Nichts den Menschenleib erschuf mit allem dem, was seine Natur erfordert, sollte es ihm dann nicht viel leichter sein, das bereits Gemachte und Aufgelösete wieder zu einem neuen Leben wiederzuerwecken?[2]) Zwar sollen nach dem Worte des h. Paulus (I. Cor. 15, 50) Fleisch und Blut das Himmelreich nicht besitzen; allein der Apostel hat nur das Fleisch mit seinen sündhaften Trieben und Neigungen im Auge. Denn dasselbe Fleisch, mit dem wir hier auf Erden überkleidet waren, soll wiederauferstehen; die Verklärung soll nicht seine Substanz verändern, sondern nur die fleischlichen Begierden tilgen.

Ganz dieselben Gedanken, welche die schon angeführten Väter entwickeln, finden auch bei Tertullian in seiner Schrift über die Auferstehung eine ganz klare und deutliche Aussprache. Tertullian vertheidigt zunächst die Möglichkeit der leiblichen Auferstehung im Allgemeinen mit dem Hinweis auf die Allmacht Gottes, der, nachdem er den Leib aus dem Nichts erschaffen, um so eher im Stande sei, den in seine Theile aufgelösten Leib wieder zum frühern Leben zurückzurufen. Er vertheidigt dann insbesondere die Würdigkeit unseres Fleisches für die zukünftige Auferstehung gegenüber der gnostischen Philosophie, welche bei ihren Anschauungen über den

---

[1]) „Vani autem omnimodo, qui universam dispositionem Dei contemnunt et carnis salutem negant et regenerationem eius spernunt." V. 2. „Templum igitur Dei, in quo spiritus inhabitat patris, et membrum Christi non participare salutem, sed in perditionem redigi dicere, quomodo non maximae est blasphemiae?" V. 6.

[2]) „Et quidem multo difficilius et incredibilius est, ex non existentibus ossibus et nervis et venis — — facere hominem, quam quod factum est et deinde resolutum est in terram — — rursus redintegrare." V. 3.

Ursprung der Materie eine solche Würdigkeit nicht zugeben konnte. Er thut es zunächst dadurch, daß er den Leib als eine Schöpfung, und zwar als eine herrliche Schöpfung des guten Gottes behauptet; er leitet ferner seine Würde ab aus seiner innigen Vereinigung mit dem vernünftigen Geiste, mit dem er, substantiell verbunden, Eine Person und Ein Wesen bildet.[1]) Eine noch höhere Würde aber empfängt er durch die Erlösung und Heiligung. Wird doch das Fleisch abgewaschen, damit die Seele gereinigt werde; wird es doch gesalbt, mit dem Zeichen des h. Kreuzes bezeichnet und durch die Handauflegung überschattet, damit die Seele geheiligt, gestärkt und erleuchtet werde; empfängt es ja selbst den h. Leib und das h. Blut unsers Herrn, damit die Seele gespeiset und genähret werde.[2]) Die Auferstehung des Fleisches ist aber nicht bloß möglich mit Rücksicht auf die Allmacht Gottes und die Würde des Fleisches, sie entspricht auch in hohem Grade der Gerechtigkeit Gottes, sie ist angemessen und billig, damit auch der Leib, der ja kein bloßes äußeres Werkzeug der Seele, sondern mit ihr zur substantiellen Einheit des Seins und des Wirkens verbunden war, wie an den Verdiensten, so auch an dem Lohne seinen Antheil gewinne.[3]) Die Auferstehung wird aber auch durch den Zweck der Erlösung gefordert, der dahin zielt, nicht bloß der Seele, sondern dem ganzen Menschen, der Seele und dem Leibe, Segen und Heil zu bringen. Würde der Leib eine Beute des Todes bleiben, dann würde des Satans Macht sich stärker erweisen, als die Macht Jesu Christi, und unwahr wäre das Wort des h. Paulus (Röm. 5, 20), daß zwar die Sünde groß, aber noch größer und überschwänglicher die Gnade geworden. Uebrigens läßt ja auch die thatsächliche Auferstehung und Verklärung Christi keinen Zweifel an unserer eigenen, dereinstigen Auferstehung und Verherrlichung übrig.[4]) Alle diese Argumente, das sieht man leicht, beweisen nicht bloß die Realität der Auferstehung im Allgemeinen, sondern sie haben dieselbe

---

[1]) de res c. 6 u. 7.
[2]) „Caro abluitur, ut anima emaculetur; caro ungitur, ut anima consecretur; caro signatur, ut et anima muniatur; caro manus impositione obumbratur, ut et anima spiritu illuminetur; caro corpore et sanguine Christi vescitur, ut et anima de Deo saginetur." c. 8.
[3]) c. 15 u. 16.
[4]) c. 34 u. 51.

Beweiskraft und dasselbe Gewicht auch für die von uns vertheidigte numerische Identität des auferstehenden Menschen und seines Leibes.

Doch läßt uns Tertullian auch speciell über diesen Punkt nicht im Mindesten im Unklaren. Er beweist jene Identität aus der Bedeutung des Wortes resurgere; er beweist sie aus den Aussprüchen des h. Paulus (I. Cor. 15, 12. II. Cor. 5, 1. ff. Phil. 3, 21.) und macht den vom h. Apostel dem Samenkorn entlehnten Analogiebeweis zu dem seinigen; er vergleicht die Auferstehung mit der Wiederherstellung eines Schiffes, das in Folge eines Seesturmes in Trümmer gegangen; er weist ferner mit so vielen andern Vätern auf das Vorbild und Beispiel des wiedererstandenen Heilandes hin;[1] er betrachtet endlich die numerische Identität des Auferstehungsleibes als eine billige Forderung der Gerechtigkeit, damit ebenderselbe Leib, der auf Erden verdient oder mißverdient hat, auch die entsprechende Vergeltung erlange.[2] Freilich erscheint eine solche Auferstehung nach menschlichen Begriffen schwierig. Denn die aufgelösten Bestandtheile des Menschenleibes vermischen sich mit dem Wasser, gehen in Feuer auf, werden von thierischen Organismen aufgenommen, und vermischen sich unter fortwährendem Wandel und Wechsel mit der mütterlichen Erde. Allein Gottes Allmacht ist es ja, von welcher wir die Auferstehung erwarten, und sie kann und wird das Werk vollbringen.[3]

Mit derselben Entschiedenheit wie Tertullian erklärt sich auch Minucius Felix für die numerische Identität des Leibes und der Leibesstoffe. Mag auch der Leib zu Staub verdorren, so schreibt er, mag er auch in Feuchtigkeit zerfließen, mögen auch die Elemente sich unserer Wahrnehmung ganz und gar entziehen: Gott der Herr selber ist ihr Wächter und Bewahrer.[4] Auch bei Hippolytus finden

---

[1] c. 52. 53. 55. 60.

[2] „Etenim quam absurdum, quam vero iniquum, utrumque autem quam Deo indignum, aliam substantiam operari, aliam mercede dispungi; ut haec quidem caro per martyria lanietur, alia vero coronetur; item in contrario haec quidem caro in spurcitiis volutetur, alia vero damnetur." c. 56.

[3] „Habet et caro recessus suos interim, in aquis, in ignibus, in alitibus, in bestiis, quum in haec dissolvi videtur, velut in vasa transfunditur. Si etiam ipsa vasa defecerint, quum de illis quoque effluxerit, in suam matricem terram resorbetur, ut rursus ex illa repraesentetur Adam." c. 63.

[4] „Corpus omne sive arescit in pulverem, sive in humorem solvitur, — — subducitur nobis, sed Deo elementorum custodia reservatur." Octav. c. 16.

sich diese und ähnliche Gedanken; es dürfte genügen, hier lediglich auf sie hingewiesen zu haben.¹) Dasselbe gilt von Lactantius.²)

Um zu Origenes überzugehen, so bedarf es der Versicherung nicht, daß ein Zeugniß gerade dieses gelehrten und großen Mannes nicht zu unterschätzenden Werth hat, und daß es, wenn auch nicht nothwendig, doch höchst wünschenswerth für uns und unsere Untersuchung sein muß. Da ist es nun freilich mißlich, unter den mancherlei Irrthümern, die dem Origenes zur Last gelegt werden, auch seine Lehre über die Auferstehung aufgeführt zu finden. Wir können uns selbstredend nicht darauf einlassen, hier eine Studie über des Origenes Lehre und Irrthümer überhaupt anzustellen und zu untersuchen, was denn eigentlich seine wahre Lehre gewesen sei.³) Wir haben es hier bloß mit seiner Lehre über die Auferstehung zu thun, und der Zweck unserer Untersuchung geht dahin, zu ermitteln, ob nicht auch des Origenes Zeugniß in irgend einer Weise für die Lehre angerufen werden könne, die wir vertheidigen.⁴)

Al. Vincenzi behauptet,⁵) Origenes habe keineswegs die specifische und numerische Identität der auferstehenden Leiblichkeit in Abrede gestellt; wenn er jene Leiblichkeit eine himmlische, englische, ätherische nenne, so wolle er damit nur die Unvollkommenheiten der gegenwärtigen Leiblichkeit ausschließen und wolle nur auf die hohen Vorzüge aufmerksam machen, die der gloriösen Leiblichkeit anhaften werden. Und in der That drückt sich Origenes an verschiedenen Stellen seiner Schriften ganz correct aus.⁶) Er verwirft die Annahme eines specifisch andern Stoffes zur Constituirung der Auferstehungsleiblichkeit, betont vielmehr die Identität der Substanz, die freilich durch die Verklärung accidentelle Modificationen erfahren wird; er verweist auf das

---

¹) Adv. Graec. n. 11.
²) Div. instit. l. 7. c. 22. sq.
³) Es ist in neuerer Zeit manches zur Rechtfertigung des Origenes geschehen; eine vollständige Rechtfertigung desselben darf aber zu den unmöglichen Dingen gerechnet werden. Vgl. die Schrift des Aloysius Vincenzi über des h. Gregor von Nyssa und des Origenes Lehre und Schriften; ebenso die Kritik dieses Werkes im „Katholik" Jahrg. 1866. II. Hälfte. S. 291 ff.
⁴) Vgl. hierzu Schwane, Dogmengeschichte der vornicänischen Zeit, S. 501 ff.
⁵) Bd. 2. Cap. 1.
⁶) Vgl. z. B. de princ. III. 6, 5 u. 6; II. 10, 1. contra Celsum V. 23. in Matth. 17, 29. Das Nähere bei Schwane a. a. O.

vermodernde und wiederauflebende Samenkorn; argumentirt mit den übrigen Vätern aus dem Worte resurgere und fordert die Identität des Auferstehungsleibes auch mit Rücksicht auf Lohn und Strafe, an welchen billiger Weise auch der Leib seinen Antheil nehmen muß. Nur in einem Punkte von untergeordneter Bedeutung, betreffs der Restitution gewisser körperlicher Organe nämlich, scheint er mit Gregor von Nazianz[1]) und Basilius[2]) von der herrschenden Ansicht abzuweichen.[3])

Im Widerspruche hiermit wird nun aber Origenes von manchen Vätern, von Hieronymus, Methodius, Epiphanius und Augustinus schwerwiegenden Irrthums geziehen und soll ihnen zufolge durch die Annahme einer ätherischen Auferstehungsleiblichkeit sogar die specifische Identität dieser Leiblichkeit vernichtet und aufgehoben haben. Es kommt noch hinzu, daß des Origenes eigenen Freunde, Rufin und Pamphilus, selber einräumen, daß in der That Origenes die Präexistenz der Seelen gelehrt und außerdem über das Wesen und die Bedeutung der Materie und des Leibes einer Anschauung gehuldigt habe, die mit der katholischen Anschauung im grellsten Widerspruche steht.[4]) Wir müssen uns demnach zur Klarstellung und Beurtheilung der origenistischen Auferstehungs- und Identitätslehre mit den genannten Vorstellungen des Origenes wenigstens einigermaßen bekannt machen.[5])

Wie gesagt, lehrte Origenes zunächst die Präexistenz oder ein vorzeitliches Dasein aller Menschenseelen. Was aber die Materie betrifft, so war er der eigenthümlichen Ansicht, daß der Stoff an und für sich ätherisch, ausdehnungslos sei, daß ihm aber die Potenz innewohne, sich actu auszudehnen und in dieser Ausdehnung gröbere oder feinere Formen und Gestalten anzunehmen. Mit diesem Stoffe nun, in seiner ausdehnungslosen, ätherischen Form waren die präexistirenden Menschenseelen vom ersten Augenblicke ihres Daseins an verbunden, denn die Existenz eines reinen Geistes ohne jedwedes materielles Substrat hielt Origenes für unmöglich. Es sündigten nun jene Seelen, und zur Strafe dafür führte Gott den Stoff, mit dem

---

[1]) Or. 10.
[2]) in Ps. 114.
[3]) Schwane, Dogmengeschichte der patristischen Zeit, S. 787.
[4]) Schwane a. a. O.
[5]) Vgl. Schwane, Dogmengesch. der vornic. Zeit, a. a. O.

sie verbunden waren, in jene Formen hinüber, die bereits der Potenz nach in ihm lagen. So kam es, daß sich jetzt die Menschenseelen zur Strafe für ihre Schuld in diese grobmateriellen Leiber, wie in Gefängnisse, eingeengt und eingeschlossen fanden. Im Tode streift dann die Seele die grobe Hülle wieder ab, bleibt aber mit der materiellen Substanz, wie mit einem entwicklungsfähigen Keime, nach wie vor verbunden. Eine spätere Auferstehung des Leibes muß also vom Standpunkte des Origenes offenbar als zwecklos, oder vielmehr als ganz zweckwidrig erscheinen, da gerade durch den Tod der Mensch in den Zustand seiner ursprünglichen Vollkommenheit zurückversetzt wird; überhaupt kann von einem wahren Tode und von einer wahren und eigentlichen Auferstehung nach katholischer Anschauung keine Rede mehr sein. — Und so sah sich Origenes durch seine Philosophie mit der Theologie in Widerspruch gesetzt, da der Glaube mit aller Klarheit und Entschiedenheit eine dereinstige Auferstehung von den Todten lehrte. Origenes suchte diesen Widerspruch aufzuheben, und er that es dadurch, und konnte es unter Festhaltung seiner sonderbaren Theorie auch nur dadurch, daß er in der Auferstehung die mit der Seele verbundene materielle, keimartige Substanz wieder Ausdehnung, Form und Gestalt gewinnen ließ, freilich nicht die frühere, grobmaterielle, sondern eine verfeinerte, verklärte und vergeistigte.

Fragen wir nun, ob wir bei solcher Sachlage uns auch auf Origenes für unsern Lehrsatz berufen können, so dürfte die Antwort eine bejahende sein. Denn bei allen Irrthümern und Wunderlichkeiten, die sich in seiner Auferstehungslehre zusammendrängen, wird doch nicht bloß die specifische, sondern auch die numerische Identität des Leibes und der Leibesstoffe ihrer Substanz nach, wie sich Origenes diese letztere auch denken mochte, mit Entschiedenheit festgehalten. Denn die Seele bleibt ja nach wie vor genau mit demselben materiellen Substrate verbunden, mit dem sie uranfänglich verbunden war, und nur rücksichtlich der Ausdehnung und der Erscheinung nach Außen tritt ein Wechsel und Wandel ein. So erklären sich auf der einen Seite die oben angedeuteten Stellen, in denen Origenes unter verschiedenen Formen und Wendungen im Einklange mit der kirchlichen Tradition die Identität des Auferstehungsleibes behauptet und vertheidigt. Auf der andern Seite aber begreift man zugleich, wie die genannten Väter bei der eigenthümlichen Theorie des Origenes über die Natur und die

Bedeutung von Stoff und Leib zu der Meinung gelangen konnten, er habe selbst die specifische Identität des Auferstehungsleibes in Abrede gestellt, zumal bei den wechselnden und schwankenden Ansichten und Ausdrucksweisen des Origenes und bei den zum Theile ungetreuen oder gefälschten Abschriften und Uebersetzungen seiner Werke. — Auch das Andere begreift man, wie die Schüler des Origenes in Wirklichkeit zu einer Läugnung der specifischen Identität übergehen konnten, wobei sie gar die Kugelform der natürlichen Figur und Gestalt eines Menschenleibes vorzogen.[1])

An letzter Stelle nennen wir von den der vornicänischen Periode angehörigen Vätern noch den h. Methodius. Er war einer der ersten Gegner des Origenes und schrieb gegen ihn eine eigene Abhandlung über die Auferstehung, die aber nur in Bruchstücken auf uns gekommen ist, die uns Epiphanius[2]) und Photius[3]) erhalten haben. Methodius bekämpft in dieser Schrift die eigenthümlichen Aufstellungen des Origenes und bemerkt rücksichtlich der Identität des auferstehenden Leibes, daß eine Wiedererneuerung der bloßen Gestalt, der Origenes vorübergehend ebenfalls das Wort geredet hatte, zu einer wahren Auferstehung keineswegs genüge, weil sie auch ohne alle Auferstehung eintreten könne, wie man an der Erscheinung des Moses und Elias auf Tabor sehe. Der Heilige legt vielmehr mit den übrigen Vätern das Hauptgewicht auf die Identität der materiellen Bestandtheile und vergleicht die Auferstehung mit der Umgießung einer bronzenen Statue in eine neue, viel schönere und herrlichere. Dabei beruft er sich auf Röm. 8, 19, wo ausdrücklich gelehrt werde, daß die gegenwärtige Welt mit allen ihren materiellen Bestandtheilen und namentlich die Erde nicht vernichtet, sondern bloß umgewandelt und verklärt werden solle.

3. Bevor wir dazu übergehen, die Lehre der nachnicänischen Väter vorzulegen, wollen wir einen Augenblick Halt machen, um einerseits durch einen kurzen Rückblick das bereits gewonnene Resultat zusammenzufassen, und andererseits über die dogmatische Bedeutung desselben ein Urtheil zu gewinnen. In ersterer Beziehung steht es nun ohne Frage fest, daß an der factischen Uebereinstimmung der

---

[1]) Schwane, Dogmengeschichte der patr. Zeit, S. 789.
[2]) Haer. 64.
[3]) Bibl. 234. pag. 903. sqq.

vornicänischen Väter bezüglich des Punktes, den wir untersuchen, nicht
gezweifelt werden kann. Sie alle lehren ohne Ausnahme die nume=
rische Identität des Auferstehungsleibes und fordern ganz folgerichtig
zur Auferstehung die Rückkehr ebenderselben Stoffe, aus denen früher
die Leiber bestanden. Ihre Ausdrucksweisen und Beweisführungen
sind so handgreiflich und klar, daß die kühnste Sophistik nicht im
Stande ist, den wahren Gedanken und den wahren Sinn der Väter
auch nur einigermaßen zu verdunkeln. Wir erinnern an die Bilder,
derer sie sich zur Erklärung der Auferstehung bedienen. Sie ver=
gleichen sie mit dem zur Pflanze sich ausgestaltenden Samenkorn
(Clemens von Rom, Theophilus, Tertullian); mit dem aus den
Verwesungsstoffen seines frühern Leibes neugebildeten Phönix (Cle=
mens von Rom); mit dem Wiederaufbau eines im Sturm gescheiterten
Seeschiffes (Tertullian); mit der Wiederherstellung oder Umgießung
einer schadhaft gewordenen Bildsäule oder eines zerbrochenen Ge=
fäßes (Theophilus, Justin, Methodius). Außerdem erkennen die Väter
die ihnen von den Gegnern vorgehaltene Schwierigkeit an, welche
nach menschlicher Vorstellung darin liegt, daß die Theile des Kör=
pers sich auflösen, sich nach allen Richtungen hin zerstreuen und in
die Leiber von Fischen, Vögeln, von wilden Thieren oder gar von
Menschen übergehen.[1]) Zur Lösung der Schwierigkeit aber weisen
sie nicht etwa darauf hin, daß es auf die frühern Bestandtheile des
Leibes gar nicht ankomme, sondern sie erwiedern, daß die Theile
des Körpers, wenn sie auch zersetzt und aufgelöst werden, doch nicht
der Vernichtung anheimfallen (Justin); daß Gottes Allwissenheit und
weise Vorsehung diese Theile kenne und bewahre, und daß es seiner
Allmacht doch viel leichter sein müsse, die vorhandenen Theile wieder
zum Ganzen zusammenzufügen, als sie aus dem Nichts ins Dasein zu
rufen (Justin, Athenagoras, Irenäus, Tertullian, Minucius Felix).

Wir müssen aber noch eine andere Bemerkung hinzufügen. Unsere
Absicht geht dahin, auch auf Grund der Lehre der Väter und der
kirchlichen Theologen den dogmatischen Charakter unserer Thesis
zu behaupten und nachzuweisen. Zu diesem Ende genügt es aber nicht,

---

[1]) Der Glaube der Väter, wie überhaupt der damaligen Christen erhellt auch
schon aus der Erzählung bei Eusebius (hist. eccl. V. 1.), nach welcher die Heiden
die Asche der verbrannten Märtyrer in die Rhone warfen, um so, wie sie meinten,
dem Auferstehungsglauben der Christen seine Grundlage zu nehmen.

zu zeigen, daß die Väter in unserer Lehre eben nur einstimmig
sind, gleichviel welchen Charakter sie derselben beilegen; sondern es
muß nachgewiesen werden, daß die Wahrheit, welche sie einstimmig
verkündigen, zugleich als Lehre der Offenbarung und des
Glaubens von ihnen behauptet und verkündigt wird. Denn nur
unter dieser Voraussetzung kann aus ihrem Consense der dogmatische
Charakter einer Wahrheit gefolgert werden. — Gilt also dieses von
den Vätern, welche wir bis dahin bereits besprochen haben? Wollen
sie etwa nur eine Privatansicht äußern, wenn sie die numerische Identität des Auferstehungsleibes und seiner Bestandtheile lehren? oder
betrachten sie diese Lehre als eine Lehre der Offenbarung und des
Glaubens? — Offenbar ist dieses Letztere der Fall. Die Väter erklären ja diese Lehre als eine Lehre der h. Schrift, indem sie sich
bei Vertheidigung derselben vielfach auf diejenigen Schrifttexte beziehen,
in denen Christus als Muster und Vorbild unserer Auferstehung hingestellt wird (Ignatius, Clemens von Rom, Justin, Irenäus, Tertullian); oder sie berufen sich auch auf die berühmte Stelle bei Job
(Clemens von Rom); oder auf Stellen in den Briefen an die Corinther und die Philipper (Tertullian); oder endlich auf die Stelle
im 8. Capitel des Römerbriefes (Methodius). Auch erklären die Väter,
diese ihre Lehre sei durch den Sinn des biblischen und kirchlichen
Begriffes resurgere gefordert (Tertullian). — Wiederum erklären sie
endlich, daß diese Lehre als Bestandtheil in andern geoffenbarten Wahrheiten enthalten sei: in den Offenbarungslehren von
der Schöpfung, Erlösung und Heiligung nämlich, ebenso in der Lehre
von der Vollendung; und sie bemerken, daß der schöpferische, erlösende, heiligende und in der Vollendung vergeltende Gott seinen Zweck
gar nicht, oder doch nur unvollkommen erreichen würde, wenn nicht
ebenderselbe, aus den frühern Bestandtheilen zusammengesetzte Leib
wieder aus dem Grabe erstehe (Justin, Athenagoras, Irenäus,
Tertullian). Nur so begreifen wir auch das Wort des Irenäus,
wenn er diejenigen Thoren nennt, und wenn er den Vorwurf der
Blasphemie gegen diejenigen erhebt, welche eine Auferstehung in dem
angegebenen Sinne läugnen und bestreiten. — Wenn wir nun zu den
Vätern der nachnicänischen Periode übergehen, so wird sich finden,
daß von ihrer Lehre ganz dasselbe gilt, was wir von der Lehre der
genannten Väter bereits nachgewiesen haben. Wir halten es nicht

für nothwendig, auf diesen Punkt später noch einmal eigens aufmerksam zu machen; man beachte nur die Aussprüche, die wir jetzt vorlegen wollen.

4. Es bedarf wohl kaum der Erwähnung, daß, wie es bei den vornicänischen Vätern nicht der Fall war, so auch nicht gerade alle Väter der nachnicänischen Zeit mit der gleichen handgreiflichen Klarheit und mit derselben ausführlichen Gründlichkeit unsere Frage behandeln. Das ist eben niemals und in keiner Frage bei den Vätern der Fall. Der eine spricht sich über irgend eine Wahrheit klarer und ausführlicher, der andere dagegen in knappen und allgemeinen Ausdrücken aus, jenachdem es im Plane der Väter lag, jenachdem sie es für wünschenswerth, zweckmäßig oder nothwendig hielten. Das gilt auch von unserer Frage. Einzelne wenige Väter geben nur kürzere Andeutungen, die aber gleichwohl deutlich und verständlich genug sind; die bei weitem größere Mehrzahl dagegen führt eine Sprache, die an Ausführlichkeit und handgreiflicher Klarheit nichts zu wünschen übrig läßt.

Beginnen wir mit dem h. Cyrill von Jerusalem. Derselbe kommt in seiner Erklärung des apostolischen Glaubensbekenntnisses beim Artikel über die Auferstehung auf die Einwendung zu sprechen: es sei unmöglich, die in alle Welt zerstreuten Bestandtheile des menschlichen Leibes wieder zusammenzubringen. — Die Einwendung setzt also die Identität der materiellen Bestandtheile offenbar voraus, und Cyrill erklärt diese Voraussetzung keineswegs für eine irrige. Was aber antwortet er? Wenn der Lichtstrahl, sagt er, die weitesten Räume durchdringt, warum sollte der Schöpfer aller Dinge nicht jedem Stäubchen nahe sein können, um es an dem gehörigen Orte zu verwenden? Die Gerechtigkeit Gottes verlangt, daß derselbe Leib, welcher an den Verdiensten oder Mißverdiensten sich betheiligt hat, auch an dem Lohne oder an der Strafe theilnehme; die dem Menschen natürliche Ehrfurcht vor den Gräbern, die Bilder der Auferstehung in der äußern Natur, sprechen für eine eigentliche Wiedererweckung unseres Leibes. — Und sollte denn der Gott, welcher uns aus den unvollkommensten Anfängen gebildet hat, nicht im Stande sein, uns wiederzuerwecken, nachdem wir dem Tode anheimgefallen?[1]

---

[1] Cat. 18. n. 9. 18. 19. — Zu Cyrill von Jerusalem, Basilius und Gregor von Nyssa vgl. Schwane, Dogmengeschichte der patristischen Zeit. S. 763. ff.

Weniger ausführlich, aber doch hinlänglich klar ist der h. Cyrill von Alexandrien, der seine Argumentation von dem biblisch-kirchlichen terminus „resurgere" hernimmt. — Wird nicht das ganze Menschengeschlecht, so fragt er, welches fallend in den Tod versank, wieder zum Leben auferstehen? Allerdings! Denn die h. Schrift lehrt eine eigentliche Wiedererstehung, eine resurrectio. Es heißt ja ausdrücklich: „Wundert euch nicht, denn es kommt die Stunde, in welcher Alle, die in den Gräbern sind, die Stimme des Sohnes Gottes hören werden. Und die Gutes gethan haben, werden hervorgehen zur Wiederauferstehung des Lebens, die aber Böses, zur Wiederauferstehung des Gerichtes." [1]

Der h. Basilius redet ebenfalls von der Auferstehung desselben Leibes, den wir auf Erden getragen. Denn am jüngsten Tage, sagt er, wird der Schall der Posaune die Gräber durchtönen, um dasjenige von unsern Leibern zurückzufordern, was in den Gräbern hinterlegt ist ($\tau\dot{\eta}\nu\ \tau\tilde{\omega}\nu\ \sigma\omega\mu\acute{\alpha}\tau\omega\nu\ \pi\alpha\varrho\alpha\varkappa\alpha\tau\alpha\vartheta\acute{\eta}\varkappa\eta\nu$). [2]

Der h. Gregor von Nazianz weist dann wieder auf das Vorbild des auferstehenden Heilandes hin, dem unsere Auferstehung ähnlich sein werde. Der Unterschied werde darin bestehen, daß Christus schon am dritten Tage wieder auferstand, wir aber erst nach längerer oder kürzerer Zeit. [3]

Von besonderer Wichtigkeit ist der h. Gregor von Nyssa. Wir geben aus seiner Schrift über die Seele und die Auferstehung nur die wichtigsten hierher gehörigen Gedanken wieder. Der h. Gregor leitet zunächst unsere Lehre aus der Bedeutung des Wortes resurrectio ab. Denn, sagt er, unter resurrectio könne nur die Wiedervereinigung und Wiederherstellung dessen verstanden werden, was, ehemals verbunden, dann der Zersetzung und Auflösung anheimgefallen sei. Er vergleicht dann ferner die Auferstehung mit der Wiederherstellung vieler zerbrochener Gefäße, deren Scherben von den verschiedenen Eigenthümern der Gefäße wiedererkannt und wiederum zum Ganzen

---

[1] „Nonne universum genus humanum, quod in mortem cecidit, ad vitam recurret? Omnino ita futurum esse respondebimus; resurgunt enim mortui, — sed qui bona fecerunt, in resurrectionem vitae, qui vero mala egerunt, in resurrectionem iudicii." l. 4. in Joh. c. 12.

[2] Hom. Quod mundanis non sit adhaerendum. n. 2.

[3] Or. 40. n. 30.

zusammengefügt würden. Außerdem weist der h. Lehrer auf den natürlichen Drang und die natürliche Neigung hin, mit welcher sich die Seele zu jenem Leibe hingezogen fühlt, in welchem sie ehemals gewohnt hat. Wenn er dann aber diesen Gedanken noch weiter verfolgend die Meinung ausspricht, die Seele, im Zuge des ihr innewohnenden Triebes, bleibe nach dem Tode ihrem Leibe immer nahe, behalte die Theile desselben als ihr Eigenthum fortwährend im Auge und bewahre und bewache sie, bis sie dereinst ihr früheres Besitzthum wieder antreten könne, so ist das eine Hypothese, die sich auf keine hinlänglichen Gründe stützt. Ebenso unbegründet ist auch der andere hiermit zusammenhängende Gedanke, daß an den Theilen des frühern Leibes gewisse Zeichen oder Merkmale haften blieben, an welchen die Seele sie als die ihrigen erkenne. Denn es ist absolut undenkbar, was das für Merkmale oder Zeichen sein könnten. Gehen doch nach aller Erfahrung durch die chemische Zersetzung alle Spuren der den Stoff informirenden und organisirenden Seele verloren, so daß nur die chemischen Elemente mit den ihnen eigenen chemischen Attributen übrig bleiben, und gehen doch die Elemente im Laufe der Zeit Formationen ein, die ebenso verschiedenartig als zahlreich sind. Wenn also die übrigen Väter richtiger Gott allein das Geschäft überließen, jene Stoffe im Auge zu behalten und für die Auferstehung zu bewahren, so zeigen doch immerhin diese Anschauungen des h. Gregor, mit welcher Bestimmtheit und Entschiedenheit er an der Identität der frühern Leibesstoffe festhält. Dabei macht er aber noch auf einen andern Punkt aufmerksam, der für unsere spätere Untersuchung von großer Wichtigkeit ist, und den wir deßwegen hier nicht übergehen wollen. — Er weist nämlich auf die Thatsache hin, daß die Stoffe unseres Leibes sich in einem fortwährenden Flusse befinden, daß der Organismus im fortwährenden Austausch seiner materiellen Bestandtheile einem beständigen Wechsel unterliege, so zwar, daß die Leibesstoffe ganz andere beim Kinde seien, und ganz andere beim Jüngling, Mann und Greise. Könnte es hiernach nicht den Anschein gewinnen, als wenn die Identität der stofflichen Elemente bei der Auferstehung gar nicht in Frage komme? Mit Nichten, antwortet der h. Gregor, denn da jede Seele auf ihren frühern Leib angewiesen ist, so ist sie ebendeßhalb auch auf die Stoffe des frühern Leibes angewiesen. Wie aber? Müssen denn alle die Stoffe, die früher einmal Stoffe unseres

Leibes gewesen sind, zur Constituirung des Auferstehungsleibes zusammentreten? Auch das nicht, antwortet der Heilige, denn dann würde der gloriöse Leib ein wahres Monstrum sein. Die Sache verhält sich einfach so: Zur Aufrechthaltung der Identität ist nicht einmal dieses erforderlich, daß die sämmtlichen Stoffe, welche in irgend einem Momente, etwa beim Tode unsern Leib bildeten, zur Auferstehung wiederkehren; es genügt vielmehr ein ganz geringer Bruchtheil. Die Seele bedarf von den frühern Leibesstoffen nur denjenigen Theil, der hinreichend ist, ihr als Pollen oder Samenkörper zu dienen. Mit diesem verbindet sie sich unter dem Concurse der göttlichen Allmacht und bildet und entwickelt aus ihm ihren ganzen frühern Leib. Das ist es eben, bemerkt schließlich der h. Lehrer, worauf der h. Paulus (I. Cor. 15, 35) hinweist, wenn er aus dem kleinen Samenkörper sich die ganze Pflanze bilden und entwickeln läßt.

Kurz und bündig erklärt der h. Athanasius seine Meinung, wenn er sagt: „Ich vertraue fest auf den Herrn, daß zur Zeit, die er für die Auferstehung festgesetzt, eben dieser armselige Leib zur Unsterblichkeit erstehen wird." [1]

Der h. Johannes Chrysostomus aber weist darauf hin, wie viel Wunderbares und Unbegreifliches sich in den einen Moment der Auferstehung zusammendränge, und bemerkt unter Anderm: „Nicht dieses allein ist wunderbar, daß die Leiber zuerst verwesen, um dann als bessere und verklärte Leiber wiederaufzustehen; auch das ist wunderbar, daß jeder Leib das ihm Angehörige wiedererhält, keiner aber das, was des andern ist." [2]

Der h. Ambrosius ferner argumentirt wieder aus dem Worte resurgere, indem er sagt: „Darin besteht die Auferstehung, wie es schon im Worte ausgedrückt liegt, daß ebendasjenige wiedererstehe, was gefallen ist, und daß ebendasjenige wiederauflebe, was gestorben ist." [3]

Der h. Hieronymus dagegen nimmt seinen Beweis von der Auferstehung unseres Herrn her: „Wie unser Herr, sagt er, in ebendemselben Leibe wiedererstand, der bei uns im heiligen Grabe ruhte,

---

[1] Vita s. Antonii.
[2] Hom. 42. in I. Cor. n. 2.
[3] „Haec est resurrectio, sicut ipsius verbi sono exprimitur, ut, quod cecidit, resurgat, quod mortuum fuerit, reviviscat." serm. de fide res. c. 87.

so werden auch wir am Gerichtstage wiederauferstehen, und zwar in demselben Leibe, mit dem wir jetzt umkleidet sind und mit dem wir begraben wurden. Und so werden wir nach der Auferstehung dieselben Glieder haben, derer wir uns jetzt bedienen, dasselbe Fleisch, dasselbe Blut, dieselbigen Gebeine."¹)

Dieselbe Beweisführung finden wir bei Epiphanius. Die Auferstehung unseres Herrn ist nicht bloß Grund, sondern auch Vorbild der unsrigen. Der Heiland aber hat denselben Leib, in dem er den blutigen Tod am Kreuze erlitten, und der noch die Wundmale des bittern Leidens offen an sich trug, wieder aus dem Grabe erweckt und hat die materiellen Bestandtheile desselben in den verklärten Zustand erhoben. Ebenso beruft sich Epiphanius auf Joh. 12, 24 und I. Cor. 15, 12, wo der Auferstehungsleib mit dem aus dem Samenkorn hervorsprossenden Halme verglichen wird.²)

In einer andern Form, die uns ebenfalls früher schon mehrmals begegnet ist, drückt der h. Hilarius dieselbe Wahrheit aus: "Das, was zertrümmert wurde, wird Gott wiederherstellen, und zwar nicht aus einem andern, sondern aus dem frühern Stoffe."³)

"Bei der Ankunft Christi, bemerkt kurz Fulgentius, werden alle Menschenleiber wieder auferstehen, vom ersten bis zum letzten, und jeder einzelne wird seiner Seele zurückgegeben werden."⁴)

Reich und ausführlich sind die Bemerkungen des h. Augustinus in seinen verschiedenen Schriften, aus denen wir natürlich nur einzelne Gedanken wiedergeben können. Der h. Kirchenlehrer beruft sich zunächst auf die Stelle bei Luk. 21, 18: "Kein Haar von eurem Haupte wird verloren gehen", und knüpft daran seine Folgerung. Eben darum sei er der Ansicht, daß für die Auferstehung nichts von dem verloren gehen werde, was einst natürlicher Bestandtheil des Leibes gewesen sei (quod naturaliter corpori inerat); doch werde

---

¹) "Sicut surrexit Dominus iu corpore, quod apud nos in sacro sepulcro conditum iacuit, ita et nos in ipsis corporibus, quibus nunc circumdamur et sepelimur, in die iudicii resurrecturi sumus. — — Post resurrectionem eadem habebimus membra, quibus nunc utimur, easdem carnes et sanguinem et ossa." ep. 61. ad Pammach. c. 7.

²) Haer. 64. c. 63 sqq.

³) "Deus confracta reparabit, non ex alia aliqua, sed ex veteri materie." in Ps. 2.

⁴) de fide ad Petrum. c. 3.

selbstrebend alle frühere Deformität ein Ende nehmen.¹) Die Schwierigkeit aber, welche eine solche Auferstehung für unser menschliches Denken hat, war auch dem h. Augustin keineswegs unbekannt. Denn im folgenden Capitel des angemerkten Werkes beschäftigt er sich ausführlich mit der Menschenfresserei und mit den Schwierigkeiten, welche daraus zu resultiren scheinen. Dennoch hält er an unserer Lehre entschieden fest und gibt im Einklange mit den übrigen großen Theologen die entsprechende Lösung, mit der wir uns später werden zu beschäftigen haben. Aber auch in verschiedenen andern Schriften beschäftigt sich der Heilige mit dieser unserer Frage und beantwortet sie stets im gleichen Sinne.²) Wir führen noch die Stelle aus dem Enchiridion Cap. 89 an, die wir wörtlich hersetzen: „Non autem perit Deo terrena materies, de qua mortalium creatur caro; sed in quamlibet cinerem solvatur, in quoslibet halitus aurasque diffugiat, in quamlibet aliorum corporum substantiam vel in ipsa elementa vertatur, in quorumcumque animalium, etiam hominum cibum cedat carnemque mutetur, illi animae humanae puncto temporis redit, quae illam primitus, ut homo fieret, viveret, cresceret, animavit."

Der h. Gregor der Große steht ebenfalls mit aller Entschiedenheit zu unserm Lehrsatze. Er argumentirt aus dem Worte resurgere und bemerkt, daß man ganz mit Unrecht von einer Auferstehung spreche, wenn nicht ebendasselbe wiedererstehe, was einst gefallen sei.³) Weiterhin argumentirt er weitläufig aus der Stelle Job 19, 25, und erzählt uns dann seine Controverse mit Eutychius von Constantinopel. Dieser habe nämlich die Identität des auferstehenden Leibes geläugnet, aber auf seinem Sterbebette habe er seinem Irrthume entsagt, und indem er mit der Hand seine Haut betastet, habe er das Bekenntniß abgelegt: „Ich bekenne, daß wir alle in diesem Fleische auferstehen werden."⁴)

Auch Theodoret wollen wir nicht übergehen, der zu der Stelle I. Cor. 15, 53 die Bemerkung macht: „Weise ist die Lehre des Apostels, daß nicht etwas Anderes auferstehen werde, sondern eben dieses,

---

[1] de civ. Dei. XXII. 19.
[2] Vgl. Retract. l. 1. c. 17.
[3] „Non recte resurrectio dici potest, ubi non resurgit, quod cecidit."
[4] Vgl. 14. Moral. 29 u. 30.

was zerfallen ist. Denn er spricht es ja offen aus und zeigt gleichsam mit dem Finger auf dasselbe hin, indem er spricht: Dieses Verwesliche, dieses Sterbliche." ¹)

Dazu kommt noch das Zeugniß des h. Johannes von Damaskus, welcher in der gebräuchlichen Weise argumentirt: „Wiederauferstehung ist nichts anderes, als die zweite Erstehung dessen, was gefallen ist. Daraus folgt, daß eben dieser selbige Körper, der stirbt und sich in die Elemente auflöst, einstmals, der Unsterblichkeit theilhaftig geworden, zum Leben wiederkehren wird."²)

Zum Schlusse dürfen wir den h. Ephräm Syrus nicht vergessen, der mit augenscheinlicher Beziehung auf Offb. 20, 13 die Erklärung abgibt: „Coelestis regis iussu terra suos mortuos reddet, mare itidem suos; et quidquid humanorum corporum vel bestia rapuit, vel voravit piscis avisque discerpsit, in priorem statum remeabit, — — ita ut ne unus quidem capillus capiti desit."³)

5. Wir können die Reihe der Väter füglich abschließen. Denn was wir zeigen wollten, dürfte bis zur Evidenz gezeigt sein: Die Väter sind bezüglich unserer Frage ganz einstimmig, und zwar so einstimmig, daß sich im Laufe der Jahrhunderte, so viel wir wenigstens ermitteln konnten, auch nicht ein Einziger findet, der einer abweichenden Meinung gehuldigt hätte. Selbst auf das Zeugniß des Origenes durften wir uns mit Grund berufen. Wenn einzelne der genannten Väter, Cyrill von Jerusalem (Cat. 18), Hieronymus (in Ephes. c. 5), Augustin (de agone christ. c. 12) den Auferstehungsleib einen vergeistigten, himmlischen, englischen Leib nennen, so braucht gar nicht einmal bemerkt zu werden, was diese und ähnliche Ausdrücke bedeuten sollen; sie sollen eben nur auf die höhern Vollkommenheiten hinweisen, mit denen die glorificirte Leiblichkeit umkleidet sein wird.

Nicht minder klar ist auch das andere dogmatische Moment, auf welches wir bereits hingewiesen haben: Die Lehre, welche die Väter einstimmig verkündigen, und welche sie gegen die erhobenen Einwendungen und Schwierigkeiten vertheidigen, gilt ihnen nicht etwa bloß

---

¹) „Sapienter docuit, non aliud surrecturum esse, sed illud idem, quod corruptum est. Sic enim loquitur, ut veluti digito illud indicet dicens: Corruptibile hoc et mortale hoc."
²) de orth. fide. l. 4. c. 28.
³) lib. de poenit. c. 4.

als ihre Privatmeinung, sondern sie verkündigen sie als eine Wahrheit der Offenbarung und des Glaubens. Und da wir dieses nicht wieder von Neuem zu zeigen brauchen, so erübrigt uns nur noch, aus dem Gesagten die Folgerung zu ziehen, welche nun hinlänglich vorbereitet ist. — Alle diejenigen Wahrheiten, so lehrt die theologische Erkenntnißlehre, welche von den Vätern der Kirche als Lehre der Offenbarung und des Glaubens, als Lehre der Schrift und der Ueberlieferung, allgemein und übereinstimmend gelehrt und verkündigt werden, sind als dogmatische Wahrheiten anzusehen. Denn durch den Mund der Väter spricht sich in diesem Falle das ordentliche Lehramt der Kirche selber aus.[1]) — Und so erscheint unsere Lehre auch unter diesem neuen Gesichtspunkte als dogmatische Lehre.

6. Um endlich das, was wir bereits auf verschiedenen Wegen dargethan haben, noch auf einem andern und letzten Wege nachzuweisen, wollen wir noch einen Blick auf die Lehre der kirchlichen Theologen werfen, wie sie uns in den kirchlich=scholastischen Schulen während mehr als einem halben Jahrtausend entgegentritt. Wir wollen und können nun freilich nicht die sämmtlichen Theologen der Reihe nach aufführen; es ist das aber auch nicht nothwendig, da wir auf einem andern Wege zu demselben Ziele gelangen werden. Wir beschränken uns also darauf, die Ausführungen der beiden Repräsentanten der ältern und neuern Scholastik, des h. Thomas nämlich und des Suarez, hier ihren Grundzügen nach mitzutheilen.

Der h. Thomas kommt in verschiedenen Theilen seiner Schriften auf unsere Frage zu sprechen; so vor Allem in seinem Commentare zu den Sentenzen des Petrus Lombardus;[2]) aber auch in der philosophischen Summa behandelt er denselben Gegenstand weitläufig und eingehend. Wir können uns damit begnügen, die Ausführungen des zuerst genannten Werkes, die sich in etwas knapperer Form im Nachtrage der theologischen Summa zusammengestellt finden, soweit sie unsern Gegenstand berühren, hier ihrem Hauptinhalte nach wiederzugeben. Dabei werden wir, soweit es nothwendig oder zweckmäßig ist, auf die einschlägigen Capitel der philosophischen Summa hinweisen.

---

[1]) Vgl. Kleutgen, Theol. der Vorzeit. I. n. 45—47; n. 67.
[2]) in 4. dist. 44.

Im ersten Artikel der quaestio 79 hebt der h. Lehrer mit der Frage an, ob die Seele bei der Auferstehung den der Zahl nach selbigen Leib wiederempfangen werde. Und er beantwortet die Frage ganz entschieden im bejahenden Sinne, indem er vorab auf die Stelle Job 19, 25 und auf die schon angeführte Stelle des h. Johannes von Damaskus hinweist, der die Identität des Auferstehungsleibes aus dem Begriffe der resurrectio herleitet. Dann zieht der h. Thomas seinen Schluß, indem er sagt: „Da von einer Auferstehung keine Rede sein kann, wenn die Seele nicht denselben Leib wiedererhält, so wird die Seele bei der Auferstehung den der Zahl nach selbigen Leib wiederempfangen." In corp. art. erörtert er dann seinen Beweis noch eingehender. Er erinnert zunächst an die Pythagoräer, welche lehrten, daß die Seelen der Menschen sich nach dem Tode andere, neue Leiber bildeten, seien es nun thierische, oder seien es wiederum menschliche. Und er bemerkt dann unter offenbarer Anspielung auf die Origenisten, daß in späterer Zeit bezüglich der Auferstehung solche und ähnliche Lehren von Neuem aufgetaucht seien, indem man behauptet habe, die Seelen würden bei der Auferstehung nicht die frühern, sondern andere Leiber wiederempfangen. Gegen alle diese Theorien wendet sich nun der h. Thomas mit der Erklärung, daß sie mit der Lehre der h. Schrift in Widerspruch stünden, welche eine wahre und eigentliche Wiederauferstehung lehre. Nun aber könne von einer Wiederauferstehung keine Rede sein, wenn nicht das Subject, welches gefallen sei und welches wiedererstehe, der Zahl nach dasselbe sei. Und da nicht die Seele im Tode gefallen sei, sondern der Leib, so finde eine wahre und eigentliche Auferstehung, wie sie von der Schrift verkündigt werde, nur dann statt, wenn der der Zahl nach selbige Leib wieder mit der der Zahl nach selbigen Seele vereinigt werde. Vereinige sich die Seele nicht mit dem frühern Leibe, so sei das keine Auferstehung, sondern die Annahme eines neuen Leibes.[1])

---

[1]) „Et praeter hoc praedicti errores haereticorum destrui possunt ex hoc, quod veritati resurrectionis praeiudicant, quam sacra scriptura profitetur. Non enim resurrectio dici potest, nisi anima ad idem corpus redeat, quia resurrectio est iterata surrectio. Eiusdem autem est surgere et cadere. Unde resurrectio magis respicit corpus, quod post mortem cadit, quam animam, quae post mortem vivit. Et ita si non est idem

Im folgenden Artikel drückt der h. Lehrer seinen Gedanken noch stärker aus, indem er noch ein anderes Argument für die numerische Identität des Auferstehungsmenschen beibringt. Nicht die Seele allein, so lautet dasselbe, sondern der Mensch ist für ein letztes Endziel erschaffen. Nun aber erreicht der Mensch dieses Ziel während dieses gegenwärtigen Lebens nicht. Und folglich muß der der Zahl nach selbige Mensch wiederauferstehen, da er sonst umsonst geschaffen wäre. Der der Zahl nach selbige Mensch steht aber nur dann wieder auf, wenn die der Zahl nach selbige Seele mit dem der Zahl nach selbigen Leibe wiedervereinigt wird. Eine Auferstehung in diesem Sinne läugnen, bemerkt dann geradezu der h. Thomas, ist häretisch, weil eine solche Läugnung mit der Auferstehungslehre der h. Schrift im Widerspruche steht.[1]

Aber könnte es nicht vielleicht zweifelhaft sein, ob der h. Thomas, wenn er von einem corpus idem numero spricht, wirklich an die materiellen Bestandtheile des frühern Leibes denke? — Wir haben schon im ersten Abschnitte erklärt, was nach philosophischem und scholastischem Sprachgebrauch unter numerischer Identität verstanden wird, und brauchen es hier nicht zu wiederholen. Daß aber der h. Thomas eben in diesem Sinne von numerischer Identität rede, dürfte aus der gegebenen Beweisführung schon klar genug sein. Wenn aber nicht, dann beachte man noch die beiden folgenden Sätze des ersten Artikels: „Und darum wird zur Wiederherstellung des Leibes ebenderselbe Stoff wiedergenommen werden, aus dem

---

corpus, quod anima resumit, nec dicetur resurrectio, sed magis novi corporis assumptio."

[1] „Dicendum, quod necessitas ponendi resurrectionem est ex hoc, ut homo finem ultimum, propter quem factus est, consequatur: quod in hac vita fieri non potest, nec in vita animae separatae, ut supra dictum est; alias homo esset vane constitutus, si ad finem, ad quem factus est, pervenire non posset. Et quia oportet, quod illud idem numero ad finem perveniat, quod propter finem est factum, ne in vanum esse factum videatur, oportet, quod idem numero homo resurgat; et hoc quidem fit, dum eadem anima numero eidem corpori numero coniungitur; alias enim non esset resurrectio proprie, nisi idem homo repararetur. Unde ponere, quod idem numero non sit, qui resurget, est haereticum, derogans veritati scripturae, quae resurrectionem praedicat."

er ehemals gebildet war. — — Daher wird der der Zahl nach
selbige Leib wiedererstehen, wenn die der Zahl nach selbige
Materie wiedergenommen wird."¹) Damit stimmt genau überein,
was uns der h. Lehrer in der philosophischen Summa auseinander=
setzt: „Damit der auferstehende Mensch, so sagt er uns, der Zahl
nach derselbe sei, ist erforderlich, daß seine wesentlichen Bestandtheile
der Zahl nach dieselben bleiben. Wenn also der Auferstehungsleib
nicht aus diesem Fleische und aus diesem Beine besteht, aus denen
er jetzt zusammengesetzt ist, dann ist es nicht derselbe Mensch der
Zahl nach, welcher aufersteht."²) — Man beachte ferner den folgenden
dritten Artikel des Supplementes. Denn dort ist von eben jenem
Staube die Rede, in welchen der Körper nach dem Tode sich auflöst,
und der h. Lehrer beschäftigt sich mit der Frage, ob zur Aufrecht=
erhaltung der numerischen Identität auch dieses erforderlich sei, daß
die einzelnen Staubtheile des aufgelösten Leibes gerade wieder zu
demselben Orte, Gliede oder Organe zurückkehrten, wo sie früher
ihre Stelle hatten. Die Lösung, welche der h. Thomas gibt, inter=
essirt uns hier noch nicht; wir wollten eben nur zeigen, daß er bei
der von ihm behaupteten numerischen Identität des Auferstehungs=
leibes wirklich an die Stofftheile des frühern Leibes, und an nichts
Anderes denke. — Auch mit der Anthropophagie beschäftigt er sich
und mit der Schwierigkeit, welche sich aus dem Umstande ergibt,
daß möglicherweise mehrere Menschenleiber ganz oder theilweise aus
demselben Stoffe gebildet waren.³) In welcher Weise er diese

---

¹) „Et sic eadem materia ad corpus humanum reparandum reducetur, quae prius materia eius fuit." ad 3.

„Unde idem corpus numero resurget, quum materia eadem numero
resumatur." ad 4.

²) „Ad hoc, quod homo idem numero resurgat, necessarium est,
quod partes eius essentiales sint eaedem numero. Si ergo corpus hominis
resurgentis non erit ex his carnibus et his ossibus, ex quibus nunc com-
ponitur, non erit homo resurgens idem numero." 4. c. gent. c. 84.
Gerade vorher, was nicht zu übersehen ist, hatte der Heilige erklärt, was zur
Wahrung der specifischen Identität erforderlich sei. Zu diesem Ende sei
erforderlich, bemerkte er, daß der Leib überhaupt aus menschlichem Fleische
und aus menschlichem Beine bestehe; zur Aufrechterhaltung der numerischen
Identität aber, bemerkt er hier, sei erforderlich, daß der auferstehende Leib aus
diesem Fleische und aus diesem Beine bestehe.

³) l. c. a. 4. Vgl. 4. c. gent. c. 81.

Schwierigkeit löst, wird ebenfalls erst später zur Sprache kommen. Hier reicht es hin für unsern Zweck, auf die Untersuchung selbst aufmerksam gemacht zu haben. — Im folgenden Artikel (vgl. c. gent. l. c.) wird die weitere Frage aufgeworfen, ob denn die ganze Stoff= masse, welche im Laufe seiner Entwickelung dem Leibe angehört hat, zum Zwecke der Auferstehung wiederkehren müsse; und es erfolgt die Antwort, daß dieses keineswegs nothwendig sei, sondern daß jenes Stoffquantum genüge, welches hinreichend sei, dem Leibe dasjenige zu geben, was zu seinem Wesen gehöre, oder was ihm seinem Begriffe, seiner Species nach zukomme. — Endlich hatte der Heilige schon früher (q. 76. a. 3.) mit andern Scholastikern die Frage gestellt, ob sich Gott der Herr bei der Auferstehung auch der Mitwirkung der Engel bedienen werde. Und er bejahte diese Frage mit der Maß= gabe, daß sich die Thätigkeit der Engel darauf beschränken werde, den nach allen Richtungen hin zerstreuten Stoff wieder zu sammeln und für die Aufnahme der Seele (in entfernter Weise) vorzubereiten. — Gehen wir nun zur Lehre des Suarez über.

7. Suarez beweist eingehend die Identität des Auferstehungs= leibes dem Durandus gegenüber, einem nur wenig angesehenen, aber ziemlich wunderlichen Scholastiker aus der Schule des h. Thomas. Dieser behauptete, zur Identität des Auferstehungsleibes genüge die Identität der Form oder Seele allein; auf die frühern Stoffe komme es gar nicht an. Wenn die Form dieselbe bleibe, sei auch das Com= positum, der Körper, derselbe; und wenn also bei der Auferstehung die Seele sich mit beliebigem Stoffe verbinde, so sei der Körper, den sie erhalte, der Zahl nach derselbe mit dem frühern. — Wir werden erst später auf diese Theorie näher eingehen; an dieser Stelle kommt es uns allein darauf an, die Ansicht des Suarez bezüglich unserer Frage kennen zu lernen.

Suarez also bestreitet den Satz des Durandus und erklärt, daß es auf die Identität der Materie allerdings ankomme. Und deßwegen könne von einer wahren Auferstehung keine Rede sein, wenn die Seele bei der Auferstehung sich mit einem andern Stoffe verbinde. Werde doch niemand die Seelenwanderung, welche die Pythagoräer lehrten, eine Auferstehung nennen; und doch ließen die Pythagoräer die Seelen, nachdem sie den einen Körper verlassen, zu einem andern Stoffe hinüberwandern, um statt des frühern jetzt diesen als ihren Leib zu informiren. Daher falle die Auferstehung des Durandus sachlich mit der pythagoräischen Seelenwanderung zusammen.¹) Freilich, bemerkt Suarez in der folgenden Nummer, verbleibe nach der Theorie des Durandus dem auferstehenden Menschen dieselbige Seele, und weil die Seele der vorzüglichere Wesensbestandtheil des Menschen sei, so könne man mit Rücksicht hierauf den auferstandenen Menschen immerhin denselbigen Menschen nennen. Ja, nach oberflächlicher mensch= licher Schätzung würde man einen solchen, zumal bei der Rückkehr derselben Figur und Gestalt, schlechthin (simpliciter) für denselben Menschen halten und würde demnach auch von einer Auferstehung des frühern Menschen schlechthin reden. Indessen auf die mensch= liche Schätzung, die nach dem äußern Scheine urtheile und spreche, heißt es im folgenden Absatze, komme es nicht an, sondern darauf, wie sich die Sache in der Wirklichkeit verhalte, und ob eine solche Anschauung mit der Lehre der Schrift und der Väter im Einklange stehe. Dieses aber sei keineswegs der Fall. — Wenn man nämlich von Auferstehung spreche, so könne man dabei Zweierlei im Auge haben; man könne an den terminus, an das Ziel derselben denken, man könne aber auch vom Subjecte derselben sprechen. Das Ziel der Auferstehung sei nun aber der Mensch, und nicht etwa der Leib. Und es frage sich also zu= nächst, ob unter der Voraussetzung des Durandus von einer Auf= erstehung des Menschen gesprochen werden könne. In gewisser Beziehung (secundum quid), antwortet Suarez, ist das allerdings der Fall. Denn der Mensch ist, wie schon oben bemerkt, zwar nicht mit Rücksicht auf den Leib, wohl aber mit Rücksicht auf die Seele, also beziehungsweise, derselbe geblieben, und daher kann auch seine Auferstehung beziehungsweise, aber nicht schlechthin, eine Auferstehung genannt werden. — Was dann aber das Subject der Auferstehung betrifft, so ist nicht die Seele dieses Subject, denn sie ist ja gar nicht gefallen, sondern ist lebendig geblieben. Und daher kann man von ihr auch gar nicht sagen, daß sie auferstehe, sondern nur, daß sie

---

¹) „Nam transmigratio animarum, quam Pythagoraci ponebant, non censebatur resurrectio, sed nova generatio, quamvis eadem anima relicto uno corpore aliud informaret. Ergo ad resurrectionem non satis est identitas animae, si distincta sit materia, quam informat, sed erit potius illa quaedam animae transmigratio." in 3. disp. 44. sect. 2. n. 3.

durch die Auferstehung wieder mit dem Leibe vereinigt werde. Der Leib ist das eigentliche und einzige Subject der Auferstehung. — Kann nun aber unter der Voraussetzung des Durandus von einer Auferstehung des Leibes Rede sein? — Mit Rücksicht auf den Leib, als das Subject, kann nur dann von einer Auferstehung Rede sein, wenn die Seele sich wieder mit demselben Stoffe vereinigt, mit dem sie früher verbunden war. Denn geschieht dieses nicht, dann mag man immerhin in gewisser Beziehung sagen können, der Mensch sei auferstanden, nimmermehr aber, der Leib sei wiedererstanden. Nun aber betrachtet und verspricht die h. Schrift gerade unter dieser letztern Rücksicht die zukünftige Auferstehung, sie spricht nicht etwa bloß von einer Auferstehung des Menschen, sondern sie spricht speciell vom Subjecte der Auferstehung, vom Leibe, von seinen Gliedern und Gebeinen.[1]) Zum Beweise hierfür läßt dann Suarez eine Reihe von Schriftstellen folgen und schließt an diese eine Reihe von patristischen Belegen. Dann kommt er zu dem Schlusse: Mag also die Auferstehung, von welcher Durandus fabelt, immerhin denkbar und möglich sein (vom metaphysischen und naturwissenschaftlichen Standpunkte), sie widerspricht der Lehre der Schrift und der Kirche, welche eine wahre und vollkommene Auferstehung, und damit die numerische Identität der Leibesstoffe lehren, und sie ist also vom theologisch-dogmatischen Standpunkte aus jedenfalls verwerflich.[2]) Nach allem diesem dürfte nicht bloß die Ansicht, sondern auch die Beweisführung des Suarez klar und überzeugend genug sein. Zum Ueberflusse können

[1]) Item, quia si corpus denominatur resurgens, ergo oportet, ut illa mutatio, quae est resurrectio, in illo fiat tamquam in subiecto, alias nullo modo denominari poterit a tali mutatione; ergo necesse est, ut forma introducatur in illammet materiam, ex qua tale corpus constat, quia corpus non est subiectum illius mutationis, nisi ratione materiae, quae in se recipit formam. Denique propter hanc causam in sacra scriptura non tantum hominum resurrectio praedicatur, sed etiam promittitur ipsorum corporum, et ossium ac membrorum suscitatio, ut significetur, non utcumque homines esse suscitandos, sed perfecte, hoc est per vivificationem eorumdem corporum, quoniam videlicet haec est de ratione perfectae resurrectionis." l. c. n. 5.

[2]) „Itaque, quamvis ille modus imperfectae resurrectionis a Durando confictus concipi possit et intelligi ut possibilis, tamen vera resurrectio, prout scriptura et ecclesia de ea loquuntur, identitatem requirit non solum animae, sed etiam materiae." l. c.

wir noch darauf hinweisen, daß auch Suarez, gerade so wie der h. Thomas, in seiner weitern Polemik gegen Durandus die Schwierigkeiten würdigt und löst, welche sich unter Annahme der numerischen Identität für das menschliche Denken ergeben; vor Allem, wie sich die Schwierigkeit lösen lasse, daß ja möglicherweise die Leiber mehrerer Menschen an demselben Stoffe participiren können. (l. c. n. 6.) Auch wirft er mit dem h. Thomas und den übrigen Theologen die Frage auf, ob es vielleicht die Aufgabe der Engel sei, am Tage der Auferstehung die zerstreute Asche der Menschenleiber wieder zu sammeln, zu sichten und vorzubereiten. (Disp. 50. sect. 4. n. 11.)

Und wie Suarez urtheilt, so urtheilen mit ihm alle übrigen Theologen der scholastischen Zeit, der ältern sowohl, als auch der neuern. Sie alle behaupten die numerische Identität des Auferstehungsleibes und der Leibesstoffe, und **nur die einzige Ausnahme**, die der belesene Suarez kennt und nennt, bildet der genannte Durandus.¹) Und wie Suarez, so fanden auch die sämmtlichen Theologen diese **ihre Lehre in der h. Schrift selbst ausgesprochen, und proponiren und vertheidigen sie als eine Lehre der Schrift, der Väter und der Kirche.** Sie berufen sich nämlich unter Anderm auf jene Schrifttexte, welche auch wir besprochen haben, z. B. auf Phil. 3. und andere Stellen, in denen Christus als das Vorbild unserer Auferstehung hingestellt wird. Ist aber Christus in Wahrheit das Vorbild unserer Auferstehung, fügt Suarez hinzu, so ist er es vor Allem mit Rücksicht auf die Wiedervereinigung der Seele mit ihrem Leibe, die das Fundament aller wahren Auferstehung ist.²)

---

¹) „Communis vero sententia est, de necessitate resurrectionis esse, ut corpus resurgentis constet ex eadem numero materia, ex qua prius constitit. Ita D. Thomas, 4. c. gent. c. 81, et Quodl. 11. a. 6. et in 4. dist. 44. q. 1. a. 1. q. 1., ubi Scotus, Paludanus, Capreolus et ceteri scholastici hanc sententiam amplectuntur. Ratio est, quia sicut materia est de essentia hominis, ita identitas materiae est de ratione eiusdem hominis." Disp. 44. sect. 2. n. 3.

²) „Dico ergo primo, Christum Dominum esse perfectissimum exemplar resurrectionis iustorum. Haec conclusio est D. Thomae hic, et **omnium theologorum propter verba Pauli ad Phil. 3. — — — Consistet igitur primo (conformitas cum resurrectione Christi) in naturali seu substantiali vita, et unione uniuscuiusque corporis**

Es ist demnach ganz überflüssig, aus den übrigen Theologen noch eigene Belegstellen hier beizubringen. Zwar stehen uns noch einige derselben, wie Lessius und Bellarmin, zur Verfügung; allein da sie genau dasselbe bringen, wie Thomas und Suarez, so ist eine Wiedergabe ihrer Ausführungen zwecklos.[1])

8. Zum Schlusse müssen wir noch einmal auf einen Grundsatz der theologischen Erkenntnißlehre hinweisen. — Alles dasjenige, so lautet derselbe, was die angesehensten kirchlichen Theologen, die in verschiedenen Jahrhunderten und in verschiedenen Theilen der Kirche lebten, einstimmig und ausdrücklich für eine unzweifelhafte Glaubens=lehre, für eine dogmatische Wahrheit erklären und bezeugen, das ist, auch abgesehen von einer feierlichen Definition des kirchlichen Lehr=amtes, als dogmatische Wahrheit, als eine durch das ordentliche Lehramt der Kirche proponirte Lehre der Offenbarung und des Glau=bens anzusehen. Denn von der einen Seite erklärt sich jenes überein=stimmende Zeugniß der Theologen nur dadurch, daß die fragliche Lehre factisch zu ihrer Zeit allgemein in der Kirche gelehrt und ge=glaubt wurde. Von der andern Seite aber leuchtet ein, daß alles dasjenige, was die angesehensten Theologen allgemein als Lehre der Offenbarung verkündigen, eo ipso in die öffentliche und ordentliche Lehrverkündigung der ganzen Kirche übergeht und ebendamit zur kirchlichen Proposition gelangt.[2])

Aber findet das Gesagte auf unsern Fall seine Anwendung? Allerdings! Denn der Lehrsatz, den wir vertheidigen, wurde mehr als ein halbes Jahrtausend hindurch nicht bloß von den angesehen=sten, sondern überhaupt von allen Theologen nicht bloß gelehrt, son=als Glaubenslehre, als dogmatische Wahrheit gelehrt, verkündigt und vertheidigt. Denn sie alle erklären denselben nicht bloß einfachhin für eine Lehre der Schrift, der Väter und der Kirche, sie erklären den=selben nicht etwa bloß für eine Folgerung aus dem Auferstehungs=dogma, sondern sie erklären ihn für den Kern und das Fundament des Auferstehungsdogma's, so zwar, daß, wenn er falle, das Auf=

ad suam animam, quia hoc est primum fundamentum verae resur-rectionis." Disp. 50. sect. 5. n. 2 et 3.

[1]) Lessius, de perf. div. l. 13. c. 21. n. 122. Bellarmin, Catech. maior. decl. a. 11.

[2]) Vgl. Kleutgen, Theol. der Vorzeit. I. n. 70.

erstehungsdogma selber falle, und von einer wahren und eigentlichen Auferstehung gar keine Rede mehr sein könne. Und wir gelangen also auch auf diesem Wege zu demselben Resultate, zu dem wir bereits auf verschiedenen andern Wegen gelangt sind. Das außerordentliche Lehramt der Kirche hatte uns zunächst zu demselben hingeführt; dann das ordentliche Lehramt, und zwar nicht bloß auf eine, sondern auf eine dreifache Weise: einmal durch den öffentlichen Gottesdienst, dann durch die Lehre der Schrift, endlich durch die allgemeine Lehre der Väter. Unsere Thesis ist also unzweifelhaft de fide catholica, ist eine unbestreitbare und vollgültige dogmatische Wahrheit. Die abweichende Lehre einzelner Theologen der Neuzeit, z. B. Lacordaire's, ist also ebenso falsch und verwerflich, als der Zweifel und das Schwanken einiger anderer grundlos und unberechtigt ist.

Damit wollen wir nun aber keineswegs behaupten, daß die Ansicht jener Theologen **metaphysisch oder physisch** unmöglich oder unzulässig sei; wir erklären sie bloß für unzulässig, für falsch und unmöglich vom **theologischen und dogmatischen** Standpunkte. Wir kommen im folgenden Abschnitte hierauf noch zurück. — Auch haben wir in der vorausgehenden Erörterung noch nicht des Näheren präcisirt, **in welchem Umfange** die stoffliche Identität der Auferstehungsleiblichkeit nothwendig festzuhalten und zu behaupten sei. Wir haben lediglich gezeigt, daß die Offenbarungsquellen factisch eine wahre und eigentliche Auferstehung des Leibes, und folgerichtig die numerische Identität des auferstehenden Leibes und der **für eine solche Auferstehung erforderlichen Leibesstoffe** lehren und behaupten. — Eine genauere Präcisirung auch dieses Punktes wird also die spätere Darstellung ebenfalls zu versuchen haben.

§ 5.

Die theologische Speculation über die numerische Identität der Auferstehungsleiber.

Die dereinstige Auferstehung des Leibes gehört ohne Frage zu denjenigen geheimnißvollen Lehren und Thatsachen, von deren Dasein wir nur durch die göttliche Offenbarung Kunde haben. Daraus ergibt sich ganz von selbst, daß das natürliche Denken auch nicht in der Lage ist, über die Realität dieser Auferstehung, geschweige denn über die nähern Umstände derselben, z. B. die Identität des Leibes, eine sichere und bestimmte Auskunft zu geben. Die Aufgabe der theologischen Speculation geht nun dahin, vom Standpunkte des vernünftigen Nachdenkens und der menschlichen Wissenschaften das Vorhandensein solcher und anderer übernatürlicher Thatsachen und Wahrheiten nicht zwar zu beweisen, aber doch einigermaßen zu begründen, zu empfehlen, als möglich, angemessen, wahrscheinlich hinzustellen. Die Speculation erfüllt aber diese ihre Aufgabe dadurch, daß sie zeigt, wie das Dasein des Mysteriums sich in vollem Einklange befindet mit allen anderweitigen Wahrheiten über Gott, seine Eigenschaften und sein Wirken; mit der Natur des Menschen, ihren Eigenschaften, Bedürfnissen und Wünschen; wie auch endlich mit den einschlägigen Lehren und Grundsätzen menschlicher Wissenschaft und insbesondere einer gesunden und vernünftigen Philosophie.[1]

Beginnen wir also unsere Darstellung mit dem Nachweise, daß dasjenige, was die Offenbarung von der Wiederherstellung des Menschen und der Menschen lehrt: die numerische Identität des Leibes und der Leibesstoffe, nach der Lehre der Philosophie gerade zu einer wahren Wiederherstellung der frühern menschlichen Individuen nothwendig und wesentlich ist. Alsdann mögen diejenigen Congruenzgründe folgen, welche von Gott, seinen Eigenschaften und seiner Wirksamkeit; endlich diejenigen, welche von der menschlichen Natur und ihren billigen Ansprüchen und Wünschen hergenommen sind.

1. Um zu erkennen, ob etwas zum Wesen des Individuums gehöre oder nicht, müssen wir wissen, was denn das Individuum seinem Wesen nach ist und wodurch es als solches constituirt wird. Wir haben diesen Punkt im ersten Abschnitte unserer Abhandlung bereits berührt, hier aber ist der Ort, auf ihn noch etwas näher einzugehen. — Die Frage, was das Individuum sei, wird je nach der Weise verschieden beantwortet werden, wie man sich die allgemeinen Begriffe in den Einzeldingen verwirklicht denkt. Wir können und brauchen uns hier nicht auf die verschiedenen falschen Systeme des Nominalismus, des extremen Realismus und des hiervon nur unwesentlich verschiedenen scotistischen Formalismus einzulassen,[2]

---

[1] Vgl. Kleutgen, Th. d. V. V. n. 457.
[2] Vgl. hierüber Kleutgen, Phil. der Vorzeit. I. S. 250 ff.

sondern können uns damit begnügen, die Anschauungen der die vernünftige Mitte innehaltenden mittelalterlichen Schule in Kürze vorzulegen.[1] — Die Scholastik also bestreitet mit aller Entschiedenheit das Dasein einer allgemeinen, allem Scienden zu Grunde liegenden Substanz, bei welcher Annahme die uns umgebenden Einzeldinge nur Erscheinungen wären, die jene Substanz zur gemeinsamen Trägerin hätten. Die Schule lehrt vielmehr mit Recht, daß die uns umgebenden Dinge in sich selber Substanzen sind, d. h. sich selber tragende, von allen andern unterschiedene, in sich selber zur Einheit verbundene Einzelwesen. Und eben diese concreten, sich selber tragenden Einzelsubstanzen nennt sie Individuen. — Nun finden wir aber in allen Individuen einer Art eine und dieselbe Wesenheit verwirklicht, insofern sie alle die gleiche, wesentliche Beschaffenheit haben; und ebenhierdurch sind sie zur Einheit der Art verbunden. Was ist es demnach, was sie von einander unterscheidet, so zwar, daß sie trotz jener Einheit, wiederum unterschiedene, sich selber tragende Einzelsubstanzen, Individuen sind? — Die äußern Merkmale, nach denen wir die Individuen unterscheiden: Ort, Größe, Gestalt, Aussehen können es nicht sein; überhaupt kann es nichts Außerwesentliches, Accidentelles sein; denn alles das kann sich ändern und ändert sich, ohne daß das Individuum als solches sich ändert. Es muß also etwas anderes sein, und zwar etwas, was der Substanz selbst innerlich und wesentlich anhaftet und mit ihr selbst wie auch immer zusammenfällt. Was ist demnach bei den aus Materie und Form zusammengesetzten Wesen — denn mit solchen haben wir es hier zu thun — das principium individuationis? — Vernehmen wir hierüber zunächst den h. Thomas.

Nach der Ansicht des h. Thomas ist es die bestimmte, determinirte, von anderm Stoffe unterschiedene, und folglich die se concrete Materie, welche den Körper zum Individuum bestimmt, während die Form es ist, welche seine Species constituirt.[2] — Aus dem

---

[1] Kleutgen, Ph. d. V. II. n. 894 ff.

[2] „Materia non quomodolibet accepta est principium individuationis, sed solum materia signata. Et dico materiam signatam, quae sub certis dimensionibus consideratur — — „vel (wie es etwas später heißt) materia determinata dimensionibus." Vgl. de ente et essentia. c. 2 u. 3. Diese Abhandlung des h. Thomas findet sich z. B. im Anhange der uns vorliegenden

Umstande, daß der h. Lehrer die individuelle Bestimmtheit auf das eine Constitutiv der zusammengesetzten Substanz, auf die bestimmte, concrete Materie zurückführt, folgt nun aber nicht, daß er der Form die individuelle Bestimmtheit abgesprochen habe; vielmehr erhält die Form zugleich mit dem Sein auch ihre individuelle Bestimmtheit. Und so besteht nach der Lehre des h. Thomas das körperliche Individuum wesentlich aus zwei Bestandtheilen: aus dieser bestimmten, **concreten Materie und aus dieser bestimmten concreten Form.** [1])

Was nun der h. Thomas im Allgemeinen von der Individualität der Körper lehrt, das lehrt er insbesondere auch von der Individualität der Menschen. Es besteht hier freilich der Unterschied, daß beim Menschen schon der Form an sich, auch ohne Verbindung mit der Materie, wie ein Sein, so auch eine Individualität zukommt. Aber wie die Seele allein eine incomplete Substanz ist, so ist auch ihre Individualität eine incomplete. Beides, das Sein und die Individualität, wird durch die Verbindung mit der materia signata, dem Leibe, vollendet. Und so besteht nach dem h. Thomas auch das menschliche Individuum wesentlich aus zwei Bestandtheilen: **aus dieser concreten, bestimmten Materie, und aus dieser concreten, bestimmten Form.** [2]) — Was man immer über diese philosophische

---

und in Parma gedruckten Ausgabe der philosophischen Summa. Cajetan, der berühmte Ausleger des h. Thomas, bemerkt zu jenen Worten des h. Lehrers, derselbe nenne jene Materie nicht insofern eine signata, als sei sie von Haus aus eine ganz fixe und streng unveränderliche, vielmehr wohne der Form die Potenz inne, die Materie, mit der sie sich ursprünglich verbunden, durch naturgemäße Entwickelung zu jener Quantität fortzuführen, die der Natur eines jeden Körpers entspreche. Darum schreibe der h. Thomas auch nicht „cum", sondern „sub certis dimensionibus". Vgl. die Note z. a. O.

[1]) „Quidquid in rebus est subsistens ex materia et forma compositum, est compositum ex materia et forma individuali." 2. c. gent. c. 50. „Inter individua eiusdem speciei hoc modo consideranda est diversitas, quia sicut partes generis et speciei sunt materia et forma, ita individui sunt haec materia et haec forma. Unde sicut diversitatem in genere et specie facit diversitas materiae et formae absoluta, ita diversitatem in numero facit haec materia et haec forma." Sup. Boëth. de trin. q. 4. a. 2.

[2]) „Haec autem materia (signata) in definitione hominis, in quantum homo, non ponitur, sed poneretur in definitione Socratis, — — non enim in definitione hominis ponitur hoc os et haec caro, sed os et caro

Anschauung des h. Thomas urtheilen mag, — manche Doctoren, auch Liberatore in neuerer Zeit,[1]) adoptiren sie — so viel ist gewiß, sie bestätigt den Lehrsatz, den wir vertheidigen. Wir behaupten im Anschlusse an die Offenbarungsquellen, daß zur Auferstehung des Menschen die frühern Leibesstoffe zurückkehren werden. Und die Philosophie des h. Thomas bestätigt dieses, indem sie darthut, daß diese Stoffe, weil sie für die ursprüngliche Constituirung und den fernern Bestand der menschlichen Individualität wesentlich waren, ebendeßhalb auch für die Wiederherstellung dieser Individualität nothwendig und wesentlich sind.

Viele andere Philosophen und Theologen der ältern und neuern Zeit bestimmen das Individualitätsprincip mit Recht in etwas anderer Weise, als der h. Thomas.[2]) Sie leiten die Individualität nicht gerade von dem Stoffe her, sondern betrachten sie als eine Seinsweise, welche der Substanz als solcher, also der Materie und Form in ihrer Verbindung, eigen ist. „Die Individualität, sagt Kleutgen a. a. O., ist zu fassen als jene erste Weise des Seins, wodurch die Wesenheit zugleich mit dem Sein auch ein bestimmtes Sein erhält." Aber auch nach dieser zweiten Auffassung und Begründung der Individualität ergibt sich für unsere Frage ganz dasselbe Resultat. Denn auch diese letztern Doctoren betrachten die bestimmte, concrete Form und die bestimmte, concrete Materie als die wesentlichen Constitutive eines Individuums. Man vergleiche nur die ausführliche Erörterung dieses Gegenstandes bei Suarez.[3]) Und so findet unser Lehrsatz, den wir als dogmatische

---

absolute." de ente et essent. c. 2. „Ut ratio hominis est, ut sit ex anima et corpore, de ratione huius hominis est, ut sit ex hac anima et ex hoc corpore." de spir. creat. a. 9.

[1]) Instit. phil. pag. 682.

[2]) Stöckl, Metaph. S. 10. — Kleutgen, Phil. der Vorzeit. I. n. 178. — Tongiorgi, Instit. phil. II. pag. 55.

[3]) „Omnis singularis substantia non alio indiget individuationis principio praeter suam entitatem, vel praeter principia intrinseca, quibus eius cutitas constat. — — — Si talis substantia est composita ex materia et forma, sicut principia entitatis eius sunt materia, forma et unio earum, ita eadem in individuo sumpta sunt principia individuationis." Metaph. Disp. 5. sect. 6. n. 1.

„Materia et forma, absolute sumptae, sunt principia physica speciei substantiae compositae et specificationis eius; ergo haec materia et

Wahrheit nachgewiesen haben, auch in der Philosophie sein Funda=
ment und empfängt von ihr alle nur wünschenswerthe Empfehlung.

Eine andere Frage freilich ist die, ob man es vom philosophi=
schen Standpunkte aus als unmöglich bezeichnen müsse, daß die
menschliche Seele nach der Trennung von ihrem Leibe sich aus andern
Stoffen, etwa aus den Stoffen eines fremden Menschenleibes, einen
neuen Leib bilde. — Die menschliche Seele, so ist zu antworten, ist
eine bestimmte, determinirte Form, sie ist die Form eines
menschlichen Leibes. Und weil sie dieses ist, darum ist es metaphysisch
unmöglich, daß sie sich mit einem specifisch andern Körper, etwa
einem Thierkörper, verbinde; oder was dasselbe ist: es ist meta=
physisch unmöglich, daß sie den Stoff, durch substantielle Verbindung
mit ihm, zum Körper eines Thieres gestalte. Die Seele kann sich
eben nur zu dem Ende mit der Materie verbinden, um ihr die Natur
und Gestalt eines menschlichen Leibes mitzutheilen.[1]) Und weil zur
Constitution der verschiedenen Körperarten durchweg auch specifisch
verschiedene Stoffarten erforderlich sind, so kann sie sich auch nur
mit jener Materie verbinden, die eben zum Aufbaue eines Menschen=
leibes erforderlich ist, nicht aber mit den specifisch verschiedenen Stoffen
eines andern Körpers, um etwa aus ihnen den Menschenleib zu
bilden.

Fragen wir also, ob es metaphysisch möglich sei, daß die Seele
nach Trennung von ihrem Leibe sich einen neuen Leib bilde, sei es
aus entsprechenden andern Stoffen, oder sei es selbst aus den Stoffen
eines fremden Menschenleibes, so ist diese Frage ohne Zweifel zu
bejahen. Sobald diese Stoffe hinlänglich disponirt sind, würde eine
Verbindung der Seele mit ihnen metaphysisch ebensowohl möglich
sein, als die Verbindung mit der Materie ihres ursprünglichen Leibes
möglich war. Darum hörten wir im vorigen Abschnitte Suarez

haec forma erunt principia physica individui et individuationis eius. Et eodem modo concludi potest, neutram per se,
sed utramque simul esse hoc adaequatum principium. Quia hoc compositum, ut omnino et complete sit idem numero, requirit non solum
hanc formam, vel hanc materiam, sed utramque simul, et quacumque
variata non manet simpliciter et omni ex parte idem numero compositum, quod antea erat, quia aliqua ex parte variata est eius entitas."
l. c. n. 15.

[1]) S. Thomas, 4. c. gent. c. 84.

sagen, daß die Ansicht des Durandus gegen die Lehre der Schrift und der Kirche verstoße, und daß bei einer solchen Annahme statt der Auferstehung vielmehr eine Art Seelenwanderung gelehrt werde, welche die Individualität des Menschen beeinträchtige und störe; aber die metaphysische Möglichkeit einer solchen Annahme bestritt er nicht, vielmehr bemerkte er ausdrücklich, daß so etwas allerdings denkbar und möglich sei. In seiner Metaphysik entwickelt er ganz ähnliche Gedanken, wobei er von Neuem darauf aufmerksam macht, daß eine Annahme, wie die des Durandus, so möglich sie im Uebrigen sei, gleichwohl eine Störung der Individualität zur Folge habe. Freilich sei es in erster Linie die Seele, welche das Individuum ausmache; aber in zweiter Linie concurrire auch der Leib zur Begründung dieser Individualität. Und wenn daher die Seele des Petrus mit einem andern Leibe verbunden würde, so würde die Individualität des Petrus freilich mit Rücksicht auf die Seele dieselbe geblieben sein, nicht aber mit Rücksicht auf das Ganze, da der Leib ein anderer geworden sei.[1)]

Treffend ist daher die Bemerkung Kleutgen's: „Wenngleich, so sagt er, es nicht metaphysisch unmöglich wäre, so wäre es doch positiv widernatürlich, daß eine Seele mit einem andern Leibe vereinigt würde, als mit dem, in welchem sie erschaffen wurde. Denn da der Leib ebensowohl, als die Seele zur Wesenheit des Menschen gehört, so würde der so entstehende Mensch der Seele nach dasselbe, dem Leibe nach ein anderes Individuum sein."[2)]

Das Resultat unserer Untersuchung ist also folgendes: Zur Wiederherstellung der frühern menschlichen Individuen behauptet die Offenbarung die numerische Identität des Leibes und der Leibesstoffe, und die Philosophie lehrt, daß gerade dieses zur Wiederherstellung der frühern Individuen nothwendig und wesentlich sei. Außerdem lehrt sie in richtiger Consequenz, daß die Vereinigung der Seele mit einem andern Leibe, wenn sie auch metaphysisch möglich und denkbar ist, dennoch unangemessen, ja widernatürlich sein würde, und durch diesen Satz gibt sie der Lehre der Offenbarung noch eine fernere, neue Stütze.

[1)] Metaph. l. c. n. 1. 15. 17.
[2)] Ph. d. B. II. n. 901.

2. Es wurde oben bemerkt, die leibliche Wiederherstellung des Menschen gehöre dem übernatürlichen Wirken Gottes an, und die auf sich gestellte Vernunft könne daher bezüglich ihrer keine bestimmte Aussage machen. Um dieses noch etwas genauer zu bestimmen, so eignet dieser Charakter der Uebernatürlichkeit dem Werke der Auferstehung unter einem doppelten Gesichtspunkte: einmal deßwegen, weil die Ausführung desselben, über allen Kräften der Natur erhaben, nur der Allmacht Gottes möglich ist;[1]) weiterhin zweitens aber, weil die leibliche Wiederherstellung des Menschen ein freies Gnadengeschenk des gütigen Gottes ist, das keinerlei Nöthigung voraussetzt, weder eine physische, wie sich von selbst versteht, noch auch eine moralische, die etwa mit Rücksicht auf gewisse Ansprüche und Bedürfnisse der menschlichen Natur in den moralischen Eigenschaften Gottes, seiner Weisheit, Güte und Gerechtigkeit gefunden werden könnte. Es ist freilich richtig, daß Gott den Menschen als Menschen erschaffen hat, d. h. als ein Compositum, das aus Leib und Seele besteht.[2]) Gleichwohl kann die Vernunft wegen dieses Umstandes die Wiederherstellung des Menschen nach seinem Tode von der göttlichen Weisheit keineswegs mit Sicherheit erwarten. Denn da sie erkennt, daß Tod und Auflösung dem Menschen natürlich sind, so muß sie ebendamit einräumen, daß die göttliche Weisheit ihr Werk erfüllt hat, wenn sie, die unsterbliche Seele allein der ewigen Bestimmung zuführend, dem Menschen jene Vollendung gibt, die seiner sterblichen Natur entspricht. Hiermit ist aber auch der Forderung genügt, welche man an die göttliche Güte stellen kann, und dieses um so mehr, als die Seele auch in der Trennung von ihrem Leibe ausreichend befähigt ist, ihrer endlichen Vollendung theilhaftig zu werden und die volle Glückseligkeit zu genießen, die ihrer Substanz nach in der vollkommenen Erkenntniß und Liebe des höchsten Gutes besteht. Nicht minder hat hiermit auch die göttliche Gerechtigkeit den berechtigten Forderungen des Menschen gegenüber ihre Schuldigkeit gethan. Denn so wahr es ist, was der h. Thomas sagt,[3]) daß die verdienstliche und mißverdienstliche Thätigkeit nicht der Seele allein angehöre, sondern dem Compositum, so

---

[1]) S. Thomas, Suppl. q. 75. a. 3. — 4. c. gent. c. 81. — Suarez, in III. Disp. 44. sect. 6.

[2]) Vgl. zum Folgenden Suarez, in III. l. c. sect. 7. u. 8.

[3]) Suppl. q. 75. a. 1. ad 3.

ist doch auch andererseits richtig, was Suarez sagt, daß im allerletzten Grunde die Seele das Princip jenes Wirkens sei, und daß somit den Forderungen der strengen Gerechtigkeit genügt sei, wenn die Seele allein den Lohn oder die Strafe empfange.

Wie nun aus allem diesem noch deutlicher hervorgeht, daß die sich selbst überlassene Vernunft nicht im Stande ist, bezüglich der Auf= erstehung etwas mit Sicherheit bestimmen zu können, so ist damit gleichzeitig auch die Bedeutung und die Tragweite der Vernunft= gründe in das richtige Licht gestellt, welche wir jetzt noch vorzulegen haben, und welche wir zum größten Theile schon früher theils bei den Vätern, theils bei den Theologen, theils auch schon in der h. Schrift vorgefunden haben. Jene Gründe sind keine streng beweisenden Gründe, und zwar deßhalb nicht, weil es der göttlichen Weisheit und Gerech= tigkeit keineswegs widersprechen würde, wenn Gott unsere Leiber ewig im Tode beließe; aber es sind doch höchst bedeutungsvolle Congruenz= gründe, weil die Vernunft recht wohl einsieht, wie gerade dasjenige, was der Glaube über die Auferstehung lehrt, im vollsten und höchsten Einklange mit denjenigen Wahrheiten steht, welche sie sonst, theils aus eignen Mitteln, theils aus der Offenbarung, über die menschliche Natur, über Gott, seine Eigenschaften und sein Wirken erkannt hat.

3. Um nun mit denjenigen Congruenzgründen zu beginnen, die von einzelnen Attributen Gottes hergenommen sind, so leuchtet ein, wie sehr unsere Lehre zunächst mit der göttlichen Allwissenheit im Einklange steht, und wie groß die Verherrlichung ist, welche gerade dem göttlichen Wissen aus einer Auferstehung erwächst, wie wir sie vertheidigen. Es ist freilich richtig, daß Gottes anbetungswürdige Größe und speciell seine grenzenlose Allmacht auch dann schon im herrlichsten Lichte erstrahlt, wenn Gott am großen Tage der Vollen= dung aus beliebigem Stoffe den Millionen und Millionen von Men= schenseelen mit der Schnelligkeit des Gedankens ihre Leiber bereitet. Denn diese ganze Wirksamkeit Gottes, die Organisation der elemen= taren Stoffe für die Aufnahme der Seelen, die substantielle Vereini= gung der Seelen mit den für sie bereiteten Leibern, alles das ist ein schöpferisches Wirken Gottes, das die anbetende und staunende Welt in die sechste Epoche des großen Schöpfungsdramas zurückversetzen muß. Aber in noch weit glorreicherem Glanze erscheint doch Gottes Majestät, wenn mit der Allmacht zugleich auch sein unbegrenztes

Wissen zu einer nicht minder glänzenden Offenbarung gelangt. Denn was ist es gewesen, was von jeher die Geister am Dogma der Auferstehung irre gemacht, wenn nicht gerade der Zweifel des armseligen Menschenverstandes, wie es möglich sei, daß es ein Auge gebe, welches nicht bloß die wechselnde Geschichte der Welt und der Menschen im Ganzen und Einzelnen schaut, sondern sogar jedes winzige und verschwindende Stäubchen dieser Erde betrachtet und seine unendlich wechselvolle Geschichte verfolgt, lenkt und leitet, daß es zu dem Endziele gelange, für welches es bestimmt, und wieder das Eigenthum dessen werde, der es vielleicht aus uralter, grauer Vorzeit als sein Eigenthum beansprucht? — Und doch ist es so! Gottes Auge ist ein solches Auge, allumfassend und alldurchdringend; und Gottes Allwissenheit und wundervolle Vorsehung ist und bleibt jedem Stäubchen ebensowohl gegenwärtig, wie seine Wesenheit und Allmacht ihm gegenwärtig ist; und was über alles Ahnen und Verstehen des armen Menschengeistes hinausgeht, das ist klein, gering und winzig für den unendlichen Gott. — Alles dieses aber, der hehren Majestät unsres Gottes so ganz und gar angemessen, wird mit unserm Lehrsatze allseitig und auf das vollkommenste anerkannt.

Und wie herrlich erstrahlt Gottes unendliche Heiligkeit, wenn wir bedenken, wie Gott das Heilige so heilig behandelt; wie er auch die Würde des winzigsten Stäubleins hoch und in Ehren' hält, das gewürdigt ward, ein Baustein im Tempel des h. Geistes zu sein, und welches an all' dem heiligen Segen Antheil gewann, welcher vom Kreuze Christi, und vom Geiste Christi und von den Altären Christi sich über alles Fleisch ausgoß; wenn wir sehen, wie er, der heilige Gott, es wieder aus der Erniederung hervorzieht und es aus dem Dunkel der Vergessenheit in das Licht der Verklärung hinüberpflanzt.

Und zeigt sich hierin nicht auch Gottes unermeßliche Güte und Liebe? Der Mensch hat einmal eine natürliche Neigung zu dem Leibe, den einst der Schöpfer seiner Seele als Wohnung angewiesen, in dem er gelebt und mit dem er gewirkt, der Genosse seiner Freuden und Leiden und sein getreuer Kampf= und Siegesgefährte gewesen im schweren Streite dieses Lebens. Und gerade darin zeigt sich so recht Gottes zarte Liebe gegen den Menschen, wenn er, eingedenk jener Sehnsucht und jener Liebe, ihm eben den Leib wiedergibt, den er einst geliebt und dem er treue Liebe bewahrt hat.

Endlich ist es auch die göttliche Gerechtigkeit, mit welcher unsere Lehre in vollkommenem Einklange steht. Wir haben früher gehört, wie schon die h. Schrift diesen Gedanken betont, und wie vor allem die Väter und Theologen wieder und wieder und mit allem Nachdrucke auf ihn zurückkommen. Das Fleisch, sagt Tertullian, ist Diener und Werkzeug der Seele zu allem verdienstlichen Wirken. Wenn also das Fleisch Antheil hatte an der Vergänglichkeit, warum nicht auch an der Unvergänglichkeit? Die durch das Wirken verbunden waren, dürfen in der Vergeltung nicht geschieden sein.¹) — Die Auferstehung findet zu dem Ende statt, bemerkt der h. Hieronymus, damit jeder in seinem Leibe die Vergeltung empfange für das, was er in seinem Leibe Verdienstliches oder Mißverdienstliches gewirkt. Stünde nun aber der Mensch nicht mit jenem Leibe auf, mit dem er früher verbunden war, sondern mit einem andern, dann hätte er in dem einen Leibe Gutes oder Böses gethan, und in einem andern empfinge er den Lohn oder die Strafe. Es ist nicht Recht, daß in dem einen Leibe die Seele sündige und in einem andern gefoltert werde; und es entspricht nicht der Gerechtigkeit des Richters, wenn ein anderer Leib sein Blut vergießt und ein anderer die Krone empfängt.²) — Wir haben freilich soeben gehört, daß es der göttlichen Gerechtigkeit noch keineswegs geradezu widersprechen würde, wenn Gott den Leib des Menschen auf immer dem Tode überließe, und daß es folglich, was in der Sache kaum einen Unterschied macht, ihr ebensowenig geradezu widersprechen würde, wenn der Leib des auferstehenden Menschen ein der Zahl nach anderer wäre. Aber das leuchtet doch auf der Stelle ein, daß die göttliche Gerechtigkeit gerade dann zur vollen Geltung kommt, wenn es nach Seele und Leib genau derselbe

---

¹) „Si temporalium consors, cur non et aeternorum? — — Non possunt ergo separari in mercede, quas opera coniunxit." de res. c. 5, 7, 8.

²) „Resurrectio ad hoc erit, ut quisque retributionem recipiat etiam in corpore secundum ea, quae in corpore gessit, sive bene, sive male. Sed si non resurgeret cum corpore eodem, quod in hac vita habuit, secundum unum corpus bene vel male egisset, et aliud esset corpus, quod praemiaretur vel puniretur. Neque enim fas est, ut in aliis corporibus animae peccaverint, in aliis torqueantur; nec iusti iudicis, alia corpora pro Christo sanguinem fundere et alia coronari." ep. 61 ad Pammach. — Vgl. auch s. Thomas, Suppl. q. 75. u. 1. u. Bellarmin, Cat. mai. Decl. a. 11.

Mensch ist, der verdiente und der belohnt wird, der frevelte und der gefoltert wird; wenn der machabäische Martyrer gerade die Zunge und gerade die Hand seiner Hoffnung gemäß wiedererhält, die er für das Gesetz seines Gottes zum Opfer brachte; wenn der christliche Blutzeuge eben den Leib wiederempfängt, der wie Weizenkorn unter den Zähnen der Löwen zermalmt wurde, um für Gott zum wohlgefälligen Brode zu werden; und wenn die christliche Jungfrau mit derselben Hand die Lilie trägt, mit der sie einst die scharfe Geißel geschwungen.

4. Wie es für die Vernunft unmöglich ist, aus der Idee Gottes und der Welt die übernatürliche Heilsordnung, ihre Wahrheiten und Thatsachen, a priori zu deduciren, so stehen auch die einzelnen übernatürlichen Wahrheiten und Thatsachen unter sich nicht in demjenigen innern und nothwendigen Zusammenhange, daß die Vernunft aus dem Inhalte der einen die Realität der andern logisch ableiten oder beweisen könnte. Aus dem Sündenfalle kann noch nicht der Erlösungsrathschluß, aus dem Rathschlusse der Erlösung noch nicht die Menschwerdung, aus dieser noch nicht die Stiftung der Kirche und die Einsetzung der Sacramente, und aus allem dem noch nicht die nähere Art und Weise der Vollendung, die leibliche Wiederherstellung u. s. w. mit Nothwendigkeit abgeleitet werden. Wohl aber ist die speculirende Vernunft im Stande, nachdem sie die verschiedenen Wahrheiten und Geheimnisse der christlichen Religion aus der Offenbarung kennen gelernt hat, in dem Sinne die eine aus der andern zu beweisen, daß sie den zwar nicht nothwendigen, aber thatsächlich zwischen ihnen bestehenden weisen und tiefen Zusammenhang aufsucht und darlegt; daß sie in dem einen Dogma Congruenzgründe für das andere nachweist und so das eine durch das andere beleuchtet, empfiehlt und auch beweist. So verhält es sich auch in unserm Falle. Der Lehrsatz, den wir vertheidigen, können wir aus andern, vorhergehenden Dogmen nicht mit Strenge ableiten und erweisen; wohl aber sind wir im Stande, darzuthun, wie er im schönsten Einklange und in vollster Uebereinstimmung mit allen andern, insbesondere mit den Hauptdogmen steht, und wie sich aus ihnen allen Congruenzgründe für ihn ergeben.

Gott hat den Menschen als substantiale Einheit von Leib und Seele erschaffen, so argumentirten, wie wir hörten, die Väter und

Theologen zunächst aus dem Schöpfungsdogma; und wie er, der weise Schöpfer, allen Dingen eine ihrer Natur entsprechende Bestimmung gegeben hat, so läßt sich erwarten, daß er es auch bezüglich des Menschen gethan habe. Nun ist es zwar richtig, daß der Mensch im Wesentlichen seine Bestimmung erreichen würde, wenn er bloß der Seele nach in die endliche Vollendung einginge. Denn die Seele ist der Hauptbestandtheil des Menschen, und sie ist überdies für sich allein ausreichend befähigt, die der Natur des Menschen entsprechende Vollendung und Glückseligkeit zu empfangen und zu genießen. Aber von der andern Seite ist doch die Seele ihrer Natur nach unvollendete Substanz und sie würde es, getrennt vom Leibe, ewig bleiben, und nur der Mensch ist vollendete Substanz und ein vollendetes Wesen. Daher war es angemessen, daß Gott den Menschen für die ewige Vollendung bestimmte und berief, und zwar eben denjenigen Menschen, eben die Seele und eben den Leib, den er erschaffen hatte, damit es nicht scheine, als sei der Mensch zwecklos erschaffen, wie der h. Thomas oben bemerkte. Eben darum aber gezieme es sich (oportet), fuhr dann der h. Lehrer fort, daß der der Zahl nach selbige Mensch wiederauferstehe, und das geschehe dann, wenn die der Zahl nach selbige Seele mit dem der Zahl nach selbigen Leibe wiedervereinigt werde.

In ähnlicher Weise können wir für unsern Lehrsatz aus dem Erlösungsdogma eine neue Begründung und Bestätigung hernehmen. Christus der Erlöser war erschienen, um als zweiter Adam dasjenige wiederherzustellen, was der erste Adam durch seine Sünde verdorben hatte; er war erschienen, um die Sünde zu tilgen, ihre Strafen und Folgen wiederaufzuheben. Es geziemte sich also, es entsprach dem Zwecke der Erlösung, und es entsprach der Würde des Erlösers, daß er dieses vollständig thue, daß er nicht bloß die Seele, sondern den Menschen erlöse, und zwar gerade den Menschen, der unter dem Fluche der Sünde nach der Erlösung geseufzt hatte. Es war also angemessen, daß er gerade den Leib wiederherstelle, der durch die Sünde eine Beute des Todes und des Satans geworden war, damit er, der Sieger über Tod und Hölle, dem Tode und dem Grabe ihre Beute entreißend, auf sein Werk zurückschauend im vollsten Sinne triumphirend sprechen könne: Verschlungen ist der Tod im Sieg! Wo ist, Tod, dein Sieg? O Tod, wo ist dein Stachel? —

Auch aus dem **Heiligungsdogma** ergeben sich höchst wichtige und bedeutsame Congruenzgründe für unsere Wahrheit, die aber, in Verbindung mit gewissen Ideen der h. Schrift und mit gewissen Aussprüchen und Verheißungen unseres Heilandes, über das Gewicht bloßer Congruenzgründe entschieden hinausgehen. — Zunächst erscheint es schon an und für sich höchst angemessen, daß unser Leib, der, wie uns mit Tertullian noch manche andere Väter lehrten, in so mannigfacher Weise durch kirchliche Segnungen, durch die Application der h. Sacramente, durch seine innige Verbindung mit der geheiligten und vergöttlichten Seele, und namentlich durch seinen unmittelbaren Contact mit dem eucharistischen Geheimnisse gesegnet, geweihet und geheiligt wird, ein anderes Schicksal erfahre, als die Leiber vernunftloser Thiere; es erscheint angemessen, daß er, aus der gemeinen Materie ausgeschieden, einem bessern und schönern Loose vorbehalten bleibe, daß er, aus dem Staube wiederum emporgezogen, zu einem neuen und unvergänglichen Leben erstehe. — Dazu kommt nun aber, daß die h. Schrift es geradezu ausspricht und lehrt, nicht bloß die Seele, sondern zugleich auch der Leib werde durch die Gnade der Heiligung wahrhaft und wirklich afficirt, der Leib werde durch sie ein Tempel des h. Geistes, werde durch sie dem mystischen Leibe Christi eingefügt, so zwar, daß unsere Glieder Glieder Jesu Christi sind. Denn was folgt hieraus? — Der Zweck der Heiligungsgnade geht dahin, die dereinstige übernatürliche Vollendung in uns anzubahnen und grundzulegen, uns für das übernatürliche, jenseitige Leben zu disponiren. Wenn also, so folgern wir, diese Vorbereitung, diese Disposition, factisch nicht bloß die Seele, sondern auch den Leib ergreift und afficirt, dann ist ebendamit die Bestimmung dieses unseres Leibes für die jenseitige Vollendung nicht bloß als eine congruente, sondern als eine wirkliche und reale ausgesprochen und dargethan. — Dazu kommt dann das weitere, noch bedeutsamere Moment, daß unser Heiland das Sacrament seines h. Leibes als ein Unterpfand unserer leiblichen Wiederherstellung bezeichnet, daß er unsere Auferstehung als Frucht und Wirkung der würdigen h. Communion hinstellt. Ohne Frage erhält also dieser unser Leib, denn nur er tritt mit der h. Communion in reale Verbindung, durch dieselbe irgend eine specielle Beziehung zur Auferstehung und zum ewigen Leben; er nimmt irgend einen eigenthümlichen, ihn auszeichnenden und vor andern

Leibern unterscheidenden Charakter an, in welchem er eine besondere
Befähigung und Disposition für die Auferstehung und das ewige
himmlische Leben besitzt. Es fragt sich nur, wie wir uns dieses im
Nähern zu denken haben. — Selbstverständlich haben wir nicht an
irgend eine physische Qualität zu denken, noch weniger an einen sog.
Unsterblichkeitskeim, der aus Christi Fleische stammend unserm Fleische
sich einsenke und einpflanze. Denn es ist durchaus unerfindlich, was
für eine Qualität und was für ein Keim das sein könnte, noch viel
weniger aber, wo und wie er fortdauern könnte, nachdem der Leib
sich in seine Atome aufgelöst und in alle Welt zerstreut hat.[1]) Der
Einfluß der h. Communion auf den Leib als solchen ist kein directer
und physischer, sondern nur ein indirecter und moralischer, und wir
können ihn mit dem h. Thomas und namentlich mit Suarez[2]) auf
folgende zwei Punkte zurückführen. Zunächst erstens vermehrt die
würdige h. Communion gemeinsam mit den übrigen Sacramenten
der Lebendigen die heiligmachende Gnade, und ebendamit gibt sie
dem Menschen, wie ein volleres Recht auf die Auferstehung und
das Leben, so auch neue und höhere Kraft, sich auf dieses Ziel
wirksam und würdig vorzubereiten. Zweitens aber verleiht die
würdige h. Communion, und zwar dieses im Unterschiede von den
übrigen Sacramenten, einen ganz neuen und speciellen Rechts=
titel auf die Auferstehung des Leibes, insofern nämlich, als Christus
es ausdrücklich verheißen und versprochen hat, jenes
Fleisch wiederzuerwecken, welches in würdiger Communion durch un=
mittelbaren Contact mit seinem allerheiligsten Fleische und Blute gött=
liche Weihe empfing. Wir sagen: einen neuen Rechtstitel. Denn
gleichwie Christo auf mehrere Titel hin die Auferstehung gebührte:
auf Grund der hypostatischen Union, auf Grund der seiner Seele
innewohnenden Gnade und Glorie, endlich auf Grund seines ver=
dienstlichen Wirkens, so kann auch uns die Auferstehung auf Grund
mehrerer Titel gebühren. Und so fügt eben jenes specielle Versprechen
Christi zu den bereits vorhandenen (der Gnade und dem Verdienste)
einen neuen Rechtstitel hinzu. Mit Rücksicht auf ihn will dann Christus
unsere Seele und unsern Leib in seine besondere Hut und unter

---

[1]) Vgl. Berlage, Kath. Dogmatik. VII. S. 355 ff.
[2]) S. 3. q. 79. a. 1. ad 3. — Suarez, in 3. Disp. 64. sect. 2. n. 5
et 6; sect. 3. n. 6.

seinen besondern Schutz nehmen, will ihnen specielle Fürsorge ange=
deihen lassen, um sie vor Sünde und sündhaftem Gelüste zu bewahren,
um sie mehr und mehr zu reinigen und zu heiligen, auf daß die Ver=
klärung der Seele und des Leibes in der Auferstehung um so sicherer
und glorreicher erfolge.

5. Um nun zum Schlusse noch diejenigen Convenienzgründe
anzudeuten, die von der menschlichen Natur selber hergenommen sind,
so kommt hier zunächst in etwas veränderter Fassung wieder jenes
Argument in Betracht, dessen wir uns vorhin schon einmal be=
dienten. — Die menschliche Seele an sich, so lautet dasselbe, ist
unvollendete Substanz und ist ihrer Natur nach auf den Leib als
ihr substantielles Complement hingewiesen. Denn nur in Verbindung
mit ihm ist sie im Stande, gewisse wesentliche Potenzen, die vegetativen
und sensitiven, die der Anlage nach in ihr schlummern, zu bethätigen
und zu verwirklichen. Gewiß also entspricht es im höchsten Grade der
menschlichen Natur, wenn beide Wesensbestandtheile, Seele und Leib,
nach ihrer Trennung wiederum vereinigt und verbunden werden.[1]
Und da fernerhin die menschliche Natur als eine individuelle gesetzt
ward und Bestand hatte, so entspricht es nicht minder der Natur dieses
Individuums, einstens wieder als dieses selbige Individuum, nicht bloß
der Seele, sondern auch dem Leibe nach, ins Dasein zu treten.

Weiterhin kann es auch keinem Zweifel unterliegen, daß die
einstige Seligkeit der Seele zwar keinen wesentlichen, wohl aber einen

---

[1] Daß die Art und Weise, die genannten Potenzen zu verwirklichen, eine
andere sei in dieser gegenwärtigen, eine andere aber in der auferstandenen Leib=
lichkeit, die ja bei allen als eine unverwesliche, bei den Seligen überdies als
eine gloriöse erscheinen wird, versteht sich von selbst. Eine eingehendere Bespre=
chung dieses interessanten aber schwierigen Gegenstandes kann übrigens erst in
der genauern Beschreibung der auferstandenen Leiblichkeit ihre Stelle finden. Nur
dieses sei hier bemerkt, daß alle Unvollkommenheit, insbesondere auch die Verwes=
lichkeit, welche dem gegenwärtigen Leibe anhaftet, und welche namentlich auch jeden
Act und jede Bewegung der vegetativen und sensitiven Vermögen begleitet, in der
auferstandenen, namentlich in der gloriösen Leiblichkeit, keine Stelle mehr finden
wird. — Bekanntlich bestritt Kant die Realität der Auferstehung auch aus dem
Grunde, weil er diese gegenwärtige unvollkommene Leiblichkeit mit dem Zustande
der endlichen Vollkommenheit nicht in Einklang zu bringen wußte. Er hätte eben
bedenken sollen, daß im Zustande der Vollendung auch der Leib eine entsprechende
Vollendung gewinnen muß und gewinnen kann. — Vgl. Die Religion innerhalb
der Grenzen der reinen Vernunft. S. 192.

accidentellen Zuwachs erfahren muß, wenn sie mit ihrem Leibe wie=
derum vereinigt wird. Offenbar wächst nämlich die Seligkeit des
Menschen in dem Maße, als seine Vollkommenheit wächst, und je
reicher, allseitiger und mannigfaltiger die naturgemäße Thätigkeit ist,
die er zu entfalten und zu entwickeln im Stande ist. Nun aber
empfängt die Seele gerade durch die Verbindung mit dem Leibe eine
ganze Reihe neuer Vollkommenheiten und erhält damit auch die Be=
fähigung zu einer ganzen Reihe neuer Thätigkeiten, durch welche ihr
Glück und ihre Wonne zwar nur in accidenteller Weise, aber wahr=
haft und wirklich gesteigert und vermehrt wird. — Aus dem Gesagten
folgt freilich zunächst bloß dieses, daß die Wiedervereinigung der Seele
mit irgend einem entsprechenden Leibe angemessen sei. Es liegt aber
auf der Hand, daß die Wiedervereinigung gerade mit dem frühern Leibe
vor allem angemessen sei. Denn, wie wir schon hörten, gerade nach
diesem Leibe geht ihre Sehnsucht und ihr Verlangen.

Ein dritter und letzter Angemessenheitsgrund ergibt sich dann
endlich aus dem Umstande, daß gerade eine Auferstehung, wie wir
sie vertheidigen, nicht wenig dazu beitragen muß, den Menschen
wirksam anzuspornen, sich vor aller sündhaften Befleckung sorgfältig
zu hüten und in reiner makelloser Jugend standhaft auszuharren
und siegreich fortzuschreiten. — Muß es den Menschen nicht mit Ehr=
furcht und Scheu gegen seinen Leib erfüllen, wenn er bedenkt, zu
welchen Dingen gerade dieser Leib berufen ist, und wie er im Glanze
himmlischer Verklärung am Throne Gottes stehen und dem unbefleckten
Lamme folgen soll, wohin es geht? Muß es dem Menschen nicht
Muth und Kraft geben, die bösen Gelüste dieses sündhaften Fleisches
durch christliche Abtödtung heldenmüthig zu bekämpfen und die Last
und Qual dieses sterblichen Fleisches in christlicher Geduld und stand=
hafter Ergebung zu tragen, wenn er weiß, daß eben dieses Fleisch,
welches hier seufzt, jammert und weint, einst jubeln und frohlocken
wird? Denn aufjauchzen werden ja die Gebeine, die erniedrigt waren!

Und so finden wir die Speculation allseitig im besten Einklange
mit der Lehre der Offenbarung; oder noch besser gesagt: Die Lehre
des Glaubens findet im Denken der Vernunft, der rein philosophischen
sowohl, wie der gläubigen, geradezu ihre Stütze, und zwar nicht bloß
eine, sondern eine mehrfache und vielfache.

Zweite Abtheilung.

Möglichkeit einer Auferstehung unter Festhaltung der numerischen Identität.

§ 6.
Theorien und Erklärungsversuche.

Nach allem, was wir im ersten Theile unserer Abhandlung dargethan haben, steht es dogmatisch fest, daß der Leib der Auferstehung mit dem gegenwärtigen Leibe der Zahl nach derselbe sein wird; mit andern Worten, es steht dogmatisch fest, daß bei der Auferstehung sich unsere Seele aus ebendenselben Stoffen wieder ihren Leib bilden wird, aus denen derselbe jetzt besteht. Die stoffliche Identität des Auferstehungsleibes gehört also wesentlich zum Inhalte, zum Was des Auferstehungsdogma's, und daher kann jeder Versuch, die Möglichkeit der Auferstehung darzuthun, nur unter Voraussetzung und Festhaltung der stofflichen Identität unternommen werden. — Es läßt sich nun von vorneherein erwarten, daß, wie zur Erklärung anderer Mysterien, so auch zur Erklärung und Vertheidigung des Mysteriums der Auferstehung die verschiedenartigsten Wege eingeschlagen, die verschiedenartigsten Theorien aufgestellt und die mannigfachsten Versuche gemacht worden sind. Denn es handelt sich ja um ein Geheimniß, und der denkende, wahrheitsbegierige Geist empfindet einen mächtigen Drang nach der Erforschung und Erkenntniß der Wahrheit, die sich im Geheimnisse verbirgt; es handelt sich zudem um ein Geheimniß, um einen geheimnißvollen Wunderprozeß, welcher uns selbst so nahe angeht, daß ja gerade wir der Gegenstand desselben sind; es handelt sich endlich um ein Geheimniß, welches in der Form, in der wir es gefaßt haben und nach Anleitung der Offenbarung fassen mußten, so augenscheinliche und greifbare Schwierigkeiten darzubieten scheint. Es läßt sich aber auch ebenso von vorneherein erwarten, daß nicht alle diese Theorien von gleicher Wahrheit und Güte sein werden, und daß wir nicht alle Erklärungsversuche als glückliche und gelungene werden bezeichnen können. — Im Verlaufe unserer Darstellung hatten wir es bis dahin bloß mit einem einzigen Erklärungsversuche zu thun, der namentlich seit dem Anfange dieses Jahrhunderts unter Philosophen und Theologen wieder einzelne Anhänger gewann. Und weil dieser Versuch eben noch bis in die Gegenwart hinein sich geltend zu machen sucht, und weil er überdies vor allen andern Versuchen wenigstens insofern der vernünftigste ist, als die Naturwissenschaft keine Einwendung gegen ihn erhebt, und die Philosophie ihn zwar nicht empfiehlt, aber doch als möglich zugibt, so bedurfte gerade er vor allem der Würdigung und Widerlegung, und er verdiente sie auch. — Zum Zwecke der Vollständigkeit ist es nun aber erforderlich, daß wir auch auf die wichtigsten der übrigen Theorien und Erklärungsversuche, soweit sie mit unserm Gegenstande in Verbindung stehen, einen Blick werfen und sie uns im Zusammenhange kurz vorführen, um über ihren Werth oder Unwerth ein Urtheil zu gewinnen. Der Umstand dann, daß sich alle diese Theorien als wissenschaftlich unhaltbar erweisen werden, wird unserer eigenen Theorie zu einer neuen, wissenschaftlichen Empfehlung dienen. Und wir können dann dazu übergehen, den Nachweis zu liefern, wie das, was wir nach Anleitung des Glaubens von der Auferstehung des Leibes behauptet haben, trotz der Schwierigkeiten, die sich erheben, gleichwohl einer vernünftigen und gläubigen Betrachtung als durchaus denkbar und möglich sich darstellt. Indem wir nun die verschiedenen Deutungen und Erklärungsversuche vorlegen, ordnen wir dieselben in der Reihenfolge, daß wir zunächst diejenigen bringen, welche sich am weitesten von der Wahrheit entfernen, nämlich diejenigen, welche nicht einmal an der specifischen Identität des Auferstehungsleibes festhalten, oder doch nicht festzuhalten scheinen; alsdann sollen diejenigen folgen, welche zwar die specifische, nicht aber die numerische Identität vertheidigen; an letzter Stelle sollen diejenigen genannt werden, welche mit uns die numerische Identität festhalten, aber in der Auffassung und Vertheidigung derselben fehlgehen.

1. Schon dem Origenes wurde von einzelnen Vätern, wie wir hörten, der Irrthum zur Last gelegt, als habe er den auferstehenden Menschen eine specifisch andere Leiblichkeit zugeschrieben, und wir haben des Nähern gezeigt, was über die Auferstehungslehre des Origenes in Wirklichkeit zu halten ist. Gewiß ist aber, daß unter den Schülern und Anhängern des Origenes thatsächlich der Irrthum Verbreitung fand, dessen man den Meister geziehen hatte. Zu diesen gehörten unter andern der Bischof Johannes von Jerusalem, dann der Patriarch Eutychius von Constantinopel, endlich noch ein gewisser Johannes Philoponus.[1]) Diese lehrten unter mannigfaltigen und wechselnden Ausdrücken, der Leib der Auferstehung werde ein geistiger, himmlischer Leib sein, oder auch er werde ein luftförmiger, ätherischer, durchaus ungreifbarer und unfaßbarer Leib sein, der dem Winde oder auch der Substanz der Engel ähnlich und gleichförmig sei. Einzelne Origenisten fügten dann noch zu allem diesem die gelungene Behauptung hinzu, die Auferstehungsleiber würden Kugeln sein.

In welcher Weise sich die Origenisten im Nähern die Natur und Zusammensetzung der Auferstehungsleiblichkeit gedacht haben, ist nicht ganz leicht zu ermitteln, und ihre Ansichten gingen obendrein noch wesentlich auseinander. Im Ganzen aber schieden sie sich den Ausführungen des h. Thomas zufolge[2]) in zwei Parteien, von denen die eine wenigstens noch an der Materialität des Leibes festhielt, obgleich sie dieselbe als eine specifisch andere dachte, als die gegenwärtige; während die andere Partei sogar die Materialität der Leiber in Abrede stellte und den frühern Leib sich ganz einfach in eine immaterielle Substanz verwandeln ließ. — Der h. Thomas a. a. O. gibt eine kurze und bündige Widerlegung dieser falschen Theorien, die wir ihren Hauptgedanken nach wiedergeben wollen. — Der h. Lehrer weist zunächst gegen alle diese Theorien auf die h. Schrift hin, laut welcher die Leiber der Auferstehung, dem Leibe des auferstandenen Heilandes entsprechend, wahre menschliche Leiber sein werden, aus menschlichem Fleisch und aus menschlichem Bein bestehend. Damit

---

[1]) Schwane, Dogmengeschichte der patr. Zeit, S. 793.
[2]) 4. c. gent. c. 84.

allein sei der origenistische Irrthum schon hinlänglich als solcher dargethan und abgethan. Der h. Lehrer läßt dann aber zur weitern wissenschaftlichen Widerlegung noch eine Reihe von rationellen Gegengründen folgen, welche gegen die beiden genannten Hauptformen des Irrthumes gerichtet sind und von denen wir die wichtigsten mittheilen wollen.

Er richtet seine Beweisführung zunächst gegen diejenigen, welche die Materialität des Leibes festhielten, aber eine wesentlich andere Natur desselben behaupteten. Der Leib der Auferstehung, so sagten sie, werde nicht in dem Sinne geistig, ätherisch sein, als werde er, unter Beibehaltung der frühern Natur und Zusammensetzung, nur von größerer Feinheit und Zartheit sein, als der bisherige, grobmaterielle Leib es ist; sondern er werde überhaupt eine ganz andere, wesentlich verschiedene Natur annehmen. Er werde, wie die einen sagten, nicht mehr aus heterogenen Elementen, sondern nur aus einem einzigen, homogenen Stoffe bestehen; andere hingegen behaupteten, die Stoffe des gegenwärtigen, irdischen Leibes würden in einen andern, himmlischen Stoff verwandelt werden, und so werde der Leib der Auferstehung nicht mehr, wie der jetzige, aus Fleisch und Blut, aus Haut und Knochen bestehen, sondern er werde ein ganz neuer, himmlischer Leib sein.

Die menschliche Seele, so können wir das erste Gegenargument des h. Thomas in etwas ausführlicher Fassung wiedergeben, ist als Wesensform mit dem Leibe, als ihrer Materie, verbunden. Nun verhält es sich aber mit der menschlichen Seele ebenso, wie mit allen andern Wesensformen. Sie ist in sich selber kein unbestimmtes, potentielles Sein, so daß sie je nach der Materie oder dem Körper, mit dem sie sich verbindet, zu einer Form von bestimmter Art, zur Form der Pflanze, oder des Thieres, oder des Menschen sich gestaltete, — eine Annahme, die nothwendig zu einer materialistisch-pantheistischen Weltanschauung hinüberführen müßte —, sondern sie ist in sich selber eine der Art nach ganz bestimmte Form und kann sich daher auch nur mit einer ganz bestimmten, ihr entsprechenden Materie, mit einer Materie von bestimmter Art, zur Bildung eines Körpers von ganz bestimmter Art, des menschlichen nämlich, verbinden. Und weil nun die menschliche Seele bei der Auferstehung der Art nach ganz dieselbe geblieben ist, so kann sie auch nur mit denselben Stoffarten zur

Bildung derselben Körperart, zur Bildung eines wahrhaft menschlichen, aus Fleisch und Bein bestehenden Leibes zusammentreten.[1])

Der Leib, so argumentirt unser Heiliger an zweiter Stelle, ist ein wesentlicher Bestandtheil wie des Menschen, so auch des Begriffes Mensch. Wird demnach der Leib des Menschen specifisch geändert, so wird auch das Wesen des Menschen specifisch geändert, und der Begriff Mensch findet auf das so entstandene Wesen nur noch im uneigentlichen Sinne seine Anwendung.[2]) Denselben Gedanken hörten wir oben auch Suarez aussprechen, als er die Bemerkung machte, falls die Seele bei der Auferstehung mit einem specifisch andern Leibe verbunden würde, so würde das so entstehende Wesen nicht mehr Mensch, sondern ein unerhörtes, noch nie dagewesenes Monstrum sein.

Endlich bemerkt der h. Thomas, ein der Art nach anderer Leib stehe doch der. Seele ungleich ferner, als der der Art nach gleiche Leib irgend eines andern Menschen. Nun aber habe er bereits früher gezeigt, daß es nicht angehe, daß die Seele nach Trennung von ihrem eigenen Leibe sich mit dem Leibe eines andern Menschen verbinde. Noch viel weniger also sei es möglich, daß sie sich mit einem Leibe verbinde, der sogar einer andern Species angehöre.[3])

Im weitern Verlaufe wendet sich dann der h. Lehrer noch eigens gegen die Ansicht derjenigen, welche obendrein eine ätherisch feine, luftförmige Beschaffenheit der auferstandenen Leiblichkeit annahmen. Auch das gehe nicht an, bemerkt er, da es mit der Natur eines

---

[1]) „Anima unitur corpori sicut forma materiae. Omnis autem forma habet determinatam materiam; oportet enim esse proportionem actus et potentiae. Quum igitur anima sit eadem secundum speciem, videtur quod habeat eandem materiam secundum speciem. Erit ergo idem corpus secundum speciem post resurrectionem et ante; et sic oportet, quod sit consistens ex carnibus et ossibus et aliis huiusmodi partibus."

[2]) „Quum in definitione rerum naturalium, quae significat essentiam speciei, ponatur materia, necessarium est, quod variata materia secundum speciem varietur species rei naturalis. Homo autem res naturalis est. Si igitur post resurrectionem non habebit corpus consistens ex carnibus et ossibus et huiusmodi partibus, sicut nunc habet, non erit qui resurget ciusdem speciei, sed dicetur homo tantum aequivoce."

[3]) „Magis distat ab anima unius hominis corpus alterius speciei, quam corpus humanum alterius hominis. Sed anima non potest iterato uniri corpori alterius hominis, ut ostensum est. Multo igitur minus poterit in resurrectione uniri corpori alterius speciei."

wahren Menschenleibes in Widerspruch stehe. Der naturgemäße Leib
des Menschen habe im Ganzen und in seinen einzelnen Theilen eine
ganz bestimmte Gestalt und Structur, und eben deßwegen sei er
nothwendig in sich selber und durch sich selber begränzt. Das könne
aber von luftförmigen, ätherischen Körpersubstanzen keineswegs aus=
gesagt werden, da diese nicht durch sich selbst, sondern durch andere
Körper eine wechselnde Umgränzung erhielten.¹)

Hiernach wendet sich der h. Thomas gegen die zweite Form des
origenistischen Irrthums und bedient sich zur Widerlegung der beiden
folgenden Argumente.

Es sei nicht möglich, so bemerkt er an erster Stelle, daß ein
Körper in eine immaterielle Substanz verwandelt werde. Nur bei
materiellen Substanzen sei die Verwandlung der einen in die andere
möglich, indem die eine, die eigene Form verlierend und die Form
der andern annehmend, mit der andern eins werde, wie z. B. die
Speise, ihre eigene Form verlierend, die Form der menschlichen Leibes=
substanz annimmt und mit dieser eins wird. Nun aber sei eine gei=
stige Substanz durchaus immateriell, und folglich könne der materielle
Menschenleib nimmermehr in eine geistige Substanz übergehen.

Ueberdies, bemerkt er an zweiter Stelle, sei bei jener origenisti=
schen Theorie eine doppelte Annahme möglich. Entweder behaupte sie,
daß der menschliche Leib bei der Auferstehung in die Substanz der
Seele selber, oder daß er in irgend eine andere geistige Substanz
verwandelt werde. Beides sei aber noch aus einem andern, als dem
soeben angegebenen Grunde durchaus undenkbar und unmöglich. Gehe
nämlich der Leib in die Substanz der Seele selber über, dann habe
die Auferstehung gar keinen Zweck und keine Bedeutung, denn die
Seele bleibe nach der Auferstehung eben das, was sie vor derselben
gewesen. Behaupte aber der Origenismus, daß die menschliche Leibes=
substanz bei der Auferstehung in irgend eine andere immaterielle Sub=
stanz verwandelt werde, so lasse er damit ein angeblich einheitliches

---

¹) „Oportet corpus hominis et cuiuslibet animalis habere determinatam figuram in toto et in partibus. Corpus autem habens determinatam figuram oportet quod sit in se terminabile, quia figura est, quae
termino vel terminis comprehenditur. Aer autem non est in se termina-
bilis, sed solum termino alieno terminatur. Non est ergo possibile, quod
corpus hominis resurgentis sit aereum vel ventis simile."

Wesen entstehen, was nichts weniger, als einheitlich sei. Denn da geistige Substanzen subsistente Formen seien, so könnten sie nimmermehr zu einer Einheit der Substanz verbunden werden. Wohl könne sich eine Form mit ihrer Materie zu einer einheitlichen Substanz verbinden, da beide sich gegenseitig fordern und bedingen; es sei aber unmöglich und in sich widersprechend, daß eine Form mit einer Form zur substantiellen Einheit verbunden werde.[1])

Die bei den spätern Wiedertäufern und Socinianern aufgetauchten verwandten Anschauungen und Irrthümer betreffs der Auferstehungsleiblichkeit[2]) bedürfen einer eigenen Widerlegung nicht, da sie in der vorstehenden Beweisführung des h. Thomas bereits ihre hinlängliche Würdigung, wie auch ihre theologische und wissenschaftliche Abfertigung gefunden haben.

2. In neuerer Zeit stellte Bonnet eine Theorie auf, die nicht so sehr an die Anschauung der Origenisten, als vielmehr des Origenes selbst hart anstreift, und die nicht wenig Anhänger unter den Theologen und Philosophen verschiedener Richtungen gefunden hat. Wir nennen z. B. Eschenmeyer, Wegscheider, Lavater, Döderlein, Kaiser, Richter, Fichte u. A.[3]) — Bonnet schreibt nämlich der Seele ein gewisses, höchst subtiles Organ, einen Körperkeim zu, der, jeder Seele von vorneherein anerschaffen, auch nach dem Tode mit ihr verbunden bleibe. Aus diesem Organe oder Keime entwickele sich dann zur festgesetzten Zeit wieder ein completer, aber ganz subtiler,

---

[1]) „Non enim transeunt invicem, nisi quae in materia communicant. Spiritualium autem et corporalium non potest esse communicatio in materia, quum substantiae spirituales sint omnino immateriales, ut ostensum est. Impossibile est igitur, quod corpus humanum transeat in substantiam spiritualem."

„Item, si transeat in substantiam spiritualem corpus humanum, aut transibit in ipsam spiritualem substantiam, quae est anima aut in aliquam aliam. Si in ipsam, tunc post resurrectionem non esset in homine nisi anima, sicut et ante resurrectionem; non igitur immutaretur conditio hominis per resurrectionem. Si autem transibit in aliam substantiam spiritualem, sequetur, quod ex duabus substantiis spiritualibus efficietur aliquid unum in natura, quod est omnino impossibile, quia quaelibet substantia spiritualis est per se subsistens."

[2]) Vgl. Albertus a Bulsano. Instit. theol. V. VI. § 826. Nota.

[3]) Vgl. Alb. a Buls., l. c. § 827. Nota 1. — Perrone, Praelect. III. § 869. Nota 6.

geistiger Leib; und in diesem Prozesse, und in nichts anderm, bestehe die leibliche Auferstehung. Auch bei G. Fr. Daumer in ganz neuerer Zeit findet sich die Vorstellung eines solchen subtilen, körperlichen Organes, welches nach dem Tode mit der Seele verbunden bleibe; Daumer nennt es „eidolon".[1]

Gegen diese stark nach Trichotomismus schmeckende Theorie Bonnet's ist nun übrigens sehr vieles einzuwenden. Zunächst fragt es sich, ob bei einer solchen Ansicht noch die specifische Identität des Auferstehungsleibes festgehalten werde. Ist diese subtile Substanz, die nach dem Tode der Seele verbleibt und aus welcher der Leib der Auferstehung sich entwickelt, von gleicher Art und Zusammensetzung, wie der gegenwärtige Leib? — Wenn nicht — wir können darüber nicht mit Bestimmtheit urtheilen —, dann fällt Bonnet's Theorie, wenigstens unter diesem Gesichtspunkte, mit der vorgenannten origenistischen zusammen. — Aber auch hiervon abgesehen, was ist das für ein Prozeß, kraft dessen sich aus jenem subtilen Keime wieder eine complete Leiblichkeit entwickelt? Geschieht es durch die Allmacht Gottes, die jenem Keime den zu seiner Entwickelung nothwendigen Stoff entweder einfach schöpferisch, oder aus der bereits vorhandenen Materie zuführt, was denkbar wäre; oder entwickelt sich der neue Leib, wie Bonnet anzunehmen scheint, ganz allein aus dem Innern jenes Keimes heraus? Das aber ist völlig undenkbar und streitet mit allen Vorstellungen und Begriffen, die wir von der Materie und ihrer Beschaffenheit haben. Wir begreifen schlechterdings nicht, wie sich aus einem subtilen, ätherischen, unsichtbaren Körperkeime von Innen heraus ein aus Fleisch und Blut bestehender completer Menschenleib gestalten und entwickeln könne, wie ihn Vernunft und Offenbarung unstreitig fordern. Endlich aber, und das spricht wohl am entschiedensten gegen Bonnet's Theorie, kann bei einer derartigen Anschauung der Begriff eines wahren und eigentlichen Todes, wie auch einer wahren und eigentlichen Auferstehung gar nicht mehr festgehalten werden. Der Mensch besteht nach allgemeiner Lehre der katholischen Philosophie und Theologie, wie überhaupt nach christlicher und katholischer

---

[1]) Die betreffenden Werke Daumer's, in denen er diese Anschauung entwickelt, sind uns nicht zur Hand. — Vgl. übrigens dazu Hagemann im Lit. Handw. Jahrg. 1873. Nr. 139.

Anschauung, lediglich aus zwei Wesensbestandtheilen, aus der ganz immateriellen, geistigen Seele und aus dem materiellen Leibe; der Tod aber besteht in der Trennung, die Auferstehung in der Wiedervereinigung dieser beiden Wesensbestandtheile. Das lehrt auch die h. Schrift mit einfachen und schlichten Worten, indem sie im Tode den Geist zu Gott, der ihn gegeben, den Leib aber zum Staube zurückkehren läßt, dem er entnommen ist. Von einer subtilen Leiblichkeit aber, die der Seele nach dem Tode noch verbleibe, weiß die h. Schrift gar nichts.[1])

Wie verhält sich nun allem dem gegenüber die Theorie Bonnet's? Soll die Verbindung jener subtilen Leibessubstanz mit der abgeschiedenen Seele für das Sein und Leben der Seele irgend einen Sinn und irgend einen Zweck haben, dann kann diese Verbindung keine bloß äußerliche und moralische, sondern sie muß selbstredend eine physische Verbindung sein. Von welcher Art ist dann aber diese physische Verbindung? Eine accidentelle kann es nicht sein, denn wie könnte eine körperliche Substanz ein Accidens des einfachen Geistes sein? Sie muß also eine substantielle sein, so daß die Seele als Wesensform mit ihr vereinigt und verbunden ist. Nun aber besteht der Mensch eben aus der substantialen Verbindung der Seele als Form mit einer ihrer Natur entsprechenden Leiblichkeit. Und folglich würde nach Bonnet's Theorie mit dem Tode der Mensch als solcher gar nicht aufhören, sondern er bliebe vollkommener Mensch, aus Leib und Seele bestehend; er wäre ebensowohl Mensch, als die mit dem Embryo verbundene Seele wahrer und vollkommener Mensch ist, der nur noch mit Rücksicht auf naturgemäße Größe und Gestalt einer entsprechenden Entwickelung bedarf. Der Mensch stürbe also gar nicht im Tode, sondern er bliebe Mensch; und er stünde auch von den Todten nicht wieder auf, sondern in der Auferstehung entwickelte er sich bloß in Beziehung auf Größe und Gestalt. Die Auferstehung wäre nichts Weiteres, als ein palingenetischer Prozeß, ähnlich demjenigen, durch den die Raupe die Gestalt eines Schmetterlings annimmt. Mit einem solchen palingenetischen Prozesse kann nun freilich unsere Auferstehung verglichen, nimmermehr aber kann und darf sie mit ihm identificirt werden. — Aus allen diesen Gründen ist die

---

[1]) Berlage, Kath. Dogmatik. VII. S. 860.

Theorie Bonnet's als eine durchaus unbegründete, unphilosophische, der Schrift und dem Glauben widersprechende abzuweisen.[1]

3. Im ersten Abschnitte unserer Abhandlung gedachten wir der eigenthümlichen Ansicht des Duns Scotus, der außer der menschlichen Seele als Wesensform, von welcher der menschliche Leib das sensitive und vegetative Leben empfange, noch eine sogenannte forma corporeitatis annahm, durch welche dem menschlichen Leibe die ihm entsprechende Ausdehnung, Gestalt und organische Structur mitgetheilt werde. Schon vor ihm hatte der h. Thomas in einer Untersuchung über die Einheit der menschlichen Wesensform die Unhaltbarkeit einer solchen Vorstellung dargethan. In einem doppelten Sinne, so führt er aus, könne der Ausdruck forma corporeitatis verstanden werden, einmal im Sinne von substantieller Form, und dann sei die forma corporeitatis nichts anderes, als die menschliche Seele selbst. Denn es gebe nur eine einzige substantielle Form im Menschen, die vernünftige Seele, welche dem Stoffe die Natur eines menschlichen Leibes

---

[1] Vgl. Muzzarelli, de recto usu logicae. Opusc. 22. — Unsere Besprechung der Theorie Bonnet's unterläßt es hie und da, wie dem Leser nicht entgangen sein wird, die eigentliche Ansicht Bonnet's zu präcisiren, und richtet sich vielmehr gegen die einzelnen Momente derselben je nach dem verschiedenen Sinne, den ihr Urheber möglicherweise mit seinen Worten verbinden konnte. Es ist uns eben nicht möglich gewesen, zu einem klaren Verständnisse dieser Ansicht durchzubringen. Wir lassen die Worte Bonnet's nach der lateinischen Uebersetzung Perrone's folgen, die er am Schlusse des dritten Bandes seiner Vorlesungen nachträgt, und indem wir die uns vor allem unklar scheinenden Stellen durch den Druck hervorheben, wünschen wir dem Leser ein besseres Verständniß derselben, als es uns gegeben ist. Die Ausführung Bonnet's lautet nämlich: „Hominem perfecte fuisse praeformatum, ita ut mors nullo modo destruat ipsius esse, nec anima unquam cesset coniuncta esse cum aliquo corpore organizato. — — Eiusmodi autem corpus nunc est nisi germen praeformatum pro statu futuro, quod nunquam peribit, quemadmodum perit corpus terrestre. Hoc autem germen est corpus quoddam spirituale, quod succedere debet corpori animali, et resurrectio non erit nisi quaedam evolutio plus minusve celeris corporis spiritualis, quod ab initio in corpore animali conclusum erat sicut planta in suo semine." — Es dürfte ziemlich schwer sein, sich klar zu machen, was unter einem „gewissen" organischen Leibe, der zugleich ein „gewisser" geistiger ist und sich durch einen „gewissen" Prozeß entwickelt, eigentlich zu verstehen sei; und nur das allein dürfte so ziemlich außer Zweifel sein, daß darunter alles Mögliche und Unmögliche verstanden werden könne.

und ebendamit auch die entsprechenden körperlichen Dimensionen mittheile. Man könne die forma corporeitatis aber auch im Sinne einer accidentellen Form verstehen, und dann sei sie nichts anderes, als die wirkliche Größe und Gestalt, nichts anderes, als die körperlichen Dimensionen, welche uns im fertigen Menschenleibe entgegentreten. Diese aber verlören sich und gingen zu Grunde, wenn in Folge des Todes der Menschenleib sich in seine Bestandtheile auflöse; nur die substantielle Form, die Seele, habe auch nach dem Tode dauernden Bestand.[1])

Die angedeutete Anschauung des Scotus, in nur wenig veränderter Gestalt, hat nun in späterer Zeit wiederum Anhänger gefunden, indem einzelne Theologen glaubten, sich ihrer mit Nutzen zur Erklärung der Auferstehung bedienen zu können.[2]) Diese Theologen halten im Gegensatze zu den beiden genannten Theorien an der specifischen Identität der auferstehenden Menschenleiber fest; auch an der numerischen Identität halten sie fest, oder wollen es doch wenigstens, und entwickeln dann ihre eigenthümliche Theorie in folgender Weise: Damit der der Zahl nach selbige Leib wiederauferstehe, so sagen sie, sei es keineswegs erforderlich, daß die Auferstehungsleiber wieder aus den Stofftheilen des frühern Leibes gebildet werden. Daß unser jetziger Leib, bei dem fortwährenden Umsatze der stofflichen Theile, dennoch numerisch derselbe Leib bleibe, habe seinen Grund in dem Vorhandensein eines eigenen, ihm innewohnenden Principes, welches stets unveränderlich dasselbe bleibe. Dieses Princip, von der Seele wie vom Stoffe gleicher Weise unterschieden, sei die im Leibe wirkende plastische, gestaltende Kraft. Diese Kraft gehe bei der Auflösung und Zersetzung des Körpers nicht verloren, sondern werde irgendwo und irgendwie im Dasein erhalten. Bei der Auferstehung trete dann wieder jede Seele mit der ihr gehörigen plastischen Kraft in Verbindung, und diese forme aus entsprechenden Stoffen einen neuen Leib, mit dem sich die Seele substantiell vereinige. In Folge der numerischen Identität der plastischen Kraft sei dann der Auferstehungsleib selbst mit dem frühern Leibe der Zahl nach identisch.

Auch dieser Ansicht können wir aus nahe liegenden Gründen nicht beistimmen. Denn wie sollen wir uns jenes plastische Princip

---

[1]) 4. c. gent. c. 81.
[2]) Vgl. Jungmann, Instit. theol. tract. de noviss. § 226.

eigentlich denken, daß trotz der Auflösung des Leibes gleichwohl im Dasein erhalten wird? Da es eine selbstständige Substanz selbstredend nicht sein kann, so muß es ohne Frage nach Weise einer inhärenten Form oder Kraft gedacht werden. Aber wie ist dann, so fragen wir weiter, der Fortbestand desselben denkbar und möglich, wenn das Substrat, dem es inhärirte, in alle Welt zerstreut ist? — Ueberdies haben wir im ersten Abschnitte unserer Abhandlung gezeigt, daß es nach aller vernünftigen Philosophie und nach ausdrücklicher Lehre der Kirche nur zwei Wesensprincipien im Menschen gibt: die Materie und die substantielle Form oder Seele, welche letztere ganz allein und unmittelbar die Materie zum menschlichen Leibe bestimmt. Dazu kommt endlich noch, daß diese Theorie gar keine Rücksicht auf die numerische Identität der stofflichen Elemente nimmt, an welcher gemäß unserer ganzen Beweisführung streng und unbedingt festgehalten werden muß.

4. An die zuletzt genannte Theorie schließt sich unmittelbar die des scholastischen Theologen Durandus an. Wir gedachten derselben schon oben mit einigen Worten, als wir die Anschauungen des Suarez über die Identität des Auferstehungsleibes vorlegten. Hier müssen wir noch einmal auf dieselbe zurückkommen, um den eigentlichen Gedanken des Durandus zum Zwecke seiner Widerlegung noch genauer kennen zu lernen. — In Uebereinstimmung mit der zuletzt genannten Theorie hält auch Durandus an der specifischen Identität der Auferstehungsleiber mit aller Entschiedenheit fest und behauptet in gleicher Uebereinstimmung mit jener Theorie auch die numerische Identität jener Leiber. Dabei hat seine Ansicht noch den großen und wesentlichen Vorzug, daß sie von einem dritten, von Seele und Stoff unterschiedenen, plastischen Princip gar nichts weiß und gar nichts wissen will. — Gleichwohl bestreitet Durandus die numerische Identität der stofflichen Elemente und argumentirt zu dem Ende in folgender Weise: Nur allein die Form ist es, welche dem Körper seine Einheit und dem Stoffe sein ganzes Sein gibt. Denn da die Materie an sich pure Potenz ist, so ist es eben die Form, welche sie zu dieser wirklichen Materie bestimmt. Und so empfängt die Materie von der Form, wie ihr ganzes Sein, so auch mit diesem Sein ihre Identität und ihren Unterschied von aller andern Materie. Verbindet sich also eine Form der Reihe nach einmal mit diesem Theile der materia prima, dann mit einem andern Theile derselben, dann ist die

wirkliche Materie, welche jedesmal entsteht, in beiden Fällen der Zahl nach identisch. Es hängt demnach die Identität eines jeden Dinges, und ebendarum auch die Identität des auferstehenden Leibes lediglich von der Identität der Wesensform oder Seele ab.[1]

Die ganze Theorie des Durandus steht und fällt, wie man sieht, mit der Behauptung, daß die Materie ihr ganzes Sein von der Form habe. Ist aber dieses richtig? — Wenn wir die Materie als reine Potenz, als materia prima im strengen Sinne betrachten, so könnte Durandus in gewissem Sinne Recht haben. Denn die materia prima als solche, wie früher gezeigt, existirt nicht und kann nicht existiren; sie wird erst durch die Form wirklich daseiend. Aber selbst unter diesem Gesichtspunkte, bemerkt Suarez, erhält die Materie nicht ihr ganzes Sein von der Form. Denn mögen wir die Materie auch noch so sehr als pure Potenz betrachten, so muß sie doch nothwendig in sich selber irgend etwas sein, um als wahre und wirkliche Potenz gelten zu können.[2] Ueberdies kann die Materie als reine Potenz hier gar nicht in Frage kommen, denn als reine Potenz ist sie in der geschaffenen Ordnung gar nicht vorhanden. Die Materie, welche bei der Entstehung und Bildung der Körper Gegenstand des Werdens, der Wandlung und Veränderung ist, ist die bereits verwirklichte Materie, die materia secunda, die unter verschiedenen Formen als Sauerstoff, als Stickstoff, als unorganische und organische Materie bereits da ist. Und es fragt sich also, ob eine Form, wenn sie sich mit dem bereits verwirklichten Stoffe zur höhern Substanz verbindet, diesem seine ganze Wirklichkeit und sein ganzes Sein gebe. Wir brauchen die Antwort nicht zu geben, denn sie ist in der Frage bereits enthalten. — Richtig ist freilich, daß die Substanz als solche, der Körper als solcher, durch die Form sein Dasein erhält, denn der Körper als solcher war ja vorhin gar nicht da. Die Elemente aber, welche der Körper in sich schließt, erhalten mit Nichten durch die Form ihr ganzes Dasein, denn sie waren ja schon da und sie behalten auch im Innern des Körpers ihr Dasein, wenngleich dieses ihr Sein im Körper durch die Form zu einer neuen und höhern

---

[1] Vgl. Suarez, in 3. Disp. 44. sect. 2. n. 2.
[2] „Quia quantumvis materia consideretur ut potentia pura in ordine ad actum formalem, necesse est, ut in se sit aliqua entitas, ut esse possit vera et realis potentia passiva." l. c. n. 3.

Daseinsweise fortgeführt und erhoben ist.¹) Und so fällt mit der irrigen Voraussetzung des Durandus die ebenso irrige Folgerung.

5. Von der Ansicht des Durandus unterscheidet sich die Ansicht, die wir im Verlaufe unserer Abhandlung fortwährend bekämpft haben, nicht wesentlich; sie unterscheidet sich von ihr nur insofern, als sie die eigenthümliche Anschauung des Durandus bezüglich der materia prima nicht theilt. Im Uebrigen aber lehrt auch sie, daß, da im gegenwärtigen Leibe die Stoffe einem fortwährenden Flusse unterliegen, es auf die Identität der Stoffe überhaupt nicht ankomme. Vielmehr bilde sich die Seele bei der Auferstehung aus einem beliebigen Theile der entsprechenden Elemente ihren Leib. Und weil die Form dieselbe geblieben sei, und weil in Folge dessen auch die Gestalt, die ganze innere und äußere Structur und das ganze Aussehen dieses Leibes mit denen des frühern ganz und gar identisch seien, so erhalte ebendamit der Mensch denselben Leib wieder, den er früher gehabt habe, und es sei der der Zahl nach selbige Mensch und der der Zahl nach selbige Leib, welche auferstehen.

Um nun an dieser Stelle noch einmal in aller Kürze dasjenige zusammenzufassen, was für und gegen diese Theorie gesagt werden kann, so ist es eben Folgendes: Vom theologischen und dogmatischen Standpunkte aus ist diese Ansicht Lacordaire's und einzelner anderer Theologen und Philosophen der neuern Zeit unbedingt nicht bloß als theologischer, sondern als dogmatischer Irrthum abzuweisen, da sie mit der klaren Lehre der Kirche und der h. Schrift, wie auch mit der ganz übereinstimmenden Lehre der Väter und der kirchlichen Theologen sich im entschiedensten Widerspruche befindet. Vom philosophischen Standpunkte aus erscheint diese Ansicht als möglich und denkbar. Die Seele kann sich in der That nach Trennung von ihrem Leibe aus andern Stoffen wiederum einen Leib bilden, und dieser Leib würde in Wahrheit ihr Leib sein, nicht anders, als unser jetziger Leib unser Leib ist. Dieser Leib würde in Folge der Identität der Form und der plastischen Kräfte auch in Gestalt und Figur mit dem frühern Leibe vollständig übereinkommen, so zwar, daß, wie uns Suarez bemerkte, nach dem Augenschein und nach der Schätzung der Menschen der auferstehende

---

¹) Vgl. Kleutgen, Phil. der Vorzeit. II. n. 680.

Mensch und der auferstehende Leib ganz derselbe mit dem frühern sein würde. In der That aber und in der Wirklichkeit, fuhr Suarez fort, würde das auferstandene Individuum keineswegs in jeder Beziehung numerisch identisch mit dem frühern sein; für den Leib als solchen aber wäre die numerische Identität geradezu aufgehoben. Denn wenn auch die Form geblieben, so wäre doch das andere wesentliche Constitutiv des Körpers, die Materie, eine andere geworden. Ebendeßwegen aber, sagten uns mit Suarez noch andere Theologen und Väter, könne unter solcher Voraussetzung von einer wahren und eigentlichen Auferstehung gar keine Rede sein, da die Seele sich nicht mit ihrem frühern Leibe verbinde, sondern statt dessen in einen andern hinüberwandere. Ein derartiger, der Natur des Individuums zuwiderlaufender Prozeß müsse aber, obgleich er möglich und denkbar sei, doch mindestens als etwas Widernatürliches bezeichnet werden. — Wenn die Anhänger dieser Theorie sich auf die absolute Identität der Seele oder Form berufen, so erwiedern wir einfach, daß die Form noch nicht der Leib ist, daß vielmehr dieser aus zwei Bestandtheilen, aus Form und Materie besteht.. Und wenn sie sich auf eine angebliche Identität in der Figur, in der innern und äußern Structur u. s. w. berufen, so erwiedern wir, daß das noch viel weniger verschlage. Denn diese Dinge sind nicht einmal Bestandtheil des Wesens, sondern lediglich zur Substanz hinzukommende, ihr anhaftende Accidenzien. Außerdem kehren dieselben auch gar nicht der numerischen Identität nach, sondern nur der Aehnlichkeit und der specifischen Identität nach bei der Auferstehung zurück. Sie bilden ja die accidentelle Form des Körpers, die forma corporeitatis in dem zweiten uns oben vom h. Thomas angegebenen Sinne, gehen bei der Zersetzung des Körpers völlig zu Grunde und müssen ebendeßhalb von der Seele bei der Auferstehung ganz neu dem Stoffe eingeschaffen werden.

6. Schließlich müssen wir noch einer letzten Ansicht Erwähnung thun, welche von einzelnen Physiologen aufgestellt worden ist, und für welche einzutreten auch einzelne Theologen der neuern Zeit unverkennbare Neigung haben, da sie sich — ihre naturwissenschaftliche Wahrheit vorausgesetzt — für die Vertheidigung des Auferstehungsdogma's trefflich verwerthen läßt. Es lehren nämlich jene Physiologen,[1]

---

[1] Vgl. Perrone, Praelect. III. § 890.

der Umsatz der stofflichen Bestandtheile des menschlichen Leibes sei während der Entwickelung desselben keine totale, bis in das innerste Innere des Organismus hineinreichende, sondern sie sei nur eine partiale, mehr die Außenseite des Körpers afficirende; der Organismus in seinem innersten Gefüge, in seinen eigentlichen Grundrissen, bleibe von dieser stofflichen Veränderung völlig unberührt.¹) — Die Richtigkeit dieser Annahme vorausgesetzt, würde die Lösung der die Auferstehung betreffenden Schwierigkeit keine so große sein. Einerseits würde nämlich die specifische und numerische Identität des Auferstehungsleibes vollständig gewahrt; andererseits aber könnte es für die göttliche Weisheit und Allmacht, menschlich zu reden, doch nicht so schwer sein, jene innersten und unveränderlichen Theile des Organismus in dem allgemeinen Strudel der Elemente im Auge zu behalten und für die zukünftige Auferstehung aufzubewahren. Es kommt aber alles darauf an, ob jene physiologische Voraussetzung eine feste und solide Grundlage habe. Oswald bezweifelt es.²) Perrone aber a. a. O., obgleich er, wie es nach Oswald's Darstellung scheinen möchte, keineswegs sich zum entschiedenen Anhänger jener Ansicht macht, neigt doch mindestens stark zu ihr hinüber. Jungmann endlich bezeichnet sie gar als sententia probabilior.³) — Wir können uns indeß für jene Ansicht nicht entscheiden, und zwar aus dem einfachen Grunde nicht, weil sie nach den neuesten Forschungen und Untersuchungen, so viel wir gefunden haben, nicht etwa bloß ein zweifelhaftes, sondern gar kein Fundament hat. Der stoffliche Wandel und Wechsel im menschlichen Organismus und in allen seinen Theilen, auch in den Knochen, dem Gehirne, den Nerven u. s. w., ist ein vollständiger und totaler, im Laufe der organischen Entwickelung sich mehrmals wiederholender und bis in die innersten Theile der Gefüge und Gewebe hineinreichender. So lehrt es die neuere Physiologie, und nur darin besteht

---

¹) „Nonnulli (physiologi) illud (corpus) omnino renovari contendunt; alii censent, primigenia stamina ex textu cellulari componi, in cuius cellulas demittantur varia sanguinis principia, ea stamina non deteri, consumi dumtaxat materias, quibus ille imbuitur." Perrone, c. l. Vergl. auch Alb. a Buls. V. VI. § 827. Nota 2. obi. 4., wo unter andern Büffon und Hufeland als Vertreter dieser Ansicht namhaft gemacht werden.
²) Esch. S. 301.
³) de noviss. § 234.

unter den Vertretern dieses Zweiges der Naturwissenschaft eine Meinungsverschiedenheit, daß die einen für das Zustandekommen dieser totalen materiellen Erneuerung einen Zeitraum von sieben, andere von sechs, noch andere von fünf oder gar von noch weniger Jahren in Anspruch nehmen. Die Lebhaftigkeit jenes Transformationsprozesses wird eben nach den verschiedenen Lebensaltern, wie auch nach den verschiedenen Körpertheilen und Organen, die von ihm berührt werden, eine größere oder eine geringere sein.[1] — Jene physiologische Voraussetzung ist also thatsächlich nicht vorhanden, und der Theologe darf mithin auf sie auch nicht recurriren.

§ 7.

Unsere Lösung und ihre Möglichkeit im Allgemeinen.

Es kann etwas unter verschiedenen Rücksichten als möglich bezeichnet werden, und man spricht daher bald von logischer, bald von physischer, bald von moralischer Möglichkeit. Logisch möglich ist alles das, dessen Begriff keinen Widerspruch in sich schließt; physisch möglich sind alle diejenigen Dinge und Wirkungen, zu deren Verwirklichung die hinlänglichen Ursachen und Bedingungen vorhanden sind; moralisch möglich ist endlich dasjenige, dessen Ausführung den Principien und Forderungen der Sittlichkeit nicht widerstreitet. Daß nun die von uns vertheidigte Auferstehung denkbar und also **logisch möglich** sei, wird niemand bestreiten oder bezweifeln; sie ist eben so denkbar und möglich, ja noch denkbarer, als es die ursprüngliche Schöpfung von Leib und Seele und ihre erstmalige substantielle Vereinigung ist. Daß sie **moralisch möglich** sei, kann noch viel weniger in Zweifel gezogen werden. Denn wir haben ja gefunden und gezeigt, wie gerade sie mit allen moralischen Eigenschaften Gottes und der Menschen im vollsten Einklange steht. Es handelt sich in unserm Falle vor allem um die **physische Möglichkeit**; es muß also untersucht werden, ob zur Verwirklichung einer Auferstehung, wie sie uns der Glaube lehrt, die hinlänglichen Ursachen und Bedingungen in Wirklichkeit vorhanden seien. — Wir wollen diese

---

[1] Natur und Offenbarung. VII. S. 354 ff. XVIII. S. 550. XIX. S. 59. b.

Frage im vorliegenden Abschnitte zunächst im Allgemeinen beantworten, indem wir die Lösung der angeblichen Hauptschwierigkeit den beiden folgenden Abschnitten vorbehalten. — Da nun die Auferstehung in nichts anderm besteht, als in der Wiedervereinigung unserer Seele mit ihrem frühern Leibe durch eine entsprechende wirkende Ursache, so sind damit die Punkte, die wir im Einzelnen zu behandeln haben, genugsam angedeutet.

1. Zunächst fragt es sich also, ob die beiden Bestandtheile des menschlichen Wesens, deren Wiedervereinigung, nicht aber deren Neu=schöpfung, der eigentliche Zweck der Auferstehung ist, in Wirklichkeit noch vorhanden seien. Um diese Frage zunächst mit Rücksicht auf den vornehmsten Bestandtheil des menschlichen Wesens, die vernünftige Seele, zu erledigen, so dürfte die Antwort ziemlich überflüssig sein, weil sie sich ja ganz von selbst versteht. Die Seele ist in der That noch vorhanden, weil sie ja als subsistente Form nicht bloß in Ver=bindung mit dem Stoffe, sondern auch außerhalb dieser Verbindung unsterbliches Leben und Dasein hat. Und was von der Seele gilt, das gilt auch von allen ihren wesentlichen Potenzen.

Damit der der Zahl nach selbige Leib wiedererstehen könne, bemerkt der h. Thomas, ist zuvörderst nothwendig, daß es eine Potenz gebe, welche im Stande ist, den Stoff wieder zum Körper zu bestimmen und ihm diejenigen körperlichen Dimensionen zu geben, welche dem menschlichen Leibe seiner Natur nach zukommen. Nun sind zwar die körperlichen Dimensionen des frühern menschlichen Leibes, die forma corporcitatis, sofern sie eine accidentelle Bestimmung der frühern Leibes=substanz war, mit der Auflösung des Leibes zu Grunde gegangen. Indessen das macht die numerische Identität des Auferstehungsleibes keineswegs unmöglich. Denn jene Potenz, welche fähig ist, durch ihre informirende und plastische Thätigkeit dem Stoffe jene Dimensionen wiederzugeben, ist nicht zu Grunde gegangen. Es gibt nämlich keine von der vernünftigen Seele unterschiedene substantielle Form, welche als forma corporcitatis den Stoff zum Körper bestimmen müßte. Die Seele ist die einzige Wesensform, und in ihr wurzelt wesenhaft das Vermögen, den Stoff zum Körper zu bestimmen und ihm die entsprechenden Dimensionen mitzutheilen. Und weil dieses Vermögen wesenhaft in ihr wurzelt, so geht es mit der Zersetzung des Körpers auch nicht verloren, sondern besteht so lange fort, als die Seele besteht.¹)

Der menschliche Leib ist aber nicht bloß Körper, fährt dann der h. Lehrer fort, sondern es eignet ihm auch vegetatives und sensitives Leben. Und es fragt sich also, ob es auch unter diesem Gesichtspunkte möglich sei, daß numerisch derselbe Leib wiederauferstehe. Es ist dieses allerdings möglich, antwortet der h. Thomas, und es verhält sich in dieser Beziehung gerade so, wie vorhin. Zwar hat die Seele mit der Trennung von ihrem Leibe die Möglichkeit verloren, ihre vegetativen und sensitiven Fähigkeiten bethätigen zu können, und diese Möglichkeit bleibt verloren, so lange die Trennung andauert; und insofern kann man allerdings sagen, daß die Fähigkeiten aufgehört haben, weil ihre Bethätigung ein Ende gefunden hat. Aber darum sind die Potenzen nicht zu Grunde gegangen; denn da es im Menschen nur eine einzige Wesensform gibt, so wurzeln auch diese Potenzen in der Substanz der einfachen Seele, sind eins mit ihrer untheilbaren Wesenheit und bleiben daher auch nach der Trennung der Seele vom Leibe unauflöslich mit der Seele verbunden.²) Und somit hindert von Seiten der Seele nichts, daß der der Zahl nach selbige Mensch und der der Zahl nach selbige Leib wiederauferstehe.

¹) „Corporeitas autem dupliciter accipi potest. Uno modo, secundum quod est forma substantialis corporis, prout in genere substantiae collocatur. Et sic corporeitas cuiuscumque corporis nihil est aliud, quam forma substantialis eius, secundum quam in genere et specie collocatur, ex qua debetur rei corporali, quod habeat tres dimensiones. Non enim sunt diversae formae substantiales in uno et eodem. — — — Alio modo accipitur corporeitas, prout est forma accidentalis, secundum quam corpus dicitur esse in genere quantitatis. Et sic corporeitas nihil aliud est, quam tres dimensiones, quae corporis rationem constituunt. Etsi igitur haec corporeitas in nihilum cedit corpore humano corrupto, tamen impedire non potest, quin idem numero resurgat, eo quod corporeitas modo primo dicta non in nihilum cedit, sed eadem manet." 4. c. gent. c. 81.

²) „Sic etiam dicendum est de parte nutritiva et sensitiva. Si enim per partem nutritivam intelligantur ipsae potentiae, quae sunt proprietates naturales animae vel magis compositi, corrupto corpore corrumpuntur. Nec tamen per hoc impeditur unitas resurgentis. Si vero per partes praedictas intelligatur ipsa substantia animae sensitivae et nutritivae, utraque earum est eadem cum anima rationali. Non enim sunt in homine tres animae, sed una tantum." l. c. u. Suppl. q. 79. a. 2. ad 3.

Denn die Seele selber ist in numerischer Identität vorhanden und ebenso alles dasjenige, was zur Informirung des Leibes, zur Gestaltung und Belebung desselben erforderlich ist.

2. Nun fragt es sich aber weiterhin, ob auch das andere Constitutiv der menschlichen Leibessubstanz, der Stoff, noch in numerischer Identität vorhanden sei. Und auch hier ist die Antwort ebenso leicht als einfach. — Der menschliche Leib zersetzt sich freilich im Tode und löst sich auf. Er behält noch eine Zeit lang die Form des Leichnams, die forma cadaveris, von der die Schule spricht;¹) aber diese Zwischen- oder Uebergangsform hat nur einen kurzen Bestand. Unter dem Einflusse physischer und chemischer Kräfte zerfällt der Leichnam in seine Bestandtheile und statt seiner erscheinen chemische Verbindungen unorganischer und organischer Natur. Aber auch diese haben keine Dauer; auch sie lösen sich auf bis auf die einfachen Elemente, aus denen sie zusammengesetzt sind, in Kohlenstoff, Wasserstoff, Stickstoff u. s. w. Und selbst die einfachen Elemente unterliegen fernerer Zersetzung, indem, wie wir schon früher bemerkten, ihre Moleküle sich auflösen, und ihre Atome sich scheiden und trennen, um anderweitige molekulare Verbindungen der verschiedensten Art einzugehen. Aus allem diesem folgt aber noch keineswegs, daß der Stoff zu Grunde gehe, und daß die Stoffe des aufgelösten Menschenleibes zu Grunde gehen. Die Materie geht nicht zu Grunde, sondern sie bleibt; nur die Verbindungen, die sie eingeht, haben keine Dauer; sie lösen sich auf und schließen sich von Neuem. Beim Atome aber, dem letzten uns bekannten Bestandtheile der stofflichen Elemente, findet auch selbst die Auflösung und Zersetzung ihre Endschaft. Denn wir hörten schon früher, daß das Atom weder durch mechanische, noch durch chemische Kraft einer ferneren Auflösung fähig ist. Das Atom Schwefel bleibt dieses bestimmte Atom, welches es ist und von jeher war, und keine Kraft der Natur ist im Stande es zu vernichten oder auch nur aufzulösen, und die Ewigkeit des Stoffes hat insofern eine gewisse Wahrheit. So lehren es mit aller Entschiedenheit die Männer der Naturwissenschaft, und auch unsern alten Theologen und Philosophen war diese Wahrheit keineswegs unbekannt.²) Und wir können also mit den Worten des

---

¹) Kleutgen, Phil. der Vorzeit. II. n. 720; 835.

²) S. Thomas, in Aristot. Phys. I. c. 9. — de nat. mat. c. 8. — Suarez, Metaph. Disp. 14. sect. 1. Vgl. Kleutgen, Phil. der Vorzeit. II.

h. Thomas abschließen: „Keines der menschlichen Seinsprincipien geht mit dem Tode gänzlich zu Grunde. Denn die vernünftige Seele, welche die Form des Menschen ist, bleibt nach dem Tode, wie gezeigt worden ist. Auch die Materie, welche mit der Form verbunden war, bleibt fortbestehen, und zwar als dieselbe, individuelle Materie, die durch die ihr eigene Quantität und durch die ihr eigenen Dimensionen in sich selber bestimmt und von aller andern Materie unterschieden ist. Aus der Verbindung der der Zahl nach selbigen Seele mit der der Zahl nach selbigen Materie wird also der der Zahl nach selbige Mensch wiederhergestellt werden." [1])

3. Die dritte Frage, welche wir noch zu beantworten haben, ist die, ob auch eine wirkende Ursache vorhanden sei, welcher die Kraft innewohne, die beiden getrennten Bestandtheile der menschlichen Natur, Form und Materie, wieder zur Einheit eines Wesens zu verbinden. — Die Scholastiker pflegen in ihren Untersuchungen über die Auferstehung des Leibes auch die Frage zu behandeln, ob nicht den Engeln und insbesondere den h. Schutzengeln eine Mitwirkung beim Werke unserer Auferstehung zuzuschreiben sei. Und ihre Antwort lautet dahin, daß wir eine solche Mitwirkung der Engel anzunehmen in der That berechtigt seien. Den Engeln, und insbesondere den h. Schutzengeln falle die Aufgabe zu, die in alle Theile der Welt zerstreuten Stoffe unseres Leibes wieder einzusammeln; und falls ihre natürliche Erkenntnißkraft nicht ausreiche, diese Stoffe aufzufinden und zu unterscheiden, so werde Gottes Licht sie übernatürlich erleuchten.[2]) Damit sei nun aber, fügt die Scholastik hinzu, der mitwirkenden Thätigkeit der Engel, wie überhaupt aller geschaffenen Kraft, auch ihre Grenze

---

n. 712 u. 717 ff. — Berzelius bei Liberatore, Metaph. spec. I. c. 3. a. 1. p. 2. — Natur und Offenbarung. VII. S. 354 ff. XV. S. 98. — Lorscheid, Anorg. Chemie. S. 34. — Schödler, Chemie. 18. Aufl. S. 3, 313 f., 333.

[1]) „Nullum enim principiorum essentialium hominis per mortem omnino cedit in nihilum. Nam anima rationalis, quae est forma hominis, manet post mortem, ut superius est ostensum. Materia etiam manet, quae tali formae fuit subiecta, sub dimensionibus eisdem, ex quibus habebat, ut esset individualis materia. Ex coniunctione igitur eiusdem animae numero ad eamdem materiam numero homo unus numero reparabitur." 4. c. gent. c. 81.

[2]) Suarez, in 3. Disp. 50. sect. 4. n. 11 u. 14. S. Thomas, Suppl. q. 76. a. 3.

gestedt. Zur Auferstehung unserer Leiber sei nämlich noch eine andere
Vorbereitung erforderlich, als die bloße Einsammlung der dazu gehö=
rigen Leibesstoffe. Es sei nothwendig, daß diese Stoffe auch hinlänglich
vorbereitet und disponirt würden. Denn unsere Seele habe nicht die
Fähigkeit, sich mit einem wie auch immer beschaffenen Stoffe zu ver=
binden, sondern sie verbinde sich, wie es auch in der Generation
geschehe, nur mit einem hinlänglich disponirten, nur mit einem ent=
sprechend organisirten Stoffe.[1]) Diese für die Aufnahme der Seele
erforderliche Organisation des Stoffes und die sich anschließende sub=
stantielle Verbindung der Seele mit ihm gehe aber über die Kräfte
der Natur hinaus.

Zunächst sei, bemerkt der h. Thomas, die in den aufgelösten
Leibesstoffen waltende Naturkraft dazu außer Stande. Denn das
würde nichts anderes heißen, als daß der Leib sich selber zeuge, oder
vielmehr, daß es die Elemente seien, welche den aus ihnen zu bil=
denden Leib zeugten. Es sei aber schlechterdings unmöglich, daß ein
körperliches Wesen sich selber zeuge. Entweder sei nämlich das körper=
liche Wesen mit seiner Form verbunden, oder es sei dieses nicht der
Fall. Im ersten Falle könne es, weil es ja schon da sei, selbstredend
nicht sich selber, sondern nur ihm gleichartige Wesen zeugen. Im
zweiten Falle aber könne es als solches gar nicht wirken, weil ihm
mit der Form auch das Princip zu einer entsprechenden Thätigkeit
fehle. Eben dieses letztere gelte nun aber von dem in seine Bestand=
theile aufgelösten Menschenleibe.[2])

Aber ist denn unsere Seele nicht vielleicht im Stande, dem Stoffe
die zu ihrer Aufnahme erforderliche Beschaffenheit zu geben? Auch das
muß verneint werden. Zwar sehen wir, wie im Bereiche der beste=
henden Schöpfung die organischen Wesen durch ihre plastische Kraft
den Stoff, den organischen, wie den unorganischen, zum Gegenstande

---

[1]) S. Thomas, 2. c. gent. c. 89. de pot. q. 3. a. 9. n. 6. — Suarez,
in 3. Disp. 50. sect. 4. n. 10. — Kleutgen, Phil. der Vorzeit. II. n. 740
u. 744.

[2]) „Nam quod natura hoc facere non possit, ideo est, quia natura
semper per formam aliquam operatur: quae autem habet formam, iam
est; unde nihil seipsum generare potest, sed generat aliquid aliud sibi
secundum speciem simile. Quum vero corruptum est, formam amisit, quae
poterat esse actionis principium. Unde operatione naturae, quod cor=
ruptum est, idem numero reparari non potest." 4. c. gent. c. 81.

ihrer umbildenden Thätigkeit machen. Die Pflanze organisirt die unorganischen Elemente, welche sie durch Wurzeln und Poren aus der Atmosphäre und aus dem Erdreiche in sich aufnimmt. Thiere und Menschen bedienen sich der Pflanzensubstanz oder auch des Fleisches anderer Wesen als Nahrung, um sie in ihre eigene Substanz umzuwandeln, oder um sie auf dem Wege der Zeugung für die Aufnahme eigner Formen vorzubereiten. Aber sie alle sind eben vom Schöpfer für eine solche plastische und organisirende Thätigkeit entsprechend ausgerüstet. Der Mensch ist mit einem organischen Leibe ausgestattet, und eben der aus Seele und Leib bestehende Mensch ist das einheitliche Princip aller plastischen und organisirenden Thätigkeit.[1]) Hat sich aber die Seele vom Leibe getrennt, so hat sie für sich allein diese Fähigkeit nicht mehr, sie hat die entsprechende Ausrüstung dazu verloren. Nur die Potenz ist ihr verblieben, nach abermaliger Vereinigung mit dem Leibe eine solche Thätigkeit von Neuem entfalten zu können.

Ebensowenig ist der Engel im Stande, in der angedeuteten Weise gestaltend und organisirend auf die Stoffe einwirken zu können. Denn er ist pure Intelligenz; vegetative und sensitive Kräfte aber sind ihm vom Schöpfer nicht einmal der Potenz nach mitgegeben. Darum ist er zwar befähigt, durch den äußern Contact seiner Kraft in mannigfacher Weise bewegend und in accidenteller Weise verändernd auf die körperlichen Dinge einzuwirken; er besitzt aber in seiner Natur nicht die weitgehende Kraft, wie es einige arabische Philosophen annahmen, und wie die Platoniker es von den überweltlichen Ideen behaupteten, substantielle Veränderungen im Stoffe vorzunehmen und ihn für die Aufnahme der substantiellen Form entsprechend umzugestalten und vorzubereiten. Die Annahme aber, bemerkt Suarez, daß Gott sich des Engels zu diesem Ende als seines Werkzeuges bediene, sei eine willkürliche Fiction. Denn dann könne man mit gleichem Fuge behaupten, die Auferstehung selber werde nicht durch Gott, sondern durch die Engel, als Werkzeuge Gottes, verursacht.[2])

---

[1]) Vgl. Kleutgen a. a. O. n. 991.f. — Stöckl, Metaph. S. 177. n. 6. 3. Aufl. — Hettinger, Bew. des Chr. I. S. 188 ff. — Reusch, Bibel und Natur. 3. Aufl. S. 324 f.

[2]) „Non potest (angelus) vi et efficacitate naturali materiam alterare aut ad formam substantialem disponere; fingere autem, elevari ut

Wir sehen also, daß die für die Aufnahme der Seele erforderliche Vorbereitung und substantielle Veränderung des Stoffes über die Kräfte der Natur hinausgeht. Und dasselbe gilt aus ganz demselben Grunde von der Wiedervereinigung der Seele mit dem vorbereiteten Stoffe, der durch diese Vereinigung aus einem organischen Gebilde zum menschlichen Leibe bestimmt werden soll. — Aber folgt nun hieraus, daß es überhaupt keine wirkende Ursache gebe, welche zu allem diesem die nothwendige Kraft hat?

Die bewirkende Ursache unserer Auferstehung ist nach katholischem Glauben der allmächtige Gott selber. Ihm, dem Vater und Sohne, schreibt die h. Schrift an den verschiedensten Stellen die Auferstehung und das neue Leben zu. „Gott aber hat unsern Herrn erweckt; er wird auch uns erwecken durch seine Kraft." I. Cor. 6, 14. „Und gleichwie der Vater die Todten erweckt und wieder lebendig macht, so macht auch der Sohn lebendig, welchen er will." Joh. 5, 21.[1]) So lehren es auch die h. Väter[2]) und die sämmtlichen kirchlichen Theologen.[3]) — Ist aber Gott der Herr das Princip unserer Auferstehung, dann ist ebendamit alle Schwierigkeit hinweggeräumt. Gott schuf die Welt aus Nichts, indem er die Stoffe und die Formen in ihrem schöpferischen Entstehen miteinander verband; er schuf auch den Menschen in gleicher Weise aus dem Nichts, wie sollte er also nicht im Stande sein, aus vorhandenem Stoffe von Neuem einen Leib zu bilden und die noch vorhandene Seele in diese ihre Wohnung zurückzuführen? „Wenn Gott die Körper, bemerkt Athenagoras, die gar nicht da waren, und die Elemente, aus denen sie bestehen, schöpferisch ins Dasein rief, dann kann es für ihn nicht schwer sein, dieselben, nachdem sie zerfallen sind, ins Leben zurückzurufen."[4]) — „Du, der

---

instrumentum ad huiusmodi actionem, voluntarium est. Alioqui eadem ratione dici posset, efficere resurrectionem ipsam ut instrumentum Dei." l. c. n. 15 u. 16.

[1]) Vgl. auch Act. 3, 15. Rom. 4, 17 u. 24; 8, 11. II. Cor. 1, 9; 4, 14. I. Thess. 4, 13.

[2]) Vgl. Suarez, Disp. 44. sect. 6. n. 7.

[3]) S. Thomas, Suppl. q. 75. a. 3. q. 76. a. 3. — Suarez, c. l. sect. 5 u. 6. Disp. 50. sect. 4.

[4]) „Nam si non exstantia hominum corpora eorumque principia in prima fecit creatione, etiam dissoluta, quolibet id contigerit modo, non difficilius exsuscitabit; aeque enim potest id quoque." de resur.

du ungläubigen Sinnes an der Auferstehung zweifelst, ruft der h. Augustinus aus, was ist mehr, den Menschen aus dem Nichts zu schaffen, oder ihn, nachdem er geschaffen und gestorben war, zum Leben zurückzurufen? Gewiß! es ist mehr, etwas zu schaffen, was niemals war, als dasjenige, welches war, wiederherzustellen. Wie kannst du es also für unmöglich halten, daß Gott den Menschen wiederherstelle, den er aus dem Nichts erschaffen! Wie sollte der uns nicht aus dem Staube wiedererwecken können, der, selbst wenn wir ganz vernichtet wären, uns Leben und Dasein wiederschenken könnte?"¹) Tertullian aber weist auf die Auferweckung des Lazarus hin und bemerkt, wenn dem allmächtigen Gotte die Auferweckung des Lazarus möglich gewesen sei, dann sei auch unsere Auferweckung für ihn möglich und leicht. Denn ob ein Leichnam in Folge der Verwesung sich bereits gänzlich in die Elemente aufgelöst habe, oder ob er erst, wie des Lazarus Leib, in der ersten Auflösung begriffen sei, das mache doch wahrhaftig für den allmächtigen Gott gar keinen Unterschied.²) Auch Gregor von Nyssa nimmt von der Auferweckung des Lazarus sein Argument her. Was bei dem einen Lazarus thatsächlich möglich war, so spricht er sich aus, das muß auch mit Rücksicht auf Viele als möglich zugegeben werden. Der Künstler, der eine einzige Bildsäule fertigte, ist im Stande, auch viele andere zu schaffen; und wer den einen Lazarus von den Todten erweckte, der kann auch zehn Todte, und dreihundert und mehrere ins Dasein zurückrufen.³)

---

¹) „Te appello, quicumque infideli animo de resurrectione dubitas et putas non posse mortuos resuscitari! Quid est amplius, ex nihilo homines facere, qui vivant, aut eos, qui facti sunt et vixerunt, reparare post mortem? Utique plus est facere quod numquam fuit, quam reparare quod fuit. Quomodo ergo impossibile esse dicis, ut Deus, qui hominem formavit ex nihilo, reformet? Quomodo nos suscitare non potest conversos in pulverem, qui etiamsi in nihilum rediremus, facere poterat ut essemus, sicut effecit nos esse, quum antea numquam fuissemus?" serm. 19.

²) „Idem porro est, ad rei substantiam quod spectat, sive putre cadaver excitare, cuiusmodi fuit illud Lazari, sive iam dissolutum penitus ad vitam revocare. Ergo si non repugnat resurrectio mortui iam foetentis, nec implicat seu repugnat resurrectio mortui in cinerem redacti; nulla enim intrinseca differentia est." de resur. c. 38.

³) „Quemadmodum unus excitatus est, eodem modo decem; quemadmodum decem, ita et trecenti; ut trecenti, ita etiam plures. Unius

Es ist also eine Auferstehung von den Todten, wie wir sie vertheidigen, allerdings physisch möglich. Denn alle Bedingungen zur Ausführung dieses Werkes sind vorhanden: die Bestandtheile des menschlichen Wesens, die Seele und der Stoff. Es fehlt auch nicht an einer wirkenden Ursache, welche im Stande ist, die Trennung beider aufzuheben, und was getrennt war, wieder zur Einheit des Seins und Lebens zu verbinden.

4. Setzen wir nun den Fall, der Mensch stehe wirklich unter den Bedingungen wieder auf, die wir vorhin erörtert haben, ist dann der so auferstehende Mensch in der That der Zahl nach identisch mit dem frühern Menschen, der einstens gelebt hat und der gestorben ist? — Es könnte scheinen, bemerkt der h. Thomas, als sei dieses nicht der Fall. Denn die Auferstehung besteht ihrem Begriffe nach nicht in einer Neuschaffung, sondern in einer Wiederherstellung. Nun muß aber bei der Auferstehung etwas neugeschaffen werden, was zu Grunde gegangen war. Denn wenn die Bestandtheile des menschlichen Wesens auch nicht zu Grunde gegangen sind, so ist doch dasjenige, was früher in Folge der Verbindung dieser Bestandtheile da war, zu Grunde gegangen: die menschliche Wesenheit, der Mensch, der Mensch Sokrates. Und weil dieses zu Grunde gegangen ist, so muß es neugeschaffen werden, und folglich ist der auferstehende Mensch nicht der Zahl nach mit dem frühern identisch. — Allein, so erwiedert der h. Lehrer, diese Einwendung geht von einer ganz falschen Voraussetzung aus. Denn die Ausdrücke: menschliche Wesenheit, Mensch, Sokrates bezeichnen nicht irgend ein Drittes, welches von Materie und Form reell verschieden ist, sondern sie bezeichnen eben nur das Compositum, welches aus Materie und Form und aus nichts anderm besteht. Freilich bezeichnen sie das Compositum unter verschiedenen Rücksichten. Der Ausdruck menschliche Wesenheit weist auf Materie und Form hin, insofern durch sie der Mensch dasjenige ist und hat, was ihm seinem Begriffe, seiner Species nach zukommt; einen Hinweis auf die Individualität aber enthält derselbe nicht. Das Wort Mensch aber bezeichnet die Materie und Form als verwirklicht, drückt aber

---

enim statuae artifex vel sexcentarum facile opifex erit. — — Perspicuum enim est, quod eam fidem et probationem, quae in uno fit, etiam in multis homo sanus admiserit." or. 3. de resur.

noch nicht aus, in welchem Individuum sie verwirklicht sind; der Ausdruck Sokrates endlich bezeichnet Materie und Form als verwirklicht, und zwar als verwirklicht in diesem bestimmten Individuum. — Und weil also, folgert der h. Thomas, von dem, was zum individuellen Wesen des Menschen gehört, nichts verloren gegangen ist, vielmehr alles noch in numerischer Identität vorhanden ist: dieselbige Seele und dieselbige Materie, so braucht auch nichts neugeschaffen zu werden, sondern das Vorhandene bedarf lediglich der Wiedervereinigung, damit der der Zahl nach selbige Mensch wieder ins Leben zurückkehre.[1]

Noch eine andere Einwendung hatte sich der h. Lehrer gemacht. Im Tode, so sagt er, höre das Sein des Menschen auf. Und darum könne es scheinen, daß das Sein des auferstehenden Menschen ein neues und anderes, der auferstehende Mensch aber ein der Zahl nach anderer sei. Aber auch diese Einwendung, antwortet er, gehe von einer falschen Annahme aus. Denn das Sein des Menschen sei nur eines, indem die Materie, d. h. der menschliche Leib, sein Sein von der Seele habe, die es ihm in ihrer Eigenschaft als Wesensform mittheile. Nun aber daure das Sein der menschlichen Wesensform, der Seele, im Unterschiede von andern Formen, auch nach der Trennung vom Leibe fort. Und darum theile sie ihm bei der Auferstehung wieder ganz dasselbige Sein mit, welches er früher von ihr empfangen habe.[2]

---

[1] Wir heben aus der längern Darstellung des h. Thomas nur die Hauptstellen heraus: „In nihilum videtur redire ipsa humanitas, quae dicitur esse forma totius, anima a corpore separata. Impossibile igitur videtur, quod homo idem numero resurgat. — — De humanitate vero non est intelligendum, quod sit quaedam forma consurgens ex coniunctione formae ad materiam, quasi realiter sit alia ab utroque. — — Humanitas significat principia essentialia speciei, tam formalia, quam materialia, cum praecisione principiorum individualium. — — Homo significat principia speciei essentialia in actu, individuantia vero in potentia; Socrates vero significat utraque in actu. — — Unde patet, quod homo redit idem numero in resurrectione et humanitas eadem numero propter animae rationalis permanentiam et materiae unitatem." 4. c. gent. c. 81. Vgl. c. 80. — Suppl. q. 79. u. 2. ad 2.

[2] „Manifestum est enim, quod materiae et formae unum est esse; non enim materia habet esse in actu nisi per formam. Differt tamen quantum ad hoc anima rationalis ab aliis formis; — — unde et esse

§ 8.

Die eigentliche Schwierigkeit und ihre Lösung.

Wir kommen nun zu der angeblichen Hauptschwierigkeit, die uns in diesem wie im folgenden Abschnitte beschäftigen wird. Der menschliche Leib, wie wir schon vorhin bemerkten, zersetzt sich nach dem Tode, und seine Bestandtheile vermischen sich mit dem Erdreich, mit dem Wasser, der Luft, sie gehen in Pflanzen, in Thier- und Menschenleiber über, sie stehen niemals still, sondern wandern fort und fort bis an das Ende der Zeiten. Nehmen wir nun noch ein klein wenig Phantasie zu Hülfe, so werden wir uns ohne Mühe zu der Vorstellung Hamlet's erschwingen können, der den Staub des großen Alexander verfolgt, bis er ihn irgendwo in einem Spundloche wiederfindet; nicht minder wird uns auch der Gedanke Schiller's als durchaus plausibel erscheinen, der das Gehirn Plato's in dem Leichnam eines gehenkten Gaudiebes von den Raben verspeist werden läßt.[1])

---

suum non est solum in concretione ad materiam. Esse igitur eius, quod erat compositi, manet ipso corpore dissoluto, et reparato corpore in resurrectione in idem esse reducitur, quod remansit in anima." l. c. u. Suppl. l. c. ad 1.

[1]) Wir theilen die Stellen wörtlich mit, da sie uns ungemein lustig vorkommen, und da sie uns überdies einen Begriff von dem geben, was menschliche Phantasie ist.

Hamlet: „Warum sollte die Einbildungskraft nicht den edlen Staub Alexander's verfolgen können, bis sie ihn findet, wo er ein Spundloch verstopft? — — Alexander starb, Alexander ward begraben, Alexander verwandelte sich in Staub; der Staub ist Erde; aus Erde machen wir Lehm; und warum sollte man nicht mit dem Lehm, worein er verwandelt ward, ein Bierfaß stopfen können?

Der große Cäsar, todt und Lehm geworden,
Verstopft ein Loch wohl vor dem rauhen Norden.
O daß die Erde, der die Welt gebebt,
Vor Wind und Wetter eine Wand verklebt."

Shakespeare's Hamlet. V. 1.

Im „Spaziergang unter den Linden" (Cotta, X) führt uns Schiller zwei Freunde vor, Wollmar, den Melancholiker, und Edwin, sein lustiges Gegenstück.

Wollmar: „Dachtest du je, daß dieses unendliche Rund das Grabmal deiner Ahnen ist, daß dir die Winde, die dir die Wohlgerüche der Linden herunterbringen, vielleicht die zerstobene Kraft des Arminius in die Nase blasen, daß du in der erfrischenden Quelle vielleicht die zermalmten Gebeine unserer großen

Bei einer solchen Lage der Dinge kann es nun freilich nicht Wunder nehmen, wenn der Unglaube aller Zeiten gegen die Lehre von der Auferstehung Sturm gelaufen hat und Sturm läuft. Eine Auferstehung ist unmöglich, so eiferten im Chore Heiden, Gnostiker, Pantheisten, Rationalisten, Encyclopädisten, kurz alle Feinde des christlichen Dogma's bis in die Gegenwart hinein. Die Theile des menschlichen Leibes sind ja in alle Welt zerstreut, sie sind in zahlreiche andere Menschenleiber übergegangen, ganze Völker haben sich durch Menschenfresserei ernährt. Wie ist es da denkbar, daß jeder Menschenleib wieder zu dem Seinigen gelange? wie ist es auch nur möglich, die Theilchen aller dieser Menschenleiber aufzufinden, zu unterscheiden, zu sichten und zu sondern? Die Lehre von der Auferstehung, so lautet dann mit großer Regelmäßigkeit der Refrain, zumal die Lehre von der Identität der Auferstehungsleiber, ist ein purer Blödsinn?

Waren nun etwa den Vätern und Theologen diese Schwierigkeiten unbekannt? Wir haben gesehen, daß sie in dieser Beziehung sehr wohl orientirt waren. Man rufe sich nur ins Gedächtniß zurück, was wir aus dem Munde des Athenagoras, Minucius Felix, Gregor's von Nyssa, Augustin's, Ephräm's und anderer Väter nach dieser Seite hin gehört haben. Ganz dasselbe gilt aber auch von den spätern Theologen. Wir wollen nur noch die treffliche Schilderung eines Theologen der neuern Scholastik hersetzen, dem wir bis dahin noch keine nähere Beachtung geschenkt haben. Es schreibt nämlich

---

Heinriche kostest? Der Atom, der in Plato's Gehirne dem Gedanken der Gottheit bebte, der im Herzen des Titus der Erbarmung zitterte, zuckt vielleicht jetzo — — in den Adern der Sardanapale, oder wird in dem Aas eines gehenkten Gaudiebs von den Raben zerstreut. Sie scheinen das lustig zu finden, Edwin?"

Edwin: „Hören Sie dort die zärtliche Philomele schlagen? Wie? wenn sie die Urne von Tibull's Asche wäre, der zärtlich wie sie sang? Steigt vielleicht der erhabene Pindar in jenem Adler zum blauen Schirmdach des Horizonts? Flattert vielleicht in jenem buhlenden Zephyr ein Atom Anakreon's? Wer kann es wissen, ob nicht die Körper der Süßlinge in zarten Puderflöckchen in die Locken ihrer Gebieterinnen fliegen? ob nicht die Ueberbleibsel der Wucherer im hundertjährigen Rost an die verscharrten Münzen gefesselt liegen? ob nicht die Leiber der Polygraphen verdammt sind, zu Lettern geschmolzen oder zu Papier gewalkt zu werden, ewig nun unter dem Drucke der Presse zu ächzen und den Unsinn ihrer Collegen verewigen zu helfen?"

Lessius: „Omnium paene corpora in millies mille particulas
resoluta erunt, quarum aliae erunt in Oriente, aliae in Occi-
dente, aliae apud Antipodes, aliae in mari, aliae permixtae
nubibus. Hoc ita esse patet, quia corpus humanum constat
materia humida et sicca. Totum humidum, et simul bona
pars sicci abit in vapores, qui sparguntur per totum orbem;
siccum quod superest rursus millies rigatum per pluvias et
siccatum sensim totum absumitur et in auras dissipatur, vel
terram impinguans facessit in herbas et gramina, quae postea
carpuntur a bestiis; hae rursum comeduntur, vel putrescunt in
terram et similiter in vapores abeunt, qui toto orbe per ventos
deferuntur. Deinde non solum innumeris locis erunt illae par-
ticulae dispersae, sed etiam innumeris modis variatae et per
innumeras rerum formas et species transfusae. Unde nullum
inerit vestigium, unde cognosci possit, an ad aliquod corpus
pertineant, an non; aut ad quod corpus, quamve animam sint
referendae. Multae etiam ad plurima corpora pertinebunt, ut
constat ex anthropophagis, quorum innumerabilis multitudo in
mundo omnibus paene sacculis fuit." [1])

Wenn nun alle jene großen und gelehrten Männer, Väter und
Theologen, die Schwierigkeit wohl erkannt und erwogen haben, dann
dürfte doch wohl der vermeintliche „Blödsinn" nicht so übermäßig
weit her sein. Um also zur Lösung selber überzugehen, so kann die=
selbe nach allem, was wir über die Identität der Leibesstoffe gesagt
haben, im Grunde nur eine sein. Indessen läßt diese eine Lösung
zwei Hauptformen zu, in dem Sinne, daß, soll die numerische Iden=
tität des auferstehenden Leibes wirklich gewahrt werden, unsere Auf=
erstehung in der einen oder andern dieser beiden Formen nicht bloß
sich vollziehen kann, sondern auch sich vollziehen muß. Beide Haupt=
formen der einen Lösung schließen dann weiterhin, wie man sehen
wird, noch eine ganze Reihe von andern Möglichkeiten in sich.

1. Die erste Hauptform unserer Lösung, die wir in diesem
Abschnitte besprechen wollen, lautet folgendermaßen: Unsere Aufer=
stehung ist in der Weise möglich, daß die Stoffe, welche früher in
irgend einem Zeitpunkte, sei es im Momente des Todes, sei es in

---

[1]) de perf. div. XIII. c. 21.

irgend einem frühern Momente des vollendeten körperlichen Daseins, unsere Leiblichkeit bildeten, in ihrer Gesammtheit wiederkehren. — Man sieht sofort, daß diese Form der Lösung allein die erwachsene, vollendete Leiblichkeit im Auge hat, die lediglich aus ihren eigenen Stoffen sich wiederaufbauen kann, ohne dabei eines Zusatzes anderweitiger Materie zu bedürfen. Wir müssen aber diesen unsern Satz vorab noch etwas näher erläutern.

Die numerische Identität unseres Leibes ist während dieses irdischen Lebens keine absolute, sondern, wie wir bereits früher bemerkt haben, nur eine relative. Es liegt eben in der Natur des Organismus, sich durch allmählichen Stoffwechsel zu entwickeln, zu erneuern und zu erhalten. In Folge dessen geschieht es, daß sich nach einer Reihe von Jahren gar nichts mehr von dem Stoffe im Körper befindet, der früher in ihm war, und daß im Laufe der leiblichen Entwicklung sich eine mehrmalige totale Erneuerung der Leibesstoffe vollzieht. Erhalten wir aber darum im Laufe der Zeit mehrere, der Zahl nach verschiedene Leiber? Keineswegs! antwortet der h. Thomas, denn der Knabe und der Mann ist und bleibt der Zahl nach ein und derselbe Mensch.[1]) — Ein neuer Leib, ein neuer Körper entsteht nur dann, wenn sich eine Form mit einer entsprechenden Materie so zur Substanz verbindet, daß in Folge dessen ein Körper ins Dasein tritt, der vorher nicht da war. Ebendieses geschah bei der ursprünglichen Entstehung des menschlichen Leibes; im Laufe seiner spätern Entwicklung aber geschieht es nicht. Die Seele bleibt fort und fort mit der Materie zur Substanz, zum Körper verbunden, und der Stoffwechsel, den die vegetative Thätigkeit im Leibe besorgt, hat ausschließlich die Erhaltung und Entwicklung des bestehenden Organismus zum Zwecke. So hat der Mensch während seines ganzen irdischen Daseins auch nur einen einzigen Leib, und dieser eine Leib besteht in jedem Momente einerseits aus der Form, die unveränderlich bleibt, andererseits aus der bestimmten Materie, die gerade in diesem Momente mit der Form zur Einheit der Substanz verbunden ist. Und so durften wir also soeben mit vollem Rechte sagen, unsere Auferstehung könne in der Weise geschehen, daß diejenigen Stoffe, welche früher in irgend einem Momente unsere Leiblichkeit ausmachten, sich zur Auferstehung

---

[1]) „Idem numero est homo et puer et adultus." 4. c. gent. c. 81.

wiederfinden. Denn in jedem Falle ist dann der Leib, den wir so erhalten, mit dem frühern der Zahl nach identisch. „Was nämlich im Laufe dieses Lebens die Identität nicht stört, bemerkt treffend der h. Thomas, das alterirt dieselbe auch bei der Auferstehung nicht."[1]) Und mit Recht erklärt Suarez die Frage des Origenes für thöricht, aus welchem Lebensalter denn die Stoffe zur Auferstehung herzunehmen seien, ob aus dem Knaben=, oder aus dem Greisenalter. Es sei das ganz und gar gleichgültig, bemerkt sehr richtig Suarez.[2])

2. Ist aber eine Auferstehung in dieser Weise möglich und denkbar? — Wissenschaft und Glaube werden uns hoffentlich eine befriedigende Antwort geben. — Die Naturwissenschaft lehrt uns, daß keines der Stofftheile, die zu irgend einer Zeit unsern Leib gebildet haben, jemals verloren gehe, und wir hörten bereits früher, wie sie mit besonderer Vorliebe gerade diese Ewigkeit des Stoffes fort und fort betont. Mit diesem ihrem Satze von der Ewigkeit der Materie leistet uns aber die Naturwissenschaft, wie man sieht, schon einen ganz trefflichen Dienst. Einen ebenso trefflichen Dienst aber leistet sie uns mit ihrer Lehre vom fortgesetzten Stoffwechsel. — Woher die Stoffe stammen, aus denen unser Leib sich bildet und fortwährend

---

[1]) „Quod autem non impedit unitatem secundum numerum in homine, dum continue vivit, manifestum est, quod non potest impedire unitatem resurgentis." l. c.

[2]) „Vanum est, quod Origenes interrogabat, an haec materia sumenda sit ex puerili vel senili corpore. Nihil enim hoc refert, dummodo identitas materiae aliquo modo servetur." in 3. Disp. 44. sect. 2. n. 6. — Mit dieser Bemerkung kann passend verglichen werden, was Suarez in der folgenden Disputation mit Rücksicht auf die Auferstehung unseres Heilandes schreibt. Er sagt nämlich: „Sequitur, resurrexisse Christum in eodem numero corpore, quod mortuum in cruce reliquit. — — Solum est observandum, quum in tempore vitae Christi Domini magna multitudo materiae successive fuerit per continuam nutritionem acquisita et adiuncta corpori Christi, fieri potuisse salva veritate resurrectionis, ut ex quacumque parte illius materiae sufficienter conficeretur corpus, in quo Christus esset resurrecturus, ut ex supra dictis de resurrectione in communi constare potest. Tamen ad perfectiorem unitatis modum pertinuit, ut idem corpus constans ex eadem omnino materia, ex qua tempore mortis constabat, resurgeret; tum quia hoc modo perfectissime et omni ratione resurrexit idem omnino quod ceciderat, tum etiam quia hoc erat necessarium ad veritatem resurrectionis demonstrandam." Disp. 45. sect. 1. n. 12.

umbildet; und wo sie später bleiben, wenn er im Tode sich auflöst und zersetzt, ist im Allgemeinen sehr gleichgültig. Nur der eine Umstand bereitet Schwierigkeit, daß unser Leib Stoffe in sich aufnehmen kann, die andern Menschenleibern angehört haben, und daß umgekehrt die Stoffe, die ihm selber angehören, das Eigenthum anderer Menschenleiber werden. Das eine wie das andere — wir geben es unbedenklich zu — ist nicht bloß möglich, sondern auch höchst wahrscheinlich und gewiß. Aber gerade bei dem nimmer ruhenden und rastenden Wechsel unserer Leibesstoffe ist doch auch noch etwas anderes möglich, wahrscheinlich und gewiß, nämlich dieses, daß die Stoffe anderer Menschenleiber, die in unsern Organismus eintreten, denselben auch wiederum verlassen, und daß in Folge dessen unser Leib wenigstens in irgend einem Momente im Großen und Ganzen aus Stoffen bestehe, die kein fremdes Eigenthum sind. Und wenn fernerhin alle Wahrscheinlichkeit dafür spricht, daß in Folge des Stoffwechsels und der spätern Zersetzung unsere Leibesstoffe auch in andere Menschenleiber übergehen, so ist es ebenso wahrscheinlich, daß auch sie die fremden Leiber wiederum verlassen. Außerdem ist es nicht bloß wahrscheinlich, sondern auch gewiß, daß bei der allseitigen Verflüchtigung und Zerstreuung unserer Leibesstoffe die einzelnen fremden Menschenleiber nur einen verschwindenden Theil derselben in sich aufnehmen werden, den sie, sollten sie ihn auch nicht wieder von sich ausgeschieden haben, bei der Auferstehung leicht werden entbehren können.

Es leuchtet demnach ein, daß dasjenige, was unsere erste Lösung zum Zwecke der Auferstehung fordert, vom Standpunkte der Naturwissenschaft und des vernünftigen Denkens nicht etwa als unmöglich und widersprechend, sondern im Gegentheile als durchaus möglich und wahrscheinlich sich darstellt. Aber verhält es sich auch in der Wirklichkeit so? — Damit die Dinge den Verlauf, den wir als möglich nachgewiesen haben, auch sicher und wirklich nehmen, bedarf es eines ordnenden und lenkenden Geistes, der groß genug ist, um einer so großen Aufgabe gewachsen zu sein. Und hiermit sind wir auf dem Punkte angelangt, wo wir die Theologie zu Hülfe nehmen müssen. — Gott, der uns zur Auferstehung bestimmt hat, der allmächtige und allwissende Gott, ist auch die bewirkende Ursache unserer leiblichen Auferstehung. Sollte also Gott nicht im Stande sein, den

Dingen jenen Verlauf wirklich zu geben, den wir als möglich und wahrscheinlich nachgewiesen haben? — Er war im Stande, jedem einzelnen Himmelskörper aus dem unzähligen Heere der Sterne von Ewigkeit her seine bestimmte Bahn anzuweisen; er ist auch im Stande, jedem einzelnen aus dem nach Myriaden zählenden Atomenheere seine Bahn anzuweisen und durch allen Wandel und Wechsel der Dinge hindurch seinem Ziele zuzuführen. Für den unendlichen Geist ist das eine so leicht, wie das andere. Und wie ferner der unendliche Gott mit seiner unendlichen Wesenheit, mit seiner unendlichen Kraft, Erkenntniß, Weisheit und Vorsehung jedem einzelnen Dinge, das geschaffen wurde, gegenwärtig ist und gegenwärtig bleibt, um es zu erhalten, zu regieren und zu führen, so ist und bleibt dieselbe unendliche Wesenheit auch jedem Atom gegenwärtig, und mit der Wesenheit die Macht, die Erkenntniß, Weisheit und Vorsehung, um auch das Atom zum Ziele zu führen, zu dem es berufen ist. „Wie die göttliche Erkenntniß, sagt so schön der h. Thomas, so umfaßt auch Gottes weise Vorsehung alle Dinge, selbst die allergeringsten." [1]) Und darum unterschreiben wir sehr gerne des Suarez Ausspruch: „Für Gott den Herrn ist es leicht, alles so zu ordnen und zu lenken, daß ein jeder Mensch seinen eigenen Leib wiedererhält, sei es nun vollständig, oder sei es doch zum größten Theile." [2])

Ob es nun thatsächlich im Plane des Schöpfers liegt, unsere Auferstehung so zu bewerkstelligen, wie es diese unsere erste Lösung voraussetzt, ist eine andere Frage, über die wir nicht mit Bestimmtheit urtheilen können und wollen. Wir wissen es eben nicht. Nur dieses haben wir zeigen wollen, daß es so möglich sei. Wohl aber neigen wir gerne und auch stark zu der Annahme hin, daß es sich auch wirklich so verhalten werde, wenigstens im Allgemeinen, wie wir kaum hinzuzufügen brauchen. Denn daß nicht alle Menschenleiber aus ihren eigenen Stoffen zur vollen und naturgemäßen Entwickelung geführt werden können, liegt auf der Hand. Man denke nur an die vielen Menschen, die bald nach ihrer ersten Entstehung bereits gestorben

---

[1]) „Quae (divina providentia), sicuti divina cognitio, usque ad minima rerum se extendit." de subst. sep. c. 14.

[2]) „Facile est Deo sua potentia et providentia ita omnia disponere ac distribuere, ut unusquisque vel omnino, vel maiori ex parte suum proprium corpus accipiat." l. c.

sind. — Wenn wir aber stark zu jener Annahme hinneigen, so hat das einerseits seinen Grund darin, weil es der Verherrlichung und Majestät des unendlichen Gottes zu dienen und zu geziemen scheint, seiner Macht und Weisheit zuzuschreiben, so viel nur möglich ist, mag auch unsere Armseligkeit nicht im Stande sein, es zu fassen und zu verstehen, gemäß dem herrlichen Worte des h. Thomas, das wir auch an dieser Stelle glauben verwerthen zu dürfen:

> Quantum potes, tantum aude,
> Quia maior omni laude,
> Nec laudare sufficis.

Andererseits aber hat es seinen Grund darin, weil gerade die größten Männer der Theologie ohne Zaudern und ohne Bedenken sich für eine solche Weise der Auferstehung ausgesprochen und entschieden haben. Den h. Augustin werden wir über diesen Gegenstand in den folgenden Abschnitten vernehmen; die Ansicht des Suarez hörten wir soeben noch. Was aber den h. Thomas betrifft, so huldigt auch er ganz derselben Anschauung. — Im Hinblicke auf die Thatsache nämlich, daß im Verlaufe der körperlichen Entwickelung eine ungemein große Stofffülle im Organismus zur Verwendung kommt, stellt er die Frage, ob es denn zur Auferstehung nothwendig sei, daß alle diese Stoffe dereinstens wiederkehrten. Und er antwortet, es sei das keineswegs nothwendig und werde auch thatsächlich nicht geschehen, weil sonst ein monströser Menschenleib zum Vorschein kommen müßte, der nicht mehr naturgemäß sei. Jene Stoffe würden nicht in der Totalität ihrer Masse wiederkehren, sondern nur in der Totalität ihrer Species, insofern von ihnen der Qualität und der Quantität nach so viel wiederkehren werde, als zur Bildung, zum innern und äußern Ausbau eines naturgemäß entwickelten Menschenleibes erforderlich sei.[1]

Die Einwendungen, welche man erhebt, bedürfen einer eigenen Besprechung nicht mehr. — Welcher Leib denn auferstehen werde,

---

[1] „Et ideo totum, quod est in homine, resurget considerata totalitate speciei, quae attenditur secundum quantitatem, figuram, situm et ordinem partium. Non autem resurget totum considerata totalitate materiae, — — quia tota materia, quae fuit in homine a principio vitae usque ad finem, excederet quantitatem debitam speciei." Suppl. q. 80. a. 5. - 4. c. gent. c. 81.

fragt man, da wir ja im Laufe der Zeit deren mehrere nacheinander gehabt hätten? Ob alle Stoffe des frühern Leibes zur Auferstehung nothwendig seien? Wenn aber nicht alle, welche es denn seien? Und dann vor allem die Menschenfresserei! — Alles das hat im Verlaufe der Darstellung bereits seine Erledigung gefunden. Und nur die Menschenfresserei wird uns im folgenden Abschnitte füglich noch etwas beschäftigen dürfen.

§ 9.
Dieselbe Lösung in anderer Form.

Im vorigen Abschnitte hörten wir den h. Thomas den bemerkenswerthen Gedanken aussprechen, daß dasjenige, was im Verlaufe dieses Lebens die numerische Identität nicht gestört habe, dieselbe auch bei der Auferstehung nicht stören könne. Dieser Grundsatz, der schon in unserer ersten Lösung eine nützliche Verwendung fand, gibt in seiner consequenten Durchführung die Grundlage für unsere zweite Lösung ab.

1. Da der menschliche Leib im Verlaufe dieses Lebens von seiner ersten Entstehung an bis zum Tode der Zahl nach immerfort derselbe bleibt, so kann sich die Seele, wie wir oben hörten, zum Zwecke der Auferstehung mit denjenigen Stoffen verbinden, mit denen sie in irgend einem Momente des frühern Lebens verbunden war. Denn sie erhält dann allemal den Leib, der mit dem frühern der Zahl nach identisch ist. — Es ist also hiermit zugleich gesagt, und damit formuliren wir unsere zweite Lösung, daß zu einer wahren und eigentlichen Auferstehung auch dieses genügt, wenn sich die Seele mit demjenigen Stoffe verbindet, mit dem sie uranfänglich, bei der ersten Entstehung des Menschen verbunden ward. Denn dasjenige, was bei der ursprünglichen Verbindung der Seele mit dem vorbereiteten Stoffe entstand, war, so wenig entwickelt es auch sein mochte, eine complete menschliche Leibessubstanz, also ein menschlicher Leib, der bei aller spätern Entwickelung und Ausgestaltung fort und fort mit sich selber identisch war und blieb. — Verbindet sich demnach die Seele bei der Auferstehung mit demjenigen Stoffe, mit dem sie früher bei der ersten Bildung des Menschen verbunden wurde, und entwickelt sie diese Leiblichkeit, gleichviel aus welchen Stoffen,

9*

zur naturgemäßen Vollendung, so ist dieser Leib, wie mit sich selber, so auch mit dem frühern Leibe der Zahl nach identisch.

Wir dürfen aber noch einen Schritt weiter gehen. — In der Periode der sich entwickelnden und entwickelten Leiblichkeit war die Seele mit einem ganz bedeutenden Quantum von Stoffen verbunden. Aber sie bedurfte dieser Stoffe in ihrer Gesammtheit doch nicht zu dem Ende, damit ihr Leib Leib, d. i. complete Leibessubstanz sei, sondern zu dem Ende, damit er entwickelter Leib sei. Für die bloße Constituirung eines Menschenleibes, einer menschlichen Leibes=substanz, reicht vielmehr, wie wir an der ersten Entstehung des Menschenleibes sehen, ein ganz geringer Bruchtheil von Stoffen aus. Wenn also, das ergibt sich des Fernern, die Seele bei der Auf=erstehung aus Stoffen des **spätern** leiblichen Daseins sich ihre Leiblichkeit bildet, dann ist es nicht nothwendig, daß sie die Gesammt=heit dieser Stoffe wiedererhalte, sondern es reicht aus, wenn sie, mit Ausschluß dessen, was zur weitern Ausgestaltung des Leibes noth=wendig ist, nur dasjenige nach Quantität und Qualität wieder=empfängt, was zur ursprünglichen Setzung eines Menschenleibes er=forderlich ist.

Sonach lautet, unter Zusammenfassung des Gesagten, die zweite Form unserer Lösung folgendermaßen: Eine wahre und eigentliche Auferstehung kann sich auch in der Weise vollziehen, daß sich die Seele mit so vielen Stoffen ihres frühern Leibes verbindet, als zur ersten Bildung eines Menschenleibes erforderlich sind, mögen es nun die Stoffe sein, aus denen thatsächlich ihr Leib zuerst gebildet wurde, oder mögen sie aus irgend einem spätern Momente des leiblichen Daseins hergenommen sein. Was dann noch an der weitern und vollen Ausgestaltung des Leibes fehlt, kann durch Aufnahme anderwei=tiger Materie unbeschadet der Identität ergänzt und vervollständigt werden.

2. Um diese unsere Lösung auch durch Auctoritäten zu stützen, wollen wir einen Blick auf dasjenige werfen, was namhafte Väter und Theologen über diesen Gegenstand geschrieben haben. Wir finden das einschlägige Material an den Stellen, an denen sie über die Auferstehung der Kinder handeln, oder auch dort, wo sie die aus der Anthropophagie sich ergebenden Schwierigkeiten zum Gegenstande ihrer Besprechung machen.

Zunächst erinnern wir an dasjenige, was uns früher vom h. Gregor von Nyssa in dieser Beziehung gesagt wurde. Es sei gar nicht nothwendig, bemerkte dieser Vater, daß die sämmtlichen Stoffe, welche in irgend einem Momente unsere Leiblichkeit gebildet, zur Auferstehung wiederkehrten. Es genüge vielmehr ein ganz geringer Bruchtheil, ein solcher nämlich, der ausreichend sei, der Seele als Pollen, oder als Samenkörper zu dienen. Mit diesem verbinde sie sich und entwickele dann aus ihm unter dem Concurse der göttlichen Macht den ganzen Leib, wie aus dem kleinen Samenkörper die ganze Pflanze herauswachse.

Was dann den h. Augustin betrifft, so ist er der Ansicht, wie wir unten und im folgenden Abschnitte hören werden, daß trotz aller Menschenfresserei und aller sonstiger Bedenklichkeiten keinem Menschenleibe auch nur das geringste Stofftheilchen verloren gehen werde. Der Heilige glaubte, gewisse Stellen der h. Schrift eben in diesem Sinne verstehen zu müssen. Im Uebrigen aber hält es auch der h. Augustin nicht für nothwendig, daß von dem auferstehenden Leibe alle fremde Materie auszuschließen sei, damit seine numerische Identität erhalten bleibe. Es geht das mit aller Klarheit aus demjenigen hervor, was er über die Auferstehung der Kinder lehrt. — Wenn die h. Schrift sage, so führt er aus, daß kein Haar unseres Hauptes verloren gehen werde, so behaupte sie, daß zur Auferstehung alles das wiederkehren werde, was einst dem Leibe angehört habe; sie läugne aber durchaus nicht, daß der Leib auch dasjenige empfangen werde, was ihm vielleicht früher gefehlt habe. Nun hätten aber den früh gestorbenen Kindern die entsprechende Größe, vielleicht sogar die entsprechenden Glieder gefehlt, lauter Dinge, die zwar der Anlage, der Kraft nach, schon im Samen grundgelegt seien, die aber erst im Laufe der Zeit sich herausbilden und entwickeln könnten. Es würden also die Kinder, bemerkt der h. Lehrer, in der Weise auferstehen, daß ihnen zunächst dasjenige wiedergegeben werde, was einstmals ihr Eigenthum gewesen sei, und daß ihnen dann das Fehlende unbeschadet der leiblichen Identität von anderer Seite ergänzt werde.[1]

---

[1] „In sententia quippe Domini, ubi ait: capillus de capite vestro non peribit, dictum est non defuturum esse quod fuit, non autem negatum est affuturum esse quod defuit. Defuit autem infanti mortuo perfecta quantitas sui corporis; perfecto quippe infanti deest utique perfectio

3. Die Schwierigkeiten, welche sich namentlich aus der Anthropophagie ergeben, erörtert der h. Thomas mit großer Ausführlichkeit, und wir müssen uns daher darauf beschränken, aus seiner Ausführung die Hauptgedanken zusammenzufassen.¹)

Die Lösung der obwaltenden Schwierigkeiten, bemerkt der h. Lehrer, gestalte sich anders, je nach der Art und Weise, wie man über das Wesen und die Natur des menschlichen Leibes denke. Es gebe nämlich in dieser Beziehung drei verschiedene Ansichten. Die beiden ersten, die sich nur unwesentlich unterscheiden, nähmen an, daß die Materie, welche der ursprünglichen Entstehung des Leibes diene, stets mit der Seele verbunden bleibe und in Verbindung mit ihr das eigentliche Wesen, den Kern der Leibessubstanz ausmache. Die dritte Ansicht dagegen nehme keinen derartigen bleibenden Kern an, sondern lehre eine sich stets fortsetzende totale Erneuerung der Materie. Nach dieser dritten Ansicht bestehe also die menschliche Leibessubstanz in jedem Augenblicke einerseits aus der Form, andererseits aus derjenigen Materie, die hic et nunc mit ihr verbunden sei. — Es würde also, wie man sieht, gemäß dieser Ansicht dann immer eine wahre Auferstehung stattfinden, wenn sich die Seele mit denjenigen Stoffen verbindet, die früher in irgend einem Momente mit ihr zur Leibessubstanz verbunden waren. — Gleichwohl lege, bemerkt der h. Thomas, diese dritte Ansicht, wenn auch kein ausschließliches, wie die beiden andern, so doch ein besonderes Gewicht auf denjenigen Stoff, der mit der Form zur ursprünglichen Entstehung des Leibes verbunden worden sei, und zwar deßhalb, weil er, das erste Sein des Leibes mit begründend, ebendarum eine größere Bedeutsamkeit habe, als die später hinzugekommenen Stoffe, die zur Erhaltung des Seins und zur quantitativen Entwickelung desselben bestimmt seien. Daher komme denn auch eben dieser Stoff bei der Auferstehung in erster

---

magnitudinis corporalis, quae quum accesserit, iam statura longior esse non possit. Hunc perfectionis modum sic habent omnes, ut cum illo concipiantur atque nascantur; sed habent in ratione, non in mole, sicut ipsa iam membra omnia sunt latenter in semine, quum etiam natis nonnulla adhuc desint, sicut dentes, ac si quid ciusmodi. — — Creatori utique, qui creavit cuncta de nihilo, quomodo deesse posset, unde adderet, quod addendum esse mirus artifex nosset?" 22. de civ. c. 14.

¹) Vgl. Suppl. q. 80. a. 4. — 4. c. gent. c. 81.

Linie in Betracht.¹) — Der h. Lehrer scheint also hier alle drei Meinungen als gleichberechtigte nebeneinander hinzustellen. Indessen ist zu beachten, daß er im unmittelbar folgenden Artikel die dritte als die wahrscheinlichere bezeichnet (quae probabilior inter ceteras mihi videtur). Wenn ihm also gleichwohl in dieser Frage die volle Entschiedenheit fehlt, so werden wir ihm das um so weniger verdenken können, als ja bis in die Gegenwart hinein noch einzelne Physiologen und Theologen für die Richtigkeit der den beiden ersten Meinungen zu Grunde liegenden Anschauung glaubten in die Schranken treten zu können.

Der h. Thomas löst dann vom Standpunkte dieser drei Meinungen aus die angedeuteten Schwierigkeiten mit großem Scharfsinne. — Gemäß den beiden ersten Meinungen, so führt er aus, sei zu einer wahren und eigentlichen Auferstehung nur dieses erforderlich, daß sich die Seele wieder mit jenem geringen Bruchtheile der frühern Leibesstoffe vereinige, mit dem sie bei der Entstehung des Menschen verbunden ward. Etwas Aehnliches sei aber auch vom Standpunkte der dritten Ansicht aus zu sagen. Denn auch hier komme es in erster Linie auf diejenigen Stoffe an, in denen der Mensch entstanden sei, und darum könne hier wie da von einer eigentlichen Schwierigkeit keine Rede sein. Sollte aber der gewiß sehr unwahrscheinliche Fall eintreten, daß zwei Menschen in einem und demselben Bruchtheile des Stoffes entstanden seien, dann habe eben derjenige den nächsten Anspruch auf diesen Stoff, der zuerst in ihm erzeugt wurde; der andere aber bilde sich seinen Leib aus spätern Leibesstoffen. Was dann noch an der vollen, körperlichen Ausgestaltung fehle, das werde entweder aus den spätern Leibesstoffen, oder aber, wenn diese in ihrer Totalität das Eigenthum anderer Menschenleiber geworden sein sollten, aus beliebiger anderweitiger Materie supplirt.

In der Antwort auf die vierte und fünfte Einwendung deutet dann der h. Thomas zugleich an, wie die Auferstehung derjenigen zu denken sei, die schon früh gestorben seien, noch bevor der Körper die naturgemäße Entwickelung erlangt habe. Auch in der philosophischen

---

¹) „Ponit enim (tertia sententia) totum illud, quod ex semine generatum est, resurgere, non quia alia ratione pertineat ad veritatem humanae naturae, quam hoc, quod postea advenit, sed quia perfectius veritatem speciei participat."

Summa spricht er sich über diesen Punkt mit großer Klarheit aus. — Sei ein Mensch gestorben, so heißt es an letzter Stelle, bevor er in körperlicher Beziehung hinlänglich entwickelt gewesen, so scheine auch hier zum Zwecke der Auferstehung der Stoff den Vorzug zu verdienen, in dem er entstanden sei. Alles andere, was dann noch fehle, könne und werde von anderer Seite, unbeschadet der Identität, ergänzt werden; denn auch im gegenwärtigen Leben nehme ja die naturgemäße Entwickelung des ursprünglich gesetzten Leibes keinen andern Verlauf.[1])

Nach dieser Auseinandersetzung des h. Lehrers ist also die Schwierigkeit keine große. Nothwendig für die Auferstehung ist nur ein Theil der frühern Leibesstoffe, derjenige nämlich, der zur Bildung der menschlichen Leibessubstanz hinreicht. Und wenn nun auch jener Stoff den Vorzug zu verdienen scheint, der der ersten Entstehung des Leibes diente, so können doch statt seiner auch die spätern Stoffe zur Verwendung kommen.

4. Werfen wir nun noch einen Blick auf Suarez, der in fortgesetzter Polemik gegen den mehrfach erwähnten Durandus und die von ihm erhobenen Schwierigkeiten auch auf die Anthropophagie zu sprechen kommt.[2]) Er unterzieht zunächst die hauptsächlichsten Lösungsversuche einer kurzen Kritik und zwar zunächst den des h. Athenagoras. Wir haben schon früher im vierten Abschnitte diese Lösung kennen gelernt, und hörten, wie Suarez dieselbe aus guten Gründen mißbilligte, da sie mit der Erfahrung und dem Naturgesetze in Widerspruch stehe.

Von Athenagoras wendet er sich sodann zum Lösungsversuche des h. Augustinus. Dieser h. Lehrer entwickelt nämlich in seiner Schrift vom Staate Gottes folgende Gedanken: Es lasse sich gar

---

[1]) „Et praecipue illud resumendum videtur, quod perfectius fuit sub forma et specie humanitatis consistens. Si quid vero defuit ad complementum debitae quantitatis, vel quia aliquis praeventus est morte antequam natura ipsum ad perfectam quantitatem deduceret, vel quia forte aliquis mutilatus est membro, aliunde hoc divina supplebit potentia. Nec tamen hoc impediet resurgentis corporis unitatem, quia etiam opere naturae super id quod puer habet aliquid additur aliunde, ut ad perfectam perveniat quantitatem. Nec talis additio facit 'alium numero, idem enim numero est homo et puer et adultus." l. c.

[2]) Disp. 44. sect. 2. n. 6.

nicht bestreiten, sagt er, daß die gräßliche Unsitte, Menschenfleisch zu essen, vorgekommen sei und noch vorkomme, und daß also in der That Menschenfleisch in andere Menschenleiber übergehe. Denn das könne doch mit Grund niemand behaupten, daß eine solche Speise nicht in den Organismus übergehe, sondern denselben unverdaut wiederum verlasse. Die zunehmende Körperfülle eines in Folge des Hungers abgezehrten Anthropophagen beweise evident das Gegentheil. — Daß der h. Augustin bei diesen Sätzen ebenfalls den Lösungsversuch des Athenagoras im Auge hat, kann wohl keinem Zweifel unterliegen. Wie aber löst er seinerseits die Schwierigkeit? — Von den Stoffen des menschlichen Leibes, bemerkt er, gehe diesem nichts verloren. Magere also ein Mensch in Folge des Hungers oder aus einem andern Grunde ab, so verliere sein Leib allerdings einen Theil seiner Stoffe, und diese verflüchtigten sich in alle Welt. Aber Gott der Herr werde diese verflüchtigten Leibesstoffe am Tage der Auferstehung wiederzufinden wissen, und werde sie dem ursprünglichen Inhaber wieder zurückstellen. Die Stoffe aber, welche er zur Wiederherstellung der entsprechenden Körperfülle aus andern Menschenleibern in sich aufgenommen habe, blieben zwar in seinem Leibe zurück, aber er empfange und behalte sie nur leihweise. Er werde sie am Tage der Auferstehung dem ursprünglichen Eigenthümer restituiren müssen, dessen Seele sie zuerst informirt habe, und werde dafür sein Eigenes, das er durch Magerkeit verloren, wiedererhalten.[1])

Auch diese eigenthümliche Lösung des h. Augustinus, auf welche wir noch zurückkommen, findet nicht die volle Billigung des Suarez. — Die Rücksicht auf das Früher oder Später in der Zeit, entgegnet er

---

[1]) „Quaeritur, quum caro mortui hominis etiam alterius sit viventis caro, cui potius eorum in resurrectione reddatur. Num quisquam veridica ratione contendet, totum digestum fuisse per imos meatus, nihil inde in eius carnem mutatum atque conversum, quum ipsa macies, quae fuit et non est, satis indicet, quae illis escis detrimentum suppleta sint? — — Quidquid enim carnium exhausit fames, utique in auras est exhalatum, unde diximus omnipotentem Deum posse revocare, quod fugit. Reddetur ergo caro illa homini, in quo esse caro humana primitus coepit. Ab illo quippe altero tamquam mutuo sumpta deputanda est, quae sicut aes alienum ei redhibenda est, unde sumpta est. Sua vero illi, quem fames exinanierat, ab eo qui potest etiam exhalata revocare reddetur." 22. de civ. c. 20.

unter Anderm, könne doch nicht allein maßgebend und durchschlagend sein. Vielmehr müsse man darin dem h. Thomas beipflichten, wenn er nicht bloß die Zeit, sondern auch noch eine andere, wichtigere Rücksicht in Anschlag bringe. Wenn z. B. der Leib eines Menschen aus gewissen Stoffen ursprünglich entstanden sei, dann würde offenbar dieser Mensch ein größeres Anrecht auf diese Stoffe haben, als irgend ein anderer, früherer Mensch, der dieselben ebenfalls in Besitz gehabt, sie aber erst später, auf dem Wege der Ernährung, in seinen Organismus aufgenommen habe. — Gleichwohl ist Suarez der Ansicht, daß auch dieses physische Moment (ratio physica), welches der h. Thomas betone, keineswegs in dem Maße betont zu werden verdiene. Nach seiner Ansicht komme nämlich ein moralisches Moment weit mehr in Betracht, und zwar zunächst die göttliche Gerechtigkeit, die Lohn und Strafe nach Verdienst vertheile. Bei gemeinsamem Besitze derselben Stoffe würden die göttliche Vorsehung und Gerechtigkeit die Vertheilung so einzurichten wissen, daß nach Maßgabe des Verdienstes und Mißverdienstes, des Lohnes und der Strafe, die Leiber und Glieder auch dem Stoffe nach möglichst identisch mit den frühern seien. Außerdem aber werde die göttliche Vorsehung die Vertheilung so ordnen und einrichten, daß bei der Auferstehung alle die ihnen eigenen Leiber wiedererhielten. — Mit besonderer Beziehung auf die Anthropophagie bemerkt dann Suarez, es sei ohne ein Wunder nicht möglich, daß zwei Menschenleiber von ihrer Geburt an, die ganze folgende Entwickelung hindurch, genau dasselbe Quantum von Stoffen in Besitz gehabt hätten. Denn ganz sicher würde der eine von ihnen in irgend einem Momente seines Daseins Stoffe in sich beschlossen haben, auf welche der andere keinen Anspruch habe. In diesen also werde er auferstehen, und das Fehlende werde ihm Gottes Macht ergänzen. Sollte aber das Undenkliche wirklich geschehen sein, daß ein Menschenleib nur aus Stoffen bestanden habe, die sämmtlich Bestandtheile anderer Menschenleiber gewesen, nun, dann würden ihm die andern einfach so viel abtreten müssen, als er zu seiner Auferstehung bedürfe. Hier wie da werde aber Gott den entstehenden Defect suppliren.

Im folgenden Abschnitte beschäftigt sich dann auch Suarez mit der Frage, wie es sich mit der Auferstehung derjenigen verhalten werde, die mit noch unentwickeltem Leibe gestorben seien. Er wendet sich zunächst gegen die Behauptung einzelner, daß Gott aus einem noch so geringen Stoffquantum, ohne Zusatz anderer Materie, einen Körper von großem Umfange dadurch herstellen könne, daß er an dem kleinen Stofftheilchen bloß die Ausdehnung und die andern Accidenzien vermehre. Suarez erklärt, daß er sich mit einer solchen Anschauung unmöglich befreunden könne. In gewissem Sinne sei diese Annahme zwar möglich, aber für die Erklärung unseres Gegenstandes unbrauchbar; in einem gewissen andern Sinne aber sei dieselbe ganz unmöglich und undenkbar. Man könne nämlich zunächst an eine wunderbare Multilocation jenes kleinen Stoffteiles denken, so daß in Folge dieser Multilocation der Körper den entsprechenden Umfang und die entsprechende Größe erhalte; aber ein so gebildeter Menschenleib würde eben kein naturgemäßer Menschenleib sein, und darum sei die genannte Annahme in diesem Sinne für die Erklärung unseres Fragepunktes ganz und gar bedeutungslos. Denke man aber an keine Multilocation, dann sei jene Ansicht einfach in sich unmöglich. Denn es sei schlechterdings undenkbar, wie ein kleines Stofftheilchen durch bloße Vermehrung der Ausdehnung einen Menschenleib von entsprechender Größe und Dichtigkeit ausmachen könne. Die Ausdehnung entspreche nämlich ihrem Substrate, dem Stoffe; und wo also nur ein geringfügiges Stofftheilchen sei, da könne entsprechend auch nur eine geringfügige Ausdehnung sein. Eine Ausdehnung aber, der kein Subject, kein Substrat, kein Stoff zu Grunde liege, sei undenkbar und unmöglich. — Es müsse also hier, schließt Suarez, bei der Erklärung des h. Thomas sein Bewenden haben.

5. Dem Gesagten fügen wir noch die Ausführungen Prof. Verlage's hinzu, da sie von unserer Darstellung wohl nur dem Wortlaute nach abzuweichen scheinen. „Unser Körper, so schreibt unser verehrter Lehrer, erneuert sich wirklich fortwährend und geht im Tode in andere thierische Körper und selbst in andere Menschenkörper über; allein hierbei besteht doch, wie es scheint, sehr wohl, daß der Auferstehungsleib mit dem frühern Leibe wesentlich und substantiell ein und derselbe sei und sein könne. Wenn nämlich auch unser Körper beständig sich erneuert, so ist diese Erneuerung doch nicht nothwendig als eine totale und wesenhafte zu fassen, so daß wir wirklich in den verschiedenen Zeiten unseres Lebens einen wesenhaft andern Leib bekämen, sondern sie ist vielleicht eben nur eine accidentelle, eine

Erneuerung im Unwesentlichen, im Aeußerlichen und Grobmateriellen. — — Diesen Andeutungen zufolge kann und darf man daher das Auferstehungsdogma mehr im Einklange mit der biblischen Ausdrucksweise in dieser Weise fassen und formuliren. Dasjenige, was am menschlichen Leibe das Grobmaterielle und Unwesentliche ist, wird allerdings verwesen und vergehen und nicht wieder auferstehen; dasjenige aber, was an dem Körper das Wesentliche und Wesenhafte ist, das bleibt ihm auch im gegenwärtigen Leben fort und fort beständig als die verborgene, unwandelbar identische Grundlage seines Bestandes, und eben dieses, die eigentliche essentia, der innere, unsichtbare Leib kann und wird nach dem Tode von Gott für die künftige Auferstehung aufgehoben werden — — —; auch aus den Elementen kann der Allmächtige das Zerstreute sammeln. Es verhält sich in dieser Beziehung mit der Auferstehung des Leibes in ähnlicher Weise, wie mit der Auferstehung des der Erde anvertrauten Samenkorns. — — — Gott kann die Gebeine wiederum zusammenbringen, wie es beim Propheten heißt, und er kann der Verwesung gebieten, wieder herauszugeben, was ihr Rachen verschlungen hat. Daß nun aber wirklich die Leiber der Todten in der angedeuteten Weise in ihrer wahren, wirklichen Identität wieder aus den Gräbern hervorgehen werden, dafür spricht, wie es scheint, in hohem Grade insbesondere die Ausdrucksweise der alttest. Propheten und ebenso das Beispiel Christi, welcher in seiner vollen Identität, in und mit seinem vollständigen Leibe zum Leben wiedererweckt wurde. Auch die h. Väter sprechen sich fast einstimmig im Sinne der bezeichneten Auffassung aus."[1]

Es wird also, wie man sieht, in diesen Ausführungen zwischen dem Wesentlichen und Substantiellen einerseits und dem Accidentellen und Grobmateriellen andererseits unterschieden. Welches ist aber dieses Wesentliche und Substantielle? — Es kann etwas in verschiedenem Sinne wesentlich sein. Für den menschlichen Leib im Allgemeinen, seiner Art oder Species nach, ist es wesentlich, wie wir schon früher von den scholastischen Theologen hörten, daß er überhaupt aus menschlichem Fleisch und aus menschlichem Bein bestehe. Für den bestimmten Menschenleib aber, für den Leib als individuelle Substanz, ist es wesentlich, daß er aus diesem

---

[1] Kath. Dogmatik. VII. S. 945 ff.

bestimmten Fleisch und aus diesem bestimmten Bein bestehe, mit andern Worten, daß er aus dieser bestimmten Materie gebildet sei. Gerade die individuelle Substanz und Wesenheit nun ist es, welche Prof. Berlage im Auge hat, und ganz folgerichtig fordert er daher zu ihrer Reconstruirung den bestimmten Stoff des frühern Leibes, wie in der ganzen Beweisführung mehr als einmal klar hervorgehoben wird. — Was aber haben wir uns unter dem Accidentellen und Grobmateriellen zu denken? — So wesentlich es für die individuelle Substanz ist, aus einer bestimmten Materie zu bestehen, so hat doch von der andern Seite der fortwährende Wechsel und Umsatz der stofflichen Elemente **für den Bestand der individuellen Leibessubstanz** nur eine unwesentliche und accidentelle Bedeutung. Denn die individuelle Leibessubstanz bleibt als solche bestehen, mag auch nach und nach ein totaler Austausch der materiellen Bestandtheile stattfinden. Ebenso hat auch die Quantität der stofflichen Elemente in der angedeuteten Richtung nur eine accidentelle Bedeutung. Denn der Bestand der individuellen Leibessubstanz wird nicht alterirt, mag auch das Quantum der Stoffe bei der ursprünglichen Setzung der Substanz ein ganz unscheinbares, in der spätern Entwickelung des Leibes aber ein ganz bedeutendes sein. — Unbedingt nothwendig zur numerischen Identität des Auferstehungsleibes ist es also auch nach Prof. Berlage's Darstellung, daß zur Reconstruirung der frühern individuellen Substanz und Wesenheit dasjenige Quantum der frühern Leibesstoffe wieder zur Verwendung komme, was zur Reconstruirung nicht zwar eines vollkommen entwickelten Leibes, wohl aber zur Reconstruirung der frühern, individuellen Leibessubstanz erforderlich ist. Die Entwickelung des vollständigen Leibes aus der neugesetzten Substanz vollzieht sich dann durch Aufnahme anderweitiger Stoffe, was zum Schlusse durch den Entwicklungsprozeß der Pflanze aus der Substanz des Pflanzenkeimes treffend verdeutlicht wird.

Und so haben wir auch hier ganz dieselbe Lehre, welche wir bei den vorgenannten großen Lehrern und Theologen der Kirche gefunden haben. Unbedingt nothwendig, aber auch hinreichend für eine wahre Auferstehung ist es gemäß ihrer übereinstimmenden Lehre, wenn aus den frühern Leibesstoffen so viel zur Auferstehung wiederkehrt, als zur ursprünglichen Constituirung einer menschlichen Leibes=

Substanz erforderlich ist. Aus welchen Momenten des vormaligen leiblichen Daseins diese Stoffe genommen werden, ist nach allen diesen Theologen für den Zweck der Auferstehung gleichgültig, mag auch der h. Thomas denjenigen Stoffen, welche der ursprünglichen Entstehung des Menschen dienten, einen gewissen Vorzug einräumen. Diese neugesetzte Leibessubstanz enthält dann dem Keime, den Anfängen nach bereits den ganzen, vollendeten Organismus mitsammt seinen Gliedern und Organen in sich, der durch Aufnahme, durch Umbildung und Ansetzung neuer Stofftheile unter göttlichem Concurse vielleicht in einem einzigen Zeitmomente sich entwickelt und vollendet.

6. Wollen wir das Quantum der zur Auferstehung erforderlichen Stoffe noch etwas genauer bestimmen, so müssen wir eben untersuchen, welche Stoffe, entsprechend vorbereitet und organisirt, das geeignete Substrat für die Aufnahme der Seele als Wesensform abgeben. Stellen wir uns auf den Standpunkt der ältern Theologie, wie überhaupt der ältern Wissenschaft, welche die Verbindung der Seele mit dem Stoffe erst in einem spätern Momente des dermaligen Entstehungsprozesses eintreten läßt, so würde das erforderliche Stoffquantum noch immer geringfügig genug sein, um jedes Bedenken gegen unsere Auferstehungslehre verstummen zu machen. Indessen brauchen wir uns auf diesen Standpunkt der Alten nicht einmal zu stellen, und aus wissenschaftlichen Gründen können wir es auch gar nicht. Wir werden uns vielmehr zu jener Ansicht stellen, die vom dogmatischen, philosophischen und naturwissenschaftlichen Standpunkte sich als die allein richtige empfiehlt, und die darum auch in der Gegenwart als die herrschende anzusehen ist, zu jener Ansicht nämlich, daß sofort, im Momente der Fructification, auch die Aufnahme der vernünftigen Seele stattfinde.[1]) Unter solcher Voraussetzung würde aber ein nahezu mikroskopisches Quantum von Stoffen zur Bildung einer wahren, menschlichen Leibessubstanz vollkommen ausreichend sein. Und es liegt also eine gewisse Wahrheit darin, wenn einzelne Theologen bemerken, daß es zur Auferstehung nur „des geringsten der frühern Stofftheile" bedürfe.[2]) Wir haben uns eben unter diesem

---

[1]) Schwane I. S. 460 f. — Kleutgen, Phil. der Vorzeit. II. n. 881. — Tongiorgi, Instit. phil. III. pag. 109. — Capellmann, de occisione foetus etc. Aachen 1875. Vgl. Dr. med. Debey im Lit. Handw. XIII. S. 516 f.

[2]) Vgl. Hettinger, Beweis des Christenthums. I. S. 352.

geringsten Stofftheile nicht etwa ein bloßes Molekül Kohlenstoff, sondern eine ganze Summe von Stofftheilen zu denken, wie wir bereits im ersten Abschnitte angemerkt haben. Damit kann aber das Andere recht wohl bestehen, daß gleichwohl das Ganze von wahrhaft mikroskopischer Geringheit sei.

§ 10.
Die Identität der einzelnen Körpertheile. Gesammtergebniß.

Die Lehrer der Scholastik pflegen die Frage aufzuwerfen und zu beantworten, ob zur Wahrung der numerischen Identität des Leibes erforderlich sei, daß auch die numerische Identität der einzelnen Körpertheile und Organe aufrecht erhalten werde; mit andern Worten, ob es nothwendig sei, daß bei der Auferstehung die frühern Leibesstoffe wieder zu ebendemselben Theile des Organismus zurückkehren, in welchem sie früher ihre Stelle eingenommen haben. Man sieht sogleich, daß diese Frage nicht jene Form der Auferstehung voraussetzt, die in unserer zweiten, sondern jene, die in unserer ersten Lösung angenommen wird. Denken wir uns nämlich den Hergang der Auferstehung nach der zweiten Form unserer Lösung, so verhält es sich mit der Beantwortung jener Frage eben ungemein einfach und leicht, da die factische Identität des auferstehenden Leibes und seiner Theile dann gar keinem Zweifel unterliegen kann. Die unter jener Voraussetzung entstehende Leibessubstanz ist ja, wie wir sahen, mit der frühern der Zahl nach identisch, und sie bleibt, wie mit sich selber, so auch mit der frühern identisch, mag sie auch durch Aufnahme neuer Materie in einem durch Gott beschleunigten Prozesse sich im Nu zum vollendeten Organismus ausgestalten. Und weil die Substanz numerisch identisch mit der frühern ist, ist eben das Ganze selber, und sind auch die Theile selber mit den frühern numerisch identisch, mögen auch die Stoffe an sich nur zum allergeringsten Theile dieselben mit den frühern sein.

Wie aber gestaltet sich die Antwort auf unsere Frage, wenn sich die Auferstehung in der ersten Form vollzieht, also in der Weise, daß die ganze auferstehende Leiblichkeit aus den frühern Leibesstoffen sich wiederbildet? Ist es da nothwendig, daß die Stoffe wieder genau an ihre frühere Stelle zurückkehren, oder ist dieses gleichgültig? Die

Frage wird von den Theologen verschieden beantwortet, und wir wollen zunächst diese Antworten hören, um dann auch unsererseits Stellung nehmen zu können.

1. Wir müssen zunächst auf zwei Stellen des h. Augustinus hinweisen, nicht etwa aus dem Grunde, als äußere der h. Lehrer dort bezüglich unserer Frage eine bestimmte Ansicht, sondern um gegen Suarez zu zeigen, daß er dieses vielmehr nicht thue, oder es doch nicht mit Bestimmtheit thue, und daß folglich Suarez zur Stütze seiner eigenthümlichen Ansicht sich mit Nichten auf den h. Augustinus berufen könne.

Der h. Augustinus hat es in seiner Erklärung und Vertheidigung des Auferstehungsdogma's mit gewissen Gegnern zu thun, welche mit Rücksicht auf den Ausspruch unseres Herrn, daß kein Haar unseres Hauptes verloren gehen werde, die Einwendung erhoben, daß die katholische Auferstehungslehre zu offenbaren Absurditäten führe.[1] Denn wenn gemäß jenem Ausspruche Christi auch nicht der geringste Stofftheil unseres Leibes verloren gehen, sondern bei der Auferstehung wieder seine Verwendung finden werde, von welcher Länge müßten dann die Haare und Nägel sein, mit denen die Auferstandenen erscheinen würden! Denn Haare und Nägel seien während dieses Lebens so oft geschnitten und gekürzt worden, daß, wenn all das Abgeschnittene zur Auferstehung wiederkehrte, ein wahrhaft monströser Haar- und Nägelwuchs die nothwendige und unausbleibliche Folge sei. Die Einwendung ist ohne Frage komisch genug. Man sieht aber, wie wenig man in damaliger Zeit über die Art und Weise des Stoffwechsels unterrichtet war. Denn hätten die Gegner gewußt, welch großartige Fülle des Stoffes im Laufe der Zeit im Körper selbst zur Verwendung kommt, so würden sie ganz sicher dorther ihre Einwendung genommen haben. Sie thun es aber nicht, und der h. Augustin selber spricht ganz einfach seine Ueberzeugung dahin aus, daß nichts von dem verloren gehen werde, was einmal natürlicher Bestandtheil des Leibes gewesen sei.[2] Der Körper, so dachte man sich die Sache allem Anscheine nach, entwickelt sich in der Weise, daß der Stoff, welcher einmal in seine Substanz übergegangen ist, dauernd in ihr

---

[1] 22. de civ. c. 19. cf. c. 12.
[2] „Neque hoc ideo dixerim, quod aliquid existimem corpori cuiquam periturum, quod naturaliter inerat." l. c.

verbleibt. So lange nun der Leib noch unentwickelt ist, nimmt seine Stoffmasse allmählich zu, bis die naturgemäße Quantität erreicht ist. Von da ab verharren die Stoffe unveränderlich an ihrem Orte, sofern nicht Hunger oder Krankheit, wie wir oben hörten, einen Theil derselben hinwegraffen. Die so entstandene Lücke muß dann natürlich auf dem Wege der Ernährung durch andere Stoffe vorläufig wieder ergänzt werden, bis dann am Tage der Auferstehung das Ursprüngliche wieder an die Stelle der Ergänzung tritt. Die Aufgabe des Ernährungsprozesses in der Periode der vollendeten körperlichen Entwickelung scheint man lediglich darein gesetzt zu haben, den Organismus mit Kraft und Saft und Wärme zu versorgen, damit er wohl und gesund bleibe.

Wie begegnet nun der h. Augustin dem Einwurfe, den man ihm machte? — Er bemerkt zunächst, daß der angezogene Ausspruch unseres Herrn nicht von der Länge der Haare, sondern von ihrer Zahl zu verstehen sei, gemäß dem andern Worte der Schrift, daß alle Haare unseres Hauptes gezählt seien. Damit wolle er nun aber keineswegs gesagt haben (vgl. die oben angeführten Worte), daß irgend etwas von dem, was einmal natürlicher Bestandtheil des Leibes gewesen sei, verloren gehen werde, vielmehr werde alles zur Auferstehung wiederkehren. Wenn jedoch gewisse Stoffe, in ihrer Gesammtheit zu der frühern Stelle zurückkehrend, dort eine Deformität bewirken würden, dann werde dort nur ein angemessener Theil derselben zur Verwendung kommen, während der Rest in andern Theilen des Organismus, etwa im Fleische, eine dem Ebenmaß der Theile entsprechende Verwendung finden werde (servata partium congruentia). Eine derartige anderweitige Verwendung der Stoffe erscheine auch bei der Wandelbarkeit (mutabilitas) derselben durchaus denkbar und möglich. Gott der Herr werde es also in dieser Beziehung so machen, wie der Erzgießer. Wenn in irgend einem Theile seines Bildwerkes nicht das richtige Ebenmaß sei, dann nehme der Erzgießer nicht einen Theil der Masse als überflüssig und unbrauchbar hinweg, sondern er lasse alles beisammen und bereite einen neuen Guß, damit das richtige Verhältniß der Theile hergestellt werde. Etwas früher, im Anfange des Capitels, hatte der Heilige noch ein ähnliches Bild in Anwendung gebracht. Die Stoffe, welche zur Bildung der Haare und Nägel überflüssig sein würden, bemerkte er, würden der übrigen Stoffmasse beigefügt

und dann anderswo im Körper verwendet werden. Wenn ein Thon=
gefäß umgemodelt werde, dann sei es auch nicht gerade nothwendig,
daß der Thon, der zur Bildung des Henkels diente, wieder zum
Henkel zurückkehre, und daß der Stoff, der zur Bildung des Fußes
diente, wieder zum Fuße zurückkehre. Es komme zur Wiederherstellung
des Gefäßes nur darauf an, daß die ganze Masse noch vorhanden
sei.¹) Im Enchiridion (c. 88) spricht sich der h. Lehrer genau in
derselben Weise aus, so daß wir diese seine Ausführung gar nicht
wiederzugeben brauchen.

Suarez behauptet nun, wie wir nachher unten hören werden,
daß es zur Identität des Auferstehungsleibes gar nicht nothwendig
sei, daß die frühern Leibesstoffe an die frühere Leibesstelle zurück=
kehrten, und er beruft sich dabei auf das Ansehen des h. Augustin,
als lehre dieser an den angeführten Stellen ganz dasselbe. Aber
dieser Appell an den h. Augustin ist doch offenbar ein ganz unbe=
rechtigter. Der h. Lehrer untersucht ja gar nicht, in welcher Weise
sich der Leib aus den frühern Bestandtheilen wiederbilden, sondern
er fragt nur, was mit dem Stoffe geschehen werde, der sich bei der
Wiederbildung der Haare und Nägel als überflüssig erweisen werde.
Und von diesem Stoffe sagt er, daß er nicht verloren gehen, sondern

---

¹) „Quid iam respondeam de capillis atque unguibus? Semel quippe
intellecto ita nihil periturum esse de corpore, ut deforme nihil sit in
corpore, simul intelligitur, ea quae deformem factura fuerant enormi-
tatem, massae ipsi accessura esse, non locis, in quibus membrorum
forma turpetur. Velut si de limo vas fieret, quod rursus in eundem
limum redactum totum de toto iterum fieret, non esset necesse, ut illa
pars limi, quae in ansa fuerat, ad ansam rediret, aut quae fundum
fecerat, ipsa rursus fundum faceret; dum tamen totum reverteretur in
totum, i. e., totus ille limus in totum vas nulla sui perdita parte
remearet. Quapropter si capilli toties tonsi unguesve desecti ad loca
sua deformiter redeunt, non redibunt, nec tamen cuique resurgenti
peribunt, quia in eandem carnem, ut quemcumque ibi locum corporis
teneant, servata partium congruentia, materiae mutabilitate vertentur.
— — — Si enim statuam potest artifex homo, quam-propter aliquam
causam deformem fecerat, conflare et pulcherrimam reddere, ita ut nihil
inde substantiae, sed sola deformitas pereat, ac si quid in illa figura
priore indecenter exstabat, nec parilitate partium congruebat, non de
toto, unde fecerat, amputare atque separare, sed ita conspergere uni-
verso atque miscere, ut nec foeditatem faciat, nec minuat quantitatem,
quid de omnipotente artifice sentiendum est?"

daß er, der übrigen Stoffmasse beigefügt, eine anderweitige passende Verwendung finden werde. Dieses allein ist es demnach auch, was durch die beiden angezogenen Analogien veranschaulicht werden soll. Wie Töpfer und Bildgießer nichts von der Masse verloren gehen lassen, so werde auch Gott nichts von unsern Leibesstoffen verloren gehen lassen. Und wenn bei der Umgießung eines ehernen Standbildes kein Theil an der frühern Stelle bleibe, so werde auch wohl nichts im Wege stehen, wenn bei der Auferstehung der geringe Ueberschuß aus Haaren und Nägeln andern Theilen des Organismus passend eingefügt werde. Der h. Augustin ist somit weit genug entfernt, die Ansicht des Suarez zu vertreten; er lehrt vielmehr augenscheinlich das gerade Gegentheil. Denn wenn er sogar die Haare und Nägel genau aus den frühern Stoffen wiedererstehen läßt und nur den Ueberschuß derselben andern Körpertheilen zuweist, dann wird er um so mehr die andern, wichtigern und wesentlichen, Bestandtheile aus ihren frühern Stoffen sich wiederbilden lassen. Nur wenn man die Analogien des h. Augustin, namentlich die von uns an zweiter Stelle besprochene, übermäßig, einseitig, ohne Rücksicht auf Zusammenhang und tertium comparationis, betont und preßt, kann man in ihnen finden, was Suarez in ihnen gefunden haben will. Der h. Thomas wenigstens bemerkt ausdrücklich, nach seiner Ansicht handle der h. Augustin eben nur von den Haaren und Nägeln und untersuche, was mit dem Ueberschusse aus denselben dereinst geschehen werde.[1]) Was aber die beiden Scholastiker betrifft, auf welche Suarez außerdem hinweist, den h. Anselm nämlich und Gabriel Biel, so können wir nicht beurtheilen, mit welchem Rechte Suarez dieses thue, da wir ihre Werke nicht einsehen konnten. Petrus Lombardus, den wir zur Hand haben, gibt in seinem Sentenzbuche die Worte des h. Augustinus wieder, gerade so, wie sie im Enchiridion geschrieben stehen, ohne seinerseits irgend welchen Zusatz zu machen.[2]) Vielleicht sind es auch nur die Augustinischen Gedanken, welche von den beiden andern Doctoren einfach reproducirt werden.

2. Der h. Thomas trifft bezüglich unserer Frage mehrere Unterscheidungen. Man müsse, so bemerkt er, zunächst einen Unterschied machen zwischen dem, was zu einer wahren Auferstehung noth-

---

[1]) Suppl. q. 79. a. 3. — q. 80. a. 5. ad 1.
[2]) in 4. Dist. 44.

wendig sei und was lediglich congruent und angemessen sei.
Handle es sich nun um das, was nothwendig sei, so kämen allein
die wesentlichen Theile des Körpers (partes essentiales) in Betracht,
nicht aber die unwesentlichen (partes accidentales), wie z. B. Haare
und Nägel. — Der h. Lehrer untersucht dann zunächst die Frage mit
Rücksicht auf die wesentlichen Bestandtheile und fragt, was hier zur
Identität des auferstehenden Leibes nothwendig, und was congruent
sei. Die wesentlichen Bestandtheile des Körpers, so fährt er von
neuem unterscheidend fort, sind entweder von derselben Species, von
homogener Natur, wie z. B. die verschiedenen Knochentheile, oder sie
sind von verschiedener Species, von heterogener Natur, wie z. B.
Fleisch und Knochen. Die homogenen Theile irgend einer Art zu=
sammengenommen bilden für sich ein homogenes Ganze im Orga=
nismus; die heterogenen Theile zusammengenommen bilden aber nicht
ein Ganzes im, sondern das Ganze des Organismus. Handle es
sich nun, erklärt der h. Lehrer weiter, um Theile von homogener
Natur, so sei es nicht nothwendig, daß die Stoffe zu dem=
selben Körpertheile zurückkehrten. Denn da die Substanz der Theile
wesentlich dieselbe sei, und folglich alle zusammen ein substantielles
Ganze bildeten, so begründe ein Wechsel in der Lage der Stofftheile
nur eine accidentelle Veränderung, die der Identität des homogenen
Ganzen keinen Eintrag thue. Demzufolge könnten die Stoffe, welche
früher zur Bildung der Schädelknochen gedient, später zur Bildung
der Wirbelsäule ihre Verwendung finden. Ebendieses werde durch
das Beispiel illustrirt, welches sich beim Lombarden an der com=
mentirten Stelle finde.[1]) Wenn nämlich eine Bildsäule umgegossen
werde, so sei es ganz gleichgültig, ob die einzelnen Stofftheile wieder
an dieselbe Stelle zurückkehrten; denn wenn auch alle ihre Plätze
wechselten, so werde dadurch die materielle und substantielle Identität
der Säule nicht im mindesten alterirt. Indessen sei es dennoch con=
gruent, bemerkt der h. Thomas weiter, daß in dem homogenen
Ganzen die Stoffe auch zu demjenigen Theile zurückkehren, in dem
sie sich früher befunden hätten, weil so die Identität des Ganzen und
der Theile eine vollkommene sei. — Was aber die heterogenen
Bestandtheile, z. B. Fleisch und Knochen, anbetreffe, so verhalte sich

---

[1]) Es ist das schon oben genannte, dem h. Augustinus angehörige.

hier die Sache anders. Die Knochenmasse bilde im Organismus ein Ganzes für sich, und ebenso das Fleisch. Sollten nun etwa bei der Auferstehung die Knochen aus den Stoffen gebildet werden, aus denen ehemals das Fleisch bestand, so würde die Knochenmasse mit der frühern nicht mehr identisch sein, weil sie aus ganz anderm Stoffe gebildet sei. Und würde also ein solcher Umtausch der Stoffe durchweg stattfinden, so würde mit der Identität der heterogenen Theile auch die des heterogenen Ganzen, des Leibes, aufgehoben sein. Mit Rücksicht auf die heterogenen Theile sei es also im Interesse der Identität nothwendig, daß die Stoffe an ihre alte Stelle wiederkehrten. — Was endlich die accidentellen Theile des Leibes, Haare, Nägel u. dergl. betreffe, so würde die Bildung derselben aus andern Stoffen der Identität des Ganzen nicht widerstreben. Dennoch sei es congruent, daß auch sie aus den frühern Stoffen wiedergebildet würden.[1]

3. Um nun zu Suarez überzugehen, so erklärt er, der Ansicht des h. Augustin vor der des h. Thomas den Vorzug geben zu müssen, wenigstens wenn es sich um die Frage handle, was zur Auferstehung nothwendig und nicht nothwendig sei.[2] Zu einer wahren Auferstehung sei bloß das erforderlich, daß überhaupt die frühere Materie wiederkehre, denn dann resultire realiter et substantialiter der der Zahl nach selbige Körper, welche Stelle auch die einzelnen Stofftheile erhalten möchten. Die Lage der Theile begründe eben nur eine accidentelle Veränderung. Auch der h. Augustin bestreite ausdrücklich (expresse), daß die Wiederkehr der Stoffe zu demselben Körpertheile für die Auferstehung nothwendig sei. — Wir haben gesehen, was es mit diesem angeblich ausdrücklichen Widerspruch des h. Augustin auf sich hat. — Die Voraussetzung des h. Thomas, bemerkt Suarez weiter, sei eben eine irrige. Es gebe im menschlichen Organismus gar keine heterogenen, substantiell verschiedenen Bestandtheile; der Körper bestehe zwar aus verschiedenen Theilen, aber diese Verschiedenheit sei lediglich eine accidentelle.[3]

---

[1] Suppl. q. 79. a. 3.
[2] Disp. 44. sect. 2. n. 9 sq.
[3] „Nam quamvis hae partes dicantur diversarum rationum, hoc solum est quoad dispositiones et accidentia; nam in substantiali compositione non differunt."

Und eben deßhalb vertrete er mit Grund seine abweichende Meinung gegen den h. Thomas.

Mochten nun die Ergebnisse der Naturwissenschaft zur Zeit des Suarez mangelhaft sein, so hatte doch in diesem Stücke der h. Thomas richtiger und schärfer geblickt, als der 400 Jahre spätere Suarez. Daß die verschiedenen Theilsubstanzen des menschlichen Leibes (Fleisch, Fett, Knochen, Nerven u. s. w.) in Beziehung auf Gestalt, Organisation, Bedeutung und Bestimmung gründlich verschieden sind, bedarf nicht einmal der Erwähnung. Nun erinnere man sich aber an das, was wir im ersten Abschnitte über die chemische Zusammensetzung des Körpers und seiner Theile andeuteten, um sofort die vollständige Unhaltbarkeit der Suaresischen Behauptung einzusehen, daß die Verschiedenheit jener Theile keine substantielle sei. Wir haben an der bezeichneten Stelle gesehen, daß den einzelnen Theilsubstanzen wesentlich verschiedene Elemente und elementare Verbindungen zu Grunde liegen. Die Knochensubstanz z. B. besteht aus unorganischen Verbindungen, und zwar vorwiegend aus phosphorsaurem und kohlensaurem Kalk; die Fleischsubstanz aber aus den organischen Verbindungen: Eiweiß, Faserstoff und Käsestoff, denen die vier bekannten einfachen Elemente zu Grunde liegen. Man sieht, daß die Verschiedenheit rücksichtlich der Materie bei beiden Substanzen eine totale und specifische ist. Und weil also das eine Constitutiv derselben, die Materie, specifisch verschieden ist, so ist die Verschiedenheit der Substanzen selbst keine bloß accidentelle, wie Suarez annimmt, sondern eine specifische und substantielle, wie der h. Thomas behauptet. Mit der falschen Voraussetzung des Suarez fällt also auch sofort die daraus gezogene Folgerung in Nichts zusammen. — Suarez' Annahme ist obendrein vom naturwissenschaftlichen Standpunkte aus total unmöglich. Denn der Organismus, oder auch die in ihm wirkende informirende und plastische Kraft, ist nicht im Stande, ganz beliebige Stoffe in die verschiedenen Theilsubstanzen hinüberzuführen. Sie kann Nahrungsstoffe, die keinen Kalk u. s. w. enthalten, unmöglich in Knochensubstanz umformen; sie ist umgekehrt nicht befähigt, Kalkstoffe u. s. w. zur Fleischsubstanz zu verarbeiten. Sie bedarf vielmehr solcher Nahrungsmittel, in denen alle zur Bildung der einzelnen Theilsubstanzen erforderlichen Elemente und elementaren Verbindungen zugleich enthalten sind, wofern der Organismus gesund und im Dasein erhalten werden soll. —

Freilich würde Gott im Prozesse der Auferstehung die Stoffe schöpfe=
risch umwandeln können; allein dann würde die Identität des Ganzen
wie der Theile erst recht keinen Stand halten. — Wir müssen also
in dieser Frage entschieden auf die Seite des h. Thomas treten. Bei
allen denjenigen Körpertheilen, die ein homogenes Ganze ausmachen,
ist es zur Erhaltung der Identität der Theile und des Ganzen nicht
erforderlich, daß die Stoffe zu demselben Körpertheile zurückkehren;
bei den heterogenen Bestandtheilen ist es wohl erforderlich und natur=
wissenschaftlich auch nicht anders möglich.

Dasjenige, was er soeben ausgeführt habe, bemerkt Suarez noch
einmal, solle nur eine genauere Bestimmung dessen sein, was zur
Auferstehung streng nothwendig und nicht nothwendig sei. — Eine
ganz andere Frage sei die, wie es sich thatsächlich bei der Auf=
erstehung verhalten werde, und was congruent sei. Damit die
Auferstehung eine möglichst vollkommene und wahre sei, müsse auch
die Identität eine möglichst vollkommene sein. Und so nehme er keinen
Anstand, unter diesem doppelten Gesichtspunkte dem h. Thomas wie
in diesem, so auch in allen übrigen Theilen dieser Untersuchung voll=
kommen beizupflichten.

4. Diese vollkommene Identität auch der Körpertheile wird auch
von der h. Schrift in ganz unverkennbarer Weise betont. Sie stellt
uns ja Jesum Christum als das Vorbild unserer Auferstehung hin,
der seinen Jüngern dieselben Hände, dieselben Füße, dieselbe Seite
zur Schau darbot, mit denen er zu Grabe bestattet war. Sie schreibt
ausdrücklich den auferstandenen Leibern dasselbe Fleisch zu, aus dem
sie früher bestanden, dieselbe Haut, dieselben Augen, dieselben innern
Organe; zum Mindesten erwartet sie mit aller Zuversicht die Wieder=
gabe derselben von dem allgerechten Wiederhersteller und Vollender
aller Dinge.[1]

Auch die Väter sprechen sich in derselben Weise aus, indem sie
bald auf das Beispiel Christi, bald auf die genannten Stellen der
h. Schrift, bald auf Gründe der Congruenz hinweisen. Der h. Hie=
ronymus z. B. in seiner Apologie gegen Rufin beschuldigt den Ori=
genes, daß er den auferstehenden Leibern dieselben Glieder abspreche,

---

[1] Job 19, 25. — II. Mach. 7, 14; 14, 46.

und in seiner Schrift gegen Johannes von Jerusalem (n. 28) weist er auf das Beispiel des Heilandes hin, um daraus die Folgerung herzuleiten, daß auch wir mit denselben Gliedern auferstehen würden, mit demselben Fleisch, demselben Blut und demselben Gebein. Wir haben den Wortlaut dieser Stelle schon früher mitgetheilt. — „Der Mund ist es, schreibt ferner der h. Cyrill, mit dem wir Lästerungen ausstoßen; der Mund ist es auch, mit dem wir beten; mit den Händen begehen wir Raub und Diebstahl, mit den Händen reichen wir dem Armen das Almosen dar. Wie demnach der Leib in allem mitwirkt, so wird er auch dereinst an den verdienten Schicksalen seinen Antheil nehmen."

Dieselbe Lehre finden wir endlich auch bei den kirchlichen Theologen, wie wir bereits gezeigt haben. — Dieselben Gründe, bemerkt z. B. Suarez a. a. O., welche die Identität des auferstandenen Leibes darthun, beweisen auch die Identität der Theile und Glieder. Das Auge, welches hier auf Erden Thränen der Zerknirschung vergoß, wird dereinstens auch in die beseligende Anschauung Jesu Christi sich versenken.[1]

5. Das Gesammtergebniß unserer ganzen Untersuchung lautet also in Kürze folgendermaßen. — **Die h. Kirche und die Offenbarungsquellen** lehren die numerische Identität wie der auferstehenden Leiber, so auch der Leibesstoffe. Sie lehren es mit Klarheit und Bestimmtheit, so zwar, daß wir diese Lehre als eine **dogmatische** anzusehen zweifellos genöthigt sind. Die **theologische Speculation** aber bestätigt die Lehre der Offenbarung mit aller Entschiedenheit. Sie erklärt die Vereinigung der Seele mit einem aus andern Stoffen gebildeten Menschenleibe zwar für metaphysisch möglich, bezeichnet sie aber als unangemessen und widernatürlich. Zum Zwecke einer Auferstehung im eigentlichen Sinne, einer Wiederherstellung der frühern Individuen aber fordert sie die Rückkehr der frühern Leibesstoffe als geradezu geboten und unerläßlich. Sie empfiehlt

---

[1] „Sicut enim sancti probant resurrectionem, quia aequum est, ut corpus, quod fuit instrumentum animae ad opera iustitiae, sit particeps beatitudinis eius, ita probari potest, congruum esse, ut pars, nimirum oculus, per quem sanctus lacrymas compunctionis effudit, resurgat etiam oculus, per quem sanctus Christi visione fruatur."

endlich eine solche Auferstehung durch eine ganze Reihe philosophischer und namentlich theologischer Congruenzgründe.

Die **Möglichkeit** einer solchen Auferstehung begreift sich aber vom Standpunkte der Wissenschaft und des Glaubens mit Leichtigkeit, mögen wir nun den Verlauf derselben uns nach der ersten Form unserer Lösung denken, was sich im Allgemeinen empfehlen dürfte; oder mögen wir die zweite Form der Lösung vorziehen, die zu einer wahren Auferstehung vollkommen hinreicht, und die in manchen Fällen die thatsächliche und einzig mögliche Form derselben sein wird.

II. Theil.
Die natürliche Vollkommenheit der auferstehenden Leiber.

Dritte Abtheilung.
Die Unversehrtheit des Auferstehungsleibes und anderweitige allgemeine Bestimmungen desselben.

---

§ 11.
Vorbemerkungen.

Im ersten Theile unserer Abhandlung haben wir zugleich mit der numerischen auch die specifische Identität des Auferstehungsleibes mit dem frühern Leibe nachgewiesen und haben eben damit dargethan, daß der Leib der Auferstehung ein organischer, wahrhaft menschlicher Leib sein werde. Einschließlich hiermit ist zugleich das Weitere gegeben, daß der auferstehende Leib auch alles dasjenige besitzen werde, was als naturgemäße Vollkommenheit einem wohlentwickelten Menschenleibe zukommt, also zunächst alle diejenigen organischen Theile und Stoffe (Glieder, Organe und Säfte), welche als wesentliche oder als integrirende Bestandtheile zum menschlichen Organismus gehören; dann ferner alle jene äußeren und innern Bestimmungen, welche dem normalen Menschenleibe naturgemäß anhaften: Geschlecht, Größe, Alter, Gesundheit, Schönheit; endlich die dem lebendigen Menschenleibe innewohnenden Vermögen und Thätigkeiten.

Es könnte also scheinen, als sei eine weitere Besprechung und Beschreibung der natürlichen Vollkommenheiten und der natürlichen

Thätigkeiten des Auferstehungsleibes durchaus überflüssig. Indessen ist hier ein doppeltes zu beachten. Einmal muß darauf aufmerksam gemacht werden, daß der dem Fluche der Sünde und der Sündenfolgen entrückte Leib jene natürliche Vollendung kraft göttlichen Zuthuns wiedergewinnen wird, für welche er fähig ist und die er im Paradiese schon einmal besaß. Dann aber muß anticipirend schon hier und noch öfter im Verlaufe dieses Theiles unserer Darstellung darauf hingewiesen werden, daß der auferstehende Leib, vor Allem der glorificirte, Vollkommenheiten besitzen wird, die ihn über die Sphäre seiner Natur specifisch hinausheben. Eben darum aber ist es nothwendig, die natürlichen Vollkommenheiten des auferstehenden Leibes einer eignen Besprechung zu unterziehen, weil untersucht werden muß, wie sich dieselben im Zustande jener natürlichen und übernatürlichen Vollendung¹) im Einzelnen und Nähern gestalten und verhalten werden.

Wir handeln also in diesem neuen Theile unserer Untersuchungen in drei weitern Abtheilungen zunächst über die Unversehrtheit (Integrität) des Leibes, sowohl mit Rücksicht auf seine Glieder und Organe, als auch mit Rücksicht auf diejenigen Substanzen und Säfte, die zum Aufbau und zur Ausstattung desselben aus irgend einem Grunde erforderlich scheinen. Im Anschluß hieran werden wir dann die obengenannten allgemeinen Bestimmungen einer Besprechung unterziehen: das Geschlecht der auferstehenden Leiber, ihre Größe und ihr Alter, ihre Schönheit und Gesundheit. Endlich wird dann über die natürlichen Vermögen und Thätigkeiten der auferstehenden Leiber die Rede sein, und zwar zunächst über die vegetativen, dann über die sensitiven.

Wir betreten mit diesen unsern Untersuchungen ein Gebiet, das seiner Natur nach für das blöde Auge des Erdenpilgers geheimnißvoll und dunkel ist, um so geheimnißvoller und dunkler, als die Offenbarung nur wenige, matte Streiflichter wirft, um dasselbe zu erhellen. Wenn wir also dieses Gebiet nunmehr betreten, so werden Vorsicht und Bescheidenheit unsere Begleiterinnen sein müssen, und unser Grundsatz soll es sein und bleiben, so viel als möglich den Fußstapfen

---

¹) Der „außernatürlichen Vollendung" sollte es eigentlich heißen, wie wir an seinem Orte hören werden. Vgl. § 24 n. 2.

der bewährtesten Meister zu folgen, eines h. Augustinus, eines h. Thomas, eines Suarez und Anderer. Die Ausführungen dieser großen Theologen sind auch so reichhaltig und tief, so wahr und so klar, daß wir genug zu thun glauben, wenn wir uns im Großen und Ganzen unsere Aufgabe dahin stellen, die Gedanken jener Männer hier und da in etwas veränderter Ordnung und Form, in möglichst schlichter und einfacher Weise wiederzugeben. An manchen Stellen freilich, wo der Gang der Untersuchung zugleich auf das naturwissenschaftliche Gebiet hinüberführt, werden wir auch einzelne Erweiterungen, zum Theile auch einzelne Berichtigungen der älteren Wissenschaft versuchen müssen.

§ 12.

Die Unversehrtheit des auferstehenden Leibes rücksichtlich der ihm zukommenden Glieder und Organe. — Die Wundmale Christi und der h. Martyrer.

Der Leib des Menschen wird in der vollen Integrität seiner Natur von den Todten wieder erstehen; er wird ein organischer, wahrhafter Menschenleib sein, ausgestattet mit allen jenen Theilen, Gliedern und Organen, die als naturgemäße Bestandtheile zu seinem Aufbaue erforderlich sind und derer er zur Bethätigung seines Lebens und seiner Vermögen bedarf.

1) So lehrt es zunächst die Kirche auf der fünften allgemeinen Synode den Origenisten gegenüber, welche die specifische Identität der auferstehenden Leiber bestritten und statt der menschlichen ihnen eine sphärische Gestalt zuschrieben. „Wenn Jemand behauptet oder denkt, heißt es im fünften Anathematismus, die Leiber der Menschen würden in sphärischer Gestalt wieder auferweckt werden, und nicht bekennt, daß wir in aufrechter Stellung wiedererstehen werden, so sei er mit dem Anathem belegt." — Im neunten Kanon wird dann auf Christus, das Vorbild aller Auferstehung hingewiesen, und werden diejenigen mit dem Banne belegt, „welche läugnen, daß Christus, wie er im Fleische Mensch geworden, so auch wieder erstanden und zum Himmel aufgefahren sei." — [1]) Die Ansicht, welche bei den auferweckten Leibern

---

[1]) Σαρκωθεὶς σαρκὶ πάλιν εἰς τὸν οὐρανὸν ἀναβέβηκεν. Vgl. Harduin, Acta concil. T. 3. pag. 286. Paris 1714. — Schwane, I, S. 513.

die menschliche Gestalt und die entsprechende naturgemäße Organisation läugnet, ist also hierdurch, wie auch Suarez hervorhebt [1]), kirchlicher=
seits als eine häretische abgewiesen. Daraus ergibt sich aber ganz einfach die Folgerung: Lehrt die Kirche die Auferstehung eines wahr=
haft menschlichen Leibes, dann lehrt sie eben damit die Auferstehung und Wiederkehr alles dessen, was naturgemäß den Menschenleib aus=
macht, also aller Theile, Glieder und Organe. — Eingehender be=
schäftigt sich der Römische Katechismus mit unsrer Frage. Nicht bloß der Leib werde auferstehen, so führt er aus, sondern auch alles dasjenige, was zur Natur eines wahren Menschenleibes gehöre und was ihm zum Schmuck und zur Zierde gereiche. Das lehre auch der h. Augustin an verschiedenen Stellen und der h. Lehrer stütze sich dabei auf den Ausspruch der h. Schrift, daß sogar die Haare unseres Hauptes gezählt seien. Und weil es vor Allem die Glieder seien, die zur Natur des Menschenleibes gehörten, so würden ebendeßwegen die sämmtlichen Glieder ohne Ausnahme bei der Auferstehung wieder=
kehren. So entspreche es der Natur der menschlichen Seele, welche auf die Verbindung mit einem completen Menschenleibe angewiesen sei; so entspreche es auch der Vollkommenheit Gottes, dessen Werke voll=
kommen seien, was namentlich von denjenigen Werken gelte, die als die vorzüglichern anzusehen seien: von der Schöpfung und von der Wiederherstellung. Darum würden die h. Martyrer alle die Glieder wieder erhalten, die sie einst im glorreichen Streite eingebüßt, und nur die Narben würden sichtbar bleiben, herrlicher strahlend, als Gold und kostbares Edelgestein. Darum würden auch die Verdammten alle ihre Glieder wieder erhalten, die sie vielleicht durch Sünde und Schuld verloren hätten, nicht zu ihrer Seligkeit, sondern zu ihrer größern Unseligkeit. Denn je zahlreicher die Glieder seien, welche ge=
peinigt würden, desto vielfältiger und bitterer sei auch die Qual. — [2])

---

[1]) in 3. Disp. 47. sect. 5. n. 3.

[2]) Neque vero corpus tantum resurget, sed quidquid ad illius naturae veritatem atque ad hominis decus et ornamentum pertinet, restituendum est. Praeclarum ea de re s. Augustini testimonium legimus. — — Inprimis vero, quoniam membra ad veritatem humanae naturae pertinent, simul resti-
tuentur omnia. — — Aliter enim animae desiderio, quae ad corporis con-
iunctionem propensa est, minime satisfactum esset, cuius tamen cupiditatem in resurrectione explendam esse, sine dubitatione credimus. Praeterea satis constat, resurrectionem aeque ac creationem inter praecipua Dei opera

2) Was die Lehre der h. Schrift anbelangt, so läßt sich dieselbe mit kurzen Worten wiedergeben. Wir haben nämlich am Schlusse jenes Abschnittes, in welchem wir über die Identität der einzelnen Körpertheile handelten, gesehen, wie die h. Schrift in der That die Rückkehr aller dieser Theile des menschlichen Organismus lehrt und die Wiederkehr derselben als die zuversichtliche Erwartung der Gerechten ausspricht. Job's Hoffnung geht dahin, wieder mit seinem Fleische bekleidet zu werden; er erwartet, seine Augen wieder zu erhalten, um in seinem Fleische und mit seinen Augen seinen Heiland zu schauen. Die machabäischen Brüder erwarten mit festester Zuversicht die Wiederkunft aller jener Glieder, die ihnen der Tyrann geraubt, der Hände, der Füße und der Zunge. Razias, ein Aeltester Jerusalems, wie ihn die Schrift charakterisirt, ein Eiferer für die Stadt und ein Vater der Juden, spricht, an Nicanor verrathen, sterbend die Bitte aus, Gott der Herr möge ihm bei der Auferstehung nebst seinem Leibe auch jene inneren Theile seines Leibes wiederschenken, die er im blutigen Tode einbüßt. Selbst kein Haar unsres Hauptes soll verloren gehen, wie uns unser Heiland selber verspricht.[1]

Vor Allem aber muß dann auch hier wieder auf das Vorbild unserer Auferstehung hingewiesen werden. Christi Leib wurde als ein vollständiger Menschenleib, dem kein Glied und kein Organ fehlte, ins Grab gelegt, und gerade so stand er auch wieder auf. Christus selbst zeigte ja den Aposteln seinen auferstandenen Leib und betonte die wahrhaft menschliche Natur desselben: „Tastet und sehet, denn ein Geist hat nicht Fleisch und Bein, wie ihr sehet, daß ich habe."[2] Er zeigte ihnen seine Hände, seine Füße und seine h. Seite. Er unterredete sich mit ihnen, hauchte sie an, nahm Speise und Trank

---

numerari. Quem ad modum igitur omnia a Deo initio creationis perfecta fuerunt, ita etiam in resurrectione futurum omnino affirmare oportet. Neque id de martyribus solum fatendum est, de quibus s. Augustinus ita testatur: „Non erunt absque illis membris." — — Verum tamen exstabunt in eorundem membrorum articulis gladii cicatrices refulgentes super omne aurum et lapidem pretiosum, veluti cicatrices vulnerum Christi; quod de improbis quoque verissime dicitur, etsi illorum culpa membra amputata fuerint. Nam quo plura membra habebunt, tanto acerbiori dolorum cruciatu conficientur. P. 1. c. 12. q. 9.

[1] Vgl. Job 19, 25. II. Mach. 7, 11; 14, 46. Luk. 21, 18. Matth. 10, 30.
[2] Luk. 24, 39.

zu sich und bekundete damit den Fortbestand auch aller innern Theile und Organe.¹) Aus allem dem folgt also ganz evident, bemerkt Suarez, daß Christi Leib als ein ganz unversehrter und completer Menschenleib wiedererstand, dem keiner jener Bestandtheile fehlte, die von der vernünftigen Seele informirt werden, oder die in irgend einer Weise zur vollkommenen Integrität des Leibes oder zu seiner Ausschmückung erforderlich und dienlich sind, nicht einmal die Zähne und Nägel, die Haare und der Bart, wie Suarez nicht unterläßt noch eigens beizufügen.²) Und wir ziehen demnach mit Recht die Folgerung: Ist Christus gemäß der Schrift mit einem ganz vollständigen Menschenleib wiedererstanden und ist Christus gemäß der Lehre derselben Schrift das Vorbild unserer Auferstehung, dann wird es sich nicht anders auch mit unserer Auferstehung verhalten.

3) Auch die h. Väter sind bezüglich unseres Lehrpunktes ganz übereinstimmender Ansicht, und nur mit Rücksicht auf einzelne Organe waren einige derselben abweichender Meinung oder drückten sich doch zweifelhaft aus. Origenes z. B., wie der h. Hieronymus berichtet³), bestritt die Wiederherstellung gewisser körperlicher Organe, unter Anderem auch der Zähne, weil dieselben im jenseitigen Leben keinen Zweck mehr hätten. Und auch der h. Gregor von Nazianz und der h. Basilius stimmten ihm in diesem Punkte bei.⁴) Alle andern Väter aber vertreten die entgegengesetzte Ansicht. Der Leib, so lehrt Justinus, werde vollständig und unversehrt mit allen ihm hier auf Erden zustehenden Organen wieder aus dem Grabe hervorgehen. Das sei freilich richtig, daß gewisse Organe in der andern Welt ihre naturgemäßen Functionen nicht mehr ausüben würden, da diese Functionen schon hier auf Erden nicht nothwendig seien, wie aus dem Leben unsres Herrn und an der Jungfräulichkeit mancher Christen ersichtlich sei. Daher sollten sich die Ungläubigen nicht wundern, wenn sie jetzt schon die Christen sich von Werken enthalten sehen, die im Himmel gänzlich aufhören würden. Ungeachtet dieser Integrität des Auferstehungsleibes würden aber nicht jene Mängel und Schwächen dort wiedererscheinen, mit denen unser irdischer Leib behaftet ist. Wenn

---

1) Joh. 20, 22. Luk. 24, 41 ff.
2) Disp. 47. sect. 1. n. 1.
3) ep. 61. al. 38.
4) Vgl. Schwane, I. S. 476 und 505; II. S. 754.

unser Heiland hier auf Erden seine Wunderthätigkeit fast ausschließlich darauf hingerichtet habe, leibliche Gebrechen und Krankheiten zu heilen, so werde er denselben bei der Auferstehung um so mehr ein Ende machen.¹) In gleicher Weise lehrt Tertullian, daß alle Glieder und Organe wiederauferstehen werden, freilich in verklärter Gestalt und vielfach auch zu anderen Verrichtungen und Zwecken. Es lehre zwar die h. Schrift, daß wir im Himmel sein würden, wie die Engel;²) daraus aber folge nur, daß manche Organe eine andere Bestimmung erhalten würden, keineswegs aber, daß der verklärte Leib eine andere organische Bildung und Zusammensetzung haben werde, als der irdische.³) Auch der h. Hieronymus legt ein besonderes Gewicht darauf, daß man an die Wiederherstellung aller Organe glauben müsse, wenn manche derselben auch nicht mehr den früheren Zwecken dienen würden. Das beweise die Verklärung auf Tabor, bei welcher die Leibesorgane keineswegs vernichtet worden seien. Das habe auch der Apostel im Sinne, wenn er sage, daß dieses sterbliche Gewand mit Unsterblichkeit werde überkleidet werden.⁴) Der h. Augustinus steht ebenfalls zu der Ansicht der genannten Väter und vertheidigt sie in seinem Werke vom Staate Gottes an jener Stelle, an welcher er den Fortbestand der sexuellen Differenzen im jenseitigen Leben behauptet. Wir werden seine Gedanken später vorlegen.⁵) Desgleichen wird auch Gregor der Große von Suarez für unsere Lehre citirt, ebenso der h. Athanasius, der bezüglich der Auferstehung unseres Heilandes sagt: „Der Leib, in dem Christus wiedererstand, war kein Leib andrer Art, sondern es war eben der Leib des irdischen Lebens, der in vollkommener Unversehrtheit von den Todten auferstand." Endlich ist Gregor von Nyssa zu nennen, welcher ebenfalls über die Auferstehung Christi die Be-

---

¹) de res. c. 3 und 4.
²) Matth. 22, 30. Luk. 20, 35.
³) de res. c. 60.
⁴) Resurrectionis veritas catholica sine carne et ossibus, sine sanguine et membris intelligi non potest. Ubi caro et ossa et sanguis et membra sunt, ibi necesse est, ut sexus diversitas sit. Ubi sexus diversitas est, ibi Johannes Johannes, Maria Maria. Noli timere eorum nuptias, qui etiam ante mortem in sexu suo sine sexus opere vixerunt. ep. 61.
⁵) Vgl. 22. de civ. c. 17.

merkung macht: „Christus hat, um aufzuerstehn, alles das wieder erweckt und wieder angenommen, was im Grabe ruhte." [1])

Gehen wir also jetzt zur Lehre der spätern Theologen über, so wird uns diese zugleich die speculativen Momente liefern, welche sich für unsere Thesis beibringen lassen.

4) Der h. Thomas widmet unserm Gegenstande die beiden ersten Artikel der achtzigsten Quästion und behandelt denselben ungemein klar und schön. — Die Seele, so schreibt er, verhält sich zum Leibe, wie die künstlerische Idee zum Kunstwerke. Alles dasjenige, was die künstlerische Idee in sich schließt, muß im äußeren Kunstwerke zum Ausdrucke kommen, und so lange nicht alles das verwirklicht ist, was die Idee in sich schließt, ist das Kunstwerk mangelhaft und unvollkommen. So ist auch der Menschenleib ein Kunstwerk, und alles, was an ihm und in ihm und in allen seinen Theilen in die Erscheinung tritt, ist ursprünglich in der Seele enthalten und hat in ihrer informirenden Kraft ein gewisses ideales Sein. Darum muß bei der Auferstehung alles das, was dem Keime und der Anlage nach in der Seele schlummert, im Leibe seine Verwirklichung finden, und dieses um so mehr, als ja gerade bei der Auferstehung der Mensch und sein Leib ihre letzte Vollendung erhalten sollen. Würden dem auferstehenden Leibe gewisse Glieder oder Organe fehlen, so würde die Seele dem Leibe nicht alles mitgetheilt haben, was in ihrer informirenden Kraft beschlossen ist, und der Leib, der seiner Form oder Idee vollkommen entsprechen soll, würde ihr keineswegs vollkommen entsprechen; der Mensch und sein Leib würden unvollendet und unvollkommen sein. [2])

---

[1]) Vgl. Suarez a. a. O. sect. 5 n. 3. sect. 1. n. 1.

[2]) Est enim comparatio animae ad corpus, sicut comparatio artis ad artificiatum. Quidquid autem explicite in artificiato ostenditur, hoc totum implicite et originaliter in ipsa arte continetur. Similiter etiam quidquid in partibus corporis apparet, totum originaliter et quodammodo implicite in anima cont:..etur. Sicut ergo artis opus non esset perfectum, si artificiato aliquid deesset eorum, quae ars continet, ita nec homo posset esse perfectus, nisi totum, quod in anima implicite continetur, exterius in corpore explicaretur; nec etiam corpus animae ad plenum proportionaliter responderet. Quum ergo oporteat in resurrectione corpus hominis esse animae totaliter correspondens, quia non resurget nisi secundum ordinem quem habet ad animam rationalem. oportet etiam hominem perfectum resurgere, utpote

Alsdann erörtert der h. Lehrer die Einwendung, der wir schon oben bei den Vätern begegneten. Im jenseitigen Leben, so lautete sie, werden gewisse Organe ihre naturgemäßen Functionen einstellen, und sogleich werden die Organe selbst, weil zwecklos und müßig, in Wegfall kommen. — [1]) Es sei das eine ganz irrige Folgerung, bemerkte der h. Thomas, die nur dann berechtigt sein würde, wenn jene Organe wirklich keinen andern Zweck hätten, als den, der Seele als Werkzeug für gewisse Functionen zu dienen. Aber jene Organe hätten noch andere Zwecke. Der Leib sei nicht bloß ein Werkzeug der Seele, sondern er verhalte sich zu ihr zugleich auch als Materie zu seiner Form, und sei bestimmt, alles das in sich aufzunehmen und alles das zu werden, was in seiner Form beschlossen sei. Ebendarum dürfe und werde dem auferstehenden Leibe kein einziges Organ und kein einziges Glied fehlen, sondern er werde sie alle ausnahmslos wiedererhalten, und zwar deswegen einmal, damit das Sein des Leibes in seiner Art vollendet sei; dann ferner zu dem Ende, damit der Leib in seiner vollendeten Bildung die Kraft und Vollkommenheit seiner Form offenbare; endlich darum, daß in dem vollendeten Leibe Gottes Weisheit geschaut und gepriesen werde. — Wie alle andern Glieder, fügt der Heilige hinzu, so würden demnach auch die innern Theile und Organe dereinst zur Auferstehung gelangen.[2])

qui ad ultimam perfectionem consequendam reparatur. Oportet ergo, quod omnia membra, quae nunc sunt in corpore hominis, in resurrectione reparentur.

[1]) Remoto fine, frustra reparatur id quod est ad finem. Finis autem cuiuslibet membri est eius actus. Quum ergo nihil frustra fiat in operibus divinis, et quorundam membrorum usus post resurrectionem non competat homini, praecipue genitalium, quia tunc neque nubent neque nubentur, videtur, quod non omnia membra resurgent.

[2]) Dicendum, quod membra possunt dupliciter considerari in comparatione ad animam, vel secundum habitudinem materiae ad formam, vel secundum habitudinem instrumenti ad agentem. — — Si ergo membra accipiantur secundum primam comparationem, finis eorum non est operatio, sed magis perfectum esse speciei, quod etiam post resurrectionem requiretur. Si autem accipiantur secundum secundam comparationem, sic finis eorum est operatio. Nec tamen sequitur, quod quando deficit operatio, frustra sit instrumentum, quia instrumentum non solum servit ad exsequendam operationem agentis, sed etiam ad ostendendam virtutem ipsius. Unde oportebit,

Im folgenden Artikel wendet sich dann der h. Thomas zu den unscheinbaren und weniger wichtigen Körpertheilen, den Haaren und Nägeln, und fragt, ob denn auch diese zur Auferstehung gelangen würden. Und seine Antwort lautet bejahend. — Die Seele verhält sich nämlich zu den verschiedenen Körpertheilen und Organen, wie die Kunst zu ihren Werkzeugen. Nun hat aber die Kunst gewisse Werkzeuge, die ihren Zwecken unmittelbar dienen; sie hat aber auch solche, die ihnen nur mittelbar dienen, und das sind diejenigen, die zum Schutze und zur Erhaltung der ersteren bestimmt sind. Das Schwert z. B. dient den kriegerischen Zwecken unmittelbar; die Scheide aber nur mittelbar, denn sie ist zum Schutze des Schwertes bestimmt. Ebenso verhält es sich nun auch mit den verschiedenen Körpertheilen. Die einen dienen der Seele unmittelbar zur Entfaltung ihrer Thätigkeiten, z. B. das Herz, die Lunge, Hände und Füße. Und diese gehören demnach zu demjenigen, was die **erste** Vollkommenheit des Leibes ausmacht. Andere Körpertheile dagegen sind zur Erhaltung und zum Schutze der erstern bestimmt, wie die Blätter der Pflanze zum Schutze der Frucht bestimmt sind; und das gilt z. B. von den Haaren und Nägeln. Sie gehören also zu dem, was die **zweite** Vollkommenheit des Leibes ausmacht. Nun aber wird der Mensch in der **ganzen** Vollkommenheit seiner Natur wiedererstehn, und folglich werden auch diese letztgenannten Theile mit ihm erstehen. [1])

ut virtus potentiarum animae in instrumentis corporeis demonstretur, etiamsi numquam in actum prodeant, ut ex hoc commendetur Dei sapientia. — — Dicendum, quod intestina resurgent in corpore, sicut et alia membra.

[1]) Dicendum, quod anima se habet ad corpus animatum, sicut ars ad artificiatum, et ad partes eius, sicut ars ad sua instrumenta, unde et corpus animatum **organicum** dicitur. Ars autem utitur instrumentis quibusdam ad operis intenti exsecutionem; et haec instrumenta sunt de prima intentione artis. Utitur etiam aliis instrumentis ad conservationem principalium instrumentorum, et haec sunt de secunda intentione artis, sicut ars militaris utitur gladio ad bellum et vagina ad gladii conservationem. Et ita in partibus corporis animati quaedam ordinantur ad operationes animae exsequendas, sicut cor, hepar, manus et pes; quaedam autem ad conservationem aliarum partium, sicut folia sunt ad cooperturam fructuum. Ita etiam capilli et ungues sunt in homine ad custodiam aliarum partium. Unde sunt de secunda perfectione corporis humani, quamvis non de prima. Et quia homo resurget in omni perfectione suae naturae, propter hoc oportet, ut capilli et ungues resurgant in ipso.

5) Weil dem Gesagten zufolge die Leiber der Auferstehung in der vollen Integrität ihrer Natur wiedererstehen werden, so folgt daraus ganz von selbst, daß alles Mangelhafte und Krüppelhafte, und daß alle Verstümmelungen von der Auferstehung ausgeschlossen seien. Auch die Väter machten uns bereits auf diesen Umstand aufmerksam. Nur darüber könnte allenfalls noch die Frage sein, ob ebendasselbe auch rücksichtlich der Leiber der Verdammten anzunehmen sei. — Es könne gar keinem Zweifel unterliegen, führt der h. Thomas aus,[1] daß alle eigentlichen Verstümmlungen (der Mangel von Gliedern oder Gliedertheilen) auch bei den verdammten Leibern ihr Ende finden, und daß auch diese als complete Menschenleiber auferstehen würden. — Denn wenn jene Uebel zu den Strafmitteln der andern Welt gehörten, fügt Suarez hinzu, dann würden alle verdammten Leiber Verstümmlungen und Mißgestaltungen annehmen müssen, auch diejenigen, welche im diesseitigen Leben von ihnen frei gewesen seien. Zu dieser Behauptung aber habe sich noch kein Theologe verstiegen, und es ergebe sich aus ihr auch noch die fernere Unzuträglichkeit, daß dann vielfach eine Bestrafung gerade derjenigen Glieder nicht mehr möglich sei, welche der Sünder vorzugsweise zu seiner Sünde mißbraucht habe. —[2] Nun gebe es aber noch andere Defecte an den Menschenleibern, fährt der h. Thomas fort, nämlich Deformitäten oder Verkrüppelungen, die nicht auf dem Mangel eines Gliedes beruhten, sondern in einem Mißverhältniß der Theile unter sich und zum Ganzen ihren Grund hätten. Bezüglich dieser aber seien die Ansichten getheilt. Der h. Augustin, der vom Lombarden citirt werde, drücke sich (Enchirid. c. 92.) hierüber zweifelhaft aus, wobei wir aber bemerken müssen, daß der h. Kirchenlehrer dieses an andern Stellen keineswegs thut. Suarez a. a. O. citirt z. B. eine Stelle aus der ep. 146 ad Consentium, wo der Heilige von den Verdammten sagt:

---

[1] Suppl. q. 86, a. 1.
[2] Ergo qui habuisset integram corpus in hac vita, si plura commisisset peccata, deberet in resurrectione corpus mutilum recipere, multo magis, quam qui corpus mutilum habuit sine tot peccatis, quod tamen nullus umquam dixit. Ergo signum est, illum defectum non manere per modum poenae, atque adeo simpliciter non manere. Et confirmatur praeterea; nam potius integritas horum membrorum deserviet eritque interdum necessaria ad sustinendam debitam poenam in eo membro, quod fuit organum et instrumentum peccandi. in 3. Disp. 50. sect. 5. n. 8.

„Jncorrupti quidem resurgent integritate membrorum, sed tamen corrumpendi dolore poenarum." — Bei den neuern Theologen aber, fährt der h. Thomas fort, gebe es bezüglich des in Rede stehenden Punktes zwei Ansichten. Die eine behaupte, daß derartige Deformitäten im andern Leben fortdauern würden, und zwar zur Strafe für Sünde und Laster. — Als Vertreter dieser Ansicht werden von Suarez a. a. O. z. B. der h. Bonaventura und Durandus genannt. — Doch könne er, der h. Thomas, dieser Meinung nicht beipflichten, weil sich Inconvenienzen aus ihr ergäben. Es könne dann nämlich der Fall eintreten, daß ein Verdammter, der nur geringere Schuld habe, die Ewigkeit hindurch mit einer Mißgestaltung behaftet sei, während andere, mit viel größerer Schuld, einen wohl= gebildeten Leib haben würden. Man müsse vielmehr solche Miß= bildungen den zeitlichen Strafen zurechnen, die nur für diese Erde Geltung und Dauer hätten; die jenseitige Welt aber habe Strafen von ewiger Dauer und auch von anderer Art. Und es sei darum die Ansicht jener Theologen vorzuziehen, gemäß welcher auch solche Deformitäten bei den Verdammten gänzlich in Wegfall kommen würden. Alle diejenigen Defecte dagegen, welche aus den Principien der menschlichen Natur ganz von selbst und naturgemäß hervorgingen, z. B. Schwere, Leidensfähigkeit und dgl. würden bei den Verdammten bestehn bleiben.[1])

6) Obgleich die Leiber der Auferstehung, insbesondere die gloriösen, von allen Defecten und Deformitäten gänzlich frei sein

---

[1]) Dicendum, quod quum poena in quolibet foro infligatur secundum conditionem illius fori, poenae, quae in hac vita temporali infliguntur pro aliquo peccato, temporales sunt et ultra vitae terminum non se extendunt. Et ideo quamvis peccatum non sit remissum damnatis, non tamen oportet, quod easdem poenas ibi sustineant, quas in hoc mundo sunt passi. Sed divina iustitia requirit, ut ibi poenis gravioribus in aeternum crucientur. — Et ideo alii rationabilius dicunt, quod auctor qui naturam condidit, in resurrectione naturam corporis integre reparabit. Unde quidquid defectus vel turpitudinis ex corruptione vel debilitate naturae sive principiorum naturalium in corpore fuit, totum in resurrectione removebitur, sicut febris, lippitudo et similia. Defectus autem, qui ex naturalibus principiis in humano corpore naturaliter consequuntur, sicut ponderositas, passibilitas et similia in corporibus damnatorum erunt, quos defectus ab electorum corporibus gloria resurrectionis excludet. l. c.

werden, so scheint doch eine Ausnahme gemacht werden zu müssen, wenn sie überhaupt eine Ausnahme genannt werden kann. — Um zuerst einen Blick auf das Vorbild unserer Auferstehung zu werfen, so erzählt uns die h. Schrift mit aller Klarheit, daß Jesus Christus auch nach seiner Auferstehung noch die Zeichen seines Leidens-Kampfes an sich getragen habe: Infer digitum tuum huc et vide manus meas et affer manum tuam et mitte in latus meum et noli esse incredulus sed fidelis. (Joh. 20, 27.) Es könnte nun zwar scheinen, als habe Christus diese Wundmale nur vorübergehend an seinem h. Leibe getragen, um den Glauben seiner zweifelnden Jünger, so lange er sich ihnen noch zu schauen gab, mehr und mehr zu stärken. Indessen haben wir es Suarez zufolge für gewiß anzusehen, daß Christi Leib diese Male nicht vorübergehend getragen habe, sondern daß er in alle Ewigkeit mit ihnen geschmückt sein werde. So ist es nämlich die Lehre der h. Väter, von denen Suarez eine lange Reihe anführt, des h. Ignatius, Justinus, Hilarius, Dionysius, Leo, Hieronymus, Augustinus, Ambrosius, Beda, Cyrill von Alexandrien, Cyrill von Jerusalem, Athanasius, Chrysostomus, Theodoret und Gregor's des Großen.[1] Und auch die scholastischen Theologen sind ganz allgemein derselben Ansicht. Christus habe die Zeichen seines Leidens nicht bloß deßhalb beibehalten, bemerkt z. B. der h. Thomas,[2] um den Glauben seiner Jünger zu stärken, sondern er habe es zugleich aus manchen andern Gründen und zu manchen andern Zwecken gethan. Und weil diese Zwecke im Jenseits bestehen blieben, so würden auch die Wundmale in alle Ewigkeit Bestand haben.[3]

---

[1] Disp. 47. sect. 2. n. 3.

[2] S. 3. q. 54. a. 4. ad. 3.

[3] In corp. art. stellt der h. Lehrer diese Gründe zusammen. Es sind, wenn wir diejenigen, welche Suarez bringt (a a. O. n. 8 ff.), hinzunehmen, die folgenden: Erstens behielt Christus diese Wundmale bei zu seiner eignen Verherrlichung, damit er in alle Ewigkeit die Triumphzeichen seines Sieges zur Schau trüge. Zweitens, damit er die Herzen seiner Jünger im Glauben an seine Auferstehung stärke und befestige. Drittens, damit er, im Himmel für uns betend, dem himmlischen Vater fortwährend dasjenige vor Augen stelle, in dem die Kraft seines Gebetes wurzelt: seine Wunden und seinen Tod. — Zwar bedarf der Vater solcher Erinnerungszeichen nicht, um an den Tod seines Sohnes erinnert und zum Mitleid bewegt zu werden; es war aber nützlich für uns, damit wir um so mehr von der Kraft und Wirksamkeit des Gebetes Jesu Christi,

Aus dem Umstande nun, daß Christus, das Vorbild unserer Auferstehung und Verklärung, seine glorreichen Wundmale beibehalten hat, ziehen Väter und Theologen mit Grund den Schluß, daß es sich in gleicher Weise auch mit den h. Martyrern verhalten werde. Wir alle, so lehren sie, würden in der Auferstehung unserem Haupte Christus möglichst gleichförmig werden. Darum würden die h. Martyrer ihm darin gleichförmig sein, daß auch sie in alle Ewigkeit die Zeichen ihres Martertodes an sich tragen würden. Die Glieder, die ihnen geraubt worden, würden ihnen selbstverständlich zurückgegeben werden; aber die Male und Zeichen ihrer Wunden würden ihnen dauernd verbleiben, und zwar deßhalb, damit sie als Zeichen der Standhaftigkeit, mit welcher sie für die Gerechtigkeit und den Glauben gestorben seien, ihnen selbst und allen andern Gerechten zu neuer Seligkeit gereichten. Der h. Thomas bemerkt z. B.: „Cicatrices vūlnerum erunt in sanctis, quantum sunt signa constantissimae virtutis, qua passi sunt pro iustitia et fide, ut ex hoc et ipsis et aliis gaudium crescat." [1]) Auch die h. Väter, Augustinus, Ambrosius, Cyrill von Alexandrien u. A. sprechen sich in gleichem Sinne aus. — [2])

Diese Wundmale werden dann, so lehren die Väter und Theologen

---

unseres Hohenpriesters, lebendig durchdrungen und so in der Hoffnung und im Vertrauen auf ihn und sein fürbittendes Gebet bestärkt würden. Viertens sollten die Menschen durch den Anblick dieser Wundmale in alle Ewigkeit zur Dankbarkeit für die unaussprechliche Wohlthat unsrer Erlösung und die uns erwiesene übergroße Barmherzigkeit und Liebe wirksam angeregt werden. Fünftens geschah es zu dem Ende, damit diejenigen, welche Christo folgen, auf ihn und seine Wunden schauend, die eignen Wunden nicht fühlten und durch das Beispiel ihres Hauptes angeregt, Muth gewännen, ähnliche Leiden und Schmerzen zur Ehre Christi starkmüthig auf sich zu nehmen. Sechstens endlich behielt Christus die Male seiner Wunden bei, damit die Feinde Christi am Tage des Gerichtes beschämt würden, und damit ihnen gezeigt werde, wie gerecht das Verdammungsurtheil sei, welches der Richter über sie fällen wird. „Sehet da den Menschen, so werde, bemerkt der h. Augustin, die ewige Wahrheit ihnen zurufen, den ihr gekreuzigt habt; sehet die Wunden, die ihr ihm geschlagen; erkennet die Seite, die ihr durchbohrt habt! durch euch und für euch ward sie geöffnet, aber ihr habt in ihr keine Zuflucht gesucht." —

1) Suppl. q. 82. a. 1. ad 5. Vgl. auch Suarez a. a. O. n. 8.
2) Augustinus, 22. de civ. c. 20. Ambros. l. 10. in Luc. Cyrill. Alex. l. 12. in Joh. c. 58.

weiter, in wunderbarer Schönheit und in unvergleichlichem Glanze erstrahlend, der Schmuck und die Zierde der verklärten Martyrer leiber sein. „Ich weiß nicht, bemerkt der h. Augustin, weßhalb die Liebe zu den seligen Martyrern uns dergestalt hinreißt, daß wir auch im Jenseits noch die Zeichen ihrer Wunden zu schauen wünschen und vielleicht auch schauen werden. Denn diese Male werden nichts Entstellendes für jene Leiber haben, sondern lauter Würde, Schönheit und Glanz."[1]) Denselben Gedanken fanden wir oben auch im Römischen Katechismus ausgesprochen.[2])

7) Die Theologen forschen noch weiter nach der nähern Beschaffenheit jener Wundmale, und zwar speciell nach der Beschaffenheit der Wundmale Christi, und fragen, ob die Wunden Christi bei der Auferstehung sich geschlossen hätten, oder ob sie geöffnet geblieben seien und stets geöffnet bleiben würden. — Die Wunden Christi seien geöffnet geblieben, antwortet der h. Thomas, und würden immerfort so bleiben. Wenn dadurch auch gewisse Lücken im h. Leibe unseres Herrn geschaffen seien, so thue das seiner Integrität keinen Eintrag, sondern vermöge des Glanzes und der Herrlichkeit dieser Wunden habe Christi Leib dadurch nur eine um so höhere Schönheit und Vollkommenheit erlangt.[3]) Derselben Ansicht ist auch Suarez, der überdies behauptet, es sei dieses die sententia communis der Väter und Theologen, und zwar auf Grund der angeführten Stelle bei Joh. 20, 27, wo der Heiland den Thomas auffordert, seine Finger und seine Hand in seine Wunden hineinzulegen.[4]) Es gebe allerdings, fügt Suarez hinzu, noch eine andere Ansicht, die sich z. B. bei Sotus finde. Dieser Theologe behaupte, die Wunden Christi seien keine eigentlichen Oeffnungen mehr, sondern seien bei der Auferstehung wieder vollkommen ausgefüllt worden. Dennoch aber seien

---

[1]) Nescio, quomodo sic afficiamur amore martyrum beatorum, ut velimus in illo regno in eorum corporibus videre vulnerum cicatrices, quae pro Christi nomine pertulerunt, et fortasse videbimus. Non enim deformitas in eis, sed dignitas erit, et quaedam, quamvis in corpore, non corporis, sed virtutis pulchritudo fulgebit. l. c.

[2]) Exstabunt in eorundem membrorum articulis gladii cicatrices refulgentes super omne aurum et lapidem pretiosum, veluti cicatrices vulnerum Christi. l. 1. c. 12. q. 9.

[3]) S. 3. q. 54. a. 4. ad 1 et 2.

[4]) a. a. O. n. 5.

sie in ihrer ursprünglichen Gestalt recht wohl erkennbar geblieben, denn nicht bloß auf der Oberfläche der Hände und Füße seien die Umrisse der früheren Wunden durch Farbe und Glanz hervorgehoben, sondern auch im Innern sei die frühere Lücke deutlich zu unterscheiden. Denn möge auch die ehemalige Oeffnung mit Fleisch ausgefüllt sein, so sei doch dieses Fleisch nach Art einer eingefaßten Gemme durchsichtig und klar und durch herrlichen Farbenglanz ausgezeichnet. Auch bei dieser Annahme behalte die Stelle bei Johannes ihre volle Wahrheit. Denn auch so habe Christus in aller Wahrheit den Jüngern seine Wunde zeigen können; und auch Thomas habe seinen Finger hineinlegen können, da bei der Durchdringlichkeit des glorificirten Leibes ein anderer Körper ihn durchdringen könne, ohne ihn zu verletzen. — Suarez bemerkt, daß diese Ansicht an und für sich nicht unmöglich oder unwahrscheinlich sei; aber sie sei neu, widerspreche der sententia communis, wie auch dem schlichten Wortlaute der biblischen Darstellung, und darum komme sie ihm verdächtig vor. Zur nähern Erläuterung fügt Suarez dann noch die Bemerkung hinzu, durch ein specielles Wunder sei es geschehen, daß die geöffneten Male in keiner Weise die Continuität der Nerven, Arterien und Venen unterbrächen; in Folge dessen erleide auch die Circulation des Blutes nicht die mindeste Störung, ebensowenig die Bewegungen und Thätigkeiten des Leibes Christi. Auch sei mit jenen Wunden keinerlei Entstellung verbunden, sondern es erwachse dem Leibe Christi aus ihnen nur neue Schönheit und neuer Glanz.[1] — Inwieweit nun aus dieser Beschaffenheit der Wundmale Christi ein Rückschluß auf die Beschaffenheit der Wunden der Martyrer gemacht werden könne und müsse, läßt sich mit Sicherheit schwerlich feststellen. Daß die Wunden der h. Blutzeugen sämmtlich geöffnet sollten geblieben sein, läßt sich sicherlich bei vielen derselben nicht annehmen und nicht durchführen. So viel aber dürfte dem Gesagten zufolge genugsam feststehen: Auch die h. Martyrer werden die Zeichen und Male ihres blutigen Leidenskampfes an sich tragen, um durch sie in alle Ewigkeit Gott den Herrn und Jesum Christum, dessen Kraft sie stärkte, zu preisen und zu verherrlichen, und um aus ihnen, als den Triumphzeichen eines glorreich erkämpften Sieges, für sich und andre neue Seligkeit zu gewinnen. Diese Wundmale werden aber frei von jeder Entstellung

---

[1] a. a. O. n. 6 u. 7.

sein und werden in unvergleichlicher Weise den Glanz und die Schönheit der verklärten Leiber mehren.

§ 13.

Unversehrtheit des auferstehenden Leibes rücksichtlich der ihm angehörigen Säfte. — Athmungs= und Erwärmungsprozeß.

Die verschiedenen innern Gefäße des Menschenleibes sind mit einer Reihe von Flüssigkeiten und Säften angefüllt, die, wie sie in ihrer Zusammensetzung und Beschaffenheit verschieden sind, so auch den verschiedenartigsten Zwecken im Haushalte des Organismus sich unterordnen.

1) Der wichtigste dieser Säfte ist ohne Zweifel das Blut, und die erste Frage, welche sich hier erhebt, ist also die, ob auch im auferstandenen Leibe das Blut seine Stelle haben, und, sollte dieses der Fall sein, von welcher Beschaffenheit es sein und welcher Bestimmung es dienen werde. Im Anschlusse hieran werden dann noch einige andere Säfte, und zwar vorzugsweise die Lymphe, zur Besprechung kommen müssen. Um uns über diesen neuen Gegenstand ein Urtheil bilden zu können, müssen wir einige anatomisch-physiologische Bemerkungen vorausschicken.

Der Leib eines erwachsenen Menschen enthält ungefähr 25 Pfund Blut, welches mittelst eines großartigen Doppelsystems von Adern den ganzen Organismus und alle, auch die kleinsten Theile desselben durchdringt und durchströmt, um ihnen allen diejenigen Stoffe zuzuführen, die jedes zu seinem Wachsthum, zu seiner Ergänzung und Erneuerung nothwendig hat. Das Blut enthält also die ganze Summe aller jener Stoffe und stofflicher Verbindungen in sich, aus denen sich die verschiedenen Theile des Leibes bilden und aufbauen. — Es beschreibt einen doppelten Kreislauf im Organismus, einen großen und einen kleinen. Der große Kreislauf nimmt seinen Ausgangspunkt von der linken Herzkammer und verfolgt seinen Weg durch die sog. Arterien oder Schlagadern, die sich mehr und mehr bis zu den sog. Haargefäßen oder Capillaren verzweigen, um einem zarten Gewebe gleich alle Theile des Körpers, auch die Knochen= und Nervensubstanz, zu durchziehen. — Das Blut, welches aus der linken Herzkammer sich in die Arterien und Capillaren ergießt, ist ein ganz reines und fertiges und mit allen nothwendigen Bildungsstoffen gesättigtes Blut von hellrother Färbung. Ist dasselbe in den Haargefäßen angelangt, so scheiden diese auf dem Wege der Exosmose diejenigen Bestandtheile desselben aus, deren jeder Körpertheil zu seiner Umbildung bedarf, und tauschen dafür auf dem Wege der Endosmose die von dem betreffenden Theile verbrauchten und ausgeschiedenen Stoffe ein. Das so veränderte Blut setzt dann seinen Weg fort und gelangt aus den Capillaren in ein anderes System von Adern, welche Venen oder Blutadern heißen. Die Venen enthalten also unreines und schlechtes Blut, welches sich äußerlich durch seine dunkelrothe Färbung zu erkennen gibt. — Mit den Venen steht dann noch ein anderes Gefäßsystem in Verbindung, die Lymphgefäße. Diese finden sich fast in allen Theilen des Körpers, um in außerordentlich feinen Verzweigungen entspringend, alle überflüssigen Bildungs- und Durchtränkungsstoffe und Säfte aufzusaugen. Die wichtigsten Lymphgefäße entspringen aber in den Organen der Verdauung, wo sie aus dem Speisebrei (Chymus) die nährenden Elemente (Chylus) in sich aufnehmen. Alle Lymphgefäße vereinigen sich schließlich im Brustmilchgange, der seinerseits in die Venen ausmündet. Man sieht also, daß die Lymphe nichts anderes ist, als in der Bildung begriffenes Blut. Sie hat eine trübe, gelblich-weiße Färbung und vermischt sich, in die Venen aufgenommen, mit dem dunkelrothen Venenblute, um zugleich mit diesem zu reinem Blute umgestaltet zu werden. Die Venen ergießen dann ihren gesammten Inhalt zunächst in die Leber, wo er durch Ausscheidung der Galle schon theilweise gereinigt wird. Die Gallenblase selbst ergießt ihren bittern, braun-grünen Inhalt während der Verdauung in die Verdauungsorgane, um sie zur Thätigkeit anzuregen und die in ihnen enthaltenen Nahrungsstoffe, namentlich die Fette, zersetzen zu helfen. Die Venen verlassen dann die Leber wieder und münden endlich in die rechte Herzkammer aus, in welche sie ihren Inhalt ergießen. Damit ist der große Umlauf des Blutes abgeschlossen und es schließt sich unmittelbar der kleine Kreislauf an. Aus der rechten Herzkammer nämlich fließt das Blut in die Lunge hinein vermittelst der Lungenarterie, die sich innerhalb der Lunge wieder in zahlreiche Haargefäße spaltet. Zum Zwecke seiner vollkommenen Reinigung muß nämlich das Blut mit der atmosphärischen Luft in Verbindung gebracht werden, an welche es namentlich eine Menge Kohlensäure durch Exosmose abgibt, um dafür durch Endosmose vorzugsweise Sauerstoff einzutauschen. Der Zweck des Einathmens besteht darin, der Lunge Sauerstoff zuzuführen; der Zweck des Ausathmens, die aus dem Blute ausgeschiedenen Stoffe aus dem Organismus wieder fortzuschaffen. Das auf diese Weise vollständig gereinigte und wieder hellroth gewordene Blut fließt dann durch die Lungenvene in die linke Herzkammer zurück, um von dort aus sofort wieder den großen Kreisgang anzutreten.

Das Blut und der Blutumlauf haben also, wie aus dem Gesagten erhellt, wesentlich den Zweck, dem im lebendigen Leibe sich stets fortsetzenden Stoffwechsel zu dienen. Einerseits führt nämlich das Blut den verschiedenen Theilen des Organismus die ihnen nothwendigen Erneuerungsstoffe zu, die dann von der plastischen und informirenden Kraft ergriffen und in Fleisch und Bein verwandelt werden; andererseits aber nimmt es die verbrauchten Stoffe in sich auf, damit sie entweder ausgeschieden oder doch erneuert werden. Es ist ferner ersichtlich, daß und wie mit dem Blutumlaufe auch der fortwährende Athmungsprozeß zusammenhängt. Und endlich muß auch noch darauf aufmerksam gemacht werden, daß in Folge der Circulation des Blutes und des damit gegebenen Stoffwandels auch jene natürliche Körperwärme erzeugt wird, die dem Organismus zu den verschiedenen Functionen, - insbesondere zu der vegetativen nothwendig und dienlich ist. Denn der in Folge der Athmung in das Blut aufgenommene Sauerstoff wird durch das Blut in alle Theile des Körpers getragen und erzeugt, mit dem Blute selbst und mit den übrigen Leibesstoffen sich verbindend, einen Prozeß chemischer Verbrennung (Oxydation), der den Körper mit der ihm nothwendigen Wärme versieht. — Wie also wird sich alles dieses in einem Leibe gestalten müssen, der in Folge seiner Incorruptibilität gar keinen Stoffwechsel mehr zuläßt? — Doch vorab muß noch gezeigt werden, daß die auferstandenen Leiber auch wirklich bluthaltig sein werden. —

2) Daß dieses in der That der Fall sein werde, folgt zunächst daraus, daß auch im heiligen Leibe Christi, unseres Vorbildes, das Blut wiedererstand. Denn nach Lehre des Glaubens wird ja bei der h. Messe tagtäglich der Wein in Christi Blut umgewandelt.[1]) —

---

[1]) Der h. Thomas schreibt: Resurrectio nostra erit conformis resurrectioni Christi. Sed in Christo resurrexit sanguis, alias vinum nunc non

Die weitern speculativen Gründe aber, welche darthun, daß alle auferstandenen Leiber wirklich bluthaltig sein werden, erörtert dann der h.
Thomas eingehend an der eben bezeichneten Stelle des Supplementes. —
Der Leib, sagt er, werde in vollkommener Integrität auferstehen.
Daraus folge aber, daß alle diejenigen Flüssigkeiten und Säfte mit
auferstehen würden, welche in irgend einer Weise zur Integrität des
Leibes concurrirten. Nun gäbe es Säfte und Substanzen im Organismus, die, bereits in der Corruption begriffen, auf dem Wege
seien, ausgeschieden zu werden. Diese würden selbstredend nicht auferstehen, da sie in keiner Weise integrirender Bestandtheil des Leibes
seien.¹) Wieder andere Substanzen gehörten nicht so sehr zur Voll-

---

transsubstantiaretur in sangninem eius in sacramento altaris. Ergo et in
nobis resurget sanguis et eadem ratione alii humores. Suppl. q. 80. a. 3.
Vgl. Suarez Disp. 47. sect. 3. — Nach Lehre der Väter und Theologen (vgl.
den h. Thomas S. 3. q. 54. a. 2. ad 3 und Suarez a. a. O.) kehrte all das
Blut, welches Christus während seines Leidens vom Garten Gethsemane an bis
zur Durchbohrung seiner h. Seite vergossen hatte, bei der Auferstehung zu
seinem h. Leibe zurück. Jenes Blut, welches angeblich als Blut der Seite
Christi in einzelnen Kirchen aufbewahrt werde, bemerkt der h. Thomas, rühre
nicht vom leidenden Heilande her, sondern sei in spätern Zeiten wunderbarer
Weise irgend einem Bilde des Gekreuzigten entquollen. Auch Suarez pflichtet
dieser Ansicht bei, obgleich nicht behauptet werden könne, daß die Annahme,
es rühre vom leidenden Christus her, eine völlig grundlose oder wohl gar glaubens-
widrige sei. Manche Schriftsteller, wie Sylvester und Nicephorus, berichteten
ja, die h. Jungfrau und der h. Jünger Johannes hätten einen Theil des
Blutes, welches aus der Seite Jesu geflossen, aufgefangen, um es als theures
Andenken an den Herrn zu bewahren und zu verehren. Auch Maria Magda-
lena habe laut Bericht desselben Sylvester einen Theil der am Fuße des Kreuzes
befindlichen Erde mitgenommen, welche mit dem Blute Christi getränkt gewesen.
— In jedem Falle aber, fügt Suarez noch hinzu, sei das Quantum Blut,
welches in dieser Weise dem Leibe Christi entzogen worden sei, nur ein sehr
geringes gewesen, und sei von Christus bei der Auferstehung aus anderweitigem
Stoffe supplirt worden.

¹) Die Frage, ob gleichwohl die intestina später anderweitige entsprechende
Substanzen zum Inhalte haben werden, geht wohl etwas zu weit. Nothwendig erscheint dieses in keiner Weise; möglich ist es immerhin. Der h. Thomas
(Suppl. q. 80. a. 1. ad 2) ist der Ansicht, daß gewisse edlere Säfte (nobiliores
humiditates) den Inhalt dieser Gefäße ausmachen werden; Suarez denkt sie
sich mit ganz edlem und reinem Geblüte (purissimus sanguis) angefüllt
(a. a. O. n. 5). Andere ähnlich. —

kommenheit des Individuums selbst, in dem sie sich finden, sondern seien vielmehr bestimmt, der Entstehung und der Ernährung anderer, gleichartiger Individuen zu dienen. Auch diese würden folglich nicht mit auferstehen. Noch andere Säfte endlich seien von Natur aus dazu bestimmt, in der Aufnahme und Verwandlung in die Leibessubstanz ihre endliche Vollendung zu finden, und sie seien bereits auf dem Wege zu dieser letzten Vollendung, und diese Säfte, also z. B. das Blut, würden und müßten folglich zum Zwecke der Integrität mit auferstehen. Zwar könne und werde das Blut und die ihm verwandten Säfte im unverweslichen Leibe nicht mehr der stofflichen Umwandlung dienen, fügt der h. Lehrer in der Antwort auf die beiden letzten Einwendungen noch hinzu, aber darum sei das Vorhandensein desselben im auferstandenen Leibe noch keineswegs überflüssig, und zwar deshalb nicht, weil es als Bestandtheil mit zum Leibe gehöre. Es sei aber Bestandtheil des Leibes, weil es bereits durch die Thätigkeit der informirenden und plastischen Seelenkraft eine höhere, wenn auch noch nicht die letzte Vollkommenheit erlangt habe. Ueberhaupt brauchten ja nicht alle Theile eines Ganzen von gleicher Vollkommenheit zu sein. Das sei auch sonst in der Natur und im Universum nicht der Fall. Auch dort gäbe es außer den vollkommneren (den zusammengesetzten) auch unvollkommnere (einfache) Körper, welche erst auf dem Wege zu höherer Vollkommenheit begriffen seien. Nichts desto weniger gehörten auch diese letztern als integrirende Bestandtheile mit zum Ganzen des Universums.

3) Suchen wir nun einigermaßen zu bestimmen, welches die Beschaffenheit und von welcher Art das Verhalten des Blutes im auferstandenen Leibe sei. — Der auferstandene Leib wird incorruptibel sein; seine Substanz wird also keine materiellen Theile mehr verlieren, aber auch keine neuen annehmen können. Folglich wird das Blut, ohne Veränderungen zu erfahren, vermittelst der Capillaren aus den Arterien in die Venen sich ergießen müssen. Auch bei seinem Durchgange durch die Leber wird es keine Veränderung erleiden, und zwar deßhalb nicht, weil es einmal keiner Reinigung mehr bedarf, dann aber auch aus dem Grunde nicht, weil eine Secretion neuen Gallenstoffes zum Zwecke der Verdauung nicht mehr erforderlich ist. Das Blut der Arterien und Venen wird also nicht mehr von verschiedener, sondern es wird von derselben Be-

schaffenheit sein. Denn auch aus den Lymphgefäßen wird das Venen-
blut keinen Zuwachs mehr erfahren, einmal, weil es einer Ergänzung
durch die nahrungshaltige Lymphe nicht mehr bedarf, dann ferner,
weil es, seine Gefäße vollständig füllend, eines Zuwachses nicht mehr
fähig ist. — Auch auf seinem zweiten Kreislaufe durch die Lunge
hindurch wird das Blut nicht mehr verändert werden, da es keiner
Veränderung mehr bedarf und weil es, an der Incorruptibilität des
Leibes participirend, weder neue Theile gewinnen, noch auch ältere
Theile nach außen hin ausscheiden kann. Es wird also ohne jedwede
Veränderung aus der Brustarterie mittelst der Haargefäße der
Lunge in die Brustvene strömen, um dann in die linke Herzkammer
zurückzukehren.

Aus dem Gesagten folgt übrigens, daß eine Circulation des
Blutes und folglich eine wechselnde Zusammenziehung und Ausdehnung
des Herzens, ein Herzschlag, im auferstandenen Leibe nicht mehr
nothwendig sein wird. Denn diese Bewegungen dienen im gegenwärtigen Leben dazu, das Blut zum Absatze seiner Nahrungsstoffe
und zu seiner Reinigung und Erneuerung an die betreffenden Körper-
stellen zu bringen. Die Affecte des Begehrungsvermögens begründen
ja diese Bewegungen nicht, sondern sie wirken nur modificirend auf
dieselben ein, sie beschleunigend oder verzögernd. Eine Bewegung
des Herzens und in Folge dessen auch des Geblütes würde also im
auferstandenen Leibe naturgemäß nur insofern am Platze sein, als die
Affecte des Begehrungsvermögens von solchen Bewegungen begleitet
zu sein pflegen. Nichtsdestoweniger erscheint es aber congruent, auch
den auferstandenen Leibern einen regelmäßigen Herzschlag und damit
auch eine regelmäßige Circulation des Blutes zuzuschreiben. Denn
eine solche Bewegung widerspricht der Natur des auferstandenen
Leibes keineswegs, vielmehr entspricht sie ihm im hohen Grade, indem
sie die Kraft und Fülle seines inneren Lebens manifestirt. Das Blut
verbleibe den auferstandenen Leibern, sagte uns ja oben der h. Thomas,
weil es zur Integrität des Leibes gehöre; dann aber auch — so
setzt er noch hinzu — „zur Offenbarung der natürlichen
Kraft," (ad virtutis naturalis ostensionem). Wie der Heilige diesen
Ausdruck verstehe, erklärt er nicht näher. Er dürfte eben den folgenden
doppelten Sinn zulassen: Das Blut offenbart die natürliche Lebenskraft zunächst insofern, als es zeigt, was die Seele durch ihre plastische

Kraft Alles zu bilden und zu schaffen im Stande ist: Blut, Lymphe und alle die andern Substanzen und Säfte, die zum Aufbau und zur Erhaltung des Organismus, wie auch zur Bethätigung des leiblichen Lebens erforderlich sind; dann aber insofern, als es durch seine fortgesetzte Circulation von der noch immer thätig waltenden Kraft der Seele Zeugniß gibt.

Des Weitern ist ersichtlich, daß auch der Athmungsprozeß für den auferstandenen Leib überflüssig sein wird, insofern nämlich, als auch er wesentlich dem Stoffumsatze dient. Freilich wird der auferstandene Leib zu athmen fähig sein, d. h. er wird durch die Bewegungen der Lunge von Außen her Luft einathmen und wieder ausstoßen können. Indessen bedarf er der Athmung ferner nicht mehr; und sollte er athmen, dann wird die eingesogene Luft und wird der eingesogene Sauerstoff dem Organe rein äußerlich bleiben, ohne irgend eine Veränderung in ihm oder im Blute herbeizuführen. Nur insofern wird der auferstandene Leib der Athmung bedürfen, als er der Luft zur Bildung der Stimme bedarf.

Endlich wird auch der oben beschriebene Erwärmungsprozeß ein Ende nehmen, der in Folge der Einathmung von Sauerstoff sich in allen Theilen des Organismus vollzieht. Der Körper bedarf auch keiner höhern Temperatur mehr, wie es jetzt zur Beförderung der vegetativen und digestiven Functionen der Fall ist. Er wird also, wie es scheint, die Temperatur seines Aufenthaltsortes annehmen; oder er wird sich mit jener Temperatur begnügen können, die ihm als solchem, als menschlichem Körper naturgemäß eigen ist. Denn jeder Körper hat ja, wie die Physik lehrt, von Natur aus einen bestimmten Grad natürlicher Wärme.[1])

4) Wir müssen jetzt auch noch einen wenigstens flüchtigen Blick auf diejenigen Säfte werfen, welche sich sonst noch im menschlichen Organismus vorfinden. Die Vollständigkeit unserer Darstellung erheischt es eben, im Anschlusse an die Theologen der Vorzeit dasjenige anzudeuten, was sich nach rationellen und theologischen Principien in dieser Richtung einigermaßen festsetzen läßt. — Zwei jener Säfte wurden bereits erwähnt: die Lymphe und die Galle. Erstere hat die Bestimmung, Blut zu werden, sie ist unfertiges, weißlich gefärbtes Blut.

---

[1]) Vgl. Nat. u. Offb. XV. S. 298; 450. Schödler, Buch der Natur. 18. Aufl. Physik, S. 112.

Die allgemeinen Gründe, durch welche der h. Thomas den Fortbestand des Blutes nachwies, sprechen nicht minder für den Fortbestand der Lymphe. Da sich dieselbe aber, wie wir schon andeuteten, ferner nicht mehr in die Blutadern ergießen wird, so wird sie, wie es scheint, fortan in unbeweglicher Ruhe bloß ihre Gefäße auszufüllen haben, und zwar ad naturalis virtutis ostensionem in dem erstern von uns angegebenen Sinne. — Dasselbe scheint von der Galle angenommen werden zu müssen. Sie hatte zwar nicht die Bestimmung, in die menschliche Leibessubstanz verwandelt zu werden, sondern diente zur Vorbereitung jener Stoffe, die zur Aufnahme in die Leibessubstanz bestimmt waren. Der Fortbestand derselben in der Gallenblase hat aber immerhin in ostensione naturalis virtutis einen hinlänglichen Grund, auch wohl in dem Umstande, daß ihre Anwesenheit in ihrem Gefäße diesem die entsprechende Abrundung und Fülle geben würde.

Der menschliche Leib enthält außerdem noch einzelne andere Säfte und Flüssigkeiten, über welche wir wenigstes einige Bemerkungen machen müssen. — Zunächst sind hier verschiedene Speichelarten zu erwähnen, die aus ihren Drüsen abgesondert werden, um den Verdauungsorganen zuzufließen und deren Functionen zu befördern. Die Absonderung dieser Speichelarten wird fortan überflüssig sein, und demnach werden auch sie fortan blos ihre Zellen und Gefäße auszufüllen haben. Dasselbe ist von dem Wasser der Thränendrüsen zu sagen. Doch wird den Membranen der Augenhöhlen, ebenso auch der Zunge und des Mundes diejenige Feuchtigkeit inhäriren müssen, die erforderlich ist, um diesen Organen die nothwendige Beweglichkeit und Geschmeidigkeit zu geben. Der Zunge und dem Geruchsorgane wird auch schon aus dem Grunde die entsprechende Feuchtigkeit anhaften müssen, damit, wenn anders im jenseitigen Leben noch Geruchs- und Geschmackssensationen stattfinden, diese naturgemäß zu Stande kommen können. Aus diesem letztern Grunde dürfen auch dem Innern der Augen und Ohren die entsprechenden Flüssigkeiten nicht fehlen damit eine naturgemäße Aufnahme und Fortpflanzung der Licht- und Schallwellen möglich sei.

Schließlich muß auch noch des Wassers gedacht werden, welches mit Rücksicht auf die Quantität die erste Stelle unter den Körpersäften einnimmt; enthält doch der Leib eines erwachsenen Menschen mindestens 120 Pfund dieses Elementes. Das Wasser bildet eben den vornehmsten Bestandtheil aller jener Säfte, die wir vorhin genannt haben; es erfüllt und durchdringt außerdem als Durchtränkungsflüssigkeit alle Theile des Organismus, einerseits, um den Stoffwechsel zu erleichtern, andrerseits, um dem Körper und allen seinen Theilen und Organen die entsprechende Geschmeidigkeit, Beweglichkeit und Fülle zu geben. Ohne Frage wird also auch im Auferstehungsleibe ein ansehnliches Quantum Wasser enthalten sein. Ob es aber in derselben Quantität wiederkehren wird, in der es früher den Organismus erfüllte, läßt sich nicht so leicht beantworten. Wie es scheint, wird der Auferstehungsleib einer solchen Wassermenge schwerlich bedürftig sein, und zwar deßhalb nicht, weil ja der Stoffwechsel aufgehört hat; dann ferner auch aus dem Grunde nicht, weil ohne Zweifel die informirende Seele selbst, in Kraft vollkommnerer Beherrschung des Stoffes, denselben so zu disponiren und zu informiren im Stande sein wird, daß auch bei einer geringern Stoffmasse dennoch ein Leib resultirt, dem weder die naturgemäße Solidität, noch auch die angemessene Größe und Fülle fehlt. — Wir werden später in der Besprechung der vierten Verklärungsgabe dieses etwas näher zu erklären suchen.

§ 14.
Allgemeine Bestimmungen der auferstehenden Leiblichkeit und zwar zunächst ihre sexuelle Differenzirung.

Die sexuelle Bestimmtheit bildet einen Bestandtheil der leiblichen Integrität, und da wir diese letztere bereits nachgewiesen haben, so ist damit einschließlich auch der Fortbestand jener Bestimmtheit dargethan. Die sexuelle Unterscheidung ist aber auch eine allgemeine Bestimmung des Menschen und der menschlichen Leiblichkeit, und so kommen wir an dieser Stelle noch einmal eigens darauf zurück und wir müssen dieses, weil eine einschließliche Beweisführung bei der unverkennbaren Bedeutsamkeit dieses Gegenstandes, wie auch mit Rücksicht auf die mancherlei Gegner, die er gefunden hat, wissenschaftlich nicht ausreicht.

Es sei also zuvörderst bemerkt, daß es allerdings solche gegeben hat, welche den Fortbestand der beiden Genera glaubten in Abrede stellen zu müssen. Der h. Thomas z. B. spricht von solchen, welche die Behauptung aufstellten, die ganze auferstehende Menschheit werde dem genus masculinum angehören,[1]) und auch der h. Augustinus thut dieser Ansicht Erwähnung.[2]) Andre hingegen waren der Meinung, daß die auferstehende Menschheit alle und jede geschlechtliche Differenzirung abstreifen werde, so manche Origenisten, Eutychianer und Armenier, ebenso Scotus Erigena und Duns Scotus.

1) Um unsere Beweisführung von der h. Schrift zu beginnen, so ergibt sich die These, welche die geschlechtliche Unterscheidung auch für das zukünftige Leben behauptet, zunächst als Folgerung aus 1 Mos. 1, 27 u. 31, wo es heißt: „Und Gott schuf den Menschen nach seinem Ebenbilde; nach dem Ebenbilde Gottes schuf er ihn, Mann und Weib schuf er sie. — — Und Gott sah alles, was er gemacht hatte, und es war sehr gut." — Aus diesen Worten der Genesis geht nämlich hervor, daß der geschlechtliche Character keine mit der Sünde zusammenhangende Unvollkommenheit, sondern daß er eine Vollkommenheit ist, welche der Schöpfer selbst ursprünglich in der Natur des Menschen grundlegte. Nun aber geht der Zweck der Wiederherstellung und Vollendung nicht dahin, die Natur zu zerstören, sondern dahin, die Natur einerseits von dem Verderben zu befreien, welches durch die Sünde über sie gekommen war, andrerseits, unbeschadet ihrer Integrität (gratia supponit naturam) sie mit denjenigen übernatürlichen Vollkommenheiten zu überkleiden, welche der übernatürlichen Ordnung entsprechen. Und folglich wird die sexuelle Differenzirung eine Bestimmung auch der auferstandenen Menschheit sein und bleiben.[3]) — Vom ersten Adam werfen wir auch einen Blick auf Christus, den zweiten Adam, der zufolge der Darstellung der h. Schrift mit demselben Leibe aus dem Grabe hervorging, in dem er auf Erden gewandelt, in dem er gelitten, gestorben und begraben. Primo igitur certum de fide est, fährt Suarez fort, fuisse in Christo omnes partes organicas corporis ad actiones

---

[1]) 4. c. gent. c. 88.
[2]) 22 de civ. c. 17.
[3]) So auch der h. Thomas: „Deus reparabit in resurrectione, quod in homine fecit in prima conditione. Sed ipse fecit mulierem de costa viri. Ergo ipse sexum femineum in resurrectione reparabit." Suppl. q. 81. a. 3.

vitae vegetantis destinatas. — — Fuerunt igitur in eius corpore etiam partes illae, quae in corpore humano ignobiliores censentur.¹) Nun aber ist Christi Auferstehung die vorbildliche Ursache unsrer eigenen Auferstehung. Und folglich werden alle Auferstandenen in dem fraglichen Puncte Christo gleichförmig sein.²)

Außerdem enthält die Schrift des Neuen Bundes noch zwei Stellen, in denen unsere Thesis eine noch expressere Aussprache findet. — In seiner Antwort auf die verläumderischen Reden der Pharisäer sagt der Heiland: „Die Königin von Süden (Saba) wird im Gerichte mit den Männern dieses Geschlechtes auftreten und sie verdammen; denn sie kam von den Enden der Erde, um die Weisheit Salomos zu hören, und siehe, hier ist mehr, als Salomo".³) Es ist hier von der Zeit nach der allgemeinen Auferstehung, vom jüngsten Gerichte die Rede, und der Heiland sagt, an jenem Tage werde sie, die Königin, also das Weib, gegen die Männer dieses Geschlechtes auftreten. Versteht man diese Worte ihrem natürlichen Wortsinne nach, was drücken sie denn anders aus, als den Fortbestand der genannten Unterschiede auch im Jenseits? — Dazu kommt

---

¹) Disp. 47. sect. 5. n 2.

²) Die Ansicht einzelner jüdischer Ausleger und einzelner Philosophen (sie findet sich z. B. bei Böhme, Oetinger, Baader, Pabst und Ennemoser), daß Adam ursprünglich Androgyn, Hermaphrodit gewesen, und die Spaltung der Genera irgendwie mit Concupiscenz und Sünde zusammenhange, ist weder Philosophie, noch Theologie, sondern Phantasie. Die Bibel sagt ganz schlicht und klar, daß Gott den Menschen ursprünglich als Mann und Weib geschaffen habe; ja, es hat fast den Anschein, als habe sie mit Fleiß gerade den genannten Irrthum von vornherein aufs schärfste ausschließen wollen. Sie sagt nämlich nicht: „Gott schuf den Menschen nach seinem Bilde; als Mann und Weib schuf er ihn (otho)", was sprachlich zulässig gewesen wäre und noch keineswegs jene Ansicht involviren würde, sondern sie sagt: „Mann und Weib schuf er sie (otham)", und schließt somit jene Deutung als eine total unmögliche aus. Schon der h. Augustin de genes. ad lit. III. c. 22 u. 34 macht hierauf aufmerksam. — Auch der Umstand, daß Eva aus einer Rippe Adams gebildet wurde, beweist nicht das Mindeste für jene Meinung. Denn die Genesis spricht nur von einer Rippe Adams, und eine Rippe ist Rippe und nichts anderes. Fragt man aber, was für einen Grund denn Gott haben konnte, das Weib aus einer Rippe des Mannes zu bilden, so werden der h. Augustin und andere Väter uns später auf diese Frage schon die befriedigende Antwort geben.

³) Luk. 11, 31. Matth. 11, 42 Vgl. 1. Kön. 10, 1 ff.

dann noch die Stelle Matth. 22, 29 f., wo es heißt: „Jesus aber antwortete und sprach zu ihnen (den Sadduzäern): Ihr irret, und versteht weder die Schrift, noch die Kraft Gottes. Denn in der Auferstehung werden sie weder heirathen, noch verheirathet werden, sondern sie werden wie die Engel Gottes im Himmel sein." Die Sadduzäer nämlich, welche an die Auferstehung nicht glaubten, suchten ihren Unglauben dadurch zu stützen, daß sie auf eine Ungereimtheit hinwiesen, welche, wie sie meinten, mit einer Auferstehung gegeben sein würde. Wenn einmal mehrere Brüder, etwa sieben, so sagten sie, gemäß jüdischem Ehegesetze der Reihe nach dasselbe Weib zur Frau gehabt haben, wem von ihnen soll es bei der Auferstehung angehören, denn allen sieben wird es doch nicht angehören können? — Gäbe es nun im Jenseits solche Unterschiede nicht mehr, dann würde ohne Zweifel unser Heiland einfach darauf hingewiesen haben, und die ganze Schwierigkeit wäre beseitigt gewesen. Aber der Heiland thut dieses nicht. Er läugnet nur den Fortbestand des matrimonialen Lebens, nicht aber den Fortbestand der Geschlechter. — Wir werden sogleich sehen, wie auch die Väter und Theologen in diesen Stellen unsre Lehre ausgesprochen finden.

Mit Unrecht beruft man sich für die entgegengesetzte Ansicht auf Eph. 4, 11 ff., wo es heißt: „Und er selbst (Christus) hat Einige zu Aposteln, Einige zu Propheten — — — geordnet für die Vervollkommnung der Heiligen — —, bis wir alle zusammen gelangen zur Einheit des Glaubens und der Erkenntniß des Sohnes Gottes, zur vollkommnen Mannheit (in virum perfectum), zum Maße des vollkommnen Alters Christi." Man will in diesen Worten den Gedanken ausgesprochen finden, daß alle Menschen bei der Auferstehung zu Männern umgestaltet und so in die Vollendung eingehen würden: eine Deutung, die in den Gedankengang des Apostels nicht im mindesten paßt. Denn der Apostel hat es nicht mit körperlicher, sondern mit geistiger Entwickelung und geistiger Reife zu thun, die er hier, wie anderswo, unter dem Bilde entwickelter Männlichkeit darstellt, während er die geistig Unentwickelten und Unmündigen Kinder zu nennen pflegt.[1] — In diesem Sinne wird die Stelle auch von den Vätern und Theologen gedeutet. Wenn es heißt: „zur vollkommnen Mannheit", be-

---

[1] Vgl. Eph. 4, 14. Hebr. 5, 13. 1. Cor. 2, 6; 3, 1 u. s. w.

merkt der h. Thomas, „so soll damit nicht das Geschlecht betont werden, sondern die geistige Reife, derer sich alle erfreuen werden, die Männer sowohl, als auch die Weiber."[1]) In der philosophischen Summa gibt er noch eine andere Deutung, indem er [die „Mannheit" nicht so sehr auf die geistige Reife der Individuen, als vielmehr auf die geistige Vollendung der gesammten Kirche bezieht. Jener Ausspruch des Apostels wolle nicht ausdrücken, daß alle diejenigen, welche Christo in die Lüfte entgegengingen, männlichen Geschlechtes sein würden, sondern er weise auf die Vollkommenheit der Kirche und auf ihre geistige Kraft hin. Denn die ganze Kirche werde dereinst, einem vollendeten Manne ähnlich geworden, Christo bei seiner Ankunft entgegengehen.[2]) Diese letztere Deutung findet sich auch beim h. Augustinus,[3]) und ebenso die erstere, denn am Schlusse des Capitels bemerkt der Heilige: „Sollte aber jener Text auf die Auferstehung jedes Einzelnen zu beziehen sein, was hindert uns dann, unter dem Manne, von dem die Rede ist, zugleich auch das Weib zu verstehen, und anzunehmen, daß das Wort Mann hier im Sinne von Mensch gebraucht sei? Denn wenn der Psalmist den Mann selig preist, der den Herrn fürchtet, dann versteht er unter dem Manne ohne Zweifel zugleich auch das gottesfürchtige Weib."[4])

2) Um zu den Vätern überzugehen, so lehren diese nach der Angabe des Suarez die sexuelle Verschiedenheit ebenso einstimmig, als die leibliche Unversehrtheit.[5]) Suarez citirt verschiedene aus

---

[1]) Dicendum, quod quum dicitur: „Omnes occurremus Christo in virum perfectum", non dicitur propter sexum virilem, sed propter virtutem animi, quae erit in omnibus et viris et mulieribus. Suppl. l. c.

[2]) Non enim hoc ideo dictum est, quod quilibet in illo occursu, quo resurgentes exibunt obviam Christo in aera sit sexum virilem habiturus, sed ad designandam perfectionem ecclesiae et virtutem. Tota enim ecclesia erit quasi vir perfectus Christo occurrens. 4. c. gent. c. 88.

[3]) 22 de civ. c. 18.

[4]) Verum si hoc ad resurrectionis formam, in qua erit unusquisque, referendum esset, quid nos impediret nominato viro intelligere et feminam, ut virum pro homine positum acciperemus? Sicut in eo, quod dictum est: „Beatus vir, qui timet Dominum", utique ibi sunt et feminae, quae timent Dominum.

[5]) Sancti vero patres, sicut credunt illa corpora futura esse suis organis distincta et composita, ita distinctionem sexuum in eis futuram agnoscunt. Disp. 44. sect. 3. u. 4.

ihnen, so Tertullian, Hieronymus und Augustinus.¹) Zu diesen fügt er im weitern Verlauf noch den h. Ambrosius hinzu, der unsere These bei der Besprechung von Eph. 4, 11 ff. vorträgt und vertheidigt, ebenso den h. Johannes Chrysostomus²) und endlich Euthymius und Beda in ihren Commentaren zu den oben angegebenen Stellen aus Matthäus und Lukas. Wir nennen außerdem auch noch den h. Justinus, dessen Ansicht über die vorliegende Frage wir nebst der Tertullians bereits früher kennen gelernt haben. Einzelne griechische Väter, wie wir früher ebenfalls schon hörten, waren freilich anderer Ansicht, nämlich der h. Basilius und der h. Gregor von Nazianz. Auch Gregor von Nyssa drückt sich über unsere Frage zweifelhaft aus.³) — Zur nähern Illustrirung der Väterlehre mögen die folgenden Gedanken des h. Hieronymus und des h. Augustinus dienen.

Der h. Hieronymus sagte uns schon früher, als wir über die Unversehrtheit der auferstehenden Leiber handelten: „Ubi caro et ossa et sanguis et membra sunt, ibi necesse est, ut sexus diversitas sit. Ubi sexus diversitas est, ibi Johannes Johannes, Maria Maria." — An einem andern Orte⁴) bemerkt er außerdem über die Stelle bei Lukas: „Wenn gesagt wird: sie werden weder heirathen, noch verheirathet werden, dann ist damit der Fortbestand der Geschlechter handgreiflich dargethan. Denn niemand wird von einem Steine und einem Stücke Holz sagen: sie heirathen nicht und werden nicht verheirathet, da diese Dinge ihrer Natur nach gar nicht heirathen können; vielmehr wird derartiges nur von solchen gesagt, die zwar heirathen können, es aber in Kraft der Gnade Christi thatsächlich nicht thun."⁵)

Hören wir nun den h. Augustinus. — „Einige", sagt er, „glauben wegen der Stelle Eph. 4, 13 annehmen zu müssen, daß alle Men-

---

¹) Tertullian, de res. c. 60. Hieronymus, ep. 61 ad Pammach. und ep. 27 ad Eustoch. Augustinus, 22. de civ. c. 17.
²) Hom. 71 in Matth.
³) Vgl. Schwane, II. S. 768.
⁴) in epitaph. Paulae c. 11.
⁵) Ubi dicitur: non nubent neque nubentur, sexum diversitas demonstratur. Nemo enim de lapide et ligno dicit: non nubent neque nubentur, quae naturam nubendi non habent, sed de iis, qui possint nubere et gratia et virtute Christi non nubant.

schen dereinst als Männer auferstehen werden. Doch da scheinen mir diejenigen besser berathen zu sein, welche an dem Fortbestand der beiden Geschlechter keinen Zweifel hegen. Denn die Begierlichkeit, aus der die Scham hervorgeht, wird ja im Jenseits nicht mehr sein; wie im Paradiese wird es dort sein, nachdem die Leiber von allem sündhaften Verderbniß befreit sind. Das Geschlecht des Weibes ist aber kein Verderbniß, sondern es ist eine Vollkommenheit der Natur. Und eben darum wird das Weib als Weib wiedererstehn und es wird mit neuer Anmuth umkleidet werden, die nichts Verführerisches mehr hat, damit Gottes Weisheit und Milde gepriesen werde, der, was nicht war, ins Dasein rief, und, was verdorben wurde, aus dem Verderben errettete."¹) Alsdann erörtert der h. Lehrer den eben ausgesprochenen Gedanken, daß Gott der Herr selber das Weib ins Dasein gerufen, und die Art und Weise, wie er es ins Dasein gerufen, und schildert die Weisheit Gottes, der das Weib aus dem Manne, und zwar aus der Seite des Mannes hervorgehen ließ. „Dadurch, daß bei der Entstehung unseres Geschlechtes das Weib aus der Seite des schlafenden Mannes gebildet ward, sollte prophetisch auf Christus und die Kirche hingewiesen werden. Jener Schlummer Adams bedeutete den Todesschlummer Christi, aus dessen geöffneter Seite Blut und Wasser hervorging: jene Sacramente, durch welche die Kirche auferbaut wird."²) Alsdann zieht der h. Augustin aus dem Gesagten seine Folgerung. „Das Weib," so fährt er nämlich fort, „ist also ein Geschöpf Gottes, ebensowohl, als der

---

¹) Sed mihi melius sapere videntur, qui utrumque sexum resurrecturum esse non dubitant. Non enim libido ibi erit, quae confusionis est causa. Nam priusquam peccassent, nudi erant, et non confundebantur vir et femina. Corporibus ergo illis vitia detrahentur, natura servabitur. Non est autem vitium sexus femineus, sed natura, quae tunc quidem et a concubitu et a partu immunis erit; erunt tamen membra feminea, non accomodata usui veteri, sed decori novo, quo non alliciatur aspicientis concupiscentia, quae nulla erit, sed Dei laudetur sapientia et clementia, qui et quod non erat fecit, et liberavit a corruptione quod fecit. 22. de civ. l. c.

²) Ut enim in exordio generis humani de latere viri dormientis costa detracta femina fieret, Christum et ecclesiam tali facto iam tunc prophetari oportebat. Sopor quippe ille viri mors erat Christi, cuius exanimis in cruce pendentis latus lancea perforatum est, atque inde sanguis et aqua profluxit, quae sacramenta esse novimus, quibus aedificatur ecclesia.

Mann; es wurde aus dem Manne gebildet, damit dadurch die Einheit beider dargestellt werde; es wurde aus der Seite des Mannes gebildet, damit Christus und die Kirche vorgebildet würden. Derjenige also, der beide Geschlechter erschuf, wird auch beide Geschlechter wiederherstellen."¹) Zum Schlusse des Capitels argumentirt der h. Augustin noch aus der Stelle bei Matth. 22, und zwar ganz in derselben Weise, wie wir es oben thaten: „Anstatt zu sagen, daß das Weib bei der Auferstehung ja gar kein Weib mehr sein werde, sondern ein Mann, antwortet unser Herr, daß man in der Auferstehung nicht mehr heirathen werde und auch nicht mehr werde verheirathet werden. Er schließt also bloß die Ehe von der Auferstehung aus, nicht aber das weibliche Geschlecht. Und obgleich die Frage von der Art war, daß er die ganze Schwierigkeit mit der größten Leichtigkeit gelöst haben würde, wenn er nur darauf aufmerksam gemacht hätte, daß es nach der Auferstehung gar keine Weiber mehr geben werde, läugnet er dennoch den Fortbestand dieses Geschlechtes nicht, sondern behauptet denselben geradezu. Denn der Ausdruck: non nubent (das οὔτε γαμίζονται des griechischen Textes) paßt nur auf Weiber, und der Ausdruck: neque uxores ducent (οὔτε γαμοῦσιν) paßt nur auf Männer. Es werden folglich in der Auferstehung solche da sein, welche hier heirathen und verheirathet werden, aber sie werden es dort nicht thun."²)

Mit diesen Anschauungen der Väter stimmt dann, wie uns Suarez a. a. O. bemerkt, die Lehre der gesammten Scholastik überein,

---

¹) Creatura est ergo Dei femina, sicut vir; sed ut de viro fieret, unitas commendata; ut autem illo modo fieret, Christus, ut dictum est, et ecclesia figurata est. Qui ergo utramque sexum instituit, utramque restituet. — Cf. Hieronymus, in Eph. 5, 25. Chrysostomus, in genes. hom. 16. Epiphanius, adv. haer. in praef. Thomas, S. 2. 2. q. 2. a. 7; S. 3. q. 1. a. 3. Bonaventura, in 2. Dist. 23.

²) Et quum locus esset, ut diceret: „De qua enim me interrogatis, vir erit etiam ipsa, non mulier", non hoc dixit, sed dixit: „In resurrectione enim neque nubent, neque uxores ducent, sed sunt sicut angeli Dei in caelo." — — Nuptias ergo Dominus futuras negavit esse in resurrectione, non feminas; et ibi negavit, ubi talis quaestio vertebatur, ut eam negato sexu muliebri celeriore facilitate dissolveret, si eum ibi praenosceret non futurum: immo etiam futurum esse firmavit dicendo: „Non nubent," quod ad feminas pertinet; „neque uxores ducent", quod ad viros. Erunt ergo, quae vel nubere hic solent vel ducere uxores, sed ibi hoc non facient.

wie denn demselben Theologen zufolge kein Katholik (der h. Basilius und Gregor von Nazianz ausgenommen) jemals den Fortbestand der geschlechtlichen Differenzen im Jenseits bestritten hat. Eben darum sei unser Satz als sententia certa anzusehen.[1]) Unser Commentator zum h. Thomas Suppl. l. c. geht aber noch weiter, indem er sagt: „De fide est contra Armenos, qui putantur id existimasse (sc. omnes resurrecturos in sexu virili), non omnes in sexu virili resurrecturos, sed unumquemque in suo sexu."

3) Die Scholastiker unterlassen es nicht, unserer Frage auch mit der Speculation näher zu treten, und wir wollen uns die wichtigsten Argumente vorführen, die von ihnen entwickelt werden.

Die Argumente, welche der h. Thomas beibringt, gehen von demselben Grundsatze aus, den wir ihn bereits oben aussprechen hörten, daß nämlich der Zweck der Auferstehung darauf hinausgehe, die menschliche Natur in jener Vollkommenheit und Integrität wieder herzustellen, die ihr ursprünglich der Schöpfer mitgegeben habe. Nun aber, so folgert der h. Lehrer in der philosophischen Summe ganz einfach, gehört die geschlechtliche Besonderung eben zu jener ursprünglichen Vollkommenheit und Unversehrtheit der menschlichen Natur, wie sie der Schöpfer selbst gegründet hat. Und folglich werden die Menschen in sexueller Bestimmtheit und Verschiedenheit dereinst von den Todten wiedererstehn.[2]) — Von derselben Voraussetzung („Deus reparabit in resurrectione, quod in homine fecit in prima conditione") geht auch die Beweisführung des h. Lehrers in der theologischen Summe aus, und auch die Beweisführung selbst stimmt mit der der philosophischen Summe überein; sie ist nur etwas genauer,

---

[1]) Hoc certum est, ut consfat ex doctrina omnium scholasticorum, neque aliquis catholicus id vertit in dubium, sed solum illi haeretici, qui humanum corpus organicum negarunt futurum esse in hominibus resurgentibus.

[2]) Non est tamen aestimandum, quod in corporibus resurgentium desit sexus feminens, ut aliqui putaverunt, quia quum per resurrectionem sint reparandi defectus naturae, nihil eorum quae ad perfectionem naturae pertinent a corporibus resurgentium auferetur. Sicut autem alia corporis membra ad integritatem humani corporis pertinent, ita et ea quae generationi deserviunt, tam in maribus quam in feminis. Resurgent ergo membra huiusmodi in utrisque. 4. c. gent. c. 88.

insofern sie die beiden Argumente scheidet, welche in der philosophischen Summe zu einem verschmolzen sind. — Soll der Mensch in der ursprünglichen Vollkommenheit seiner Natur wiederhergestellt werden, so lautet die Argumentation, so muß ihm alles das wiedergegeben werden, was ihm sowohl seiner Art nach, als auch dasjenige, was ihm seiner Individualität nach naturgemäß zukommt. In ersterer Hinsicht ist es nun freilich keine essentielle, wohl aber eine integrirende Bestimmung im Begriffe Mensch, daß er geschlechtlich sei, und zwar deshalb, weil durch Ausprägung des geschlechtlichen Charakters das spezifische Sein des Menschen einen höhern Grad naturgemäßer Vollkommenheit empfängt. (Früher hatte der h. Lehrer, wie man sich erinnert, die Wiederherstellung aller Leibesglieder verlangt, weil dieses „ad magis perfectum esse speciei" erforderlich sei. Vgl. Suppl. q. 80. a. 1. ad. 1.) Und folglich wird bei der Auferstehung der geschlechtliche Charakter der Menschen gewahrt bleiben. — Weiterhin aber, fährt der h. Thomas fort, gehört es auch zum Wesen, und zur Natur des Individuums, daß es einen bestimmten Sexus repräsentire. Und folglich wird in der Auferstehung jedem einzelnen Individuum sein bestimmter Sexus unverkümmert erhalten bleiben.[1]

Wir können der Beweisführung des h. Thomas noch eine andere Einkleidung geben. — Das vegetative Vermögen ist ein wesentliches Vermögen der Seele, und schließt die potentia generativa als die principalis in sich.[2] Nun brauchen wir uns bloß an das zu erinnern, was der h. Thomas uns oben (§ 12) auseinandersetzte. Die Seele verhalte sich zum Leibe, sagte er, wie die künstlerische Idee zum Kunstwerke. Sowie das Kunstwerk nicht vollkommen sei, so lange es die Idee nicht vollkommen zum Ausdrucke bringe, so sei auch der Mensch und der menschliche Leib nicht vollkommen, so lange er nicht

---

[1] Respondeo dicendum, quod sicut considerata natura individui debetur diversa quantitas diversis hominibus, ita considerata natura individui debetur diversus sexus diversis hominibus. Et haec etiam diversitas competit perfectioni speciei, cuius diversi gradus implentur per dictam diversitatem sexus vel quantitatis. Et ideo sicut resurgent homines in diversis staturis, ita in diversis sexibus. Suppl. q. 81. a. 3.

[1] Vgl. den h. Thomas, S. 1. q. 78. a. 2. Stöckl, Metaph. 3. Aufl. S. 167. Liberatore, Metaph. spec. c. 3. a. 2. prop. 1. Nota.

der Seele und den seelischen Potenzen vollkommen entspreche. Und wir folgern: Weil die Seele wesentlich die Anlage hat, in ihrem Leibe vegetative und generative Thätigkeit zu entfalten, so ist die Organisation ihres Leibes erst dann eine vollkommene, wenn sie jener Anlage vollkommen entspricht. Und weil also nur ein geschlechtlich differenzirter Leib der informirenden seelischen Potenz allseitig entspricht, so wird der auferstandene Leib geschlechtlich differenzirt sein.

Suarez a. a. O. reproduzirt zunächst die Beweisführung des h. Thomas, fügt dann aber seinerseits noch ein paar neue Gesichtspunkte hinzu. — Wenn man den Fortbestand der geschlechtlichen Unterschiede nicht zugebe, sagt er, dann bleibe nur eine doppelte Möglichkeit übrig. Entweder müsse man die Geschlechtslosigkeit aller auferstehenden Menschen behaupten, oder man müsse ihnen allen ein und dasselbe Geschlecht zuschreiben. Die erstere Annahme sei aber unzulässig, da sie, die natürliche Integrität des Leibes aufhebend, eine verstümmelte und monströse Leiblichkeit behaupte. Für die andre Annahme aber sei ein vernünftiger Grund durchaus unerfindlich. Denn wenn man sage, es müsse dieses so geschehen mit Rücksicht auf die Concupiszens und das Zartgefühl, dann sei zu erwiedern, daß es im Himmel, gerade so wie im Paradiese, keine unordentliche Sinnlichkeit mehr geben werde, und daß demzufolge auch keine Verletzung des Zartgefühles zu besorgen sei. Denn gradeso wie im Paradiese werde die Seele vollkommen gerecht und die ganze menschliche Natur vollkommen unversehrt sein. — Was aber die Verdammten in der Hölle anbelange, so würde ein Gefühl der Scham mit ihrem Zustande recht wohl vereinbar sein; eine Befriedigung ihrer sinnlichen Triebe aber würde ihnen wegen der veränderten Beschaffenheit ihres Leibes (Incorruptibilität) nicht mehr möglich sein, ganz abgesehen davon, daß ihnen im Uebermaße ihres Schmerzes und ihrer Traurigkeit wohl schwerlich eine Anwandlung zu solchen Dingen kommen werde.[1])

---

[1]) Ultimam rationem adiungere possumus, quia vel omnes homines resurgent unius sexus vel nullius. Hoc ulterius dici nullo modo potest, si pro constanti supponamus illa corpora futura esse organica, et vere humana ac integra, et non monstrosa nec mutila. Nam si propter fictam quamdam honestatis speciem quis existimet privanda esse corpora gloriosa sua integritate

In der folgenden Nummer betrachtet dann Suarez unsere Frage auch noch vom Standpunkte der Identität. — Damit der auferstehende Mensch seiner Substanz nach mit dem frühern identisch sei, und also im wahren und eigentlichen Sinne wiederauferstehe, ist es freilich nicht nothwendig, daß dasselbe Geschlecht wiederkehre; wohl aber ist dieses erforderlich, wenn die Identität und also auch die Auferstehung eine vollkommene sein soll. Denn mag die Auferstehung der Weise nach immerhin übernatürlich sein, ihr Product, ihr Ziel ist ein natürliches: der Mensch. Und folglich ist zu einer vollkommenen Auferstehung erforderlich), daß nicht bloß dieselbe Substanz wiederkehre, sondern daß die Substanz auch in jener Verfassung wiederkehre, die ihr naturgemäß ist.[1]

4) Man hat nun noch einzelne Einwendungen und Schwierigkeiten gegen unsere Lehre geltend zu machen gesucht, die auch der Scholastik keineswegs unbekannt waren. — Eine Schwierigkeit räumte soeben schon Suarez hinweg; über die beiden andern hauptsächlichsten Einwendungen wollen wir zum Schlusse noch den h. Thomas hören.

Man wendet ein, bemerkt der h. Thomas, daß im Jenseits die betreffenden Functionen nicht mehr sein werden, und daß folglich auch die entsprechende Organisation aufhören werde und aufhören müsse. Indessen, so erwiedert der h. Lehrer, der Zweck jener Organisation besteht nicht allein darin, daß sie den gedachten Functionen diene, sondern sie soll auch die Integrität der menschlichen Natur constituiren helfen. Mögen also auch die Functionen nicht mehr sein, so werden

---

et naturali compositione, eadem ratione dici posset non habitura multa alia membra, quae turpitudinem prae se ferunt aut pudorem. Si autem primum dicatur, inquiro, cur unus sexus retinendus sit et reiiciendus alius? Numquid propter vitandam concupiscentiam et pudorem? Sed hoc nullius momenti est, quia in statu innocentiae nullus erat pudor neque concupiscentia inordinata, propter summam animae rectitudinem et naturae integritatem. Ergo multo minus est, quod in resurrectione timeatur. — —

[1]) Ex quo ulterius inferre possumus, quamvis non sit simpliciter necessarium ad veram resurrectionem substantialem, ut servetur idem sexus in eo, qui resurgit, pertinere tamen maxime ad perfectionem resurrectionis. — Quia licet resurrectio in modo sit supernaturalis, tamen terminus eius res naturalis est (praecise loquendo de substantiali resurrectione); et ideo, ut perfecta sit, connaturalem in suo termino requirit statum.

gleichwohl jene Differenzen sein, weil sie durchaus nicht zwecklos sind. Will man die sexuellen Differenzen läugnen, dann muß man consequenter Weise noch vieles Andere läugnen, weil auch noch vieles Andere den früheren Functionen nicht mehr dienen wird.[1]

Man weist ferner, bemerkt der h. Thomas weiter, auf die Schwäche der weiblichen Natur und des weiblichen Cl)äracters hin und meint, eine solche Unvollkommenheit sei mit dem Zustande endlicher Vollendung unverträglich. Aber man irrt sich. Denn jene Schwäche entspricht eben der Natur und der Bestimmung des Weibes, ist vom Schöpfer der Natur intendirt und ist folglich keine Unvollkommenheit, sondern Vollkommenheit. Die Mannigfaltigkeit und Verschiedenheit macht ja überhaupt die Vollkommenheit der Natur aus und entspricht der Weisheit Gottes, der Alles nach einer weisen Rangordnung harmonisch gegliedert hat.[2]

Eben diesen Gedanken entwickelt auch Suarez. — Zur Vollkommenheit des Universums wird eine Mannigfaltigkeit der Dinge gefordert, und ebendeßwegen muß es rücksichtlich ihrer Vollkommenheit eine Rangordnung und eine Stufenfolge unter ihnen geben. — Dazu kommt, fügt auch Suarez hinzu, daß, möge auch das männliche Geschlecht in seiner Art vollkommner sein, doch auch das weibliche Geschlecht in seiner Art vollkommen ist, weil die ihm eigene Beschaffenheit von der Natur selbst beabsichtigt ist. Die eigenthümlichen Characteristika der Weiblichkeit haften also diesem Geschlechte nicht so an, als wären sie etwas Monströses, das dem Geschlechte erst später zugestoßen wäre, sondern sie sind eine Unvollkommenheit, die vom Schöpfer der Natur ursprünglich geordnet ist, und die also eigentlich nicht einmal eine

---

[1] Neque tamen huic obviat, quod usus horum membrorum non erit, ut supra ostensum est; quia si propter hoc membra in resurgentibus non erunt, pari ratione nec omnia membra quae nutrimento deservinnt in resurgentibus essent, quia nec ciborum usus post resurrectionem erit. Sic igitur magna pars membrorum corpori resurgentis deesset. Erunt igitur omnia membra huiusmodi, quamvis eorum usus non sit, ad integritatem naturalis corporis restituendam; unde frustra non erunt 4. c. gent. l. c.

[2] Similiter etiam nec infirmitas feminei sexus perfectioni resurgentium obviat. Non enim est infirmitas per recessum a natura, sed a natura intenta; et ipsa etiam naturae distinctio in omnibus perfectionem naturae demonstrabit et divinam sapientiam omnia cum quodam ordine disponentem commendabit. l. c.

Unvollkommenheit ist, sondern nur ein geringerer Grad von Vollkommenheit.[1]) — Es ist freilich richtig, fügen wir noch bei, daß dem Weibe, seiner Natur und seinem Character gewisse Unvollkommenheiten anhaften, die zufällig sind und die in der Sünde ihre Wurzel haben. Aber hat nicht auch der Mann seine Schwächen und seine Unvollkommenheiten? — Was also zufällig ist und der Sünde entstammt, das wird in beiden Geschlechtern dereinst seine Endschaft finden; was aber der Schöpfer selbst ursprünglich geordnet hat, die geschlechtliche Differenzirung, wird ewige Dauer haben. — Und haben nicht durch den Gottmenschen Jesus Christus, so fragen wir abschließend, beide Geschlechter unvergleichliche Würde und Weihe empfangen? sowohl das männliche, dem der Herr angehörte, als auch das weibliche, aus dem er sich seine Mutter erkor? Was aber durch den Sohn Gottes so hoch geadelt wurde, ist unvergänglicher Dauer und himmlischen Lebens werth und würdig genug. —

§ 15.

Fortsetzung. — Alter und Größe, Gesundheit und Schönheit der auferstandenen Leiber. Ein Blick auf die Leiber der Verdammten und der erbsündlichen Kinder.

1) Wenn von einem Alter der Auferstandenen die Rede ist, so nimmt man das Wort selbstredend nicht im Sinne von Lebensdauer, die sich nach der Zahl der Jahre richtet, sondern man meint dann irgend eine Entwickelungsstufe der auferstehenden Leiber, die einer bestimmten Altersstufe des diesseitigen Lebens entsprechen würde.[2]) — Wenden wir uns zur Untersuchung unsrer Frage zunächst zur h. Schrift, so

---

[1]) Vel fortasse reiicietur sexus femineus, quia imperfectus. Sed neque hoc dici potest, tum quia ad perfectionem universalis naturae pertinet ipsa varietas rerum, etiamsi in perfectione sint inaequales. Tum etiam quia, licet sexus virilis ex suo genere perfectior sit, tamen etiam sexus femineus est per se intentus a natura. Unde non dicitur esse ex defectu naturae, quia sit monstrosus aut per accidens, sed quia in eo generatio naturalis est minus perfecta. Ergo servabitur eadem diversitas in perfectissimo statu naturae. l. c. n. 4.

[2]) Dicendum, quod non loquimur de aetate quantum ad numerum annorum, sed quantum ad statum, qui in corpore humano ex annis relinquitar. S. Thomas, suppl. q. 81. a. 1.

findet sich in ihr im Grunde nur ein einziger Anhaltspunct, der aber immerhin bedeutungsvoll genug ist. — Es ist nämlich gewiß, so können wir mit den Scholastikern argumentiren,[1]) daß Christus unser Herr im angehenden Mannesalter (aetate iuvenili) auferstanden ist. Denn dieses folgt, abgesehen von den Aussprüchen der Väter und von rationellen Beweisgründen, aus der Darstellung der h. Schrift, laut welcher Christus eben den Leib wiederannahm, in dem er gestorben und begraben war. — Nun aber ist Christus das Vorbild unserer Auferstehung, und folglich werden wir ihm auch in diesem Stücke ähnlich sein und werden in der Blüthe des Lebens, im Alter von dreißig bis fünfunddreißig Jahren wiederauferstehen.[2]) — Aber auch die Stelle Eph. 4, 13, von der bereits im vorigen Abschnitte die Rede war, und in der gesagt wird, daß wir alle zum vollendeten Manne werden sollen nach dem Maße des vollen Alters Christi (in virum perfectum, in mensuram aetatis plenitudinis Christi), hat unverkennbar für unsere Frage eine gewisse Bedeutung. Da wir aber weiter unten auf dieselbe zurückkommen müssen, so wenden wir uns jetzt sogleich zur Lehre der Väter und der Theologen, die, was die Schrift nur indirect andeutet, direct behaupten und vertheidigen.

2) Im Anschlusse an Röm. 8, 29 bemerkt der h. Augustinus: „Es werden also alle in jener Leibesverfassung auferstehen, die sie im jugendlichen Alter hatten, oder doch gehabt haben würden. Doch steht, fügt der h. Lehrer hinzu, auch jener Annahme nichts im Wege, daß die Kinder in der Gestalt des Kindesalters, und die Greise in der Form des Greisenalters erstehen werden, da im Jenseits alle Schwäche wie des Geistes, so auch des Leibes ein Ende nimmt. Sollte also jemand behaupten wollen, daß jeder Mensch in der Altersstufe auferstehen wird, in welcher er gestorben ist, so braucht man sich wegen einer solchen Behauptung nicht gerade zu ereifern."[3]) Für

---

[1]) Vgl. Suarez, Disp. 47, sect. 4. n. 2.
[2]) Tertio consistet haec ratio exemplaris in similitudine aetatis. Suarez, Disp. 50, sect. 5. n. s.
[3]) Resurgent itaque omnes tam magni corpore, quam vel erant, vel futuri erant in iuvenili aetate. Quamvis nihil oberit, etiamsi erit infantilis vel senilis corporis forma, ubi nec mentis nec ipsius corporis ulla remanebit infirmitas. Unde etiam si quis in eo corporis modo, in quo defunctus est, resurrecturum unumquemque contendit, non est cum illo laboriosa contradictione pugnandum. 22. de civ. c. 16.

seine Person also, was zu bemerken ist, steht der h. Augustin entschieden auf Seiten der erstern Ansicht. Außer ihm werden dann von Suarez a. a. O. auch der h. Anselm, Thomas, Sedulius und Hugo von St. Victor als Vertreter derselben Ansicht aufgeführt, und Suarez bemerkt, daß sie durchweg die Ansicht aller Theologen sei. Wenn demnach der h. Augustin oben sage, man brauche sich bei erhebendem Widerspruche nicht allzusehr zu ereifern, so wolle er damit nur ausdrücken, daß diese Lehre nicht dergestalt gewiß sei, daß ihr geradezu der dogmatische Charakter zukomme. Im Uebrigen sei nämlich diese Lehre so wahr, daß die entgegenstehende nicht einmal irgend welche Wahrscheinlichkeit für sich habe.[1]) In ähnlichem Sinne äußert sich Sylvius in der Note zum Suppl. q. 81. a. 1. Er sagt, diese Lehre sei zwar nicht von der Kirche definirt; nichts destoweniger aber sei sie so gut wie gewiß, wenigstens mit Rücksicht auf die Auserwählten. Denn diese Lehre sei eben die herrschende Lehre der Väter, z. B. des h. Augustinus und des h. Hieronymus, und ebenso sei sie auch die herrschende Anschauung bei den Scholastikern.[2])

3) Obgleich die Stelle Eph. 4, 13 dem Contexte nach evident von der geistigen Vollendung zu verstehen ist, und in diesem Sinne auch nahezu von Allen verstanden wird, so nehmen doch die Scholastiker in der speculativen Erörterung der vorliegenden Frage vielfach von eben dieser Stelle ihren Ausgangspunkt und stützen sich auf dieselbe. Wie aber läßt sich dieses rechtfertigen? — Das Lebensalter, welches die Auferstandenen repräsentiren werden, wird ohne Frage jenes sein, in welchem der menschliche Leib auf der höchsten Stufe seiner Entwickelung steht. Welches aber dieses Lebensalter sei, das sagt uns der Apostel Eph. 4, 13. Dort stellt er nämlich die Vollendung des Geistes durch christliche Erkenntniß und Heiligkeit unter dem Bilde einer andern Vollendung dar, unter dem Bilde der leiblichen Vollendung, und diese leibliche Vollendung findet er eben in der Fülle des Lebensalters Christi. Indem er also das Alter Christi als das Alter der höchsten, körperlichen Vollendung dar-

---

[1]) In quo significat (Augustinus), non esse hoc ita certum, ut sit de fide; est tamen ita verum, ut contrarium nec probabile videatur.

[2]) Haec doctrina non est quidem ab ecclesia definita: paene tamen certa est quantum ad electos, et communiter tenetur a patribus, Hieronymo, Augustino et a scholasticis.

stellt, kennzeichnet er eben damit das der Auferstehung entsprechende Alter.¹) Mit Recht also können sich die Theologen auf jene Stelle berufen, und es bleibt ihnen nur noch zu beweisen übrig — obgleich es kaum eines Beweises bedarf —, daß dieses Alter in der That das Alter der leiblichen Vollendung sei.

Der h. Thomas, nachdem er ebenfalls zuvor auf die Worte des Epheserbriefes hingewiesen, thut dieses einfach und schön in der folgenden Weise: Die auferstehenden Menschen werden von jedwedem natürlichen Defecte frei sein. Denn Gott wird in der Auferstehung eben dasjenige wieder herstellen, was er uranfänglich gegründet hat. Nun hat er aber die menschliche Natur in Adam ohne Defect gegründet, und folglich wird er sie in derselben fehlerlosen Integrität und Vollkommenheit wieder herstellen. Es kann nun aber die menschliche Natur in einer doppelten Weise unvollkommen sein; zunächst insofern, als sie ihre letzte Vollendung noch nicht erreicht hat; und das ist bei der noch in der Entwickelung begriffenen Jugend der Fall. Sie kann aber auch insofern unvollkommen sein, als sie bereits wieder von dem Höhepunkte ihrer letzten Vollendung herniedersteigt; und das geschieht dann, wenn der Mensch zu altern beginnt. Und folglich werden die Leiber aller Menschen dereinst in jenem Zustande der körperlichen Vollendung wieder hergestellt werden, welche dem ersten und frischen Mannesalter eigen ist. Denn dort haben wir den Höhepunkt des Lebens, der das Ziel der leiblichen Entwickelung ist und von wo aus sofort der Niedergang beginnt.²) — Zwar preist die h. Schrift (Weish. 4, 8. Sprüchw. 16, 31.) das Greisenalter als ein ehrwürdiges Alter, und es könnte hiernach den Anschein gewinnen, als würden wenigstens die Greise als Greise wieder auferstehen. Allein wenn die h. Schrift das Greisenalter als ein ehrwürdiges Alter preist, so thut sie dieses nicht wegen der Leibesverfassung der

---

¹) Suarez, Disp. 47, sect. 4. n. 4.

²) Respondeo dicendum quod homo resurget absque omni defectu humanae naturae, quia sicut Deus humanam naturam absque defectu instituit, ita sine defectu reparabit. Deficit autem humana natura dupliciter: uno modo, quia nondum perfectionem ultimam est consecuta; alio modo, quia iam ab ultima perfectione recessit. Et primo modo deficit in pueris, secundo modo deficit in senibus. Et ideo in utrisque reducetur humana natura per resurrectionem ad statum ultimae perfectionis, qui est in iuvenili aetate, ad quam terminatur motus augmenti, et a qua incipit motus decrementi. Suppl. q. 81. a. 1.

Greise, die in der Abnahme begriffen ist, sondern sie thut es wegen der hohen Weisheit, welche sich das Greisenalter im Laufe seines Lebens gesammelt hat. Was also den Greis ehrwürdig macht, wird ihm verbleiben: die Fülle göttlicher Weisheit; die leiblichen Mängel und Gebrechen des Greisenalters aber werden verschwinden.[1])

4) Durch die Bestimmung des Alters der Erstandenen ist die **Größe und Statur** derselben noch nicht hinlänglich dargethan. Denn das Mannesalter tritt uns in verschiedenen Formen und Größen entgegen, und es fragt sich also, nach welcher Norm die Leibesgröße der Auferstandenen sich bestimmen lassen dürfte. — Der Erlöser Christus erstand in jener Größe und Gestalt, die er bei seinem Hinscheiden hatte, und da er das Vorbild der Erstandenen ist, so könnte es scheinen, als würden alle in derselben Leibesgröße und Leibesgestalt auferstehen, in der Christus wiedererstand. Allein so weit, entgegnet mit Recht Suarez, darf doch jene Vorbildlichkeit von uns nicht ausgedehnt werden. Denn dann würde folgen, daß die Leiber der Seligen Christo ganz und gar **gleich** sein würden, sowohl was naturgemäße Figur und Schönheit, als auch was allen anderweitigen Schmuck des Leibes betrifft. Und doch wird dieses keineswegs der Fall sein, wie ja auch die natürliche und übernatürliche Vollkommenheit der **Seele** Christi eine andere und höhere sein wird, als die der übrigen Seligen im Himmel. — Der Begriff der Nachbildlichkeit erheischt eben nicht vollkommene **Gleichheit**, sondern nur **Aehnlichkeit** mit dem Prototyp, und wahre Nachbildlichkeit ist dann vorhanden, wenn ein Ding, ohne zur Vollkommenheit des Prototypes selbst emporgehoben zu werden und ohne die Sphäre der ihm entsprechenden Vollkommenheit zu verlassen, innerhalb dieser Sphäre diejenigen **Verhältnisse** annimmt, die im Prototyp in höherer Weise dargestellt und vorgebildet sind. Wie also der auferstandene Christus jene Größe und Gestalt beibehielt, die er beim Abschlusse seines Lebens, also in der **Blüthe seines Mannesalters** besaß, so werden auch die übrigen Auferstandenen jene Leibesgröße und

---

[1]) Dicendum, quod aetas senectutis habet reverentiam non propter conditionem corporis, quod in defectu est, sed propter sapientiam animae, quae ibi esse praesumitur ex temporis antiquitate. Unde in electis manebit reverentia senectutis propter plenitudinem divinae sapientiae, quae in eis erit, sed non manebit senectutis defectus. l. c. ad 1.

Leibesgestalt wiedererhalten, die sie in der Blüthe ihres Mannesalters hatten, beziehungsweise gehabt haben würden, wenn sie länger
gelebt hätten. Ebendarum kann es geschehen, daß die Leibesgröße
mancher Auferstandenen eine geringere, die von Andern ein größere
sein wird, als die Leibesgröße Christi.[1]) — Die Körpergröße des
angehenden Mannesalters ist außerdem aus Gründen, die wir oben
bereits kennen gelernt haben, auch als die vollkommenste anzusehen.
Denn gerade sie ist das Ziel der körperlichen Entwickelung, und
über dieses Ziel hinaus gibt es keine höhere Vollkommenheit, welche
für die Natur erreichbar wäre. — Derjenige Leib weiterhin, bemerkt
Suarez noch an einer andern Stelle, ist als der vollkommenste anzusehen, welcher seiner Wesensform, der Seele, am vollkommensten
entspricht, also jener Leib, in welchem die ganze informirende Kraft
der Seele zum Ausdruck und zur Darstellung gelangt ist. Und weil
nun ohne Frage die den Körper quantitativ entwickelnde plastische
Kraft zu der ihn informirenden Kraft im Verhältnisse steht, da die
erstere wegen der letzteren da ist, so hat ohne Zweifel der Körper
dann, wenn im Beginne des Mannesalters die das Wachsthum
besorgende Kraft ihre Thätigkeit einstellt, jene Quantität und
Größe erreicht, die sich mit der informirenden Kraft vollständig
deckt.[2]) —

Zum Theile unter einem andern Gesichtspunkte behandelt auch
der h. Thomas diese Frage. — Bei der Auferstehung, führt er aus,
werde nicht bloß die spezifische, sondern auch die numerische Identität
gewahrt werden, und daher werde dem Menschen durch die Auferstehung nicht bloß das zurückgegeben werden, was ihm seiner Art
nach, sondern auch dasjenige, was ihm seiner Individualität nach
zukomme. Die menschliche Species nun habe in ihrer körperlichen
Entwickelung ein gewisses Maß, hinter welchem sie nicht zurückbleiben

---

[1]) Disp. 50. sect. 5. n. 4.

[2]) Verisimile est, vim activam animae et facultatem eius ad augendum corpus esse proportionatam seu aequalem virtuti informativae, nam una est propter alteram. Ideo enim animae data est vis ad augendum corpus suum, quia potens est, illud informare. Et sicut naturaliter appetit informare corpus, ita etiam corpus appetit proportionatam et adaequatum. Et ideo data est illi virtus, qua possit se reducere in actum perfectum, acquirendo perfectam sui corporis magnitudinem. Disp. 47. sect. 4. n. 3.

und über welches sie auch nicht hinausgehen dürfe, wenn anders die Entwickelung eine naturgemäße und normale bleiben solle. Dieses Maß, welches der Species eigne, sei nun aber kein ganz fixes im strengen Sinne, sondern es habe einen gewissen Spielraum, innerhalb dessen es variire. Dem Individuum aber komme es zu, an sich eines jener verschiedenen Quantitätsgrade zu verwirklichen, die in der Species möglich seien. Und diesen erreiche es am Schlusse seiner körperlichen Entwickelung, falls nicht die Natur einen Fehler begehe, die naturgemäße Grenze überschreitend oder hinter derselben zurückbleibend. Darum würden nicht alle Auferstandenen dieselbe Größe haben, sondern jeder die ihm eigene, die er am Schlusse seiner körperlichen Entwickelung wirklich hatte, oder doch gehabt haben würde, wenn seine Entwickelung nicht unterbrochen oder durch ein naturwidriges Hemmniß gestört worden wäre. Gott der Herr werde also bei der Auferstehung jedem das ihm zukommende Maß geben, auch dem Zwerge werde er seine ihm angemessene Leiblichkeit geben und ebenso dem Riesen.[1]) Dieselbe Anschauung hörten wir oben außer andern Vätern namentlich auch den h. Augustinus vertreten.

5) Was von der Körpergröße gesagt wurde, gilt in ähnlicher Weise und aus ähnlichen Gründen auch von den übrigen Bestimmungen, welche als natürliche Accidenzien der menschlichen Leiblichkeit anhaften, also z. B. vom Gesichte und den Gesichtszügen, von der Farbe, der Statur u. s. w. Alle diese Bestimmungen variiren innerhalb der Species; den Individuen aber steht es zu, eine bestimmte Weise derselben im Unterschiede von andern Individuen an sich zu verwirklichen und auszuprägen. Sie alle werden also bei der Auferstehung wiederkehren, und zwar in jener Beschaffenheit, die sie in der Fülle und Blüthe des Mannesalters, die normale Entwickelung vorausgesetzt, hatten oder gehabt haben würden. — So war es ja auch bei Christus der Fall. Denn seine Jünger erkannten ja den Meister wieder, als er ihnen erschien, und beteten ihn an. (Et videntes cum adoraverunt. Matth. 28, 17.) Freilich erkannten ihn nicht immer alle gleich beim ersten Anblick, „denn," setzt der Evangelist hinzu, „einige zweifelten." Es erklärt sich dieses leicht, wenn wir nur bedenken, daß Christi Leib nach seiner Auferstehung ein gloriöser Leib war,

---

[1]) Vgl. Suppl. q. 81. a. 2.

der die dos claritatis besaß. Und gerade dieser Glanz der Verklärung, den Christus, wie wir an seinem Orte hören werden, manifestiren und nicht manifestiren konnte, den er in geringerem und in höherem Maße und unter verschiedenen Modificationen hervortreten lassen konnte, war es, der bei Einzelnen Zweifel und Befremden verursachte, da er, über Christi Leib und über Christi Antlitz ausgegossen, den natürlichen Gesichtsausdruck für das blöde, sterbliche Auge mehr oder weniger verhüllte (Ostensus est in alia effigie. Mark. 26, 12), um so mehr, als durch ein Wunder Christi auch die Augen der Zuschauer selbst beeinflußt, oder, wie die Schrift sagt, gehalten wurden. (Oculi eorum tenebantur — ἐκρατοῦντο — ne cum agnoscerent. Luk. 24, 16.) Aus dieser Vorbildlichkeit Christi entnehmen wir also noch einen neuen Grund, daß es auch mit unsrer Auferstehung sich ähnlich verhalten werde, und daß auch uns dereinstens das Antlitz und die Züge, die Farbe und das ganze Aussehen unsrer Jugend werde wiedergegeben werden.

6) Christi Leib war schon während seines sterblichen Lebens wohlgebildet und schön; die höchste Schönheit aber, welche er anzunehmen fähig war, erreichte er in seiner Auferstehung und Verklärung; denn im Stande der Glorie zeigt sich alle natürliche Vollkommenheit in ihrer reinsten und idealsten Form.[1]) Aehnlich also wird es sich auch mit der Auferstehung der Gerechten verhalten; auch sie werden jene höchste Stufe natürlicher leiblicher Vollkommenheit erreichen, welche jeder von ihnen zu erreichen fähig ist. Ihre Größe, ihre Gestalt, die Bildung und das Verhältniß der einzelnen Körpertheile, Glieder und Organe, ihre Farbe, kurz alles wird das richtige Maß und Verhältniß haben, alles wird in vollendeter Harmonie sich zur vollkommenen, idealen Schönheit zusammenfügen. Da werden alle die Unvollkommenheiten und Mängel ein Ende nehmen, welche dem diesseitigen Leben anhaften. Krankheiten werden nicht mehr sein, denn sie alle rühren von irgend einer Störung oder Disharmonie im Organismus, in seinen Organen oder Säften her, die es im Jenseits nicht mehr gibt. Alle Mißbildung, alles Krüppelhafte wird verschwinden, und, wie der h. Augustin scherzhaft bemerkt, es brauchen die Magern und die Fetten nicht zu fürchten, sie möchten dort wieder

---

[1]) Suarez, Disp. 47. sect. 4. u. 6.

in jener Gestalt zum Vorschein kommen, welche sie schon auf Erden gerne abgelegt hätten, wenn sie es nur gekonnt hätten. — Denn alle Körperschönheit, fährt der h. Lehrer fort, gründet im Ebenmaße der Theile und in dem sanften und lieblichen Schmelze der Farben. Wo das Ebenmaß fehlt, da wird allenthalben das Auge beleidigt, denn hier zeigt sich ein Schaden, dort ein Zuviel, dort endlich ein Zuwenig. Weil nun aber der Schöpfer der Dinge dereinst alle Schäden bessern, alles Zuwenig ergänzen und alles Zuviel hinwegnehmen wird, so wird es im Jenseits keine Deformität mehr geben, die in irgend einem Mißverhältnisse der Theile ihren Grund hat. Lieblich und süß wird auch der Schmelz der Farben sein, und dieses um so mehr, als der lichte Glanz der Verklärung über den Leib wird ausgegossen sein.[1] —

Hier auf Erden wirken die verschiedenartigsten widrigen Einflüsse störend und hemmend auf die Entwickelung des Leibes ein: die Eltern selbst, dann die Nahrung, Lebensweise, die widrigen Einflüsse des Klimas (man denke an einzelne Menschenracen und einzelne Völkerschaften), Arbeit, Kummer und Verdruß, Krankheit, Sünde und Leidenschaft. Dazu kommt, und das dürfte am wenigsten außer Acht zu lassen sein, daß, wie alle andern Vermögen der Seele, so auch die den Leib informirende und bildende Kraft schon von Alters her, von der ersten Sünde her, ins Schlechtere verkehrt wurde, in Folge dessen auch die vollkommene Idee des Leibes, die vom Schöpfer stammend der Seele mitgegeben ward, im Leibe nicht mehr zur adäquaten Verwirklichung gelangt. Im Jenseits aber nehmen alle jene Hemmnisse ein Ende, und der Fluch der Sünde wird von der Seele hinweggenommen, und so wird die Idee des Leibes im Leibe

---

[1] Ac per hoc non est macris pinguibusve metuendum, ne ibi etiam tales sint, quales si possent, nec hic esse voluissent. Omnis enim corporis pulchritudo est partium congruentia cum quadam coloris suavitate. Ubi autem non est partium congruentia, aut ideo quid offendit, quia pravum est, aut ideo, quia parum, aut ideo, quia nimium. Proinde nulla erit deformitas, quam facit incongruentia partium, ubi et quae prava sunt corrigentur, et quod minus est, quam decet, unde Creator novit, inde supplebitur, et quod plus est, quam decet, materiae servata integritate detrahetur. Coloris porro suavitas quanta erit, ubi justi fulgebunt sicut sol in regno patris sui? 22. de. civ c. 19.

zur vollsten und reinsten Verwirklichung gelangen, und der Leib mit wahrhaft idealer Schönheit umkleidet sein.

7) Nachdem Suarez nach dem Vorbilde des auferstandenen Heilandes die natürliche Beschaffenheit der den Seligen angehörenden Leiber erörtert hat, kommt er auf die körperliche Zuständlichkeit der erbsündlichen Kinder und der Verdammten zu sprechen, und wir müssen zum Zwecke der Vollständigkeit unserer Darstellung die wesentlichen Gedanken aus den Ausführungen jenes Theologen uns vorführen. — Der Erlöser Christus, bemerkt Suarez, ist die vorbildliche Ursache auch für die Auferstehung jener Kinder, die ohne Taufe gestorben sind, freilich, wie sich von selbst versteht, nur mit Rücksicht auf die natürliche Beschaffenheit ihrer Leiber. Es ist dieses ein Satz, der zwar nicht so gewiß ist, als jener, welcher Christus als das Vorbild der auferstehenden Gerechten behauptet, denn die Ebenbildlichkeit mit Christo wurde vorzugsweise nur den Prädestinirten verheißen. Aber man kann sich für die Wahrheit jenes Satzes mit Grund auf die Stelle 1. Cor. 15, 22 berufen, wo ja gesagt wird, daß, wie in Adam alle gestorben, so in Christus alle würden wieder belebt werden. Zwar ließe sich hiergegen einwenden, jener Ausspruch des Apostels wolle Christus bloß als die verdienende und als die bewirkende Ursache der Auferstehung jener Kinder hinstellen; indessen kann vernünftiger Weise doch nicht geläugnet werden, daß der Apostel auch die vorbildliche Ursache im Auge habe, insoweit eben Christus die vorbildliche Ursache auch für die Auferstehung jener Kinder sein kann.[1]

Es werden also zunächst jene Kinder wahrhaft menschliche Leiber erhalten, und diese Leiber werden sich in einem Zustande natürlicher Vollkommenheit und Unversehrtheit befinden. Sie werden das Alter und die Entwickelungsstufe des Mannesalters haben, so daß die körperliche Reife der geistigen parallel sein wird. Ihre Leiber werden gesund, wohlorganisirt, wohlproportionirt und schön sein; sie werden auch unverweslich sein, so daß sie keiner Speise und keines Trankes bedürfen. Ihre Leiblichkeit weiterhin und die ihr innewohnenden sinnlichen Triebe werden der Vernunft vollkommen unterworfen sein

---

[1] Nam licet hoc esse possit verum in aliis generibus causarum, meritoriae vel efficientis, tamen eo modo, quo verificari potest in genere causae exemplaris, non est negandum.

und gegen eine unordentliche Sinnlichkeit werden sie nicht zu kämpfen haben. Dieses letztere hat seinen Grund einmal darin, weil die unordentliche Sinnlichkeit in ihrer Thätigkeit mit einer materiellen Zersetzung verbunden ist, die in den Leibern jener Kinder keine Stelle mehr hat;[1]) dann aber darin, weil die unordentliche Sinnlichkeit eine schwere Strafe ist, die aus der Sünde stammt und die zur Sünde führt. Bei jenen Kindern aber, die am Ziele sind, ist einerseits eine Sünde nicht mehr möglich, und andererseits erscheint es unbillig, solche der Strafe einer unordentlichen Sinnlichkeit auf ewig zu unterwerfen, die von persönlicher Schuld ganz frei und rein geblieben sind. — Endlich werden jene Kinder nach der allgemeinen Lehre der Theologen auch von aller poena sensus gänzlich frei sein. Sie werden also mit einem Worte alle diejenigen leiblichen Vollkommenheiten erhalten und besitzen, die der menschlichen Natur überhaupt und insbesondere der Individualität jedes Einzelnen zukommen. Und in diesem Sinne also wird Christus das Vorbild auch ihrer Auferstehung sein. — Suarez fügt dann noch einige Gedanken über die geistige Zuständlichkeit und über die natürliche Seligkeit jener Kinder hinzu, die aber, weil sie nicht mehr zu unserm Gegenstande gehören, hier übergangen werden müssen.[2])

8) In den folgenden Nummern derselben Section handelt dann Suarez über die Leibesbeschaffenheit der Verdammten. — Auch sie, so führt er aus, würden einen wahrhaft menschlichen Leib wiedererhalten, dem nichts von dem fehle, was einem Menschenleibe wesentlich sei; denn sonst könne von einer wahren Auferstehung derselben gar keine Rede sein. Außerdem habe jene Ansicht die größere Wahrscheinlichkeit für sich, daß ihre Leiber auch rücksichtlich der Glieder, Organe und Thätigkeiten vollkommen unversehrt sein würden. Das sei auch die Ansicht des h. Thomas, Richard's von St. Victor, des Palu-

---

[1]) Dieser erste Grund des Suarez ist nicht stichhaltig. Denn die Bewegungen des appetitus — und ganz dasselbe gilt von allem Thun und Leiden der anima sensitiva —, mögen sie nun ordentliche oder unordentliche sein, was hier keinen Unterschied macht, erheischen, wie wir später sehen werden, keine materielle Zersetzung, sondern nur eine molekuläre Bewegung in den sensitiven und motorischen Nerven. Mag diese Bewegung bei uns thatsächlich stets mit einer Zersetzung verbunden sein, so ist sie doch ohne eine solche wohl denkbar und möglich.

[2]) Vgl. Disp. 50. sect. 5. n. 7.

danus und anderer; nur der h. Bonaventura und Durandus verträten die entgegengesetzte Meinung. Der Grund aber, den der h. Thomas anführe, daß nämlich auch die Auferstehung der Verdammten ein Werk Gottes sei und folglich vollkommen sein müsse, lasse in der That die Unversehrtheit auch der verdammten Leiber durchaus angemessen erscheinen. Dazu komme, daß, wie wir schon früher von Suarez und auch vom h. Thomas hörten, leibliche Defecte sich so wenig für die Hölle eigneten, daß sie sogar vielfach einer angemessenen Bestrafung hinderlich sein würden. — Dieselben Gründe machten es wahrscheinlich, bemerkt Suarez weiter, daß auch alle sonstigen natürlichen Gebrechen: Krankheit, Schwäche, Buckeligkeit und ähnliche den verdammten Leibern fern bleiben würden. Zwar bemerke der h. Augustin, so gewiß die ewige Verdammung sei, so ungewiß sei die leibliche Beschaffenheit der Verdammten. Aber dem entgegen sei doch auf die angegebenen bedeutsamen Congruenzgründe hinzuweisen, zumal auch darauf, daß gerade leibliche Gesundheit und Kraft der strafenden Gerechtigkeit Gottes in hohem Maße dienten, indem sie die Empfindung des leiblichen Schmerzes lebhafter und fühlbarer machten. — Selbstverständlich würden aber die übrigen Eigenschaften, welche dem menschlichen Leib naturgemäß anhaften: Schwere, Dunkelheit, Leidensfähigkeit den verdammten Leibern, die beiden zuerst genannten auch den erbsündlichen Kindern verbleiben; denn diese Mängel seien naturgemäße Mängel, die sich aus den Principien der Species ganz von selbst ergäben und die nur durch die übernatürliche Glorie gehoben werden könnten. — Auch über die Incorruptibilität der verdammten Leiber und über ihr Verhalten dem höllischen Feuer gegenüber handelt Suarez im weitern Verlaufe seiner Darstellung (n. 12). Doch übergehen wir dieses, weil es nicht hierher gehört, und wollen bloß noch die Antwort hören, welche Suarez auf die Frage gibt, ob Christus denn auch als das Vorbild der auferstehenden Gottlosen könne angesehen werden, deren Auferstehung, wie gezeigt, in manchen Stücken der Auferstehung Christi ähnlich sei.

Suarez erwiedert, Christus könne nicht im eigentlichen Sinne als vorbildliche Ursache der Auferstehung der Verdammten angesehen werden. Denn der Umstand, daß zwei Dinge sich zufällig ähnlich seien, bewirke noch nicht, daß das eine ein Vorbild, beziehungsweise ein Nachbild des andern sei. Damit ein Ding das

Vorbild eines andern sei, müsse dieses andere eben in der bestimmten Absicht gemacht oder gebildet werden, das Vorbild nachzuahmen oder wiederzuspiegeln. So könne von zwei Menschen, die sich zufällig ähnlich seien, noch nicht gesagt werden, daß der eine das Vorbild des andern sei; es könne dieses nur dann gesagt werden, wenn der eine dem andern thatsächlich nachgebildet, also nur dann, wenn der eine der Vater des andern sei. Wenn ferner ein Maler von einem Originale zwei Copien anfertige, so sei trotz der Aehnlichkeit die eine Copie noch nicht das Vorbild der andern, weil die Copie nicht von der Copie genommen sei, um die Copie darzustellen. Das Original allein sei das Vorbild beider, da beide ihm nachgebildet seien. — Aehnlich verhalte es sich mit der Auferstehung Christi und der Verdammten. Die Verdammten würden allerdings Christo in manchen Stücken ähnlich sein. Aber diese Aehnlichkeit werde ihnen bei der Auferstehung nicht deßhalb zu Theil, damit sie Christo ähnlich und gleichförmig seien, sondern damit dadurch anderen Zwecken der göttlichen Weisheit und Gerechtigkeit gedient werde. Und daher könne Christus nicht im eigentlichen Sinne als das Vorbild der auferstehenden Verdammten angesehen werden; er sei dieses nur mit Rücksicht auf die natürliche und übernatürliche Beschaffenheit der Gerechten und allenfalls mit Rücksicht auf die natürlichen Vollkommenheiten der auferstandenen erbsündlichen Kinder.[1)]

[1)] Nam ut res aliqua sit exemplar alterius, non satis est conformitas vel similitudo inter illas, sed oportet, ut altera fiat sub habitudine repraesentationis seu imitationis alterius. — — In praesenti ergo, quamvis inter corpora damnatorum et Christi sit aliqua similitudo, tamen non videtur eorum resurrectio fieri, ut Christum repraesentent, neque ut sint ei similes vel conformes, sed propter alias rationes divinae providentiae et iustitiae. Ergo Christus Dominus non est proprie causa exemplaris resurrectionis damnatorum. — — De corporibus autem infantium nihil improbabile diceret, qui eodem modo de iis loqueretur, ac de aliis damnatis. — — Nihilominus tamen, quia illa corpora aliquam maiorem perfectionem habebunt, et aliqua dona seu beneficia, quae non sunt naturae omnino debita, ideo respectu illorum potest attribui Christo aliqua ratio exemplaris, ut in secunda conclusione diximus. — Vergleiche auch den h. Augustin und den h. Thomas. S. 1. q. 93. a. 1.

Vierte Abtheilung.

Das den auferstehenden Leibern eigene vegetative Leben.

---

§ 16.
Das vegetative Leben der Auferstandenen vom Standpunkte der h. Schrift und der theologischen Speculation.

Das im menschlichen Leibe sich offenbarende Leben äußert sich in zwei Hauptformen: als ein vegetatives und als ein sensitives. Die vegetativen und sensitiven Potenzen wurzeln nun zwar in der Seele, aber darum ist die Seele allein noch nicht im Stande, dieselben bethätigen zu können; vielmehr bedarf sie zu dem Ende wesentlich des Leibes und der leiblichen Organe. Erst in der substantiellen Vereinigung mit ihnen ist die Seele im Stande, jene Vermögen bethätigen zu können, und das Princip der vegetativen und sensitiven Thätigkeit ist folglich die Seele in Verbindung mit dem Leibe und den leiblichen Organen.

Die vegetative Thätigkeit läßt sich auf drei Hauptverrichtungen zurückführen, und zwar zunächst auf die Ernährung. Diese verläuft der Reihe nach zunächst in der Aufnahme des entsprechenden Nahrungsstoffes, dann in der Verdauung dieses Stoffes und endlich in der Bereitung des Blutes, welches durch den Blutumlauf mit allen Theilen des Organismus in Verbindung gebracht wird und in Verbindung bleibt. Durch die Ernährung wird dann die zweite vegetative Function ermöglicht, nämlich das Wachsthum. Die

dem vegetativen Vermögen innewohnende bildende Kraft formt näm=
lich die aus dem Blute gewonnenen Stoffe um, assimilirt sie der
Substanz der einzelnen Leibestheile und fügt sie diesen ein, während
sie die verbrauchten Stoffe ausscheidet und dem Blute zurückgibt.
So wächst der Organismus heran und erneuert sich außerdem fort=
während durch den Stoffwechsel. Hat derselbe in seiner Entwickelung
die naturgemäße Vollendung erreicht, so hört das Wachsthum auf,
und die bildende Thätigkeit dient dann nur noch dem Stoffwechsel
und der stofflichen Erneuerung. Die dritte Function des vegetativen
Lebens besteht in der Fortpflanzung, einem stofflichen Bildungs=
und Ausscheidungsprozesse, welcher die Erhaltung und Vermehrung
der Species durch Darstellung neuer, gleichartiger Individuen zum Ziele
hat. — Alle Lebensbewegungen der vegetativen Organe sind bedingt
und werden vermittelt durch die Functionen der Ganglienerven oder
des vegetativen Nervensystems. Ohne die Ganglienerven würden
die Organe ihre entsprechenden Functionen gar nicht vollziehen können;
durch sie werden sie zur Thätigkeit angeregt und erhalten die Kraft
zu dieser Thätigkeit. Der wichtigste Nerv des Ganglienysystems ist
der große sympathische Nerv, der in zwei großen Nervensträngen rechts
und links der Wirbelsäule verlaufend nach oben hin mit den Ge=
hirnnerven, nach unten hin mit verschiedenen Gangliengeflechten in
Verbindung steht, von denen das sog. Sonnengeflecht das größte
ist. — Bezüglich der auferstandenen Leiber erheben sich nun ver=
schiedene Fragen, die wir zu beantworten haben.

1) Es fragt sich nämlich zunächst, ob die auferstehenden Leiber
sich wirklich im Vollbesitze ihrer vegetativen Vermögen befinden
werden, und diese erste Frage ist ohne Zweifel zu bejahen. Denn
zunächst leuchtet ein, daß der einfachen und untheilbaren Seele nichts
von dem verloren gehen kann, was ihr wesentlich anhaftet. Nun
aber haftet ihr das vegetative Vermögen als eine wesentliche Potenz
innerlich und unabtrennbar an. Und folglich kann ihr dieses Vermö=
gen zu keiner Zeit und in keiner Weise verloren gehen. — Es ist
ferner nachgewiesen worden, daß der Leib in tadelloser Vollkommen=
heit, in unverkümmerter und vollster Integrität wiedererstehen wird,
daß ihm also nichts von dem fehlen wird, was zur Bethätigung der
vegetativen Vermögen erforderlich ist (Organe, Nerven, Gefäße). Und
da endlich die Seele in der Auferstehung sich wieder als Wesensform

mit dem Leibe und seinen Organen verbinden wird, so ist damit die Fortdauer der vegetativen Fähigkeit evident nachgewiesen. Mit Recht bezeichnet daher Suarez die Meinung einzelner, auch katholischer Gelehrten als falsch,[1]) daß bei der Auferstehung die vegetativen Fähigkeiten aufhören würden, wie sie beim auferstandenen Christus factisch aufgehört hätten, und behauptet, daß alle katholischen Theologen sämmtlich mit ihm der entgegengesetzten Ansicht seien.[2]) — Wenn die Gegner sich auf die Impassibilität der auferstandenen Leiber beriefen und die Behauptung aufstellten, mit dieser Impassibilität seien (nicht etwa bloß die **Thätigkeiten**, sondern auch) die **Fähigkeiten** selber unverträglich, so sei das eine unbegründete Annahme. Denn jene Fähigkeiten seien **active** Fähigkeiten, ihr Dasein begründe also gar kein **Leiden** des Körpers, und daher würden sie durch die Leidensunfähigkeit desselben auch gar nicht aufgehoben. — Die auferstandenen Leiber seien ja auch incorruptibel, indem die den elementaren Stoffen innewohnende Thätigkeit ein Ende nehmen werde. Consequent müßten also die Gegner behaupten, daß im auferstandenen Leibe nicht etwa bloß die zersetzende **Thätigkeit**, sondern daß der **Stoff selbst** ein Ende nehmen werde, in dem die Thätigkeit gründet. Das heiße aber nichts anderes, als die Materialität des Leibes selbst aufheben. — Wenn ferner eingewendet werde, die vegetativen **Thätigkeiten** würden ein Ende nehmen und folglich auch die **Fähigkeiten**, so sei das eine ebenso falsche Schlußfolgerung. Denn wenn auch die Thätigkeit aufgehört habe, so sei darum die Fähigkeit noch nicht überflüssig, da sie zur Integrität des Menschen gehöre. — Auch aus anderweitigen Beispielen lasse sich zeigen, daß durch die Suspension der Thätigkeit noch nicht das Princip der Thätigkeit beseitigt sei. Vom auferstandenen Leibe selbst lasse sich ein Beispiel hernehmen. Denn wenn gemäß der Behauptung der Gegner mit dem

---

[1]) Nec defuerunt catholici, qui hoc argumento adducti (adducti sc. per materialem alterationem et corruptionem actibus vitae vegetativae annexam et corpori incorruptibili et impassibili contrariam) negaverunt, has facultates manere in corporibus resurgentium, quod de corpore Christi idem consequenter dicere necesse est. Eorum tamen sententiam falsam censeo et improbabilem. Disp. 47. sect. 5. n. 1.

[2]) Ex his concludo certum esse, in corpore Christi glorioso esse omnes facultates naturales animae vegetantis. Ita sentiunt omnes theologi. l. c. n. 4.

Aufhören der vegetativen Thätigkeit auch das Aufhören des Principes dieser Thätigkeit gegeben sei, dann müßten auch die Organe aufhören, die in Verbindung mit der seelischen Potenz das Princip der Thätigkeit seien. Das aber würden die Gegner doch nicht behaupten wollen. — Es verbleibe ferner in der Seele, nachdem sie vom Leibe geschieden sei, der intellectus agens zurück,[1]) obgleich er seine naturgemäße Thätigkeit nicht mehr ausübe und nicht mehr ausüben könne. — Mit einem Worte, schließt Suarez, das vegetative Vermögen bestreiten, das eine natürliche Vollkommenheit des Menschen und seines Leibes ist, heißt nichts anderes, als dem auferstandenen Leibe eine widernatürliche und monströse Beschaffenheit zuschreiben, und eine solche Behauptung ist verwegen und unsinnig im höchsten Grade.[2])

2) Eine zweite Frage ist die, ob die im auferstandenen Leibe unzweifelhaft fortbestehenden vegetativen Vermögen auch noch die entsprechenden naturgemäßen Functionen ausüben werden; mit anderen Worten, ob dem jenseitigen Leben auch noch ein Genuß von Speise und Trank, und ob ihm ferner noch sexuelle Functionen zuzuschreiben seien. — So entschieden die zuerst gestellte Frage zu bejahen war, so entschieden ist diese zweite zu verneinen. Von den sexuellen Functionen versteht es sich ja ganz von selbst, und wir würden hierüber kein weiteres Wort verlieren, wenn die wissenschaftliche Vollständigkeit nicht wenigstens einige Andeutungen nothwendig machte. Aber auch an Genuß von Speise und Trank kann und wird im Jenseits nimmermehr gedacht werden. — Hören wir also an erster Stelle die Lehre d. h. Schrift.

Zunächst sind die Worte des h. Paulus I. Cor. 15, 42 ff. bemerkenswerth: „Gesäet wird der Leib in Verweslichkeit; auferstehen wird er in Unverweslichkeit; gesäet wird ein thierischer (psychischer),

---

[1]) Unter dem intellectus agens versteht die scholastische Philosophie das Vermögen, aus einer Sinneswahrnehmung den intelligibelen Inhalt, den Begriff herauszuheben, zu abstrahiren. Der gewonnene Begriff prägt sich aber dem Intellecte ein und wird sein Eigenthum. Sofern also der Intellect bei seiner Thätigkeit sich zugleich leidend, receptiv verhält, wird er intellectus post sibilis genannt.

[2]) Privatio facultatis naturalis est perfectioni naturae contraria econstituit rem in statu praeternaturali et monstroso, quod — — absurdissimum est, et ideo contraria sententia temeraria videtur. l. c.

auferstehen wird ein geistiger (pneumatischer) Leib."[1] — Gemäß dem ersten Theile dieses paulinischen Ausspruches wird alle Verweslichkeit oder materielle Zersetzung im gloriösen Leibe keine Stelle mehr haben. Und wir folgern: Also wird auch dasjenige ein Ende nehmen, was mit der Zersetzung wesentlich zusammenhing: die Ernährung durch Speise und Trank; denn sie hat wesentlich keinen andern Zweck, als die Lücken wiederum auszufüllen, die durch die Corruption entstanden sind. Nicht minder folgt, daß auch die sexuellen Functionen ein Ende nehmen werden, da sie ohne materielle Zersetzung undenkbar und unmöglich sind. — Wenn dann der Apostel fernerhin den Auferstehungsleib im Gegensatz zum jetzigen thierischen oder psychischen einen geistigen, pneumatischen Leib nennt, so weist dieser Ausdruck, obgleich er, wie wir später sehen werden, auch noch anderes besagt, doch zugleich wieder auf dieselbe Wahrheit hin. Der auferstehende Leib wird kein thierischer, psychischer Leib mehr sein, insofern die grobsinnlichen Functionen, welche in der Psyche, als dem vegetativen Seelenvermögen, ihr Princip haben, und in denen sich vorzugsweise das Leben des jetzigen Leibes offenbart, ein Ende nehmen werden. Er wird vielmehr ein geistiger, pneumatischer Leib sein, nicht in dem Sinne, als sollte er Geist werden, sondern insofern, als er dem Geiste gleichförmig sein wird, der keine Corruption kennt und folglich auch die Functionen nicht kennt, die mit der Corruption gegeben sind. Schön bemerkt Allioli zu V. 45 [2]): „Adams Seele oder Geist hatte in Bezug auf den Körper zwar die Eigenschaft, sein Leben zu sein; aber sie konnte nicht sein Leben erhalten, sondern dazu war, wie bei jedem andern Thierleben, nothwendig, daß der Körper genährt wurde, und Adam hatte insofern auch im Zustande seiner Unschuld einen thierischen Leib. Anders verhält es sich mit Christo. Als dieser sein Werk vollbracht hatte und verherrlicht werden sollte, ward seine menschliche Seele zu einem lebendigmachenden Geiste, d. i. sie war von nun an nicht nur das bloße Leben des Leibes, sondern seine, das Leben erzeugende und erhaltende Grundlage, so daß sein Leib, der natürlichen Bedürfnisse los, nur vom Geiste, der selbst aus Gott

---

[1]) Seminatur in corruptione, surget in incorruptione; seminatur corpus animale (ψυχικόν), surget corpus spiritale (πνευματικόν).

[2]) Derselbe lautet: „Der erste Mensch Adam ward eine lebendige Seele, der letzte Adam ward ein lebendig machender Geist."

lebte, abhängig wurde und an der Natur desselben Theil nahm." — Mögen andere Exegeten¹) diese Stelle auch anders fassen, die Bemerkung, welche Allioli im Anschlusse an dieselbe über den auferstehenden Leib macht, ist eben so schön als wahr. —

Außerdem müssen wir noch auf einige andre Texte der h. Schrift aufmerksam machen, welche speciell die einzelnen Functionen des vegetativen Lebens vom auferstandenen Leibe ausschließen. — Unser Heiland sagt nämlich: „In der Auferstehung werden sie weder heirathen noch verheirathet werden, sondern sie werden sein wie die Engel Gottes im Himmel; — denn sie sind den Engeln gleichförmig."²) Hier werden also ausdrücklich die sexuellen Functionen (einschließlich auch die nutritiven) ausgeschlossen, und zwar deßhalb, weil die auferstandenen Leiber pneumatisch, dem englischen Geiste gleichförmig sein werden, der keine Corruption kennt und daher auch alle Functionen ausschließt, die mit einer Corruption verbunden sind. — Dazu kommt dann noch ein Ausspruch des h. Paulus, welcher ebenso ausdrücklich auch den Speisegenuß ausschließt: „Das Reich Gottes besteht nicht in Speise und Trank."³) — Zwar hat der h. Apostel in diesem seinem Ausspruche zunächst das Reich Gottes hier auf Erden im Auge; aber um so mehr wird dann sein Satz vom Reiche Gottes im Jenseits seine Gültigkeit haben. Denn sind Essen und Trinken Dinge, welche schon mit dem diesseitigen Gottesreiche eigentlich nichts zu thun haben, sondern ihm als etwas Fremdartiges und Unvollkommenes anhaften, dann werden sie vom vollendeten Reiche Gottes, vom himmlischen Leben der Glorie ganz sicherlich ausgeschlossen sein. — Die angegebenen Stellen der h. Schrift sind in der That so klar und unzweideutig, daß mit Recht die Note zu Suppl. q. 81. a. 4. bemerkt: Ad fidem pertinet, neminem in vita animali resurrecturum, quod patet ex his scripturae verbis: Matth. 22, 30. Rom. 14, 17. I. Cor. 15, 42. —

3) Und doch wird uns in der h. Schrift erzählt, daß Christus auch nach seiner Auferstehung noch Speise und Trank zu sich genommen habe, und Christus ist ja das Vorbild unserer Auferstehung. — Daß Christus wirklich Speise zu sich genommen habe, folgt evident aus

---

¹) Vgl. Bisping z. d. St.
²) Matth. 22, 30. Luk. 20, 35.
³) Röm. 14, 17.

der Apostelgeschichte, wo von ihm gesagt wird: „Er aß auch mit ihnen und befahl ihnen, von Jerusalem nicht hinwegzugehen." ¹) Diese und andere Stellen sind deutlich genug, und ohne ganz triftigen Grund dürfen wir vom natürlichen Wortsinne nicht ablassen. Es kommt hinzu, daß Christus gerade durch den Genuß von Speise und Trank seinen Jüngern einen ganz zuverlässigen Beweis des wiedererlangten Lebens geben wollte, ein Umstand, auf den auch die h. Väter und die Theologen: Leo, Johannes von Damaskus, Augustin, Johannes Chrysostomus, Ambrosius, Beda, Gregor der Große und Thomas nicht unterlassen aufmerksam zu machen. ²) — Folgt nun aber hieraus, daß auch wir nach unserer Auferstehung noch Speise und Trank zu uns nehmen werden? — Keineswegs, antwortet der h. Thomas. Denn Christus aß nicht, weil er der Speise bedurft hätte, sondern zu dem Zwecke, um von der Wahrhaftigkeit seiner Auferstehung Zeugniß abzulegen. Darum wurde auch die von ihm genossene Speise nicht verdaut und in sein Fleisch umgewandelt, sondern sie wurde einfach an die Natur zurückgegeben und in die Materie aufgelöst. Und weil jener Grund zum Essen bei der allgemeinen Auferstehung nicht mehr bestehen wird, so wird auch das Essen selbst ein Ende nehmen. ³) In der theologischen Summa spricht der h. Lehrer sich ganz ähnlich aus und fügt noch hinzu: Das Essen Christi sei also lediglich dispensative geschehen, d. h. in Form einer Ausnahme von einer allgemeinen Regel, insofern nämlich Christus aus einem speciellen Grunde etwas gethan habe, was sonst gegen ein allgemeines Gesetz des zukünftigen gloriösen Lebens verstoße. ⁴)

Suarez a. a. O. n. 7 u. ff. erörtert dann noch des Nähern die Art und Weise, wie wir uns jenes Essen Christi zu denken haben — Es sei

---

¹) Apostelgesch. 1, 4. Vgl. 10, 40. Luk. 24, 41.
²) Vgl. Suarez, a. a. O. n. 6.
³) De Christo autem dicendum est, quod post resurrectionem comedit non propter necessitatem sed ad demonstrandam suae resurrectionis veritatem. Unde cibus ille non fuit conversus in carnem, sed resolutus in praeiacentem materiam. Haec autem causa comedendi non erit in resurrectione communi. 4. c. gent. c. 83.
⁴) Et ideo dicitur dispensative Christus manducasse, eo modo loquendi, quo iuristae dicunt, quod dispensatio est communis iuris relaxatio, quia intermisit hoc, quod est communiter resurgentium, scilicet non uti cibis, propter causam praedictam. Suppl. q. 81. a. 4. ad 1.

falsch, was Durandus lehre, daß Christus die genossene Speise in naturgemäßer Weise verdaut und in die Substanz seines Fleisches aufgenommen habe, denn der gloriöse Leib schließe jede Corruption, jede materielle Abnahme und Zunahme von sich aus. Und darum ändere es auch in der Sache wenig, wenn Thomas Waldensis lehre, daß Christus nicht durch naturgemäße Verdauung und Assimilation, sondern durch eine wunderbare Verwandlung jene Speise in sein h. Fleisch aufgenommen habe. — Aber auch vor dem andern Extrem müsse man sich hüten. — Man dürfe nicht behaupten, das Essen Christi sei ein bloß scheinbares Essen gewesen, gemäß der Art und Weise, wie die Engel mit ihrem angenommenen Leibe essen. Der Engel nehme zwar Speise, zermalme sie und schaffe sie ins Innere; aber er thue dieses lediglich durch die äußere Application seiner Kraft, nicht aber in Kraft eines seinem Leibe innewohnenden vegetativen Lebens. In dieser oder ähnlicher Weise dürfe das Essen Christi ebenfalls nicht gedacht werden, weil es ja gerade ein Mittel sein sollte, das Vorhandensein des naturgemäßen menschlichen Lebens darzuthun. — Man müsse also einfach fragen, worin denn eigentlich das Essen als solches, sofern es ein Act des vegetativen Lebens sei, bestehe. Und da dürfe man nicht antworten, es bestehe in der Verdauung und Assimilation des Nahrungsstoffes; denn das seien Prozesse, die dem Essen selber erst nachfolgten. Das Essen selber bestehe darin, daß durch die Thätigkeit der vegetativen Kraft und unter Mitwirkung der der Vegetation dienenden lebendigen Organe die Speise in den Mund und vom Mund in den Magen geschafft werde. Ein Essen von dieser Art sei ein wahres und eigentliches Essen, und es stehe in keiner Weise mit der Natur des gloriösen Leibes in Widerspruch, und gerade von dieser Art sei das Essen Christi gewesen. — In ähnlicher Weise, wie der h. Thomas, lehrt dann auch Suarez, daß Christus die genossene Speise in den vorliegenden Stoff aufgelöst und vermöge der dos subtilitatis, die eine Durchdringung des einen Körpers durch einen andern möglich macht, an einen beliebigen andern Ort entlassen habe.[1])

---

[1]) Vere enim dicitur homo comedisse cibum, etiamsi paulo post illam eiiciat integrum atque immutatum. Solum ergo est de ratione verae comestionis, ut per vitalem actionem et organa vitae cibus ore sumptus in stomachum traiiciatur. Quod totum fieri potest in corpore glorioso, quia nullam

4) Es gibt aber noch einige andre Stellen in der h. Schrift, die den Genuß von Speise und Trank für das jenseitige Leben geradezu in Aussicht zu stellen scheinen, und die wir folglich nicht unerwähnt lassen dürfen. — So sagt z. B. der Herr kurz vor der Einsetzung des h. Abendmahles zu seinen Jüngern: „Ich sage euch aber: Ich werde von nun an nicht mehr trinken von diesem Gewächse des Weinstockes, bis zu jenem Tage, da ich es erneuert mit euch im Reiche meines Vaters trinken werde." [1]) Indessen können wir diese Worte füglich mit dem h. Thomas eben auf jenes Essen und Trinken des Herrn beziehen, durch welches er nach seiner Auferstehung den Jüngern die Wahrheit seiner Auferstehung bewies. „Neuen Wein trinken" würde dann nichts anderes heißen, als „ihn auf neue Weise trinken," nämlich zum Beweise der Auferstehung, und nicht mehr wie ehemals aus einem Bedürfnisse der Natur. [2]) Andere, z. B. Prof. Bisping, erklären die Stelle schön in folgender Weise: „Nicht mehr wird der Herr hienieden ein vorbildliches Passahmahl halten, da der Typus nun bald seine Erfüllung finden sollte: aber dereinst, wenn er wiederkommt, um die Seinen zu sich zu nehmen, dann wird er mit diesen ein ewiges Passahmahl halten und ihnen den Becher der ewigen Freude kredenzen." — Diese letztere Deutung paßt auch auf verschiedene andre Stellen der h. Schrift, die in ähnlicher Weise die ewige Seligkeit unter dem Bilde eines Gastmahles darstellen: „Aber ich sage euch, daß viele vom Aufgang und Niedergang kommen und mit Abraham, Isaak und Jakob im Himmelreiche zu Tische sitzen werden." [3]) Ebenso heißt es an einer andern Stelle: „Darum bereite ich euch das Reich, wie mir es mein Vater bereitet hat, daß ihr esset und trinket an meinem Tische in meinem Reiche." [4]) — Alle diese Stellen, bemerkt der h. Thomas a. a. O.,

---

alterationem requirit, sed solam motionem localem, quae corpori glorioso non repugnat. l. c. n. 9.

[1]) Non bibam amodo de hoc genimine vitis usque in illum diem, quum illud bibam vobiscum novum in regno patris mei. Matth. 26, 29. Vgl. Luk. 22, 15.

[2]) Ipse (Christus) cum discipulis post resurrectionem comedit et bibit novum quidem vinum, i. e. novo modo, scilicet non propter necessitatem, sed propter resurrectionis demonstrationem. 4. c. gent. c. 83.

[3]) Matth. 8, 11.

[4]) Luk. 22, 29 u. f. Vgl. Jsai. 25, 6; 65, 13.

seien im mystischen Sinne zu verstehen. Denn die h. Schrift pflege das Uebersinnliche uns unter dem Bilde des Sinnlichen vorzuführen, damit unser Geist an den Dingen, die er kennt und sieht, das Unsichtbare schätzen und lieben lerne. Ebendarum stelle sie den geistigen Genuß, der mit der Betrachtung der göttlichen Wahrheit und Weisheit verbunden sei, und die Aufnahme der übersinnlichen Wahrheit in den Geist ganz häufig unter dem Bilde eines materiellen Speisegenusses dar.¹) Dieses sei z. B. in den Sprüchwörtern der Fall, in denen von der Weisheit gesagt werde: „Ein Baum des Lebens ist sie denen, die sie erfassen. — — Die Weisheit baute sich ein Haus und hieb sieben Säulen aus. Sie opferte ihre Schlachtopfer, mischte den Wein und richtete ihren Tisch zu. Sie sandte ihre Mägdlein aus, auf das Schloß zu laden und in die Mauern der Stadt: „Ist Jemand klein, der komme zu mir!" Und zu den Unweisen sprach sie: „Kommet, esset mein Brod und trinket den Wein, den ich euch gemischt habe."²) Ebenso heiße es im Buche Jesus Sirach: „Sie (die Gerechtigkeit) wird ihn speisen mit dem Brode des Lebens und des Verstandes und mit dem Wasser der Lehre des Heiles ihn tränken."³) — In eben diesem Sinne seien auch, schließt der h. Thomas, die obigen Stellen zu verstehen, die den Genuß von Speise und Trank für das Jenseits in Aussicht zu stellen scheinen, und es folge aus ihnen keineswegs, daß es für die Auferstandenen noch einen eigentlichen Speisegenuß geben werde. —

An derselben Stelle erwähnt der h. Thomas noch eine andere, letzte Einwendung, die ebenfalls der h. Schrift entnommen ist und die auch wir berühren müssen. — Die h. Schrift lehre, so lautet nämlich die Einwendung, daß Adam ursprünglich vollkommen gewesen und daß er dem Leibe nach unsterblich gewesen sei, und dennoch sage sie von ihm, daß er die Functionen des vegetativen Lebens

---

¹) Proponit enim nobis divina scriptura intelligibilia sub similitudine sensibilium, ut animus noster ex his, quae novit, discat incognita amare; et secundum hunc modum delectatio, quae est in contemplatione sapientiae et assumptio veritatis intelligibilis in intellectum nostrum per usum ciborum in s. scriptura consuevit designari.
²) Sprüchw. 3, 18; 9, 1 ff.
³) Sir. 15, 3.

ausgeübt, daß er z. B. gegessen und getrunken habe. Warum denn, so dürfe man fragen, nicht auch für das vollkommene und unsterbliche Leben des Jenseits der Genuß von Speise und Trank angenommen werden könne? — Freilich, erwiedert der h. Thomas, war Adam ursprünglich vollkommen und unsterblich; aber seine Vollkommenheit war die Vollkommenheit des Stammvaters der Menschen, für den die Acte des vegetativen Lebens unerläßlich waren. Hat aber die ganze Menschheit einmal ihre endliche Vollendung erreicht, und ist die Zahl der Auserwählten vollgeworden, dann fallen diese Acte von selber hinweg. Darum sei auch die Unsterblichkeit und die Unverweslichkeit der Auferstandenen von ganz anderer Art, als dieses bei Adam der Fall war. Die Unsterblichkeit und die Unverweslichkeit der Auferstandenen ist von der Art, daß es ihnen unmöglich sein wird, zu sterben, und daß ihre Leiber einer materiellen Zersetzung gar nicht mehr fähig sein werden. Adam aber war in dem Sinne unsterblich, daß es ihm möglich war, nicht zu sterben, wenn er nicht sündigte, und zu sterben, falls er sündigte. Seine Unsterblichkeit aber gründete nicht darin, daß sein Leib keine materielle Zersetzung zuließ, sondern darin, daß er durch den Genuß von Speise und Trank die Folgen der Zersetzung wieder aufhob und dadurch seinen Leib vor der endlichen Auflösung und dem Tode bewahrte.[1] —

Nachdem wir nun die Lehre der h. Schrift vorgelegt haben, müßte sich eigentlich sofort die Lehre der Väter und Theologen anschließen. Da diese aber in Verbindung mit den unserer Thesis entgegengesetzten Irrthümern des Chiliasmus am füglichsten dargestellt wird, was einigen Raum in Anspruch nehmen dürfte, so ziehen wir es vor, die Lehre der Väter und Theologen sogleich in einem eigenen Abschnitte zu bringen, und lassen darum hier unmittelbar

---

[1] Alia erit immortalitas et incorruptio resurgentium, et alia, quae fuit in Adam. Resurgentes enim sic immortales erunt et incorruptibiles, ut mori non possint nec ex eorum corporibus aliquid resolvi. Adam autem fuit sic immortalis, ut posset non mori, si non peccaret, et posset mori, si peccaret. Et eius immortalitas sic conservari poterat, non quod nihil resolveretur ex eius corpore, sed ut contra resolutionem humidi naturalis ei subveniri posset per ciborum assumptionem, ne ad corruptionem corpus eius perveniret. — Einen eingehendern Vergleich zwischen der Unsterblichkeit Adams und jener der Auferstandenen werden wir später anstellen müssen.

diejenigen Gedanken folgen, welche geeignet sind, unseren Lehrsatz auch auf speculativem Wege zu beleuchten und zu bekräftigen.

5) Die göttliche Weisheit hat allen Dingen einen Zweck gegeben, und nur dasjenige ist und bleibt bestehen, was irgend einem angemessenen Zweck dient. Das ist der Grund, weshalb der Mensch in der vollen Integrität seiner Natur erstehen und ihm kein Glied oder Organ seines Leibes fehlen wird. Das ist der Grund, weshalb auch die vegetativen Vermögen, wie wir oben zeigten, ihm unverkümmert werden erhalten bleiben. Denn sie gehören mit zur Integrität der menschlichen Natur und sie erfüllen ihren Zweck und preisen Gottes Weisheit allein dadurch, daß sie sind.

Ganz anders aber verhält es sich mit den Functionen dieser Vermögen. — Wir haben schon oben durch Schlußfolgerung aus den Worten des Apostels dargethan, daß naturgemäße vegetative Functionen im jenseitigen Leben unmöglich sein werden, und zwar aus dem einfachen Grunde, weil die Unverweslichkeit der auferstandenen Leiber dieselben als physisch unmöglich ausschließt. — Von der Unverweslichkeit und Unsterblichkeit der Menschenleiber ausgehend können wir aber noch in einer andern Weise argumentiren, indem wir mit dem h. Thomas die absolute Zwecklosigkeit jener Thätigkeiten darthun, womit dann das Aufhören derselben ebenfalls von selbst gegeben ist. Die Beweisführung des h. Lehrers a. a. O. seiner philosophischen Summa ist etwas eingehend, und wir müssen und können uns auch damit begnügen, bloß ihre Grundzüge wiederzugeben.

Alle Schöpfungen Gottes, alle Einrichtungen, die er trifft, vor allem die Einrichtungen des menschlichen Lebens, haben einen bestimmten Zweck. So verhält es sich schon mit den Einrichtungen des diesseitigen Lebens, obgleich Gott der Herr nicht einmal unmittelbar, sondern nur mittelbar, durch Vermittelung der Kräfte der Natur, die bewirkende Ursache derselben ist. Um so mehr also werden die Einrichtungen des jenseitigen Lebens, deren unmittelbares Princip allein Gott der Herr ist, wohlgeordnet und im höchsten Grade zweckmäßig sein. — Was ist nun aber der naturgemäße Zweck der vegetativen Functionen? — Dieselben dienen einerseits dazu, die leibliche Entwickelung der einzelnen Individuen, den mit dieser Entwickelung verbundenen Stoffwechsel zu besorgen und dem Leibe durch das Wachs-

thum die entsprechende Quantität zu geben; sie dienen andererseits
dazu, die Species, welche durch den Tod fortwährend decimirt wird,
zu erhalten und zu vermehren, bis die Zahl der Auserwählten erfüllt ist. — Das sind die naturgemäßen Zwecke jener Functionen. —
Nun aber sind mit der allgemeinen Auferstehung alle diese Zwecke
erfüllt. Die leibliche Entwickelung der Individuen ist abgeschlossen,
so zwar, daß sie in ihrer Unverweslichkeit nicht einmal einer stofflichen Erneuerung mehr bedürfen; ebenso ist auch die Species vollendet,
und die Zahl der Auserwählten erfüllt, und der Tod reißt ferner
keine Lücken mehr in ihre Reihen. Und weil folglich eine fernere
Bethätigung der vegetativen Vermögen total zwecklos ist, so werden
sie kraft göttlicher Einrichtung ihre Functionen gänzlich einstellen.

Aber, so wendet man von Seiten der Chiliasten ein, mit der
Bethätigung jener Functionen ist Freude und Genuß verbunden.
Und folglich würden dieselben im jenseitigen Leben mit Nichten zwecklos sein. — Doch 'der h. Thomas wiederholt von Neuem, was er
schon einmal gesagt: Wenn schon im gegenwärtigen Leben Alles weise
und zweckmäßig geordnet ist, dann wird dieses im jenseitigen Leben
um so mehr der Fall sein. — Nun aber, bemerkt der h. Lehrer an
einer andern Stelle, hat es schon Aristoteles erkannt, daß jene Freuden
vielfach krankhafter Natur sind, insofern der Mensch sich in einer
Weise an ihnen ergötzt, als seien es wahre Freuden, geradeso wie
ein Kranker, der einen verdorbenen Geschmack hat, bisweilen Wohlgefallen an Speisen findet, die für einen Gesunden widerwärtig sind.
In jedem Falle aber, und auch dieses hat schon Aristoteles erkannt,
haben jene Freuden einen medizinellen Charakter und sind dazu bestimmt, den Menschen für Verrichtungen zu disponiren, die ihm sonst
zuwider sein würden. Jene Genüsse sind also um jener Functionen
willen da, nicht aber die Functionen um der Genüsse willen. Und
weil im Jenseits die Functionen nicht mehr sein werden, so haben
die Genüsse keinen Zweck mehr und werden folglich ebenfalls nicht
mehr sein.[1])

---

[1]) Dicendum, quod delectationes corporales, sicut dicit philosophus,
sunt medicinales, quia adhibentur homini ad tollendum fastidium, vel etiam
aegritudinales, inquantum in eis homo inordinate delectatur, ac si essent
verae delectationes: sicut homo habens infectum gustum delectatur in quibusdam, quae sanis non sunt delectabilia. Et ideo non oportet, quod tales

Allein könnten denn diese Genüsse nicht etwa selber Zweck sein, so zwar, daß sie als Theil der jenseitigen Seligkeit angesehen werden können und müssen? Wird doch die Seligkeit eine Fülle aller nur erdenklichen Freuden und Genüsse in sich schließen! — Aber das liegt doch auf der Hand, antwortet der englische Lehrer, daß diese Annahme nicht aus einem, sondern aus den verschiedensten Gründen höchst ungeziemend ist. —[1]) Da hat doch schon der heidnische Philosoph eine bessere Einsicht gehabt. Denn er behauptet, daß nur geistige Freuden Freuden schlechthin seien; daß nur sie ihrer selbst wegen begehrt werden dürften; daß nur sie allein zur vollkommenen Glückseligkeit erforderlich seien. — Derselbe Philosoph erklärt, daß jene grobsinnlichen Thätigkeiten und die damit verbundenen Genüsse nicht einmal Thätigkeiten und Freuden des Menschen als Menschen seien. Denn der Mensch ist Mensch durch seine Vernunft. Und folglich besteht die Seligkeit des Menschen als Menschen in der Seligkeit der Vernunft, und die Seligkeit des Leibes in jener Glorie, die aus der Glorie der Vernunft sich auch über ihn ergießen wird.[2]) — Und wie lächerlich ist es ferner, fährt der Heilige in der philosophischen Summa fort, sein Hoffen und Begehren auf fleischliche Genüsse hinzurichten, auf Genüsse, die wir mit dem Thiere gemein haben; da wir doch zu jener vollendeten Wonne berufen sind, die uns mit den Engeln gemein ist und die in der Anschauung Gottes ihre Quelle hat. Oder sollte etwa die Seligkeit der Engel nicht vollkommen sein, weil ihnen das fehlt, was die Seligkeit der Thiere ist? —[3]) Aber noch mehr!

---

delectationes sint de perfectione beatitudinis, ut Iudaei et Saraceni ponunt, et quidam haeretici posuerunt, qui vocantur Chiliastae." Suppl. q. 81. a. 4. ad 4. cf. 4. c. gent. c. 1.

[1]) Patet multipliciter haec inconvenienter dici. 4. c. gent l. c.

[2]) Solae enim delectationes spirituales secundum ipsam (philosophum) sunt simpliciter delectationes et propter se quaerendae, et ideo ipsae solae ad beatitudinem requiruntur. — Dicendum, quod praedictae operationes non sunt hominis, inquantum est homo, ut etiam philosophus dicit; et ideo in eis non consistit beatitudo humani corporis; sed corpus humanum glorificabitur ex redundantia a ratione, a qua homo est homo, inquantum erit ei subditum. Suppl. l. c. ad 3 et 4.

[3]) Ridiculum videtur delectationes quaerere corporales, in quibus nobiscum animalia bruta communicant, ubi exspectantur delectationes altissimae, in quibus cum angelis communicamus, quae erunt in Dei visione, quae nobis

Es muß nämlich noch einmal darauf aufmerksam gemacht werden, daß das jenseitige Leben womöglich noch weiser und zweckmäßiger eingerichtet sein wird, als das gegenwärtige. Nun aber gilt es schon im diesseitigen Leben mit Recht für eine Unordnung und für eine schwere Sünde, die fraglichen Acte bloß um des Genusses willen zu vollziehen, anstatt in ihnen die höhern, naturgemäßen Zwecke anzustreben. Denn jene höhern Zwecke sind ja in der That das Ziel jener Functionen, nicht aber der mit ihnen verbundene Genuß. Wie also könnten in der heiligen, himmlischen Ordnung jene Genüsse selber als Zwecke angeordnet sein? — [1]) Endlich welche Folgerungen ergeben sich für die christliche Ascese, wenn es auch im Himmel derartige sinnliche Freuden geben sollte? — Alle Uebungen der Tugend sind nämlich auf die himmlische Seligkeit als auf ihr Ziel hingerichtet; und der Wille desjenigen, der die Tugend übt, ergötzt sich folglich schon an den Freuden des Himmels, insofern er sie wünscht, begehrt und erstrebt. Bilden nun jene sinnlichen Freuden einen Theil der himmlischen Seligkeit und werden sie selber Zweck sein, nachdem die Zwecke, denen sie früher untergeordnet waren, erreicht sind, so ist in jeder Tugendübung die Begierde nach jenen sinnlichen Genüssen eingeschlossen, und jeder, der sich hier auf Erden der Lust enthält, thut es deshalb, um ihr später desto besser fröhnen zu können. Und so wird alle Keuschheit zur Sinnenlust, und alle Enthaltsamkeit zur Schwelgerei. — Daher, so schließt der h. Lehrer, können und dürfen derartige Dinge nun und nimmer dem Himmel zugeschrieben werden. [2])

---

et angelis erit communis; nisi forte quis dicere velit beatitudinem angelorum esse imperfectam, quia desunt eis delectationes brutorum, quod est omnino absurdum.

[1]) In hac autem vita inordinatum et vitiosum est, si quis cibis et venereis utatur propter solam delectationem, et non propter necessitatem sustentandi corporis vel prolis educandae. — — Est ergo praeposterus et indecens, si operationes propter solas delectationes exerceantur. Nullo igitur modo hoc in resurgentibus erit, quorum vita ordinatissima ponitur.

[2]) Amplius, actus virtutum ordinantur ad beatitudinem sicut ad finem. Si igitur in statu futurae beatitudinis essent delectationes ciborum et venereorum quasi ad beatitudinem pertinentes, sequeretur, quod in intentione eorum, qui virtuosa agunt, essent aliqualiter delectationes praedictae, quod rationem temperantiae excludit. Est enim contra rationem temperantiae, ut aliquis a delectationibus nunc abstineat, ut postmodum eis frui magis possit. Redderetur igitur omnis castitas impudica et omnis abstinentia gulosa. — — Nullo igitur modo huiusmodi delectationes erunt in futura vita.

§ 17.

Fortsetzung. Lehre der Väter und der kirchlichen Theologen dem Chiliasmus gegenüber.

1) Die Vorstellung eines tausendjährigen irdischen Messiasreiches tritt uns in verschiedenen Gestalten in der Kirchengeschichte entgegen.[1)] Die krasseste Form dieses Irrthums hat in der katholischen Kirche niemals Boden gefunden; sie fand sich außerhalb derselben bei Cerinth, bei den Marcioniten und andern gnostischen Secten, ebenso bei den Montanisten. Alle diese Häretiker lehrten eine doppelte Auferstehung, und zwar zunächst eine Auferstehung der Gerechten, dann, tausend Jahre später, die Auferstehung der Bösen. In diesem Zeitraume von tausend Jahren, so behaupteten sie, werde dann Christus in sichtlicher Gestalt von Jerusalem aus die Welt beherrschen, und mit ihm würden die Gerechten herrschen, sowohl die bei seiner Ankunft Auferstandenen, als die bei dieser Ankunft noch lebend Erfundenen. Mit dieser Vorstellung verbanden sie dann noch zwei Anschauungen von offenbar häretischem Character. Sie lehrten nämlich zunächst die Wiederherstellung des Judenthums und des jüdischen Cultus mit seinen Opfern und Gebräuchen; dann ferner aber behaupteten sie für die Bürger dieses irdischen Messiasreiches nicht bloß den Genuß erlaubter sinnlicher Freuden, sondern sie ließen für dieselben alle Schranken der Sittlichkeit fallen.

In dieser krassen Form hat der Chiliasmus, wie gesagt, in der Kirche niemals Boden gefunden, auch nicht bei dem spätern Appollinar. Der Chiliasmus, der bei einzelnen Vätern und kirchlichen Schriftstellern Vertheidiger fand, wußte nichts von einer Wiederherstellung

---

[1)] Vgl. Jungmann, de noviss. pag. 298 ff. Oswald, Esch. S. 261 ff. Albertus a Bulsano, V. VI. § 834. insbesondere aber Franzelin, de div. trad. thes. 16. Schwane I. 398 ff. Suarez in 3. Disp. 50 sect. 8 u. 9. Augustinus, 20 de civ. c. 6 ff. — Franzelin und Schwane sind wichtig für die kirchengeschichtliche und traditionelle Beurtheilung des Chiliasmus, ebenso auch Suarez, der ihn zugleich auch vom dogmatischen Standpuncte aus einer genauern Beurtheilung unterzieht. Der h. Augustin liefert einen wichtigen Commentar zu Apok. 20, 1 ff. — Wir stellen die Quellen, denen wir unsere Darstellung entnommen haben, gleich hier zusammen, um uns in der Ausführung selbst nicht fast bei jeder Zeile eigens auf dieselben beziehen zu brauchen.

des jüdischen Cultus; er wußte auch nichts von unerlaubten sinnlichen Freuden. Er hielt freilich an der doppelten Auferstehung und an dem tausendjährigen sichtbaren Reiche Christi fest. Allein er gestattete den Bürgern dieses Reiches nur sittlich erlaubte sinnliche Genüsse. Und auch in dieser letzten Beziehung wurden die Schranken von den einzelnen Anhängern des tausendjährigen Reiches immer enger und enger gezogen. Nur allein der Chiliasmus des Lactantius, wie es scheint, räumte ehrbaren ehelichen Freuden eine Stelle ein. Bei den übrigen aber, bei Papias, Justin, Irenaeus und Nepos war dieses nicht der Fall. Tertullian endlich scheint nur rein geistige Freuden angenommen zu haben.

2) Was nun die kirchengeschichtliche und traditionelle Bedeutung des Chiliasmus anbetrifft, so bildet derselbe natürlich keinen Bestandtheil der echten, apostolischen Ueberlieferungen, sondern er verdankt sein Entstehen in der Kirche nachweislich dem Irrthum eines Einzigen. Papias, Bischof von Hierapolis in Kleinasien, im zweiten Jahrhunderte war es, der zuerst für ihn eintrat, weil er, wie Eusebius erzählt (l. 3. c. 39), gewisse bildliche Redeweisen Christi, die ihm durch die Apostel überliefert waren, gar nicht verstanden hatte. Eusebius schildert ihn uns überhaupt als einen Mann von beschränktem Kopfe ($\pi\alpha\nu\nu$ $\sigma\mu\iota\kappa\rho\grave{o}\varsigma$ $\tau\grave{o}\nu$ $\nu o\tilde{\upsilon}\nu$), wie schon aus dem Buche, welches er geschrieben, genugsam zu ersehen sei. — Verhält es sich also so mit dem Chiliasmus, dann konnte derselbe, wie man sieht, immerhin eine gewisse Verbreitung in der Kirche finden; es war aber von vornherein unmöglich, daß er es jemals zur Herrschaft in der Kirche gebracht hätte; er mußte seiner Natur nach auf einen kleinen Kreis beschränkt bleiben, um auch aus diesem nach einiger Zeit spurlos zu verschwinden Und das ist auch seine thatsächliche Geschichte gewesen. Wegen des großen Ansehens, welches der h. Papias eben wegen seiner Heiligkeit genoß, fand er Anhänger, aber fast nur in seiner nähern, kleinasiatischen Umgebung. Justin, wie Franzelin hervorhebt, hielt seinen Dialog mit dem Juden Tryphon, der den Chiliasmus enthält, in Ephesus; Irenaeus wurde in derselben Provinz geboren und unterrichtet; Methodius war zuerst Bischof von Olympus in Lycien. Tertullian aber fiel erst dann dem Chiliasmus anheim, nachdem er dem chiliastischen Montanismus verfallen war. Kleinasien, wo der Einfluß des Papias herrschte, ist also im großen

Ganzen der Ort, wo auch der Chiliasmus seine hauptsächlichsten Anhänger fand. In den übrigen Theilen der Kirche, namentlich in der römischen Kirche, fand er offnen Widerspruch. Justinus selbst gibt zu, daß viele rechtgläubige Christen seiner Zeit seine chiliastischen Vorstellungen nicht theilten, und vergeblich sucht man denselben bei den übrigen Apologeten z. B. bei Tatian, Athenagoras und Theophilus. In der alexandrinischen Kirche bekämpften ihn mit aller Entschiedenheit der Reihe nach zuerst Origenes und dann sein Schüler Dionysius der Große. Die lateinische und insbesondere die römische Kirche blieb ihm ebenfalls verschlossen. Denn schon gegen Ende des zweiten Jahrhunderts und im Anfange des dritten wurde er von dem römischen Priester Cajus mit Entschiedenheit bekämpft. Wenn darum der h. Hieronymus bisweilen über die große Anzahl derjenigen klagt, die ehemals dem Chiliasmus gehuldigt, so ist das, wie Franzelin mit Recht bemerkt, nicht ohne ein granum salis zu verstehen. An sich und namentlich in Anbetracht des bedauernswerthen Irrthums gab es viele, ja nur zu viele Chiliasten; in Vergleich mit der überwältigenden Menge der Andersdenkenden aber war es ein verschwindendes Häuflein von nur Wenigen; zumal von kirchlich angesehenen Männern der lateinischen keiner, der griechischen Kirche aber nur drei oder vier auf ihrer Seite standen. — Zu der örtlichen Beschränkung des Chiliasmus kommt dann auch noch die zeitliche. Die chiliastische Vorstellung, ihrer Natur nach nichts anders, als die irrthümliche Privatmeinung einiger weniger Väter und Kirchenschriftsteller, mußte naturnothwendig bald erlöschen und sie erlosch bald nach der Synode von Nicaea im Laufe des vierten Jahrhunderts vollständig in der Kirche, um in ihr niemals wieder aufzutauchen. Die Väter der patristischen Zeit wissen nichts vom Chiliasmus. Der h. Hieronymus, Epiphanius und Augustinus bekämpfen ihn mit gleicher Entschiedenheit; auch die Theologen der vor- und nachtridentinischen Zeit bekennen sich ausnahmslos zu den entgegengesetzten Anschauungen. Nur in einzelnen schwärmerischen Secten des Mittelalters lebte er wieder auf, in deren Häuptern, dem Abte Joachim von Floris, Johannes von Oliva, Segarelli und Dolcino er warme Vertheidiger fand. Auch bei den spätern Wiedertäufern, Swedenborgianern, Irvingianern und Mormonen fand er zahlreichen Anhang.

3) Um nun zu einer dogmatischen Beurtheilung des Chiliasmus überzugehen, so fragt es sich zunächst, was über die Orthodoxie jener Väter und Schriftsteller zu halten sei, welche vor dem Nicaenum dem Chiliasmus das Wort redeten. — Keiner der spätern Väter und Theologen hat jene Männer der Häresie bezüchtigt, und in der That kann ihnen dieser Vorwurf auch nicht gemacht werden. Denn eine förmliche und feierliche Entscheidung der Kirche in dieser Sache lag gar nicht vor. Und auch in späterer Zeit, wie wir sogleich hinzusetzen wollen, ist eine solche Entscheidung nicht erfolgt. Denn mögen immerhin die Worte „cuius regni non erit finis," welche der Papst Damasus und die erste Synode von Constantinopel dem Nicaenischen Symbolum beifügten, gegen die Chiliasten gerichtet sein, wie Alb. von Bulsano behauptet; und möge auch im fünften Jahrhundert ein Decret des Papstes Gelasius auf einer römischen Synode die Schriften des Lactantius, des Victorinus, Nepos u. A. hauptsächlich wegen des in ihnen enthaltenen Chiliasmus, wie Franzelin behauptet, unter die „apokryphen" Schriften versetzt haben, so hat darin doch noch kein Theologe eine förmliche Verwerfung dieses Irrthums gefunden. — Nun kann aber ein Satz die Note der Häresie verdienen, auch wenn er nicht gerade mit einer förmlichen Entscheidung des kirchlichen Lehramtes in Widerspruch steht, dann nämlich, wenn er sich mit der klar proponirten Lehre des ordentlichen kirchlichen Lehramtes in Widerspruch befindet.[1]) Wenn nun jene Männer von der Note der Häresie überhaupt frei sind, so muß ihre Lehre auch nicht mit der klar ausgesprochenen Lehre des ordentlichen Lehramtes in Widerspruch gestanden haben. Mochte also zur Zeit dieser Männer die entgegengesetzte Ansicht in der Kirche auch die bei weitem allgemeinere sein, so war die Form ihrer Aussprache durch den öffentlichen Unterricht in der Kirche doch noch von keiner so durchgreifenden Allgemeinheit und klaren Entschiedenheit, daß man darin nothwendig die Sprache der Kirche selbst, die nicht irren und fehlen kann, vernehmen mußte. Es ist ja häufiger in der Kirche der Fall gewesen, daß das kirchliche Lehramt seinen Glauben über irgend einen Punkt auch auf dem ordentlichen Wege noch nicht mit Bestimmtheit ausgesprochen hatte. Denn mochte die Kirche auch von Anfang an

---

[1]) Kleutgen, Theol. der Vorzeit. I. n. 57. ff.

im Vollbesitze der Wahrheit sich befinden, dieses hinderte nicht, daß sie in den vollen und allseitigen Sinn einzelner Lehren erst im Laufe der Zeit eingeführt wurde und daß sie über manche Punkte erst im Laufe der Zeit jene nähern Aufschlüsse vom h. Geiste erhielt, welche für die Zeit und ihre Anforderungen nothwendig oder nützlich waren.[1] — So war es auch damals. In der vornicaenischen Periode hatte das ordentliche Lehramt durch den öffentlichen Unterricht, den es durch die Väter, Bischöfe und kirchlichen Lehrer ertheilte, sich über den fraglichen Punkt noch nicht mit einer derartigen Klarheit und Bestimmtheit geäußert, daß die entgegengesetzte Lehre einer klar ausgesprochenen kirchlichen Lehre widersprochen haben würde. Und ganz zutreffend schreibt deßhalb Albertus a Bulsano: „Neque tamen Papias, Justinus. Irenaeus etc. inter haereticos numerandi sunt, quia tunc temporis, quum mens totius ecclesiae nondum declarata fuerat, inculpabiliter aberrarunt." Aber im Laufe der Zeit wurde die Sprache der Kirche immer klarer und entschiedener. Das sehen wir an den Censuren, mit denen die Väter und Theologen in wechselnder Schärfe später gegen den Chiliasmus vorgehen, und von denen wir die namhaftesten hier folgen lassen wollen.

Hieronymus (vgl. Franzelin) bezeichnet den Chiliasmus in **allen seinen Formen**, sowohl den der Häretiker, als auch den der Katholiken, auch den sehr gemäßigten Tertullians nicht ausgenommen, **für eine jüdische Fabel**. Philastrius nimmt keinen Anstand, ohne jegliche Einschränkung alle Chiliasten unter die **Häretiker zu versetzen**. (Er will offenbar sagen, daß, wenn auch zu seiner Zeit noch jemand irgend eine Form des Chiliasmus vertheidigen sollte, dieser nach seinem Dafürhalten Häretiker sein würde.) Eusebius nennt den Chiliasmus eine sententia erronea. Theodoret und Nicephorus versetzen die Lehre des Nepos, die sich von der des h. Irenaeus und der Uebrigen nicht wesentlich unterscheidet, ebenfalls unter die **Häresien**. Von den spätern Theologen bemerkt der h. Thomas einfach, gewisse Häretiker hätten auf Grund der geheimen Offenbarung eine erste Todtenauferstehung und ein sich anschließendes tausendjähriges Reich gelehrt; aber der h. Augustinus habe gezeigt, daß diese erste Auferstehung im geistigen Sinne zu ver-

---

[1] Kleutgen. V. n. 612 u. 613.

stehen sei. Dominikus Sotus nennt die Lehre des Papias, des Lactantius u. s. w. einen Irrthum und eine Fabel; dasselbe thut Bellarmin. Cornelius a Lapide aber bemerkt zu Apok. 20, 1 ff.: „Hic itaque est error millenariorum; haeresim dicere non audeo, quia apertas scripturas aut conciliorum decreta, quibus haec sententia quasi haeretica damnetur, non habeo. Unde et s. Augustinus eam damnare non est ausus Satis tamen illa erroris convincitur et ab ecclesia damnari posset ut haeretica, uti noster P. Salas et alii eam damnant." Muzzarelli schreibt: „Respondeo, 'me temperatam millenariorum sententiam non ut haereticam traducere, sed tamen contendo, quod in praesenti tempore sit ad minimum improbabilis, quia ex una parte est destituta omni gravi auctoritate, ex altera vero habet auctor itates contra se gravissimas et ineluctabiles." — Franzelin selbst gibt sein Urtheil in folgender Form ab: Igitur de universali, constante et rata consensione patrum et doctorum inde saltem a quinto saeculo usque ad hanc nostram aetatem in reiicienda illa opinione nullum potest esse dubium; quamvis non ita se habeat negatio, ut opinio improbata, antequam ecclesiae definitio accedat, possit dici haeretica." — In ähnlicher Weise äußert sich Jungmann a. a. O.: „Et quamvis non soleat (opinio chiliastica) censura theologica affici, tamen omni fundamento destituta opinio ab omni viro cordato respuenda est."

Aus dem Gesagten geht hervor, daß Väter und Theologen insgesammt den Chiliasmus als solchen, von welcher Form er auch sein mag, zum Mindesten als einen Irrthum verwerfen, während einzelne von ihnen ihn geradezu eines häretischen Charakters bezüchtigen. Diejenigen, welche sich mit der Note des Irrthums begnügen, nehmen also offenbar an, daß die dem Chiliasmus entgegengesetzte Lehre noch nicht de fide catholica sei, weil sonst ihr Urtheil entschieden anders lauten müßte; oder was dasselbe ist, sie nehmen an, daß (da ja ein förmliches Urtheil des außerordentlichen Lehramtes nicht vorliegt) die Kirche auch durch das ordentliche Lehramt sich noch nicht hinlänglich über unsere Frage geäußert habe. —

Wir haben nun im ersten Theile unserer Abhandlung einige der Weisen namhaft gemacht, durch welche die Kirche ordentlicher Weise eine Lehre der Offenbarung proponirt. Sie thut es z. B. dadurch, daß sie uns den Inhalt der h. Schrift vorlegt, und wir haben darum alles dasjenige als kirchlich proponirte Wahrheit, als katholische Glaubenslehre anzusehen, was klar und unzweideutig in der uns vorgelegten Schrift ausgesprochen ist. Sie thut es ferner dadurch, daß sie uns in der übereinstimmenden Erklärung der Väter die Norm gibt, nach welcher wir die Schrift, vor allem die weniger klaren Stellen derselben verstehen sollen. Sie verkündet ihren Glauben insbesondere auch durch die Predigt und den Unterricht, die öffentlich und allgemein, in ihrem Auftrage, unter ihrer Leitung und Aufsicht abgehalten werden. Was in der Gegenwart die Kirche in dieser letzten Weise als ihren Glauben proponirt, darüber können wir uns leichter vergewissern. Was sie in früheren Zeiten auf diese Art zu glauben vorgelegt hat, darüber geben uns Väter und Theologen Auskunft. Alles, was diese, namentlich die erstern, unanimi consensu für eine Lehre der Offenbarung, der Schrift, der Ueberlieferung, des Glaubens oder der Kirche erklären, das wurde in ihrer Zeit öffentlich und allgemein in der Kirche gelehrt und folglich auch geglaubt.

Auf eben diese Prinzipien sich stützend sind nun einzelne namhafte Theologen der Ansicht, daß auch die dem Chiliasmus entgegengesetzte Lehre in allen ihren Theilen de fide catholica sei, und sie bemühen sich zu dem Ende vor allem darzuthun, daß diese Lehre die offenbare Lehre der h. Schrift sei, und daß, sollte hier oder da der Sinn einer Schriftstelle zweifelhaft sein, durch die übereinstimmende und folglich auctoritative Erklärung der Väter und der katholischen Interpreten jeder Zweifel für den Katholiken definitiv beseitigt sei.

4) Wenn Epiphanius, bemerkt Suarez a. a. O. (sect. 8. n. 4), den Chiliasmus für häretisch erklärt, so geschieht dieses von allen Theologen und spätern Schriftstellern, welche gegen die Häretiker geschrieben haben.[1]) Indessen haben sie dabei, fährt er fort, speciell jene Behauptung der Chiliasten im Auge, daß die Seligkeit des Reiches Christi auch in sinnlichen Genüssen bestehen werde und sie

---

[1]) Denique omnes theologi et posteriores scriptores, qui contra haereses scripserunt, inter haereses hanc sententiam numerant.

bezeichnen den Chiliasmus darum als häretisch, weil er mit dieser seiner Behauptung der offenbaren Lehre der Schrift widerspricht, die vom Reiche Christi Speise und Trank und eheliches Leben mit den klarsten und unzweideutigsten Worten ausschließt. (Matth. 22, 30. Röm. 14, 17.) Die übrigen chiliastischen Gedanken aber, also die doppelte Auferstehung selbst und das zwischenliegende tausendjährige Reich, wollen sie nicht geradezu als häretisch censuriren. — Suarez ist aber mit dieser Haltung der Theologen keineswegs zufrieden. Er stellt es zunächst als sententia certa hin, daß alle Menschen, gute und böse, an einem und demselben Tage auferstehen werden; insofern dieser Satz aber einen Gegensatz zu den chiliastischen Anschauungen bilde, fügt er sogleich hinzu, habe er seines Erachtens den Charakter einer **katholischen Glaubenslehre**. — Inwiefern bildet nun aber dieser Satz einen Gegensatz mit den chiliastischen Anschauungen? — Insofern, als er eine solche Gleichzeitigkeit der Auferstehung aller behauptet, daß dadurch nicht zwar jeder geringste, wohl aber jeder längere, aus Tagen oder Jahren bestehende Zwischenraum zwischen der Auferstehung der Guten und Bösen, gewiß also ein tausendjähriges Zwischenreich Christi, ausgeschlossen ist. Eine Gleichzeitigkeit der Auferstehung aller in diesem Sinne ist also nach Suarez **katholische Glaubenslehre**, und mit ihm spricht es auch der h. Bonaventura einfach und offen aus: „Bezüglich der Auferstehung ist es katholische Glaubenslehre, daß alle Menschenleiber beim allgemeinen Gerichte ohne zeitlichen Zwischenraum auferstehen werden." [1]

Auf welchen Grund hin erklärt nun Suarez die von ihm behauptete Gleichzeitigkeit der Auferstehung für eine katholische Glaubenslehre? — Deßhalb, weil die chiliastische Doppelauferstehung ebensowohl im offenbarsten Widerspruche mit der h. Schrift steht, als

---

[1] Haec assertio (omnes homines die iudicii resurrecturos sine magna inter resurrectionem iustorum et iniquorum mora) est certa, et quatenus repugnat citato errori, existimo esse de fide. Suarez, l. c.

De resurrectione secundum fidem catholicam tenendum est, quod omnia corpora hominum resurgent in generali iudicio, non existente in eis distantia (moraliter longa, fügt Franzelin im Sinne des h. Lehrers hinzu) quantum ad ordinem temporis. Bonaventura. Centiloq. p. 4. sect. 2.

die andere Behauptung, welche den Auferstandenen noch sinnliche Genüsse einräumt.¹)

Zunächst lehre nämlich die h. Schrift mit den klarsten Worten, daß **auch die Gerechten am jüngsten Tage auferstehen** würden. Nun sei aber unter dem jüngsten Tage evident der letzte Tag, der Tag des allgemeinen Weltgerichtes zu verstehen; denn das liege im Begriffe des Wortes, und so werde es auch von allen verstanden. Und folglich gehe die Auferstehung der Gerechten der der Bösen der Zeit nach nicht vorher. Suarez weist zum Beweise auf die Stelle Job 19, 25 hin, wo der gerechte Job seine Auferstehung am jüngsten Tage erwartet; ebenso auf Joh. 6, 39 f. 44 u. 55, wo Christus es wiederholt betheuert, daß er die Seinigen (also die Gerechten) am jüngsten Tage auferwecken werde.

Weiterhin, fährt Suarez fort, lehre die Schrift ausdrücklich, daß die Auferstehung der Guten und Bösen zu gleicher Zeit erfolgen werde. Denn möchten auch einzelne Theologen annehmen, daß das „zu gleicher Zeit" nicht im physischen, sondern im moralischen Sinne zu verstehen sei,²) so viel sei doch gewiß, daß durch eine solche Weise der Darstellung ein tausendjähriges Zwischenreich, überhaupt jede längere Zwischenzeit ausgeschlossen sei. Zum Belege verweist Suarez auf Joh. 5, 28, wo der Herr sagt, es werde die Stunde kommen, in der alle, die in den Gräbern sind, die Guten und Bösen, die Stimme des Sohnes Gottes hören und auferstehen werden. Des Weiteren macht er auf I. Cor. 15, 52 aufmerksam³), ferner auf Daniel 12, 2⁴); endlich erinnert er an die Parabeln von den weisen und thörichten Jungfrauen; vom Unkraute, das zugleich mit dem reifen Weizen geschnitten wird und vom Fischnetze, das, wo es aufgezogen ward, gute und schlechte Fische zugleich enthielt.⁵)

---

¹) Hic ergo solum est ostendendum, etiam posteriori ratione (i. e. temporis) aperte (istam sententiam) repugnare scripturae.

²) In der folgenden Section führt nämlich Suarez aus, daß zwar alle Väter und Theologen lehren, daß alle an demselben Tage auferstehen, nicht aber, daß alle auch in einem und demselben Momente wiedererstehen würden.

³) Canet enim tuba, et mortui resurgent incorrupti et nos immutabimur.

⁴) Et (in tempore illo) multi de his, qui dormiunt in terrae pulvere, evigilabunt: alii in vitam aeternam et alii in opprobrium, ut videant semper.

⁵) Matth. 13, 24 ff. 47 ff. 25, 1 ff.

Endlich drittens lehre die h. Schrift klar und deutlich, daß gleich bei der Auferstehung den Leibern der Gerechten die Unverweslichkeit und Geistigkeit werde zu Theil werden, um sie dadurch himmlisch zu machen und für den Eintritt in das Reich des Himmels zu disponiren (I. Cor. 15, 42 ff.); daß gleich nach der Auferstehung der Gerechten auch das ewige und himmlische Leben derselben ihren Anfang nehmen (Joh. 5, 29. Matth. 25, 46. Daniel 12, 2) und daß sie gleich nach der Auferstehung in demselben Augenblicke Christo entgegen von der Erde würden hinweggerafft werden, um ewig bei ihm im Himmel zu sein. (I. Thess. 4, 13 und 16. Eph. 2, 5 und 6. II. Cor. 5, 1.) Durch alles dieses sei aber auf das evidenteste ein tausendjähriges Reich Christi und der Gerechten hier auf Erden ausgeschlossen.

Mit den angegebenen Schriftstellen scheint nun aber in Widerspruch zu stehen, was uns der h. Seher Johannes in der geheimen Offenbarung Cap. 20, 1 ff. vorführt. Dort heißt es nämlich: „Und ich sah einen Engel niederfahren vom Himmel, der hatte den Schlüssel des Abgrundes und eine große Kette in seiner Hand. Und er faßte den Drachen, die alte Schlange, welche ist der Teufel und Satan, und fesselte ihn auf tausend Jahre, und warf ihn in den Abgrund und verschloß und verriegelte über ihm, daß er nicht mehr verführe die Völker, bis tausend Jahre vollendet wären. Und danach muß er losgelassen werden auf eine kurze Zeit. Und ich sah Stühle, und sie setzten sich darauf, und es wurde ihnen gegeben, Gericht zu halten, und (sah) die Seelen derjenigen, die wegen des Zeugnisses Jesu und wegen des Wortes Gottes enthauptet worden sind, die weder das Thier, noch dessen Bild angebetet — —, und sie lebten und regierten mit Christo tausend Jahre. Die übrigen Todten lebten nicht, bis daß tausend Jahre vollendet waren. Dieses ist die erste Auferstehung. Selig und heilig ist, wer Theil hat an der ersten Auferstehung; über solche hat der zweite Tod keine Gewalt, sondern sie werden Priester Gottes und Christi sein und mit ihm regieren tausend Jahre. Und wenn die tausend Jahre vollendet sind u. s. w." (es folgt nun die Beschreibung der zweiten Auferstehung und des letzten allgemeinen Gerichtes).

Hier ist also in der That von zwei Auferstehungen die Rede, von denen die erste als eine Auferstehung der Gerechten characterisirt

wird, die mit Christo tausend Jahre herrschen sollen. — Neben einigen
andern Stellen aus den Psalmen und den Propheten war es namentlich
diese Stelle, auf deren buchstäbliche Deutung die Chiliasten ihre
Anschauungen zu stützen suchten. Daß aber diese buchstäbliche Deutung
eine unzulässige sei, folgt schon aus hermeneutischen Grundsätzen.
Denn es versteht sich doch wohl von selbst, daß die dunkeln und
geheimnißvollen Aussprüche der geheimen Offenbarung durch anderweitige deutliche Ansprüche der h. Schrift, wenn solche vorliegen,
nicht aber die letzteren durch die ersteren, erklärt werden müssen.
Daß es aber solcher anderweitiger Aussprüche eine ganze Menge
gibt, hat uns soeben Suarez gezeigt. — Die erste Auferstehung, so
fährt derselbe fort, sei darum nicht im buchstäblichen, sondern im
bildlichen Sinne zu verstehen; sie sei keine leibliche, sondern eine
geistige, die geistige Auferstehung vom Tode der Sünde nämlich, die
sich in der Glorification der Seele nach dem Tode fortsetze. Die
zweite Auferstehung aber sei die leibliche am jüngsten Tage. Die
tausendjährige Herrschaft Christi zwischen der ersten und zweiten
Auferstehung aber bedeute die Zeit der bestehenden Kirche, während
welcher Christus in seiner Kirche und in den gerechtfertigten Seelen
die Herrschaft führe. — Diese Deutung des Suarez hat aber nicht
bloß die Prinzipien der Hermeneutik für sich, sondern es kommt noch
ein zweites, entscheidendes Moment hinzu: sie ist auch (von einzelnen
Abweichungen in untergeordneten Dingen abgesehen) die Deutung aller
Väter und Theologen. Es wird gut sein, wenigstens Einen, den
h. Augustin, hierüber ausführlicher zu vernehmen.

5) Den Standpunkt, den der h. Augustin dem Chiliasmus
gegenüber einnimmt, präcisirt er a. a. O. Cap. 7. Dort sagt er,
die Lehre vom tausendjährigen Reich würde noch einigermaßen erträglich
sein, wenn sich ihre Anhänger darauf beschränkten, dem irdischen
Messiasreiche bloß geistige Genüsse zu vindiciren; er selber habe
früher einmal gemeint, in diesem Sinne jene Ansicht vertreten
zu können. Daßjenige aber, was thatsächlich die Chiliasten in der
fleischlichen und grobsinnlichen Ausschmückung des tausendjährigen
Reiches geleistet hätten, übersteige alle Grenzen des denkbar Möglichen
und könne nur bei fleischlichen Menschen Glauben und Anklang finden.
Es liege nun nicht in seiner Absicht, die chiliastischen Sätze im Einzelnen
zu widerlegen, er wolle bloß zeigen, wie die Stelle in der geheimen

Offenbarung verstanden werden müsse.¹) — Die Erklärung, welche dann der Heilige gibt, ist aus doppeltem Grunde von großer Wichtigkeit, einmal deßhalb, weil sie eben die Erklärung des h. Augustin ist, dann insbesondere wegen des Umstandes, daß der h. Lehrer in der Deutung des Johanneischen Gesichtes nicht einfach seine subjective Meinung gibt, sondern für die Intepretation der einzelnen Ausdrücke Schritt für Schritt in andern Theilen der h. Schrift die hinlänglichen Belege sucht und findet. — Ohne uns auf die Details einzulassen, was zu weit führen würde und für unsern Zweck auch nicht nothwendig ist, lassen wir bloß die wichtigsten Gedanken folgen.

In erster Linie handelt es sich darum, die beiden Auferstehungen zu erklären, von denen die erste vom h. Lehrer ganz allgemein als eine **Auferstehung**, und zwar bloß der Gerechten, characterisirt wird, ohne daß er eine specielle Hindeutung darauf, daß dieses eine **leibliche** sei, beigefügt hätte. Die zweite dagegen kennzeichnet er ganz evident als eine **leibliche** Auferstehung, und zwar als eine Auferstehung **aller**. — Wie ist nun die erste Auferstehung zu erklären? — Es ist, antwortet der h. Augustin, eine **geistige** Auferstehung, die Auferstehung vom geistigen Tode der Sünde, denn auch sonst wird die geistige Wiedergeburt aus der Sünde zur Gnade von der h. Schrift eine Auferstehung genannt, wie aus II. Cor. 5, 14 f. zu ersehen ist. Noch wichtiger aber sind die Aussprüche unseres Herrn selbst im Johannisevangelium.²) Unser Heiland spricht dort,

---

¹) Quae opinio esset utcumque tolerabilis, si aliquae deliciae spiritales in illo sabbato affuturae sanctis per Domini praesentiam crederentur. Nam etiam nos hoc opinati fuimus aliquando. Sed quum eos, qui tunc resurrexerint, dicant immoderatissimis carnalibus epulis vacaturos, in quibus cibus sit tantus ac potus, ut non solum nullam modestiam teneant, sed modum quoque ipsius incredulitatis excedant, nullo modo ista possunt nisi a carnalibus credi. — — Eos autem longum est refellere ad singula; sed potius quemadmodum scriptura haec accipienda sit, iam debemus ostendere.

²) Die Stelle bei Joh. 5, 25. lautet: „Wahrlich, wahrlich sage ich euch, es kommt die Stunde und sie ist schon da, daß die Todten die Stimme des Sohnes Gottes hören werden und die sie hören, werden leben." — Zwei Verse weiter aber heißt es: „Verwundert euch nicht, denn es kommt die Stunde, in der alle, die in den Gräbern sind, die Stimme des Sohnes Gottes hören werden. Und es werden hervorgehen, die Gutes gethan, zur Auferstehung des Lebens, die aber Böses gethan, zur Auferstehung des Gerichtes."

und zwar ganz analog der apokalyptischen Darstellung, von einer doppelten Auferstehung der Todten. Auch er characterisirt die erste als eine **partielle**, denn nur diejenigen, welche die Stimme des Sohnes Gottes hören, werden leben. Was aber noch bedeutungsvoller ist: von dieser ersten Auferstehung wird gesagt, daß ihre Stunde **jetzt schon da sei**. Unter dieser Auferstehung, die sich jetzt schon vollzieht und zwar nur an einem Theile der Menschen, folgert dann der h. Lehrer, kann also nicht die leibliche[1]), sondern nur eine geistige verstanden werden, es ist die geistige Auferstehung aus dem Grabe der Sünde, welche mit dem ersten Erscheinen Christi ihren Anfang nahm, um sich im Laufe der Zeiten in der Menschheit fortzusetzen. Die zweite Auferstehung aber wird vom Heilande in die **Zukunft** verlegt und wird von ihm ganz klar als eine **allgemeine** geschildert, als eine Auferstehung der Guten und der Bösen, und zwar **dem Leibe nach**. — Die Worte des Herrn im Evangelium decken sich also so vollkommen mit der doppelten Auferstehung der Apokalypse und den beigefügten nähern Bestimmungen, daß der h. Augustinus wohl berechtigt ist, die Erklärung, welche er ganz richtig von Joh. 5, 25 ff. gibt — sie ist nebenbei bemerkt auch die Erklärung der neuern Exegeten (vgl. Bisping) —, auch auf Apok. 20, 1 ff. zu übertragen.

Es fragt sich noch, ob es dem h. Augustinus gelingt, auch für die übrigen Züge der apokalyptischen Darstellung die entsprechenden Erklärungen und Belege beizubringen. — Was ist zunächst unter den **tausend Jahren** zu verstehen, in denen die Gerechten mit Christus herrschen werden, während der Satan gebunden liegt? — Sie bezeichnen die laufende Periode der diesseitigen Kirche, und nur darüber ist der Heilige zweifelhaft, ob er die tausend Jahre wörtlich nehmen soll, so daß nach dem Ablauf derselben das Ende der Welt hereinbricht, oder ob er sie ganz allgemein im Sinne einer großen Zeitenfülle verstehen soll.[2]) Für die letztere Deutung spricht ihm die Natur der Zahl Tausend, die, als dritte Potenz von Zehn, in

---

[1]) Prima (resurrectio) a quibusdam nostris non intellecta, insuper etiam in quasdam ridiculas fabulas versa est, bemerkt der Heilige im Eingange des 7. Cap.

[2]) „Donec finiantur, inquit, mille anni," i. e., aut quod remanet de sexto die, qui constat ex mille annis; aut omnes anni, quibus deinceps hoc saeculum peragendum est. c. 7.

ihrer cubischen Gestalt ein Sinnbild der Fülle ist; außerdem wird auch an andern Stellen der Schrift, z. B. Pf. 104, 8 die Zahl Tausend in demselben Sinne einer unbestimmt großen Zahlenfülle genommen. — Ist aber während dieser Zeit die Macht Satans gebunden, um erst nach Verlauf der tausend Jahre wieder auf einige Zeit frei zu werden? — Freilich! Denn sagt nicht der Heiland selbst, daß er als der Stärkere gekommen sei, um den Starken zu binden und ihm seine Gefäße zu entreißen?[1]) — Doch ist dieses Gebundensein Satans nicht so zu verstehen, als sei ihm gar keine Macht geblieben uns zu versuchen; seine Macht ist nur bis zu einem gewissen Puncte beschränkt worden.[2]) — Auch das Herrschen der Gerechten mit Christus während der tausend Jahre findet in andern Stellen der Schrift seine Erklärung und Begründung. Die Gerechten herrschen mit Christus, weil sie mit ihm, dem unsichtbaren Haupte des sichtbaren Gottesreiches, der Kirche (Matth. 13, 52 und 39 ff.), aufs innigste zur Einheit verbunden sind. Ihr Wandel ist ja gemäß dem Apostel im Himmel und nicht auf Erden, und noch deutlicher sagt derselbe Apostel: „Wenn ihr auferstanden seid mit Christus, dann suchet, was droben ist, wo Christus ist sitzend zur Rechten des Vaters; was droben ist, suchet, nicht was auf dieser Erde." Col. 3, 1 f. Vor allem aber sind es die Vorsteher der Kirche, welche an der Herrschaft Christi Antheil nehmen. Und wenn der neutestamentliche Prophet Sitze schaut und solche, die auf diesen Sitzen Gericht halten, dann meint er eben die Vorsteher der Kirche, denen die Schrift auch sonst mit ausdrücklichen Worten königliche Gewalt und Thätigkeit zuschreibt. (Matth. 18, 18. 1. Cor. 5, 12). Aber auch die Seelen der bereits dahingeschiedenen Gerechten nehmen an dieser Herrschaft Christi Theil, denn sie bleiben ja in inniger Lebensgemeinschaft wie mit Christus, so auch mit seiner sichtbaren Kirche. Den hervorragendsten Antheil aber nehmen die Seelen derer, die getödtet wurden, weil sie bis in den blutigen Tod für die Wahrheit gestritten haben. Darum beschränkt sich der Prophet darauf, bloß diese eigens hervorzuheben. — Die Uebrigen aber lebten nicht,

---

[1]) Quis intrat in domum fortis, ut vasa eius eripiat, nisi prius alligaverit fortem? Matth. 12, 29.

[2]) Sed alligatio diaboli est, non permitti exercere totam tentationem, quam potest vel vi vel dolo ad seducendos homines. c. 8.

fährt die Apokalypse fort, und zwar deßhalb nicht, fügt der h. Augustin
erklärend hinzu, weil sie — die Gottlosen — die Stimme des Sohnes
Gottes, der sie zur ersten Auferstehung und zum Leben rief, nicht
hören wollten, sondern es vorzogen, im Tode der Sünde zu ver=
harren. Und darum werden sie in diesem Zustande des geistigen
Todes verharren, bis die tausend Jahre beendigt sind: nicht als sollten
sie dann lebendig werden, sondern insofern, als dann ihr Zustand
in eine andere Phase übergehen wird. Der zweite Tod, die ewige
Verdammniß, der ihre Seelen bereits verfallen waren, wird dann
in der zweiten, allgemeinen Auferstehung auch ihre Leiber verschlingen,
während über die Gerechten, die ausharrten in der Gerechtigkeit und
die von der Apokalypse selig gepriesen werden, der zweite Tod
keine Gewalt hat. Sie werden mit Christus herrschen die tausend
Jahre, um dann nach der zweiten Auferstehung in seinem himm=
lischen Reiche auch dem Leibe nach ewig bei ihm zu sein.

6) Diese Erklärung, welche der h. Augustin von Apok. 20, 1 ff.
gibt, und mit ihm, wie wir sahen, auch Suarez, ist nun auch die
Erklärung aller übrigen Väter und Theologen; sie alle treten unanimi
consensu für dieselbe ein. Denn daß dieser Consens durch den Dissens
einiger weniger vornicaenischer Väter nicht beeinträchtigt werde, braucht
wohl nicht hervorgehoben zu werden. Exceptis nonnullis priorum
saeculorum patribus, bemerkt Jungmann, inde a saeculo quarto
ineunte et saeculo quinto, ex quo tempore doctrinae et dog-
matum christianorum intelligentia maxime explicata et exculta
est, summique doctores ecclesiae floruerunt, universi patres
et doctores unanimiter docuerunt, textus illos non sensu
obvio et litterali, sed sensu translato et spirituali intelligendos
esse". — Suarez macht verschiedene dieser Väter namhaft, so den
h. Joh. Chrysostomus, Augustinus, Eligius, Hippolytus, Gregor den
Großen und fügt hinzu: „Eodem modo sentiunt omnes ex-
positores catholici in apoc: Anselmus, Beda, Rupertus,
Aretas et reliqui."

Nachdem er so die Gleichzeitigkeit der Auferstehung aller durch
die klare Schriftlehre und durch den Consens der interpretirenden
Väter und Exegeten dem Chiliasmus gegenüber dargethan hat, sucht
er, was wir noch hinzufügen können, in der folgenden Section diese
Gleichzeitigkeit etwas genauer gemäß der Schrift und der Tradition

zu bestimmen. Das Resultat ist in Kürze folgendes: Alle katholischen Schriftsteller lehren, daß die Auferstehung aller an einem und demselben Tage stattfinden werde; die sentenia communior hält außerdem dafür, daß sie sich in einem und demselben Momente vollziehen werde. — Die Autoritäten, welche er für diese Gleichgiltigkeit der Auferstehung an einem und demselben Tage, bez. in einem und demselben Momente, ausdrücklich und in der von uns beibehaltenen Reihenfolge namhaft macht, sind folgende: Primasius, Theophylact, Oecumenius, Theodoret, Cajetan, Scotus, Durandus, Richard von St. Victor, Thomas, Paludanus, Sotus, Gennadius, Methodius, Cyrillus, Euthymius. —

Fünfte Abtheilung.

Das den auferstandenen Leibern eigene sensitive Leben.

---

§ 18.

Das sensitive Leben der Auferstandenen im Allgemeinen. — Sinnliches Begehren und willkürliche Bewegung.

1) Das sensitive Vermögen hat, ähnlich dem vegetativen, seinen Sitz in den körperlichen Organen, so aber, daß weder die körperlichen Organe, noch auch die Seele allein, sondern die Seele in Verbindung mit den körperlichen Organen als das Princip der sensitiven Thätigkeiten anzusehen ist.[1]

Die sensitiven oder animalischen Lebensfunctionen lassen sich auf drei zurückführen. Die erste besteht in der sinnlichen Wahrnehmung, die in eine äußere und in eine innere zerfällt. Vermittelst des äußern Wahrnehmungsvermögens, mit andern Worten vermittelst unsrer fünf Sinne, sind wir befähigt, äußere Einwirkungen inne zu werden und so zu einer sinnlichen Wahrnehmung äußerer Gegenstände zu gelangen. Vermittelst des innern Wahrnehmungsvermögens oder des innern Sinnes empfinden wir unsere eigenen innern sinnlichen Affectionen: Hunger, Durst, Ermüdung, Schmerz und Lust — An die sinnliche Wahrnehmung schließt sich dann naturgemäß die zweite sensitive Lebensfunction an: Das sinnliche Be-

---

[1] Anima sensitiva non habet aliquam operationem propriam per se, sed omnis operatio animae sensitivae est coniuncti. S. Thomas, S. l. q. 75. a. 3.

gehren, insofern wir die durch die Wahrnehmung erfaßten Objecte entweder anstreben oder ihnen widerstreben, jenachdem sie unserer Natur zusagen oder nicht zusagen. — Dem sinnlichen Begehren ist dann endlich drittens das Vermögen der **willkürlichen Bewegung** untergeordnet, welches uns in den Stand setzt, das Angestrebte uns anzueignen, dem Widerstrebenden und Schädlichen aber aus dem Wege zu gehen.

Diesen drei sensitiven Functionen entsprechen dann bestimmte körperliche Organe, mit deren Hülfe sie ausgeübt werden: es gibt Organe der Wahrnehmung, Organe für das sinnliche Begehren und Organe der Bewegung. — Das Organ der sinnlichen Wahrnehmung sind die **sensitiven Nerven**, die theils unmittelbar vom Gehirn ausgehend mit den vier Sinnesorganen des Kopfes in Verbindung stehen, theils vom Rückenmark ausgehend sich netzartig über die ganze Oberfläche des Körpers, aber auch durch alle innern Theile desselben verbreiten, um sowohl dem äußern Tast- oder Gefühlssinne, als auch dem innern Wahrnehmungsvermögen, dem innern Sinne zu dienen. — Das Organ für das sinnliche Begehren ist das **Ganglien-nervensystem**, von dem schon früher Rede war. — Den willkürlichen Bewegungen dienen endlich die **motorischen Nerven**, die ebenfalls zum Theil vom Gehirn, zum Theil vom Rückenmark auslaufend, mit den Muskeln, Sehnen und Knochen des Leibes in Verbindung stehen. — Das Gehirn und das Rückenmark sind als die Centralsitze alles sinnlichen Lebens: der Wahrnehmung, des Begehrens und der Bewegung anzusehen; der Hauptcentralsitz (sensorium commune) ist aber das Gehirn, weil mit ihm das Rückenmark in Verbindung steht, und durch Vermittelung des Rückenmarkes auch alle diejenigen Nerven, die vom Rückenmark ihren Ausgang nehmen. — Sobald ein Nerv, der ein Sinnes- oder Bewegungsorgan mit dem Gehirn oder Rückenmark verbindet, zerschnitten wird, so daß die Verbindung mit dem Centralorgane aufgehört hat, hat das betreffende Organ die Kraft und Fähigkeit für seine eigenthümliche Thätigkeit verloren.

2) Eine besondere Aufmerksamkeit verdient die Thätigkeit der äußeren Sinne. Denn die Frage, ob in den auferstandenen Leibern auch die Sinne eine entsprechende Thätigkeit haben werden, und von welcher Art diese Thätigkeit sei, ist namentlich mit Rücksicht auf ihren

zweiten Theil nicht so leicht zu beantworten. Wir müssen daher einige Bemerkungen vorausschicken, um uns das eigenthümliche Wesen der Sinneswahrnehmungen einigermaßen klar zu machen.[1]

Soll eine Sensation, die Wahrnehmung eines äußern Objectes zu Stande kommen, so ist zunächst erforderlich, daß das Object sich dem körperlichen Organe mittheile, indem es entweder unmittelbar, wie beim Tastsinne, oder mittelbar, vermittelst eines Mediums (Licht oder Luft), wie beim Gesichts- und Gehörssinne, verändernd auf dasselbe einwirkt, so zwar, daß in ihm, dem Organe, ein Eindruck, ein Bild des Objectes entsteht. Diese Veränderung des körperlichen Organes wird von der Scholastik als eine physische und materielle, als eine immutatio naturalis seu materialis aufgefaßt, und sie ist es in der That auch. Denn sie characterisirt sich zunächst als eine molekulare Bewegung, die, im äußern Organe durch den Reiz des äußern Objectes hervorgerufen, sich durch die Sinnesnerven bis zum Centralorgane fortpflanzt. Mit dieser Bewegung verbindet sich dann weiterhin eine materielle Zersetzung, eine corruptio, die eine Folge jener Bewegung ist. Durch die Erschütterung des Organes werden nämlich in allen Theilen desselben Partikelchen aus dem organischen Verbande losgerissen und durch das Blut hinweggeschwemmt, um sofort durch neue ersetzt zu werden.[2] Das körperliche Organ als solches verhält sich also im Prozesse der Sinneswahrnehmung rein passiv oder receptiv; es wird von Außen her verändert, indem es durch die Einwirkung eines äußeren Objectes in sich selber physisch gereizt und bewegt wird.

Diese Veränderung des körperlichen Organes, wodurch es einen Eindruck, ein Bild des äußeren Gegenstandes in sich aufnimmt, ist nun als wesentliche Voraussetzung und Vorbedingung der Sinneswahrnehmung anzusehen, aber sie ist noch nicht die Sinneswahrnehmung selbst. — Der sinnliche Eindruck ist ja an und für sich nur ein physiologischer Vorgang, der sich im körperlichen Organe als solchem vollzieht; das Princip der Wahrnehmung selbst ist aber das Conjunctum, die Seele in Verbindung mit dem Organe,

---

[1] Vgl. zur folgenden Darstellung Kleutgen, Phil. der Vorzeit, I. n. 18 ff. n. 31. II. n. 700 f. Stöckl, Lehrbuch der Phil. Psychologie, S. 46 f.

[2] Nat. u. Offb. XIX. S. 59.

wie uns oben der h. Thomas sagte. Weiterhin ist, wie wir soeben
sahen, das Verhalten des körperlichen Organes als solchen ein rein
passives; die Wahrnehmung selbst aber characterisirt sich als eine
Thätigkeit, durch welche das Wahrnehmungsvermögen den ihm
durch den äußeren Sinn zugetragenen Eindruck seinerseits in sich
aufnimmt und erfaßt.¹) Dazu kommt, daß erfahrungsmäßig nicht
schon bei jedem Sinneseindruck sofort auch die Sensation entsteht,
sondern dann erst, wenn die Seele dem empfangenen Eindrucke ihre
Aufmerksamkeit zuwendet. Endlich hat die neuere Wissenschaft dargethan, daß zwischen der Aufnahme des materiellen Eindruckes im
Organe und der Wahrnehmung selbst eine zwar geringe, aber doch
berechenbare Zeit intercedirt, ein Umstand, der die wesentliche Verschiedenheit beider Vorgänge in der handgreiflichsten Weise darthut.²)

Wir also haben wir uns den Act der Wahrnehmung selbst zu
erklären? — Alles Erkennen, lehrt die Scholastik, kommt durch eine
Thätigkeit des erkennenden Vermögens zu Stande, und zwar dadurch,
daß das erkennende Vermögen in sich selbst ein Bild, eine species,
des Erkenntnißobjectes erzeugt.³) Und weil das Erkenntnißvermögen
dieses Bild in sich selber erzeugt, so entspricht dasselbe nothwendig
der Natur des erkennenden Principes, d. h. das Erkannte kann nur
nach Weise des Erkennenden im Erkennenden sein.⁴) — Eben dieses
gilt nun auch von der sinnlichen Erkenntniß. Sie kommt dadurch
zu Stande, daß das sinnliche Wahrnehmungsvermögen, nachdem seine
Aufmerksamkeit (intentio)⁵) auf den empfangenen Sinneseindruck

---

¹) Licet sensationes non dentur sine motibus, impulsibus ac titillationi-
bus organorum sentientium, ipsum tamen sentire non est sensum moveri ac
titillari, sed est percipere motus ac titillationes ac alia obiecta. Maurus,
Quaest. phil. Vol. II. q. 4.

²) Stöckl, a. a. O. S. 33. u. 34.

³) Omnis cognitio fit secundum similitudinem cogniti in cognoscente,
sagt der h. Thomas 2. c. gent. c. 77.

⁴) Modus cognoscendi rem aliquam est secundum conditionem cognos-
centis, in quo forma recipitur secundum modum eius. S. Thomas, de verit.
q. 10. a. 4.

⁵) Daher wird auch der Erkenntnißact selbst von der Scholastik intentio
genannt, weil er ohne die intentio gar nicht sein kann; und ebenso nennt sie
das abbildliche Sein, welches der Gegenstand im Erkenntnißvermögen erhält:

hingewendet wurde, diesen Eindruck oder Reiz erfaßt, in sich aufnimmt. Das Erfassen selbst aber besteht darin, daß das erkennende Princip jenen Eindruck wiedererzeugt, indem es, sich selbst verändernd, sich selbst zu einem Bilde des Eindruckes und eben damit auch des äußeren Objectes macht, von welchem der Eindruck herrührt. Diese Selbstveränderung des Vermögens, deren Resultat die species im Vermögen und die Sensation ist, wird dann von der Scholastik als eine geistige Veränderung (immutatio spiritualis) bezeichnet im Gegensatze zu der rein materiellen Veränderung (immutatio naturalis seu materialis) im körperlichen Organe.

3) Bevor wir dazu übergehen, die Art und Weise zu besprechen, in welcher wir uns die Sinnesthätigkeit der auferstandenen Leiber im Einzelnen zu denken haben, müssen wir vorab eine allgemeine Schwierigkeit in nähere Erwägung ziehen. — Wie wir soeben hörten, verhalten sich die körperlichen Organe bei allen Sinneswahrnehmungen leidend, indem sie von Seiten der äußeren Objecte Eindrücke der mannigfaltigsten Art in sich aufnehmen, und dieses Leiden characterisirt sich als physische Veränderung, als molekuläre Bewegung und als materielle Zersetzung. Nun werden aber alle auferstandenen Leiber unverweslich, und die Leiber der Verklärung werden außerdem leidensunfähig sein. Somit könnte es scheinen, als sei das zur Sinneswahrnehmung nothwendige leidende Verhalten der Organe mit der Vollkommenheit der auferstandenen Leiber durchaus unvereinbar.

Hören wir zunächst, auf welche Weise der h. Thomas die anscheinende Schwierigkeit zu lösen versucht. — Im dritten Artikel der zweiundzwanzigsten Quästion stellt er zunächst die Behauptung auf, daß auch in den auferstandenen Leibern die Sinne eine entsprechende Thätigkeit haben werden, weil sonst diese Leiber sich eher in einem Zustande des Schlafes, als des Wachens befinden würden.[1] —

---

species intentionalis sive spiritualis, oder auch esse intentionale, sive spirituale im Gegensatze zu dem physischen und materiellen Sein, welches der Gegenstand in sich selbst und im körperlichen Sinne hat.

[1] Dicendum, quod aliquem sensum esse in corporibus beatorum omnes ponunt; alias corporalis vita sanctorum post resurrectionem assimilaretur magis somno, quam vigiliae, quod non competit illi perfectioni, eo quod in somno corpus sensibile non est in ultimo actu vitae.

Dann zur Sache übergehend erwähnt er zuvörderst zwei Erklärungsversuche, von denen der zweite angeführt zu werden verdient. Derselbe
glaubt nämlich die angedeutete Schwierigkeit dadurch zu umgehen,
daß er die Sinneswahrnehmungen in den gloriösen Leibern nach
Weise von Sinneshallucinationen zu erklären sucht, bei denen ein
äußeres Object gar nicht auf die Sinne einwirkt. — Der h. Thomas
verwirft diesen Erklärungsversuch, indem er bemerkt, daß unter einer
solchen Voraussetzung von einer eigentlichen Wahrnehmung gar keine
Rede sein könne. Wenn die Imagination durch gesteigerte Thätigkeit
auf die Sinnesnerven zurückwirke und dadurch Sensationen hervorrufe, so glaube der Mensch zwar wahrzunehmen, in der Wirklichkeit aber nehme er nicht wahr. Eine eigentliche und wirkliche
Wahrnehmung finde erst dann statt, wenn von Außen her ein entsprechendes Object durch das körperlich Organ auf den Sinn einwirke.[1]
— Nach diesen Bemerkungen legt der h. Lehrer seine eigene Ansicht vor.

Man müsse, so hatte er schon im ersten Artikel derselben Quästion
ausgeführt, zwischen Leiden und Leiden unterscheiden. Ein äußeres
Object oder eine äußere Qualität könne nämlich in einer doppelten
Weise auf den Körper einwirken, und zwar zunächst in der Art, daß
der Körper die ihm eigene Verfassung und Beschaffenheit beibehalte,
ohne durch den äußern Einfluß in sich selbst physisch verändert zu
werden. Ein solches Leiden widerspreche der Natur und dem Wohlbefinden des Körpers nicht, sondern sei ihm zuträglich, vervollkomme
ihn und sei daher auch mit der Leidensunfähigkeit der auferstandenen
Leiber wohl vereinbar. Der Körper könne aber unter dem Einflusse
eines äußeren Objectes noch in einer andern Weise leiden, und zwar

---

[1] Alii dicunt, quod sensus in actu fiet per susceptionem non quidem
ab exterioribus sensibilibus, sed per effluxum a superioribus viribus. — —
Sed iste modus receptionis non facit vere sentire, quia omnis potentia
passiva secundum suae speciei rationem determinatur ad aliquid activum
speciale: quia potentia inquantum huiusmodi habet ordinem ad illud respectu
cuius dicitur. Unde quum proprium activum in sensu exteriori sit res
existens extra animam, et non intentio eius existens in imaginatione vel
ratione, si organum sentiendi non moveatur a rebus extra, sed ex imaginatione vel a superioribus viribus aliis, non erit vere sentire. Unde non
dicimus, quod phrenetici et alii mente capti, in quibus propter victoriam
imaginativae virtutis fit huiusmodi defluxus specierum ad organa sentiendi,
vere sentiant, sed quod videtur eis quod sentiant.

so, daß dieser Einfluß ihn physisch verändere, seine ihm eigene Verfassung störe und ihm dafür die Verfassung des äußeren Objectes oder der äußeren Qualität mittheile, so daß er diesen ähnlich werde. Ein solches Leiden aber widerspreche der Natur und dem Wohlbefinden des leidensunfähigen Körpers;[1] es widerspreche außerdem auch der Incorruptibilität desselben, weil es, bis zu einem gewissen Grade gesteigert, in der Substanz des Körpers eine Zersetzung und Auflösung hervorrufe.[2]

Unter Anwendung des eben Gesagten erklärt dann der h. Thomas im weitern Verlaufe des dritten Artikels die Sinnesthätigkeit der auferstandenen Leiber in der folgenden Weise. — Das Verhalten der Sinnesorgane, so sagt er, ist in unsern gegenwärtigen Leibern ein verschiedenes. Die einen, z. B. das Organ des Tastsinnes, nehmen, damit die Sensation entstehe, zuvor die Beschaffenheit des äußern Objectes an (die Hand z. B. wird warm, indem sie Wärme empfindet); sie erleiden also eine physische Veränderung (immutatio naturalis), bevor die immutatio spiritualis und damit die Sensation entsteht. — Bei andern Sinnen, z. B. beim Gesichtssinne, verhält es sich dagegen anders. Das Auge nimmt ja die Farben, die auf dasselbe wirken, nicht wirklich in sich auf, sondern diese bleiben außerhalb desselben, in den Körpern; es erleidet also gar keine physische Veränderung, sondern unter dem Einflusse des Objectes entsteht in ihm, oder genauer im Wahrnehmungsvermögen, welches im Organe seinen Sitz hat, lediglich die immutatio spiritualis und damit die Wahr-

---

[1] Passio dupliciter dicitur: uno modo communiter, et sic omnis receptio passio dicitur, sive illud quod recipitur sit conveniens recipienti et perfectivum ipsius, sive contrarium et corruptivum. Et ab huiusmodi passionis remotione corpora gloriosa impassibilia non dicuntur, quum nihil, quod est perfectionis, ab eis sit auferendum. Alio modo passio dicitur proprie, quam sic definit Damascenus: Passio est motus praeter naturam. — — Cuius ratio est, quia omne quod patitur, trahitur ad terminos agentis, quia agens assimilat sibi patiens; et ideo patiens inquantum huiusmodi trahitur extra terminos proprios in quibus erat. Sic ergo proprie accipiendo passionem non erit in corporibus resurgentium sanctorum potentialitas ad passionem, et ideo impassibilia dicantur.

[2] (Sed contra.) omne passibile est corruptibile, quia passio magis facta abiicit a substantia; sed corpora sanctorum post resurrectionem erunt incorruptibilia.

nehmung selbst. — Wie also wird es sich in den auferstandenen Leibern verhalten? — Dieselben sind einer physischen Veränderung (immutatio naturalis) nicht mehr fähig, weil, wie der h. Lehrer soeben ausführte, eine Veränderung von dieser Art der Impassibilität und Incorruptibilität dieser Leiber zuwider ist. Was also schon jetzt vom Gesichtssinne gilt, das wird in Zukunft von allen Sinnen gelten. Die Objecte werden einen physisch verändernden Einfluß nicht ferner mehr auf sie ausüben; vielmehr wird unter dem Einflusse dieser Objecte, ohne daß das Organ physisch oder materiell verändert wird, ohne Weiteres im Vermögen die immutatio spiritualis und damit die Sensation entstehen. — Diese immutatio spiritualis ist es ja wesentlich auch, fügt der h. Thomas noch hinzu, welche den Act der Wahrnehmung begründet, nicht aber die materielle Veränderung im leiblichen Organe.[1]) Diese letztere ist nur eine accidentelle Beigabe, die nur im gegenwärtigen Leibe sich findet, der einer solchen fähig ist, die aber in den auferstandenen Leibern sich nicht mehr finden wird, da deren Beschaffenheit sie nicht mehr zuläßt.[2])

---

[1]) Sciendum est, quod organa sentiendi immutantur a rebus, quae sunt extra animam, dupliciter: uno modo immutatione naturali, quando scilicet organum disponitur eadam qualitate naturali, qua disponitur res extra animam, quae agit in ipsum; sicut quum manus fit calida ex tactu rei calidae, vel odorifera ex tactu rei odoriferae; alio modo immutatione spirituali, quando recipitur qualitas sensibilis in instrumento secundum esse spirituale, i. e. species sive intentio qualitatis, et non ipsa qualitas; sicut pupilla recipit speciem albedinis et tamen ipsa non efficitur alba. Prima ergo receptio non causat sensum per se loquendo, quia sensus est susceptivus specierum in materia praeter materiam, i. e. praeter esse materiale, quod habebant extra animam. Et haec receptio immutat naturam recipientis, quia recipitur hoc modo qualitas secundum esse suum materiale. Unde ista receptio non erit in corporibus gloriosis, sed secunda, quae per se facit sensum in actu et non immutat naturam recipientis. — cf. ad 2.

[2]) Non tamen immutatio materialis se habet ad actum sentiendi, qui perficitur immutatione spirituali, nisi per accidens. Et ideo in corporibus gloriosis, a quibus impassibilitas excludit naturalem immutationem, erit immutatio a qualitatibus tangibilibus spiritualis tantum, sicut etiam in corpore Adae fuit, quod nec ignis urere, nec gladius scindere potuisset, et tamen horum sensum habuisset. l. c. a. 4. ad 1. — Die auf Adam bezügliche Schlußbemerkung werden wir später richtig stellen.

Ganz ähnliche Gedanken spricht auch Suarez aus. — Die Möglichkeit der Gesichtsthätigkeit in den gloriösen Leibern begründet er eben damit, daß er sagt, das Auge sei ein vor allen andern Sinnen vollkommen angelegtes Organ, welches unter dem Einflusse eines äußeren Objectes keine materielle Veränderung erleide.[1] — An der Stelle aber, wo er vom Tastsinne spricht, bemerkt er, daß das Verhalten der übrigen Sinne später ein gleiches sein werde, wie das des Gesichtssinnes. Der materielle Eindruck auf das Organ mache ja die Wahrnehmung keineswegs aus, sondern diese vollziehe sich erst in der intentionalen (spirituellen) Veränderung des Vermögens. Zwar verbinde sich jener Eindruck naturgemäß mit der Sensation und begleite sie; aber es geschehe dieses lediglich in unserm gegenwärtigen Leibe, der solcher ihn verändernder Eindrücke fähig sei; beim gloriösen Leibe aber werde es nicht geschehen.[2]

4) Was nun diese Auseinandersetzung der beiden großen Scholastiker betrifft, so scheint uns dieselbe doch nicht ganz befriedigend zu sein, und es ist uns nicht recht begreiflich, wie unter solcher Voraussetzung eine naturgemäße Thätigkeit des sinnlichen Wahrnehmungsvermögens möglich sei. — Zunächst ist nämlich der angenommene Unterschied im Verhalten der verschiedenen Sinne thatsächlich nicht vorhanden. Es ist freilich richtig, daß das Auge, wie der h. Thomas bemerkt, nicht im eigentlichen Sinne farbig wird und nicht die Farben in sich aufnimmt, die in den Körpern sind. Wohl aber nimmt es die farbigen Lichtstrahlen in sich auf, welche die Körper von sich aussenden. Und diese Lichtstrahlen wirken physiologisch auf das Auge nicht anders, als andere Objecte auf die übrigen Sinne wirken; sie bewirken im Auge eine immutatio naturalis: molekulare Bewegung und stoffliche

---

[1] Est ergo de se visibile (corpus gloriosum) et potest immutare sensum (visionis) absque alteratione materiali vel corruptibili. Hic enim sensus inter omnes perfectiori modo immutatur et operatur: unde eius actus valde perfectus est et corpori incorruptibili accommodatus. Disp. 47. sect. 6 n. 9.

[2] Non est repugnantia ex parte materialis immutationis seu alterationis, quia haec non est per se necessaria ad actus horum sensuum. Nam licet naturaliter sit semper coniuncta cum intentionali immutatione, tamen repsa est diversa, unde facile possunt separari in subiecto, quod est capax unius et non alterius, quale est corpus gloriosum. l. c. n. 15.

Zersetzung, und zwar eine ungemein lebhafte. — Es ist ferner gewiß richtig, daß in dem sinnlichen Eindrucke als solchem noch nicht die sinnliche Wahrnehmung besteht; wohl aber hörten wir oben, daß sie die wesentliche Voraussetzung und Vorbedingung derselben ist, und es ist in keiner Weise abzusehen, wie ein äußeres Object eine naturgemäße Sensation hervorrufen könne, ohne zuvor einen wirklichen Eindruck, einen eigentlichen Reiz auf das körperliche Organ ausgeübt zu haben.

Wir müssen also die vorhandene Schwierigkeit in einer andern Weise zu lösen suchen, und zwar so, daß weder die Natur und das eigenthümliche Verhalten der Organe, noch auch die naturgemäße Wirksamkeit der äußern Agentien, noch auch endlich die den auferstehenden Leibern eigne höhere Vollkommenheit irgendwie verkümmert wird. Und das kann unsres Erachtens in einer eben so einfachen als natürlichen Weise geschehen. Suarez selbst ist es, der einige Blätter früher (l. c. n. 4) einen Gedanken ausspricht, den wir nur einfach auf unsern Gegenstand anzuwenden brauchen. Er beschäftigt sich dort nämlich mit der Frage, ob in den auferstandenen Leibern auch das sinnliche Begehrungsvermögen in Thätigkeit sein werde, und nachdem er dieselbe bejaht hat, fügt er die Bemerkung hinzu, daß alle stoffliche Veränderung und Zersetzung, welche in unsrer jetzigen Leiblichkeit die Affecte des Begehrungsvermögens zu begleiten pflegten, im glorificirten Leibe selbstverständlich ein Ende nehmen würden. Denn die auferstandenen Leiber seien einer solchen Veränderung nicht mehr fähig, weil in ihnen die Form den Stoff vollkommen beherrsche. Sollte nun aber, bemerkt dann Suarez weiter, zum Zustandekommen jener Affecte irgend ein stofflicher Vorgang nothwendig sein, so werde dieser lediglich in einer localen Bewegung bestehen, die der Natur des unverweslichen und leidensunfähigen Leibes nicht widerstreite, nicht aber in einer eigentlichen Veränderung und Zersetzung. — [1]) Eine stoffliche Bewegung hält also Suarez mit der Vollkommen-

---

[1]) Addo vero, quamvis hi affectus in nobis fiant cum aliqua corporis alteratione, tamen in illo corpore glorioso, ubi anima perfecte dominabitur, nullam fore necessariam alterationem. Quodsi oportuerit fieri motionem aliquam vel spirituum vitalium vel sanguinis aut alterius humoris, ea fiet sine alteratione propria cum sola locali mutatione.

heit der auferstandenen Leiber recht wohl vereinbar, und warum sollte sie es auch nicht sein? Wird doch der gloriöse Leib geradezu mit der Gabe der Beweglichkeit (dos agilitatis) ausgestattet sein, damit er im Stande sei, mit der wunderbarsten Behendigkeit den ganzen geschaffenen Raum zu durchmessen von einem Ende bis zum andern. Wenn er also die Fülle seiner Kraft und seines Lebens in seiner äußern Beweglichkeit manifestiren wird, warum sollten denn von seinem Innern alle jene Bewegungen auszuschließen sein, die, wie sie einerseits die Fülle der innern Lebenskraft documentiren, so andererseits zur Bethätigung derselben geradezu unerläßlich erscheinen? — Nur die materielle Corruption ist hier wie da auszuschließen.

Dieses vorausgesetzt, dürfte nun aber die ganze anscheinende Schwierigkeit vollständig beseitigt sein. — Was zum Wesen der materiellen Sinneseindrücke gehört, ist nicht die stoffliche Zersetzung; und von ihr sagen wir demnach ganz mit Recht, was der h. Thomas von dem materiellen Eindruck sagte, daß sie im Processe der sinnlichen Wahrnehmung sich lediglich accidentaliter oder concomitanter verhalte, und daß sie folglich nur im verweslichen, nicht aber im unverweslichen Leibe ihre Stelle habe. — Das eigentliche Wesen der Sinneseindrücke besteht allein in der Bewegung. Ein äußeres Object oder Agens wirkt auf das äußere Organ, irritirt, erschüttert die stofflichen Theile desselben, und diese Erschütterung pflanzt sich in Form einer molekularen Bewegung durch die Nervensubstanz bis zum Gehirne fort. Zerschneidet man den Nerv, der die Verbindung zwischen dem äußern Organe und dem Centralorgane vermittelt, so daß die Bewegung sich nicht bis zu demselben fortpflanzen kann, so nimmt alle Sensation ein Ende. — Halten wir also die Bewegung fest, die dem leidensunfähigen, unverweslichen Leibe nicht widerstreitet, und streifen wir bloß das ab, was zur Erzeugung eines wahren und eigentlichen Sinneseindruckes gar nicht nothwendig ist, die stoffliche Zersetzung, so dürfte die Erklärung der Sinnesthätigkeit im gloriösen Leibe keine Schwierigkeit mehr haben. —. Wir halten also zur Erklärung dieser Thätigkeit auch die immutatio naturalis seu materialis der sinnlichen Organe fest, da wir ohne sie eine wahre Sinnesthätigkeit nicht denken und erklären können; wir fassen sie aber lediglich als Bewegung, da gerade in der Bewegung das eigentliche Wesen jenes materiellen Vorganges besteht.

5) Ueber zwei Functionen des sensitiven Lebens können wir uns einer ausführlichen Behandlung enthalten, da bezüglich ihrer keine besondern Schwierigkeiten aufstoßen. — Was das sinnliche Begehren anbelangt, so ist zunächst zu bemerken, daß die Bewegungen desselben keine Corruption der leiblichen Organe mehr zur Folge haben werden, da die Leiber der Guten sowohl, als auch der Bösen incorruptibel sind. Soweit also zum Zustandekommen der Affecte das leibliche Organ naturgemäß concurrirt, wird diese Betheiligung, wie uns soeben Suarez sagte, bloß auf eine Bewegung des Organs, der Nerven, des Herzens, des Blutes u. s. w. beschränkt bleiben. — Die Leiber der Seligen sind dann fernerhin geistig, d. h. dem Geiste, der Vernunft vollkommen unterworfen. Daher wird ihr Begehren nur mehr auf sittlich gute Objecte hingerichtet sein. — Ihre Leiber sind endlich leidensunfähig. Daher werden alle Regungen des Begehrens, die mit Unlust verbunden sind, Traurigkeit und Schmerz, von ihnen ausgeschlossen sein. Nur solche Affecte werden ihnen eigen sein, die, wie mit der Vollkommenheit der menschlichen Natur, so auch mit der Vollkommenheit des verklärten, himmlischen Lebens im besten und vollsten Einklange stehen: reine und süße Affecte der Lust und der Liebe, wie der h. Gregor von Nazianz in seiner Lobrede auf Cäsarius bemerkt, damit so das Fleisch, welches an dem Weh dieses Lebens reichen Antheil hatte, auch an der süßen Wonne der Seele seinen Antheil gewinne.[1]

Was dann fernerhin die naturgemäße willkürliche Leibesbewegung anbelangt, bemerkt Suarez a. o. O. n. 5, so wird auch sie selbstverständlich den auferstandenen Leibern nicht fehlen. Denn einmal sind die Organe der Bewegung den Auferstandenen verblieben, dann aber ist die Bewegung dem Wahrnehmen und Begehren untergeordnet und ergibt sich ganz von selbst aus ihnen. Zwar wird den seligen Leibern eine übernatürliche Gabe der Bewegung, die dos agilitatis verliehen, aber diese schließt die natürliche Fähigkeit und Thätigkeit durchaus nicht aus. Vielmehr steht es den Seligen frei, sich bald der einen bald der andern je nach ihrem Wohlgefallen zu bedienen. Und da in Folge der Bewegung keine Corruption, und

---

[1] Vgl. Suarez a. a. O. n. 4.

also auch keine Schwächung der Organe eintritt, so ist an Erschlaffung und Ermüdung niemals zu denken[1].

Wir haben demnach im Folgenden bloß über die **sinnliche Wahrnehmung** zu handeln, und zwar speciell nur über die **äußere**, die sich vermittelst der fünf Sinne vollzieht. Denn dasjenige, was über die **innere** Wahrnehmung zu sagen ist, ist wenig und ohne besondere Schwierigkeit, und es wird genügen, bei Besprechung des Tastsinnes mit einigen Worten darauf hinzuweisen. — Wir besprechen zunächst die drei niedern Sinne: Tastsinn, Geschmack und Geruch; dann die beiden höhern: das Gesicht und das Gehör.

§ 19.
Der Tast= oder Gefühlssinn.

1) Der äußere Tast= oder Gefühlssinn hat seinen Sitz in der den ganzen Körper bedeckenden Gefäßhaut, oder, genauer ausgedrückt, in den zahllosen sensitiven Nerven, welche in dieser Haut ausmünden. Wenn wir sagen: Tast= oder Gefühlssinn, so soll damit nicht gesagt sein, daß Getast und Gefühl vollständig identisch seien. Verhält sich der Sinn **activ**, insofern er es ist, der an die Dinge herantritt, so heißt er Tastsinn; verhält er sich dagegen **passiv**, insofern die **Dinge** es sind, die an ihn herantreten, um auf ihn einzuwirken, so heißt er Gefühl. — Der Gefühlssinn hat aber seinen Sitz nicht bloß an der Oberfläche des Körpers; er ist vermöge des sensitiven Nervensystems auch durch alle innern Theile des Körpers verbreitet, um alles dasjenige, was innerhalb des Körpers fördernd oder hemmend auf den Organismus einwirkt, wahrnehmen und fühlen zu können.

2) Der h. Thomas berührte beiläufig den Tastsinn an jenen Stellen, die wir bereits im vorigen Abschnitte zum Theile angeführt haben. Er unterschied dort zwei Veränderungen, die dem Acte der Sinneswahrnehmung vorausgehen, bez. sein Zustandekommen verursachen. Die eine ist eine physische oder materielle, die darin besteht,

---

[1] Potestas supernaturalis non excludit naturalem, et usus illius non est necessarius sed voluntarius. Et ideo potuit Christus utraque uti suo arbitrio.

daß das körperliche Organ dieselbe Qualität in sich aufnimmt, die auch dem äußern Objecte anhaftet; die andre ist eine spirituelle oder intentionale, die nicht das körperliche Organ als solches, sondern das in ihm residirende Wahrnehmungsvermögen selbst afficirt. Während nun beim Gesichtssinne gemäß der Vorstellung des h. Lehrers bloß die letztere Veränderung sich findet, ist es vorzugsweise der Tastsinn, in dessen Thätigkeit die erstere am augenscheinlichsten hervortritt. Damit z. B. die Hand Wärme empfinde, sagte uns der h. Thomas, nehme sie zuvor die Wärme selbst in sich auf. Ebendarum gilt ihm der Tastsinn als der materiellste aller Sinne, weil keiner, so wie er, in seiner Thätigkeit der materiellen Veränderung unterliegt.[1]) Weil nun aber die **spirituelle** Veränderung es wesentlich ist, welche den Act der Sinneswahrnehmung begründet, und weil obendrein die auferstandenen Leiber einer physischen Veränderung nicht mehr fähig sind, so werden alle Sinne und auch der Tastsinn lediglich durch die spirituelle Veränderung in Thätigkeit gesetzt werden. Die Objecte des Tastsinnes, die tangibilen Qualitäten, z. B. Hitze und Feuer, werden, an den Körper herantretend, ohne in ihm eine physische Veränderung hervorzurufen, ohne Weiteres durch eine bloße spirituelle Veränderung im Wahrnehmungsvermögen die Sensation erzeugen. — Auch Suarez, wie wir sahen, äußerte ganz dieselben Gedanken.

Wir haben nun übrigens schon bemerkt, daß es unfaßbar ist, wie in dieser Weise eine Sensation entstehen könne und haben zugleich angedeutet, wie diese Schwierigkeit auf eine andere Art zu lösen sei, ohne daß der Incorruptibilität, bez. auch der Impassibilität der auferstandenen Leiber irgendwie zu nahe getreten werde. — Die Weise nun, wie sich speciell der Tast- und Gefühlssinn im unverweslichen und leidensunfähigen Leibe verhalten wird, dürfte sich am besten an einem ganz concreten Beispiele erörtern lassen. Der h. Thomas wählte sein Beispiel vom Feuer und von der Wärme, und wir be-

---

[1]) Dicendum, quod qualitates, quas tactus percipit, sunt illae, ex quibus constituitur animale corpus. Unde per qualitates tangibiles corpus animalis secundum statum praesentem natum est immutari immutatione naturali et spirituali ab objecto tactus. Et ideo tactus dicitur maxime materialis inter alios sensus, quia habet plus de materiali immutatione adiunctum. Suppl. q. 82. a. 4. ad 1. — Vgl. die oben angeführten Stellen.

halten dasselbe um so lieber bei, als es uns Gelegenheit gibt, insbesondere das Verhalten der verdammten Leiber dem höllischen Feuer gegenüber der Vorstellung vielleicht etwas näher zu bringen. Einige naturwissenschaftliche Bemerkungen sind dabei freilich unvermeidlich.

3) Das Feuer ist ein von Licht- und Wärmeerscheinungen begleiteter Prozeß, in welchem sich der Sauerstoff mit andern Stoffen chemisch verbindet.[1] Bekanntlich hat ja der Sauerstoff eine große Verwandtschaft mit den meisten übrigen Elementen, und wo er ein solches erreichen kann, da reißt er es der Regel nach mit der äußersten Heftigkeit an sich, um sich mit ihm zu verbinden. In Folge des gegenseitigen Anpralles der beiden Elemente gerathen ihre Theile in eine heftig zitternde Bewegung oder Schwingung, welche Bewegung sich wellenförmig oder strahlenförmig in Form von Licht und Wärme durch den Aether fortpflanzt. — Schon die vom Feuer erzeugten Wärmestrahlen üben einen Einfluß auf die Dinge aus, mit denen sie in Berührung kommen; sie erwärmen dieselben nämlich, und wir müssen ebenfalls erklären, wie dieses zugehe. — Die kleinsten Theile der Materie, die man bis jetzt wissenschaftlich nachgewiesen hat, sind die Atome. Diese, zu Gruppen vereinigt und durch Cohäsion zusammengehalten, bilden die sog. Moleküle, die, ebenfalls durch Cohäsion zusammengehalten, den Körper constituiren. Die Theile eines Körpers, so dicht derselbe auch sein mag, lagern nun übrigens nicht unmittelbar aneinander, sondern sie lassen zahllose, zum Theil sichtbare, zum größten Theile aber unsichtbare Intervalle oder Poren zwischen sich, die nach Lehre der Wissenschaft mit dem feinen Aetherstoff ausgefüllt sind. — Die Erwärmung eines Körpers vollzieht sich nun in folgender Weise. — Sobald die Wärmestrahlen, mit andern Worten, sobald die schwingenden Aethertheile den Körper berühren, theilen sie ihre Bewegung den kleinsten Theilen desselben, den Atomen mit. Und indem nun auch diese schwingen, erscheint der Körper warm. So sagen wenigstens einzelne Gelehrte. Andere lassen den in den Poren enthaltenen Aether in Schwingung gerathen und erklären hierdurch

---

[1] Die Gewährsmänner für diese und einige andere in den folgenden Abschnitten sich erhebenden naturwissenschaftlichen Fragen werden wir im dritten Theile unserer Abhandlung beibringen, da dort dieselben Fragen in Verbindung mit einigen andern noch einmal wiederkehren werden.

die Erwärmung des Körpers: eine Controverse, die für unsere Untersuchung von keiner sonderlichen Bedeutung ist. Auf diese Weise erklärt es sich ganz natürlich, weshalb das Volumen eines Körpers bei steigender Erwärmung sich mehr und mehr erweitert. Denn die lebhaft schwingenden Stofftheilchen bedürfen, um ihre Bewegung ausführen zu können, eines größern Raumes, als sie ursprünglich innehatten, und indem sie, die Cohäsionskraft theilweise überwindend, sich gegenseitig aus ihrer Lage verdrängen und sich von einander entfernen, dehnt sich der ganze Körper aus. — Ist nun die Erhitzung bis zu einem gewissen Punkte fortgeschritten, und haben sich in Folge dessen die Stofftheilchen immer weiter von einander entfernt, indem sich mehr und mehr das Band der Cohäsion lockerte, so gewinnt schließlich die anziehende Kraft des in der Atmosphäre verbreiteten Sauerstoffes das Uebergewicht; derselbe reißt die ihm verwandten Stofftheile gewaltsam an sich, und so löst sich der Körper allmählich auf, d. h. er verbrennt, indem er seine Stoffe theilweise an den Sauerstoff abgibt, während der Rest als Asche und Kohle zurückbleibt. — Bringt man einen Körper in unmittelbaren Contact mit dem Feuer selbst, so ist der Verbrennungsproceß natürlich ein beschleunigter. Denn dort, wo das Feuer selbst ist, wo also Sauerstoff und andere Stoffe unmittelbar aufeinanderplatzen, ist die stoffliche Bewegung auch am energischsten; da wird ein andrer Körper, der in diese Bewegung hineingebracht wird, sofort von ihr ergriffen; seine Theile nehmen an derselben sofort den vollsten Antheil, entfernen sich von einander, das Band der Cohäsion zerreißt, und der Körper verbrennt. — Wir sehen also, daß das Feuer wesentlich nichts andres ist, als die rapide Bewegung stofflicher Theile, die der Regel nach in der Verbindung des Sauerstoffes mit andern stofflichen Elementen ihren Grund hat. Es leuchtet aber sofort ein, daß auch jeder Stoff für sich brennend und also Feuer werden kann, wofern nur eine entsprechende Kraft seinen Theilen die hinlängliche Bewegung gibt.[1])

---

[1]) Um hiervon die Anwendung auf das höllische Feuer zu machen, so ist es zweifellos, was wir hier nicht näher zeigen können, daß dasselbe ein materielles Feuer ist, gerade so, wie das unsrige. Aber daraus folgt noch keineswegs, daß die Art und Weise, wie es entsteht und besteht, dieselbe sei wie bei unserm Feuer. Die Annahme ist durchaus nicht nothwendig, daß sich

4) Nach allen diesen Vorbemerkungen erscheint es nun so schwer nicht, das Verhalten der auferstandenen Leiber der Einwirkung der Wärme und des Feuers gegenüber klar zu machen. — Die auferstandenen Leiber, die seligen sowohl, als auch die verdammten, werden incorruptibel sein, so zwar, daß jedes einzelne Molekül, durch die höhere Kraft der Seele zusammengehalten, der Einwirkung einer jeden auflösenden Kraft unüberwindlichen Widerstand entgegenstellt. Daraus folgt, daß, mögen auch Feuer und Hitze die Atome des Leibes in Schwingung versetzen und dessen Volumen vergrößern, es zu einer Auflösung der Moleküle, zu einer Verbrennung niemals kommen kann und niemals kommen wird. — Durch die Incorruptibilität ist nun aber zunächst nur die Möglichkeit einer **Verbrennung** des Körpers ausgeschlossen, aber noch nicht die Möglichkeit einer enormen **Erhitzung** und einer damit verbundenen äußerst schmerzhaften **Sinnesempfindung**. Diese Sinnesempfindung wird nun in den verdammten, leidensfähigen Leibern allerdings vorhanden sein und ihre Entstehung erklärt sich leicht. Die mit dem Höllenfeuer verbundene Wärme-, oder noch besser gesagt Gluthbewegung wird sich eben in alle Theile des verdammten Leibes bis in das Innerste des Organismus hinein fortpflanzen, und sie kann und wird dabei von einer Intensität sein, daß sie unter gewöhnlichen Verhältnissen die sofortige vollständige Auflösung und Verbrennung des Leibes zur Folge haben würde. Die Heftigkeit jener Schmerzempfindung läßt sich hiernach einigermaßen bemessen. — [1]) Die ältere Wissenschaft, zum Beispiel der

---

in der Hölle Kohlen, Pech und Schwefel mit Sauerstoff verbinden, um sich in diesem Prozesse aufzulösen. Denn alle diese Stoffe können rein in sich selber brennen und zwar ewig brennen, ohne Sauerstoff und ohne Zersetzung, wenn nur eine Kraft thätig ist, welche ihren Theilen die erforderliche Bewegung gibt. Nicht einmal solcher grob materieller Stoffe bedarf es. Die ganze höllische Atmosphäre, mag sie nun aus Luft, oder aus welchen Gasen auch immer bestehen, würde ein glühendes Feuermeer sein und ewig bleiben, wenn eine hinreichende Kraft in ihren Theilen die entsprechende Bewegung erzeugte und fortwährend unterhielte. — Daß es für den allmächtigen Gott ein Leichtes ist, eine solche Kraft zu schaffen und in Thätigkeit zu setzen, braucht nicht einmal hervorgehoben zu werden.

[1]) Mögen also die Leiber der Verdammten ursprünglich auch, bei ihrer Auferstehung, wie wir früher hörten, sich in einem Zustande natürlicher Vollkommenheit befinden, damit ist nicht ausgeschlossen, daß ihnen die Einwirkung

h. Thomas,¹) bemüht sich, die Feuerpein der verdammten Leiber wieder durch eine bloße immutatio spiritualis zu erklären. Auch Suarez gibt die Möglichkeit dieser Annahme zu und er muß es auch nach den Erklärungen, die wir früher von ihm gehört haben. Es sei denkbar, sagt er, daß jene Leiber die sinnliche Empfindung des Feuers hätten ohne reale Veränderung des körperlichen Organes; das höllische Feuer könne auf den Gefühlssinn einwirken, ohne daß Feuer und Hitze sich dem Körper selbst wirklich mittheilten. Doch, fährt er fort, gefalle ihm die andere Annahme besser, daß das Höllenfeuer im eigentlichen Sinne verändernd auf die verdammten Leiber einwirke, indem es in ihnen und in allen ihren Theilen eine naturwidrige, schmerzhafte Verfassung hervorrufe. ²)

Was aber die leidensunfähigen Leiber der Seligen betrifft, so würden sie, dem Feuer nahegebracht, nicht bloß die Verbrennung, sondern auch jegliche Erhitzung und jegliche Schmerzempfindung vollständig von sich ausschließen. Denn um sie zu erwärmen und zu erhitzen, müßte ja die Wärmebewegung in sie hinübergeleitet werden. Nun sind aber alle Theile des gloriösen Leibes und alle Bewegungen in ihnen der Herrschaft der Seele vollkommen unterworfen. Und so schließt die Seele durch ihre den Stoff völlig beherrschende Kraft jede Wärmebewegung ganz einfach von ihrem Leibe aus, was sie dadurch bewerkstelligt, daß sie ihren Leib und alle Moleküle desselben in ihrem normalen Volumen gebunden hält, in Folge dessen eine höhere Wärmebewegung im Leibe und in seinen Theilen einfach unmöglich wird. So würde der Leib mitten im Feuer nicht die mindeste Gluth und auch nicht den leisesten Schmerz empfinden; der

---

des Höllenfeuers eine im höchsten Grade ekelerregende Beschaffenheit mittheilen wird. Die alles ausdehnende Gluthitze wird naturgemäß eine ganz unnatürliche Ausdehnung und Aufgedunsenheit derselben zur Folge haben müssen.

¹) Suppl. q. 86. a. 3.
²) Dicendum est breviter — — primo, ut illa corpora patiantur passione animali absque alteratione materiali, ut verbi gratia, si ignis inferni imprimat eas species, quibus vehemens corporis combustio sentitur, absque reali impressione caloris, et ex illa affectione sensus sequatur eadem passio doloris, quae ex reali praesentia caloris sequeretur. — — Facilius dicitur secundo, illum ignem vere alterare illa corpora et realem qualitatem doloriferam seu disconvenientem in eis efficere usque ad certum gradum divina iustitia definitum. — Disp. 50. sect. 5. n. 12.

Mensch würde mit seinen Augen das Feuer und seine Heftigkeit schauen, er würde wahrscheinlich auch aus dem Grade der Kraft, den er der auf ihn einwirkenden Gluthbewegung entgegenstellt, einen Schluß auf die Intensität des Feuers machen; aber Gluth und Schmerz würden ihn nicht afficiren.

An diesem concreten Beispiele dürfte nun überhaupt klar geworden sein, in welcher Weise sich der Tast= und Gefühlssinn in den auferstandenen Leibern verhalten wird. Soll eine Sensation dieser Art entstehen, so muß ein äußerer Gegenstand oder eine äußere Qualität auf den Leib einwirken, und diese Einwirkung muß sich durch molekulare Bewegung bis zum Centralorgan fortpflanzen. Der gloriöse Leib ist Herr über diese Bewegung, nicht aber der verdammte. Der erstere schließt also alle Eindrücke und eben damit auch alle Empfindungen von sich aus, die seinem vollkommenen Wohlbefinden widerstreiten, während der letztere nur die Corruption von sich ausschließt, nicht aber das Leiden.

5) Ueber die Objecte des Tast= und Gefühlssinnes in der verklärten Welt lassen sich nur unbestimmte Andeutungen geben. — Auch der Tastsinn, bemerkt der h. Laurentius Justiniani, werde im andern Leben an leiblichen und wonnigen Empfindungen reichen Ueberfluß haben; davon wüßten diejenigen zu erzählen, die bereits einen Vorgeschmack dieser Dinge verkostet hätten. Genauere Andeutungen aber gibt uns der Heilige nicht. —[1]) Suarez a. a. O.

---

[1]) Wir wollen die ganze Stelle hersetzen, weil wir uns im weitern Verlauf unserer Darstellung noch häufiger auf dieselbe werden zurückbeziehen müssen. — Der Heilige schreibt also: „Caro spiritualis effecta per omnes sensus suos multimodis exuberabit deliciis. Delectabitur oculus in amabilis redemptoris aspectu, qunm videbit regem in decore suo gloria ornatum ac diademate redimitum, quo coronavit eum mater sua. Melodica cantica civium supernorum non mediocriter mulcebunt auditum; flagrans quoque snavitas coelestium odoramentorum mira liquefactione resperget odoratum; indicibilis etiam dulcedo omnium delectabilium mellifiua quadam et incunda societate oris saginabit palatum; ipse demum tactus sibi congruis abundabit deliciis, quas experti narrant. Fas etenim non est, ut in coelorum gloria quidquam vacet a Dei laude; quin potius iustum, ut cuncta corporis membra suum proprio modo efferant conditorem, quatenus, sicut ab ipso sumpsere principium, ita et in illo deducant suae beatitudinis finem, ut Deus sit omnia in omnibus. — de discipl. et perf. monast. convers c. 23.

aber nennt als Objecte des Tastsinnes die verklärten Leiber selbst und die ihnen anhaftenden Dispositionen.[1]) Doch dürfte es sich ohne Zweifel empfehlen, nicht so sehr den Tastsinn, als vielmehr die andre Seite desselben, das Gefühl, das äußere wie das innere, in den Vordergrund zu stellen. — Der äußere Gefühlssinn wird den ganzen Einfluß der ihn umgebenden Atmosphäre und all das Wohlthuende empfinden, was ihr eigen sein wird. Wir kennen diese Atmosphäre nicht und auch die Eigenschaften nicht, welche sie haben wird. Wohl aber wissen wir aus der Erfahrung, einen welch erquickenden und wohlthuenden Einfluß eine reine und heilsame Atmosphäre auf den ganzen Organismus ausübt. Von der andern Seite aber ist nicht daran zu zweifeln, daß gerade die himmlische Athmosphäre eine Beschaffenheit haben wird, welche sie im hohen Grade geeignet macht, erfreuend und beseligend auf diejenigen einzuwirken, denen sie zum Aufenthalte angewiesen ist. — Was aber den innern Gefühlssinn anbetrifft, so hat er, wie gesagt, die Bestimmung, die innern Affectionen des Organismus, sein Wohlsein oder Unwohlsein, Hunger, Durst u. s. w. wahrzunehmen und zum Bewußtsein zu bringen. — Was also wird der Gegenstand dieses innern Gefühlsinnes in den auferstandenen und verklärten Leibern sein? — Sein Gegenstand wird eben jenes vollendete Wohlbefinden sein, welches den seligen und verklärten Leibern eigen sein wird: ein Wohlbefinden, welches die Störungen des gegenwärtigen Lebens (Hunger, Durst, Schlaf, Müdigkeit, Schwäche, Krankheit, Schmerz) nicht mehr kennt, das allen widrigen Einflüssen der Atmosphäre, des Klimas, des Wetters vollständig entzogen, ja gänzlich unempfindlich für dieselben ist; ein Wohlbefinden, welches, wie vom Stachel des Fleisches, so auch von jenem Drucke frei ist, den eine sündige, von Schuld und Leidenschaft gequälte, unter den Sorgen dieses Lebens seufzende, in Furcht und Zittern ihr Heil wirkende Seele jetzt auf dasselbe ausübt. Es wird ein Wohlbefinden sein, welches in sich selbst vollendete Gesundheit, Kraft und Lebensfülle ist, unbeschreiblich gehoben durch den entzückenden Einfluß der ganzen himmlischen Umgebung,

---

[1]) Nam etiam corpora gloriosa poterunt se tangere; poterit ergo unum optimam dispositionem alterius percipere. Magna enim imperfectio videretur, si illa corpora se tangendo nihil sentirent, ac si essent inanimata.

durch den Einfluß einer Seele, in welcher jetzt heiliger Friede wohnt
und himmlische Seligkeit, gehoben endlich durch den Einfluß jener
übernatürlichen Gnadengeschenke, welche auch dem Leibe eine Voll=
kommenheit geben werden, die ihn weit über die engen Schranken
seiner Natur erhebt. — Wohl haben wir eine Vorstellung jenes
Wohlbefindens, welches schon hier auf Erden im Stande ist, den
Menschen aufjauchzen zu machen in der Fülle seiner Gesundheit
und Lebenskraft, in der Fülle eines reinen und heiligen Herzens=
friedens, — von der Vollkommenheit jenes himmlischen Wohlbe=
findens haben wir kaum eine leise Ahnung. — Gerade dieses süße
und beglückende Gefühl des innern, vollkommenen und ungetrübten
Wohlbefindens ist es, worauf nicht selten auch die h. Väter mit be=
redten Worten aufmerksam machen, und wir wollen zum Schlusse
einige Aussprüche desselben folgen lassen. So schreibt der h. Basi=
lius: „Das ist das selige Land der Lebendigen, wo keine Nacht ist und
kein Schlaf, das Bild des Todes. Dort ist kein Bedürfniß nach Speise
und Trank, die der menschlichen Schwäche zur Stärkung dienen.
Keine Krankheit findet sich dort und kein Schmerz. Kein irdisches
Geld und Gut wird dort gefunden, das die Quelle unsäglichen
Uebels, die Quelle der Feindschaft und des Krieges ist. Das ist
das Land der Lebendigen, die nicht mehr sterben um der Sünde
willen, sondern die in Jesu Christo leben." [1] — Aehnlich der h.
Ephräm: „Trauert und weinet, Brüder, vor dem Herrn, damit
er uns Wonne schenke in seinem Reiche, in jenem Reiche des un=
sterblichen Lebens, wo es keinen Schmerz mehr gibt, keine Trauer
und keine Klage; wo keiner der Thränen mehr bedarf und der Buße;
wo keiner fürchtet oder zittert; wo es keinen Tod gibt und keine
Verwesung; wo kein Feind mehr ist und kein Widersacher; wo kein
Ungehorsam mehr verletzt und kein Zorn die Ruhe stört; wo weder
Haß ist, noch Feindschaft, sondern nur Freude, Wonne und Frohlocken
an jener reichen, geistigen Tafel, die der Herr bereitet hat allen
denen, die ihn lieben." [2] — Der h. Augustinus endlich spricht
sich folgendermaßen aus: „Wir finden arme Unglückliche hier auf
Erden, und unser Herz wird zum Mitleid bewegt und empfindet den

---

[1] Hom. 10 in Ps. 114.
[2] de compunct. c. 8.]

Schmerz des Andern mit. Wie ganz anders wird das droben sein, wo du keinen Hungrigen findest, keinen Fremdling, keinen Nackten und keinen Kranken! dort ist alles ganz vollkommen, wahr, heilig, ewig. Keine Krankheit findet sich dort, keine Müdigkeit, die des Schlafes bedarf, kein Tod, kein Kampf und kein Streit. Dort ist Friede, Ruhe, Freude, Gerechtigkeit." [1])

§ 20.
Der Geruchs- und Geschmackssinn.

1. Das Organ für den Geschmackssinn ist die Zunge, deren Oberfläche von einem Netze zarter Nerven durchzogen und mit einer Menge von Nervenwärzchen (Pupillaren) besetzt ist. Das Organ für den Geruchssinn bilden die nervenreichen Schleimhäute der Nase. — Damit die Sensationen des Geruches und des Geschmackes entstehen können, ist erforderlich, daß zuvor die entsprechenden Objecte mit den Organen in Verbindung gebracht und von der dort befindlichen Feuchtigkeit ergriffen und zersetzt werden. In dieser ihrer Zersetzung wirken sie dann reizend auf die Nerven, und der entstandene Reiz pflanzt sich durch molekulare Bewegung bis zum Gehirne fort. Sensationen des Geruches und des Geschmackes können also naturgemäß nur dann entstehen, wenn ein entsprechendes, auflösbares Object in unmittelbaren Contact mit den Organen tritt. [2])

2) Es fragt sich, ob wir berechtigt seien, auch für das jenseitige Leben eine Thätigkeit der beiden genannten Organe anzunehmen; und wenn dieses der Fall sein sollte, welches denn die Weise ihrer Thätigkeit und welches ihre Objecte seien.

Die h. Väter und ebenso auch die kirchlichen Theologen nehmen keinen Anstand, auch für den Geruchs- und Geschmackssinn eine entsprechende Thätigkeit zu behaupten. — Der h. Augustin z. B. bemerkt: „Es läßt sich gar nicht sagen, welche Lieblichkeit und Wonne des Seligen Zunge schmecken, und wie süß der Duft sein wird, den er verkosten wird." [3]) — „Der verklärte und vergeistigte Leib, sagte uns der h. Laurentius Justiniani in der oben angeführten Stelle,

---

[1]) Enarrat. in Ps. 49, 15.
[2]) Nat. u. Offb. VII. S. 59 f.
[3]) de spir. et anima. c. 58.

wird mit allen seinen Sinnen eine überfließende Seligkeit genießen. — — Der süße Duft himmlischer Wohlgerüche wird in wundersamem Schmelz den Sinn ergötzen; die unaussprechliche Süßigkeit alles nur erdenkbaren Wohlgeschmackes wird in honigfließender, lieblicher Mischung den Gaumen erquicken. Denn es ist billig, daß in der Glorie des Himmels nichts müßig sei in der Verherrlichung Gottes; ja, es ist gerecht, daß alle Glieder, jedes in seiner Weise, seinen Schöpfer erhebe und preise, damit, wie alles von ihm seinen Ursprung genommen, so auch alles in ihm seine Seligkeit finde, und Gott alles in allem sei!" — Aehnliche Gedanken finden sich auch beim h. Prosper. Alles werde dereinst zur Vollendung geführt werden, so führt er aus; kein Sinn werde sich noch durch irgend etwas gestoßen fühlen; alles werde gesättigt sein ohne Ekel; alles gesund sein ohne Krankheit. [1])

Auch die Theologen sprechen sich mit großer Uebereinstimmung im Sinne der genannten Väter aus. — „Alle Seligen, bemerkt der h. Anselm, werden mit einer überfließenden Fülle unaussprechlicher Süßigkeit gesättigt werden. Die Augen, die Ohren, der Mund, Geruchssinn, Tastsinn, alles wird mit einem wunderbaren Gefühle von Wonne und Süßigkeit erfüllt werden." [2]) Auch die Anschauungen des h. Thomas [3]) und des Suarez [4]) sind ganz dieselben. Nur der h. Bonaventura [5]) drückt sich etwas zweifelhaft aus, aber mit Unrecht, wie Suarez ihm gegenüber hervorhebt.

3. Wollen wir der Frage vom speculativen Standpunkte aus etwas näher treten, so theilt sich dieselbe in verschiedene Unterfragen, die sämmtlich auf die Untersuchung hinauslaufen, ob im jenseitigen Leben alle Bedingungen vorhanden sein werden, die eine Bethätigung jener beiden Sinne möglich und wahrscheinlich machen. Im Einzelnen muß gezeigt werden, daß der auferstandene Leib für die genannten Sinnesempfindungen fähig sei; ferner, daß von Seiten der himmlischen Vollendung sich kein Bedenken erhebe; endlich, daß auch die entsprechenden Objecte vorhanden seien.

---

[1]) de vita contempl. I. c. 4.
[2]) de similit. c. 57.
[3]) Suppl. q. 82. a. 4.
[4]) a. a. O. n. 14. ff.
[5]) in 4. Dist. 49 a. 3. q. 1.

Was den ersten Punkt betrifft, so wird selbstredend dem auferstandenen Leibe die Fähigkeit zu solchen Wahrnehmungen nicht fehlen; denn er steht ja als vollkommen entwickelter und unversehrter Menschenleib, mit allen seinen Theilen, Gliedern und Organen wieder auf. Ohne Frage werden also die auferstandenen Menschen schmecken und riechen können. Denn auch von Seiten der leiblichen Unverweslichkeit erhebt sich kein Hinderniß, da die im gegenwärtigen Leben stattfindende Corruption zur Sinneswahrnehmung gar nicht erforderlich ist, sondern nur ein Reiz der Organe und eine zum Gehirne sich fortpflanzende Bewegung in der Nervensubstanz.[1] —

Indessen fragt es sich weiterhin, ob mit dem Zustande der Vollendung, in dem sich die Seligen befinden, Genüsse vereinbar seien, wie sie der Geruchs- und Geschmackssinn ihrer Natur nach darbieten. Führte uns ja schon oben der h. Thomas aus,[2] daß der Himmel kein Ort sei für jene sinnlichen Freuden, die aus dem Genusse von Speise und Trank resultiren. Diese Freuden und Genüsse, so bemerkte er, seien hier auf Erden höhern Zwecken untergeordnet, dürften aber niemals um ihrer selbst willen angestrebt werden. Und da im jenseitigen Leben jene höhern Zwecke nicht mehr seien, so würden auch die ihnen untergeordneten Mittel von selbst hinwegfallen. — Indessen ist zu beachten, daß der h. Lehrer an der genannten Stelle gar nicht von den Genüssen redet, mit denen wir es hier zu thun haben. Er hat es, wie auch Suarez richtig hervorhebt, mit den sexuellen und mit jenen Freuden zu thun, die aus dem Genusse von **Speise und Trank** entspringen. Die ersteren werden selbstverständlich ein Ende nehmen, und die letzteren insofern, als der Genuß von **Speise und Trank**, der hier auf Erden dem **vegetativen Leben** diente, ein Ende nehmen wird. Damit ist nun aber noch nicht gesagt, daß die **rein sensitive Thätigkeit** des Geruchs- und Geschmackssinnes wegfallen werde. Denn die Befriedigung, welche sie gewähren, wird nicht ihretwegen gesucht, sondern zu dem Ende, damit, wie der h. Laurentius Justiniani sagte, Gott um so mehr verherrlicht werde.

---

[1] Die Scholastik nahm auch hier allein die immutatio spiritualis an. Vgl. Suppl. l. c. ad 3. — Suarez a. a. O. n. 15. — Auf die interessante Auseinandersetzung des h. Thomas kommen wir sogleich unten zurück.
[2] 4. c. gent. c. 83.

Und wenn die Verdammten in allen ihren Sinnen billiger Weise gepeinigt werden, fügt Suarez noch hinzu, geziemt es sich dann nicht auch, daß alle Sinne der Seligen mit Wonne gesättigt werden?[1] —

4) Wird aber das jenseitige Leben auch die geeigneten Objecte für die Bethätigung der beiden genannten Sinne darbieten? — Wenn wirklich die beiden fraglichen Sinne im jenseitigen Leben in Thätigkeit sein werden, dann wird Gott auch für die entsprechenden Objecte Sorge tragen. Das ist im Grunde das Einzige, was sich in dieser Beziehung mit Bestimmtheit behaupten läßt. Denn von welcher Art und Beschaffenheit diese Objecte sein werden, darüber lassen sich doch nur Vermuthungen anstellen.

Bezüglich des Geschmackssinnes ist der h. Thomas geneigt anzunehmen, daß den im Munde befindlichen Säften, also dem Speichel, wohlschmeckende Stoffe beigemischt sein würden, welche die Aufgabe hätten, liebliche Geschmacksempfindungen hervorzurufen.[2] Auch Suarez theilt diese Anschauung,[3] und ebenso sprach vorhin der h. Laurentius denselben Gedanken aus, gegen dessen Berechtigung sich wohl kaum etwas Stichhaltiges einwenden läßt.

Bezüglich der Objecte des Geruchssinnes ergehen sich die Scholastiker in verschiedenen Vermuthungen, und es ist hier und da ergötzlich, ihre Gedanken zu hören. — Der h. Thomas hatte sich die Einwendung gemacht, die verklärte Körperwelt werde an der Unverweslichkeit der

---

[1] Respondetur delectationes horum sensuum honestissimas et decentissimas non repugnare corpori glorioso, neque esse praeter rationem, sed potius rationi admodum consentaneas, quia non propter se expetentur, sed ut omnibus modis magis glorificetur Deus, ut recte Laurentius Justiniani loco supra citato indicavit. — — Si enim in damnato omnes sensus poena torquentur, cur non magis in beato voluptate perfundentur? D. Thomas igitur loquitur de materialibus delectationibus ciborum et venereorum, quae vel non decent vel non spectant ad statum beatorum. — l. c. n. 16.

[2] Gustus non erit in actu, ita quod immutatur ab aliquo cibo vel potu sumpto, ut patet ex dictis; nisi forte dicatur, quod erit ibi gustus in actu per immutationem linguae ab aliqua humiditate adiuncta. Suppl. l. c.

[3] Difficilius est, in coelo obiectum gustus invenire. Propter quod Bonaventura supra hunc actum negat esse in beatis. Sed non est Deo difficile, facere, ut aliquis sapidus humor sit intra organum gustus, qui possit sensum illum intentionaliter afficere, ut divus Thomas dixit. l. c. n. 15.

verklärten Menschenleiber participiren.¹) Nun aber beruhe die Ausscheidung von Wohlgerüchen eben in einer Abtrennung stofflicher Theile. Und weil die Natur des incorruptibilen Körpers eine solche Abtrennung nicht mehr zulasse, so werde es demzufolge in der verklärten Welt und auf der verklärten Erde keine Körper geben, welche Wohlgerüche verbreiten könnten. — Der h. Lehrer antwortet Folgendes: Die Annahme, daß aller Duft auf einer materiellen Absonderung beruhe, könne im Allgemeinen nicht wahr sein. Denn die Geier z. B. witterten mit ihrem Geruchsorgane aus weitester Ferne irgend einen verwesenden Körper. Es sei aber unmöglich, daß die Theile dieses Körpers sich so weit verbreiten könnten, auch wenn derselbe sich ganz und gar in Dunst verflüchtige. Man müsse sich also die Sache ähnlich erklären, wie beim Gesichtssinne, und müsse annehmen, daß in manchen Fällen auch das Geruchsorgan durch eine bloße spirituelle Veränderung in Thätigkeit versetzt werde, in der Weise nämlich, daß der duftende Körper, ohne der Luft und dem Organe seinen Duft mitzutheilen, dennoch durch die Luft auf das Organ wirke und die Sensation hervorrufe. Vielfach freilich könne in der gegenwärtigen Welt ein duftender Körper nicht auf unser Organ wirken, ohne die duftigen Stoffe von sich auszuscheiden. Das habe seinen Grund aber darin, weil diese Stoffe, von der Feuchtigkeit des Körpers zurückgehalten und behindert, keinen Einfluß auf das Medium auszuüben im Stande seien. Daher müßten sie sich zuvor vom Körper und seinen Säften befreien, um die volle Actionsfreiheit zu gewinnen. Indessen in den verklärten Erdkörpern werde auch der Duft seine letzte Vollendung haben, er werde nicht mehr von der Feuchtigkeit des Körpers behindert werden und werde darum, ohne sich von dem duftenden Körper zu trennen, auf das Medium wirken können und durch dieses auf das Organ. Das Organ selbst aber, in seiner letzten Vollendung, werde in den Düften nicht bloß die gröbern

---

¹) Dabei denkt der h. Lehrer, wie bekannt sein dürfte, nur an unorganische Körper; denn das organische Leben schließt er — und mit ihm durchgehends die ganze Scholastik — von der verklärten Erde aus. — Gleichwohl meinen wir, daß auch die entgegengesetzte Ansicht ihre guten Gründe für sich hat, und zwar überzeugende. Doch ist hier der Ort nicht, diesen interessanten Punct weiter zu verfolgen.

Unterschiede, sondern auch die feinsten Schattirungen wahrnehmen.[1])

Die Brauchbarkeit dieser ganzen Ausführung dürfte sich darauf allein beschränken, daß sie auf die irdischen Körper als diejenigen Objecte hinweist, welche durch ihren Wohlgeruch den Seligen dienen werden. Freilich denkt der h. Lehrer nicht an organische Körper, allein das macht keine sonderliche Schwierigkeit. Meistentheils sind es ja ätherische Oele, welche den Wohlgeruch erzeugen. Und möge die Bildung derselben in der jetzigen Welt durchgehends auch von der Pflanzenwelt abhängig sein, so steht doch der Annahme nichts im Wege, daß später eine Fülle derselben im fertigen Zustande auf die unorganischen Körper der Erde vertheilt sei, um etwa in wechselnder Bewegung von ihnen entlassen und wieder aufgenommen zu werden. Daß damit der Incorruptibilität der verklärten Erdkörper, von welcher der h. Thomas spricht, nicht zu nahe getreten werde, liegt auf der Hand. Auch unter Festhaltung einer organischen Natur auf der erneuerten Erde, der wir das Wort reden möchten, würde es sich in ähnlicher Weise verhalten. — Freilich wäre auf diese Weise erst die Erde allein mit Wohlgerüchen versorgt, und es dürfte das vielleicht auch genügen. Verlangt man aber auch für den Himmelsraum, als den gewöhnlichen Aufenthaltsort der Seligen, Wohlgerüche, nun wohl, Gottes Allmacht kann auch der himmlischen Atmosphäre die entsprechenden Substanzen beimischen. — Aber noch eine andere An-

---

[1]) Quidam posuerunt, quod odor nihil aliud est, quam quaedam fumalis evaporatio. Sed haec positio non potest esse vera, quod patet ex hoc, quod vultures currunt ex odore percepto ad cadavera ex locis remotissimis; quum tamen non esset possibile, quod evaporatio aliqua pertingeret a cadavere ad tam remota loca, etiamsi totum resolveretur in vaporem, et praecipue quum sensibilia in aequali distantia ad quamlibet partem immutent. Unde odor immutat medium quandoque et instrumentum sentiendi spirituali immutatione sine aliqua evaporatione pertingente ad organum. Sed quod aliqua evaporatio requiratur, hoc est eo, quod odor in corporibus est humiditate aspersus, unde oportet resolutionem fieri ad hoc quod percipiatur. Sed in corporibus gloriosis erit odor in sua ultima perfectione, nullo modo per humidum repressus; unde immutabit spirituali immutatione, sicut odor fumalis evaporationis facit. Et sic erit sensus odoratus in sanctis, quia nulla humiditate impedietur, et cognoscet non solum excellentias odorum, sicut nunc in nobis contingit propter nimiam cerebri humiditatem, sed etiam minimas odorum differentias. l. c. ad 3.

nahme ist zulässig. — Warum sollte sich das, was die Scholastik vom Geschmackssinn annimmt, nicht auch auf den Geruchssinn anwenden lassen? Das Eine erscheint so annehmbar, als das Andere. — Noch eine andere Meinung spricht Suarez aus. — Wie die verdammten Leiber, sagt er, die höllische Atmosphäre durch ihren Gestank verpesten würden, so würden die seligen Leiber liebliche und süße Wohlgerüche aushauchen. Sie würden dieselben freilich nicht aus ihrer eigenen, unverweslichen Substanz absondern können, wohl aber dürfe angenommen werden, daß sie wohlriechende Essenzen im Innern ihrer Organe beherbergten und daß sie diese von sich ausschieden.[1]) — Allerdings müßte dann Gottes Allmacht Sorge tragen, daß sich der innere Vorrath niemals erschöpfe.

Sollte aber jemand in allen diesen Annahmen der Scholastiker etwas Unzuträgliches finden, so ließe sich vielleicht mit einigem Grunde noch eine andere Annahme vertheidigen, die von einem materiellen Objecte für den Geruchs- und Geschmackssinn vollständig absieht. — Die Sensationen, wie wir schon öfters bemerkten, werden durch eine Irritation des äußern Sinnes und durch molekuläre Bewegung in der Nervensubstanz hervorgerufen. Und wenn es nun auch der natürlichen Ordnung entspricht, daß diese Irritation von einem äußern Objecte hervorgerufen werde, und wenn factisch die übrigen Sinne des verklärten Leibes, denen es an den entsprechenden äußern Bedingungen nicht fehlt, in eben dieser naturgemäßen Weise werden zur Thätigkeit bestimmt werden, so erscheint doch die Annahme nicht nothwendig, daß es sich gerade mit allen Sinnen so verhalten müsse. Sollte also nicht etwa die Seele selbst durch ihre Kraft jene materielle Bewegung hervorrufen können, die zur Erregung der mannigfachsten Sensationen des Geschmacks- und Geruchssinnes erforderlich sind? — Sie kann es ohne Frage, denn die Stoffe ihres Leibes sind ihr vollkommen unterthan, sowohl in ihrem Sein, als auch in ihrer Bewegung. — Und auch der Zweck würde vollkommen erreicht: die selige Befriedigung, welche in der Thätigkeit jener beiden Sinne

---

[1]) Quin potius, ut verisimile censeo, ipsa etiam beatorum corpora suavissimum odorem emittent. Habebunt enim intestina plena humoribus et aëre optimis qualitatibus et odoriferis affectis. Haec enim perfectio maxime decet illum statum, sicut e contrario corpora damnatorum erunt foetida. l. c. n. 14.

begriffen ift. Er würde nur nicht auf dem gewöhnlichen, sondern auf ungewöhnlichem Wege erreicht. — Wir wollen diese Ansicht nicht vertheidigen, meinen aber doch, daß auch sie denkbar und möglich sei. Ueberhaupt haben wir nur zeigen wollen, daß es manche Wege gibt, um zu erklären, wie im jenseitigen Leben eine Bethätigung der beiden fraglichen Leibessinne zu Stande kommen könne.

§ 21.
Der Gesichtssinn.

1) Der Gesichtssinn hat seinen Sitz im Auge und in den damit verbundenen Sehnerven, die, in Form eines zarten Gewebes (Netzhaut genannt) die innere Rückwand des Augapfels überkleidend, mit dem zum Gehirne führenden Sehnerv in Verbindung stehen. — Alle Thätigkeit des Gesichtsinnes ist durch das Licht bedingt. Wie die Wärme ihren Grund in einer Bewegung der materiellen Theile eines Körpers hat und durch Schwingungen des Aethers sich fortpflanzt, um sich andern Körpern mitzutheilen, so verhält es sich nach Lehre der Naturwissenschaft ganz ähnlich auch mit dem Lichte. Ein Körper wird dadurch leuchtend, daß seine eignen, oder, wie andere wollen, die in seinen Poren befindlichen Aetheratome in der Secunde eine bestimmte Anzahl von Schwingungen machen. Diese Schwingungen pflanzen sich dann strahlenförmig durch den Aether fort und gelangen zu unserm Auge. Sie durchdringen der Reihe nach die durchsichtige Hornhaut, dann die mit wasserheller Flüssigkeit angefüllte vordere Augenkammer, darauf die Pupille und die Krystalllinse, endlich die mit dem vollkommen durchsichtigen Glaskörper ausgefüllte hintere Augenkammer, und fallen dann auf die Netzhaut. Durch den Reiz, welchen sie auf die Nerven der Netzhaut ausüben, erzeugen sie in denselben eine molekulare Bewegung, die sich durch den Sehnerv bis zum Gehirne fortpflanzend die Sensation des Lichtes im Sehvermögen hervorruft. — So sehr nun aber Licht und Wärme in ihrer Entstehung und Fortpflanzung auch mit einander übereinkommen mögen, so sind sie doch keineswegs identisch. Die Art und Weise der Bewegung ist eine andere beim Lichte und eine andere bei der Wärme. Daraus erklärt sich die Erscheinung, daß, mögen Licht- und Wärmestrahlen auch häufig miteinander verbunden sein, es doch auch Licht

gibt, welches frei von Wärme, und daß es umgekehrt Wärme gibt, welche ohne Licht ist. — Wie die Thätigkeit der übrigen Sinne, so ist vor allem auch die des Gesichtssinnes mit einer lebhaften materiellen Zersetzung verbunden. Die im Organe erzeugte stoffliche Bewegung stößt Theilchen aus dem molekularen Verbande heraus, und diese Zersetzung ist beim Gesichtssinne um so lebhafter, je angestrengter der Sinn arbeitet, und je intensiver die Lichtstrahlen sind, die auf das körperliche Organ einwirken. Sehr lebhaftes Licht ist ja bekanntlich im Stande, das Auge momentan zu blenden, so daß es eine Zeit lang der Ruhe bedarf, bis es die normale Verfassung wiedergewonnen hat. — Der nächste Gegenstand der Gesichtswahrnehmung ist, wie aus dem Gesagten erhellt, das Licht in seinen verschiedenen Farben und Nüancirungen. Durch Vermittelung des Lichtes werden dann in zweiter Linie auch die Körper wahrgenommen. Indem nämlich die leuchtenden Körper von allen Theilen ihrer Oberfläche Lichtstrahlen in das Auge senden, werden vom Sinne auch die Linien und Flächen, von denen die Strahlen ausgehen, also die Körper selbst, wahrgenommen. Jene Strahlen werden nämlich durch die verschiedenen Mittel, welche sie im Auge durchdringen müssen, mehr und mehr gebrochen, nähern sich einander und vereinigen sich dann auf der Netzhaut, auf welcher sie ein kleines, aber deutliches Bild, einen Eindruck des äußern Objectes hervorrufen. Dieser Eindruck wird dann wieder durch den Sehnerv zum Centralorgane fortgeleitet. — Den im Auge befindlichen lichtbrechenden Mitteln eignet das sog. Accommodationsvermögen, d. h. sie haben die Fähigkeit, die aus verschiedenen Entfernungen auf sie einwirkenden Lichtstrahlen jedesmal so zu brechen, daß sie sich gerade auf der Netzhaut zum deutlichen Bilde vereinigen. — Nicht alle Körper sind selbstleuchtend. Die selbstleuchtenden nehmen wir wahr durch das Licht, welches sie selber ausstrahlen; die dunkeln Körper aber sehen wir vermittelst der Strahlen, die sie von selbstleuchtenden Körpern empfangen und dann zurückwerfen oder reflectiren.

2. Aus den gegebenen Bemerkungen ergibt sich nun, welche Bedingungen wesentlich erforderlich seien, damit eine naturgemäße Thätigkeit des Gesichtssinnes denkbar und möglich sei. — Das Organ unseres Gesichtssinnes ist seiner ganzen Einrichtung nach auf dieses irdische, materielle Licht hingewiesen. Damit es also naturgemäß

thätig sein könne, müssen erstlich Körper dasein, welche in der angedeuteten Weise durch die Bewegung ihrer Theile Licht erzeugen. Es muß zweitens ein Medium, der Aether, dasein, damit die erzeugte Lichtbewegung das Auge erreichen und irritiren könne. — Ein Körper, der — die Möglichkeit dieser Annahme vorausgesetzt — ein specifisch anderes Licht producirte, als das gegenwärtige, also ein Licht, welches nicht in der angedeuteten Bewegung körperlicher Stoffe seinen Grund hätte, würde demnach für unser Auge, so lange es seine naturgemäße Einrichtung behält, unsichtbar bleiben. Ebenso würde ohne ein entsprechendes Medium die entstandene Lichtbewegung, deren Mittheilung an das Auge zur Erzeugung des Eindruckes und zur Entstehung der Sensation wesentlich erforderlich ist, gar nicht zum Auge gelangen können. „Die Wirksamkeit einer wirkenden Ursache auf ein Anderes, das sich zu ihr leidend verhält, erfordert — so lehrt die Philosophie — daß die Ursache diesem Andern entweder unmittelbar oder mittelbar präsent sei. Denn da die Action nur da sein kann, wo die Ursache ist, so könnte eine Ursache auf ein Andres eine Action nie ausüben, wenn sie demselben nicht in irgend einer Weise gegenwärtig wäre, sei es nun unmittelbar, oder wenigstens durch ein Medium, durch welches die Wirksamkeit der Ursache auf den Gegenstand fortgepflanzt und applicirt wird. Eine actio in distans ist unmöglich."[1]

3) Was nun die Art und Weise betrifft, wie die Augen der Seligen ihre Thätigkeit ausüben werden, so müssen wir bei der nähern Bestimmung derselben die richtige Mitte halten. Wir müssen selbstverständlich dem verklärten Auge diejenige Vollkommenheit einräumen, die ihm zukommt; wir dürfen dabei aber nicht zu weit gehen, indem wir ihm eine Weise der Thätigkeit zuschreiben, die den vorausgeschickten Erklärungen zufolge unnatürlich und unmöglich erscheinen muß.

Das Auge der Verklärten wird ohne Frage zunächst insofern vollkommener sein, als das jetzige, als es an der Unverweslichkeit und Leidensunfähigkeit des ganzen verklärten Leibes participiren wird. Möge also der Lichtglanz, der auf das Auge wirken wird, auch noch so lebhaft sein, er wird im Organe zwar eine ebenso lebhafte stoffliche Bewegung, aber keine Zersetzung und keinerlei Störung zur Folge

---

[1] Stöckl, Metaph. S. 87 u. f.

haben.¹) Daher wird das Auge in der Anschauung des himmlischen Lichtglanzes weder geblendet werden, noch auch irgendwie ermüden. Die Augen der Apostel auf Tabor, bemerkt Suarez in Uebereinstimmung mit dem h. Augustinus, bedurften einer wunderbaren Stärkung, um den Glorienschein Jesu Christi anschauen zu können; die verklärten Augen dagegen besitzen diese Stärke in sich selbst.²)

Das verklärte Auge wird überdies auch insofern eine höhere Vollkommenheit besitzen, als ihm jedenfalls eine größere Schärfe eignen wird, als dem gegenwärtigen Auge. Unser jetziges Auge hat einen sehr begrenzten Gesichtskreis. Befindet sich das Object in größerer Entfernung, oder ist es nur schwach beleuchtet, oder von geringerem Umfange, so wird es vom Auge gar nicht, oder doch nicht deutlich wahrgenommen, weil der Reiz, den es auf das Organ ausübt, zu schwach ist, um eine Sensation hervorrufen zu können. Selbstredend wird es sich mit dem verklärten Auge anders verhalten müssen, weil ihm im Zustande seiner Vollendung jene höchste Vollkommenheit eignen wird, die es naturgemäß zu erreichen fähig ist.³) Wie weit nun aber die Schärfe des verklärten Auges sich im Nähern erstrecken wird, ob es etwa im Stande sei, auch ganz entfernte Objecte oder auch Dinge von mikroskopischer Kleinheit deutlich wahrzunehmen, darüber können wir keine bestimmte und genaue Auskunft geben. Einen vom naturwissenschaftlichen Standpunkte aus ganz richtigen, aber doch nur ungefähren Maßstab gibt uns der h. Thomas a. a. O. — Je vollkommener das Organ ausgebildet sei, bemerkt er, eines um so schwächern Eindruckes oder Reizes bedürfe es, um den Act der Wahrnehmung möglich zu machen. Der Eindruck sei aber um so schwächer, je kleiner der Sehwinkel sei, unter dem ein Object angeschaut werde. Ebendeßwegen könne ein gesundes Auge viel deutlicher in die Ferne schauen, als ein schwaches Auge, weil, je entfernter

---

¹) Die Scholastiker statuiren auch hier wiederum die bloße spirituelle Veränderung des Sinnes.

²) Apostoli Christi corpus viderunt in gloriae splendore divina virtute confortati. Nam splendor ille prout est non potest videri nisi ab oculo immortali et incorruptibili. Disp. 47. sect. 6. n. 9.

³) Habebit enim (corpus gloriosum Christi) potentiam visivam perfectissimam et organum optime dispositum. Suarez, l. c. n. 11. Visus corporis gloriosi erit perfectissimus. s. Th. Suppl. q. 82. a. 4 ad 6.

der Gegenstand, desto kleiner auch der Winkel sei, unter dem er ins
Auge falle. Nun aber werde das verklärte Auge von vollendeter
Vollkommenheit sein, und deßwegen werde der allergeringste Reiz
hinreichen, damit es sehen könne. Es werde daher unter einem viel
kleinern Winkel die Dinge schauen können, und werde folglich auch viel
kleinere und auch viel entferntere Objecte wahrnehmen können, als es
unserm jetzigen Auge möglich sei.[1]

Suarez (n. 11) verfolgt diesen Gegenstand noch etwas weiter
und wirft die Frage auf, ob das verklärte Auge die Dinge wahr=
nehmen könne, wenn die Entfernung eine auch noch so große sei,
ob es z. B. im Stande sei, vom hohen Himmel herab die Dinge
hier unten auf der Erde noch deutlich wahrzunehmen. — Suarez
bestreitet dieses; denn wenn das Auge auch noch so vollkommen sei,
so müsse doch das Object einen Eindruck auf dasselbe machen, das
aber sei bei so enormer Entfernung auf naturgemäße Weise nicht
möglich. Wohl sei es möglich, daß Gott wunderbarer Weise den
Dingen die Kraft gebe, aus einer so weiten Entfernung noch auf
das Organ einwirken zu können; auch das sei durch göttliche Da=
zwischenkunft möglich, daß der Selige im Himmel die Dinge sinnlich
wahrnehme, ohne von ihnen selbst irgend einen Eindruck zu empfangen.
In Wirklichkeit aber werde keines von Beiden im Himmel geschehen,
da der Zustand der Seligen derartige Mirakel gar nicht erheische. —
Bei unserm Heilande freilich verhalte es sich anders, da seine mensch=
liche Natur und seine menschliche Thätigkeit einen gewissen Antheil
an seiner Allmacht hätten, der sie als Organ und Werkzeug dienten.
Daher könne Christus auch die entferntesten Dinge sinnlich wahrnehmen,
nicht als wenn ihnen die Kraft eignete, aus so großer Entfernung

[1] Dicendum, quod quanto sensus est perfectior, tanto ex minori immutatione facta potest obiectum suum percipere. Quanto autem sub minori
angulo visus a visibili immutatur, tanto minor immutatio est. Et inde est,
quod visus fortior magis a remotis aliquid videre potest, quam visus debi-
lior, quia quanto a remotiori videtur, sub minori angulo videtur. Et quia
visus corporis gloriosi erit perfectissimus, ex parvissima immutatione poterit videre. Unde sub angulo multo minori videre poterit, quam modo
possit, et per consequens multo magis a remotis. Der Superlativ par-
vissimus ist so gefährlich nicht: er findet sich auch bei ältern lateinischen
Schriftstellern, z. B bei Lucretius Carus, bei Varro u. A. Vgl. Georges
Lexicon.

noch auf den Sinn zu wirken, sondern insofern, als Christus durch
seine Allmacht ihre Wirksamkeit entsprechend steigern, oder auch insofern,
als er durch seine Allmacht die Gegenstände sinnlich wahrnehmen
könne, auch wenn sie gar keinen Eindruck auf sein Auge machten.

4) So vollkommen nun aber das verklärte Auge auch sein mag,
so müssen wir uns doch hüten, in dieser Beziehung zu weit zu gehen
und ihm eine Thätigkeit zuzuschreiben, die absolut unmöglich und
unbegreiflich erscheint. — Gerade aus diesem Grunde dürfte verfehlt
sein, was Suarez etwas früher (n. 10) ausspricht. Er wirft dort
die Frage auf, wie es möglich sei, daß ein entfernter Gegenstand
einen Eindruck auf das Auge mache, ohne daß ein Medium vorhanden
sei, durch welches sich derselbe fortpflanze. Suarez geht nämlich von
der Voraussetzung aus, daß es im Himmel kein solches Medium
geben werde. — Könnte man nun nicht sagen, daß der Gegenstand
seinen Eindruck einfach durch den leeren Raum fortpflanze, ohne daß
ein Medium ihn trage? — Nicht doch! erwidert er, denn ein
Eindruck, der sich selber trägt, kann naturgemäß vom Object selbst
unmöglich ausgehen, sondern müßte von Gottes Macht selbst gewirkt
und getragen werden. Nun aber geht es nicht an, Wunder zu statuiren, die gar nicht nothwendig sind. Viel leichter und einfacher ist
es daher, fährt Suarez fort, anzunehmen, daß das Object unmittelbar
auf den Sinn einwirke, sei es nun durch die ihm eigene natürliche
Kraft, was einzelne annehmen, oder sei es unter dem Concurse der
göttlichen Allmacht.[1]) — Allein auch dieser Doppellösung des be-
rühmten Scholastikers dürfte nicht beizupflichten sein. Die erstere
Lösung ist nämlich geradezu unmöglich, weil die damit behauptete
actio in distans, wie schon hervorgehoben wurde, unmöglich ist.
Die zweite ist aber aus eben dem Grunde unzulässig, den Suarez
selbst soeben geltend machte, daß man nämlich nicht Wunder statuiren
dürfe, die gar nicht nothwendig seien. Thatsächlich gibt es ja ein
Medium, welches der Fortpflanzung des Lichtes dient, den Aether,
und dieser ist nach Lehre der neuern Wissenschaft durch den ganzen

---

[1]) Dici potest species illas multiplicari per vacuum. Sed non recte;
oporteret enim creari et per se existere, quae sunt miracula non necessaria.
Facilius igitur dicitur, obiectum immediate agere in sensum distantem, pro-
ducendo in illo species, sive id faciat naturali virtute, ut aliqui existimant,
sive divina.

Weltraum ausgegossen. Wie also der Aether in diesem Leben dem Lichte und dem Auge diente, so wird er ohne Frage fortfahren, dieses auch im andern Leben zu thun. Suarez hatte natürlich keine Ahnung von dem Vorhandensein dieses Mediums, und niemand wird ihm das verdenken wollen. Er betrachtete darum irrthümlich die Luft als das Fortpflanzungsmittel wie der Schall-, so auch der Lichtbewegung. Und weil er mit Recht annahm, daß es in den obern Himmelsräumen an Luft gebreche, so erklärt sich leicht, wie er zu der eigenthümlichen Lösung kommen konnte, die er der Frage gab.

5) Fragen wir nun, welches die Gegenstände des Gesichtssinnes im jenseitigen Leben sein werden, so versteht es sich zunächst ganz von selbst, daß das körperliche Auge nicht im Stande sein wird, Gott selbst oder auch die geschaffenen Geister anzuschauen. Wir würden diesen Punkt nicht einmal erwähnen, wenn nicht die Väter und Theologen ihn hier und da zur Sprache brächten. — So vollkommen das verklärte Auge und so vollkommen das in ihm wirkende Wahrnehmungsvermögen sein mögen, seine eigenthümliche Natur und Wesenheit behält der Gesichtssinn bei und eben deßhalb auch seine eigenthümliche Thätigkeit. Darum wird er auch im Jenseits nur solche Objecte wahrnehmen können, die zu ihm im richtigen Verhältnisse stehen. Denn wie jedes Vermögen zu seinem Gegenstande im Verhältniß stehen muß, so muß auch jedes Erkenntnißvermögen zu seinem Erkenntnißobjecte im Verhältnisse stehen. Nun ist aber der Gesichtssinn wesentlich sinnliches Vermögen, er steht also nur zu sinnlichen Dingen im Verhältnisse und kann folglich auch nur materielle, sinnfällige Dinge wahrnehmen. Selbst unser höheres Erkenntnißvermögen ist ja nicht einmal im Stande, ohne Weiteres rein Geistiges oder gar Göttliches anzuschauen. Aber weil es rein geistiges Vermögen ist, so steht es doch in einem gewissen Verhältnisse zu rein geistigen Objecten, es besitzt wenigstens die passive Empfänglichkeit (potentia obedientialis), zur Anschauung derselben emporgehoben zu werden. Ein wesentlich sinnliches Vermögen steht aber nicht etwa in einem gewissen, sondern in gar keinem Verhältnisse zum rein Geistigen und Göttlichen, und daher kann dieses auch niemals Gegenstand seiner Anschauung sein. — Wenn daher der h. Paulus I. Cor. 13, 12 bemerkt, wir würden dereinst das göttliche Wesen nicht mehr mittelbar, durch den Spiegel der Geschöpfe

und im Dunkel des Glaubens schauen, sondern unmittelbar, von Angesicht zu Angesicht, so braucht gar nicht einmal hervorgehoben zu werden, wie dieser Ausdruck zu verstehen sei. Der h. Apostel stellt freilich die göttliche Wesenheit als Gegenstand der unmittelbaren Anschauung hin, aber nicht der sinnlichen, sondern der rein geistigen. Das Unkörperliche kann eben niemals, wie der h. Cyrill von Jerusalem bemerkt, Gegenstand des körperlichen Auges sein,[1]) und mit ihm stimmen natürlich die übrigen Väter, soweit sie eine Hervorhebung dieses Punktes für angezeigt erachten, vollkommen überein.[2]) —

Als Gegenstände des Gesichtssinnes haben wir demnach allein die sinnfälligen Dinge des Himmels und der Erde und der ganzen verklärten Welt anzusehen, also die verklärte Leiblichkeit Jesu Christi und seiner h. Mutter, die verklärten Leiber der Seligen, die sinnfällige Pracht der himmlischen Wohnungen, endlich die verklärte Erde und das ganze im Lichte der Glorie prangende Weltall. — Und weil nun die Seligen mit ihren leiblichen Augen diese sinnfällige Pracht der Werke Gottes schauen werden, so werden sie in einem gewissen Sinne, bemerkt der h. Thomas, mit ihren leiblichen Augen auch den Schöpfer selber schauen. Denn mögen wir mit dem körperlichen Sinne an und für sich auch nur körperliche Dinge wahrzunehmen im Stande sein, so erkennen wir vermittelst desselben doch auch dasjenige, was mit den Körpern verbunden ist, z. B. das in ihnen waltende Leben. Und in diesem Sinne kann gesagt werden, daß wir mittelst unseres leiblichen Auges auch Gott den Herrn selbst schauen werden und bereits schauen. Denn gerade Gott der Herr steht auch mit den sinnfälligen Dingen in einer höchst innigen Verbindung, insofern er in Macht und Weisheit fortwährend in ihnen waltet und wirkt. Dieses accidentelle Schauen Gottes, wie der h. Lehrer es nennt, wird dann in der verklärten Welt selbstredend ein viel vollkommneres sein, als in diesem Leben, einmal deßhalb, weil die ver-

---

[1]) Τὸ γὰρ ἀσώματον σαρκὸς ὄμμασιν ὑποπίπτειν οὐ δύναται. Cat. 9.
[2]) Vgl. z. B. Hieronymus zu Isai. 6, 1 und Ambrosius zu Luk. 1, 11. Der erstere bemerkt: „Non solum divinitatem Patris, sed nec Filii, nec Spiritus sancti oculi carnis possunt aspicere, sed oculi mentis." Und der h. Ambrosius: „Nec corporalibus oculis Deus quaeritur, nec circumscribitur visa, nec tactu tenetur."

klärte Welt in weit höherem Maße Gottes Schönheit und Herrlichkeit wiederspiegeln wird, als die gegenwärtige; dann aber aus dem Grunde, weil unser Wahrnehmungsvermögen in seiner letzten und höchsten Vollendung dasjenige auch auf das vollkommenste erkennen wird, was von Gott in den Dingen erkennbar ist. Eben dieses, bemerkt der h. Thomas noch, sei auch der Gedanke des h. Augustinus, wenn er an einer Stelle dem körperlichen Auge des Seligen eine Anschauung Gottes zu vindiciren scheine.[1]

6) Der h. Thomas lenkt unsre Aufmerksamkeit noch auf einen Punkt hin, den wir schon früher hätten in Erwägung ziehen können, der aber auch an dieser Stelle passend besprochen werden kann. — Wenn irgend eine Seelenkraft, so wendet sich der h. Lehrer ein, in einer intensiven Thätigkeit begriffen ist, so wird dem andern Vermögen die gleichzeitige Thätigkeit erschwert oder geradezu unmöglich gemacht. Nun aber ist die höhere Erkenntniß der Seligen, der Intellect, durch die Anschauung Gottes im höchsten Grade in Anspruch genommen. Wie also ist da eine gleichzeitige Thätigkeit des sinnlichen Erkenntnißvermögens möglich und denkbar? — Man kann — so schalten wir ein — dieser Schwierigkeit nicht etwa dadurch aus dem Wege gehen, daß man annimmt, die Seligen unterbrächen vorübergehend die Beschauung Gottes, um vermittelst der sinnlichen Wahrnehmung sich auch einmal der Betrachtung der endlichen Dinge, der sichtbaren Werke Gottes hinzugeben. Denn diese Annahme ist irrig

---

[1] Dicendum, quod sensu corporali aliquid sentitur dupliciter: uno modo per se, alio modo per accidens. Per se quidem sentitur illud, quod per se passionem sensui corporali inferre potest. — — Per accidens autem sentitur illud, quod non infert passionem sensui — —, sed coniungitur his, quae per se sensui inferunt passionem. — — Quum ergo visus et sensus sit futurus idem specie in corpore glorioso, qui erat in corpore non glorioso, non poterit esse, quod divinam essentiam videat sicut visibile per se; videbit autem eam sicut visibile per accidens, dum ex parte una visus corporalis tantam Dei gloriam inspiciet in corporibus et praecipue gloriosis et maxime in corpore Christi; et ex parte alia intellectus tam clare Deum videbit, quod in rebus corporaliter visis Deus percipietur, sicut in locutione percipitur vita. Quamvis enim tunc intellectus noster non videat Deum ex creaturis, tamen videbit Deum in creaturis corporaliter visis. Et hunc modum, quo Deus corporaliter possit videri, Augustinus ponit (de civ. lib. ult. c. 29, vers. fin.), ut patet eius verba intuenti. Suppl. q. 92, a. 2.

und widerspricht der Erklärung des Papstes Benedict XII. in der Constitution: Benedictus Dei, gemäß welcher die selige Anschauung Gottes ohne jegliche Unterbrechung oder Lücke continuirliche Dauer hat. —[1]) Wie also löst der h. Thomas diese anscheinende Schwierigkeit? — Zweien Seelenvermögen, sagt er, ist eine gleichzeitige Thätigkeit in dem Falle unmöglich oder schwierig, wenn die beiderseitigen Objecte nichts mit einander gemein haben und in der Weise von einander verschieden sind, daß gar keine innere Beziehung zwischen ihnen besteht. Anders aber verhält es sich, wenn die Gegenstände der beiden thätigen Vermögen in irgend einem innern Verhältnisse zu einander stehen, so daß sie durch dieses innere Verhältniß zu einer gewissen Einheit verbunden sind. So ist es z. B. — um das Exempel des h. Thomas mit einem analogen zu vertauschen — einem ästhetisch gebildeten Menschen leicht, mit seinen Augen die Farben eines Gemäldes genau und aufmerksam zu betrachten und gleichzeitig mit dem Verstande über die Gesetze und Regeln der Farbengruppirung und Farbenmischung eine sorgfältige Untersuchung anzustellen. So besteht nun auch zwischen Gott und seinen Werken ein inneres Verhältniß. Gott ist der Grund der Dinge und die Dinge sind eine Wirkung und ein Abbild Gottes. Ebendarum ist es den Seligen im Himmel möglich und leicht, mit der höheren Erkenntniß Gottes Wesen selbst zu schauen und zu gleicher Zeit mit dem sinnlichen Wahrnehmungsvermögen die Dinge zu schauen, die ein Abbild des göttlichen Wesens sind.

Aber noch ein anderer Umstand muß hier erwogen werden, und der h. Lehrer unterläßt es nicht, auf ihn aufmerksam zu machen. — Wenn es häufig vorkommt, so fährt er fort, daß die Thätigkeit des einen Seelenvermögens durch die lebhafte Thätigkeit eines andern gehemmt und gehindert wird, so hat das seinen Grund darin, weil die ganze Kraft der Seele in der intensiven Thätigkeit des einen Vermögens aufgeht. Die dem Vermögen selbst innewohnende Kraft reicht zu einer so angestrengten Thätigkeit nicht hin und es muß daher die ganze Kraft der Seele zu Hülfe nehmen, so daß für die gleichzeitige Bethätigung eines andern Vermögens keine hinlängliche

---

[1]) Visionem illam et fruitionem Dei sine aliqua intercisione seu evacuatione continuatam existere. Denzinger, Enchirid. n. 456.

Kraft mehr übrig bleibt. In der andern Welt aber, in der vollendeten und verklärten Seele wird sich dieses anders verhalten. Da wird jedes Seelenvermögen die höchstmögliche Vollkommenheit haben und jedem wird die höchstmögliche Kraft innewohnen, so daß für jedes die ihm selbst innewohnende Kraft zu einer auch noch so lebhaften Thätigkeit vollkommen ausreicht. Und weil also den übrigen Potenzen die zu ihrer Thätigkeit nothwendige Kraft nicht mehr entzogen wird, so werden eben deßhalb mehrere Potenzen eine gleichzeitige lebhafte Thätigkeit entfalten können. — So verhält es sich ja auch mit Christus, der auf Erden wandelnd fortwährend die selige Anschauung Gottes genoß, ohne dadurch in der gleichzeitigen Bethätigung seiner höhern und niedern Seelenvermögen irgendwie gehemmt oder gestört zu sein.[1])

§ 22.

Gehör und Sprache.

Der letzte Sinn, den wir noch zu erörtern haben, ist der Gehörssinn. Wir verbinden mit der Besprechung desselben zugleich einige Bemerkungen über das Sprachvermögen. Denn auch das Sprachvermögen gehört zu jenen natürlichen Vollkommenheiten, die mit der geistig-leiblichen Natur des Menschen gegeben sind. Und da beide Vermögen in innerer Beziehung zueinander stehen und gegenseitig aufeinander angewiesen sind, so ist gerade hier der passende Ort gegeben, auch das Sprachvermögen in den Rahmen unserer Darstellung einzufügen.

---

[1]) Dicendum, quod quando unum duorum est ratio alterius, occupatio animae circa unum non impedit nec remittit occupationem eius circa aliud. — — Et quia Deus apprehenditur a sanctis ut ratio omnium, quae ab eis agentur vel cognoscentur, ideo occupatio eorum circa sensibilia sentienda vel quaecumque alia contemplanda aut agenda in nullo impediet divinam contemplationem nec e contrario. — Vel dicendum, quod ideo una potentia impeditur in actu suo, quando alia vehementur operatur, quia una potentia de se non sufficit ad tam intensam operationem, nisi ei subveniatur per id, quod erat aliis potentiis vel membris influendum a principio vitae. Et quia in sanctis erunt omnes potentiae perfectissimae, una poterit intense operari, ita quod ex hoc nullum impedimentum praestabitur actioni alterius potentiae sicut et in Christo fuit. Suppl. q. 82. a. 3. ad 4.

1) Wie das Licht seinen Grund in der lebhaften Bewegung oder Schwingung stofflicher Bestandtheile hat, so verhält es sich in ähnlicher Weise mit dem Tone. Auch der Ton ist die Folge einer stofflichen Bewegung, die sich aber nicht, wie beim Lichte, vermittelst des Aethers, sondern vermittelst der Luft wellenförmig fortpflanzt. — Auch der Ton der menschlichen Stimme ist das Resultat einer Schwingung. Er entsteht durch die Vibration der beiden sog. Stimmbänder, welche im Innern des Kehlkopfes so dicht nebeneinander ausgespannt sind, daß nur eine schmale Ritze, die Stimmritze, beide von einander trennt. Der Ton entsteht dadurch, daß die eingeathmete Luft mit Heftigkeit durch die Stimmritze getrieben wird, in Folge dessen die Stimmbänder in Schwingung gerathen.

Das Organ für den Gehörssinn ist das Ohr. Die Schallwellen der Luft werden von der Ohrmuschel aufgefangen und dem Trommelfelle zugeleitet, welches dann seinerseits ebenfalls in Schwingung versetzt wird. Die Schwingungen des Trommelfelles pflanzen sich durch Vermittelung kleiner, beweglicher Knochengebilde zum Labyrinthe fort, welches mit Flüssigkeit angefüllt ist. Auf den innern Wänden des Labyrinthes verzweigen sich die Gehörnerven, welche durch die in jener Flüssigkeit sich fortpflanzenden und dann an sie selbst herantretenden Schwingungen irritirt, den empfangenen Reiz durch eine molekulare Bewegung in der Nervensubstanz zum Gehirne fortführen.

2) Stellen wir zunächst über das Sprachvermögen unsere Untersuchung an. — Daß das Vermögen der Sprache den Auferstandenen eignen werde, versteht sich ganz von selbst. Denn da ihre Leiber in der vollen und allseitigen Unversehrtheit ihrer Natur auferstehen werden, so wird auch das Organ ihnen nicht fehlen, was zur Formirung der Stimme dient. Daß ihnen aber außer dem Vermögen auch die Thätigkeit des Vermögens eignen werde, läßt sich in der mannigfachsten Weise auf das bündigste darthun.

Zunächst begründet die Speculation unsern Satz, indem sie theils anscheinende Bedenken hinwegräumt, theils diejenigen Congruenzgründe beibringt, welche denselben zu stützen geeignet sind. — Dürfte nicht vielleicht, so könnte man nämlich sagen, die Bethätigung des Sprachvermögens mit der Vollkommenheit des gloriösen Leibes oder mit der Vollkommenheit und den Zwecken des himmlischen Lebens in

Widerspruch stehen? — Mit der Vollkommenheit des verklärten
Leibes steht eine Bethätigung des Sprachvermögens sicherlich nicht
im Widerspruch. Dieselbe ist freilich im corruptibilen Leibe mit
einer Corruption verbunden, für welche der gloriöse Leib nicht mehr
zugänglich ist. Aber diese Corruption des Organes ist gar nicht nothwendig bei der Thätigkeit desselben, sie ist etwas rein accidentelles,
und nur eine Bewegung des Organes ist erforderlich, die der Beschaffenheit eines unverweslichen Leibes keineswegs widerstreitet.
Wie aber in einer anderen Weise eine Bethätigung des Sprachvermögens in Widerspruch mit der Vollkommenheit des auferstandenen
Leibes stehen könnte, ist durchaus nicht abzusehen; im Gegentheile,
es würde eine Unvollkommenheit jenes Leibes sein, wenn der
Selige von einer naturgemäßen Potenz keinen entsprechenden Gebrauch
machen könnte. Denn nicht blos das Vermögen an sich, sondern
auch die Thätigkeit des Vermögens ist eine Vollkommenheit.
— Aber auch mit der Vollkommenheit und mit den Zwecken
des himmlischen Lebens steht jene Thätigkeit in keinerlei Widerspruch, sondern auch hier muß vielmehr gesagt werden, daß es
eine Unvollkommenheit sein würde, wenn die Seligen des Himmels
nicht auch durch die Sprache mit einander verkehren könnten.
Freilich würden sie dann immer noch einen übernatürlichen Verkehr unterhalten können, theils mittelbar, sich selbst und ihre Gedanken im Spiegel des göttlichen Wesens schauend, theils unmittelbar,
sofern ihre Seelen sich gegenseitig in rein geistiger, intellectiver Weise
schauen und sich gegenseitig ihre Gedanken zur Anschauung würden
darbieten können; aber die Uebernatur schließt doch die Natur in
keiner Weise aus, sondern hat die Bestimmung, die vorhandenen
Vollkommenheiten bestehen zu lassen und zu den bestehenden neue
hinzuzufügen. — Und würde nicht darin eine neue Unvollkommenheit
bestehen, wenn die Bewohner des Himmels nicht auch durch das natürliche Mittel der Sprache Gott den Herrn loben und preisen könnten? Alles im Himmel soll ja der Glorie des Schöpfers dienen;
auch die Leiber der Heiligen und die Vermögen und Fähigkeiten dieser Leiber. Darf also und kann der Mund stumm sein, wenn das
Herz in der Liebe und im Preise der Majestät und Größe Gottes
überfluthet? — Darum sagt der h. Thomas kurz und gut: Dicendum, quod in patria erit laus vocalis — propter perfecti-

onem sensus et delectationem.[1] Und in Uebereinstimmung hiermit schreibt Suarez: Esset magna imperfectio corporum beatorum, si non possent invicem loqui et conversari, et non solum mente sed etiam voce Deum laudare. — — Erit ergo in corporibus gloriosis vox et divina laus etiam sensibilis.[2]

3) Aber auch aus der h. Schrift und aus der Väterlehre lassen sich die hinlänglichen Belege für unsere Thesis beibringen. Suarez bezieht sich an der eben angeführten Stelle z. B. auf Pf. 149, 3 ff., wo es heißt: „Sie sollen loben seinen Namen in Chören, mit Pauken und Harfen ihm lobsingen. Denn der Herr hat Wohlgefallen an seinem Volke und erhöhet die Sanftmüthigen zum Heile. Es frohlocken die Heiligen in der Herrlichkeit; sie freuen sich auf ihren Lagern. Lobeserhebungen Gottes sind in ihrer Kehle."[3] — Freilich beziehen sich diese Worte ihrem nächsten Sinne nach auf die Freude Israels nach der Erlösung aus der Babylonischen Gefangenschaft; aber auch die Annahme des Suarez ist begründet genug, daß sie zugleich vorbildlich gesprochen seien, zur Schilderung des Freudenjubels des erlösten Volkes Gottes im Himmel. Ganz dieselbe Deutung findet sich auch bei den h. Vätern. — Noch eine andere Stelle der h. Schrift muß hierher gezogen werden, nämlich die Worte der Apok. 14, 2 u. f.: „Und ich hörte eine Stimme vom Himmel wie das Rauschen vieler Wasser und wie das Rollen eines starken Donners, und die Stimme, die ich hörte, war wie von Harfenspielern, die auf ihren Harfen spielten. Und sie sangen wie ein neues Lied vor dem Throne und vor den vier Thieren und den Aeltesten. Und niemand konnte das Lied singen, als jene vierundzwanzig Tausend, die von der Erde erkauft worden." Im Anschlusse hieran singt bekanntlich die h. Kirche in ihrem den h. Jungfrauen gewidmeten Festhymnus:

> Quocumque tendis, virgines
> Sequuntur atque laudibus
> Post te canentes cursitant
> Hymnosque dulces personant.

---

[1] q. 82. a. 4. ad 4.
[2] Disp. 47. sect. 6. n. 7.
[3] Exsultabunt sancti in gloria, laetabuntur in cubilibus suis; exaltationes Dei in faucibus eorum.

Ferner muß auch noch Apok. 19, 1 erwähnt werden, wo gesagt wird: „Darnach hörte ich wie eine Stimme großer Schaaren im Himmel, die sprachen: Alleluja! Heil und Ehre und Kraft ist unserm Gott." — Nichts nöthigt uns, die angegebenen Texte der h. Schrift und die Worte der h. Kirche im uneigentlichen und bildlichen Sinne zu verstehen; im Gegentheil! es wäre reine Willkür, dieses zu thun. — Auch auf den Heiland, unser Vorbild, müssen wir hinweisen, der nach seiner Auferstehung und Verklärung seinen Aposteln und Jüngern mehr als einmal erschien, um in naturgemäßer Sprache sich mit ihnen zu unterhalten, um sie zu trösten, zu stärken und zu belehren. Wenn also Christo, dem Vorbilde aller Auferstehung und Verklärung thatsächlich der Gebrauch der Stimme und der Sprache verblieben war, warum sollte denn von den Nachbildern Christi nicht ein Gleiches gelten? — Endlich schreibt die h. Schrift auch den Verdammten in der Hölle den Gebrauch der Stimme zu, denn sie spricht oft genug von dem Wehgeheul und dem Zähneknirsch jener Unglücklichen. Wenn also diese ganz naturgemäß durch Wort und Stimme ihrem Schmerz und ihrer Verzweiflung Ausdruck leihen, werden dann nicht auch die Seligen des Himmels in Wort und Lied ihre Wonne und Liebe erklingen lassen zum Lobe Gottes und zum Preise des Lammes, das für sie geschlachtet wurde! — Die gegentheilige Annahme würde die reinste Unnatur behaupten, die mit einem Zustande natürlicher und übernatürlicher Vollendung ganz unvereinbar ist.

Auch die Väter vertreten die entwickelte Anschauung. — Unter den Lobeserhebungen Gottes, von denen oben der Psalmist spreche, bemerkt der h. Basilius zu dieser Stelle, seien Hymnen und Psalmengesänge zu verstehen.[1]) In derselben Weise erklärt auch Theodoret diesen Text. Ferner bemerkt der h. Gregor der Große zu Job 8: „Mit Recht sagt Job, daß dort der Mund überfließen werde von Freude und die Lippen überfließen werden von Jubel. Denn im himmlischen Vaterlande, wenn der Geist der Seligen in Wonne verzückt ist, erhebt sich auch die Zunge zu lautem Preisgesange."[2]) Weiterhin macht der h. Irenäus zu Röm. 8 die Be-

---

[1]) Exaltationes hic hymnodias et psalmodias dicit.
[2]) In illa aeterna patria, quum iustorum mens in exaltationem rapitur, lingua in cantum landis elevatur. 8. Moral. c. 31.

merkung: „Wenn wir schon hier auf Erden rufen: Abba, Vater! was wird dann geschehen, wenn wir von den Todten auferstanden von Angesicht zu Angesicht ihn schauen werden? Dann werden alle Glieder unseres Leibes von Lob- und Preisgesängen überfließen."[1]) Außer dem h. Augustinus[2]) muß dann endlich noch der h. Laurentius Justiniani genannt werden, dessen Bemerkungen wir bereits früher mitgetheilt haben. Melodische Gesänge, sagte er uns, würden das Ohr der seligen Himmelsbewohner entzücken; denn es würde nicht recht sein, wenn irgend etwas im Himmel nicht einstimmen sollte in das Lob des Schöpfers; es sei billig und recht, daß alle Glieder des Leibes jedes in seiner Weise den Herrn des Himmels und der Erde verherrlichen.

4) Man könnte übrigens gegen unsern Satz noch eine Einwendung erheben. — Zur Erzeugung und Fortpflanzung des Tones, so könnte man nämlich sagen, bedürfe es eines Mediums, der Luft. Nun sei es aber zum mindesten sehr zweifelhaft, ob es im Jenseits ein solches Medium geben werde, um so mehr, als das Vorhandensein der Luft, die wesentlich dem Athmungsprozesse, der Erhaltung und Entwickelung des organischen Lebens diene, für diese Zwecke im andern Leben gar nicht mehr erforderlich sei. Der h. Thomas erwähnt in der That eine Ansicht, welche annimmt, daß es im Himmel an einem entsprechenden Medium fehlen und daß demgemäß eine Erzeugung und Fortpflanzung des Tones nicht möglich sein werde. Er entgegnet aber, daß ihm diese Annahme unwahr erscheine. Denn dasselbe Medium, welches zur Fortpflanzung des Lichtes diene, die Luft, diene auch der Fortpflanzung des Tones, und es werde folglich im Jenseits an Luft kein Mangel sein.[3]) Suarez aber theilt diese Ansicht des h. Lehrers nicht, sondern ist ebenfalls der Meinung, daß der Aufenthaltsort der Seligen ein vollkommen luftleerer Raum sein werde. Nichtsdestoweniger aber werde eine sinnlich wahrnehmbare Ton- und Sprachbildung möglich sein. Denn es verhalte sich hiemit in folgender Weise: Zur Erzeugung des Tones sei freilich die Luft unentbehrlich, und daher könne die zu diesem Zwecke erforder-

---

[1]) l. 5. c. haer. c. 8.
[2]) Vgl. Suarez a. a. O.
[3]) Suppl. q. 82. a. 4.

liche Luft dem gloriösen Leibe nicht fehlen. Er trage dieselbe in seinem Innern mit sich und bediene sich ihrer zum Sprechen, wobei er aber, damit nicht endlich der Vorrath ausgehe, ein Hinausströmen derselben nach Außen über die Zähne und Lippen hinaus verhindern müsse und auch zu verhindern wisse. Zur **Fortpflanzung** des Tones aber sei keine Luft und überhaupt kein anderes Medium nothwendig; vielmehr theile sich der Ton ohne Medium, ganz unmittelbar dem Ohre der vielleicht weit entfernten Zuhörer mit.[1] — Es braucht wohl nicht hervorgehoben zu werden, daß diese Erklärungsweise des Suarez nicht bloß im hohen Grade wunderlich, sondern daß sie gemäß den früher gegebenen Auseinandersetzungen auch ganz unbegreiflich und ohne ein specielles Wunder total unmöglich ist. — Was in dieser Beziehung gesagt werden kann und gesagt werden muß, dürfte einfach Folgendes sein: Aus dem Umstande, daß die Luft im Jenseits für den Athmungsprozeß und für die Erhaltung des organischen Lebens nicht mehr erforderlich ist, folgt noch keineswegs, daß sie überhaupt überflüssig sei. Die Luft hat auch die Aufgabe, wie der Ton- und Sprachbildung, so auch der **Fortpflanzung** des Tones und der Sprache zu dienen und darum ist sie im Jenseits durchaus nicht überflüssig. Will also Gott den naturgemäßen Zweck, so wird er auch Sorge tragen, daß das naturgemäße Mittel, das entsprechende Medium vorhanden sei. Dabei ist noch zu bemerken, daß die Annahme durchaus nicht geboten ist, daß dasselbe Medium, welches hier auf Erden dem gedachten Zwecke diente, ihm auch im jenseitigen Leben dienen werde und dienen müsse. Ein Medium ist zwar erforderlich, aber dieses Medium braucht nicht gerade die Luft zu sein. Denn, wie die Physik lehrt, gibt es eine ganze Reihe von festen, flüssigen und gasförmigen Körpern, welche ganz vortreffliche Leiter der Schall- und Tonbewegung sind.[2] Sollte also irgend ein anderes Medium sich für die Zwecke des himmlischen Lebens noch besser schicken, so wird Gottes Macht auch dieses zu beschaffen wissen.

Von welcher Art die Sprache des Himmels sein werde, darüber läßt sich kein bestimmter Aufschluß geben, und auch die Väter und

---

[1] l. c. n. 8.
[2] Vgl. Koppe, Physik. 10. Aufl. S. 291 ff.

Theologen berühren, soweit wir wissen, diesen Punct nicht. Wenn wir aber bedenken, daß auch die Sprache der Menschen vom Fluche der Sünde getroffen wurde, und daß der Zweck der Erlösung darauf hinausgeht, die Welt und die Menschheit vom Verderben und von den Folgen der Sünde zu reinigen und zu befreien, und den Zustand der ursprünglichen Vollkommenheit wiederherzustellen, dann erscheint die Annahme mindestens zulässig, daß die Sprache des Himmels jene Beschaffenheit haben werde, die sie vor der Sünde hatte, daß sie also analog der Sprache des Paradieses, wenn nicht geradezu identisch mit derselben sein werde.

5) Ueber den Gehörssinn braucht nach dem, was wir über die Sprache des jenseitigen Lebens vernommen haben, im Grunde keine Rede mehr zu sein. Dieselben Gründe, welche für den Fortbestand der übrigen Sinnesvermögen und Sinnesthätigkeiten sprechen, sprechen auch für den Fortbestand und die weitere Thätigkeit des Gehörssinnes. Dazu kommt, daß sich aus dem Fortbestande der Sprache der Fortbestand des Gehöres ganz von selbst als Folgerung ergibt. Denn die Sprache wäre, wie Suarez mit Recht hervorhebt, ganz zwecklos, wenn es kein Gehör gäbe: Supervacanea ibi esset usus vocis, si non posset esse auditus.[1]) — Daß die Scholastiker auch beim Gehörssinne keine physische Affection des Organes, sondern lediglich eine spirituelle Veränderung des Vermögens annehmen, bedarf keiner Erwähnung mehr.

---
[1]) l. c. n. 12.

III. Theil.
Die übernatürliche Vollkommenheit der auferstehenden Leiber.

Sechste Abtheilung.
Die Verklärung des Leibes im Allgemeinen.

§ 23.

Speculative Herleitung der Verklärungsgaben und ihre tiefere Bedeutung. Vierzahl derselben und ihr begrifflicher Ausdruck.

1) Die Seele ist ihrer Natur nach Form des menschlichen Leibes und hat als solche die Aufgabe, sich mit dem Stoffe substantiell zu verbinden, um ihm von ihrem eigenen Sein und Leben mitzutheilen. Sie ist lebendige, menschliche Seele; die Mittheilung des ihr eigenen Seins und Lebens an den Stoff besteht also darin, daß sie ihn zum lebendigen, menschlichen Leibe umgestaltet, darin, daß sie ihn beseelt, vergeistigt. In dieser naturgemäßen Vergeistigung des Leibes durch die Seele können wir dann drei Momente unterscheiden. Das erste ist das Leben als Zustand betrachtet; das zweite die Aeußerung des Lebens, die Bewegung, insofern der Leib, zu den Thätigkeiten der Seele concurrirend, allen ihren Lebensbewegungen willfährige Folge leistet. Dazu kommt als drittes Moment die Schönheit, insofern der Stoff in Folge seiner Verbindung mit der Seele die dem Menschen-

leibe eigene Gestalt, Bildung und Schönheit erhält, eine Schönheit, die dem Stoffe als solchem gänzlich fremd ist.

2) Diese Vergeistigung des Leibes kann nun aber einen höhern Grad erreichen, als es in der gegenwärtigen Ordnung der Fall ist. Der Leib kann mehr und mehr dem Geiste unterworfen werden, um in dieser vollkommneren Unterwerfung durch vollere und reichere Theilnahme am Sein und Leben des Geistes diesem immer gleichförmiger zu werden. Unsere Seele theilt dem Leibe das Leben mit, aber dieses Leben ist kein unsterbliches, wie der Seele Leben unsterblich ist; vielmehr treibt ein physisches Gesetz mit eiserner Nothwendigkeit der Auflösung und dem Tode entgegen, und die Seele hat keine Gewalt, den Ursachen des Todes wirksam zu begegnen. Anders verhielt sich das im Paradiese; der Fluch der Sünde hatte den Menschen und die Schöpfung noch nicht getroffen; Gottes besonderes Wohlgefallen ruhte über der Welt und über den Menschen, und mit dem Wohlgefallen besondere Gaben. Höhere Kräfte, die wir später genauer bestimmen werden, standen der Seele zur Seite, durch welche sie befähigt war, den wirkenden Ursachen des Todes fort und fort siegreich begegnen zu können. Sie bildete und gestaltete ihren Leib in einer Weise, daß er, in ganz tadelloser Bildung, geeignet war, Träger eines gesunden und kräftigen Lebens zu sein; sie sorgte für den Fortbestand dieser tadellosen Leibesdisposition, so daß eben damit der Eintritt einer Indisposition, einer Krankheit ausgeschlossen war; sie bewirkte endlich durch fortgesetzten, völlig ungestörten Stoffwechsel, daß der Leib stets auf der Höhe seiner Entwickelung blieb, ohne abzunehmen und ohne zu altern. So war und blieb der Leib fort und fort Träger eines kräftigen und blühenden Lebens; er blieb fort und fort ein Substrat, welches fähig und geeignet war, Träger seiner Form zu sein; er participirte an der Unsterblichkeit des Geistes, und der Mensch war im Besitze der leiblichen Unsterblichkeit. Dieses erste Moment höherer Vergeistigung übte dann zugleich bedeutungsvollen Einfluß auf die beiden andern aus. Adams Leib war wohlgebildet, er war frei von Krankheit und Uebel, er nahm nicht ab und alterte nicht. In Folge dessen war auch Adams leibliche Schönheit eine höhere und diese Schönheit verwelkte nicht. Eben darum eignete seinem Leibe auch ein höheres Maß jener Beweglichkeit, welche ihn zum dienstbaren

und willfährigen Werkzeuge der Seele machte. — Obgleich nun aber diese Vergeistigung des paradiesischen Leibes — was wohl zu bemerken ist — eine vollkommnere war, als die des unsrigen, so war damit Adams Leib noch nicht in einen Zustand der Vollkommenheit versetzt, die ihn wesentlich über die Schranken seiner Natur erhoben hätte. Adams Leib war zwar vervollkommnet, aber nicht über die Sphäre seiner Natur hinaus, sondern innerhalb der Grenzen, welche der Natur gegeben sind. Sein Leben war ein ganz naturgemäßes, wie das unsere; aber dieses naturgemäße Leben setzte sich durch die Wirksamkeit höherer Kräfte fort und nahm kein Ende, und hierin bestand die Vervollkommnung innerhalb der natürlichen Sphäre. Dasselbe gilt von den beiden andern Momenten der Vergeistigung, die mit der Unsterblichkeit zusammenhingen: auch sie vervollkommneten den Leib lediglich innerhalb der Grenzen seiner Natur. — Wie der Glaube lehrt, wird dereinst der ganze Fluch der Sünde hinweggenommen werden, und die verlorenen Güter werden wiederkehren. Der Leib wird aus dem Grabe wiedererstehen, damit der Mensch wieder hergestellt werde und die ihm entsprechende endliche Vollendung empfange. Daraus folgt also mindestens dieses, daß jene Vergeistigung, die dem Leibe der paradiesischen Menschen eigen war, auch unser Antheil sein wird: frisches, blühendes, unsterbliches Leben, Schönheit und Behendigkeit. — Aber die Speculation an der Hand des Glaubens muß noch einen Schritt weiter gehen.

3) Die soeben characterisirte Vergeistigung beläßt den Leib in seiner natürlichen Sphäre; sie ist die natürliche Vollendung desselben und entspricht an sich nur einem natürlichen Endziele. Nun ist aber der Mensch zu einem wesentlich höhern, übernatürlichen Endziele berufen, er soll den dreieinigen Gott unmittelbar schauen von Angesicht zu Angesicht, und seine Ausrüstung zu diesem Ziele nimmt schon hier auf Erden ihren Anfang. Durch die heiligmachende Gnade wird die Seele wesentlich über ihre Natur hinausgehoben, sie erhält eine neue Seins- und Wirkungsweise, die in ihrer Natur nicht wurzelt und nicht wurzeln kann; sie wird in einer neuen, übernatürlichen Weise dem göttlichen Geiste ähnlich und gleichförmig gemacht. Diese übernatürliche Verähnlichung der Seele mit dem göttlichen Geiste, welche durch die heiligmachende Gnade grundgelegt ist, soll dann dereinst in der Glorification der Seele ihren Abschluß und ihre Vollen-

dung finden. — Nun ist aber nicht bloß die Seele zum übernatürlichen Ziele berufen, sondern der ganze Mensch. Daher geziemt es sich, daß der ganze Mensch eine entsprechende, übernatürliche Ausrüstung erhalte, damit derjenige, der zum Ziele berufen ist, allseitig zum Ziele im Verhältnisse stehe; damit insbesondere auch zwischen Seele und Leib, die zur innigsten substantiellen Einheit berufen und verbunden sind, ein richtiges Verhältniß herrsche. — Wie also haben wir uns diese höhere Vollkommenheit des Menschenleibes zu denken? — Wie die Seele specifisch höhere Vollkommenheiten empfing, so werden dem entsprechend auch dem Leibe wesentlich höhere Vorzüge zu Theil werden müssen. Und wie ferner die Uebernatur der Gnade und Glorie die Natur der Seele nicht zerstört, sondern vervollkommet und erhebt, so wird auch die Natur des Leibes durch die Glorie nicht zerstört, sondern vervollkommet und erhoben werden.[1] Der Leib empfängt seine Vollkommenheit von der Seele, und seine Vollkommenheit ist um so größer, je gleichförmiger er der Seele geworden. Wie also die Seele durch die Gnade und Glorie dem göttlichen Geiste in höherer Weise ähnlich wurde, so wird die neue Vollkommenheit des Leibes darin bestehen, daß er der Seele in höherer Weise ähnlich und gleichförmig wird; sie wird in einer neuen und höheren Form der Vergeistigung bestehen, die sich an die bereits bestehende harmonisch anschließen wird. Und auch die einzelnen Momente dieser neuen Vergeistigung werden sich an jene harmonisch anschließen müssen, die wir an der gegenwärtigen und namentlich an der paradiesischen Leiblichkeit bereits nachgewiesen haben. Wir werden dieselben auf speculativem Wege also folgendermaßen bestimmen können: Das erste Moment der Vergeistigung, welches wir an dem paradiesischen Menschen betrachteten, bestand in der Unsterblichkeit. Durch diese Unsterblichkeit war aber die Möglichkeit des Leidens und des Todes noch keineswegs überwunden; auch gründete sie nicht in

---

[1] Suarez schreibt: Constat — —, totam hanc supernaturalem perfectionem corporis non destruere naturam eius, sed corrigere potius (ut ita dicam) imperfectionem eius. Nam licet humanum corpus natura sua non sit lucidum, tamen lux ei adiuncta non destruit substantiam neque accidentia illi connaturalia. Et simile est de aliis. Disp. 48. n. 15. Und der h. Thomas: Dicendum, quod corporis gloria naturam non tollet, sed perficiet. Suppl. 9. 85. q. 1. ad 3.

der Seele allein, sondern sie mußte zugleich durch äußere Hülfsmittel, durch Speise und Trank, gestützt und getragen werden. Die höhere Form der Unsterblichkeit dürfte also darin bestehen, daß von nun an die Seele allein Grund derselben ist und zwar in einer Weise, daß auch die Möglichkeit des Todes und alles dessen ausgeschlossen ist, was zum Tode führt. Mit einer solchen Unsterblichkeit wäre also jegliches Nahrungsbedürfniß ausgeschlossen, und totale Unverweslichkeit und Leidensunfähigkeit wären zugleich mit ihr gegeben. — Das andere Moment der Vergeistigung war die natürliche Schönheit des Leibes. Zu dieser naturgemäßen Schönheit würde also ein neuer, höherer Leibesschmuck hinzutreten müssen. Und da der schönste Schmuck des Körpers, den wir uns denken können, in Licht und Farbe besteht, so ist die Speculation geneigt, gerade hierin die neue Schönheit des Leibes zu finden. — Das dritte Moment, welches wir hervorhoben, war die Beweglichkeit des Leibes. Diese Beweglichkeit ist aber und war auch beim paradiesischen Menschen eine vielfach beschränkte und gehemmte. Das Gesetz der Schwere steht ihr hinderlich entgegen, räumliche Entfernungen überwindet der Leib nur langsam und mit Mühe, andere Körper hemmen ihn in seiner freien Bewegung. Denken wir uns diese Beweglichkeit wesentlich vervollkommnet, so daß der Leib in seinem Verhalten dem Raume gegenüber eine wesentlich höhere Conformität mit der Seele gewinnen würde, so dürften alle die genannten Einschränkungen und Hemmnisse hinwegfallen. Der Leib, dem Gesetze der Schwere überhoben, würde sich frei in die Lüfte schwingen können; er würde, dem Fluge der Seele folgend, keine räumlichen Entfernungen mehr kennen; er würde gar in dem Widerstande fremder Körper kein Hinderniß seiner Bewegung mehr finden. Und gerade dieses letztere würde ihm eine besondere Conformität mit dem Geiste geben, da ja gerade die geistige Substanz in ihrer Bewegung von einem Widerstande der Körper nichts kennt und nichts weiß. — Aber auch noch in einer anderen Beziehung würde der Leib in seinen Bewegungen eine besondere Conformität mit dem Geiste annehmen können. Der verklärte Leib, sagt Oswald schön,[1] wird aufhören Leib, Körper, Fleisch im ethisch schlimmen Sinne des Wortes zu sein. — Und gewiß!

---

[1] Esch. S. 314.

Im Zustande himmlischer Vollendung, wo alle Bewegungen der Seele heilig sind, da werden auch alle inneren Bewegungen des Leibes, alle Bewegungen des appetitus, den Bewegungen der Seele conform und darum heilig und nur auf das Gute gerichtet sein. — Durch die angedeuteten Momente wäre dann der Leib nach allen Seiten hin auf eine höhere Stufe der Vollkommenheit emporgehoben. Die Unsterblichkeit mit ihren Beigaben würde ihn in seinem substantiellen, die neue, übernatürliche Schönheit in seinem accidentellen Sein vervollkommnen, während jene höhere Form der Bewegung ihn in seiner Thätigkeit vollenden würde.

4) In der That haben wir in dieser ungefähren Bestimmung der zukünftigen, höhern Leibesbeschaffenheit gerade diejenigen Momente getroffen, von denen nur der Glaube uns sichere Kunde geben kann und auch sichere Kunde gibt. Der h. Paulus spricht I. Cor. 15, 50 ff. von einer Verwandlung, der sich unser Leib bei der Auferstehung wird unterziehen müssen, denn Fleisch und Blut (d. h. der Leib in seiner jetzigen unvollkommenen Beschaffenheit) könne das Reich Gottes nicht besitzen.[1] Das Resultat dieser Verwandlung ist aber nach dem Apostel jene höhere Form der Geistigkeit, deren einzelne Attribute wir unterschieden haben: „Gesäet wird er (der Leib) in Verweslichkeit, auferweckt in Unverweslichkeit; gesäet wird er in Unehre, auferweckt in Glanz; gesäet wird er in Schwachheit, auferweckt in Kraft; gesäet wird ein seelischer (psychischer) Leib, auferweckt ein geistiger Leib. Wenn es einen seelischen Leib gibt, so gibt es auch einen geistigen. — — Aber freilich nicht zuerst das Geistige, sondern das Seelische, und dann das Geistige."[2] Unter der Geistigkeit,

---

[1] Hoc autem dico fratres, quia caro et sanguis regnum Dei possidere non possunt, neque corruptio incorruptelam possidebit. Ecce mysterium dico vobis: Omnes quidem resurgemus, sed non omnes immutabimur. In momento, in ictu oculi, in novissima tuba; canet enim tuba, et mortui resurgent incorrupti, et nos immutabimur.

[2] Seminatur in corruptione, surget in incorruptione — $\dot{\varepsilon}\nu\ \dot{\alpha}\varphi\vartheta\alpha\rho\sigma\acute{\iota}\alpha$ —; seminatur in ignobilitate, surget in gloria — $\dot{\varepsilon}\nu\ \delta\acute{o}\xi\eta$ —; seminatur in infirmitate, surget in virtute — $\dot{\varepsilon}\nu\ \delta\upsilon\nu\acute{\alpha}\mu\varepsilon\iota$ —; seminatur corpus animale, surget corpus spirituale, $\sigma\tilde{\omega}\mu\alpha\ \pi\nu\varepsilon\upsilon\mu\alpha\tau\iota\varkappa\acute{o}\nu$. Si est corpus animale, est et spiritale; — — sed non prius, quod spiritale est, sed quod animale; deinde quod spiritale.

von welcher der Apostel am Schlusse redet, haben wir wohl nicht so sehr ein einzelnes, specielles Attribut zu verstehen, sondern die höhere Vergeistigung des Leibes überhaupt, welche die einzelnen Attribute als Momente in sich schließt. Es geht dieses aus den Zusätzen hervor, welche der h. Paulus macht, in denen er den zukünftigen geistigen Leib **überhaupt** im Gegensatz zu der jetzigen niederen, seelischen Form unserer Leiblichkeit stellt.[1] Das an erster Stelle genannte specielle Attribut, die **Unverweslichkeit** (incorruptio, $\alpha\varphi\vartheta\alpha\rho\sigma\iota\alpha$) würde dann mit dem von uns zuerst aufgeführten Momente der Vergeistigung zusammenfallen, mit der in vollständiger Unverweslichkeit und Leidensunfähigkeit vollendeten Unsterblichkeit. Die **Glorie** aber, (gloria, $\delta o\xi\alpha$) würde sich mit der übernatürlichen Schönheit decken, die wir bereits im Nähern als lichte Klarheit glaubten characterisiren zu dürfen. Die **Kraft** endlich (virtus, $\delta\upsilon\nu\alpha\mu\iota\varsigma$) würde alles das einschließen, was wir von der Beweglichkeit gesagt haben, also sowohl jene Beweglichkeit, vermöge welcher der Leib mit der größten Leichtigkeit und Schnelligkeit den Raum nach allen Richtungen durchmißt, und die wir **Behendigkeit** nennen können, als auch jene, vermöge welcher er den Widerstand entgegenstehender Körper überwindend dieselben einfach in seinem Fluge durchbricht und durchdringt. Und diese letztere Form der Beweglichkeit dürfte sich am besten als **Durchdringungsfähigkeit** bezeichnen lassen.[2]

---

[1] Bisping bemerkt: „Ein **geistiger** (Leib), d. i. ein solcher, in welchem die höhere Seite des menschlichen Geistes vorwiegt, und der an Stoff und Form geeignet ist, dem Geiste zu dienen, der nicht mehr wie der irdische Leib durch seine grobe Materialität den Geist hindert." — Ueber die paulinischen termini: $\pi\nu\varepsilon\upsilon\mu\alpha\tau\iota\kappa o\varsigma$, $\psi\upsilon\chi\iota\kappa o\varsigma$ vgl. auch Kleutgen Theol. der Vorz. 2. Aufl. II. n. 43.

[2] Der Ausdruck **Durchdringungsfähigkeit** ist nicht ganz zutreffend und genau. Wir verstehen ihn vielfach nur im passiven Sinne; er soll hier aber nicht bloß im passiven, sondern vorzugsweise im activen Sinne genommen werden. Wir kennen keinen angemesseneren deutschen Ausdruck zur Bezeichnung dieser Art von Bewegung und müssen deswegen mit dem nicht ganz genauen Worte vorliebnehmen. Manche Theologen bedienen sich des Ausdruckes **Geistigkeit**. Allein dieser Ausdruck ist mißverständlich, und auch im richtigen Sinne verstanden, geht sein Begriff zu weit, indem er die neue, höhere Beschaffenheit des Leibes überhaupt bezeichnet. Wir kommen unten bei der Definition der vier Verklärungsgaben auf diesen Punkt zurück.

Die Worte des Apostels und die Deutung, welche wir ihnen gegeben haben, finden ihre nähere Beleuchtung und Begründung in der Beschaffenheit und in dem Verhalten des auferstandenen Christus; denn in dem auferstandenen und verklärten Christus besitzen wir ja gemäß der früheren Darstellung das Vorbild unserer eigenen Auferstehung und Verklärung. Nun aber ging Christus unsterblich aus dem Grabe hervor gemäß den Worten des h. Paulus, daß Christus, einmal auferstanden, fürder nicht mehr stirbt.[1]) Er erstrahlte im lichten Glorienschein, als er auf Tabor die Jünger seine zukünftige Herrlichkeit schauen ließ. Er überwand alle Gesetze der Schwere und des Raumes, wandelte über den Wassern, erschien und verschwand im Augenblicke, durchdrang das verschlossene Grab, ging durch verschlossene Thüren und schwebte in eigener Kraft zum Himmel hinauf. — Auch die h. Väter waren, wie Suarez bemerkt, ganz einmüthig in der Behauptung, daß die Leiber der Auferstandenen im Besitze einer höhern Vollkommenheit sich befinden würden, und daß, wie Suarez bei einzelnen derselben, z. B. bei Augustin, Gregor dem Großen, Cyrill von Jerusalem u. A. nachweist, diese höhere Vollkommenheit eben in den aufgeführten vier Attributen bestehen werde.[2])

Mit Recht werden also von den sämmtlichen Theologen vier Attribute oder Eigenschaften des verklärten Leibes aufgezählt und unterschieden, und zwar erstens die Leidensunfähigkeit, die impassibilitas. Diese impassibilitas ist dann selbstredend in einem weitern Sinne zu nehmen; sie schließt nicht bloß alles dasjenige aus, was wir gewöhnlich Leiden zu nennen pflegen (Krankheit, Schmerz u. dgl.), sondern auch alles dasjenige, was überhaupt unter den Begriff eines eigentlichen Leidens fällt, vor Allem also den Tod, dann auch jede materielle Corruption. Außerdem ist zu beachten, daß Leidensunfähigkeit nicht bloß jedes thatsächliche Leiden, sondern auch jede Fähigkeit und Möglichkeit eines Leidens ausschließt. — Das zweite Attribut ist die Klarheit (claritas), wofür wir auch Verklärung sagen könnten. Indessen bedient sich der Sprachgebrauch des Wortes Verklärung als pars pro toto zur Bezeichnung

---

[1]) Röm. 6, 9.
[2]) in 3. Disp. 48. sect. 1. n. 1. u. 8.

der ganzen übernatürlichen Vollkommenheit der auferstandenen Leiber, wohl aus dem Grunde, weil gerade die Klarheit oder Verklärung das für die sinnliche Wahrnehmung am meisten hervorstechende Attribut ist. Geradeso verhält es sich mit dem lateinischen glorificatio, dessen sich die Väter und Theologen bedienen. — Das dritte Attribut ist dann die Behendigkeit (agilitas), an welches sich als das vierte und letzte die Durchbringungsfähigkeit anschließt. — Auch der römische Katechismus führt die vier Attribute mit Ausnahme des vierten unter denselben Namen und auch in derselben Reihenfolge auf.[1]) Das vierte Attribut bezeichnet er durch das Wort subtilitas, Feinheit, eine Bezeichnung, die sich durchgängig bei den älteren Theologen findet, und die auch insofern recht zutreffend ist, als die Durchbringungsfähigkeit gerade eine Fähigkeit feiner, ätherischer Körper, insbesondere aber der absolut feinen, geistigen Substanzen ist.

5) Zur weitern allgemeinen Illustration und Begründung der vier Verklärungsattribute müssen wir noch einen Blick auf die bezüglichen Ausführungen der Scholastiker, insbesondere des h. Thomas werfen. Die Ausführungen des letztern werden uns zugleich den Beweis liefern, wie der englische Lehrer mit tiefer Speculation eine ebenso tiefe und innige Mystik zu verbinden versteht.

Der h. Thomas handelt über die übernatürliche Vollkommenheit der Auferstehungsleiber in seinem Commentar zum vierten Buche der Sentenzen und seine Ausführungen finden sich im Nachtrage der theologischen Summe ziemlich getreu wiedergegeben.[2])

---

[1]) P. l. c. 12. q. 11. — Der Katechismus erklärt zugleich, weßhalb die Theologen statt des paulinischen Unverweslichkeit lieber den Ausdruck Leidensunfähigkeit gewählt haben: Quod autem impassibilitatem potius quam incorruptionem Scholastici appellarint, ea causa fuit, ut, quod est proprium corporis gloriosi, significarent. Non enim impassibilitas illis communis est cum damnatis, quorum corpora, licet incorruptibilia sint, aestuare tamen possunt atque algere variisque cruciatibus affici. — Die Leidensunfähigkeit schließt eben die Unverweslichkeit als Moment in sich, nicht aber die letztere die erstere.

[2]) Wir werden daher nach wie vor — da der genannte Commentar nicht jedem Leser zur Hand sein dürfte — fortfahren, nach dem Supplemente zu citiren. Nur an einzelnen wenigen Stellen, an denen dasselbe etwas unklar oder lückenhaft ist, werden wir auf den Commentar selbst zurückgehen müssen. — Auch die philosophische Summe wird uns einige Beiträge liefern.

Beginnen wir mit denjenigen Erklärungen, durch welche der h. Lehrer die Attribute der Verklärung im Allgemeinen, ihren Begriff, ihren Zweck, ihre Vierzahl erläutert. — Unter den Attributen der Verklärung, so lautet die an die Spitze gestellte Definition, seien im Allgemeinen von Gott verliehene Geschenke zu verstehen, welche die Bestimmung hätten, dem Leibe und der Seele der Seligen eine dem himmlischen Leben entsprechende, ewig dauernde Ausrüstung und Zierde zu geben, und diese Geschenke würden von den Lehrern der Theologie dotes, Brautgaben (im Sinne von Mitgift) genannt.[1]) — Es frage sich nun zunächst, in welchem Sinne und mit welchem Rechte die Theologen sich dieses Ausdruckes bedienten. — Man suche dieses in verschiedener Weise zu erklären, erwiedert der h. Thomas, aber die verschiedenen Erklärungen irrten deßwegen, weil sie von einer ganz schiefen oder falschen Definition des Wortes Mitgift ausgingen. Den richtigen Begriff dieses Wortes müsse man der Jurisprudenz entlehnen, und gemäß der Definition der Juristen seien unter Mitgift Schenkungen zu verstehen, welche seitens des Vaters der Braut dem Bräutigam gemacht würden, damit dieser in den Stand gesetzt werde, die Lasten des Ehestandes tragen zu können. — Da ergebe sich nun aber sofort die Frage, wie denn diese Definition auf den vorliegenden Fall ihre Anwendung finde. — Der mystische Bräutigam sei nämlich Jesus Christus, und die Seele seine mystische Braut. Nun sei es aber der Vater des Bräutigams, welcher jene Gaben zu spenden scheine.[2]) — Der Vater des Bräutigams, antwortet der h. Thomas, ist die Person Gottes des Vaters und die Person des Vaters als solche ist es nicht, welche jene Gaben spendet. Der

---

[1]) Dicendum, quod absque dubio beatis, quando in gloriam transferuntur, aliqua dona divinitus dantur ad eorum ornatum, et hi ornatus a magistris dotes sunt nominati. Unde datur quaedam definitio de dote, de qua nunc loquimur, talis: Dos est perpetuus animae et corporis ornatus, vitae sufficiens, in aeterna beatitudine iugiter perseverans. Suppl. q. 95. a. 1. cf. Cat. Rom. l. c.

[2]) Dicendum est, quod dos in matrimonio corporali proprie dicitur illud, quod datur ab his, qui sunt ex parte mulieris, his, qui sunt ex parte viri, ad sustentanda onera matrimonii. Sed tunc remanet difficultas, quomodo haec significatio possit aptari ad propositum, quum ornatus, qui sunt in beatitudine, dentur sponsae spirituali a patre sponsi. l. c.

Vater der Braut aber ist die allerheiligste Dreifaltigkeit, und gerade die drei Personen der allerheiligsten Dreifaltigkeit sind es, welche durch gemeinschaftlichen Act der Braut ihre geistige Aussteuer mittheilen, wobei besteht, daß man diesen Act den einzelnen Personen in besonderer Weise appropriiren kann.[1] — Aber die Mitgift, so könnte man weiter einwenden, wird vom Vater der Braut an den Bräutigam gegeben und bleibt nicht in den Händen der Braut. Nun aber behält die mystische Braut die mystische Aussteuer in ihrem Besitz, denn zu ihrem geistigen und leiblichen Schmuck wird sie ja gegeben. — Freilich, so löst sich diese scheinbare Schwierigkeit, bleibt die himmlische Aussteuer im Besitze der Braut, um in Ewigkeit ihr Schmuck und ihre Zierde zu sein; aber dieses ist nicht der letzte Zweck derselben. Der letzte Zweck der mystischen Mitgift geht dahin, daß sie die Braut schmücke um des Bräutigams willen, auf daß die also geschmückte Braut der Glorie des Bräutigams würdig diene.[2] — Wenn dann endlich in der obigen Definition gesagt wird, die Mitgift diene dazu, die Last des ehelichen Lebens zu erleichtern, so muß bemerkt werden, daß es in dem mystischen Bunde, der Christus mit seiner geistigen Braut verbindet, eine eigentliche Last nicht gibt. Die Bürde, welche da zu tragen ist, ist unaussprechlich süß: es ist die unaussprechliche Wonne, welche die Frucht jener heiligen, himmlischen Liebesverbindung ist. Und der Zweck der mystischen Brautgeschenke geht dahin, eine möglichst innige Vermählung der Braut mit dem Bräutigam möglich zu machen, und der Braut insbesondere Kraft zu geben, das Maß der Freuden fassen zu können, welches ihr bereitet ist.[3]—

---

[1] Dicendum, quod pater sponsi, scilicet Christi, est sola persona patris; pater autem sponsae est tota trinitas. — Unde huiusmodi dotes in spirituali matrimonio proprie loquendo magis dantur a patre sponsae, quam a patre sponsi. Sed tamen haec collatio, quamvis ab omnibus personis fiat, singulis personis potest appropriari per aliquem modum. l. c. ad 2.

[2] Ipsi ornatus, qui sponsae spirituali dantur, scilicet ecclesiae in membris suis, sunt quidem ipsius sponsi, inquantum ad eius gloriam et honorem cedunt, sed sponsae, inquantum per eos ornatur. l. c. ad 1.

[3] Quamvis ergo in matrimonio spirituali non sint aliqua onera, est tamen ibi summa iucunditas; et ad hanc perficiendam iucunditatem dotes sponsae conferuntur, ut scilicet delectabiliter per eas sponso coniungatur. l. c. ad 3.

Außerdem müsse man sich noch vor gewissen Verwechselungen hüten, fügt der h. Thomas hinzu. Die Seele sei schon hier auf Erden Braut des himmlischen Bräutigams und empfange schon hier auf Erden die reichsten Geschenke seiner Gnade und seiner Huld. Allein auf diese irdischen Gnadengeschenke finde der Begriff der dos noch keineswegs seine Anwendung. Erst diejenigen Geschenke würden Mitgift genannt, welche die Braut dem Bräutigam entgegenbringe, wenn sie in das Haus des Bräutigams ihren Einzug halte, um nun unmittelbar bei ihm zu sein und sich unauflöslich mit ihm zu verbinden. Darum könnten auch erst jene geistigen Gaben dotes genannt werden, welche die Braut empfange, wenn sie die Verbannung dieser Erde verlasse und in die ewige, himmlische Wohnung feierlichen Einzug halte.[1]) — Von der andern Seite aber, heißt es dann im folgenden Artikel, seien die dotes auch nicht mit der himmlischen Seligkeit selbst zu verwechseln. Die himmlische Seligkeit bestehe in einer Thätigkeit (Erkenntniß und Liebe), oder auch in der Verbindung zwischen Christus und der Seele, die vermittelst jener Thätigkeit zu Stande komme. In den dotes aber besitze die Seele nur erst gewisse Dispositionen oder Qualitäten, welche die Bestimmung hätten, die Seele für diese Thätigkeit und für diese Verbindung fähig zu machen. Darum bestehe zwischen den dotes und der Seligkeit selbst ein realer Unterschied.[2])

6) Im weitern Verlauf seiner Darstellung scheidet dann der h. Lehrer die dotes in ihre beiden naturgemäßen Gruppen, nämlich in Gaben des Leibes und in Gaben der Seele; und wir können das-

---

[1]) Dicendum, quod dotes non consueverunt assignari sponsae, quando desponsatur, sed quando in domum sponsi traducitur, ut praesentialiter sponsum habeat. — Et ideo dona, quae sanctis in hac vita conferuntur, non dicuntur dotes, sed illa quae conferuntur eis, quando transferuntur ad gloriam, in qua sponso praesentialiter perfruuntur. l. c. ad 4.

[2]) Dicendum est, quod beatitudo et dos etiam realiter differant; ut beatitudo dicatur ipsa operatio perfecta, qua anima beata Deo coniungitur, sed dotes dicuntur habitus vel dispositiones vel quaecumque aliae qualitates, quae ordinantur ad huiusmodi perfectam operationem; ut sic dotes ordinentur ad beatitudinem magis, quam sint in beatitudine ut partes eius. — Wenn einzelne Theologen rücksichtlich der einen oder andern dos keinen realen Unterschied glauben festhalten zu können, so ist das eine Controverse, deren weitere Verfolgung nicht hierher gehört.

jenige, was er über die letztern bemerkt, wenigstens andeutungsweise in unsere Darstellung aufnehmen. — Alle Theologen, hebt der h. Lehrer an, seien darin einstimmig, daß gewisse übernatürliche Seelengaben anzunehmen seien, und wenn sie auch in der Benennung derselben auseinandergingen, in der Erklärung und Bestimmung derselben kämen sie wiederum vollkommen überein. — Die dotes seien, wie er schon früher bemerkt habe, übernatürlich eingegossene, der Seele anhaftende Fähigkeiten oder Tüchtigkeiten (habitus), wodurch sie zu jener Thätigkeit befähigt werde, in der die ewige Seligkeit bestehe. Solcher Habitus würden nun von den Theologen übereinstimmend drei angenommen: die **Anschauung** (visio), die **Liebe** (dilectio), und der **Besitz oder Genuß** (comprehensio sive fruitio). Es frage sich also, wie dieselben herzuleiten und zu begründen seien. — Die Substanz jener Thätigkeit, welche die Seligkeit ausmache, fährt der h. Lehrer fort, bestehe im **Schauen**, und zwar in einem allseitig **vollkommenen** Schauen, in einem Schauen, welches in sich selbst, sofern es intellectuelle Thätigkeit ist, vollkommen sei, und welches auch insofern vollkommen sei, als es im Willen Wonne und Seligkeit erzeuge.[1]

Es müsse also zunächst der **Intellect** die übernatürliche Befähigung erhalten, sein Object schauen und zwar vollkommen schauen zu können, er bedürfe des habitus visionis, und in ihm bestehe die erste Gabe (prima dos), welche der Seele im himmlischen Vaterlande zu Theil werde. Ebenso bedürfe aber auch der **Wille** eines besondern Habitus. Das Object der himmlischen Anschauung müsse nämlich liebenswürdig sein und es sei thatsächlich unaussprechlich liebenswürdig. Damit also der Wille das Object der Anschauung vollkommen lieben könne, bedürfe auch er einer Ausrüstung, des habitus dilectionis, und in ihm bestehe die zweite dos, welche die Seele im Vaterlande empfange. — Die Anschauung und nicht minder die vollendete Liebe (die nicht mehr hofft und verlangt, sondern besitzt und genießt) schlössen aber zugleich ein, daß das Object der

---

[1] Dictum enim est, quod dos est aliquid animae inhaerens, per quod ordinatur ad operationem, in qua consistit beatitudo. In qua quidem operatione duo requiruntur, sc. ipsa substantia operationis, quae est visio, et perfectio eius, quae est delectatio. q. 95. a. 5.

seligen Anschauung dem Geiste unmittelbar gegenwärtig sei und sich unmittelbar mit ihm verbinde. Es müsse demnach die Seele auch dazu befähigt werden, sich unmittelbar mit dem göttlichen Geiste verbinden zu können, um ihn unmittelbar zu besitzen und zu genießen, und das geschehe durch die dritte dos, durch den habitus comprehensionis seu fruitionis.[1]   Und so gehe im Himmel der Glaube in die Anschauung über, und die Hoffnung in den Besitz; in Folge dessen werde auch die Liebe vollendet, indem sie, vorher vom Geliebten getrennt, jetzt in die besitzende und genießende Liebe übergehe.[2]

Alsdann fügt der h. Thomas zum Gesagten noch eine genauere Bestimmung hinzu. — Es sei nämlich zu bemerken, daß die Gaben der Anschauung und der Liebe allerdings zwei verschiedene Habitus begründeten; dahingegen begründe die dos comprehensionis keinen eigenen, von den übrigen Gaben der Glorie sachlich verschiedenen Habitus. Die Fähigkeit, unmittelbar mit Gott verbunden zu werden, sei nämlich einerseits mit den beiden schon genannten Gaben, andererseits mit der Glorification der Seele überhaupt gegeben. Denn durch alles dieses erlange die Seele eine vollkommene Herrschaft über ihren Leib, erlange die Fähigkeit, das göttliche Wesen unmittelbar (nicht durch Vermittelung sinnlicher Bilder und intelligibiler Begriffe) zu schauen und werde überhaupt von allen Hindernissen be=

---

[1] Ad hoc autem, quod visio illa sit delectabilis ex parte visionis, requiritur, quod sit facta connaturalis videnti per aliquem habitum; sed ad hoc, quod sit delectabilis ex parte visibilis, requiruntur duo, quod scilicet ipsum visibile sit conveniens et quod sit coniunctum. Sic ergo ad delectabilitatem visionis ex parte sui requiritur habitus, qui visionem eliciat, et sic est una dos, quae dicitur ab omnibus visio. Sed ex parte visibilis requiruntur duo: scilicet convenientia, quae est per affectum; et quantum ad hoc ponitur a quibusdam dos dilectio, et a quibusdam fruitio, secundum quod fruitio ad affectum pertinet: illud enim, quod summe diligimus convenientissimum aestimamus. Requiritur etiam ex parte visibilis coniunctio, et sic ponitur a quibusdam comprehensio, quae nihil est aliud quam in praesentia Deum habere et in scipso tenere; sed secundum alios ponitur fruitio, prout est non spei, sicut est in via, sed iam rei, sicut est in patria. l. c.

[2] Et sic dotes tres respondent tribus virtutibus theologicis, scilicet visio fidei, spei vero comprehensio — —, caritati vero dilectio. in 4. Dist. 49. q. 4. a. 5. q. 3. Sol. 1. Parisiis, Vivès, 1874. — Das Supplement ist an dieser Stelle nicht ganz durchsichtig.

freit, die der Vereinigung mit dem göttlichen Geiste entgegenständen.¹)

Die drei genannten Habitus sind es also wesentlich, welche Grund und Vorbedingung der Seligkeit sind; in ihnen besitzt die Seele, wie der h. Thomas etwas früher bemerkte, die **Fähigkeit** zu jener Thätigkeit, in der die Seligkeit besteht, sie sind also noch nicht die Seligkeit selbst. Erst in der **Thätigkeit**, die in den genannten Habitus gründet und aus ihnen hervorgeht, in der ac**tuellen**, mit süßer, liebender Wonne verbundenen Anschauung besteht die himmlische Seligkeit.²)

7) Nach diesem geht der h. Thomas zu einer allgemeinen Betrachtung der **leiblichen** Verklärungsgaben über, und wir müssen hier seinen Commentar zu den Sentenzen zu Hülfe nehmen, weil das Supplementum an dieser Stelle eine Lücke aufweist. — Zunächst begründet er im Allgemeinen das Dasein leiblicher Verklärungsgaben, alsdann bestimmt er im Einzelnen die Zahl und die Art derselben. — Der Mensch ist ein Ebenbild Gottes und die ihm entsprechende letzte Vollendung oder Seligkeit wird also darin bestehen, daß er eben in seiner Eigenschaft als Abbild Gottes vollendet und beseligt wird. Nun findet sich diese Ebenbildlichkeit zwar vorwiegend in der Seele, aber sie findet sich doch auch im Leibe, sofern im Leibe, der ja der Seele entsprechen muß, sich die Seele abspiegelt. Daraus folgt also zunächst, daß auch die Seligkeit vorwiegend in der Seele ihren Sitz haben wird; es folgt aber nicht minder, daß diese Selig-

---

¹) Dilectio enim et visio diversos habitus nominant, quorum unus pertinet ad intellectum, alter vero ad affectum. Sed comprehensio vel fruitio — non importat alium habitum ab illis duobus, sed importat remotionem impedimentorum, ex quibus efficiebatur, ut non posset mens Deo praesentialiter coniungi. Et hoc quidem fit per hoc, quod ipse habitus gloriae animam ab omni defectu liberat; sicut quod facit eam sufficientem ad cognoscendum sine phantasmatibus, et ad praedominandum corpori et ad alia huiusmodi, per quae excluduntur impedimenta, quibus fit, ut nunc peregrinemur a Domino. Suppl. l. c. ad 3.

²) Visio dupliciter potest accipi. Uno modo actualiter, i. e. pro ipso actu visionis; et sic visio non est dos, sed est ipsa beatitudo. Alio modo potest accipi habitualiter, i. e. pro habitu, a quo talis operatio elicitur —; et sic est dos et principium beatitudinis, non autem est ipsa beatitudo. a. 2. ad 3.

keit der Seele auch den Leib ergreifen, sich ihm mittheilen, in ihm zum entsprechenden Ausdruck kommen muß. Und das kann nur dadurch geschehen, daß der Leib der glorificirten Seele vollkommen unterworfen und dadurch ihr gleichförmig werde, an ihrer Glorification in seiner Weise Antheil nehmend. Wie also der Seele zum Zwecke ihrer Seligkeit übernatürliche Dispositionen, Habitus, dotes gegeben werden, so werden auch dem Leibe entsprechende Dispositionen, dotes zu Theil werden, in denen diese Gleichförmigkeit mit der glorificirten Seele zum Ausdrucke kommt. — So folgt also das Dasein übernatürlicher Leibesgaben zunächst aus dem Umstande, daß der ganze Mensch zur Seligkeit berufen ist. — Die Realität, oder wenigstens doch die hohe Congruenz derselben, läßt sich aber auch noch auf einem anderen Wege speculativ darthun. — Die Seele ist es in erster Linie, welche vollkommen beseligt werden soll. Nun kann es aber keinem Zweifel unterliegen, daß eine entsprechende Vollkommenheit des Leibes fördernd auf jene geistige Thätigkeit einwirkt, durch welche die Seele selig ist. Denn von der einen Seite werden durch die entsprechende Vollkommenheit des Leibes alle jene Hemmnisse beseitigt, welche die freie und unbehinderte Hingabe des Geistes an Gott stören und beeinträchtigen; von der anderen Seite aber wird auch die Thätigkeit der Seele in sich selbst vollkommner, wenn der Leib angemessen concurrirt, wie ja auch das Sein der mit dem Leibe verbundenen Seele ein vollkommeneres ist, als das Sein einer Seele, die von ihrem Leibe getrennt ist. [2])

---

[1]) Dicendum, quod secundum hoc homo est beatitudinis particeps quod ad imaginem Dei consistit. Imago autem Dei consistit primo et principaliter in mente; sed per quamdam derivationem etiam in corpore hominis quaedam repraesentatio imaginis invenitur, secundum quod oportet corpus animae esse proportionatum —; unde etiam beatitudo vel gloria primo et principaliter est in mente, sed per quamdam redundantiam derivatur etiam ad corpus, ut beatitudo hominis secundum corpus dicatur, quod imperium animae Deo coniunctae perfecte exsequitur. Unde sicut dispositiones quae sunt in anima beata ad perfectam operationem, qua Deo coniungitur, dicuntur animae dotes; ita dispositiones quae sunt in corpore glorioso, ex quibus corpus efficitur perfecte animae subiectum, dicuntur corporis dotes.

Dicendum, quod etiam perfectio corporis gloriosi aliquo modo coadiuvat ad hoc, quod anima liberius et perfectius Deo inhaereat, inquantum

Wir sagten soeben, die Realität, oder wenigstens doch die hohe
Congruenz jener Gaben lasse sich noch auf einem anderen Wege
nachweisen. Denn es kann nicht behauptet werden, wie auch schon
aus der Beweisführung des h. Thomas erhellt, daß dieselben zum
Zwecke der ewigen Seligkeit unbedingt nothwendig seien. Daß sie
nicht unbedingt nothwendig seien, gehe, bemerkt Suarez, aus dem
Umstande hervor, daß die Seele Christi, mit dem sterblichen Leibe
verbunden, fortwährend einer ganz vollkommenen Anschauung des
göttlichen Wesens sich erfreut habe. Denn die selige Anschauung Got=
tes reiße die durch das Glorienlicht erleuchtete und gestärkte Seele
dergestalt hinweg und thue ihr eine solche heilige Gewalt an, daß
die vom Leibe ausgehenden Hemmnisse vollständig wirkungslos blie=
ben. Dabei bleibe aber bestehen, daß, möge die Seele ihn auch sieg=
reich überwinden, doch thatsächlich ein hemmender Einfluß seitens
des corruptibilen Leibes auf die Seele ausgeübt werde. Und eben
dieses sei ein Mißverhältniß, weil der glorificirten Seele auch ein
glorificirter Leib entspreche, und so sei es in der That eine Forderung der Congruenz, daß dieses Mißverhältniß durch die Glorification
des Leibes beseitigt werde.[1])

Alsdann schließt sich die weitere Frage an, wie viele himmlische
Leibesgaben denn anzunehmen und von welcher Art sie seien. — Es
bestimmt sich dieses einfach nach dem Verhältnisse, in welchem die
Seele zum Leibe und der Leib zur Seele steht. Die Seele ist die
Form des menschlichen Leibes, indem sie dem Stoffe die Natur, die
Gestalt, die innere und äußere Beschaffenheit des menschlichen Leibes
gibt; sie ist außerdem die **Bewegerin** des Leibes, indem sie ihn
bestimmt, durch die mannigfachsten innern und äußern Bewegungen
zu ihrer eigenen Thätigkeit zu concurriren. Und da nun der Zweck
der übernatürlichen Leibesgaben dahin zielt, den Leib der Seele voll=
kommen zu unterwerfen, so werden sie ihn gerade unter dieser dop=
pelten Rücksicht unter die volle Dienstbarkeit der Seele bringen müs=
sen. In ihrer Eigenschaft **als Form des Leibes** bewirkt die Seele

---

videlicet non retrahitur aliquibus corporeis impedimentis a divina inhae-
sione; et inquantum etiam anima perfectius esse habet corpori coniuncta,
quam a corpore separata, et sic etiam eius operatio est perfectior. in 4.
Dist. 49. q. 4. a. 5. q. 3. Sol. 2 et ad 1.

[1]) in 3. Disp. 48. sect. 1. n. 9.

in ihrem Leibe ein dreifaches: sie bestimmt sein substantielles Sein, indem sie ihm das Sein eines menschlichen Leibes gibt; sie bestimmt ihn in seinem accidentellen Sein, ihm Gestalt und Schönheit verleihend; sie hat endlich die Aufgabe, das substantielle wie das accidentelle Sein des Leibes zu erhalten. — Damit also der Leib in dieser dreifachen Beziehung der Seele vollkommen unterworfen sei, bedarf er dreier entsprechender Gaben oder dotes. Durch die erste wird das substantielle Sein des Leibes der Form vollkommen unterworfen werden, in dem Sinne, daß der Leib der informirenden Thätigkeit sich vollkommen hingeben und die Wirkungen und den Einfluß dieser Thätigkeit vollkommen in sich aufnehmen wird, und diese erste Leibesgabe ist die **Gabe der Subtilität** (dos subtilitatis).[1]) Durch die zweite Leibesgabe wird das accidentelle Sein des Leibes seiner Form vollkommen unterworfen, insofern er eine höhere Schönheit von der Seele empfangen wird, die der geistigen Schönheit und Glorie der Seele entsprechen wird, und diese zweite Gabe ist die **Gabe der Klarheit** (dos claritatis). Durch die dritte Leibesgabe wird der Fortbestand des Leibes seinem ganzen Sein nach unter die vollkommene Herrschaft der Seele gebracht, und das geschieht durch die **Gabe der Leidensunfähigkeit** (dos impassibilitatis). — Die Seele ist aber nicht bloß die Form, sondern auch die **Bewegerin ihres Leibes**, und auch in dieser Rücksicht muß der Leib der Seele völlig dienstbar gemacht werden, und dieses geschieht durch die vierte Leibesgabe, durch die **Gabe der Beweglichkeit** (dos agilitatis), vermöge welcher der Leib allen Thätigkeiten und Bewegungen der Seele bereitwillige und völlig ungehinderte Folge leistet.[2])

---

[1]) Wir werden sogleich unten im Anschluß an Suarez die dos subtilitatis in etwas andrer Weise bestimmen, wie wir sie auch schon oben anders gefaßt haben.

[2]) Corpus ergo gloriosum, inquantum perfecte animae subditur quantum ad esse substantiale, quod ab ea habet, sic est dos subtilitatis; ex hoc enim corpus gloriosum subtile dicitur, quod perfecte ab anima informatur. Inquantum vero perfecte subditur ei ut formae secundum accidentales formas, quae sunt in corpore ab anima, sic est dos claritatis. Inquantum vero corpus gloriosum perfecte ab anima conservatur, sic est dos impassibilitatis; ex hoc enim impassibile dicitur, quod ex vi animae servatur immune ab

Und wie wir oben hörten, daß zwischen den geistigen Verklärungsgaben und den theologischen Tugenden ein Zusammenhang bestehe, so kann mit manchen Theologen bezüglich der leiblichen Gaben und der vier Cardinaltugenden ebenfalls ein inneres Verhältniß behauptet werden. Wie nämlich das unerschaffene, höchste Gut Object der theologischen Tugenden ist, so sind geschaffene, leibliche Güter das Object der vier Cardinaltugenden. Der Klugheit, die sich in klarer Erkenntniß offenbart, entspricht die Gabe der Klarheit; der Gerechtigkeit, die unvergänglich und unsterblich ist, die Leidensunfähigkeit; dem Starkmuthe die Kraft der Beweglichkeit, vermöge welcher der Leib jeden Widerstand überwindet; der Mäßigung endlich, die das Niedere und Thierische vom Leibe abstreift, entspricht die Gabe der Feinheit oder Subtilität.[1])

8) Die Vierzahl der Leibesgaben und die Art und Weise, wie sie im Ganzen und Einzelnen zu fassen und zu bestimmen sind, haben also, wie aus den vorstehenden Ausführungen genugsam einleuchtet, wie in der Lehre der h. Schrift, so auch in der theologischen Speculation ihr hinlängliches Fundament. Zwar zähle der h. Anselm, fügt der h. Thomas noch hinzu, **sieben** Leibesgaben auf: Schönheit, Behendigkeit, Freiheit, Kraft, Gesundheit, Dauer und süßes Wohlbefinden. Aber es leuchte einem Jeden auf der Stelle ein, daß sich diese sieben Leibesgaben in ganz einfacher Weise auf die genannten vier zurückführen ließen. —[2]) In der That schließen die vier genannten Gaben alles in sich, was als höhere, übernatürliche Vollkommenheit des Leibes gedacht werden kann. Es geht das schon aus den obigen Bemerkungen des h. Thomas hervor, und wird auch von

---

omni laesione. Sed inquantum corpus perfecte subditur animae ut motori, sic est dos agilitatis; corpus enim secundum hoc dicitur agile, quod ad omnes animae actus est expeditum et paratum. l. c. Sol. 3.

[1]) Quidam autem quatuor dotes corporis quatuor virtutibus cardinalibus adaptant, eo quod cardinalium virtutum materia sunt bona corporalia; ut scilicet prudentiae respondeat claritas propter cognitionem; iustitiae, quae est perpetua et immortalis, impassibilitas; fortitudini agilitas, ex qua contingit, ut nihil corpori possit resistere —; temperantiae vero, quae corpus attenuat, subtilitas. Et sic quatuor dotes corporis respondent quatuor virtutibus cardinalibus, sicut tres dotes animae tribus theologicis. l. c.

[2]) l. c. ad 1.

Suarez überzeugend nachgewiesen.[1]) Eine höhere Vollkommenheit des Leibes, so bemerkt er, könne nur in einer dreifachen Beziehung gedacht werden, zunächst nämlich mit Rücksicht auf sein Sein, dann mit Rücksicht auf seine Thätigkeit, endlich mit Rücksicht auf seine äußere Erscheinung. Das Sein des Leibes aber werde allseitig vervollkommnet durch die Eigenschaft der Leidensunfähigkeit. Denn diese schließe vollkommne Gesundheit, vollkommnes Wohlbefinden, den Fortbestand der Gesundheit und des Wohlbefindens, Unverweslichkeit und Unsterblichkeit in sich. Und weil die Vollkommenheit der Thätigkeit durch die Vollkommenheit des Seins bedingt sei, so werde durch alles dieses auch die Thätigkeit des Leibes vervollkommnet. Dazu kämen aber noch die beiden Gaben der Beweglichkeit und der Durchdringungsfähigkeit (Subtilität), durch welche der Leib zu einem ganz vollkommenen und allseitig dienstbaren Werkzeuge der Seele werde. In Beziehung auf die äußere Erscheinung aber werde der auferstandene Leib durch die Klarheit vervollkommnet, indem der von ihm ausgehende strahlende Lichtglanz die ihm bereits anhaftende Schönheit wirksamer hervortreten lasse und ihn überdies wie ein kostbares Prachtgewand herrlich kleide und ziere.

Zwar seien einzelne Theologen der Ansicht, bemerkt Suarez etwas später,[2]) zu einer entsprechenden Vervollkommnung der Sinne und der Sinnesthätigkeit müsse noch eine eigne Gabe angenommen werden. Durandus z. B. behaupte dieses, und Paludanus wie auch Sotus seien nicht ganz abgeneigt, ihm zuzustimmen. Indessen lasse es sich ohne sonderliche Schwierigkeit zeigen, daß die schon genannten Gaben auch für diesen Zweck allseitig und vollkommen ausreichend seien. — Zum Zustandekommen einer Sensation seien bisweilen gewisse einleitende Thätigkeiten erforderlich, z. B. das Oeffnen der Augen und die Hinlenkung derselben auf das sich darbietende Object. Zur Vervollkommnung dieser einleitenden Thätigkeit diene aber die Gabe der Beweglichkeit. In der sich anschließenden Sinnesthätigkeit selbst ließen sich dann verschiedene Momente unterscheiden: die Aufnahme des Sinneseindruckes in das körperliche Organ, dann die sich anschließende Thätigkeit der Nerven (spirituum vitalium et

---

[1]) l. c. n. 10.
[2]) l. c. n. 12.

animalium subministratio), endlich der vitale Act selbst, die Sen=
sation (effectio et receptio ipsius operationis vitalis). Für alle
diese Dinge bedürfe es aber, damit sie ganz vollkommen seien, außer
den schon genannten keiner besondern Gabe mehr. Damit das Or=
gan den von Außen kommenden Eindruck vollkommen aufnehmen
und widerspiegeln könne, sei nichts andres erforderlich, als jene na=
turgemäße Vollendung des Organes, die dem auferstandenen Leibe
factisch eigen sei. Die sich anschließende Nerventhätigkeit aber werde
durch die Gabe der Behendigkeit vervollkommet. Um der Sensation
selbst die entsprechende Vollkommenheit zu geben, genüge die natur=
gemäße Vollendung der sensitiven Potenz, an der es den Auferstan=
denen ebenfalls nicht fehlen werde. Zu allem diesem komme dann
noch die Gabe der Leidensunfähigkeit, welche die vollkommene Be=
schaffenheit der Organe hüte und schütze, so daß eine Corruption der=
selben, eine Verschlechterung und Erschlaffung gar nicht möglich sei.
— An die sinnliche Wahrnehmung schließe sich dann noch häufig
die Erregung eines sinnlichen Affectes, der Freude etwa, oder des
sinnlichen Begehrens; und derartige Bewegungen des Appetitus pfleg=
ten naturgemäß auch mit körperlichen Bewegungen, mit einer gestei=
gerten Bewegung des Herzens, des Blutes u. dgl. verbunden zu
sein. Aber auch hier bedürfe es einer besondern Gabe nicht; viel=
mehr reichten auch hier die schon genannten, und namentlich die
Behendigkeit und Leidensunfähigkeit, vollkommen aus.

9) Im Anschluß an die vorstehende Entwickelung ist es nun=
mehr möglich, die vier Gaben der leiblichen Verklärung auf einen
kurzen begrifflichen Ausdruck zurückzuführen, und es dürfte sich em=
pfehlen, ihre begriffliche Fixirung sogleich hier vorzunehmen, damit
für die nachfolgende Darstellung der Gegenstand von vornherein ge=
nau bestimmt sei, um den es sich handelt. — Unter der Gabe der
Leidensunfähigkeit verstehen wir jene Vollkommenheit des ver=
klärten Leibes, vermöge welcher er unverweslich und für jede Störung
seines Lebens und seines vollkommenen Wohlbefindens total unzu=
gänglich ist. Unter der Gabe der Klarheit verstehen wir jenen
Vorzug des verklärten Leibes, durch welchen er fähig ist, herrlichen
Lichtglanz, dem Sonnenlichte ähnlich, von sich auszustrahlen. Die
Gabe der Behendigkeit ist dann jene Fähigkeit, vermöge welcher
die Seligen im Stande sind, ihre Leiber innerlich und namentlich

äußerlich ganz nach ihrem Wohlgefallen mit Leichtigkeit und Schnelligkeit zu bewegen. — Bis hierher stimmen auch alle Väter und Theologen, wie bei Suarez und Thomas zu ersehen ist, vollkommen überein, und auch der römische Katechismus definirt die drei ersten Attribute genau in derselben Weise.[1]) Nur bei der Definition der vierten Gabe, der Subtilität, wie sie von den Doctoren genannt wird, zeigt sich eine kleine Differenz, die aber mehr formeller, als sachlicher Natur ist.

Nachdem der h. Thomas verschiedene falsche Erklärungen der vierten Verklärungsgabe als unhaltbar abgewiesen hat, bemerkt er, die Subtilität des Verklärungsleibes bestehe in seiner vollendeten Vollkommenheit, mit andern Worten, sie bestehe darin, wie er schon vorhin bemerkte, daß derselbe auf das Vollkommenste seiner Form unterworfen und von ihr in vollendeter Weise informirt werde. Der h. Lehrer wiederholt dann gleich nachher mit Beziehung auf das σῶμα πνευματικόν des h. Paulus noch einmal mit andern Worten dieselbe Erklärung, indem er sagt: „Die fragliche Vollkommenheit, rücksichtlich welcher der gloriöse Leib subtil genannt wird, besteht also in der **vollendeten Herrschaft der Seele über ihren Leib, kraft welcher dieser seiner Form vollkommen unterworfen ist und geistig genannt wird.**"[2]) Der h. Lehrer bezieht sich dabei auf das paulinische corpus spirituale, und wir haben unsere Ansicht

---

[1]) Seine Definitionen lauten: Earum (dotum) prima est impassibilitas, munus scilicet et dos, quae efficiet, ne molesti aliquid pati ullove dolore aut incommodo affici queant. — Hanc consequitur claritas, qua sanctorum corpora tamquam sol fulgebunt. — Cum hac dote coniuncta est illa, quam agilitatem vocant, qua corpus ab 'onere, quo nunc premitur, liberabitur, facillimeque in quamcumque partem anima voluerit, ita moveri poterit, ut ea motione nihil celerius esse queat. l. c.

[2]) Translatum est nomen subtilitatis ad illa corpora, quae optime substant formae, et perficiuntur ab ea completissimo modo. — — Et ideo assignandus est corporibus gloriosis alius modus subtilitatis, ut dicantur subtilia propter completissimam corporis perfectionem. — — Dicta completio, ex qua corpora humana subtilia dicuntur, erit ex dominio animae glorificatae, quae est forma corporis, super ipsum, ratione cuius corpus gloriosum spirituale dicitur, quasi omnino spiritui subiectum. — — Et propter hoc apostolus in spiritualitate tetigit dotem subtilitatis, ut magistri exponunt Suppl. q. 83. a. 1.

bereits dahin geäußert, daß der h. Paulus unter diesem Ausdrucke die höhere, übernatürliche Vergeistigung des Leibes überhaupt verstehe. In der That läuft nun auch die Definition, welche der h. Thomas von der vierten Verklärungsgabe gibt, eben auf diese Erklärung hinaus. Die Subtilität, von welcher er redet, ist, wie es scheint, entweder eins und dasselbe mit der Verklärung überhaupt, oder sie fällt wesentlich mit der Impassibilität in ihren verschiedenen Momenten zusammen. — Indessen bringt der h. Lehrer mit der Subtilität doch auch noch etwas Anderes und Besonderes in Verbindung. Er widmet der Besprechung der dos subtilitatis im Ganzen sechs Artikel (entsprechend den 6 Solutionen im Commentare zu den Sentenzen); im ersten Artikel weist er verschiedene irrige Ansichten über die Subtilität zurück und gibt die Definition, die wir soeben vernommen haben; in den folgenden fünf Artikeln aber hat er es ausschließlich mit jener Subtilität zu thun, wie wir sie von vorneherein gefaßt haben, mit jener Subtilität, die wir als **Durchdringungsfähigkeit** characterisirt haben. Außerdem bemerkte er früher in der theologischen Summa, die wunderbare Geburt Jesu Christi sei ein Indicium, eine Anticipation der Gabe der Subtilität gewesen.[1] Aber der h. Lehrer beschränkt sich doch darauf, die Durchdringungsfähigkeit mit der Subtilität eben nur in **Verbindung** zu bringen, ohne sie mit ihr zu identificiren oder sie als Bestandtheil derselben zu fassen. Denn er bemerkt wiederholt und ausdrücklich, daß nur durch Gottes unmittelbares Eingreifen ein solches Wunder möglich, und daß der verklärte Leib selbst in Kraft seiner Subtilität zu einer solchen Wirkung nicht befähigt sei.

Die Begriffsbestimmung des Suarez und anderer Lehrer der Schule will uns daher besser zusagen, als die des h. Thomas, und zwar deshalb, weil, wie Suarez selbst hervorhebt, keine so wie diese geeignet erscheint, die Gabe der Subtilität von den andern natürlichen und übernatürlichen Gaben des Leibes und der Seele zu unterscheiden.[2] Unter der Subtilität sei nämlich, so definirt er, jenes

---

[1] Ostendit igitur Christus in seipso aliqua illarum trium dotium indicia, puta agilitatis, quum supra undas maris ambulavit; subtilitatis, quando de clauso utero virginis exivit. S. 3. q. 45. a. 1. ad 3.

[2] in 3. Disp. 48. sect. 5. n. 1.

Vermögen des verklärten Leibes zu verstehen, welches ihn in den Stand setze, ohne in irgend einem Körper Widerstand zu finden, sich frei bewegen zu können.[1]) Auch in dem paulinischen σῶμα πνευματικόν glaubt Suarez einen mehrfachen Halt für diese seine Definition zu finden. Einmal weise schon das Wort geistig selbst auf den seiner Definition zu Grunde liegenden Gedanken hin. Die Schnelligkeit sei nämlich eine Eigenschaft, die für einen Körper nichts Auffallendes habe; aber durch Körper hindurchgehen, ohne in ihnen Widerstand zu finden, sei eine dem Geiste zustehende Eigenthümlichkeit. Dazu komme, daß der h. Apostel in den schon genannten Epitheta's bereits verschiedene Verklärungsattribute speciell namhaft gemacht habe. Er habe also allem Anscheine nach auch bei der Pneumaticität ein neues, specielles Attribut im Auge, und dieses könne dann füglich nur von der Subtilität im angezeigten Sinne verstanden werden.[2]) Auch auf einzelne Auctoritäten weist Suarez zum Schlusse hin, nämlich auf den h. Johannes Chrysostomus, auf den h. Johannes von Damaskus und auf Theophylact. — Die Definition des römischen Katechismus scheint beiden Anschauungen gerecht werden zu wollen. Denn der Form nach in auffallender Uebereinstimmung mit der thomistischen Erklärung drückt sie doch sachlich in unverkennbarer Weise auch die des Suarez zugleich mit aus.[3])

Uebrigens läßt sich, wie wir schon früher hervorhoben, mit der Subtilität noch etwas Anderes in Verbindung setzen. Dem Gesagten zufolge wird durch die Subtilität der Leib in seinen äußern Bewegungen dem Geiste in besonderer Weise conform. Nun kann er aber auch rücksichtlich der innern Bewegungen, der sinnlichen

---

[1]) Per subtilitatem corporis intelligimus vim se movendi et quocumque ingrediendi vel egrediendi absque alterius corporis impedimendo. 1. c. sect. 1. n. 7.

[2]) Haec proprietas indicatur a Paulo: Seminatur corpus animale, surget spirituale. Haec enim est propria spiritus conditio. Velocitas namque et agilitas quodammodo potest esse corporibus communis; transire autem absque impedimento corporis, proprium est spiritus. Item aliae proprietates iam fuerunt a Paulo in aliis particulis expressae. Ergo quum in hac particula aliquid particulare indicare videatur, non potest commodius, quam de hac proprietate explicari. 1. c.

[3]) Sie lautet: Subtilitas, cuius virtute corpus animae imperio omnino subiicietur, eique serviet et ad nutum praesto erit. 1. c.

männlich), eine besondere Gleichförmigkeit mit dem reinen Geiste erlangen. Und auch dieses dürfte füglich — als secundäres Moment — unter den Begriff der Subtilität zu bringen sein. In erster Linie werden wir also die Subtilität als Durchdringungsfähigkeit fassen und werden das vierte Verklärungsattribut schlechtweg Durchdringungsfähigkeit nennen; wir werden aber das angezeigte andere Moment als ein secundäres mit aufnehmen.

§ 24.

Fortsetzung. — **Das Verhältniß der Verklärungsgaben zur natürlichen Vollkommenheit des Leibes; ihr Verhältniß zur Glorification der Seele, zu den Integritätsgaben des Paradieses und den analogen Erscheinungen im Leben der Heiligen.**

1) Aus der allgemeinen Skizze, welche wir im vorigen Abschnitte von den leiblichen Verklärungsgaben entworfen haben, nicht minder aus den Andeutungen, welche im zweiten Theile unserer Untersuchungen nach derselben Richtung hin gefallen sind, geht zur Genüge hervor, daß durch die Verklärung im Menschenleibe rücksichtlich seines Seins und seiner Thätigkeit eine Vollkommenheit begründet wird, welche nicht bloß dem gegenwärtigen, sondern auch dem paradiesischen Leibe ganz und gar fremd ist. Daß diese Vollkommenheit der auferstandenen Leiber eine höhere sei, als die der gegenwärtigen, wurde, wie Suarez bemerkt, von Anfang an mit einer solchen Entschiedenheit und Einmüthigkeit in der Kirche gelehrt, daß gewisse Häretiker (Suarez meint Eutyches und die Origenisten) gerade dorther Veranlassung nahmen, den Fortbestand wahrhaft menschlicher Leiber nach der Auferstehung in Abrede zu stellen.[1] — Von welcher Art ist also die höhere Vollkommenheit, die in den vier Attributen der Verklärung gegeben ist? Vervollkommnen diese den Leib etwa bloß innerhalb seiner natürlichen Sphäre, also nur dem Grade nach, oder geben sie ihm eine Vollkommenheit, die über der natürlichen specifisch, der Art nach, erhaben ist? —

---

[1] Quod resurgentium corpora futura sint altiori et perfectiori modo perfecta ac disposita, quam sint haec nostra, tam fuit semper constans, ut inde sumpserint aliqui haeretici occasionem negandi veritatem materialium corporum in hominibus resurgentibus. in 3. Disp. 48. sect. 1. n. 1.

Man kann das Wort Verklärung in einem doppelten Sinne verstehen. Man kann, und dieses ist gewöhnlich der Fall, an jene höhere Beschaffenheit denken, die nach der Auferstehung den Leibern der Seligen als eine dauernde Bestimmung anhaften wird; man kann aber auch jene Thätigkeit im Auge haben, durch welche dem Leibe jene Beschaffenheit zu Theil wird. — Stellen wir also vorab die Frage, von welcher Art jene Thätigkeit sei, da die Antwort auf diese Frage uns zugleich erkennen lassen wird, von welcher Art die Beschaffenheit selbst ist.

Daß der Mensch sterben muß, lehrt der h. Thomas, beruht auf einem Gesetze physischer Nothwendigkeit,[1]) und die Naturwissenschaft pflichtet ihm hierin vollkommen bei. Der Mensch ist sterblich, so lehrt sie, weil ein Gesetz der Natur ihn zum Tode bestimmt hat und weil dieses Gesetz dergestalt mit innerer Nothwendigkeit wirkt, daß der Mensch, auch wenn er von Krankheiten und Zufällen zeitlebens verschont bleibt, schließlich an bloßer Altersschwäche (marasmus senilis) hinscheiden muß.[2]) Welche Folgerung ergibt sich aber hieraus? — Jene Thätigkeit, durch welche dem Menschen leibliche Unsterblichkeit zu Theil wird, kann keine Thätigkeit der Natur sein, da ja die Natur mit innerer Nothwendigkeit zum Gegentheile strebt; diese Thätigkeit geht absolut über die Kräfte der Natur hinaus, sie ist in sich selbst (in se, secundum substantiam) übernatürlich und kann nur Gott zum unmittelbaren Principe haben. — Es wird dieses noch einleuchtender, wenn wir beachten, was Väter und Theologen über Adams Unsterblichkeit lehren. Adams Unsterblichkeit war bei weitem nicht identisch mit jener, welche wir erwarten; sie war keine absolute Unsterblichkeit und Leidensunfähigkeit; die Möglichkeit, zu leiden und zu sterben, war, wie der h. Augustinus bemerkt, noch keineswegs aufgehoben.[3]) Und dennoch betrachten Väter und Theologen diese Vollkommenheit Adams nicht als eine Wirkung der Natur, sondern führen sie auf das übernatürliche, wunderbare

---

[1]) Mors et corruptio naturalis est homini secundum necessitatem materiae. q. 5. de malo a. 5. — in 2 Dist. 19. q. 1. a. 4.

[2]) Büffon, sämmtl. Werke, übersetzt von Schaltenbrand, Köln 1840. B. 4. S. 195 ff.

[3]) Aliud est non posse mori, aliud posse non mori. de gen. ad lit. l. 6. c. 25.

Walten und Wirken der göttlichen Vorsehung und Gnade zurück. An der soeben angemerkten Stelle lehrt nämlich der h. Augustinus, die dem Stammvater eigene Unsterblichkeit sei ihm nicht durch die Beschaffenheit seiner Natur, sondern durch den Baum des Lebens zu Theil geworden. Denn er sei der Beschaffenheit seines thierischen Leibes zufolge sterblich gewesen und erst durch die Wohlthat des Schöpfers unsterblich.[1]) An einer andern Stelle nennt er diese Wohlthat eine wunderbare Gnade Gottes,[2]) und an einer dritten sagt er noch deutlicher, wie die Kleider und Schuhe der Israeliten unverletzt bewahrt worden seien, bis sie aus der Wüste in das gelobte Land eingezogen, so würde Gott den Leib des Menschen, wenn dieser gehorsam geblieben wäre, vor dem Tode bewahrt haben, bis er von der Sterblichkeit zur Unsterblichkeit ohne Tod gelangt wäre.[3]) Dieselben Gedanken finden wir bei den Theologen, bei Thomas, Suarez u. A.[4]) — Wenn also hiernach die Unsterblichkeit und überhaupt die leibliche Vollkommenheit des ersten Menschen eine Wirkung war, die über allen Kräften der Natur absolut erhaben, in sich selbst, ihrer Substanz nach übernatürlich war, um wie viel mehr wird das also von jener Thätigkeit gelten müssen, durch welche den auferstehenden Menschen vollkommene Unsterblichkeit, vollkommene Leidensunfähigkeit, kurz die ganze Vollkommenheit der leiblichen Verklärung zu Theil wird! — Wunder wird dasjenige genannt, erklärt der h. Thomas, was die Fähigkeiten und Kräfte der Natur übersteigt; und weil eine Wirkung in größerem und in geringerem Grade über die Kräfte der Natur hinausgehen kann, so

---

[1]) Mortalis ergo erat conditione corporis animalis, immortalis autem beneficio conditoris. l. c.

[2]) Qui status eis de ligno vitae, quod in medio paradiso cum arbore vetita simul erat, mirabili Dei gratia praestabatur. 13. de civ. c. 20.

[3]) Si Deus Israelitarum vestimentis et calceamentis praestitit, quod per tot annos non sunt obtrita, quid mirum, si obedienti homini eiusdem potentia praestaretur, ut animale et mortale habens corpus, haberet in eo quemdam statum, quo sine defectu esset annosus, tempore, quo Deus vellet, a mortalitate ad immortalitatem sine media morte venturus? Sicut enim haec ipsa caro, quam nunc habemus, non ideo non est vulnerabilis, quia non est necesse, ut vulneretur, sic illa non ideo non fuit mortalis, quia non erat necesse, ut moreretur. De peccat. mer. et remiss. l. 1. c. 4.

[4]) S. 1. q. 97. a. 1, 3, 4. — Suarez in 3. Disp. 48. sect. 3. n. 8.

kann und muß man drei Ordnungen von Wundern unterscheiden. Zu der ersten und höchsten Ordnung gehören diejenigen Wirkungen, die **in sich selbst, ihrer Substanz nach** über allem Vermögen der Natur erhaben sind, und zu diesen Wundern müssen wir **die Glorificirung des Menschenleibes** rechnen.[1]) Dasselbe spricht Suarez aus, wenn er sagt: Es steht fest, daß jene Bestimmungen (der Verklärung) keine natürlichen seien, und daß keinerlei natürliche Kraft im Stande sei, sie dem Menschenleibe mitzutheilen.[2])

2) Aus diesen Prämissen können wir nun den Schluß ziehen, von welcher Art die **Beschaffenheit** selbst sei, welche den auferstandenen Leibern in ihrer Verklärung zu Theil wird. — **Natürlich** mit Rücksicht auf den Menschen nennen wir alles das, was im Wesen des Menschen entweder unzertrennlich von ihm eingeschlossen ist, oder doch durch die Entwickelung der ihm eigenen Kräfte erlangt werden kann und erlangt werden muß, damit der Mensch die ihm als Menschen zukommende Vollkommenheit besitze. **Uebernatürlich** aber wenn wir dasjenige, was mit dem Wesen des Menschen nicht nothwendig verbunden ist, **was über allen seinen Kräften liegt** und ihm also eine Vollkommenheit mittheilt, die ihm **nicht gebührt**.[3]) — Es leuchtet also auf der Stelle ein, daß die Vollkommenheiten,

---

[1]) Um den Gedanken des h. Thomas vollständig zu geben, lassen wir die ganze Stelle folgen: Dicitur aliquid miraculum per comparationem ad facultatem naturae, quam excedit. Et ideo secundum quod magis excedit facultatem naturae, secundum hoc maius miraculum dicitur. Excedit autem aliquid facultatem naturae tripliciter: uno modo quantum ad substantiam facti, sicut — — quod corpus humanum glorificetur, quod nullo modo natura facere potest; et ista tenent summum gradum in miraculis. Secundo aliquid facultatem naturae excedit non quantum ad id, quod fit, sed quantum ad id, in quo fit, sicut resuscitatio mortuorum. Potest enim natura causare vitam, sed non mortuo. — — Et haec tenent secundum gradum in miraculis. Tertio modo excedit aliquid facultatem naturae quantum ad modum et ordinem faciendi, sicut quum aliquis subito per virtutem divinam a febre curatur absque curatione et consueto processu naturae, — — et huiusmodi tenent infimum locum in miraculis. S. 1. q. 105. a. 8.

[2]) Et constat, huiusmodi proprietates neque esse naturales corpori humano, neque virtute alicuius naturalis agentis conferri posse. Disp. 44. sect. 6. n. 7.

[3]) Kleutgen, Theol. der Vorz II. Aufl. II. u. 4. u. ff.

von denen wir handeln, nicht der natürlichen, sondern einer höhern und übernatürlichen Ordnung zuzuweisen seien. Denn daß diese Vollkommenheiten in keiner Weise mit dem Wesen des Menschen verbunden sind, daß sie vielmehr über alle natürliche Kräfte des Menschen hinausliegen, haben wir gezeigt. Ebendamit ist aber auch dargethan, daß sie dem Menschen auch in keiner Weise gebühren. Denn was den Geschöpfen und den Menschen gebührt, das hat der weise Schöpfer ihnen selbst erreichbar gemacht durch die natürlichen Kräfte, die er ihnen mitgegeben und durch deren Entwickelung sie alle diejenigen Vollkommenheiten erreichen können, die ihnen ihrer Natur und ihrer Bestimmung nach zukommen. Wenn darum schon die Gaben der Unversehrtheit, die Adam besaß, als unverdiente Gnadengeschenke anzusehen sind, da ja der Zustand der reinen Natur ein durchaus möglicher Zustand ist, um wie viel mehr sind dann die noch höhern Gaben der Glorie als Geschenke Gottes anzusehen, auf welche die Natur keinerlei Anspruch erheben kann!

Wenn es nun hiernach feststeht, daß die leiblichen Verklärungsgaben einer übernatürlichen Ordnung angehören, so kann und muß noch weiter gesagt werden, in welchem Sinne und in welchem Grade sie denn übernatürlich seien. Denn wie dem Gesagten zufolge eine miraculöse Thätigkeit in verschiedenem Grade übernatürlich sein kann, so können auch die Bestimmungen, welche in Folge jener Thätigkeit einem Wesen zu Theil werden, verschiedenen Rangstufen im Reiche der Uebernatur angehören.

Die leiblichen Integritätsgaben, welche der Stammvater besaß, waren übernatürliche Gaben, insofern wenigstens, als durch sie dem Leib Adams etwas gegeben wurde, was in seiner Natur nicht gründete, und ihr nicht zukam; aber sie versetzten seine Leiblichkeit doch nicht auf eine wesentlich höhere Stufe der Vollkommenheit, sie verliehen ihr kein wesentlich höheres Dasein und Leben; sie vervollkommneten sie nur, wie wir bereits hörten, innerhalb der Sphäre ihrer Natur, indem sie das natürliche Sein und Leben; des Körpers vor der Auflösung und dem Tode schützten. Das ist der Grund, weßhalb der h. Augustin an der zuletzt genannten Stelle den paradiesischen Zustand geradezu einen Zustand der Sterblichkeit nannte, im Gegensatze nämlich zu jenem Zustande der Unsterblichkeit, in welchen der

Mensch erst später versetzt werden soll. „Denn, so fügte der h. Lehrer hinzu, sowie der Leib, den wir jetzt haben, nicht aufhört verwundbar zu sein, obschon es nicht nothwendig ist, daß er verwundet werde; so hörte auch der Leib Adams deßhalb nicht auf, sterblich zu sein, weil es nicht nothwendig war, daß er starb. Wie also unser Leib, wenn Gott ihn auf irgend eine Weise vor aller Verwundung schützte, deßhalb seiner Natur nach nicht aufhören würde, verwundbar zu sein, so blieb auch der Leib Adams, den Gott vor dem Tode beschützte, seiner Natur nach sterblich." Aus demselben Grunde nennen bisweilen einzelne Theologen den Zustand der paradiesischen Unversehrtheit geradezu einen **natürlichen** Zustand, darum nämlich, weil er vom Zustande der reinen Natur sich der Art nach nicht unterscheidet.[1]

Wesentlich anders aber verhält es sich mit jener Uebernatur, die mit der leiblichen Verklärung gegeben ist. Denn sie gibt dem Leibe der Menschen eine Weise des Seins und der Thätigkeit, die sich von der natürlichen Seins- und Thätigkeitsweise nicht dem Grade sondern der Art nach unterscheidet. Was die Verklärung dem Leibe gibt, ist keine Vervollkommnung der Natur innerhalb ihrer eigenen Sphäre, ist keine graduelle Steigerung, keine höhere Entwickelung bereits vorhandener Vollkommenheiten und Fähigkeiten, sondern ist etwas absolut Neues und Höheres, von dem die bloße Natur keine Ahnung hat, für dessen Aufnahme sie nur passiv empfänglich ist, und durch welches sie in ihrem Sein und Wirken wesentlich über die ihr eigenen Schranken emporgehoben wird. Wir haben uns von dieser Beschaffenheit der Verklärungsgaben theilweise bereits überzeugt und werden uns noch mehr überzeugen, wenn wir uns dieselben im Einzelnen vorführen werden. Und mit Recht schreibt daher Suarez in der achtundvierzigsten Disputation, welche die Ueberschrift trägt: **Ueber die übernatürliche leibliche Vollkommenheit des auferstandenen Christus:** „Wir müssen also sagen, daß der Leib Jesu Christi bei der Auferstehung mit verschiedenen übernatürlichen Gaben und Fähigkeiten geschmückt worden sei, vor

---

[1] Vgl. Schwane, I. S. 348. Schäzler, Natur und Uebernatur. S. 246. Neue Untersuchungen. S. 83 f. S. 262 f.

— 311 —

allem mit jenen vier, die von allen Katholiken zugestanden werden."¹) Noch deutlicher spricht er sich etwas später aus, wo er den Zustand der Glorie mit dem Zustande der Natur und zwar der vollendeten Natur geradezu in Gegensatz bringt. Mann könne es der dos impassibilitatis zuschreiben, so sagt er, daß der Leib der Auferstehung eine vollkommene Information und eine entsprechende tadellose, der paradiesischen ähnliche Vollkommenheit von der Seele empfangen werde. Indessen wenn man zwischen demjenigen, was zur natürlichen Vollkommenheit gehöre und was über der Natur sei, scharf unterscheiden wolle und nur dieses Letztere als Moment der Verklärung, in specie der Impassibilität festhalte, dann falle die angedeutete vollkommene Information des Leibes nicht unter den Begriff der Impassibilität, sondern bilde vielmehr die Voraussetzung derselben.²) Der h. Thomas aber bringt die Glorie des Leibes geradezu mit der Glorie der Seele in Parallele, indem er bemerkt: die Verklärung sei für den Leib weder natürlich, noch auch widernatürlich, sondern sie gebe ihm etwas, was ebenso über seiner Natur sei, wie die Gnade und Glorie der Seele über der Natur der Seele sei. — ³) Wie also, das ist der Gedanke des h. Lehrers, die Seele durch die Gnade und Glorie unzweifelhaft eine specifisch höhere Seins- und Thätigkeitsweise empfängt, so empfängt dem entsprechend auch der Leib durch seine Verklärung eine Seins- und Wirkungsweise, die über seiner Natur der Art, der Species nach erhaben ist.

---

¹) Dicendum est ergo, corpus Christi Domini in resurrectione sua ornatum fuisse variis donis et qualitatibus supernaturalibus, praesertim illis quatuor, quae ab omnibus catholicis agnoscuntur. sect. 1. n. 3.

²) Sed revera haec perfectio magis videtur spectare ad dotem impassibilitatis, quatenus includit perfectam corporis sanitatem et optimam corporis dispositionem. Quin potius, si accurate distinguamus id quod pertinet ad naturalem dispositionem corporis et id quod est supra naturam, et hoc posterius solum nomine dotis significemus, illa perfectio corporis non pertinet ad dotes, sed supponitur dotibus. l. c. n. 11.

³) Habent corpora potentiam obedientialem ad istam gloriae novitatem, quae proinde novitas non naturalis censenda est neque contra naturam; sed erit supra naturam corporis, sicut gratia et gloria sunt supra animae naturam. in 4. Dist. 48. q. 2. a. 1.

Die Worte des h. Thomas weisen uns zugleich auf eine andere, noch höhere Art der Uebernatur hin, auf jene Uebernatur, die wir als Uebernatur im vollen Sinne des Wortes, als **Uebernatur schlechthin** bezeichnen müssen. Es ist das jene Uebernatur, die mit der Begnadigung und Verklärung der Seele gegeben ist und die darin besteht, daß der vernünftige Geist und im Anschluß an ihn auch der mit ihm verbundene Leib, also **der ganze Mensch** auf eine specifisch höhere Stufe des Seins und Lebens emporgehoben wird, auf der er fähig ist, mit dem unendlichen Gotte selbst in unmittelbare Verbindung zu treten, ihn unmittelbar zu schauen, wie er ist, von Angesicht zu Angesicht. Das ist die Uebernatur schlechthin (supernaturale simpliciter), und alle anderen übernatürlichen Gaben und Geschenke, mögen sie auch specifisch über der Natur ihres Empfängers, etwa des Leibes, erhaben sein, können wir darum nur **beziehungsweise übernatürlich** (supernaturale secundum quid) nennen oder auch, was einzelne Theologen vorziehen, **außernatürlich** (praeternaturale), wie wir schon früher gelegentlich angemerkt haben.[1]) Wenn wir also mit den meisten Theologen die leiblichen Verklärungsgaben im Verlaufe unserer Darstellung kurzweg übernatürliche Gaben nennen werden, so ist hiermit der Sinn, in welchem dieses geschieht, genugsam angezeigt.

3) In Beziehung auf die Frage, welches Verhältniß zwischen der leiblichen Verklärung und der Verklärung der Seele bestehe, hat die bisherige Vorstellung bereits gezeigt, daß in der That ein Verhältniß zwischen beiden anzunehmen sei. Weil die **Seele** verklärt sein wird, so geziemt es sich, wie wir hörten, daß auch der **Leib** verklärt werde, damit zwischen ihm und der Seele das richtige Verhältniß bestehe und damit der Leib, anstatt die Seele in ihrer übernatürlichen Thätigkeit zu hemmen, sie vielmehr unterstütze und fördere. Mit Rücksicht hierauf muß also die Glorification der Seele als Grund und Ursache der leiblichen Verklärung angesehen werden, freilich zunächst nur als die **moralische Ursache** derselben. — Es fragt sich aber, ob die Glorie der Seele nicht auch noch unter

---

[1]) Vgl. Scheeben, Natur und Gnade, S. 47. f. nebst Note. Schätzler, Neue Untersuchungen, S. 83. Jungmann, de Deo creat. S. 214. Kleutgen Theol. der V. II. n. 404.

einer andern Rücksicht als Ursache der leiblichen Umgestaltung betrachtet werden müsse. — Die Verklärung des Leibes offenbart sich in einer Reihe von Erscheinungen, als Unverweslichkeit, Behendigkeit u. s. w., denen eine entsprechende höhere Kraft als wirkende Ursache zu Grunde liegen muß. Welches ist also diese Kraft? — Ließe sich nicht etwa annehmen, es sei unmittelbare Gotteskraft, welche durch fortgesetzte Wirksamkeit jene Erscheinungen im Menschenleibe verursachte? Doch das hieße die leibliche Verklärung lediglich auf einen äußern Einfluß der göttlichen Allmacht zurückführen, eine Vorstellung, welche wir sogleich unten und später mehrmals als eine unstatthafte werde abweisen müssen. Die wirkende Ursache der Verklärungsphänomene wird also dem Leibe nicht äußerlich, sondern sie wird ihm innerlich sein. Die Seele selbst wird es sein, oder genauer gesprochen, die mit der Kraft der Glorie ausgestattete Seele wird es sein, welche in ihrem Leibe alle jene Wirkungen und Erscheinungen hervorrufen wird. Denn das ist die naturgemäße Ordnung, und das ist das naturgemäße Verhältniß, welches zwischen Leib und Seele besteht, daß der Leib alles das, was er an Vollkommenheit besitzt, sie sei natürlich, oder sie sei übernatürlich, seiner Form, der Seele verdanke. Das sagte uns oben auch schon der h. Thomas, als er bemerkte, der Habitus der Glorie sei es, der die Seele von allen Mängeln befreie, der sie befähige, Gott zu schauen und **über ihren Leib vollkommene Herrschaft auszuüben**. — [1]) Die nächste, unmittelbare, physische Ursache der leiblichen Verklärungsphänomene ist also hiernach die Seele selbst in Kraft der höhern Potenzen, welche ihr die Glorie mittheilt. Die unmittelbare Ursache dieser höhern Potenzen ist aber Gott der Herr, wie auch der h. Thomas nicht unterläßt, mit ausdrücklichen Worten hervorzuheben. „Der Leib der Verklärung, so sagt er, bedarf zu seiner Erhaltung keiner Nahrung mehr, da er unverweslich ist. Diese Unverweslichkeit aber wirkt Gott der Herr in ihm **durch die Seele**, die er unmittelbar glorificirt." — [2]) Wie der Seele, so fü-

---

[1]) Ipse habitus gloriae animam ab omni defectu liberat, sicut facit eam sufficientem ad cognoscendum sine phantasmatibus et ad praedominandum corpori. Suppl. q. 95. a. 5. ad 3.

[2]) Ministerio creaturarum homo glorificatus nullo modo indigebit, quum

gen wir erläuternd hinzu, mit der heiligmachenden Gnade eine Reihe übernatürlicher Habitus zu Theil wird, die in der Gnade wurzelnd sich in die einzelnen Seelenkräfte ergießen,[1]) um sie zu höherem Wirken zu befähigen, so wurzelt auch in der Glorie eine Fülle übernatürlicher Kräfte, die sich den verschiedenen niedern Seelenvermögen mittheilen, um sie zu einer Thätigkeit zu befähigen, die der neuen Ordnung der Dinge entspricht. Höhere Kräfte ergießen sich in die höheren Potenzen, damit die Seele zu Gott und zu seiner unmittelbaren Anschauung emporgehoben werde; höhere Kräfte ergießen sich in die niedern Potenzen (in die vegetativen und sensitiven), um die Seele zu denjenigen Leistungen in ihrem Leibe zu befähigen, in denen die Verklärung des Leibes besteht.

4. Was das Verhältniß anbetrifft, in welchem die Gaben der Verklärung zu denen der paradiesischen Integrität stehen, so läßt sich dasselbe mit wenigen Worten bestimmen, und wir brauchen zu dem Ende nur zu wiederholen, was im Verlaufe der Darstellung bereits hier und da ausgesprochen wurde. — Beide Gaben kommen zunächst insofern überein, als beide in der höhern, übernatürlichen Ausstattung der Seele ihr Fundament und ihre Ursache haben. Dabei ist aber zu beachten, daß die Glorie der Seele das physische Princip der leiblichen Verklärungsattribute ist, während die heiligmachende Gnade des Urstandes bloß als die moralische Ursache der leiblichen Unversehrtheit anzusehen sein dürfte, insofern sie den Menschen würdig machte, durch anderweitige übernatürliche Veranstaltungen Gottes auch höherer leiblicher Vorzüge theilhaftig zu werden. — Eine weitere Uebereinstimmung beider Gaben ist dann in der Gleichförmigkeit ihres Zweckes gegeben. Beide haben nämlich die Bestimmung, zwischen der übernatürlichen Vollkommenheit der Seele und der Beschaffenheit des Leibes das richtige Verhältniß herzustellen, damit der Leib seiner Form, der Seele, möglichst conform sei, und in seiner Weise das zum Ausdruck bringe, was in höherer Weise in der Seele enthalten ist. — Bezüglich der Vollkommenheit, mit der die Gaben der Unversehrtheit und die der Glorie diesen

---

eius corpus omnino incorruptibile erit futurum virtute divina id faciente per animam, quam immediate glorificat. Suppl. q. 91. a. 1.

[1]) Vgl. Kleutgen, Theol. der Vorz. 2. Aufl. II. n. 202; ebenso die Anmerkung im Nachtrage S. 723 ff.

Zweck erreichen, gehen indessen beide auseinander. Sie stimmen freilich darin überein, daß beide einer niedern Stufe der Uebernatur angehören und daß sie an und für sich nicht schlechthin, sondern nur beziehungsweise übernatürlich sind, indem sie nicht die menschliche Natur überhaupt, sondern nur die sinnliche Seite derselben, den Leib vervollkommnen. Aber hier zeigt sich auch der Unterschied. Die Integritätsgaben vervollkommnen zwar den Leib, aber sie erheben ihn nicht auf eine wesentlich höhere Stufe des Seins und Lebens, sie vervollkommnen ihn bloß innerhalb seiner natürlichen Sphäre. Die Gaben der Glorie hingegen vervollkommnen den Leib in der Weise, daß sie ihn über seine Natur hinaus auf eine wesentlich höhere Stufe des Seins und der Thätigkeit emporheben. — Der nähere Nachweis dürfte am füglichsten später zu bringen sein, wenn wir die vier Verklärungsgaben insbesondere und namentlich die Leidensunfähigkeit werden zu besprechen haben.

5. Zum Schlusse dieser unsrer allgemeinen Vorbemerkungen müssen wir auch noch einen Blick auf die wunderbaren mystischen Erscheinungen werfen, an denen das Leben der Kirche und das Leben der Heiligen der Kirche so reich ist, und es muß mit einigen Worten erklärt werden, in welchem Verhältnisse diese geheimnißvollen Phänomene zu der zukünftigen Glorie stehen, welche wir erwarten.

Es ist bekannt, wie mannigfach die Wunder sind, die uns in der Geschichte der Heiligen Gottes entgegentreten. Suspension des Nahrungsbedürfnisses, Anfänge von Leidensunfähigkeit und Unverweslichkeit, wunderbare Lichterscheinungen und eine Beweglichkeit (ekstatische Schwebe und ekstatischer Flug), die über alles Vermögen der Natur hinausgeht, finden sich bei unseren Heiligen nicht selten, und es läßt sich nicht verkennen, daß zwischen diesen mystischen Erscheinungen in der diesseitigen Kirche und den Verklärungsphänomenen der jenseitigen eine auffallende Verwandtschaft besteht, so zwar, daß die ersteren sich als offenbare Anticipationen der letztern characterisiren. Es wird sich dieses noch deutlicher zeigen, wenn wir später zur Illustrirung unserer Darstellung auffallende Beispiele dieser Art beibringen werden. Soll also das Verhältniß zwischen beiden Classen von Phänomenen dargelegt werden, so ist eben diese Aehnlichkeit in der äußern Erscheinungsform als das erste Moment anzusehen, auf welches wir aufmerksam machen müssen.

Im Weitern können und müssen beide mit Rücksicht auf ihren Ursprung und auf ihren Zweck miteinander verglichen werden, und wir haben uns zu dem Ende zunächst den Ursprung jener Phänomene klar zu machen, denen wir in der Lebensgeschichte der Heiligen begegnen. — Der ungläubige und darum seichte Rationalismus, der von einer Uebernatur nichts wissen will und nicht selten ein unvernünftiges Denken einem vernünftigen Glauben vorzieht, verwirft ganz einfach die Realität solcher Erscheinungen und führt sie auf Betrügerei, Verstellung und Täuschung zurück. Wenn aber die Thatsachen zu unwiderleglich sprechen, findet er ihre Erklärung in geheimnißvollen, noch nicht hinlänglich erklärten Gesetzen und Kräften der Natur und des Geistes, deren er so viele statuirt, als er eben braucht; ein Verfahren, das zwar ungemein einfach und leicht ist, aber leider die gerühmte Wissenschaftlichkeit des Rationalismus bedeutend vermissen läßt. — [1]) Es soll durchaus nicht in Abrede gestellt werden,

---

[1]) Es ist bisweilen ergötzlich, zu sehen, wie der Rationalismus sich auf diesem Gebiete zurechtfindet. Man lese nur das Werk Max Perty's: Die mystischen Erscheinungen der menschlichen Natur. Leipzig und Heidelberg. 1872. — Da wird ohne Weiteres das Dasein eines Erdgeistes, eines sog. Geodämons angenommen, auf dessen Einfluß eine ganze Reihe mystischer Erscheinungen zurückgeführt wird, die sonst auf natürliche Weise unerklärlich sind. Mit diesem einen ist es aber noch nicht genug, denn auch die übrigen Himmelskörper, und überhaupt das ganze Universum wimmelt von Geistern ähnlicher Art. Außerdem behauptet Perty das Vorhandensein einer verborgenen magischen Kraft, die er jedem Menschen zuschreibt, räumt dem Magnetismus und der Electricität auf dem mystischen Gebiete einen hervorragenden Einfluß ein u. s. w. u. s. w. Nachdem er dann alle diese Voraussetzungen gemacht hat, wird es ihm allerdings ziemlich leicht, die Erscheinungen nicht bloß der natürlichen, sondern auch der übernatürlichen Mystik aus ihnen abzuleiten und zu erklären, und die Wunder im Leben der Heiligen und alles Uebernatürliche im Leben der Kirche auf geodämonischen Einfluß, auf Magie, Magnetismus, Electricität und Hallucinationen zurückzuführen. Es ist nur Schade, daß die Voraussetzungen auf so schwachen, thönernen Füßen stehen. — Eine rationalistische Mystik mag manches erklären können; alles erklärt sie nicht. An der Schwelle des christlichen Heiligthums muß sie Halt machen, um der christlichen Mystik das Feld zu räumen. Denn nur die gläubige, christliche Mystik ist berechtigt und befähigt, Dinge zu erklären, deren übernatürliche Voraussetzungen nur sie kennt und anerkennt. — Perty's Schrift hat übrigens das Gute, daß sie eine Reihe von

daß manche mystische Erscheinungen in der Natur ihren Grund haben und daher auch auf natürlichem Wege, wenigstens annähernd erklärt werden können und müssen. Wir behaupten nur, daß es außer den Erscheinungen der natürlichen Mystik noch eine andere Classe von Erscheinungen gibt, die einer höhern, übernatürlichen Ordnung angehören, und die auf natürlichem Wege nicht erklärt werden können und dürfen, und das sind die mystischen Erscheinungen im Leben der Heiligen. Hören wir hierüber die treffliche Darstellung Joseph's von Görres.

"Um diesen gewöhnlichen Mittelzustand her wird also eine doppelartige Zuständlichkeit in uns möglicherweise eintreten können, in deren einer die gesteigerte Innerlichkeit die Aeußerlichkeit überwächst und über sie mehr oder weniger hinausgetreten die entstoffte ganz und gar aufgehend in sich besaßt und meistert; während in der anderen hinwiederum diese zur Ueberwucht aufgenährt jene zu sich mehr herniederzieht und sie bewältigend wie in Latenz in sich beschließt. Wie hier der Mensch in die physischen Naturströmungen tiefer untertauchend durch sie von allen Seiten sich umrauscht, angeregt und bestimmt findet, so wird er dort, mehr über diese Aeußerlichkeiten hinausgehoben und dafür mehr in die geistigen aufgenommen, von ihnen sich näher angesprochen und bedingt finden, und er wird also in diesem Zustande vergeistigt hellsehend werden, während er im andern naturalisirt, dumpf befangen, ein mehr verkörpertes dunkelfühlendes Leben lebt. — — —

"Es kann aber dieser doppelartige Zustand bei der Zweiseitigkeit der menschlichen Natur in zweifacher Weise hervorgerufen werden; entweder von Seite der Leiblichkeit, oder von Seite der einwohnenden Geistigkeit. Von Seite der Leiblichkeit, und daher auch zumeist aus den untern, am tiefsten in ihr untertauchenden Vitalsystemen, wird daher eine Verinnerlichung oder Veräußerlichung dieser Geistigkeit eintreten können, wenn sie durch sich selbst, oder durch äußere kosmische, physische, chemische Einwirkungen bedingt, entweder scheidend und vertiefend, oder bindend und lähmend gegen sie reagirt. Im ersten Falle wird die unsichtbar dem Stoff einwohnende Kraft von ihm entlassen, mehr von ihm gelöst; minder in ihn zerstreut kann sie sich daher mehr und enger in sich selber sammeln, und also in sich mehr gesammelt, beherrscht sie zugleich aus ihm hervorquellend den Beweglicheren mit größerer Leichtigkeit. So bildet sich der Rausch, den der Wein und alle geistigen Getränke hervorbringen; so bilden sich die natureskstatischen Zustände des Opiums, des Hyoscyamus und anderer vegetabilischen Erzeugnisse, wie der Schamanism sie längst gekannt; so entwickelt sich aus dem Geschlechtstrieb die bachantische Wuth des Alterthums,

---

Thatsachen bringt, die dem Leben unserer Heiligen angehören, und daß sie deren historische Glaubwürdigkeit anerkennt und bestätigt. Dieselben sind übrigens vielfach dem Werke Joseph's von Görres entlehnt.

wie die Begeisterung der Pythia durch die unterirdischen Strömungen, wie wir
in der Einleitung schon angedeutet. Im andern Falle wird das Dynamische,
von dem überwiegenden Stoffe bewältigt, mehr in ihn hinabgezogen; dadurch
also mehr entkräftet und zerstreut, muß es sich selbst verkommend als Werk=
zeug sich verlieren; und so wird eine Zuständlichkeit entgegengesetzter Art
sich bilden, die einmal in der Rückwirkung der Natur, im Gefolge jener an=
deren in sich gehöhten sich entwickelt, andererseits aber auch, als die durch
narcotische Substanzen oder Leidenschaften gewirkte Betäubung für sich be=
stehend hervortreten kann. Umgekehrt kann aber auch durch die Geistigkeit
die Initiative gegeben sein, und von ihr, und somit vorherrschend von den
höhern Cerebralsystemen ausgehend, ein solcher Zustand in seiner Doppelartig=
keit sich begründen. Wenn nämlich dieses innerliche unsichtbar Thätige durch
sich selber von Innen heraus, oder auch von Außen herein, in seiner Energie
sich steigert, dann wird es, dem Leiblichen sich entgegensetzend und doch von
ihm gehalten, in zunehmender Spannung mehr und mehr sich vertiefend, auch
mehr und mehr sich losringen vom Organe; und also im Verhältniß, wie es
der Einleibung sich entzogen, dem Geistigen tiefer eingegeistet, wird es die
ihm sich lassende Leiblichkeit mit größerer Ueberwucht bedingen. Das wird
alsdann der Zustand des magnetischen Somnambulismus sein, durch Anlage,
Krankheit, nervöse Stimmung, eine zersetzende, steigernde Lebensweise, oder auch
durch die Einwirkung anderer Persönlichkeiten hervorgerufen. Die Geistigkeit
kann aber auch, durch Einwirkungen entgegengesetzter Art in ihrer Energie
entkräftet, in ihrer Reaction gegen den fesselnden Stoff gebrochen, in einen
Zustand sich versetzt finden, in dem sie unvermögend, des andringenden sich
länger zu erwehren, sich ihm hingibt, und nun in größerer Latenz gebunden,
sich an ihn verliert. Das wird nun jener soporös hinbrütende Zustand sein,
wie er sich in mancherlei Formen allmählich bis zum Hinsinken in gänzlicher
Bewußtlosigkeit steigert und häufig im Gefolge sog. mondsüchtiger Affectionen
erscheint.

„Damit ist die Betrachtung möglicher Bezüge der Creatur zur Creatur er=
schöpft; aber es besteht nun noch ein anderer, höherer, der den Menschen mit
Gott und dem höhern Geisterreiche, insofern dieses näher zu ihm gerichtet ist,
in Verkehr bringt; und dieser wird uns dann zum eigentlichen Gegenstande
unserer Erwägung zurückführen. Gott nämlich, dem gewöhnlichen Leben durch
seine Allgegenwart in Unsichtbarkeit nahe, und es ohne Beeinträchtigung seiner
Freiheit leise in seinem Rathschluß lenkend, kann zu dem höher Begnadigten
auch in ein näheres und engeres Verhältniß treten und dadurch eine andere
Zuständlichkeit, als die ordentliche allgemeiner Vorkommniß begründen. Die
höhere Geisterwelt durchwirkend wird die Gottheit dann auch das in ihrem
Bilde geschaffene geistige Innen vorzugsweise in dies Verhältniß ziehen; und
dies Innen wird in dasselbe eingetreten in ihr dann ein neues, tieferes
Innen gefunden haben, dem es als ein relatives Außen sich anfügt, wie sonst
nach Abwärts sein eigenes Außen ihm gegenübersteht. Was dem Körper also

zuvor die Seele gewesen, das ist die Seele jetzt Gott, der in ihr Wohnung ge=
nommen, und der sie nun, nur unvergleichlich höher, mit seinem Leben ebenso
belebt, wie sie zuvor mit dem creatürlichen ihre Leiblichkeit. Durch diese Be=
geistigung in sich hineingezogen und über sich hinausgehoben wird sie also in
dem Verhältnisse, wie dem Naturkreise entrückt, in den höheren, geistigen hinein=
gezogen; und in dem Maße, wie der creatürlichen Bindung durch natürliche
und moralische Nothwendigkeit enthoben, in die göttliche Freiheit eingeführt;
nicht um sich über das Gesetz der Natur und der ethischen Ordnung hinaus=
zusetzen, sondern es mit Liebe zu erfüllen. Der also in Gott Gezogenen folgen
in der Bewegung der Einkehr, die sie angetreten, nun alle ihre Kräfte und
Vermögen, die, sich ihr lassend, alle sich in ihre Tiefen bergen. Denn die
Strömung, die zwischen ihr und Gott jetzt angehoben, ist so übermächtig, daß
sie alle Strömungen in ihr in ihre Richtung drängt. So werden also in
denen, die vom Innen des Menschen zu seinem Außen und wieder rückwärts
gehen, diejenigen, die den Rückfluß begründen, die überwiegenden; die Leib=
lichkeit wird also von der Geistigkeit stärker gehabt und enger gehalten und
gebunden; und in diesem Rückfluß werden, bis die Strömungen von Oben sich
ihr Bette gebahnt, die Sinne geschlossen und die Bewegungen aufgehoben.
Ebenso werden auch in den Strömungen, die von Oben zu Unten und wieder
aufwärts gehen, da dieses jenem sich willig läßt, die aufwärtsgehenden am
meisten in Anspruch genommen, und das Unten wird zum Oben gesteigert,
wie das Oben zum Ueberoben sich erhoben findet. So hat also die mystische
Ekstase der Heiligen mit allen ihren Erscheinungen sich durch Gott und das,
was Gottes ist, begründet und in ihrem eigenthümlichen religiösen Gebiete
sich festgestellt. — —

„So bilden also die mystische und die magnetische Ekstase,
obgleich in ihren äußern Erscheinungen nahe verwandt und die eine
am Wege der andern liegend, doch in ihrem tiefsten Grunde voll=
kommene Gegensätze, weil die eine dem Reiche der Gnade, die andere
dem der Natur angehört. Denn die eine ist durch Gottes Verleihung
unmittelbar oder unter Mitwirkung höherer Geister herbeigeführt;
die andere innerhalb des Naturbannes von Außen herein durch den
Leib, oder von Innen heraus durch die Begeistigung, in beiden Fällen
nach organischen Gesetzen hervorgegangen. Die erste ist daher heiliger
Art, auch nur an Heiligen hervortretend und in der Freiheit der
Liebe selbst frei, oder doch durch sie vor Ausweichungen gesichert;
die andere profaner Art, nur unter besonderen Umständen an eigens
Organisirten hervortretend, ist wie alles natürliche an sich adiaphorisch;
aber weil innerhalb des Bandes der Naturnothwendigkeit, der durch
nichts als die Gewalt gezügelten Willkür freier Spielraum gestattet

ist, leicht dem Mißbrauch dienstbar. Das Seherauge im magnetischen Hellsehen daher, aus der ihm enger umgränzten geistigen Natur heraus gegen die physische gewendet, schaut in abendlich niedergehender Vision den Reflex jener, wie er an dieser sich zurückwirft. Der heilige Seher aber schaut von der physischen abgewendet aus der geistigen das, was höher ist als beide; sie selber aber in ansteigender morgenlicher Anschauung im Wiederschein an diesem Höheren. Ebenso wird das Thun des einen nicht mit Unrecht Somnambulism genannt, weil es selbst in der geistigeren Form innerhalb der traumhaften Welt der Erscheinungen beschlossen bleibt; während das andere in Gott erwachend, wenigstens die Grenzen wahrhafter Wirklichkeit bestreifend, auch das Gepräge höherer Besonnenheit wie freier Selbstbeherrschung trägt. Also geschieden in ihrem tiefsten Grunde haben daher beide Arten der Ekstase zu allen Zeiten sich neben einander gefunden." [1])

---

[1]) Vgl. Christliche Mystik von J. v. Görres, Regensburg 1837. II. S. 292 ff. — Wir werden im Verlaufe unserer Darstellung zur Erklärung und Begründung, namentlich aber zur Illustrirung der Verklärungsphänomene nicht selten auf dieses Werk recurriren können. — Es dürfte sich empfehlen, anmerkungsweise auch noch die Criterien beizufügen, nach welchen Görres im Anschluß an Papst Benedict's XIV. Werk de canoniz. serv. Dei l. 3. c. 49. die Erscheinungen der natürlichen und übernatürlichen Mystik unterscheidet: „Als eine der ersten äußern Bedingungen höherer Ekstase ist angenommen, daß diese nicht in regelmäßiger Wiederkehr sich zeigen darf. Alles periodisch in bestimmten Zwischenräumen sich Wiederholende verräth Naturnothwendigkeit und das Vorwiegen der Naturwirkung. — Wie aber Freiheit das Wesen alles Innern ist, so muß sie sich auch in der höhern Ekstase offenbaren; und diese wird sich in keiner Weise im Kreislauf von Sonne und Mond bewegen, sondern ihren Ablauf in einem ganz andern Gesetze halten. — Darum werden auch nicht kosmische Verhältnisse, nicht das Spiel der Kräfte und die Mischung irdischer Elemente, nicht die Einflüsse irgend eines Menschen es sein dürfen, die diese höhere Ekstase hervorrufen; nur Gott, den höhern Intelligenzen und den Heiligen oben, den Sacramentalien und kirchlichen Mächten unten allein erscheint diese Kraft einwohnend; und ein Mensch übt sie nur, inwiefern er als Träger derselben gleichsam ihre Aura um sich hat. Darum werden auch nicht natürliche, aus der Tiefe des Organismus aufquellende, oder von außen durch Ansteckung mitgetheilte Krankheiten disponirend ihr vorangehen, oder auch in ihrem Gefolge als aus ihnen entwickelt sich zeigen dürfen, ohne Verdacht auf natürliche Ursprünge hinzulenken. Wohl

Wir wollten, wie wir oben bemerkten, untersuchen, in welchem Verhältnisse die mystischen Erscheinungen im Leben der Heiligen rücksichtlich ihres Ursprunges und ihres Zweckes zu den Phänomenen der zukünftigen Glorie stehen. Nach den soeben gehörten Bemerkungen läßt sich nun dieses Verhältniß nach der ersten Seite hin bereits bestimmen. — Die mystischen Erscheinungen im Leben der Heiligen haben, wie gezeigt, ihren Ursprung nicht in der Natur, sondern sind auf Gottes übernatürliche Wirksamkeit zurückzuführen. Und hiermit ist also ein neues Moment gegeben, in welchem sie mit den übernatürlichen Erscheinungen der Glorie übereinkommen. Denn die leibliche Verklärung hat ja ebenfalls ihren Grund nicht in der Natur, sondern ist ein übernatürliches Geschenk Gottes. Indessen besteht hierbei, was zu beachten ist, ein wichtiger Unterschied, auf den der h. Thomas aufmerksam macht. — Die Wundererscheinungen im Leben der Heiligen, so sagt er, z. B. Erscheinungen der Behendigkeit, der Unverweslichkeit und Leidensunfähigkeit hätten ihren physischen Grund nicht in den Heiligen selbst, nicht in einer ihren Leibern anhaftenden Beschaffenheit, oder in einer ihnen innewohnenden Kraft, sondern sie würden vorübergehend, unmittelbar und von Außen her durch ein Wunderwerk Gottes zu Stande gebracht, und hätten also nicht bloß ihren letzten, sondern auch ihren nächsten Grund in Gott.[1]) — Ganz anders verhält sich dieses, wie wir oben hörten, mit den Gaben der Verklärung. Hier ist es der Selige selbst, der mittelst höherer Dispositionen und Potenzen, die den niedern Seelenvermögen innewohnen, seinem Leibe dauernd seine

---

wird sie beim Mißverhältnisse der gegenwärtigen Natur zu einem solchen gesteigerten Leben mit krankhaften Zuständen begleitet sein; aber diese, frei übernommen, werden in Entstehung und Verlauf und in allen Symptomen einen specifisch eigenthümlichen Charakter besitzen, in dem sie auch ihrerseits sich dem Naturgebiet enthoben und in jenem höhern, übernatürlichen heimisch zeigen. — — Aus gleichem Grunde darf daher auch kein natürliches Band die also Ekstatischen unter sich, oder gar mit denen, die außer dem Kreise ihres gehöhten Lebens stehen, verbinden; oder sie auch durch ein solches mit der äußern Natur sich in Rapport gesetzt befinden, denn das ist eben das Band äußerer Nothwendigkeit, das den Somnambulism bezeichnet. — — Das Gebiet mystischer Ekstase ist daher ein streng abgeschlossenes religiöses, wie das der magnetischen ein physisches." a. a. O. S. 299 ff.
[1]) in 4. Dist. 49. q. 2. a. 7. Sol.

übernatürliche Beschaffenheit gibt und ihn dauernd zu höhern, übernatürlichen Lebensäußerungen und Erscheinungen befähigt. Gott ist hier also nur der mittelbare Urheber, indem er es ist, der in die niedern Potenzen der Seele den Grund der leiblichen Verklärung hineingelegt. — Dieselbe Anschauung entwickelt der h. Lehrer mit aller Klarheit auch an jener Stelle der theologischen Summa, an welcher er über die Verklärung Christi auf dem Berge Tabor handelt. — Die Verklärungserscheinungen Christi, insbesondere die auf Tabor hervortretende leuchtende Klarheit, seien allerdings dieselben Erscheinungen, wie sie jetzt dem verklärten Leibe Christi eigenthümlich seien. Aber ihr Entstehungsgrund und ihre Entstehungsweise seien andere gewesen. Beim auferstandenen Christus sei die Verklärung eine dem Leibe dauernd innewohnende, durch die Seele gewirkte Beschaffenheit. Die auf Tabor erscheinende Klarheit sei jedoch auf ein Mirakel zurückzuführen, indem Christi Gottheit durch ihre Allmacht die der Seele innewohnende Glorie vorübergehend auf den Leib habe hinüberströmen lassen.[1]

Was dann endlich den Zweck beider Classen von Erscheinungen anbetrifft, so besteht auch nach dieser Seite hin eine unverkennbare Uebereinstimmung. Der nächste Zweck der leiblichen Glorie geht dahin, der Seele einen Leib zu geben, der ihrer Glorie conform ist; der zunächst folgende höhere Zweck hat die allseitige Verherrlichung und Beseligung der Auferstandenen zum Gegenstande; der höchste Zweck aber ist hier wie überall die größere Ehre Gottes. — Aehnliche Zwecke müssen den mystischen Erscheinungen in der diesseitigen Kirche zugeschrieben werden. Sie sollen zunächst, freilich nur vorübergehend, den Leib zu der übernatürlichen Vollkommenheit der Seele emporheben, damit diese um so freier und ungetheilter dem heiligen Zuge folgen könne, dessen Ziel Gott und der Himmel ist. In dieser Beziehung dürften das Aufhören des Nahrungsbedürfnisses, ekstatische Schwebe und ekstatischer Flug in erster Linie zu nennen sein. Weiterhin sollen jene Erscheinungen denen zur vorübergehenden Verherrlichung dienen, die, weil sie nicht von dieser Welt, vor der Welt verachtet sind; sollen ihnen einen Vorgeschmack der dereinstigen Verherrlichung und Seligkeit darbieten, damit ihnen in ihren vielfachen und schweren

---

[1] S. 3. q. 45. a. 2.

innern und äußern Prüfungen wünschenswerthe Tröstung und Stärkung um so reicher zufließe. Die glanzvollen Lichterscheinungen im Leben mancher Heiligen dürften in dieser Beziehung (selbstredend von den innern Tröstungen abgesehen) die bedeutungsvollste Stelle einnehmen. Daß dann endlich hier wie da alles schließlich die größere Ehre Gottes zum Ziele hat, bedarf der Erwähnung nicht. — Bei den Wundern im Leben der Heiligen treten übrigens noch einige eigenartige Zwecke hinzu, die den gloriösen Erscheinungen des jenseitigen Lebens fehlen. Sie haben vor allem auch eine apologetische Bedeutung. Sie sollen dazu dienen, die Stadt Gottes, die auf dem Berge liegt und niemand verborgen bleiben kann, vor den Augen der ganzen, namentlich auch der ungläubigen Welt nur noch herrlicher erstrahlen zu machen; sie sind Fingerzeige vom Himmel, die der Welt die Kirche Christi zeigen, die eine und heilige, katholische und apostolische. Darum sind sie auch für die Kinder dieser Kirche bedeutungsvoll, deren Glaube an die Göttlichkeit der Kirche in ihnen neue Stütze findet, deren Hoffnung gestärkt, deren Liebe entflammt wird, damit sie in den Kämpfen und Trübsalen dieser Zeit in der Heiligkeit, die in ihnen angefangen, standhaft ausharren und muthig fortschreiten.

Wollen wir also das Verhältniß der diesseitigen und der jenseitigen Verklärungsphänomene mit wenigen Worten zusammenfassen, so müssen wir die erstern als die Anticipationen der letztern bezeichnen, ihnen ähnlich rücksichtlich des Ursprunges, rücksichtlich der Erscheinungsform und rücksichtlich des Zweckes.

Siebente Abtheilung.

Die leiblichen Verklärungsgaben im Besondern, und zwar zunächst die das Sein des Leibes vervollkommnenden Attribute.

§ 25.

Die Leidensunfähigkeit. — Realität derselben in den verklärten Leibern; ihre inhaltliche Bestimmung, Grund und innere Möglichkeit.

1) Das Sein des auferstandenen Leibes wird durch die Leidensunfähigkeit und Klarheit vervollkommnet, das substantielle Sein durch die Leidensunfähigkeit, das accidentelle durch die Klarheit. — Um mit der Impassibilität zu beginnen, so haben wir sie gemäß der soeben vernommenen Erklärung im Allgemeinen als eine dem Leibe dauernd innewohnende, durch die verklärte Seele gewirkte Verfassung anzusehen; oder genauer nach der frühern Definition: sie ist jene übernatürliche Vollkommenheit des auferstandenen Leibes, vermöge welcher derselbe unverweslich und für jede Störung seines Lebens und seines vollkommenen Wohlbefindens ganz und gar unzugänglich ist.

Der volle Begriff der Impassibilität schließt drei real verschiedene Momente in sich, die, wenn wir sie in Gedanken trennen, in ihrer Auseinanderfolge dem Sein des Leibes eine wachsende Vollkommenheit mittheilen. Das erste ist die **Unsterblichkeit** des Leibes überhaupt, eine Bestimmung, die sich schon beim paradiesischen Menschen vorfand; das zweite ist das gänzliche Aufhören jeglicher materieller Zersetzung im Leibe, die **Unverweslichkeit**, die wir als Grund der Unsterblichkeit bezeichnen müssen. Einer solchen vollkommnen Unverweslichkeit erfreute sich der paradiesische Mensch nicht; denn nur die endliche Auflösung, der Tod, war von ihm ausgeschlossen, nicht aber der naturgemäße Stoffwechsel, der die Ernährung durch Speise und Trank zur wesentlichen Voraussetzung hat. Wohl aber nehmen die verdammten Leiber an dieser Unverweslichkeit vollen Antheil, sie sind unsterblich und unverweslich. Das dritte Moment ist die Leidensunfähigkeit im engern Sinne, d. h. die Unfähigkeit des Leibes, irgend etwas an sich zu erfahren, was seinem vollkommenen Wohlbefinden irgendwie zuwider ist. Und diese letzte Bestimmung eignet nur den verklärten Leibern, nicht aber den verdammten, und ebensowenig den paradiesischen. Denn mochten auch thatsächlich die Leiber unserer Stammeltern von Leiden und Schmerzen unberührt bleiben, leidensunfähig waren sie nicht.

2) Daß nun die Leidensunfähigkeit mit allen ihren Momenten in der That des Eigenthum der verklärten Leiber sein werde, ist ausdrückliche Lehre der h. Schrift. — Sie stellt zunächst Christus als das Vorbild unserer Auferstehung und Verklärung hin. Nun aber stirbt Christus, einmal auferstanden, ferner nicht mehr.[1]) Und folglich werden auch wir dereinst unsterblich sein. Außerdem spricht die h. Schrift dieselbe Lehre in ganz directer Form aus: „Diejenigen aber, welche der Auferstehung von den Todten werden würdig erachtet werden, sterben fürder nicht, denn sie sind den Engeln Gottes gleichförmig."[2]) Außer der Unsterblichkeit schreibt dann die Schrift den auferstandenen Leibern auch die Unverweslichkeit zu. Schon die zuletzt genannte Stelle, gemäß welcher die Auferstandenen den Engeln gleich sein werden, weist auf das gänzliche Aufhören aller grob materieller Vorgänge, auf das Aufhören des Nahrungsbedürfnisses, des Stoffwandels und jeglicher stofflicher Zersetzung hin. Mit aller Klarheit aber geschieht es in der schon mehrfach genannten und besprochenen Stelle im ersten Corintherbriefe, wo ausdrücklich gesagt wird: „Er (der Leib) wird gesäet in Verweslichkeit, er wird auferstehen in Unverweslichkeit." Endlich hebt die geheime Offenbarung auch das dritte Moment, die Leidensunfähigkeit

---

[1]) Christus resurgens ex mortuis iam non moritur. Rom. 6, 9.

[2]) Illi vero, qui digni habebuntur resurrectione ex mortuis, — — neque enim ultra mori poterunt. Aequales enim angelis sunt. Luc. 20, 35 sq.

im engern Sinne hervor, indem sie sagt: „Gott wird abwischen jegliche Thräne von ihren Augen, und der Tod wird fürder nicht mehr sein; noch auch wird Seufzen sein, noch Klagen, noch irgend ein Schmerz."¹)

Auch die heiligen Väter schreiben mit voller Einstimmigkeit den verklärten Leibern die Leidensunfähigkeit zu, und zwar dieselbe volle Leidensunfähigkeit, von welcher die h. Schrift redet; und wir können uns darauf beschränken, einige Aeußerungen des h. Augustinus aus seinen verschiedenen Schriften hier zusammenzustellen: „Die Leiber der Seligen, so sagt er, werden ohne irgend einen Fehler auferstehen, ohne irgend welche Verweslichkeit, ganz frei von Mühseligkeit und Beschwerde." — „Das Fleisch wird geistig sein, weil es dem Geiste wird unterworfen sein. Daher wird es auch keinerlei Beschwerde empfinden; alle Verweslichkeit, alle Langsamkeit wird ihm fremd sein." — „Die Leiber der Gerechten werden keines Lebensbaumes mehr bedürfen, um vor Krankheit, Alter und Tod geschützt zu sein; sie werden überhaupt keiner äußern Erhaltungs- und Schutzmittel mehr bedürfen, denn mit dem unverlierbaren Gewande vollkommener Unsterblichkeit werden sie angethan sein." — „Wir werden dereinst erneuert werden, nicht nach Weise des frühern, thierischen Leibes, wie ihn Adam besaß, sondern in einen bessern Leib werden wir verwandelt werden, in einen geistigen Leib, da wir ja den Engeln Gottes gleichförmig sein werden, würdig der himmlischen Wohnungen, in denen es einer vergänglichen Speise nicht mehr bedarf."³) —

---

¹) Absterget Deus omnem lacrymam ab oculis eorum, et mors ultra non erit, neque clamor, neque dolor erit ultra. Apoc. 7, 17; 21, 4. cf. Isai. 25, 8.

²) Resurgent igitur beatorum corpora sine ullo vitio, sine ulla corruptione, onere, difficultate — Caro spiritualis erit, quia spiritui subdetur, omni molestiae sensu, omni corruptibilitate et tarditate detracta. — Corpora justorum nullo ligno indigebunt, quo fiat, ut nullo morbo vel senectute inveterata moriantur, neque ullis aliis corporalibus indumentis, quoniam certo et omnimodo munere immortalitatis induentur. — Renovabimur non in pristinum corpus animale, in quo fuit Adam, sed in melius: in corpus spirituale, quia efficiemur aequales angelis Dei, apti coelestis habitationis, ubi esca, quae corrumpitur, non egemus. Enchirid. c. 19. — 12 de civ. c. 20 et 22. — de genes. ad lit. 6, 24.

Zu diesen positiven Gründen fügen wir noch einige andere hinzu, die der theologischen Speculation angehören. — Die Unsterblichkeit und Unverweslichkeit sämmtlicher Auferstehungsleiber, der verklärten und der verdammten, läßt sich zunächst aus dem Zwecke der Auferstehung herleiten. Die Auferstehung findet zu dem Ende statt, damit Gute und Böse auch dem Leibe nach Lohn oder Strafe empfangen für das Gute oder Böse, was sie in diesem Leben gethan. Nun ist aber der Lohn ewig, und ebenso ist die Strafe ewig. Und folglich werden die Leiber wie der Guten, so der Bösen unsterblich und unverweslich sein.[1])

Ein anderer Angemessenheitsgrund läßt sich aus dem Verhältnisse der Seele zum Leibe hernehmen. Die Seele ist die Form des Leibes, und es entspricht also ihrer Natur, mit einem Leibe vereinigt zu sein. Nun ist aber die Seele unsterblich, und folglich geziemt es sich, daß auch der Leib unsterblich und unverweslich sei.[2])

Aber auch jene Leidensunfähigkeit, welche wir Leidensunfähigkeit im engern Sinne genannt haben, läßt sich auf speculativem Wege begründen. — Im Himmel, im Besitze des höchsten Gutes, ist der Trieb nach Glückseligkeit vollkommen befriedigt. Daraus folgt, daß die Seligen des Himmels sich im Besitze aller derjenigen Güter befinden müssen, welche wünschenswerth für sie sind, und daß auch jegliches Uebel von ihnen ausgeschlossen sein muß, weil mit dem Besitze des höchsten Gutes das Uebel unvereinbar ist. Somit wird also der Leib von jeglichem Uebel frei sein, und zwar zunächst dem Acte nach, wie der h. Thomas unterscheidet, d. h. er wird unverweslich, wohlgebildet und unversehrt sein; er wird es aber auch der Potenz nach sein, d. h., er wird in dem Sinne leidensunfähig

---

[1]) Ad hoc enim resurgent tam boni quam mali, ut etiam in propriis corporibus praemium consequantur vel poenam pro his, quae gesserunt, dum vixerunt in corpore. Praemium autem bonorum, quod est felicitas, erit perpetuum; similiter etiam peccato mortali debetur poena perpetua. Oportet igitur, quod utrimque corpus incorruptibile recipiatur. 4. c. gent. c. 85.

[2]) Alia ratio potest sumi a causa formali resurgentium, quae est anima. Dictum est enim supra, quod, ne anima in perpetuum remaneat a corpore separata, iterato per resurrectionem corpus resumet. Quia igitur in hoc perfectioni animae providetur, quod corpus recipiat, conveniens erit, ut corpus secundum quod competit animae disponatur. Est autem anima incorruptibilis. Unde et corpus ei incorruptibile reddetur. l. c.

sein, daß nichts mehr im Stande ist, sein vollkommenes Wohlbefinden irgendwie zu stören.¹)

3) Die Theologen stellen dann eine Untersuchung darüber an, welches denn der eigentliche Grund jener Leibesverfassung sei, die wir Leidensunfähigkeit nennen; mit andern Worten, von welcher Art die Kraft sei, die den Leib leidensunfähig mache, und wo sie zu suchen sei. — Der h. Thomas erwähnt die Ansicht einzelner Theologen, welche die Impassibilität aus einer veränderten Beschaffenheit der Elemente herleiteten, aus denen der Körper zusammengesetzt ist. Gott der Herr, so glaubten sie, werde den Elementen die ihnen eigenen Qualitäten entziehen, so daß ein Widerstreit derselben unter einander und mit den draußen befindlichen nicht mehr möglich sei. Damit sei dann ganz von selbst jede Zersetzung und jegliches Leiden vom Körper ausgeschlossen. — Aber, entgegnet der h. Lehrer, jene Qualitäten gehören zur natürlichen Vollkommenheit der Elemente, und es ist eine unzulässige Annahme, daß die Vollkommenheit der Elemente in den unsterblichen Leibern eine geringere sei, als in den sterblichen.²)

Dazu kommt, daß bei dieser Annahme sogar die Constituirung eines wahren, naturgemäßen Menschenleibes unmöglich wird. Denn welches ist **thatsächlich** das Verhalten der Elemente bei und nach der Constituirung des menschlichen Leibes? Gehen sie der ihnen eigenen Qualitäten **ganz und gar** verlustig? — Keineswegs!

---

¹) Sicut autem anima Deo fruens habebit desiderium adimpletum quantum ad omnis boni adeptionem, ita etiam cius desiderium impletum erit quantum ad remotionem omnis mali, quia cum summo bono locum non habet aliquod malum. Et corpus igitur perfectum per animam proportionaliter animae immune erit ab omni malo, et quantum ad actum et quantum ad potentiam. Quantum ad actum quidem, quia nulla in eis erit corruptio, nulla deformitas, nullus defectus; quantum ad potentiam vero, quia non poterunt aliquid pati, quod eis sit molestum, et propter hoc impassibilia erunt. l. c. c. 86.

²) Quidam enim impassibilitatem attribuunt conditioni elementorum, quae aliter tunc se habebunt in corpore quam nunc. Dicunt enim, quod elementa remanebunt ibi secundam substantiam, sed qualitates activae et passivae ab elementis auferentur. Sed hoc non videtur verum, quia qualitates activae et passivae sunt de perfectione elementorum. Unde si sine eis repararentur elementa in corpore resurgentis, essent minoris perfectionis, quam modo sint. Suppl. q. 82. a. 1.

Denn hiergegen spricht der doppelte Umstand, daß die Eigenthümlichkeiten der Elemente auch in den zusammengesetzten Körpern sich vielfach wiederfinden, wenn auch gemildert und temperirt, und daß sie bei der Auflösung dieser Körper wieder in ihrer vollen Eigenthümlichkeit hervortreten. Wenn also aus einer Verbindung von Elementen durch Mittheilung der höhern Wesensform der zusammengesetzte Körper naturgemäß entstehen soll, so dürfen die Qualitäten der zusammentretenden Elemente nicht gänzlich zu Grunde gehen, sondern es darf nur ein actuelles Zurücktreten derselben, nur eine gegenseitige Herabschwächung und Parallysirung derselben gefordert und angenommen werden.[1]) Nun behauptet aber die obige Ansicht die **gänzliche** Hinwegnahme der den Elementen eigenen Qualitäten und folglich ist unter jener Annnahme die Constituirung eines wahren Menschenleibes gar nicht einmal möglich.

Ebenso unrichtig ist, was einige andere Theologen annehmen, daß zwar die Qualitäten der Elemente bestehen bleiben werden, daß aber Gottes Macht ihnen ihre eigenthümliche Thätigkeit entziehen, und daß in Folge dessen ein Widerstreit derselben nicht mehr möglich sein werde. — Zur Constituirung des Menschenleibes und seiner Theile, des Fleisches, der Knochen u. s. w. sind nämlich, wie der h. Thomas richtig bemerkt, elementare Verbindungen verschiedener Art erforderlich, diese aber sind ohne eine Thätigkeit der Elemente, wodurch sie sich verbinden und wodurch sie verbunden bleiben (Affinität, Cohäsion u. s. w.) gar nicht denkbar und möglich.[2])

4. Eine ganze Reihe anderer Theorien wird von Suarez zusammengestellt, und es wird zum allseitigen Verständnisse unseres Gegenstandes nützlich sein, uns dieselben in Kürze vorzuführen. —

---

[1]) S. Thomas in l. l. de generat. c. 11. — de nat. mat. c. 8. — Vgl. Kleutgen, Phil. der Vorzeit. II. n. 716 ff. Schneid, die scholastische Lehre von Materie und Form. II. Aufl. Eichstätt 1877. S. 139 ff.

[2]) Et ideo alii dicunt, quod manebunt qualitates, sed non habebunt proprias actiones, divina virtute id faciente ad conservationem humani corporis. Sed hoc etiam videtur non posse stare, quia ad mixtionem requiritur actio et passio activarum et passivarum qualitatum; et secundum praedominium unius vel alterius mixta efficiuntur diversae complexionis, quod oportet ponere in corpore resurgentis, quia ibi erunt carnes et ossa et huiusmodi partes, quibus omnibus non competit una complexio. Suppl. l. c.

Suarez schickt zunächst, um einen Maßstab der Beurtheilung zu gewinnen, die richtige Definition des ersten Verklärungsattributes voraus. Er sagt ganz in Uebereinstimmung mit der von uns entwickelten Auffassung, daß unter der Impassibilität eine innere Disposition des Leibes zu verstehen sei, kraft welcher Leiden und Tod auch dann keinen Zutritt zu ihm haben würden, wenn er mitten im Feuer sich befände, und dieses mit der ihm eigenen höchsten Intensität auf ihn einwirkte.¹)

Die erste Theorie behauptet nun, der auferstandene Leib sei in sich selbst gar nicht leidensunfähig; denn da er dieselbe Zusammensetzung mit dem gegenwärtigen habe, so sei eine innere Unverweslichkeit und Leidensunfähigkeit gar nicht möglich. Die auferstandenen Leiber seien vielmehr durch einen bloßen äußern Einfluß leidensunfähig, insofern eine besondere göttliche Vorsehung Verwesung und Leiden von ihnen fern halten werde.²) — Es bedarf kaum der Erwähnung, daß eine solche Ansicht durchaus unhaltbar ist. Denn nach Lehre der h. Schrift, der Väter und der Theologen haben wir die Impassibilität als eine innere, den Menschenleibern selbst dauernd anhaftende Beschaffenheit anzusehen, und das wird von dieser ersten Ansicht geradezu geläugnet.

Eine zweite Ansicht, von welcher auch der h. Thomas a. a. O. redet, führt die Leidensunfähigkeit auf ein neues, stoffliches Element zurück, welches sich bei der Auferstehung mit den übrigen Leibesstoffen verbinden und vermischen werde. — Aber auch diese Theorie kann nicht festgehalten werden und ist nach Suarez Urtheil als glaubenswidrig abzuweisen. Denn die substantielle Aufnahme eines solchen ganz neuen Elementes in den Leib hebt die naturgemäße Zusammensetzung desselben auf und ebendamit auch den Begriff einer wahren Auferstehung, der nur dann bestehen bleibt, wenn der auferstehende Leib dieselbe naturgemäße Zusammensetzung aufweist, die ihm jetzt eigenthümlich ist.³)

---

¹) Est autem sermo de intrinseca impassibilitate, ita ut corpus illud ex interna dispositione et capacitate nec pati possit nec mori, etiamsi intra ignem existeret, et ignis sinceretur agere quantum posset, et Deus suum concursum illi non denegaret. Disp. 48. sect. 3. n. 1.

²) l. c. n. 1. et 2.

³) Sententiam hanc existimo alienam a veritate fidei. Repugnat enim

Sotus weiterhin und einige andere Theologen führen die Impaffibilität ganz allein auf die naturgemäße Information des Leibes durch die Seele zurück. Allein dieses kann eben so wenig festgehalten werden. Denn an den Bestandtheilen des Menschen wird, wie Suarez richtig bemerkt, bei der Auferstehung nichts Wesentliches verändert. Es könnte sonst ja von einer wahren Auferstehung gar keine Rede mehr sein. Weil nun aber an den Bestandtheilen, also auch an der Wesensform, nichts Wesentliches verändert wird, so wird auch die Beschaffenheit des von der Seele informirten Leibes bei der Auferstehung keine wesentlich andere sein, als die des gegenwärtigen Leibes. Und die Impaffibilität kann folglich als das Product einer bloßen naturgemäßen Information schlechterdings nicht begriffen werden. [1])

Nicht wesentlich verschieden von der zuerst genannten ist die Ansicht des Scotus und des Durandus. Diese lehren, die auferstandenen Leiber seien insofern unverweslich und leidensunfähig, als Gott beschlossen habe, allen denjenigen Agentien und Kräften, welche auf den Leib zersetzend und schädigend einwirken, den zu ihrer Wirksamkeit erforderlichen Beistand zu versagen, in ganz ähnlicher Weise, wie es die göttliche Allmacht den paradiesischen Menschen gegenüber gethan habe. — Es ist aber ganz einfach zu erwidern, daß auch hier von einer Leidensunfähigkeit des Leibes selbst keine Rede mehr sein kann. Seine Leidensunfähigkeit besteht dann ja nicht in einer ihm selbst innewohnenden Vollkommenheit, sondern in der Abwesenheit thätiger, äußerer Agentien. — Und wie kann unter solcher Voraussetzung das Wort des Apostels Wahrheit behalten, der da sagt, daß dieses Verwesliche die Unverweslichkeit an ziehen müsse? Das Anziehen der Unsterblichkeit und der Unverweslichkeit besagt doch wohl

---

aut cum vera generatione et corruptione corporis humani (si talis portio materiae fingatur connaturalis illi), aut cum veritate resurrectionis, si fingatur corpus illud postea coalescere ex nova materia, seu mixtione materiarum diversae rationis et ordinis. l. c. n. 3.

[1]) Nihil enim essentiale variatur in homine in utroque statu, alias non esset idem homo essentialiter. Ac deinde quia eadem forma in specie semper confert eundem effectum formalem specificum; ergo semper habet eandem causalitatem formalem essentialiter, ergo eandem informationem, quae non est aliud, quam causalitas formalis. l. c. n. 5—7.

etwas mehr, als eine bloß äußere Fürsorge Gottes für den auferstandenen Menschenleib!¹) —

Eine fünfte Ansicht führt die Leidensunfähigkeit auf die Herrschaft der Seele zurück, der von Gott Macht gegeben sei, die gute Verfassung und das vollkommene Wohlbefinden des Leibes zu schützen und zu erhalten, und diese Macht der Seele sei so groß, daß sie alle verändernden Einflüsse äußerer Agentien abzuwehren im Stande sei. — Unter dieser höhern Macht der Seele versteht dann diese Ansicht, wie Suarez erläuternd hinzufügt, keine der Seele selbst mitgetheilte und ihr innewohnende höhere Qualität, sondern sie denkt an einen besonderen Concurs des allmächtigen Gottes, der sich zu diesen und andern Wunderwirkungen der Creaturen als seiner Werkzeuge dauernd oder vorübergehend bedienen könne und häufig bediene. — Suarez erklärt diese Ansicht zwar für innerlich möglich und haltbar, entscheidet sich aber mit dem h. Thomas und den übrigen Theologen und Vätern für eine andere sechste Sentenz.²)

5) Die Leiber der Verklärten seien nämlich, wie Suarez schon im Eingange dieser Untersuchung bemerkte, dadurch impassibel, daß Gott ihnen eine Qualität eingieße, die ihnen innerlich anhafte und durch welche sie für jede Störung ihres Seins und Wohlbefindens unempfänglich seien.³) Das sei auch die Ansicht Richard's von St.

---

¹) Sed haec sententia ita explicata vix meretur nomen dotis, quia non est perfectio ipsius corporis, sed potius defectus extrinseci agentis et corrumpentis. Quod praeterea non videtur satis consentaneum Paulo dicenti: Oportet mortale hoc induere immortalitatem. Nam inducre immortalitatem in rigore aliquid amplius significat, quam extrinsecam protectionem Dei impedientis extrinseca agentia. l. c. n. 8.

²) Hoc dominium non est in sola extrinseca protectione, sed in potestate data animae beatae ad conservandas dispositiones sui corporis tanta efficacia, ut a nullo extrinseco agente possint immutari. — Respondetur primum, hanc actionem fieri ad modum miraculosae actionis, quae non requirit virtutem superadditam, sed specialem Dei concursum elevantis creaturam, ut operetur tamquam instrumentum eius. Qui modus operandi interdum datur permanenter, sicut datus est humanitati Christi et datur beatis quoad aliquas actiones. l. c. n. 10 et 11. Wir werden später sehen, welche Actionen der Seligen Suarez bei dieser letzten Bemerkung im Auge hat.

³) Sexta sententia est, corpora beatorum fieri impassibilia per qualitatem aliquam illis a Deo infusam ipsique inhaerentem, ratione cuius sunt incapacia omnis alterationis corruptivae. l. c. n. 13.

Victor, des Paludanus, Capreolus und anderer Theologen. Und auch der h. Thomas scheine ihr beizupflichten, denn im ersten Theile seiner theologischen Summa unterscheide er drei Weisen der Unverweslichkeit: eine Unverweslichkeit von Seiten der Materie, eine andere von Seiten der Form, eine dritte von Seiten der wirkenden Ursache. Die zuerst genannte Unverweslichkeit eigne nach dem h. Thomas denjenigen Wesen, die entweder aus gar keiner Materie gebildet seien, z. B. den Engeln, oder deren Materie nur für eine einzige Wesensform empfänglich sei, z. B. den Himmelskörpern. Die letztere schreibe er den paradiesischen Menschen zu, insofern deren Vernunft durch höhere Erleuchtung befähigt gewesen sei, alles Schädliche vom Körper fernzuhalten.[1]) Die an zweiter Stelle genannte Weise der Unverweslichkeit dagegen, die Unverweslichkeit ex parte formae, schreibe er den verklärten Leibern zu und er verstehe unter derselben eine den Körper selbst innerlich und dauernd afficirende Disposition oder Qualität. Wenn aber der h. Lehrer diese Unverweslichkeit eine Unverweslichkeit von Seiten der Form nenne, so thue er dieses nicht in dem Sinne, als hafte jene Qualität nach seiner Meinung der Seele als der Wesensform an, sondern er thue es, um auszudrücken, daß diese Qualität nach Weise einer Form dem Leibe anhafte, oder weil sie ihm mit Rücksicht auf die Form, d. h. mit Rücksicht auf

---

[1]) Die Ausführung des h. Thomas S. 1. q. 97. a. 1. lautet folgendermaßen: Aliquid potest dici incorruptibile tripliciter. Uno modo ex parte materiae, eo scilicet quod vel non habet materiam, sicut angelus, vel habet materiam, quae non est in potentia nisi ad unam formam, sicut corpus coeleste; et hoc dicitur secundum naturam incorruptibile. Alio modo dicitur aliquid incorruptibile ex parte formae, quia scilicet rei corruptibili per naturam inhaeret aliqua dispositio, per quam totaliter a corruptione prohibetur; et hoc dicitur incorruptibile secundum gloriam. — — Tertio modo dicitur aliquid incorruptibile ex parte causae efficientis; et hoc modo homo in statu innocentiae fuisset incorruptibilis et immortalis. — Non enim corpus eius erat indissolubile per aliquem immortalitatis vigorem in eo existentem, sed inerat animae vis quaedam supernaturaliter data, per quam poterat corpus ab omni corruptione praeservare. — Daß unter dieser vis supernaturaliter data nicht bloß nach der Deutung des Suarez, sondern auch nach dem Gedanken des h. Thomas selbst eine besondere Stärkung und Erleuchtung der Vernunft zu verstehen sei, und nicht etwa, wie Cajetan und Scotus glauben, eine physische Qualität, werden wir weiter unten zeigen.

die verklärte Seele gegeben werde.¹) — Diese letztere Deutung übrigens, welche Suarez den Worten des h. Thomas gibt, ist uns nicht recht verständlich. Die Unverweslichkeit ist ohne Frage eine Disposition, die am Körper selbst als eine besondere Eigenschaft desselben, oder, wenn man will, als eine besondere Form desselben hervortreten wird; auch das kann nicht bezweifelt werden, daß der Körper diese Verfassung mit Rücksicht auf die verklärte Seele empfangen wird, damit er im richtigen Verhältnisse zu derselben stehe. Was aber die thätige Kraft anbelangt, die im Leibe diese Verfassung wirkt, so scheint uns diese allerdings mit der Seele selbst in Verbindung gebracht werden zu müssen, wie wir schon früher ausführten. Denn das Verhältniß der Seele zum Leibe, dessen Form sie ist, läßt dieses fast als selbstverständlich erscheinen. Aber auch der h. Thomas selbst betrachtet das dynamische Princip, welches jene Verfassung wirkt, nicht als eine Kraft, welche losgelöst von der Seele unabhängig im Leibe thätig ist, sondern er theilt es der Seele selbst zu und denkt es sich mit ihr verbunden. Das geht schon aus dem Ausdrucke incorruptibile ex parte formae hervor. Noch deutlicher aber wird es durch das vom h. Thomas angerufene Zeugniß des h. Augustinus, der in seinem Briefe an Dioskur schreibe: „Gott hat der (verklärten) Seele eine solche Beschaffenheit und Macht gegeben, daß aus ihrer Glorie die Fülle der Gesundheit und die Kraft der Unverweslichkeit auf den Leib hinüberstömt."²) Damit stimmt endlich die Ausführung des h. Lehrers im Commentare zu den Sentenzen, bez. im Supplemente zur theologischen Summa. — Die Leidensfähigkeit, so wendet er sich ein, bestehe darin, daß ein Körper die Fähigkeit habe, durch Einwirkung anderer Körper die eigene Form zu verlieren, um dafür andere anzunehmen. Nun aber hätten die Elemente, aus denen jetzt unser Leib besteht und aus denen er nach

---

¹) Secundum incorruptionis modum tribuit D. Thomas corporibus gloriosis, scilicet per dispositionem inhaerentem, quae non potest intelligi nisi aliqua qualitas vel plurium qualitatum aggregatio. Vocat autem hanc incorruptionem ex parte formae, non quia formae inhaereat, sed vel quia haecmet dispositio est quaedam forma inhaerens corpori, vel certe quia datur corpori ratione formae seu animae beatae. l. c. n. 13 et sq.

²) Tam potenti natura Deus fecit animam, ut ex beatitudine redundet in corpus plenitudo sanitatis et incorruptionis vigor. S. 1. l. c.

der Auferstehung bestehen wird, dieselbe Fähigkeit. Und folglich seien auch die auferstandenen Leiber leidensfähig. — Aber — so entgegnet der h. Thomas — jene Fähigkeit des Stoffes, in andere Formen überzugehen, kann sich verschieden verhalten; sie kann freie, aber auch gebundene Fähigkeit sein. Gebunden aber wird sie durch die Herrschaft der Form, welche die Materie, die vieles werden kann, zu Einem bestimmt, um sie in dieser einen Bestimmtheit festzuhalten. In diesen verweslichen Körpern nun hat die Form keine volle Herrschaft über die Materie und ist deßhalb auch nicht im Stande, dieselbe so vollkommen zu binden, daß sie nicht bisweilen durch fremdartigen Einfluß eine Verfassung annimmt, durch welche die bindende Herrschaft der Form überwältigt wird. Das aber wird sich bei den auferstandenen Leibern ganz anders verhalten; über sie wird die Form eine ganz vollendete Herrschaft ausüben, und diese vollendete Herrschaft wird sie in keiner Weise verlieren können, weil sie selbst unbeweglich der Herrschaft Gottes unterworfen ist. Mögen daher die Elemente auch an und für sich die Potenz haben, andere Formen anzunehmen, diese Potenz, durch den Sieg der Seele über den Stoff vollkommen gebunden, wird niemals zum Acte fortschreiten können.[1])

6) Auf Grund der vorstehenden Bemerkungen läßt sich nun ein ungefähres Bild jener Seinsweise entwerfen, welche den auferstandenen Leibern in Folge der Unverweslichkeit und der Leidensunfähigkeit eignen wird. — Unser gegenwärtiger Leib unterliegt einer fortwährenden stofflichen Veränderung. Zwar beherrscht und bindet die Seele den Stoff, indem sie ihn zum menschlichen Leibe bestimmt und für dessen Erhaltung durch ihre vegetativen Kräfte Sorge trägt.

---

[1]) Duplex est potentia, ligata et libera. Et hoc non solum est verum de potentia activa, sed etiam de passiva. Forma enim ligat potentiam materiae determinando ipsam ad unum, et secundum hoc dominatur super eam. Et quia in rebus corruptibilibus non perfecte dominatur forma supra materiam, non perfecte potest ligare ipsam, quin recipiat interdam per aliquam passionem dispositionem contrariam formae. Sed in sanctis post resurrectionem omnino anima dominabitur supra corpus, nec illud dominium aliquo modo poterit auferri, quia ipsa erit immutabiliter Deo subiecta, quod non fuit in statu innocentiae. Et ideo in corporibus illis manet eadem potentia ad formam aliam, quae nunc inest, quantum ad substantiam potentiae; sed erit ligata per victoriam animae supra corpus, ut numquam in actum passionis exire possit. Suppl. q. 82. a. 1. ad 2. cf. corp. art. in fine.

Aber sie thut dieses nur in unvollkommener Weise. So oft der Leib eine Bewegung vollzieht, so oft sich irgend etwas in ihm regt, sei es ein Muskel oder ein Nerv, mag die bewegende Ursache sich im Körper oder außerhalb desselben befinden, tritt eine stoffliche Zersetzung ein. In Folge der Reibung oder Erschütterung, welche die Leibesstoffe an sich erfahren, werden Theilchen aus ihrer Lage und aus ihrem Verbande hinausgedrängt, und die Seele besitzt nicht jene Herrschaft über den Stoff um jene Zersetzung zu verhindern. Und weil der Leib und die Leibestheile einer fortgesetzten Bewegung unterliegen, so ist auch die Zersetzung eine stetig andauernde. Zwar hat die erhaltende Kraft der Seele die Fähigkeit, die entstandenen Schäden wieder auszubessern, sie ersetzt den entstandenen Defect durch Einfügung neuer Theile, die sie zuvor auf dem Wege der Verdauung und der Assimilation vorbereitet hat. Aber auch in diesem Geschäfte erweist sich schließlich jene Kraft als unzulänglich. Die Seele wird einem Manne gleich, der, weil er alt geworden, sein gewohntes Arbeitspensum nicht mehr bewältigen kann. Sie soll die abgenutzten Stoffe aus dem Organismus ausscheiden, sie soll für die abgenutzten und ausgeschiedenen neue herrichten und passend verwenden. Aber in beiden Beziehungen findet sie sich nicht mehr ordentlich zurecht. Was fortgeschafft werden muß, bleibt stellenweise liegen; und wo etwas fehlt, tritt vielfach kein ordentlicher Ersatz mehr ein. In Folge dessen gebricht es dem einen Körpertheile sehr bald an der erforderlichen Fülle, er magert ab und siecht hin; in einem andern sammeln und häufen sich die Stoffe, er wird ungelenk, starr und steif. Und so wächst mehr und mehr das Elend des Leibes, er wird schwach, hinfällig und gebrechlich, bis er endlich aufhört, geeignete Wohnung für die Seele zu sein. Und dann verläßt die Seele ihr bisheriges Haus, der Mensch stirbt, auch ohne krankhaften Zwischenfall, an purer Altersschwäche.[1]

Wesentlich anders wird es sich mit den auferstandenen und verklärten Leibern verhalten. Die ganze Seele wird verklärt werden und in dieser Verklärung wird sie alle diejenigen höhern Potenzen empfangen, deren sie zu einer entsprechenden Bethätigung ihrer höhern und niederen Vermögen bedarf. Und so werden es die vegetativen

---

[1] Büffon. B. 4. S. 80 ff.

Kräfte sein, welche im Körper Unverweslichkeit und Leidensunfähigkeit wirken werden. Ehedem sorgten sie durch den Stoffwechsel für die Erhaltung des Leibes; jetzt, nachdem sie neue und höhere Dispositionen empfangen, werden sie dieses in einer ganz andern Weise thun. Mit unüberwindlicher Kraft werden sie von nun an die Stoffe binden und zusammenhalten, so daß keine geschaffene Kraft im Stande sein wird, auch nur ein Molekül oder Atom aus dem organischen Verbande loszureißen. Darum wird der auferstandene Leib auch ein Speisebedürfniß nicht mehr kennen; denn da er fürder weder Stoffe einbüßt, noch auch einbüßen kann, so ist eine stoffliche Erneuerung nicht bloß überflüssig, sondern geradezu unmöglich. Auch die verdammten Leiber werden an dieser Unverweslichkeit participiren, da die ewige Höllenpein eine solche Leibeszuständlichkeit zur nothwendigen Voraussetzung hat. Und auch bei ihnen dürfte die Unverweslichkeit eine dem Leibe selbst innewohnende Verfassung sein, die gleichfalls in einer veränderten Diposition der niedern Seelenkräfte ihre nächste Ursache hat.[1]) Den seligen Leibern eignet dann aber außerdem die Impassibilität; sie werden mit den Sinnesorganen Eindrücke von Außen in sich aufnehmen können, aber nur solche, die ihrem Wohlbefinden in keiner Weise nachtheilig sind. Diese Eindrücke werden sie durch bloße molekulare Bewegung zu ihrem Centrum fortleiten, um zur Sensation fortzuschreiten. Alle Eindrücke aber, die Schmerz und Mißbehagen erzeugen würden, werden sie gänzlich von sich ausschließen, und zwar dadurch, daß sie die zur Entstehung und zur Fortpflanzung solcher Eindrücke erforderliche stoffliche Bewegung gänzlich unterdrücken. — Würde also der verklärte Leib dem Feuer ausgesetzt werden, so würde er nicht den leisesten Schmerz empfinden; würde er in Wasserfluthen untertauchen oder sich in luftleeren Räumen

---

[1]) Der h. Thomas Suppl. q. 86. a. 2. bringt die Unverweslichkeit der verdammten Leiber, die Ruhe und das Beharren ihrer stofflichen Elemente in erster Linie mit dem dann eingetretenen Stillstand der Himmelskörper in Verbindung, ein Irrthum, auf den Suarez aufmerksam macht. Disp. 50. sect. 5. n. 12. Ganz anders lautet übrigens die Darstellung des h. Lehrers in seiner philosophischen Summa. Dort führt er nämlich aus, daß die Leiber der Verdammten in manchen Beziehungen der Herrschaft der Seele durch Gottes Einrichtung würden unterworfen sein, aber nicht in allen Beziehungen. Daher werde ein Leiden möglich sein, aber keine Verwesung. 4. c. gent. c. 89.

bewegen, er würde weder ertrinken noch ersticken, da er nach der
frühern Darstellung auch der Athmung nicht mehr bedarf; würde
man mit dem Schwerte auf ihn eindringen, er würde nicht verwundet werden. Er würde entweder in Kraft des unauflöslichen
Zusammenhanges seiner Theile den Stoß aufhalten, oder er würde
vermöge seiner Durchdringungsfähigkeit den fremden Körper in sein
Inneres aufnehmen, ohne daß der Zusammenhang seiner eigenen
Theile zerrissen und aufgehoben würde.[1]

Ja, so vollkommen wird die Unverweslichkeit und Leidensunfähigkeit des verklärten Menschenleibes sein, daß der Mensch, eingetreten in das unnahbare Licht, das niemand sehen und leben kann,
nicht stirbt, sondern lebt, ohne die geringste Störung seines leiblichen
Wohlbefindens zu erfahren. Nach der Lehre der Mystiker schauen
begnadigte Seelen in ihren ekstatischen Zuständen keineswegs das göttliche Wesen selbst, sie schauen es nur in geheimnißvollen Wirkungen
und Bildern.[2] Und doch, wie störend wirkt eine solche gesteigerte
Thätigkeit der schauenden und in süßer Wonne aufjubelnden Seele
auf den schwachen und hinfälligen Leib! Die Seele, in ihrem himmlischen Aufschwunge, faßt alle Kraft, die in ihr ist, zusammen und
läßt den Leib wie entseelt und todt zurück. Wiedergekehrt aber aus
ihren höhern, himmlischen Regionen findet sie ihn entkräftet, ver-
stört und halb gebrochen. Denn die Ekstase, sagte uns oben
Görres, beim Mißverhältnisse der gegenwärtigen Natur zu einem
solchen gesteigerten Leben, ist mit krankhaften Zuständen in ihrem
Ursprung und Fortgang begleitet. — Das wird aber im Jenseits
sich ganz anders verhalten. Die Seele wird das göttliche Wesen
selber schauen, von Angesicht zu Angesicht, und die Acte ihres Er-
kennens und Liebens werden über alle Begriffe groß und erhaben
sein. Aber vom Glorienlichte erleuchtet und wunderbar gestärkt, ent-
zieht sie dem Leibe nichts mehr von der Lebensfülle, die in ihm wohnt.
Und so wird der Leib, die ganze Kraft und Fülle seines Lebens be-

---

[1] Quia quum sit pervium (corpus) et penetrari possit cum quolibet
alio corpore sibi occurrente, non potest ab eo dividi. — Addendum est,
fortasse ex vi praedictae qualitatis et internae dispositionis ita conservari
et quasi solidari corpus beati, ut quantitas eius dividi non possit ab extrinseco agente. Suarez l. c. n. 15. cf. Cat. conc. Trid. p. 1. c. 12. q. 11.

[2] Kleutgen, Phil. der V. I. n. 380.

währenb, in vollenbetem Wohlbefinben ewig ausharren, um in himmlischen Jubelhymnen und in strahlendem Glorienlichte die Wonne der
Seele zu offenbaren und an ihr in seiner Weise Antheil zu nehmen.

7) Auch von der Vollkommenheit des paradiesischen Urstandes
unterscheidet sich der Zustand der Verklärung wesentlich, und wir
können diesen Unterschied im Ganzen auf vier Puncte zurückführen.
Die beiden ersten beziehen sich auf die innere Vollkommenheit beider
Zustände, der dritte auf ihre Verlierbarkeit und Unverlierbarkeit,
der vierte auf die Ursachen, in denen sie wurzeln.

Zunächst erstens wurde der Leib der paradiesischen Menschen
von innerer Zersetzung afficirt, er unterlag dem Stoffwechsel,
gerade so wie der unsrige. Er bedurfte daher fortwährend der
Speise und des Trankes, um die ausscheidenden Stoffe durch neue
zu ersetzen. Und auch dieser gewöhnliche Speisegenuß reichte nicht
hin, um dem leiblichen Leben eine über die natürliche Grenze hinaus-
reichende Dauer zu geben und ihn vor Altersschwäche und vor dem
Tode aus Altersschwäche zu schützen. Zu dem Ende bedurfte die den
Leib bildende und erhaltende Kraft noch eines besondern Hülfsmittels
und dieses wurde ihr nach Lehre der Väter und Theologen von
Außen her aus dem Genusse der Früchte vom Baum des Lebens
wunderbarer Weise zu Theil. Der Leib des verklärten Menschen
hingegen erleidet keinerlei innere Zersetzung, er bedarf der Speise
ferner nicht, ja er ist des mit der Ernährung verbundenen Stoffwechsels gar nicht mehr fähig, und dennoch lebt er unsterblich und
ewig.[1]

---

[1] Intercedit enim multiplex differentia. Prima, quod in statu innocentiae aliquid poterat corpus pati ab intrinseco; poterat enim augeri et
nutriri, quod non fit sine aliqua alteratione, et ideo indigebant cibo ligno
vitae, quo restaurarentur. Suarez l. c. n 8.

Homo in statu innocentiae quum vitae animalis esset, cibis indigebat;
iis tamen post resurrectionem vitae spiritualis existens non egebit. S. Thomas S. 1. q. 97. a. 3.

Tandem vero (virtus activa corporis) in statu senectutis nec ad hoc
(ad restaurationem deperditi) sufficit; unde sequitur decrementum et finaliter
dissolutio corporis. Et contra hunc defectum subveniebatur homini per
lignum vitae. — — Unde Augustinus (14. de civ. c. 26) dicit, quod cibus
aderat homini, ne esuriret, potus, ne sitiret, et lignum vitae, ne senectus
eum dissolveret. l. c. a. 4. cf. Augustinus de genes. ad lit. l. 8. c. 4 et 5.

Die zweite Unterschied besteht darin, daß die paradiesischen Leiber fähig waren, von Außen her Zersetzung und Störungen mancherlei Art an sich zu erfahren. Freilich wachte die göttliche Vorsehung mit besonderer Sorgfalt über sie, so daß nichts Schädliches sie erreichte. Hätten aber die Stammeltern beispielsweise sich dem Feuer ausgesetzt, so würde das Feuer ihrer nicht geschont haben. Die Leiber der Auferstandenen und Verklärten hingegen sind für alle störenden und auflösenden Einflüsse absolut unerreichbar, sowohl für alle innern, als auch für alle äußern.[1]

Ein weiterer Unterschied zwischen der paradiesischen und der gloriösen Vollkommenheit besteht darin, daß die erstere verlierbar war, während die letztere ewig unverlierbar ist. Die ersten Menschen konnten das ihnen gewordene Privilegium durch Sünde verlieren und verloren es thatsächlich. Sie waren insofern unsterblich, als es ihnen möglich war, nicht zu sterben, nicht aber in dem Sinne, als wäre es ihnen unmöglich gewesen, zu sterben. Bei den verklärten Menschen aber ist und bleibt der Tod eine absolute Unmöglichkeit, ebenso unmöglich ist bei ihnen jede Verweslichkeit und jedes ihr Wohlbefinden störende Leiden. Die übernatürlichen Gaben der Glorie,

---

[1] Secunda differentia, quia in eo statu agentia extrinseca non erant omnino privata virtute vel concursu ad alterandum humanum corpus. Nam si proiectum fuisset in ignem, revera combureretur; sed divina providentia ita erant omnia disposita, ut possent homines cavere universam huiusmodi extrinsecam corruptionem seu passionem. At vero respectu corporis beati agentia omnia sunt privata virtute et concursu ad alterandum humanum corpus, ita ut etiamsi corpus beatum ingrediatur ignem, comburi nequeat. Suarez l. c.

Dicendum', quod corpus hominis in statu innocentiae poterat praeservari, ne pateretur laesionem ab aliquo duro, partim quidem per propriam rationem, per quam poterat nociva vitare, partim etiam per divinam providentiam, quae sic ipsum tuebatur, ut nihil ei occurreret ex improviso, a quo laederetur. S. 1. q. 97. a. 2. ad 4. — Dazu bemerkt richtig die Note: Hinc corpus in se consideratum laedi poterat, sed a Deo et a ratione peculiari hominis ita protegebatur, ut ei in innocentia permanenti nihil unquam tale accideret.

Corpus autem humanum et quidquid in eo est, erit perfecte subiectum animae rationali, sicut anima erit perfecte subiecta Deo. Et ideo in corpore glorioso non poterit esse aliqua mutatio contra dispositionem illam, qua perficitur ab anima. Suppl. q. 82. a. 1.

welche ihren Leibern mitgetheilt werden, gründen in der übernatürlichen geistigen Verbindung mit Gott. Und weil diese Verbindung durch keine Sünde gelöst werden kann, so können auch die mit ihr gegebenen geistigen und leiblichen Gaben niemals verloren gehen.[1]

Der vierte und letzte Unterschied der beiden in Rede stehenden Zustände gründet darin, daß bei beiden die Kraft und die Beschaffenheit der Kraft eine andere ist, durch welche ihr Hervortreten bedingt ist. Die Unsterblichkeit, welche den Stammeltern eignete, wurde ihnen äußerlich angethan; sie hing, wie wir vom h. Augustinus und den Theologen hörten, vom Genusse der Früchte des Lebensbaumes ab; sie hing ab von einem speciellen Walten der göttlichen Vorsehung, die von Adams Leib alles Schädliche ferne hielt; sie hing endlich ab von der Thätigkeit der Stammeltern selbst, deren Vernunft, höher erleuchtet, allem Schädlichen aus dem Wege ging und das der Gesundheit Förderliche aufzufinden verstand. Die absolute Leidensunfähigkeit der Seligen wird ihnen aber nicht äußerlich angethan, sondern sie ist eine innerliche, bleibende Verfassung des Leibes, die in ihm selbst, in seiner Form und in den mit der Form verbundenen höheren Kräften ihren Grund hat. — Zwar spricht der h. Thomas S. 1. q. 97. a. 1. von einer auch der Seele der Stammeltern eingeflößten höhern Kraft, durch welche sie befähigt gewesen seien, ihren Leib vor Verderbniß zu schützen,[2] und es gibt einzelne Theologen, z. B. Cajetan und Scotus, welche annehmen, den Seelen der Stammeltern sei in der That von Gott eine höhere, physische Qualität eingeflößt worden, und diese habe durch physische Wirksamkeit Adams Leib vor Tod und Verderbniß bewahrt. Gleichwohl dürften sich diese Theologen auf jenes Dictum des h. Thomas nicht berufen dürfen. Denn schon durch den unmittelbar vorhergehenden Satz: Die Unsterblichkeit der paradiesischen Leiber habe ihren Grund

---

[1] In statu innocentiae poterant homines perdere illud privilegium peccando; et ideo, licet possent non mori, non tamen erant immortales, ut Augustinus dixit. Suarez l. c.

Causa autem impassibilitatis est dominium animae super corpus, quod quidem dominium causatur ex hoc, quod ipsa anima fruitur Deo immobiliter. Suppl. l. c. a. 2.

[2] Inerat animae vis quaedam supernaturaliter divinitus data, per quam poterat corpus ab omni corruptione praeservare.

nicht in einer ihnen innewohnenden Unsterblichkeitskraft gehabt,¹) scheint der h. Lehrer eine physische Kraft in dem gedachten Sinne auszuschließen. Unter der Seele, welcher er eine übernatürliche Kraft zur Abwehr leiblicher Verderbniß zutheilt, versteht er also nicht die informirende Seele als solche, sondern er denkt an die höhere, an die Vernunft, und unter der höhern Kraft, welche er dieser zutheilt, versteht er eine höhere, übernatürliche Erleuchtung, durch welche der paradiesische Mensch befähigt war, mittelbar, d. h. durch Auswahl der entsprechenden Mittel, seinen Leib vor Nachtheil zu schützen. Noch deutlicher wird dieses durch anderweitige Aussprüche des h. Thomas. Denn im folgenden Artikel in der Antwort auf die vierte Einwendung, die wir uns oben bereits vorführten, spricht er sich ja über die wirkende Ursache der paradiesischen Unversehrtheit dahin aus, daß er sagt: „Der Leib des Menschen im Stande der Unschuld konnte vor jeglicher Störung von Außen her geschützt werden, und zwar theils durch die eigene Vernunft des Menschen, die ihn alles Schädliche erkennen ließ, theils aber durch die göttliche Vorsehung, welche ihn dergestalt beschützte, daß kein Unfall ihn unvermuthet treffen konnte." — Auch sonst spricht der Heilige nur von einem vigor rationis, auf den er, (natürlich nur theilweise) die leibliche Vollkommenheit des Urmenschen zurückführt.²) Und so dürfte Suarez Recht behalten wenn er schreibt: „Unter der vom h. Thomas der Seele Adams zugeschriebenen Kraft, durch welche er leiblich unsterblich war, ist nicht etwa eine physische Kraft zu verstehen, die auf physischem Wege der auflösenden und zerstörenden Wirksamkeit äußerer Agentien begegnete, wie Cajetan und Scotus anscheinend den h. Lehrer deuten, sondern es ist eine Kraft der Seele gemeint, durch welche dieselbe fähig war zu beurtheilen und zu erkennen, was dem Leibe schädlich oder nützlich sei, und durch welche sie umsichtig genug war, allem aus dem Wege zu gehen, was den Leib hätte zerstören können. In dieser Weise begreift sich auch jene Seelenkraft am allerbesten, welche der h. Thomas unter den Gaben der Gnade und der ursprünglichen Gerechtigkeit aufführt."³)

¹) Non enim corpus cius erat indissolubile per aliquem immortalitatis vigorem in eo existentem.
²) S. 1. 2. q. 91. a. 6.
³) Quae (virtus animae indita) non est intelligenda, ac si esset aliqua

8) An der innern Möglichkeit einer Unverweslichkeit und Leidensunfähigkeit, wie sie der Glaube lehrt, kann die Vernunft und namentlich die gläubige Vernunft nicht im mindesten zweifeln. Die letzte
Ursache der Auferstehung und der Verklärung ist ja nicht die Natur
mit ihrer unzulänglichen Kraft, sondern Gott und sein allmächtiges
Wirken. Und diese allmächtige Gotteskraft ist allerdings im Stande,
der Unzulänglichkeit der Natur zu Hülfe zu kommen, ihre Kraft zu
steigern, zu den vorhandenen Kräften neue und höhere hinzuzufügen,
um dadurch die Creatur zu Thätigkeiten und Wirkungen zu befähigen,
die über die natürliche Kraft weit hinausgehen. — Und wenn die
Seele fähig ist, in ihre höhern Vermögen neue übernatürliche Gaben
und Kräfte aufzunehmen, durch welche sie zu einem Wirken befähigt
wird, welches wesentlich über allem rein natürlichen Wirken des geschaffenen Geistes erhaben ist, warum sollten dann nicht auch ihre
niedern Potenzen, durch welche sie im Körper thätig ist, höhere
Qualitäten in sich aufnehmen können, um zu einem neuen und höhern
Wirken im Leibe befähigt zu werden? — Denn auch von Seiten des
Körpers erhebt sich nicht die leiseste Schwierigkeit. Die Materie
ist ja ihrer Natur nach empfänglich, bestimmbar und kann, wie schon
die natürliche Ordnung der Dinge zeigt, von den substantiellen Formen
zu den verschiedenartigsten Weisen des Seins und der Thätigkeit bestimmt werden, von denen die eine noch vollkommner ist, als die
andere, hier dem Grade, dort der Art nach. Von der Vollkommenheit der Form hängt also jetzt die Vollkommenheit der körperlichen
Dinge ab, und so wird es auch in Zukunft sein, wenn die neue
und schönere Ordnung der Dinge ins Dasein tritt. — Und sehen
wir nicht jetzt schon in der Schöpfung unverkennbare Spuren und
Anzeichen jener Unverweslichkeit, die auch wir als unser zukünftiges
Erbtheil erwarten? — Jahrhunderte und vielleicht Jahrtausende lang
trotzten bereits die todten Mineralien den Einwirkungen der Luft,
des Lichtes, der Wärme und der Nässe, und kaum eine Spur von

---

virtus physica naturaliter resistens extrinsecis agentibus, ut videntur intellexisse Caietanus et Scotus, sed est intelligenda virtus et discretio animae
ad cognoscendum, quid possit prodesse aut obesse corpori; et magna virtus
ac prudentia ad vitandum omnes corruptionis causas. Hoc enim sensu optime ac facile intelligitur illa vis animae, quae inter dona gratiae et justi-
tiae originalis a D. Thoma ibi numeratur. l. c. n. 13. sq.

Zersetzung ist an ihnen wahrzunehmen; sie trotzen sogar der zerstörenden Wuth des Feuers und bleiben unversehrt. Sie verdanken es der Kraft der ihnen innewohnenden Form, welche alle ihre Theile mit Riesenkraft zusammenhält, damit keines aus seinem Verbande scheide. Und wir hörten, wie gar das winzige Atom aller und jeder geschaffenen Kraft Trotz bietet, und wie es weder auf chemischem noch auf mechanischem Wege aufgelöst werden kann. Es ist und bleibt, was es von jeher war. Es ist eine Kraft in ihm thätig, welche mit siegreicher Gewalt ihm ein unverletzliches Dasein gibt.

Aber noch auf anderm Wege und auf anderm Gebiete hat Gott der Herr gezeigt, was wir in einer andern, bessern Welt zu erwarten haben und was seine Macht zu leisten fähig sei. — „Gott, der die aufgelöseten und verweseten Leiber zum Leben zurückrufen wird, bemerkt der h. Thomas, wird um so mehr im Stande sein, diese Leiber so einzurichten, daß das wiederlangte Leben in ihnen ewig fortbestehe. Zum Zeichen hierfür hat er verwesliche Leiber vor Verwesung unverletzt bewahrt, wie das an den Leibern der Jünglinge im Feuerofen gewirkte Wunder zeigt."[1] — Und wie oft begegnen wir ähnlichen Wundern im Leben der h. Märtyrer! Und wie viele Beispiele dieser Art liefert uns nicht die christliche Mystik auch aus neuerer Zeit! So ziemlich alle Erscheinungen der ersten Verklärungsgabe finden wir im Leben heiliger oder seliger Diener Gottes vorgebildet. Manche aus ihnen, wie Maria von Oegnis und Bernard von Corlion, lebten Wochen und Monate lang, ohne Nahrung zu sich zu nehmen, und schöpften allein aus dem Genusse der h. Eucharistie Nahrung für ihr geistiges und leibliches Leben.[2] Dominikus von Jesu Maria blieb mitten im Kugelregen und von manchen Kugeln getroffen dennoch völlig unverletzt.[3] War die h. Katharina von Siena in ihren Verzückungen, dann hatte sogar das gewaltthätigste und zerstörendste Element, das Feuer, keine Gewalt über

---

[1] Deus enim, qui corpora iam corrupta reparabit ad vitam, multo fortius hoc corporibus praestare poterit, ut recuperata vita in eis perpetuo conservetur, in cuius rei exemplum etiam corpora corruptibilia, quum voluit, a corruptione servavit illaesa, sicut corpora trium puerorum in fornace. 4. c. gent. c. 85.

[2] Görres, Christl. Mystik. II. S. 22 ff.

[3] S. 266.

fie. Sie war mit dem Antlitze in einem Haufen glühender Kohlen
liegend gefunden worden. Mit einem Schrei stürzte ihre Verwandte
auf die Liegende hin und riß sie aus den Flammen heraus, gefaßt
darauf, sie ganz verbrannt zu finden. Aber zu ihrem Erstaunen
war keine Verletzung an ihr zu sehen. Das war nicht das einzige
Mal, daß dergleichen sich begeben. Als Simeon von Assisi einst
ekstatisch war, fiel ihm eine brennende Kohle auf den Fuß; sie blieb
liegen, bis sie erloschen war; er aber fühlte keine Hitze, noch brachte
ihm die Kohle irgend welche Verletzung bei.¹) Beispiele wunderbarer
Unverweslichkeit nach dem Tode sind allbekannt; ein merkwürdiges
Beispiel dieser Art ist z. B. Katharina von Bologna.²) —

9) Schließlich kann noch die Frage aufgeworfen werden, ob die
Unverweslichkeit und Leidensunfähigkeit auch Gradunterschiede zulasse.
Es könnte nämlich scheinen, als sei ein Gradunterschied hier gar
nicht möglich und denkbar. Denn wenn ein Leib ganz frei von Verweslichkeit und Leiden ist — und das gilt ja von allen verklärten
Leibern —, wie könnte dann ein anderer Leib noch freier von ihnen
sein? — Ohne Frage muß hier eingeräumt werden, daß die Impassibilität, sofern sie Negation und Privation ist, sofern sie also Corruption und Passion ausschließt, einen Gradunterschied nicht zuläßt,
und daß sie unter diesem Gesichtspuncte in allen verklärten Leibern
ganz gleich sein wird. Nichtsdestoweniger ist aber unter einer andern
Rücksicht ein Gradunterschied recht wohl denkbar und möglich, und
zwar mit Rücksicht auf die wirkende Ursache. Die Leidensunfähigkeit hat ihren Grund in der Herrschaft der Seele über den Leib und
diese Gewalt der Seele kann allerdings eine größere und geringere
sein. Wenn zwei Orte vom Lichte erleuchtet sind, so sind beide in
gleichem Maße von der Dunkelheit befreit; aber die Ursache, welche
die Finsterniß verscheuchte, das Licht, kann in dem einen intensiver
sein, als in dem andern. Daß aber in diesem Sinne ein Gradunterschied wirklich stattfinden werde, dafür können wir mit dem h.
Thomas zwei bemerkenswerthe theologische Gründe beibringen. —
Der Lohn muß dem Verdienste entsprechen, argumentirt der Heilige
an erster Stelle. Nun ist aber das Verdienst der Seligen verschieden,

---

¹) Görres. S. 285.
²) S. 55 ff.

und folglich wird auch die Impassibilität, die ein Lohn ist, bei den verschiedenen verschieden sein. Dazu fügt der h. Lehrer noch einen Analogiebeweis. Gemäß der h. Schrift wird die Gabe der Klarheit bei dem einen größer, bei dem andern geringer sein. Denn einige werden leuchten wie die Sonne, andere wie der Mond, noch andere wie die Sterne. Was also von der Klarheit gilt, das ist in gleicher Weise auch von der Unverweslichkeit anzunehmen.[1]

§ 26.
Die Klarheit der verklärten Leiber. Realität dieses Attributes und seine nähere Bestimmung.

Durch die Impassibilität wird das substantielle Sein des Auferstehungsleibes übernatürlich vervollkommnet; die Klarheit aber vervollkommnet sein accidentelles Sein, vervollkommnet ihn in seiner äußern Gestalt und Erscheinung. — Unter der Gabe der Klarheit, so definirten wir früher, verstehen wir jenen Vorzug des verklärten Leibes, durch welchen er fähig ist, herrlichen Lichtglanz, dem Sonnenlichte ähnlich, von sich auszustrahlen. — Unsere Aufgabe wird also zuvörderst dahin gehen müssen, aus der h. Schrift und der Erblehre diese begriffliche Bestimmung zu rechtfertigen; mit andern Worten, wir haben zu zeigen, daß nach Lehre der Offenbarung in der That das Licht eine besondere Zierde der seligen Leiber sein, und daß es, nicht wesentlich von unserem Lichte verschieden, von derselben Art mit ihm sein werde.

1) Blicken wir zunächst auf Jesum Christum, das Vorbild unserer Auferstehung und Verklärung hin, so sehen wir ihn, den Erstandenen, von herrlichem Lichtglanze umgeben. Schon auf Tabor

---

[1] Impassibilitas non quidem secundum se considerata, prout scilicet est negatio vel privatio passibilitatis, sed secundum causam suam, quae est dominium animae super corpus, erit in uno maior quam in alio.
Merito debet respondere praemium proportionaliter. Sed sanctorum quidam fuerunt aliis maiores merito. Ergo quum impassibilitas sit quoddam praemium, videtur, quod in quibusdam sit maior, quam in aliis.
Praeterea impassibilitas dividitur contra dotem claritatis. Sed illa non erit aequalis in omnibus, ut patet (I Cor. 15). Ergo nec impassibilitas. Suppl. l. c. a. 2.

zeigte er seinen Jüngern anticipirend diese seine zukünftige Herrlichkeit: „Und er ward vor ihnen verklärt. Und sein Angesicht glänzte wie die Sonne, und seine Kleider wurden weiß wie Schnee. Und siehe! es erschienen ihnen Moses und Elias, die mit ihm redeten. Petrus aber ergriff das Wort und sprach zu Jesus: Herr, hier ist gut sein, willst du, so laß uns hier drei Hütten bauen." — [1]) Nach seiner Auferstehung aber erschien Christus dem Saulus auf dem Wege nach Damaskus in derselben strahlenden Herrlichkeit, so daß die Augen des Saulus davon erblindeten: „Und als er des Weges zog und sich Damaskus näherte, umstrahlte ihn plötzlich ein Licht vom Himmel. Und zur Erde fallend hörte er eine Stimme, die zu ihm sprach: Saulus, Saulus, was verfolgst du mich! — — Saulus aber erhob sich von der Erde und als er seine Augen öffnete, sah er nichts." [2]) Später in seiner Rede zu Jerusalem erzählt der h. Apostel dieses Ereigniß selbst, und es geht aus dieser seiner Mittheilung hervor, daß eben das Licht es war, welches ihn blendete, und daß auch seine Begleiter dasselbe wahrnahmen: „Als ich mich aber Damaskus genähert hatte gegen Mittag, da umstrahlte mich plötzlich ein mächtiges Licht vom Himmel. — — Und die mit mir waren, sahen zwar das Licht, hörten aber nicht die Stimme dessen, der mit mir redete. — — Und da ich nicht mehr sah in Folge des Glanzes jenes Lichtes, führten mich meine Begleiter an der Hand und ich kam nach Damaskus." [3]) Am jüngsten Tage endlich wird Christus wiederum erscheinen und wiederum wird er von strahlendem Lichtglanze umgeben sein; er wird erscheinen inmitten Feuersflamme, wie sich die h. Schriftsteller ausdrücken. So spricht z. B. der h. Paulus im zweiten Briefe an die Thessalonicher vom zukünftigen Weltgerichte und von der zukünftigen Vergeltung, und bemerkt, daß alsdann die Einen Trübsal ernten werden, die Andern Ruhe, wenn der Herr Jesus mit seinen Engeln sich offenbaren werde vom Himmel in Feuersflamme, um Rache zu nehmen an denen, die Gott nicht kennen und dem Evangelium unsers Herrn Jesu Christi nicht ge-

---

[1]) Matth. 17, 2.
[2]) Apostelgeschichte 9, 1 ff.
[3]) a. a. O. 22, 6 ff.

horchen. — ¹) Zwar wollen Estius u. A. unter der Feuerflamme die Flammen des allgemeinen Weltbrandes verstehen, aber mit viel größerem Rechte verstehen wir den Ausdruck mit Bisping u. A. vom Verklärungsglanze des Leibes Christi. Denn die Verklärung Christi und seine Erscheinung auf dem Wege nach Damaskus zeigen ja, daß Christi Leib thatsächlich mit flammendem Lichtglanze umgeben ist. Dazu kommt noch, daß derselbe Ausdruck in der geheimen Offenbarung wiederkehrt, und zwar in einer Verbindung, welche die ausschließliche Beziehung auf Christus selbst unbedingt nothwendig macht. Christus wird nämlich in seiner Wiedererscheinung geschildert als auf einem weißen Roße sitzend und mit Augen wie Feuerflamme. ²) Da diese Worte unzweifelhaft auf Christus selbst bezogen werden müssen, so dürfte doch ein Gleiches von dem ganz identischen Ausdrucke in der vorgenannten Stelle zu behaupten sein, und der Sinn beider Texte ist demnach: Flammendes Licht wird von Christi Leib und insbesondere auch von seinen Augen ausgehen, wenn er in den Wolken des Himmels zum Gerichte wiedererscheinen wird. — Damit haben wir auch die richtige Deutung für Matth. 24, 30; 25, 31 gewonnen, wo die Ausdrücke lux, flamma, ignis ($\varphi\tilde{\omega}\varsigma$, $\varphi\lambda\grave{o}\xi$ $\pi\nu\varrho\acute{o}\varsigma$) mit andern ähnlichen (maiestas, gloria, $\delta\acute{o}\xi\alpha$) vertauscht sind: „Und dann wird das Zeichen des Menschensohnes am Himmel erscheinen, und es werden wehklagen die Völker der Erde und sie werden den Sohn des Menschen kommen sehen in den Wolken des Himmels in großer Kraft und Majestät (cum virtute multa et maiestate, $\mu\varepsilon\tau\grave{\alpha}$ $\delta\upsilon\nu\acute{\alpha}\mu\varepsilon\omega\varsigma$ $\varkappa\alpha\grave{\iota}$ $\delta\acute{o}\xi\eta\varsigma$ $\pi o\lambda\lambda\tilde{\eta}\varsigma$). — Wenn aber der Menschensohn kommen wird in seiner Majestät ($\dot{\varepsilon}\nu$ $\tau\tilde{\eta}$ $\delta\acute{o}\xi\eta$ $\alpha\dot{v}\tauo\tilde{v}$), und alle Engel mit ihm, dann wird er auf

---

¹) Si tamen iustum est apud Deum retribuere tribulationem iis, qui vos tribulant, et vobis, qui tribulamini, requiem nobiscum in revelatione Domini Jesu de coelo cum angelis virtutis eius in flamma ignis ($\dot{\varepsilon}\nu$ $\varphi\lambda o\gamma\grave{\iota}$ $\pi\nu\varrho\acute{o}\varsigma$) dantis vindictam iis, qui non noverunt Deum et non obediunt evangelio Domini nostri Jesu Christi. II Thess. 1, 7 sq. cf. II Mos. 3, 2 sqq. 19, 18. Dan. 7, 9 sq.

²) Et vidi coelum apertum et ecce, equus albus, et qui sedebat super eum vocabatur Fidelis et Verax. — Oculi autem eius sicut flamma ignis ($\dot{\omega}\varsigma$ $\varphi\lambda\grave{o}\xi$ $\pi\nu\varrho\acute{o}\varsigma$) — —, et vocatur nomen eius Verbum Dei. Apoc. 19, 11 sqq.

dem Throne seiner Herrlichkeit sitzen." — Es kann endlich zum weitern Belege auch noch darauf hingewiesen werden, daß der h. Paulus den Lichtglanz im Antlitze des vom Berge Sinai herniedersteigenden Moses, dessen Anblick die Augen der Kinder Israels nicht ertragen konnten, ebenfalls mit dem Worte gloria, δόξα bezeichnet. — [1]) Aus allem diesem ziehen wir nun einfach die Folgerung, die wir schon so oft gezogen haben: Der auferstandene Christus ist mit herrlich strahlendem Lichte umgeben. Nun ist aber Christus das Vorbild unserer Auferstehung und Verklärung. Folglich wird auch den Leibern der Seligen der gleiche Schmuck zu Theil werden.

Es läßt sich übrigens noch eine Reihe von Schriftstellen anführen, die auch ganz direct unsern Lehrsatz aussprechen: „Unser Wandel, sagt der h. Apostel, ist im Himmel, woher wir auch als Retter erwarten den Herrn Jesum Christum, welcher den Leib unserer Niedrigkeit umgestalten wird, daß er gleichgestaltet sei dem Leibe seiner Herrlichkeit, configuratum corpori claritatis suae, σύμμορφον τῷ σώματι τῆς δόξης αὐτοῦ. [2]) Außerdem heißt es in der schon häufiger genannten Stelle im ersten Corintherbrief: „Gesäet wird er (der Leib) in Unehre; auferstehen wird er in Glanz (in gloria, ἐν δόξῃ). [3]) Ferner heißt es in demselben Capitel dieses Briefes: „Ein andrer ist der Glanz (δόξα) der Sonne, ein andrer der des Mondes, ein andrer der der Sterne, so die Auferstehung von den Todten." [4]) Weiterhin endlich bemerkt unser Heiland selbst: „Die Gerechten werden leuchten wie die Sonne im Reiche ihres Vaters." — [5]) Auch einzelne Aussprüche des alten Testamentes können hierhergezogen werden, und werden thatsächlich von den Vätern und Theologen für unsre Lehre verwerthet. So heißt es im Buche der Weisheit: „Die Gerechten werden leuchten und wie Feuerfunken im Röhricht werden sie einhergehen." [6]) Und bei Daniel wird gesagt: „Die Gerechten

---

[1]) 2 Cor. 3, 7. cf. 2 Mos. 34, 29.
[2]) Phil. 3, 20 sq.
[3]) 1 Cor. 15, 43.
[4]) l. c. v. 41.
[5]) Fulgebunt iusti sicut sol in regno patris eorum. Matth. 13, 43.
[6]) Fulgebunt iusti et tamquam scintillae in arundineto discurrent. Sap. 3, 7.

werden leuchten wie der Glanz des Firmamentes und wie Sterne in alle Ewigkeit." — [1])

2) Der erste Theil des oben aufgestellten Satzes, daß den verklärten Leibern irgend ein Licht als besondre Zierde werde zugetheilt werden, hat also in der h. Schrift ein unumstößliches Fundament. Gilt dieses aber auch von dem zweiten Theile desselben, daß dieses Licht von unserm empirischen Lichte nicht wesentlich verschieden sein werde? — Auch dieses muß mit Entschiedenheit bejaht werden. — Es ergibt sich dieses zunächst aus den Ausdrücken selbst, derer sich die h. Schrift bedient, wofern wir sie nur in ihrem natürlichen Wortsinne verstehen und sie nicht willkürlich deuten und verdrehen. — Die Schrift nennt den neuen Schmuck des Leibes einfach ein Licht, oder einen Lichtglanz; sie vergleicht außerdem dieses Licht mit flammendem Feuer, mit dem glänzenden Firmament, mit der strahlenden Sonne, mit dem Monde und den leuchtenden Sternen oder auch mit dem Feuerschein der kleinen Leuchtkäfer im Grase oder Röhricht. Alles das sind Ausdrücke, die einem vernünftigen Zweifel gar keinen Raum lassen. Dazu kommt aber noch eine andre Erwägung. Das menschliche Auge ist seiner ganzen Organisation nach wesentlich auf dieses irdische Licht hingewiesen, also auf ein Licht, das in einer **materiellen Bewegung** besteht und durch diese Bewegung das Auge irritirend die Lichtsensation im Sinne hervorbringt. Ein Licht von wesentlich anderer Beschaffenheit würde von unserm Auge gar nicht wahrgenommen werden können, weil es für die Aufnahme desselben gar keine Empfänglichkeit besitzt. Nun haben wir aber in den Aussprüchen der h. Bücher gefunden, daß das vom Leibe Christi ausstrahlende Licht ein Licht ist, welches allerdings in den Augen der Beschauer eine Sensation erzeugte und zwar eine sehr lebhafte. Die Apostel auf Tabor sahen es und konnten seinen Anblick nicht ertragen; Saulus vor Damaskus sah es ebenfalls und erblindete in Folge seines intensiven Glanzes. Es ist also das Glorienlicht zweifellos von derselben Species, von welcher das empirische ist, denn sonst würde es von den Aposteln nicht gesehen worden sein und würde überhaupt nicht gesehen werden können, auch nicht von einem

---

[1]) Fulgebunt quasi splendor firmamenti, — — quasi stellae in perpetuas aeternitates. Dan. 12, 3.

verklärten Auge, da dieses der frühern Darstellung zufolge wesentlich dieselbe Beschaffenheit mit dem jetzigen haben wird. Ein Licht von andrer Species würde also auch als ein besonderer Schmuck des Leibes völlig zwecklos sein.

Aber noch eine andere Folgerung ergibt sich aus den beigebrachten Zeugnissen der h. Schrift. Wir sagten früher, daß die Verklärungsattribute dem Leibe selbst innerlich und dauernd anhaftende Bestimmungen seien. Daß nun dieses insbesondere auch von der Klarheit gelte, stellen die Texte der h. Schrift außer Zweifel. Von Christus auf Tabor heißt es: „Sein Angesicht glänzte wie die Sonne." — Christi Antlitz wurde also nicht von Außen her beleuchtet, sondern es leuchtete selber, sandte Strahlen aus, wie auch die Sonne ihre Strahlen nicht anderswoher empfängt, sondern durch eigene Kraft erzeugt. Weiterhin nennt der h. Apostel a. a. O. Christi Leib einen Leib der Klarheit ($\sigma\tilde{\omega}\mu\alpha$ $\tau\tilde{\eta}\varsigma$ $\delta\delta\xi\eta\varsigma$) und fügt hinzu, daß unsere Leiber diesem Leibe der Klarheit gleichförmig sein werden. Also auch hiernach wird die Klarheit eine Eigenschaft, eine Bestimmung des Leibes selbst sein. Dasselbe ergibt sich aus den übrigen Stellen, in denen gesagt wird, daß die Leiber der Seligen leuchten werden wie Sonne, Mond und Sterne, daß sie erglänzen werden wie das Glühwürmchen im Röhricht des Wassers. — Alle diese Aussprüche, einfach und natürlich gedeutet, drücken Zweierlei aus, einmal, daß das Licht der verklärten Leiber dem Lichte der genannten Körper gleichgeartet, dann aber, daß sie dieses Licht nicht von außen empfangen, sondern daß sie selbst Quelle desselben sein werden.

3) Auch bei den h. Vätern finden wir dieselbe Lehre: die Leiber der Verklärten werden mit Klarheit ausgestattet sein, d. h. sie werden nicht etwa mit bloß natürlicher Schönheit und Anmuth umkleidet sein, sondern ein ganz neuer Schmuck, von dem das diesseitige Leben gar keine Ahnung hat, wird ihnen zugetheilt werden. Und dieser neue Schmuck ist ein aus Licht gewobenes Prachtgewand, welches ewig unvergänglich ist, da es nicht aus vergänglichen Stoffen bereitet ist, sondern in unsterblicher Lebenskraft seine Quelle hat; es ist ein Licht, welches aus den unsterblichen, himmlischen Leibern selbst ebenso hervorquellen wird, wie der Sonne das Licht entquillt, in welchem sie leuchtend am Himmel steht. — Die Lehre der Väter ist

so einstimmig,¹) daß wir uns mit dem Zeugnisse weniger begnügen dürfen. Es sagt z. B. der h. Cyrill von Jerusalem: „Die Gerechten werden leuchten wie die Sonne und wie der Mond und wie der Glanz des Firmamentes. Und da Gott die Ungläubigkeit der Menschen voraussah, so gab er jenem kleinen Würmlein einen leuchtenden Körper, damit der Augenschein uns lehre, das zu glauben, was wir erwarten. Denn der das eine konnte, kann auch das andere; und der gemacht hat, daß jenes Würmchen leuchtet, wird dieses um so mehr mit den verklärten Leibern thun." ²) „Welch eine liebliche Farbenpracht wird das dereinstens sein, ruft der h. Augustinus aus, wenn die Gerechten wie die Sonne im Hause ihres Vaters leuchten werden! Diese Klarheit fehlte dem Leibe des erstandenen Christus nicht, sie verbarg sich nur vor den Augen der Jünger, weil unser schwaches und blödes Auge einen solchen Anblick nicht erträgt." ³) Von welcher Beschaffenheit aber und von welcher Größe diese Anmuth des vergeistigten Leibes sei, bemerkt derselbe h. Lehrer, das beschreiben zu wollen, sei ein verwegenes Unterfangen, da die Erfahrung von solchen Dingen keine Kunde gebe.⁴) Weiterhin schreibt der h. Petrus Chrysologus: „Das Gewand der Verklärung besteht nicht aus vergänglichem Stoffe, sondern aus lebendiger Kraft; es prangt nicht in Farben von dieser Welt, sondern leuchtet in himmlischem Glanze. Gottes Güte, und nicht des Walkers Kunst hat es bereitet. Die Irdischen sind angethan mit irdischem Gewande, das nur im Anfang durch seine Neuheit glänzt, aber bald vor Alter häßlich wird; die Himmlischen dagegen sind mit

---

¹) Vgl. Suarez in 3. Disp. 48. sect. 2. n. 1.

²) Justi splendebunt ut sol et tamquam luna et sicut splendor firmamenti; et praevidens istam hominum incredulitatem Deus vermibus parvulis lucidum dedit corpus, ut ex apparentibus crederetur id, quod exspectamus. Qui enim partem potuit praestare, poterit et totum, et qui fecit, ut vermis lumine splenderet, multo magis hominem iustum. Cat. 18.

³) Coloris porro suavitas quanta erit, ubi iusti fulgebunt sicut sol in regno patris sui? Quae claritas in Christi corpore, quam resurrexit, ab oculis discipulorum potius abscondita fuisse quam defuisse credenda est; non enim eam ferret humanus atque infirmus aspectus. 22 de civ. c. 19.

⁴) Quae sit autem et quam magna spiritalis corporis gratia, quoniam nondum venit in experimentum, vereor, ne temerarium sit omne, quod de illa proferatur eloquium. l. c. c. 21.

einem himmlischen Lichtgewande bekleidet, welches niemals altert und niemals fleckig wird. Denn das Gewand, welches die Auferstehung gibt, ist ein Gewand, das in unvergänglichem Lichte ewig erglänzt."¹) "Darum wird die ewige Himmelsstadt, erklärt der h. Gregor der Große, von der Apokalypse mit reinem Gold verglichen, weil alle ihre Heiligen in höchster, wonnevollster Klarheit erglänzen werden."²) "Der Leib der Verklärung, schreibt endlich Laurentius Justiniani, wird in der Fülle übermächtigen Lichtes erstrahlen, so daß er der Sonne Glanz dreifach und zehnfach übertreffen wird."— ³)

4) Mit der Lehre der Väter stimmt auch die der kirchlichen Theologen überein, und auch bei ihnen zeigt sich dieselbe vollkommene Uebereinstimmung. Nur zwei Scholastiker, Scotus und Durandus, drücken sich über unsere Frage etwas zweifelhaft aus. Er wisse nicht sicher, bemerkt der erstere, ob unter dem Lichte der Verklärung ein eigentliches Licht zu verstehen sei, denn er wisse nicht, ob eine eigentliche Leuchtung beim menschlichen Leibe möglich sei; sicher aber sei, fügt er hinzu, daß der Leib der Seligen einen überaus prächtigen und schillernden Farbenschmuck an sich tragen werde.⁴) — Einem ähnlichen Zweifel begegnen wir bei Durandus. Zwar hält er die Annahme eigentlicher Lichterscheinungen, die im Körper selbst ihre Quelle haben, für die wahrscheinlichere; glaubt aber, die Klarheit der auferstandenen Leiber könne möglicherweise auch bloß darin bestehen, daß sie die Strahlen der Sonne und der übrigen Himmelskörper

---

¹) Stola ista non ex mortali vellere, sed ex virtute vitali; splendens coelesti lumine, non colore terreno, et clara creatoris munere, non arte fullonis. — Terreni terrenis velati sunt vestimentis, et ideo sicut novitate splendent, ita vetustate sordescunt; coelestes vero amictu coelestis luminis ambiuntur, et a terreno squalore suspensi nec foedantur vetustate umquam, nec ullis sordibus obscurantur; sed vestes, quas semel dederit resurrectio, perpetuo lumine vestiuntur. Serm. 82 de Christi resurr.

²) Quia sancti omnes in ea (coelesti civitate) summa beatitudinis claritate fulgebunt, instructa auro dicitur. Mor. l. 18. c. 17.

³) Nimia claritate (corpus gloriosum) fulgebit, ita ut solis septies transscendat splendorem. de disc. et perf. monast. conv. c. 23.

⁴) Color perfectissimus cum quadam refulgentia et aptitudine ad se manifestandum. cf. Suarez Disp. 48. sect. 2. n. 1.

nach Art sein polirter Flächen in ungemein vollkommner Weise reflectiren würden.¹) —

Diese Zweifel des Scotus und Durandus seien aber unbegründet, bemerkt Suarez im weitern Verlaufe seiner Darstellung. Denn nach der Lehre der Väter und Theologen stehe fest, daß die Klarheit ein dem Leibe selbst innewohnendes Vermögen sei, welches ihn befähige, nicht bloß äußerlich, sondern auch innerlich ganz licht und klar zu sein. Suarez citirt für diesen Satz eine Reihe von Vätern und Theologen, so den h. Gregor den Großen, den h. Augustin, Laurentius Justiniani, Thomas, Paludanus, Sotus, Richard u. A.²) — Einige Nummern weiter beschäftigt er sich dann mit der Natur des zukünftigen Glorienlichtes und fragt, ob dasselbe nothwendig von derselben Art sei, von der unser empirisches Licht ist. Der h. Thomas, Duns Scotus und so ziemlich alle andern Theologen seien der Meinung, daß jenes Licht von dem gegenwärtigen nicht wesentlich werde verschieden sein. Indessen könne man doch noch immer fragen, ob diese Annahme eine nothwendige, und ob nicht vielleicht ein specifisch anderes Licht möglich sei. Richard von St. Victor behaupte, das Licht der auferstandenen Leiber werde von einer andern Art sein, als das irdische, und auch ihm (Suarez) scheine diese Annahme allerdings möglich zu sein. Denn warum sollte der allmächtige Gott nicht Licht von verschiedener Art herstellen können? — Aber nicht bloß möglich erscheine ihm diese Annahme, sondern nach seinem Dafürhalten habe sie sogar eine gewisse Wahrscheinlichkeit für sich Unserm kosmischen Lichte sei es eigen, mit Wärme verbunden zu sein und durch die Wärme verändernd auf die Dinge einzuwirken. Nun könne man aber doch nicht füglich annehmen, daß dem Lichte der verklärten Leiber ein solcher Einfluß auf andere Körper zustehen sollte. — Was diese Anschauung des Suarez betrifft, so hat dieselbe

---

¹) Claritatem corporum gloriosorum posse intelligi, quod sint clara, solum quia erunt tersa ac polita, unde futurum sit, ut solis radiis et aliorum luminarium fulgeant magna claritate. Suarez l. c.

²) Dicendum, hanc claritatem esse internam lucem corporis gloriosi ac perfectissimam qualitatem ipsi inhaerentem. — Dico secundo, hanc claritatem futuram esse in omnibus partibus corporis gloriosi, nec solum in extrema superficie, sed in tota profunditate, et in carne, ossibus ac ceteris membris. l. c. n. 2 et 3.

in unfer obigen Darstellung bereits ihre Widerlegung gefunden. Es
dürfte wohl kaum zu bezweifeln fein, daß es der göttlichen Allmacht
möglich ist, Licht von verschiedener Art schöpferisch darzustellen. Das
aber muß bestritten werden, daß unser jetziges Auge in seiner
gegenwärtigen Einrichtung für die Aufnahme eines specifisch
anderen Lichtes, eines Lichtes, das nicht auf materieller Schwingung
beruht, eine irgendwie nachweisbare Empfänglichkeit besitze. Auch das
andere Bedenken, eine etwaige Wärmeentwickelung des Verklärungs-
lichtes betreffend, hat kein Gewicht. Wir wollen aber diesen Punct,
um der spätern Darstellung nicht vorzugreifen, vorläufig auf sich
beruhen lassen. Suarez selbst gibt übrigens zu, daß die von ihm
proponirte Meinung im hohen Grade unsicher sei.[1] Etwas später
(n. 11 u. 12) kommt er dann aber, ohne es zu wissen, thatsächlich
auf die allgemeine und einzig richtige Ansicht zurück. Denn, sagt
er, von welcher Beschaffenheit das Glorienlicht auch sein möge, es
sei gewiß, daß es sinnlich wahrnehmbar sei. Es folge dieses aus
der Darstellung der h. Schrift und der h. Väter; es folge insbesondere aus der Verklärung Christi auf Tabor. Diese zeige nämlich,
daß jenes Licht nicht etwa bloß für verklärte Augen, sondern daß
es auch für die noch nicht verklärten, corruptibilen Augen der Apostel
sichtbar gewesen, und Richard habe entschieden Unrecht, wenn er an-
nehme, die Apostel hätten es nicht geschaut; und wenn er sich auf
die Worte des h. Augustinus berufe: Non enim eam (lucem) ferre
posset humanus atque infirmus aspectus (22 de civ. c. 19), so sei
diese Berufung ebenfalls grundlos. Denn mit Beziehung auf die
Augen der Apostel könne und dürfe immerhin gesagt werden, daß
sie nicht im Stande seien, den intensiven Glanz eines solchen Lichtes
zu ertragen; daß es aber von ihnen gesehen worden sei, und
überhaupt auch von sterblichem Auge gesehen werden könne, sei zweifellos.
— Wenn also, was Suarez zugibt und vertheidigt, das Glorienlicht

---

[1] Neque etiam videtur posse probabiliter negari, quin sint possibiles
luces specie differentes. Cur enim uegabimus, Deum id facere posse? — —
Quum haec lux inferior natura sua calefaciat subiectum caloris capax, fortasse illa lux adeo est supra elementares naturas, ut non sit apta efficere
huiusmodi materialem alterationem. Cur enim daretur corporibus gloriosis
qualitas effectrix talis alterationis? — His igitur coniecturis probabilis fit
haec sententia, quamvis res sit satis incerta. 1. c. n. 9.

für dieses unser Auge sichtbar ist, dann räumt er thatsächlich ein, daß es mit unserm Lichte specifisch identisch ist.

Nachdem der h. Thomas in einem eigenen Artikel auf positivem und speculativem Wege dargethan hat, daß den verklärten Leibern die Gabe der Klarheit, im Sinne eines außerordentlichen Lichtschmuckes eignen werde,[1]) handelt er im folgenden Artikel über die Natur dieses Lichtes. — Es habe nämlich einige gegeben, bemerkt er, welche der Meinung seien, das Verklärungslicht könne von unserm gegenwärtigen Auge nicht wahrgenommen werden und sei also von wesentlich anderer Beschaffenheit, als das uns bekannte Licht. Diese Ansicht lasse sich aber in keiner Weise halten und rechtfertigen. Zunächst berichte die h. Schrift einige Thatsachen, aus denen hervorgehe, daß unser gegenwärtiges Auge allerdings im Stande sei, dieses Licht zu schauen. (Der Heilige verweist auf die Verklärung auf Tabor und auf Weish. 5, 2, wo das Entsetzen geschildert wird, welches die Verworfenen beim Anblicke der verherrlichen Seligen am jüngsten Tage ergreifen wird.) Indessen hiervon abgesehen, ließen die Ausdrücke der Schrift, auch an und für sich betrachtet, über die Natur jenes Lichtes keinen Zweifel zu. Gemäß biblischer Darstellung würden unsere Leiber nach der Auferstehung in glänzendem Lichte leuchten. Nun gehe aber die Absicht der h. Schrift ohne Zweifel dahin, uns über die Beschaffenheit des verklärten Leibes zu belehren, und folglich könne sie mit ihren Ausdrücken keinen Sinn verbinden, der uns gänzlich unbekannt, sondern nur einen solchen, der uns bekannt sei, weil sonst ihre Belehrung völlig zwecklos sein würde. So würde es ja auch für einen Menschen, der den Doppelsinn des Wortes Hund nicht kännte, und dem nur das lebendige Thier bekannt sei, keine Belehrung sein, wenn ihm jemand sagte, daß sich auch oben am Himmel ein Hund befinde. Und da nun die h. Schrift sich des Wortes Licht oder anderer synonymer Bezeichnungen bediene, ohne dabei zu bemerken, daß diese Worte in einem ganz fremden, uns unbekannten Sinne zu verstehen seien, so seien sie eben nothwendig in dem gewöhnlichen Sinne zu verstehen, und die h. Schrift spreche also von einem Lichte, das wir kennen und wahrnehmen, also von einem Lichte, welches mit dem

---

[1]) Suppl. q. 85. a. 1.

empirischen dieselbe Natur gemein habe. In Beziehung auf ihr Wesen seien demnach das empirische und das gloriöse Licht identisch, und nur die Entstehungsweise beider sei allerdings wesentlich verschieden.¹)

5) Schrift und Tradition stimmen darin überein, daß den Leibern der Gerechten als besonderer Schmuck das Licht der Klarheit eignen wird. Sollte aber nicht auch die Vernunft im Stande sein, das, was positiv gezeigt ist, auch auf speculativem Wege einigermaßen zu begründen oder doch nahezulegen? — Indem wir den Satz des h. Thomas an die Spitze stellen: „Der Leib der Auferstehung wird eine Verfassung erhalten, die zu der Verfassung der Seele in geziemendem Verhältnisse steht,"²) argumentiren wir in doppelter Weise.

Die Seele in der Fülle der übernatürlichen Gaben und Gnaden wird in übernatürlicher Schönheit erglänzen. Sie wird eine Schönheit besitzen, wesentlich erhaben über aller Schönheit, die ihr als dem natürlichen Gottesbilde zukommt, eine Schönheit, über welche hinaus eine der Art nach höhere Schönheit in der geschaffenen Ordnung nicht mehr möglich ist. Daher geziemt es sich, daß auch dem Leibe eine Schönheit werde, eine neue und höhere Zierde, über welche hinaus ein höherer Schmuck nicht denkbar ist. — Ein solcher Schmuck aber ist das Licht. Denn das Licht ist in sich selber lauter Schönheit, lauter Glanz und lauter Farbenpracht, und es macht auch alle

---

¹) Quidam dixerunt, quod claritas corporis gloriosi non poterit videri ab oculo non glorioso, nisi forte per miraculum. Sed hoc non potest esse, nisi claritas illa aequivoce diceretur, quia lux secundum id quod est, nata est movere visum; et visus secundum id quod est, natus est percipere lumen. Unde si esset aliquis visus, qui non posset percipere aliquam lucem omnino, vel ille visus dicetur aequivoce, vel lux illa; quod non potest in proposito dici, quia sic per hoc, quod dicuntur gloriosa corpora futura esse lucida, nihil nobis notificaretur; sicut qui dicit canem esse in coelo, nihil notificat ei, qui non novit nisi canem, qui est animal. Et ideo dicendum est, quod claritas corporis gloriosi naturaliter ab oculo non glorioso videri potest. — — Gloriae claritas erit alterius generis, quam claritas naturae quantum ad causam, sed non quantum ad speciem. Suppl. q. 85. a. 2. corp. art et ad 1

²) Disponetur igitur corpus communiter omnium secundum condecentiam animae. 4. c. gent. c. 86.

andere Schönheit sichtbar und vollendet sie. Das Schönste, was wir im Bereiche der sichtbaren Schöpfung kennen, ist das Licht. Das ist auch wohl der Grund, weshalb die h. Schrift, wenn sie Gottes Schönheit und hohe Majestät schildern will, eben die Vorstellung des Lichtes zu Hülfe nimmt, weil sie kein passenderes Bild zu kennen scheint, unter welchem sie die unerschaffene Schönheit unserer Vorstellung einigermaßen näher bringen könnte.[1]) Und so erscheint das Licht in der That als derjenige Schmuck, der am meisten geeignet ist, dem Leibe jene Verfassung zu geben, die der höchsten geistigen Schönheit der Seele entspricht.

Ein noch passenderes Argument dürfte das folgende sein. — Die Seele, aufs innigste mit Gott, der ewigen Wahrheit und der Urquelle aller Wahrheit verbunden, wird aus Gott die Fülle der Wahrheit schöpfen. Was aber für das körperliche Auge das körperliche Licht, das ist für den Geist die geistige Wahrheit. Die Wahrheit ist ein geistiges Licht, welches die Seele mit lichter Klarheit erfüllt. Und weil die Seele aus Gott die Fülle des geistigen Lichtes in sich aufnehmen wird, so geziemt es sich, daß der Leib dieser Verfassung der Seele entspreche, daß auch er licht werde, wie die Seele licht ist. Gerade dieses ist die Folgerung, welche der h. Thomas aus dem vorhin genannten Satze zieht: „Wie also die Seele, so fährt er nämlich fort, im Genusse der seligen Anschauung mit geistiger Klarheit erfüllt werden wird, so wird diese Klarheit, auf den Leib hinübergeströmt, im Leibe ein Licht entzünden, welches der Natur des Leibes entspricht."[2]) Noch deutlicher spricht sich der h. Lehrer im Supplemente aus: „Jene Klarheit des Leibes entsteht dadurch, daß die Glorie der Seele auf ihn hinüberströmt. Was aber von einem Subjecte aufgenommen wird, das nimmt diejenige Form an, die der Natur des Recipienten entspricht. Und folglich wird das Licht, welches in der Seele als ein geistiges residirt, sich im Körper

---

[1]) Omne datum optimum et omne donum perfectum desursum est, descendens a patre luminum. Jac. 1, 17. Rex regum et Dominus dominantium, qui solus habet immortalitatem et lucem inhabitat inaccessibilem. 1 Tim. 6, 15.

[2]) Sicut igitur anima divina visione fruens quadam spirituali claritate replebitur, ita, per quamdam redundantiam ex anima in corpus, ipsum corpus suo modo claritatis gloria induetur. 4. c. gent. l. c.

als ein körperliches manifestiren." [1] In auffallender Uebereinstimmung mit dieser Erklärung des h. Thomas steht die Auseinandersetzung Josephs von Görres: „Es wird aber Lichtfeuer aus der Geisterwelt sein, das, vom ungeschaffenen, ewigen Lichte der Gottheit angeregt, als das Gott mit der Creatur vermittelnde Medium sich ihrem Geist eingießt und im Einströmen ihn also verklärt. Nun aber kann bei der engen Verbindung des Geistigen mit dem Leiblichen hienieden nichts im Geiste sein und vorgehen, ohne daß der Leib daran Theil nehme. Die Klarificirung, die jenem zu Theil geworden, wird sich daher auch auf diesen ausbreiten; und weil er nun ebenso mit der physischen Natur verkehrt, wie der Geist mit der geistigen, darum wird dem geistigen Lichtfeuer entsprechend, das dort zur Verklärung genommen wird, hier ein natürliches Lichtfeuer denselben Dienst leisten bei der Leiblichkeit." [2] — Die nähere, naturwissenschaftliche Erläuterung dieser Lichterscheinungen muß dem folgenden Abschnitte vorbehalten bleiben.

6) Wie wir bei der Impassibilität Gradunterschiede statuiren mußten, so muß ein Gleiches auch rücksichtlich der Klarheit geschehen. Der h. Paulus lehrt diesen Gradunterschied expreß in den schon angegebenen Worten des ersten Corintherbriefes: „Ein anderer ist der Glanz der Sonne, ein anderer der Glanz des Mondes, und ein anderer der Glanz der Sterne. Denn der eine Stern unterscheidet sich von dem andern an Glanz. So verhält es sich auch mit der Auferstehung der Todten." [3] Wir sahen schon oben, wie der h. Thomas diesen paulinischen Satz als Prämisse benutzt, um aus der Ungleichheit der Klarheit die Ungleichheit der Leidensunfähigkeit als Folgerung abzuleiten. Auch der h. Augustinus findet in diesem Texte unsere Lehre ausgesprochen, denn er bemerkt zu demselben: „Ihr sehet also, daß uns die Klarheit verheißen ist, und daß verschiedene Grade dieser Klarheit verheißen sind,

---

[1] Claritas illa causabitur ex redundantia gloriae animae in corpus. Quod enim recipitur in aliquo, non recipitur per modum influentis, sed per modum recipientis. Et ideo claritas, quae est in anima spiritualis, recipitur in corpore ut corporalis. q. 85. a. 1.
[2] II. S. 331.
[3] 1 Cor. 15, 41 sq.

da die Verdienste verschieden sind, welche die Liebe wirkt."[1] — Im Anschlusse an die soeben gehörten Argumente, namentlich im Anschlusse an das zweite läßt sich dann diese Wahrheit auch speculativ begründen. Von der Größe des Verdienstes hängt der Grad der Klarheit ab, mit welcher die einzelnen Seligen Gott schauen werden, und die Fülle des geistigen Lichtes, welches aus dieser Anschauung in sie hinüberströmen wird. — Dieser Satz ist nach der Entscheidung des Florentinum's und des Tridentinum's ausgesprochenes Dogma.[2] — Wie also die Glorie verschiedene Grade hat, so wird dem entsprechend auch das Glorienlicht des Leibes verschiedene Grade haben, und aus der Fülle der Leibesglorie wird man die Fülle der Seelenglorie erschließen können.[3] Daraus ergibt sich dann die weitere selbstverständliche Folgerung, daß das Glorienlicht des Leibes Christi glänzender sein wird, als das irgend eines andern Seligen; der Herrlichkeit Christi aber wird Mariens Schönheit am nächsten kommen, und ihr folgen dann die übrigen Heiligen und Seligen nach Maßgabe ihrer Verdienste.[4]

7) Zur Bestätigung des Gesagten weisen wir noch auf einzelne Phänomene der Mystik hin, welche bei Görres verzeichnet sind, denn wir hörten ja früher, daß solche Erscheinungen des Diesseits mit Recht als Anticipationen des vollendeten Jenseits anzusehen sind, und daß demzufolge aus ihnen ein Schluß auf die zukünftige Herrlichkeit recht wohl statthaft sei. — Der h. Columbinus von Siena, er-

---

[1] Videtis, quia promissa est claritas et diversae species claritatis, quia diversa sunt merita caritatis. Serm. 241. n. 8.

[2] Das erstere sagt im Unionsdecrete: Sanctorum animas in coelum mox recipi et intueri clare ipsum Deum trinum et unum, pro meritorum diversitate alium alio perfectius. — Und das Trid. sess. 6. can. 32 anathematizirt jeden, qui dixerit, hominem iustificatum per bona opera non mereri augmentum gloriae.

[3] Secundum quod anima erit maioris claritatis secundum maius meritum, ita etiam erit differentia claritatis in corpore; et ita in corpore glorioso cognoscetur gloria animae. Suppl. l. c.

[4] Illud vero certum esse videtur, hanc lucem in corpore Christi et in omnibus aliis esse eiusdem speciei, quamvis pro diversitate meritorum sit inaequalis intensionis ac perfectionis. Unde fit, ut in corpore Christi sit intensior, quam in corpore Virginis et in omnibus aliis, etiamsi in unum conferantur. Suarez. l. c. n. 10.

zählt Görres, ging einst mit seinen Gefährten aufs Feld und sprach
zu ihnen von des Schöpfers Weisheit und Güte. Unter den Reden
sich mehr und mehr entflammend sank er zuletzt zu Boden und hörte
zu sprechen auf. Die Seinigen erinnerten sich der Braut im hohen
Liede, wie sie aufgelöst in Liebe nach Blumen und Granatäpfeln sich
zur Labung verlangt. Sie bedeckten den an der Erde Liegenden mit
Blumen, die sie allumher gepflückt. Nach einiger Zeit eilten sie, die
Blumen wieder wegzuräumen; wie sie aber nun das Gesicht ent=
hüllten, glänzte es ihnen sonnengleich entgegen, so daß ihre Augen
von Glanz geblendet, ihn nicht anzusehen vermochten.[1])

Doch bleibt dieser sonnengleiche Lichtglanz nicht auf das Ange=
sicht allein beschränkt; er strömt nicht selten auch vom ganzen Leibe
aus und von allen Theilen desselben, und zwar mit einer Inten=
sität, so gewaltig und durchdringend, daß er weit und breit gesehen
wird und gar in weiter Ferne die Umwohnenden aufregt. — Es=
peranza von Brenegalla wurde häufig, vor dem h. Sacramente
betend, in einem Glanze gefunden, daß die ganze Kirche davon durch=
leuchtet war. Dasselbe wird von der Hieronyma Carvallo berichtet.[2])
Interessant ist, was Görres einige Seiten weiter erzählt: Die h.
Clara hatte den h. Franziskus von Assisi oft und viel gebeten, daß
er ihr den Trost gewähre, einmal mit ihr zu essen; er aber hatte
es ihr immer abgeschlagen. Als endlich die Gefährten des Heiligen
diese seine Weigerung als allzugroße Strenge erklärten, wurde er
dadurch veranlaßt, bei wiederholter Bitte einzuwilligen, und hatte,
Tag und Ort bestimmend, das Kloster St. Maria de Angelis, wo
sie eingekleidet worden, dazu erwählt. Sie ging mit ihren Gefähr=
tinnen hin; der Heilige kam gleichfalls mit seinen Genossen; alle
Andachtsorte wurden zuerst besucht, und man ging dann zu Tische.
Der Heilige hatte aber an der Erde auftragen lassen, und saß nun
nieder mit der h. Clara und so sein Gefolge mit ihrem Geleite.
Für den ersten Auftrag fing nun Franziskus von Gott zu reden
an, so heilig und lieblich und dabei so hoch, daß er selbst und die
h. Clara, bald auch die Anderen, die an diesem armen Tische saßen,
darüber verzückt wurden, indem die Gnade des Allerhöchsten über sie

---

[1]) S. 309.
[2]) Görres. S. 310.

kam. Wie sie aber also außer sich saßen, Augen und Hände gegen
Himmel gerichtet, schien es den Leuten von Assisi und der ganzen
Umgegend, St. Maria zu den Engeln und der Wald nahe bei stehe
in Flammen; sie liefen daher in Haufen zur Hülfe herbei. Als sie
aber zur Stelle kamen, fanden sie alles unversehrt; und ins Haus
eindringend, sahen sie endlich die Heiligen um den Tisch in ihrem
Zustande sitzen und mit Macht aus der Höhe umgeben. Ihnen wurde
nun klar, daß es göttliches Feuer sei, das den Ort, hohen Trostes
voll, erfüllt; und so gingen sie dann, selbst getröstet, von dannen.[1] —
Christina Mechtild Tüschelin im Kloster Adelhausen bei Freiburg
war oftmals in solcher Weise am ganzen Leibe wie mit Sonnenglanz
umgeben, so daß sie niemand anzuschauen vermochte, und sie deswegen sich in ihrem Zimmer einschließen mußte, damit die Schwestern
im Chore bleiben konnten. — Auch Coleta wurde oft im Gebete
also vom glänzendsten Lichte umhüllt, daß die Schwestern mehr als
einmal zusammenliefen, in der Meinung, es brenne in ihrer Zelle. —[2]
Der Laienbruder Damianus de Vicari, als er zu Bivona in der
Kirche der Betrachtung sich hingab, wurde bis zum Gewölbe derselben hinaufgehoben; und der Glanz, in dem er strahlte, war so
stark, daß er durch Fenster und alle anderen Oeffnungen durchleuchtete.
Die Nachtwächter eilten zur Pforte der Kirche, die Einwohner liefen
zusammen; es wurde gelärmt, gerufen und an die Thüren geschlagen, bis die Brüder erwachten, und als man zur Stelle kam,
die Stürmenden nun den Bruder in der Luft schwebend fanden.[3] —
Aehnliche glänzende Erscheinungen werden aus dem Leben des h.
Peter von Alcantara und vieler anderer Diener Gottes berichtet,
auf deren Wiedergabe wir verzichten müssen.[4]

§ 27.

**Fortsetzung. — Die verschiedenen Lichtphänomene des gloriösen
Leibes; naturwissenschaftliche und theologische Begründung derselben.**

1) Die wichtigste Frage, die wir in der weitern Besprechung
der gloriösen Lichterscheinungen beantworten müssen, ist die, ob und

---

[1] S. 315 u. f.
[2] S. 321 u. f.
[3] S. 551.
[4] Vgl. Görres. S. 310 ff. 551 ff.

in welcher Weise bei einem Menschenleibe Lichtphänomene möglich seien; und wir müssen zu dem Ende in Erinnerung bringen, was die Physik nach der gangbaren Anschauung über das Licht und seine Entstehung lehrt.

Das Licht, wie wir schon im zweiten Theile unserer Abhandlung andeutungsweise bemerkten, entsteht durch die Schwingung der kleinsten Theile, der Atome, irgend eines Körpers und pflanzt sich mit ungeheurer Geschwindigkeit vermittelst des Aethers durch den Weltraum fort. Das Vorhandensein des imponderabelen, völlig unsichtbaren Aethers ist wissenschaftlich zur Genüge dargethan; derselbe erfüllt den ganzen geschaffenen Raum und ebenso die sämmtlichen Körper, deren zahllose Poren von ihm angefüllt sind. Die Fortpflanzung der Lichtbewegung vollzieht sich dadurch, daß die Schwingungen, welche die Atome des leuchtenden Körpers machen, sich dem umgebenden Aether mittheilen, so daß derselbe eine wellenförmig sich fortpflanzende Bewegung erhält.[1]) Von der Zahl der Schwingungen, welche die Atome des leuchtenden Körpers in der Sekunde machen, also auch von der Anzahl der Aetherwellen, welche in Folge dessen in der Sekunde zu Stande kommen, hängt die Farbe des Lichtes ab.[2]) Man unterscheidet nämlich beim Lichte sieben Hauptfarben: violett, indigoblau, blau, grün, gelb, orange und roth. Das rothe Licht entsteht durch die geringste Anzahl von Schwingungen, das violette durch die größte. Beim rothen Lichte schwingt das Aethertheilchen 420 billionenmal in einer Sekunde; beim violetten aber beinahe 800 billionenmal. Nichtsdestoweniger haben Lichtstrahlen von verschiedener Farbe die gleiche Fortpflanzungsgeschwindigkeit im Raume, und dieses erklärt sich aus der verschiedenen Länge der einzelnen Lichtwellen. Das violette Licht erfordert in einer Sekunde zahlreichere Wellen, als das rothe; dafür sind aber die weniger zahlreichen Wellen des rothen Lichtes von größerer Länge, als beim

---

[1]) Eisenlohr, Physik. 9. Aufl. S. 7. 227 f. Koppe, Physik. 10. Aufl. S. 302. Natur und Offenbarung XV. S. 54. 103 f. Lorscheid, Anorg. Chemie. S. 34. — Schon der h. Thomas vertritt bezüglich der Entstehung und der Natur des Lichtes im Wesentlichen ganz dieselben Anschauungen. Vgl. Schneid, die scholastische Lehre von Materie u. Form. II. Aufl. S. 131 u. f.

[2]) Eisenlohr u. Koppe a. a. O.

violetten.¹) Das weiße Licht ist ein zusammengesetztes, denn der weiße Lichtstrahl setzt sich aus sieben Strahlen zusammen, die den genannten sieben Farben entsprechen.²) Die **Intensität des Lichtes**, von welcher Farbe es auch sei, hängt von der Höhe (Amplitüde) der einzelnen Aetherwellen ab, denn auch bei gleichbleibender Länge kann die Höhe einer Welle sehr verschieden sein. Wir können auch sagen, daß die Intensität des Lichtes von der Vibrationsgeschwindigkeit abhängig sei. Denn je schneller und intensiver ein Theilchen in einem gegebenen Zeitmomente schwingt, desto länger ist der Weg, den es in diesem Zeitmomente in seiner auf- und abgehenden Bewegung durchläuft. In analoger Weise verhält es sich mit der Intensität eines und desselben Tones.³)

2) Aus dem Gesagten ergibt sich nun sofort eine bedeutungsvolle Folgerung. Es ergibt sich nämlich, daß alle Körper, auch die dunklen, leuchtend werden können, wofern nur ihre Theilchen durch irgend eine Kraft in entsprechende Schwingung versetzt werden. Thatsächlich ist dieses auch schon auf dem Wege des Experimentes nachgewiesen. Man hat auf mechanischem Wege ein Metallstäbchen in eine ganz rapide Schwingung versetzt und hat diese Schwingung mehr und mehr gesteigert; und in der That traten der Reihe nach die verschiedenen Lichterscheinungen zu Tage, zuerst rothes, zuletzt violettes Licht.⁴) Ja, die Wissenschaft hat gezeigt, daß alle Körper bereits die ersten Anfänge eigenen Lichtes besitzen, und daß es im Grunde absolut dunkle Körper gar nicht gibt. Die dunklen Körper erscheinen uns nur deßhalb dunkel, weil ihre Lichtbewegung von zu geringer Intensität ist, um unser Auge hinlänglich reizen zu können.⁵) Würde man die Intensität dieser Bewegung steigern, so würde auch das Licht der dunklen Körper wahrnehmbar für uns werden, und auch dieser Satz findet in physikalischen Versuchen eine eclatante Bestätigung. Man hat nämlich verschiedene, sonst dunkle Körper eine Zeit lang dem energischen Sonnenlichte ausgesetzt (Insolation), oder

---

¹) Eisenlohr. S. 237.
²) Eisenlohr. S. 270 ff. Schödler, Buch der Natur. Physik, 18. Aufl. S. 163 f.
³) Eisenlohr S. 183 f. 235 f. Nat. u. Offb. VII. S. 65 u. 282.
⁴) Nat. u. Offb. XIX. S. 7.
⁵) Koppe. S. 304.

hat einen electrischen Strom auf sie einwirken lassen; und die Energie ihrer Lichtbewegung wurde in Folge dessen so gesteigert, daß sie nun selbst wahrnehmbares Licht ausstrahlten, das in manchen Fällen mehrere Wochen anhielt.[1])

Hiermit haben wir nun klar gestellt, daß auch ein Leuchten des Menschenleibes durchaus möglich sei, und nur dieses ist dem Gesagten zufolge erforderlich, daß eine entsprechende Kraft im Leibe wirksam werde, welche den Theilen desselben die hinlängliche Bewegung gibt. Nach aller Erfahrung besitzt der Mensch in seinem gegenwärtigen Zustande diese Kraft nicht, und so wird es eben die zukünftige Glorification sein, welche ihm diese und viele andere höhere Qualitäten und Potenzen mittheilen wird. Die Leuchtung erfordert eine Bewegung im Körper, und da alle körperlichen Bewegungen durch die motorischen Nerven vermittelt werden, die neben den sensitiven das Organ der sensitiven Seele sind, so wird es also die in den motorischen Nerven thätige sensitive Kraft sein, welche in der Verklärung eine entsprechende Disposition annehmen wird. In dieser höhern Disposition wird sie dann stark genug sein, um jene materiellen Bewegungen erzeugen zu können, welche Quelle des Lichtes und der verschiedenen Lichterscheinungen sind. Und das höhere intellectuelle Licht wird sich alsdann in den Erscheinungen eines glänzenden, materiellen Lichtes nach Außen offenbaren, wie bereits im vorigen Abschnitte bemerkt wurde. „So das Denken wie das Wollen, erklärt Görres, sind intellectuelle Bewegungen, strahlende und bestimmende, und zwar beides immaterieller Art. Diese geistigen Bewegungen, im organischen Träger sich ins Körperliche übersetzend, offenbaren sich aber in räumlichen Bewegungen, die sie innerhalb des Organes hervorrufen; die zu steigernde Verrichtung desselben wird daher die Bewegung der in ihm wirksamen Strömungen in ihrer Gesammtverkettung sein. Es geschehen aber diese Bewegungen ihrem innersten Momente nach nicht unmittelbar in der Masse, sondern in dem, was diese Masse organisch bekräftigt und belebt, den Nervengeistern Diese Geister, inwiefern sie sich im Denken, der höchsten geistigen Verrichtung, bewegen, müssen auch, im Ausdrucke der höchsten Naturbewegung, dem Lichte, sich offenbaren; und so wird die innere, intellectuelle Anregung in den Strömungen

---

[1]) Eisenlohr. S. 230. Koppe a. a. O.

des organischen Lichtes sich veräußern. — Es wird aber Lichtfeuer aus der Geisterwelt sein, das vom ungeschaffenen, ewigen Lichte der Gottheit angeregt, als das Gott mit der Creatur vermittelnde Medium sich ihrem Geiste eingießt und im Einströmen ihn also verklärt. Nun aber kann bei der engen Verbindung des Geistigen mit dem Leiblichen hienieden nichts im Geiste sein und vorgehen, ohne daß der Leib daran Theil nehme; die Klarificirung, die jenem zu Theil geworden, wird sich daher auch auf diesen ausbreiten; und weil er nun ebenso mit der physischen Natur verkehrt, wie der Geist mit der geistigen, darum wird dem geistigen Lichtfeuer entsprechend, das dort zur Verklärung genommen wird, hier ein natürliches Lichtfeuer denselben Dienst leisten bei der Leiblichkeit."[1] — Das war auch der Gedanke, den oben der h. Thomas aussprach, als er bemerkte, die Klarheit des Leibes habe ihren Grund in der Klarheit der Seele, aus der sie hervorfließe. Doch nehme sie im körperlichen Träger eine andere Form an, wie sie der Natur des Recipienten entspreche: das Licht, welches im Geiste als ein geistiges sei, offenbare sich im Körper als ein körperliches.[2] Darum ist auch die Bemerkung des Suarez ganz richtig, daß die verklärte Seele nicht in dem Sinne das körperliche Licht erzeuge, als lasse sie das ihr eigene Licht im eigentlichen Sinne physisch auf den Körper hinüberströmen. Denn geistiges Licht und körperliches Licht seien zwei wesentlich verschiedene Dinge und Begriffe, so zwar, daß das erstere nur in einem sehr analogen Sinne Licht genannt werden könne.[3] — Unbegründet aber ist es, wenn Suarez der Seele jedweden physischen Einfluß auf die Entstehung des leiblichen Glorienlichtes glaubt absprechen zu müssen. Wenn man sage, so fährt er nämlich fort, daß die Klarheit des Leibes in der Klarheit der Seele ihren Grund habe, so könne das nur insofern geschehen, als die Klarheit der letztern eine entsprechende Klarheit des erstern erfordere, damit zwischen beiden das richtige Verhältniß bestehe; Gott selbst aber sei als der letzte und nächste Grund der leiblichen Klarheit anzusehen, indem er durch

---

[1] Görres. S. 305 u. 331.
[2] Suppl. q. 85. a. 1.
[3] Quia nulla est naturalis connexio inter lucem spiritualem et corpoream, immo neque in ratione lucis conveniunt, nisi valde analogice. l. c. n. 14.

ein permanentes Wunder, wobei ihm die Menschheit Christi als Werkzeug diene, im Leibe Christi und in den Leibern der übrigen Seligen das Licht der Glorie hervortreten lasse. Dabei bleibe freilich die Annahme immerhin statthaft, daß Gott auch bei jedem einzelnen Seligen direct durch seine miraculöse Thätigkeit die Klarheit producire.¹) — Wenn Suarez gleichwohl, wie wir schon sahen, die Klarheit als eine dem Leibe selbst innewohnende, dauernde Beschaffenheit festhält, so kann er dieses nur insofern, als der Leib fortwährend Träger der durch Gott gewirkten Lichterscheinungen ist; denn im Leibe selbst, oder vielmehr in den dem Leibe innewohnenden natürlichen und übernatürlichen Kräften der Seele haben sie ja ihm zufolge ihr Princip nicht. Der Grund dieser eigenthümlichen suaresischen Anschauung dürfte darein zu setzen sein, daß ihr Urheber über die Natur des materiellen Lichtes und über die Bedingungen seiner Entstehung nicht hinlänglich orientirt war. Wir haben hierüber das Nothwendige bereits vorhin angeführt, und brauchen Suarez gegenüber höchstens nur nur noch dieses zu bemerken: Wenn unsere Seele jetzt schon in ihrem Leibe eine solche Fülle der mannigfachsten Bewegungen erzeugt, in den Gliedern und Organen, im Blute, in den Muskeln und Nerven, warum sollte sie dann, nachdem der Leib ihr vollkommen dienstbar geworden, sie selbst aber mit neuen und höhern Kräften ausgestattet ist, nicht zu jenen neuen und höhern Leistungen im Leibe befähigt sein, die für das Hervortreten der fraglichen Erscheinungen erforderlich sind?

3) Man könnte übrigens unsern bisherigen Ausführungen noch einige anscheinende Schwierigkeiten entgegenstellen. Man könnte sagen, die Lichtbewegung sei mit einer materiellen Zersetzung verbunden, der

---

¹) Fit ergo (lux corporea) a solo Deo ut a principali agente. Et in ceteris beatis credibile est fieri media humanitate Christi ut instrumento. — — Ipse ergo Christus hoc efficiet vel per voluntatem suam vel per claritatem sui corporis cetera corpora clarificando. De claritate vero ipsiusmet corporis Christi probabilius est factam esse mediante anima eius ut instrumento per virtutem instrumentalem quam habet ad immutandum corpora praesertim suum. Neque est improbabile hanc instrumentalem virtutem communicari ceteris animabus beatis — — quamvis verior expositio sit, huiusmodi claritatem dici redundare a beatitudine animae non physice, sed proportione quadam, quia animae existenti in statu ita perfecto debita est similis seu proportionalis corporis perfectio. l. c.

Lichtentstehungsprozeß sei auch ein Verbrennungsprozeß, indem gewisse Elemente sich mit einem andern Elemente, und zwar meistens mit dem Sauerstoff, chemisch verbänden. Nun sei aber der auferstandene Leib incorruptibel, er scheide keine Theile aus, nehme auch keine neuen Theile in sich auf, und die sämmtlichen Elemente in ihm verharrten ganz unbeweglich in ihren Verbindungen. — Doch diese Schwierigkeit löst sich ungemein leicht. Denn möge auch der Regel nach der Lichtprozeß mit einem Verbrennungsprozesse verbunden sein, nothwendig ist dieses nicht. Nur eine entsprechende Bewegung oder Erschütterung der stofflichen Theile ist für die Entstehung des Lichtes nothwendig und wesentlich. Und die Verbrennung ist nur eine der Ursachen, welche den Stofftheilen diese Bewegung gibt, indem der heftige, gegenseitige Anprall der sich chemisch verbindenden Elemente alle ihre Atome in eine lebhaft schwingende Bewegung versetzt. — Aber es gibt in der Natur auch Lichterscheinungen und zwar großartige, brillante, die mit keiner Verbrennung und Zersetzung verbunden sind, die electrischen nämlich, vor allem das prachtvolle, den halben Himmelsraum durchblitzende Nordlicht. Das electrische Licht aber besteht lediglich in einer Bewegung und entsteht auch lediglich durch Bewegung, und von einer Verbrennung und Zersetzung hat sich auch nicht die leiseste Spur gezeigt. — Im auferstandenen Leibe wird also die im Leibe waltende niedere Seelenkraft, von Oben entsprechend ausgerüstet, den Stoffen des Leibes die erforderliche Bewegung geben, ohne daß ein einziges Molekül zersetzt, ohne daß ein einziges Atom aus seinem Verbande losgerissen wird.

Aber, so läßt sich weiter einwenden, mit einem intensiven Lichteffecte pflegen ebenso intensive Wärmeerscheinungen verbunden zu sein. Es dürfte aber doch mindestens in hohem Grade sonderbar sein, sich die verklärten Leiber als wärmespendende Körper vorzustellen. Ueberdies müßte die von ihnen ausgehende Gluth zersetzend auf ihre Umgebung, auf sie selbst aber störend, schmerzerregend einwirken. — Wir können auf diese Einwendung eine doppelte Antwort geben. Wir können zunächst annehmen, mit der Leuchtung des verklärten Leibes sei wirklich auch eine Wärmeentwickelung verbunden. „Auch Wärmeentbindung, schreibt Görres, schien bisweilen im Gefolge dieser Leuchtungen einzutreten; denn man fand einmal ihren (der h. Coleta)

Schleier versengt, obgleich kein Feuer nah und fern sich vorfand."[1]) Allein hierin kann doch keine Schwierigkeit gefunden werden. Auf den Leib selbst, der die Wärme producirt, würde diese in keiner Weise störend einwirken können, weder zersetzend, da er keiner Zersetzung mehr fähig ist, noch auch schmerzerregend, da er alle molekulare Bewegung in seiner Gewalt hat. Ohne eine molekulare Bewegung zum Gehirne hin ist aber eine Schmerzempfindung gar nicht möglich. Aus denselben Gründen würde der verklärte Menschenleib auch von jener Wärme nicht die leiseste Störung erfahren die etwa von andern verklärten Leibern auf ihn einwirken würde. Die übrigen Erd- und Himmelskörper aber würden durch die ihnen eigene Incorruptibilität hinlänglich geschützt sein. Obendrein würden die Seligen auch im Stande sein, nach ihrem Wohlgefallen die Wärmeentwickelung zu suspendiren. Denn, wie wir nachher sehen werden, hat ihr Wille das Hervortreten und Nichthervortreten mancher äußerer Verklärungsphänomene in seiner Gewalt.

Aber wir können diesem Einwande noch in einer andern Weise begegnen, die vielleicht noch zutreffender ist. Wärme und Licht sind freilich vielfach bei ihrem Auftreten miteinander verbunden. Aber daraus folgt nicht, daß sie identisch seien. oder daß diese Verbindung eine nothwendige sei. Sie lassen sich im Gegentheile recht wohl unterscheiden und müssen sogar unterschieden werden; denn wir haben sehr lebhafte Lichterscheinungen, wie z. B. an leuchtenden Thieren und beim Monde, die von keiner, wenigstens von keiner wahrnehmbaren Wärme begleitet sind, und andererseits sehen wir, daß Körper sehr bedeutende Mengen von Wärme ohne Lichterscheinungen anzunehmen und abzugeben fähig sind. Die Männer der Naturwissenschaft erklären diese Erscheinung in folgender Weise: Auch die Wärme, sagen sie, habe ihren Grund in der Schwingung körperlicher Stoffe und pflanze sich durch die Schwingungen des Aethers im Raume fort. Zwischen dem Lichte und der Wärme bestehe aber der Unterschied, daß bei dieser die Schwingungszahl und die Schwingungsweise eine andere sei, als bei jenem. Ein Licht und Wärme ausstrahlender Körper entsende also zwei Ordnungen von Schwingungen; ein Licht oder Wärme ausstrahlender Körper aber nur die eine

---

[1]) S. 322.

oder die andere Ordnung.¹) Es ist folglich eine ganz mögliche, vielleicht sogar wahrscheinliche Annahme, daß die verklärten Leiber zwar lebhafte Lichterscheinungen, aber keine, oder doch keine merklichen Wärmeerscheinungen aufweisen werden.

Wird aber nicht das Auge des Beschauers schließlich geblendet werden in Folge des gewaltigen Lichtglanzes, der aus der Ferne und aus unmittelbarster Nähe fortwährend und von allen Seiten auf dasselbe einwirkt? — Wir brauchen auf diese Frage kaum zu antworten. Unser Auge ist jetzt freilich nicht im Stande, lebhaftes Licht längere Zeit auf sich einwirken zu lassen, ohne eine Störung zu erfahren. Unser Organ ist eben noch leidensfähig und verweslich, und daher erzeugt eine lebhafte Lichtbewegung in ihm eine Zersetzung, die dasselbe für immer oder vorübergehend für seine Functionen unfähig macht. Aber das verklärte Auge ist auch der geringsten Zersetzung nicht mehr fähig, und daher wird all der Glanz der himmlischen Leiber nicht im Stande sein, auch nur die geringste Störung in ihm hervorzurufen. Der Eindruck dieses Lichtes auf das Auge und auf das Gefühl wird vielmehr süß und sänftigend sein, wie der h. Thomas bemerkt.²) Und je mächtiger und glanzvoller es auf das Auge einwirkt, desto deutlicher und klarer wird dieses den leuchtenden Körper und alle Theile desselben unterscheiden. Im Grunde müßte ja stets ein Körper dem Auge um so sichtbarer sein, je helleres Licht er demselben zusendet. Daß dieses im gegenwärtigen Leben nicht der Fall ist, hat seinen Grund eben in der Schwäche und Verweslichkeit unseres Auges, welches nur einen bestimmten Grad des Lichtes zu ertragen fähig ist; das unverwesliche Auge aber sieht um so schärfer und klarer, je heller und leuchtender das Licht. Eben dieses ist es, womit Suarez ganz richtig jene Einwendung beantwortet, welche in der Ueberfülle des Glorienlichtes ein Hinderniß der klaren Anschauung zu finden glaubte. Eine ganz klare und deutliche Anschauung der verklärten Leiber werde dem ver-

---

¹) Eisenlohr. S. 483. Lorscheid, Anorg. Chemie. S. 34. Schödler, Physik. S. 139 f. Nat. u. Offb. XV. S. 310. XIX. S. 7.

²) Offendit autem (claritas intensa), inquantum agit actione naturae, calefaciendo et dissolvendo organum visus et disgregando spiritus. Et ideo claritas corporis gloriosi, quamvis excedat claritatem solis, tamen de sui natura non offendit visum, sed demulcet. Suppl. q. 85. a. 2. ad 2.

klärten Auge ganz leicht sein, erwiedert er, denn das Glorienlicht werde dasselbe nicht verletzen, sondern zur Anschauung befähigen und stärken.[1]

4) Der gloriose Leib wird mit Glorienlicht umkleidet sein, und das Hervortreten eines solchen muß als möglich zugegeben werden, wie wir gezeigt haben. Fragen wir nun weiter, welches die Erscheinungsform, bez. welches die Erscheinungsformen dieses Lichtes seien, so kann nach dieser Seite hin vieles als möglich zugegeben, aber nur weniges mit Bestimmtheit behauptet werden. Nur dieses Eine ist sicher: Die Gerechten werden leuchten wie die Sonne im Reiche ihres Vaters. — Gleichwohl dürfte der Versuch nicht ganz zu tadeln sein, wenn wir auf jene Frage irgend eine bestimmtere Auskunft zu geben uns bemühen. Vor eitlen Phantasien werden wir uns selbstredend hüten müssen, und werden darum nur solche Dinge zur Annahme empfehlen dürfen, die wirklich etwas für sich haben, d. h. nur solche, die einerseits als naturwissenschaftlich möglich und haltbar sich darstellen und die andererseits gleichzeitig geeignet erscheinen, den Glanz und die Herrlichkeit der seligen Leiber in angemessener Weise zu steigern und zu vermehren. Denn alles dasjenige, welches diesen beiden Anforderungen entspricht, dürfte ebendeshalb nicht bloß als möglich, sondern geradezu als wahrscheinlich zu vertheidigen sein. Wenn nämlich die h. Schrift die zukünftige leibliche und geistige Herrlichkeit als so groß darstellt, daß sie über alles Empfinden und Ahnen hinausgehe, dann gehen wir gewiß nicht zu weit, wenn wir der Glorie der himmlischen Leiber alles das zuschreiben, was wir vernünftiger Weise von unserm allerdings sehr niedrigen engbegrenzten Standpunkte aus ihr zuschreiben können. Für die meisten Dinge werden wir uns übrigens auch auf das nicht zu unterschätzende Ansehen der h. Väter und der Theologen, nicht minder auch auf beglaubigte Thatsachen der christlichen Mystik berufen können.

Vorab muß aber noch etwas anderes in Erinnerung gebracht

---

[1] Sed hoc facillimum est ex dictis, quia illa lux corporis gloriosi non laedet oculum, sed confortabit potius. Unde etiamsi luceat, vel sui speciem emittat, non impediet oculum, quominus distincte colorem, figuram resque alias videre possit. l. c. n. 8.

werden. — Der auferstandene Christus zeigte sich nicht immer im Glanze seiner Klarheit; er verbarg ihn, wenn er nach seiner Auferstehung den Jüngern erschien, und wir ziehen hieraus mit Recht den Schluß, daß es von dem Wohlgefallen seines Willens abhing, das Licht seiner Glorie erscheinen oder nicht erscheinen zu lassen. Aehnlich verhält es sich mit der Gabe der Beweglichkeit, und schon früher machte uns Suarez darauf aufmerksam, daß es von der Freiheit Christi abhange, sich in der naturgemäßen Weise zu bewegen, oder in jener höhern Weise, die der Agilität eigenthümlich ist. Wir sind also zu dem Schlusse berechtigt, den auch die Theologen machen, daß es in der Macht aller Seligen stehen werde, die Gaben der Beweglichkeit und der Klarheit zu bethätigen oder nicht zu bethätigen. „Da alle Thätigkeit der verklärten Leiber in der Gewalt der Seligen ist, bemerkt Suarez, so sind sie nicht gezwungen, immer zu leuchten." [1] Dieselbe Anschauung vertritt auch der h. Thomas: „Die Klarheit des verklärten Leibes ist eine Frucht des freien Verdienstes und eben darum ist sie der Freiheit unterworfen, in dem Sinne, daß sie nach dem freien Wohlgefallen der Seligen erscheint und nicht erscheint. Und somit haben es die verklärten Leiber in ihrer Gewalt, ihr Licht zu zeigen oder zu verbergen." [2]

Steht es nun aber einmal fest, daß das Erscheinen oder Nichterscheinen des Glorienlichtes beim freien Willen der Seligen stehe, so dürfte nichts hindern, noch einen Schritt weiter zu gehen. — Das Licht, so hörten wir oben, entsteht durch die Bewegung der

---

[1] Quia omnis actio eorum (corporum) est in potestate ac voluntate beati, non necessario semper lucent. l. c. n. 7. Vgl. hiermit Disp. 48. sect. 1. n. 14, wo Suarez auf die Frage, ob es den Seligen möglich sein werde, einzelne Acte oder Aeußerungen der Glorie zeitweilig zu suspendiren, die Antwort gibt: Respondeo habere quidem beatos hanc perfectionem. — Tota haec ratio posita est in voluntate, ad quam spectat inferiores potentias movere, quae illi subiiciuntur. Fiet autem post resurrectionem, ut omnes illi subiiciantur. — — Sic igitur praedicta potestas erit in beatis — ex virtute animae, cui divinitus datum est, ut influxus in actiones suas sit in ipsius potestate et voluntate.

[2] Claritas corporis gloriosi provenit ex merito voluntatis et ideo voluntati subdetur, ut secundum eius imperium videatur vel non videatur, et ideo in potestate corporis gloriosi erit, ostendere claritatem suam vel occultare. Suppl. q. 75. a. 2. ad 3.

kleinsten Körpertheile, und von der Art dieser Bewegung hängt seine Farbe, von der Intensität derselben sein Glanz und seine Stärke ab. Ist nun aber die Bewegung, durch welche das Licht entsteht, in der Gewalt des freien Willens, dann scheint nichts näher zu liegen, als die Annahme, daß nicht bloß die Bewegung, sondern auch die Art und die Intensität derselben vom freien Willen abhängig sein werde. Daß aber hiermit die Möglichkeit einer ganzen Reihe der wundervollsten und lieblichsten Lichtphänomene gegeben sei, begreift sich ganz von selbst. — Man wende nicht ein, daß es unmöglich scheine, wie die Art und Zahl derartiger stofflicher Schwingungen vom freien Willen des Menschen abhängig sein könne. Es ist dieses recht wohl denkbar, und die Möglichkeit einer solchen Annahme erscheint im Gegentheile sehr nahe liegend. Haben wir ja im Reiche der Töne schon jetzt eine ganz analoge Erscheinung. Auch die Art und die Intensität des Tones hängt von der Schwingungsweise des Organes, der Stimmbänder ab. Und es bedarf gar keiner langen Experimente und keiner mathematischen Berechnung, um vermittelst solcher Schwingungen die größte Mannigfaltigkeit der Töne, die lieblichsten und wechselvollsten Melodien zu produciren. Der Schöpfer hat einmal unsere Natur so eingerichtet, daß der Wille mit der größten Leichtigkeit vermittelst der niedern Seelenkräfte jene Bewegung hervorbringt, die zur Erzeugung der mannigfaltigsten Töne und Melodien erforderlich sind. Hat also der vollendende Gott einmal dem Willen Kraft gegeben, durch die niedern Seelenpotenzen eine Lichtbewegung im Leibe zu erzeugen, so begreift es sich ebenso leicht, daß er ihm auch Gewalt geben könne, diese Bewegung in der verschiedenartigsten Weise zu modificiren und dadurch die mannigfaltigsten Lichttöne, ja eine ganze Reihe der wundervollsten, wechselvollsten und lieblichsten Farbenharmonien zur Erscheinung zu bringen.

5) Als regelrechter Lichtschmuck des verklärten Leibes dürfte das weiße Licht festzuhalten sein, also jenes Licht, welches sich aus den früher genannten sieben einfachen Farben zusammensetzt. Sagt ja die h Schrift, daß des verklärten Christus Antlitz geleuchtet habe, wie die Sonne, und verheißt sie es uns ja wiederholt, daß die Seligen erglänzen werden wie die Sonne im Reiche ihres Vaters. — Nun fragt es sich aber — und schon die alten Theologen beschäftigen sich mit dieser Frage —, wie sich die natürlichen Farben

des menschlichen Körpers zu jenem Lichte verhalten werden. Es handelt sich also, wenn wir den Leib zunächst äußerlich betrachten, vorzugsweise um die rothe Farbe, die z. B. dem menschlichen Antlitze seinen Reiz und seine blühende Schönheit gibt. Werden die natürlichen Körperfarben unter dem Einflusse jenes Lichtes bestehen bleiben und bestehen bleiben könnnen? — Sie werden bestehen bleiben, antwortet der h. Thomas, denn die Glorie zerstört die Natur nicht, sondern vervollkommnet sie. Und da dem Körper und den einzelnen Körpertheilen von Natur aus eine bestimmte Farbe gebührt, so wird dieselbe bleiben, wird aber durch die Glorie in höherm Glanze erstrahlen.[1]) Die Möglichkeit dieser Annahme aber erklärt sich ohne besondere Schwierigkeit. Wir müssen nur wieder einige naturwissenschaftliche Bemerkungen einschalten, um dieses und einiges andere, welches uns im weitern Verlauf unserer Darstellung noch begegnen wird, verstehen zu können. —

Die mannigfaltigen Farben, mit denen wir die an sich dunklen Körper geschmückt sehen, erklären sich aus der verschiedenen Art und Weise, wie sich jene Körper dem auf sie fallenden Lichte der Sonne oder anderer leuchtender Körper gegenüber verhalten. Die von der Sonne ausgehenden zusammengesetzten weißen Strahlen oder weißen Lichtwellen pflanzen sich nicht bloß durch den Aether fort, von dem der freie Raum angefüllt ist, sondern sie bemühen sich, auch in die festen Körper einzudringen, deren Poren dem Gesagten zufolge gleichfalls mit Aether angefüllt sind. Nun ist aber der in den Poren der Körper eingeschlossene Aether durchgehends anders disponirt, als der draußen befindliche, er ist von größerer oder geringerer Dichtigkeit, Elasticität, Widerstandsfähigkeit, und ebendarum ist sein Verhalten der auf ihn einwirkenden Lichtbewegung gegenüber ein ganz verschiedenartiges. Es gibt Körper, welche das auffallende weiße Licht vollkommen zurückwerfen, und diese Körper erscheinen weiß; es gibt andere Körper, welche das auffallende Licht gänzlich aufsaugen, absorbiren, gewissermaßen in ihrem Innern unterdrücken, ohne irgend etwas zu reflectiren, und diese Körper

---

[1]) Corporis gloria naturam non tollet, sed perficiet. Unde color, qui debetur corpori ex natura suarum partium, remanebit in eo, sed superaddetur claritas ex gloria animae. Suppl. q. 85. a. 1. ad 3.

erscheinen schwarz. Noch andre Körper lassen das aufgenommene Licht mehr oder weniger vollkommen durch sich hindurchgehen und reflectiren nur einen größern oder geringern Theil desselben, und dieses sind die mehr oder weniger **durchsichtigen** Körper. Wieder andere Körper endlich absorbiren alle Farben des auf sie fallenden zusammengesetzten weißen Lichtes mit Ausnahme einer einzigen, welche sie reflectiren, und das gilt von den meisten Körpern, die, von weißem Lichte beschienen, **farbig**: roth, blau, grün u. s. w. dem Auge sich darstellen. [1]

Wie wir soeben hörten, wird das Hervortreten mancher Verklärungsphänomene, auch des Glorienlichtes, vom freien Willen der Seligen abhängig sein. Im Falle also der verklärte Leib den Glanz seiner Glorie nicht bethätigt, wird er in den natürlichen Farben erscheinen, indem er sich dem von Außen kommenden Lichte gegenüber geradeso verhält, wie jetzt. — Wie aber — und damit kehren wir zu der oben gestellten Frage zurück, — wenn er in seiner Glorie erstrahlt? — Dann wird die Glorie, wie der h. Thomas sagte, die Natur nicht zerstören, sondern vervollkommnen, mit andern Worten: Der Leib wird durch die entsprechende Bewegung seiner kleinsten Theile Strahlen erzeugen, welche durch ihre Farbe der natürlichen Farbe des betreffenden Körpertheiles entsprechen. Und das Antlitz beispielsweise dürfte also von lieblichem Purpurschein umleuchtet sein, während für den übrigen Leib sich das weiße Licht im Großen Ganzen am besten schicken würde. — Dabei bleibt dann aber die Möglichkeit bestehen, daß der verklärte Leib zuweilen auch in anderm Lichte und in anderer Farbe erscheine, zu seiner eigenen größern Verherrlichung und zur beseligenden Anschauung aller Heiligen. „Es ist dies Licht, schreibt Görres, weil unter dem Anhauch einer höhern, überirdischen Macht entquollen, auch in der Ueberkraft des Himmels ausgestattet, und daher die irdischen Sinne blendend. Es ist darum auch in der Regel **weiß**, weil das Weiße die reine, ungetrübte Hellung ausdrückt; weil jedoch roth seinerseits wieder die wärmste, schnellkräftigste aller gefärbten Leuchtungen darstellt, ist es ausnahmsweise wohl auch mitunter roth erschienen. So sahen die Schwestern im Claraklofter zu Ferrara einst zu Weihnachten die

---

[1] Eisenlohr. S. 236; 253; 285. Koppe. S. 323 f. 336 f.

h. Catharina von Bologna mit einem hellen Glanze umgeben wie in einer rothen Flamme stehen, so daß keine sie mit stetem Auge anzusehen vermochte." [1]) Die hier erzählte Begebenheit darf wohl mit Grund als ein Fingerzeig für die Zukunft angesehen werden. Und wie die genannte Heilige hier auf Erden in rothem Glanze erschien, so dürfte dieselbe Farbe auch den verklärten Leibern im Jenseits als vorübergehende Zierde zuzusprechen scheinen. Was aber von dem rothen Lichte gilt, dürfte dann auch von den übrigen Farben, in ihren Grundtönen sowohl, als auch in ihren zahllosen Nüancirungen mit demselben guten Grunde anzunehmen sein. Ja, es steht der Annahme nichts im Wege, daß es den Heiligen möglich sein werde, von den verschiedenen Körpertheilen aus zu gleicher Zeit verschiedenes Licht und verschiedene Farben zu entsenden, so zwar, daß ihre Leiber in einem Glorienlichte erscheinen, welches im lieblichsten Wechsel die wundervollsten Farbentöne und Farbenharmonien in sich vereinigt. — Dazu kommt, daß es ihnen ebenfalls möglich sein dürfte, auch bei demselben Lichte und bei denselben Farben rücksichtlich der Intensität die verschiedensten Stufen zur Anschauung zu bringen, vom leichtesten, anmuthigsten Schmelz bis zum großartig und herrlich aufflammenden Strahlenglanz. Beobachtungen in der Mystik geben auch dieser Annahme einen neuen Halt. „Je nach der Verschiedenheit der Ekstatischen, bemerkt nämlich Görres, je nach dem Grade der Verzückung und nach der Modalität der sonstigen innern Zustände erscheint die Leuchtung gemäßigter und durch viele Abstufungen hindurch allmählich zu einem bloßen Schimmer hinab erbleichend." [2])

6) Ein besonderer Glorienschmuck dürfte dem Haupte der Seligen zuzuschreiben sein. Hören wir hierüber, wenigstens dem Auszuge nach die schöne Darstellung des h. Thomas: Man stellt

---

[1]) Görres. S. 331 f.
[2]) S. 316. — In Dante's göttlicher Comödie, III. Theil, 24. Gesang V. 10 ff. heißt es:

> Beatrix so, und jene wonn'gen Seelen
> Umschwangen Sphären gleich auf festen Polen
> Sich, mächtig flammend nach Kometenweise."

Dazu bemerkt Philalethes: „Schon oft sahen wir, daß ein solches Aufflammen ein Zeichen erhöhter Wonne in den seligen Geistern ist." —

die himmlische Seligkeit nicht selten unter dem Bilde einer Krone dar, und der diesem Bilde zu Grunde liegende Gedanke ist wahr und wohlbegründet. Das Leben der Christen hier auf Erden ist ja ein fortgesetzter Kriegsdienst, und der Lohn, der dem siegreichen christlichen Kämpfer zu Theil wird, kann darum mit gutem Grunde eine Krone (corona sive aurea) genannt werden. Die Krone ist überdies ein Zeichen königlicher Herrschaft, und der Selige des Himmels ist ja im Besitze königlicher Würde und königlicher Herrschaft, da er in seiner Seligkeit Antheil an der Gottheit und ebendamit auch an Gottes königlicher Macht und Herrlichkeit gewinnt.[1] — Aber mögen auch alle Himmelsbewohner Sieger sein, manche aus ihnen haben im Kampfe in ganz besonderer Weise sich hervorgethan; und weil dem besonderen Verdienste ein besonderer Lohn entspricht, so wird den hervorragensten Kämpfern Christi außer der allen gebührenden wesentlichen oder essentiellen Seligkeit (corona, aurea) noch eine besondere accidentelle Seligkeit zu Theil werden. Und wie die wesentliche unter dem Bilde einer Krone dargestellt wird, so kann auch für die accidentelle dieselbe Symbolik festgehalten werden. Weil aber dasjenige, was dem Wesentlichen beigegeben wird, geringer ist, als das Wesentliche, so drücken wir die wesentliche Seligkeit durch das Wort corona oder aurea aus, die außerwesentliche dagegen durch das Deminitivum aureola d. h. Krönchen.[2] Unter der aurea verstehen wir demnach jene Seligkeit, die in der himmlischen Verbindung mit Gott wesentlich ihre Wurzel hat; unter der aureola aber jene besondere selige Freude, die aus den Werken quillt, welche den Character eines besonderen Heroismus an sich tragen.[3]

---

[1] Praemium essentiale hominis, quod est eius beatitudo, consistit in perfecta coniunctione animae ad Deum, inquantum eo perfecte fruitur ut viso et amato perfecte. Hoc autem praemium metaphorice corona dicitur vel aurea, tum ex parte meriti, quod cum quadam pugna agitur —, tum etiam ex parte praemii, per quod homo efficitur quodammodo divinitatis particeps et per consequens regiae potestatis —: corona est autem proprium signum regiae potestatis. Suppl. q. 96, a. 1.

[2] Et eadem ratione praemium accidentale, quod essentiali additur, coronae rationem habet. — — Sed quia nihil potest superaddi essentiali, quin sit eo minus, ideo superadditum praemium aureola nominatur. l. c.

[3] Et sic dicendum est, quod aureola dicit aliquid aureae superaddi-

Drei Klassen von Seligen sind es nun gemäß der fernern ausführlichen Darstellung des h. Lehrers, welche auf Erden einen besondern Sieg errungen haben und denen ebendeßhalb die besondere Krone, die aureola gebührt: Den h. Jungfrauen, den h. Martyrern und den h. Lehrern der Kirche. Den h. Jungfrauen gebührt eine besondere Krone wegen des besonderen Sieges, den sie, die h. Jungfräulichkeit unbefleckt bewahrend, über das Fleisch davongetragen haben. Sie gebührt auch den Martyrern; denn siegten die Jungfrauen über alle innern Anfechtungen, so überwanden sie alle äußern: Marterpein und Martertod. Dazu kommt noch, daß sie für die gerechteste Sache gestritten und gelitten haben, die es nur gibt, für die h. Sache Jesu Christi, für Jesus Christus selbst. Endlich gebührt auch den h. Lehrern und Predigern der Kirche die besondere Krone, weil sie durch Lehre und Predigt glorreiche Siege über Satan davongetragen.[1]) —

Hiernach wendet sich der h. Lehrer zu der Frage, ob die besondere Krone bloß dem Geiste angehören, oder ob ihr auch ein besonderer leiblicher Schmuck entsprechen werde. Er antwortet: die aureola hat ihren Sitz zunächst in der Seele, sie ist ja eine besondere, geistige Freude. Aber wie der wesentlichen Himmelsfreude der leibliche Glorienschein überhaupt entspricht, so wird auch diese besondere Freude sich im Leibe in besonderer Weise wiederspiegeln, und so wird der besonderen geistigen Freude ein besonderer leiblicher Schmuck entsprechen.[2]) — Wie aber sollen wir uns diese besondere leibliche

---

tum, i. e. quoddam gaudium de operibus a se factis, quae habent rationem victoriae excellentis; quod est aliud gaudium ab eo, quo de coniunctione ad Deum quis gaudet, quod gaudium aurea dicitur. l. c.

[1]) Quum per virginitatem singularis quaedam victoria contra carnem obtineatur, virginibus, quibus propositum fuit virginitatis perpetuo servandae, aureola merito debetur. l. c. a. 5. Conclusio.

Quemadmodum virginibus, sic et martyribus aureola debetur tum propter victoriam passionum martyrii, tum propter causam pugnae — —, quae scilicet est ipse Christus. l. c. a. 6.

Sicut virgines et martyres, ita doctores aureolam consequuntur propter victoriam, quam obtinent adversus diabolum per praedicationem et doctrinam. l. c. a. 7. Conclusio.

[2]) Aureola proprie est in mente; est enim gaudium de operibus illis, quibus aureola debetur. Sed sicut ex gaudio essentialis praemii, quod est

Krone denken?. — Es scheint, daß wir uns dieselbe, die eigentliche Bedeutung des Wortes festhaltend, als einen besonderen, das Haupt umgebenden und krönenden Lichtschmuck vorstellen dürfen: eine Vorstellung, die der gangbaren Anschauung des christlichen Volkes vollkommen entspricht, für das Gemüth etwas ungemein Anziehendes hat, und für welche auch die Mystik bedeutungsvolle Anhaltspunkte darbietet. Denn nicht selten ist es beobachtet worden, wie gerade das Haupt ausgezeichneter Diener Gottes mit besonderem Lichtschmucke umgeben war, bald mit lichten Flammen, bald mit schimmerndem Lichtgewölk, bald mit glänzenden Strahlen, oder auch mit einem funkelnden Lichtreif, oder mit hellleuchtenden Sternen.[1]) — Es versteht sich übrigens von selbst, daß die Häupter aller Seligen an der allgemeinen Klarheit des Leibes participiren werden. Aber bei den drei genannten Klassen von Heiligen würde dann der Glorien=schmuck des Hauptes eine besondere, sie auszeichnende Form und Gestalt annehmen; er würde entweder bei ihnen allein die Form der Krone haben, oder, sollte diese Form bei allen vertreten sein, so würde doch bei ihnen allein die Krone von einer besondern Schönheit und von einem besondern Glanze sein.

Im folgenden Artikel erläutert der h. Thomas dann noch ein=gehender, warum gerade diesen drei Klassen von Heiligen die be=sondere Krone gebühre. Und er antwortet: Es gebe nur drei Feinde, gegen welche die christlichen Kämpfer zu streiten hätten, gegen das Fleisch, gegen die Welt und gegen den Teufel; nur die genannten drei Klassen von Heiligen aber hätten über je einen dieser Feinde einen ganz besondern Sieg davon getragen. Die h. Jungfrauen über das Fleisch, denn sie hätten gerade über denjenigen Trieb vollkommen gesiegt, der am schwersten zu besiegen sei; die h. Martyrer über die Welt, denn die schwerste Verfolgung, welche von der Welt ausgehen könne, bestehe in der Verhängung von Marterpein und Martertod; die h. Lehrer über den Teufel, denn es sei ein ganz besonderer Sieg

---

aurea, redundat quidam decor in corpore, qui est gloria corporis, ita ex gaudio aureolae resultat aliquis decor in corpore, ut sic aureola principa-liter sit in mente, sed per quamdam etiam redundantiam refulgeat in cor-pore. l. c. a. 10.

[1]) Görres. S. 311. 323. 326.

über den Satan, wenn jemand nicht bloß selbst über den Erzfeind siege, sondern auch andere zum Siege führe. (a. 11.) Nachdem dann der h. Lehrer noch darauf hingewiesen, daß die aureola der Martyrer von den dreien die vorzüglichere zu sein scheine, einmal wegen des schweren und blutigen Kampfes, dann auch mit Rücksicht auf einen Fingerzeig der h. Kirche, welche bei der Aufzählung ihrer Heiligen die Martyrer den Doctoren und Jungfrauen voranstelle (a. 12), schließt er mit der Bemerkung, hiervon abgesehen sei im Uebrigen festzuhalten, daß nach der Größe des Verdienstes sich auch der Glanz der aureola richten werde, wie ja auch der Glanz der aurea durch die Größe und Fülle der Verdienste bedingt sei (a. 13).

7) Die hauptsächlichsten Fragen, welche rücksichtlich der zweiten Verklärungsgabe sich ergeben, haben, so viel wir hoffen, in den vorstehenden Bemerkungen ihre Erledigung gefunden. Doch werden von den Vätern und Theologen noch manche andere aufgeworfen, von denen wenigstens die eine oder die andere erwähnt zu werden verdient. — Suarez stellt die Frage, ob die Klarheit bloß auf der Oberfläche der seligen Leiber residiren, oder ob sie, auch das Innere derselben ergreifend, sie mehr oder weniger transparent oder durchsichtig machen werde. Suarez behauptet das Letztere und beruft sich dafür auf die Lehre der Theologen und der Väter, von denen er den h. Gregor den Großen, Augustin, Laurentius Justiniani, Thomas, Palndanus u. A. namhaft macht.[1]) Väter und Theologen begründen diese Sentenz auf speculativem Wege, indem sie behaupten, eine solche Transparenz des Körpers erscheine in hohem Grade congruent. Denn erst durch sie werde die ganze innere Vollkommenheit des Organismus, sein innerer Bau, sein ganzes inneres Leben und Weben dem Auge sichtbar gemacht. Ebendadurch aber offenbare der Leib vor den Augen der Seligen die große Weisheit Gottes, die mit so großer Kunst einen solchen Wunderbau aufgeführt, und diene also in hohem Grade der größeren Ehre und Verherrlichung des Schöpfers. — Einzelne Theologen sind freilich entgegengesetzter

---

[1]) Dico, hanc claritatem futuram esse in omnibus partibus corporis gloriosi, nec solum in externa superficie, sed in tota profunditate. — — Decet autem, ut omnes eius partes hanc illius gloriam participent. l. c. n. 2 et 3.

Ansicht, fährt Suarez fort, z. B. der h. Bonaventura, Scotus und
Durandus; aber ihre Einwendungen sind von keiner erheblichen Be=
deutung. Sie wenden z. B. ein, die verschiedenen Färbungen der
innern Theile würden durch das Glorienlicht verwischt werden, und in
Folge dessen würden diese Theile gar nicht mehr unterschieden wer=
den können, so daß gerade in Folge dieses Lichtes die innere Be=
schaffenheit des Organismus völlig unkenntlich werden müßte. Suarez
gibt hierauf die im Ganzen richtige Antwort, daß strahlendes Licht
und die eigenthümlichen innern und äußern Farben durchsichtiger
Körper recht wohl vereinbar seien, wie man an farbigen Krystallen
ersehe, wenn sie vom Sonnenlichte beschienen würden.[1]) Besser aber
ist die Antwort des h. Thomas, daß das Glorienlicht eben die den
innern Theilen entsprechende Färbung haben werde und daß darum
diese Theile um so bestimmter hervortreten und um so deutlicher er=
kennbar sein würden.[2]) — Auch wurde von den Vertretern der an=
dern Ansicht eingewendet, daß die Dichtigkeit des menschlichen Leibes
die Durchsichtigkeit desselben unmöglich machen müsse. Darauf er=
wiedert Suarez, es gebe Körper von ebenso großer Dichtigkeit, als
der Menschenleib, z. B. Glas und Krystall, und dennoch sei ihre
Dichtigkeit kein Hinderniß für das Licht, welches alle ihre innern
Theile durchdringe. Daher werde Gottes Macht auch dem Menschen=
leibe jene Verfassung geben können, welche sein ganzes Innere für
die Aufnahme des Lichtes vollkommen empfänglich mache.[3]) —

Und gewiß! vom naturwissenschaftlichen Standpuncte wird eine
Durchsichtigkeit des menschlichen Leibes, freilich bei einer entsprechenden
Ausrüstung desselben, als möglich zugegeben werden müssen. Denn
wir hörten oben, daß nach Lehre der Naturwissenschaft die Durch=
sichtigkeit oder Nichtdurchsichtigkeit des Körpers nicht so sehr von
der Dichtigkeit seiner Masse, als vielmehr von der Beschaffenheit
des in seinen Poren befindlichen Aethers abhängig ist. Sollte also,
was Väter und Theologen vielfach annehmen, der verklärte Leib wirk=

---

[1]) l. c. n. 5.

[2]) Claritas ab anima in quamlibet partem corporis redundabit secundum suum modum. Unde non est inconveniens, quod diversae partes habeant diversimode claritatem, secundum quod sunt diversimode dispositae
ex sui natura ad ipsam. Suppl. q. 85. a. 1. ad 4.

[3]) l. c. n. 6.

lich und zwar andauernd durchsichtig sein, so würde selbstverständlich der in seinen Poren eingeschlossene Aether von vornherein bei der Auferstehung jene Beschaffenheit erhalten müssen, die zu dem gedachten Zwecke nothwendig ist. Doch dürfte der Annahme nichts im Wege stehen, daß es im Belieben der Seligen stehe, ihrem Leibe vorübergehend diese Verfassung zu geben. Natürlich müßte dann ihnen selbst die Fähigkeit eingeräumt werden, auf die Disposition des in ihrem Leibe enthaltenen Aethers, auf seine Dichtigkeit und die von der Dichtigkeit abhängige Elasticität und Widerstandsfähigkeit einen verändernden Einfluß ausüben zu können. Und dieses würde, wie es scheint, durch eine Erweiterung bez. Verengung der Poren geschehen müssen, die der gloriöse Leib durch eine größere Expansion oder Contraction seiner Moleküle bewerkstelligen könnte. Hängt ja von der Größe der Poren die Dichtigkeit und von dieser die größere oder geringere Elasticität des in ihnen befindlichen Aethers ab. Wir können mit Bestimmtheit über diese Dinge nicht urtheilen und erinnern bloß daran, daß der verklärte Leib allseitig und vollkommen der Herrschaft seiner Form, der Seele unterstehen wird. — Uebrigens ist diese Frage auch von keiner weitgehenden Bedeutung; und die noch subtileren Fragen, welche die Scholastik aufwirft, z. B. in welchem Grade die verklärten Leiber durchsichtig sein würden, ob und in welchem Grade es möglich sein werde, durch sie hindurch andere verklärte und nicht verklärte Körper wahrzunehmen, dürfen wir ruhig dahingestellt sein lassen.[1]) Wir lassen nur noch in wenigen Worten die Erzählung einer Begebenheit folgen, die sich bei Görres findet: Als der h. Aegidius einst in Santarem im Chore sich befand und die Annäherung der Ekstase fühlte, war er schnell zur Sacristei geeilt, aber an der verschlossenen Thüre von dem Geiste ergriffen vor ihr hingesunken. Elvira Duranda, eine fromme Frau, war zufällig hingekommen und sah ihn durch ein kleines Fensterlein in jenem Zustande. Wie sie nun eine Weile so gestanden, erblickte sie eine Säule des glänzendsten Lichtes auf ihn niedersteigen, die in ihn eindringend, seinen ganzen Körper also durchleuchtete, daß er nicht anders als der reinste vom Sonnenlicht durchschienene Krystall erglänzte. Staunend stand sie in den wundersamen Anblick vertieft,

---

[1]) Vgl. Suarez a. a. O. n. 7.

bis nach Verlauf von zwei Stunden das Licht allmählich verschwand.[1]

8) Schließlich untersuchen die Scholastiker noch, ob es den Verklärten möglich sei, ihre Anwesenheit fremden Augen gänzlich zu verbergen, also sich unsichtbar zu machen. Auch diese Frage dürfte eine weitergehende Bedeutung kaum haben, und man kann darüber in Zweifel sein, ob es irgend einen Grund gebe, der die Mittheilung einer solcher Fähigkeit an die Seligen congruent erscheinen lasse. Doch dürften immerhin einige Bemerkungen über die innere Möglichkeit eines solchen Phänomens am Platze sein. — Ein Körper ist dadurch sichtbar, daß er von allen Theilen seiner Oberfläche Strahlen in unser Auge sendet. Soll also der gloriöse Leib dem Beschauer unsichtbar werden, so ist natürlich vorab erforderlich, daß er sein eigenes Licht verberge, den Act der Klarheit suspendirend. Doch genügt dieses nicht, da er, von fremdem Lichte beschienen und dieses von allen Theilen reflectirend, noch immer vollkommen sichtbar ist. Der gloriöse Leib dürfte also das auf ihn fallende Licht nicht reflectiren, sondern müßte es in sich aufnehmen, um es vollkommen durch seine Masse hindurchzulassen. Eine bloße Absorption des Lichtes würde nicht hinreichen, denn in diesem Falle würde der Körper gemäß unserer früheren Auseinandersetzung inmitten des erleuchteten Raumes sich in schwarzer Farbe darstellen und würde folglich nach wie vor sichtbar sein. Erst die ganz vollkommene Durchsichtigkeit würde ihn unsichtbar machen. Er müßte also den in seinen Poren befindlichen Aether in der vorhin angegebenen Weise so disponiren, daß er dem draußen befindlichen völlig conform wäre. Unter solcher Voraussetzung würden dann die auffallenden Lichtstrahlen außer dem Körper und im Körper ein ganz gleiches und ganz gleichgeartetes Medium antreffen; sie würden in Folge dessen, ohne gebrochen zu werden, und ohne daß ein Theil ihres Lichtes zurückgeworfen würde, vollständig ungehindert ihren Weg durch die Masse des Körpers hindurchnehmen, und der Körper würde vollständig unsichtbar sein. — Schon einzelne unserer empirischen Körper, wie z. B. Luft, Wasser, Glas, Krystall haben oder erreichen bisweilen einen Grad von Durchsichtigkeit, der sie für unser Auge fast unsichtbar macht; und wenn sie es nicht

---

[1] S. 311.

gänzlich sind, so hat dieses seinen Grund darin, weil sie wenigstens einen geringen Theil des auf sie fallenden Lichtes reflectiren und in unser Auge senden. — Auch im Leben der Heiligen sind, wie es scheint, Fälle dieser Art vorgekommen. Görres nennt unter anderen den h. Hermann Joseph von Steinfeld, den sel. Franziskaner Nevelo, den Presbyter Lucianus und die h. Bona, bemerkt aber dabei, daß die Angaben in den Quellen, aus denen er geschöpft habe, etwas Ungewisses und Schwankendes an sich hätten, und daß folglich die fraglichen Begebenheiten nicht denselben Grad von Authenticität besäßen, als die übrigen Thatsachen, die er aus dem Gebiete der Mystik mitgetheilt habe. Doch sei die **Möglichkeit** solcher Phänomene nicht zu bestreiten, fügt er hinzu, und es liege nichts Widersinniges in ihnen: „Aehnliches sehen sehen wir in der äußern Natur in vielen Naturprozessen sich ereignen und zu einem analogen Ergebniß führen. Ein Körper, in derselben Masse von Materie ausgestaltet, kann undurchsichtig oder durchsichtig sein, jenachdem er sich dem Lichte verschließt, oder ihm sich in allen seinen Tiefen öffnend, von ihm sich umfassen und befassen und umleuchten läßt. Je undurchsichtiger er aber nun erscheint, um so mehr wird er in dieser seiner Masse sichtbar werden; je durchsichtiger, um so unsichtbarer, so daß, was gänzlich von Licht durchdrungen und völlig durchsichtig wäre, auch ganz unsichtbar werden würde." [1]

[1] S. 339 ff.

Achte Abtheilung.
Die die Thätigkeit des Leibes vervollkommenden Verklärungsattribute.

§ 28.
Die Behendigkeit und ihre Erscheinungsformen; Begründung und Erklärung derselben.

1) Während durch die Gaben der Leidensunfähigkeit und Klarheit der Leib in seinem substantiellen und accidentellen Sein in übernatürlicher Weise vervollkommnet wird, geht der Zweck der beiden übrigen Attribute, der Behendigkeit und der Durchdringungsfähigkeit dahin, ihn in seiner Thätigkeit, speciell in seiner Bewegung, zu vervollkommnen, damit zwischen ihm und der verklärten Seele allseitig das entsprechende Verhältniß hergestellt werde. Wir erklärten das dritte Attribut früher dahin, daß wir sagten, unter der Behendigkeit sei jenes Vermögen zu verstehen, kraft dessen die Seligen fähig seien, ihre Leiber innerlich und äußerlich ganz nach ihrem Wohlgefallen mit Leichtigkeit und Schnelligkeit zu bewegen. Wie Suarez bemerkt, stimmen auch die sämmtlichen Theologen in dieser Begriffsbestimmung vollkommen überein.[1]) Oswald freilich bezieht im Anschlusse an das paulinische δύναμις die dritte Verklärungsgabe auf "Gesundheit und Lebensfülle des Leibes (vigor) und auf den expediten Gebrauch der Glieder desselben", und fügt die Bemerkung hinzu: "Der h. Thomas rechnet hierzu auch eine gewisse Beweglichkeit (agilitas) des Leibes, kraft welcher ihm nach Weise

---

[1]) Agilitatis dotem omnes theologi explicant per modum cuiusdam facultatis ad motum localem expedite, velociter ac facile exercendum. Disp. 48. sect. 4. n. 1.

des Geistes Ortsveränderung durch den bloßen Willen möglich wird."[1]) Dagegen dürfte aber zu bemerken sein, daß, obgleich das paulinische δύναμις an und für sich ohne Frage diese Deutung zuläßt, „Gesundheit, Kraft und Lebensfülle" doch wohl mit größerem Rechte der ersten Verklärungsgabe zuzuweisen seien. Es ist freilich richtig, daß sich auch in der dritten Verklärungsgabe die Lebenskraft des gloriösen Leibes documentirt, aber sie thut dieses nicht überhaupt, sondern nur nach einer besondern Richtung hin, insofern sie die Fähigkeit zu einer wesentlich gesteigerten innern und äußern Bewegung gibt. Der h. Thomas wenigstens, den Oswald erwähnt, zieht nicht auch eine gewisse Beweglichkeit des Leibes hierher, sondern hat es bei der Besprechung des dritten Attributes ausschließlich mit derselben zu thun. Dasselbe gilt, wie schon angedeutet, von Suarez und den übrigen Theologen, und es dürfte sich demnach empfehlen, die bei den Theologen herrschende Begriffsbestimmung hier festzuhalten. — Führen wir uns also vorab die Lehre der h. Schrift und der Väter vor; denn aus ihr läßt sich einerseits die Realität der Behendigkeit als einer besondern Verklärungsgabe überzeugend nachweisen, und andererseits werden wir so mit den einzelnen Erscheinungsformen derselben bekannt werden, deren Erklärung und Begründung sich dann naturgemäß von selbst anschließt.

2) Schon das alte Testament enthält Andeutungen, welche von den Theologen und h. Vätern mit gutem Grunde für unsere Frage verwerthet werden. So heißt es bei Isaias von den Gerechten: „Sie werden Stärke eintauschen und werden Flügel annehmen wie die Flügel des Adlers, sie werden laufen ohne zu ermüden, sie werden wandeln, ohne zu ermatten."[2]) Und im Buche der Weisheit: „Die Gerechten werden leuchten und wie Feuerfunken im Röhricht werden sie einhergehen."[3]) Unermüdlichkeit in der Bewegung, Leichtigkeit, Schnellig-

---

[1]) (Esch. S. 317.

[2]) Mutabunt fortitudinem, assument pennas sicut aquilae, current et non laborabunt, ambulabunt et non deficient. Isai. 40, 31. Vgl. die Commentare des h. Hieronymus und des h. Augustinus zu dieser Stelle; ebenso Suarez a. a. O. n. 5 ff. und Thomas Suppl. q. 84. a. 2. — 4. c. gent. c. 86.

[3]) Fulgebunt justi et tamquam scintillae in arundineto discurrent. Sap. 3. 7.

keit, Flugkraft, alles dieses findet in diesen beiden Texten seine hinlänglich klare Aussprache. — Auch das neue Testament enthält einige hierher gehörige Aussprüche: „Die Kinder der Auferstehung werden den Engeln gleichförmig sein", heißt es bei Luk. 20, 36 und wir schließen hieraus, daß die Kinder der Auferstehung wie in andern Stücken, so auch mit Rücksicht auf die locale Bewegung eine möglichst große Conformität mit den reinen Geistern erhalten werden. Dann darf auch das Wort des h. Paulus I. Cor. 15, 43 nicht übergangen werden, wo er sagt: „Gesäet wird der Leib in Schwäche, auferstehen wird er in Kraft." Steht nämlich der Leib überhaupt in Kraft auf, dann wird diese Kraft vor allem auch in der Art seiner Bewegung sich manifestiren müssen. Endlich muß auch noch auf die Stelle I. Thess. 4, 16 hingewiesen werden, wo der Apostel von den auferstandenen und den bei Christi Ankunft noch lebenden Gerechten sagt: „Und es werden die Todten in Christo zuerst auferstehen; alsdann werden wir, die Lebenden, die wir übrig geblieben sind, zugleich mit ihnen hinweggerafft werden auf Wolken dem Herrn entgegen in die Luft, und so werden wir immerdar mit dem Herrn sein."

Von großer Bedeutsamkeit sind zudem die Phänomene, welche wir an dem auferstandenen und verklärten Christus hervortreten sehen. Dem Gesetze der Schwere überhoben wandelt er über dem Wasser; mit der Schnelligkeit des Gedankens erschien er und verschwand er wieder; aus eigener Kraft erhob er sich von der Erde und schwang sich zum Himmel hinauf; am Tage des Gerichtes aber wird er wiedererscheinen, thronend auf den Wolken des Himmels, umgeben von seinen h. Engeln, in großer Pracht und Majestät. — Was also schon das alte Testament andeutungsweise ausspricht, das finden wir im neuen Testamente bestätigt, genauer erklärt, an unserm Haupte Christus bereits verwirklicht. Eine ganz neue Weise der Bewegung, eine Behendigkeit, von der wir jetzt kaum eine Ahnung haben, wird den Leibern der Seligen eigen sein. Mit vollkommener Ueberwindung der Schwere werden sie dem Adler gleich im Raume dahinschweben; mit der Schnelligkeit des Gedankens werden sie den h. Engeln ähnlich von einem Orte sich zum andern versetzen, im Nu erscheinend und im Nu verschwindend.

Das ist auch die übereinstimmende Lehre der h. Väter. „Gott

wird der Seele gebieten, bemerkt der h. Augustin, und die Seele dem Leibe; und so groß die Macht und selige Herrschaft der glorificirten Seele ist, eben so groß und eben so leicht und süß wird auch der Gehorsam des verklärten Leibes sein." [1] „Das ist gewiß, bemerkt er anderswo, wo immer der Geist will, da wird der Leib sein, und zwar in demselben Augenblicke." [2]) Daß der h. Augustin und mit ihm der h. Hieronymus die obengenannte Stelle aus Isaias auf die Agilität des auferstandenen Leibes beziehen, wurde bereits oben von uns angemerkt. Außerdem bemerkt noch der h. Bernhard: „So groß wird die Schnelligkeit der seligen Leiber sein, daß sie ohne Verzug und ohne jegliche Beschwerde mit der Schnelligkeit des Gedankens gleichen Schritt halten werden." [3] — Wir könnten diesen Aussprüchen der h. Väter noch andere hinzufügen; doch dürfen wir uns mit der Bemerkung begnügen, daß ihre Lehre nach dieser Seite hin eine ganz einstimmige und zweifellos klare ist. Wenden wir uns demnach zu den Theologen, die uns die Realität der dritten Verklärungsgabe auch auf speculativem Wege nachweisen werden.

3) Das erste speculative Moment, welches der h. Thomas für unsern Lehrpunkt beibringt, ist aus dem Verhältnisse der Seele zu ihrem Leibe hergeleitet.[4] Der Leib ist das wesentliche Complement der Seele, und die naturgemäße Ordnung der Dinge verlangt es also, daß der Leib, seiner Form, der Seele, möglichst conform, ihrer Thätigkeit und ihren Bewegungen kein Hinderniß entgegensetze, sondern ihr möglichst vollkommen gehorche und diene. Im jenseitigen Leben, dem Zustande der Vollendung, wird also das Mißverhältniß ein Ende nehmen, welches zur Zeit zwischen Seele und Leib besteht. Der Leib

---

[1]) Deus imperabit animo, animus corpori, tantaque ibi obediendi erit suavitas et facilitas, quanta vivendi regnandique felicitas. 19. de civ. c. 27.

[2]) Certe, ubi volet spiritus, ibi protinus erit corpus. 22 de civ. c. 30. — de cognit. beatae vitae c. 45.

[3]) Tanta est agilitatis beatorum, ut possint absque mora et difficultate ipsam cogitationum velocitatem ad omnia sequi. serm. 4. in festo omnium Sctorum.

[4]) Dicendum, quod corpus gloriosum erit omnino subiectum animae glorificatae; — — per dotem agilitatis subiicitur ei, inquantum est motor, ut scilicet sit expeditum et habile ad obediendum spiritui in omnibus motibus et actionibus animae. Suppl. q. 84. a. 1.

wird der Thätigkeit und den Bewegungen der Seele kein Hinderniß mehr entgegenstellen, sondern wird seiner Bewegerin in allen Stücken schnell und willfährig Gehorsam leisten.

Ein zweites Argument leitet der h. Thomas aus dem Begriffe der vollkommenen Glückseligkeit her. Der Begriff der vollkommenen Glückseligkeit erfordert nämlich, daß die Seele alle ihre Wünsche befriedigt und erfüllt sehe. Und weil die Seele die Bewegerin ihres Leibes ist, so wird sie auch in dieser Beziehung alle Wünsche, welche sie haben kann, sofort verwirklicht sehen. Der Leib wird allen ihren Impulsen in vollkommenem Gehorsam willfährige Folge leisten. Das deutet auch der h. Apostel an, wenn er den auferstandenen Leibern Kraft zuschreibt. Der gegenwärtige Leib ist nämlich mit Schwäche behaftet, da es ihm nicht möglich ist, dem Willen der Seele zu entsprechen, wie und wohin sie will. Aber diese Schwäche wird dereinst ein Ende nehmen, und aus der verklärten Seele wird auch dem Leibe die ihm nothwendige Kraft zufließen.[1]

Aber könnte es nicht den Anschein haben, als sei die Behendigkeit und ihre Bethätigung für das Jenseits gänzlich überflüssig? — Keineswegs! sie ist im Gegentheile geradezu nothwendig. Denn gleichwie Christus bei seiner Himmelfahrt, so werden dereinst alle Frommen zum Himmel hinauffahren. Und auch nach ihrer Himmelfahrt werden sie von der Gabe der Behendigkeit freien Gebrauch machen können und auch wirklich machen. Denn nur dann sind sie im Stande, die Macht und Weisheit Gottes zur Anschauung und Verherrlichung zu bringen, wenn sie von den Kräften, die er ihnen gegeben, eine entsprechende Anwendung machen. Dazu kommt, daß auch die Sinne der Verklärten eine angemessene Seligkeit genießen werden, vor allem das Gesicht, welches aus der Betrachtung der

---

[1] Anima etiam, quae divina visione fruetur, ultimo fini coniuncta, in omnibus experietur suum desiderium adimpletum. Et quia ex desiderio animae movetur corpus, consequens erit, quod corpus omnino spiritui ad motum obediet. Unde corpora resurgentium beatorum futura erunt agilia, et hoc est quod dicit apostolus: Seminatur in infirmitate, surget in virtute. Infirmitatem enim experimur in corpore, quia invalidum invenitur ad satisfaciendum desiderio animae in motibus et actionibus, quas anima imperat; quae infirmitas totaliter tunc tolletur, virtute redundante in corpus ex anima Deo coniuncta. 4. c. gent. c. 86.

herrlichen Wunderwerke Gottes im Reiche der verklärten Schöpfung Wonne und Seligkeit schöpfen kann und schöpfen wird. Nun aber kann auch das verklärte Auge nur dann die Dinge schauen, wenn sie in seinem Gesichtskreise liegen. Und folglich wird auch mit Rücksicht hierauf eine Bewegung, und zwar eine vielfältige, im Jenseits nothwendig sein. [1])

4) Um nun auf die verschiedenen Weisen der Bewegung, die den verklärten Leibern eignen werden, etwas näher einzugehen, so unterschieden wir schon in unserer Definition eine doppelte Klasse derselben: innere und äußere oder locale. Ueber die ersteren, die innern nämlich, können wir uns kurz genug fassen, da ein nicht geringer Theil derselben (in den Nerven, Sehnen und Muskeln) eben die äußere, locale Bewegung zum Zwecke hat. Die übrigen dienen den Acten der sensitiven Seele, den Acten des sinnlichen Begehrens, sowie der äußern und innern sinnlichen Wahrnehmung, denen sie vorausgehen oder denen sie sich anschließen. Um also wenigstens einige Bemerkungen zu machen, so werden die äußern Sinnesorgane an der allgemeinen Agilität des Leibes participiren, und zwar in der Weise, daß sie sich für die leisesten Reize von außen empfänglich erweisen werden. Ein ähnliches gilt von den innern Organen, den Nerven. Sie werden insofern an der Agilität des Leibes Antheil haben, als sie den empfangenen Eindruck möglichst vollkommen und getreu, möglichst leicht und schnell dem Centralorgane, dem Sitze der sensitiven Seele zuführen werden. — Die Bewegungen des Appetitus, die Affecte der Freude und der seligen Liebe, erfordern ebenfalls eine Mitwirkung des leiblichen Organes, eine Bewegung der Nerven und des Blutes. Und auch diese Bewegung wird kraft der Agilität eine höhere und gesteigerte sein, wie es der gesteigerten

---

[1]) Corpora gloriosa aliquando moveri necessarium est ponere, quia et ipsum corpus Christi motum est in ascensione; et similiter corpora sanctorum, quae de terra resurgent, ad coelum empyreum ascendent. Sed etiam postquam coelos conscenderint, verisimile est, quod aliquando movebuntur pro suae libito voluntatis, ut illud quod habent in virtute actu exercentes divinam sapientiam commendabilem ostendant, et ut etiam visus eorum reficiatur pulchritudine creaturarum diversarum, in quibus Dei sapientia eminenter relucebit. Sensus enim non potest esse nisi praesentium. Suppl. q. 84. a. 2.

Thätigkeit und dem gesteigerten Leben der Seele entspricht. Kurz, so können wir mit dem h. Thomas sagen, die Gabe der Behendigkeit wird dem Leibe nicht bloß für locale Bewegungen die entsprechende Ausrüstung geben, sondern auch für alle diejenigen Bewegungen, die zur sinnlichen Wahrnehmung, wie zu allen andern Acten der Seele erforderlich sind. ¹).

Nicht ganz so einfach verhält es sich mit der äußern oder localen Bewegung, und wir müssen dieselbe, um für die folgende Darstellung Ordnung und Uebersicht zu gewinnen, vorab in ihre verschiedenen Klassen zerlegen. — Suarez unterscheidet drei Klassen localer Bewegung. Die erste nennt er eine **progressive, fortschreitende**, und versteht unter ihr diejenige, die dem gegenwärtigen Leben eigenthümlich ist und die sich dadurch vollzieht, daß die Seele durch ihre bewegende Kraft den innern Organen und äußeren Leibesgliedern eine fortschreitende und zugleich wechselnde Bewegung mittheilt. Sie wirkt zuerst auf die motorischen Nerven, durch diese auf die Sehnen, Muskeln und Knochen. Und indem hierdurch in den äußern Gliedmaßen eine wechselnde Bewegung erzeugt wird, ändert der ganze Körper nach und nach seinen Ort im Raume ²). Die zweite Form der Bewegung nennt Suarez die **einfache** oder **gleichzeitige**. Sie kommt dadurch zu Stande, daß die bewegende Seele durch einen einfachen, allgemeinen Impuls nicht das eine Glied nach dem andern, sondern den Leib in seiner Totalität gleichzeitig weiterbewegt. Suarez vergleicht diese Bewegung mit der Bewegung eines Steines, der, nachdem er von der schleudernden Hand in seiner Totalität gleichzeitig den Impuls empfangen, mit seiner ganzen Masse sich im Raume gleichmäßig weiterbewegt: eine Weise der Bewegung, die unserer gegenwärtigen Daseinsweise völlig fremd ist. Noch mehr gilt dieses von der dritten Bewegungsart, welche Suarez annimmt, und die er eine **instantane** nennt. Durch sie würde nämlich der

---

¹) Per dotem agilitatis corpus gloriosum reddetur habile non solum ad motum localem, sed etiam ad sentiendum et ad omnes alias animae operationes exsequendas, l. c. a. 1. ad 3.

²) Primus motus est progressus, qui procedit ab anima operante —, exercetur autem per membra corporis movendo unam partem mediante alia, et consequenter prius unam quam aliam; in quo propterea motu necessarium etiam est, ut aliqua pars quiescat, dum alia movetur. l. c.

Leib in einem einfachen, untheilbaren Momente (in instanti) sich von dem einen Orte zum andern hinüberverfetzen können.[1]

Es dürfte am zweckmäßigsten sein, diese Eintheilung des Suarez unserer Besprechung zu Grunde zu legen, und uns die Bemerkungen vorzuführen, die er erläuternd beifügt. So weit es nothwendig ist werden wir seine Darstellung durch den h. Thomas oder durch naturwissenschaftliche Erwägungen zu erläutern, zu erweitern und gegebenen Falles auch zu berichtigen suchen.

5) Die erste Bewegungsart, die progressive, gehört der natürlichen Sphäre an, und wir haben schon im zweiten Theile unserer Abhandlung über sie das Nothwendige gesagt. Es sei also hier bloß daran erinnert, daß in Kraft der Unverweslichkeit die progressive Bewegung fürder keine materielle Zersetzung in ihrem Gefolge haben wird, und daß folglich der verklärte Leib mit der größten Leichtigkeit und Ausdauer sich wird bewegen können, ohne irgendwie zu ermüden. Außerdem wird, bemerkt Suarez, diese naturgemäße Bewegung auch eine größere Schnelligkeit haben, als dieses im gegenwärtigen Leben der Fall ist: eine Annahme, die wir lieber dahingestellt sein lassen, da eine gesteigerte progressive Bewegung weder nothwendig, noch auch congruent für den verklärten Leib erscheinen will.[2] Die sich anschließenden weitern Bemerkungen des Scholastikers aber führen dann naturgemäß zu einer Erklärung und Begründung der zweiten Bewegungsart hinüber.

Es kommt vor allen Dingen darauf an, so fährt er nämlich fort, zu untersuchen, in welcher Weise jene größere Schnelligkeit der Bewegung ermöglicht werden könne, und dieses kann denkbarer Weise auf dreifachem Wege geschehen. Es kann durch eine Steigerung der bewegenden Kraft, es kann auch durch eine Verminderung des Widerstandes geschehen, der sich dem Körper in seiner Bewegung entgegenstellt; es können endlich diese beiden Bedingungen zusammen-

---

[1] Secundus motus vocari potest simplex, quo totum corpus veluti uno impetu aeque primo cietur, sicut moventur gravia, levia et proiecta. Tertius motus vel mutatio intelligi potest, qua corpus ab uno loco in alium subito transferatur absque ulla successione vel mora in spatio medio. l. c.

[2] l. c. n. 2.

wirken.¹) — Wird also im Jenseits die Widerstandskraft, d. h. die natürliche Schwere des Körpers ein Ende nehmen? fragt Suarez, und würde sich hierdurch allein die größere Schnelligkeit desselben, zumal bei der zweiten Bewegungsart, hinlänglich erklären lassen? — Einige nehmen an, die natürliche Schwere werde in der That ein Ende nehmen. Allein eine solche Annahme dürfte nicht zu billigen sein, da sie, wenn sie auch nicht in sich selbst widersprechend ist, gleichwohl eine Eigenschaft des Körpers bestreitet, die mit dessen materieller Natur nothwendig gegeben ist.²) Durandus dagegen behauptet, die Schwere werde dem Körper zwar verbleiben, jedoch werde Gott durch seine Macht das mit ihr gegebene Hemmniß paralysiren. Indessen, mag diese Voraussetzung immerhin annehmbar sein, sie reicht zur Erklärung jener gesteigerten Bewegung nicht aus. Denn wenn die natürliche Bewegungskraft sich auch voller und unbehinderter bethätigen kann, wenn sie keinen Widerstand zu überwinden hat, so reicht das doch nicht hin, um dem Leibe eine Behendigkeit zu geben, wie sie der zweiten Form räumlicher Bewegung eigenthümlich ist. Und folglich muß in jedem Falle angenommen werden, daß die bewegende Kraft in sich selbst werde gesteigert und vermehrt werden.³)

Und gewiß, durch diese letztere Bemerkung hat Suarez den Kern der Frage getroffen. Die bewegende Kraft ist es, welche schon jetzt ein Doppeltes wirkt: in negativer Richtung überwindet sie — freilich nur zum Theil — die unserm Leibe eigene Schwere; in positiver Richtung

---

¹) De hac igitur (maiori velocitate) est difficultas, unde proveniat. Velocitas enim motus est quaedam maior perfectio actionis seu modi agendi, quae provenire potest vel ex augmento virtutis motivae, vel ex ablatione repugnantiae seu resistentiae mobilis, vel ex utroque capite. l. c.

²) Non quia existimem implicare contradictionem conservari corpus humanum sine gravitate, sed quia haec gravitas est naturalis proprietas necessario consequens complexionem et compositionem corporis humani. l. c. n. 3.

³) De naturali autem pondere seu gravitate corporis probabile est, quod Durandus dixit, quamvis qualitas ipsa maneat in corpore beato, tamen virtute divina impediri, ne resistat actualiter inclinando ad contrarium locum. — Vel secundo dici potest, etiamsi ex parte gravitatis maneat aliqua resistentia, virtutem tamen motivam tantam esse, ut ea non obstante possit velocissimum motum agere. — Tota igitur difficultas huc revocatur, ut videamus, quomodo virtus motiva in corpore beato augeatur. l. c. n. 4.

gibt sie ihm die entsprechende naturgemäße Bewegung. Soll also eine gesteigerte Bewegung, mit andern Worten — da wir von einer Steigerung der progressiven Bewegungsart absehen — soll jene neue und höhere Form der Bewegung zu Stande kommen, welche Suarez an zweiter Stelle nannte, dann kann dieses nur durch eine entsprechende Steigerung und Vermehrung der bewegenden Kraft geschehen, und dieses ist es, was wir nunmehr etwas näher zu erläutern haben.

6) Hören wir aber vorab noch zwei Bemerkungen, welche Suarez den vorhin gemachten nachfolgen läßt. — Er zeigt zunächst dem Durandus gegenüber, daß den Seligen außer der progressiven auch jene zweite Art der Bewegung, die er einfache nannte, wirklich zukomme und zukommen müsse. Es gehe dieses nämlich ganz unzweideutig aus der Lehre der h. Schrift hervor, und zwar aus eben den Stellen, die wir uns oben bereits vorführten. Schreibe ja der h. Paulus den verklärten Leibern Kraft zu im Gegensatze zu der frühern Schwäche; und schon das alte Testament sage von den Gerechten, daß sie wie Feuerfunken im Röhricht dahinschweben, und daß sie Flügel annehmen würden wie die Flügel des Adlers. Außerdem würden zufolge der Darstellung der h. Schrift die Seligen dereinst sich in die Lüfte emporheben Christo entgegen und würden Christo in den Himmel folgen. Diese ihre Bewegung könne aber doch nicht füglich als eine progressive begriffen werden, als stiegen die Seligen durch eine wechselnde Bewegung ihrer Glieder zum Himmel hinan, wobei ihnen die Luft, einer Leiter ähnlich, zur Stütze diene. Eine solche Bewegungsart würde doch zu unvollkommen und auch ungeziemend für die Seligen sein.[1]) Und nicht dieses allein, fügen wir hinzu, sie würde obendrein auch unmöglich sein, da ja bekanntlich der obere Himmelsraum ein luftleerer Raum ist. —

Alsdann zeigt Suarez dem Scotus gegenüber, daß die Fähigkeit zu einer solchen Bewegung keine natürliche sei und sein könne. Scotus argumentirte nämlich in folgender Weise: Nach der Trennung

---

[1]) Neque enim verisimile est (quod quidam fingunt), ascendere gradiendo per aera tamquam per scalam. Nam esto hoc non repugnet, quia potest corpus gloriosum non impellere neque dividere aerem atque ita illo niti, seu sistere secundum unam partem, ut secundum aliam ascendat, et ita successive perficere ascensum, tamen magna imperfectio esse videtur, quod beatus coarctetur ad hunc modum ascensus. l. c. n. 5. sq.

vom Leibe werde die Seele ohne Frage die Fähigkeit besitzen, sich in der zweiten Weise zu bewegen, da die Bewegung des körperlosen Geistes ja keine organische oder progressive sein könne. Wenn aber die Seele als solche zu der einfachen Bewegung befähigt sei, so sei sie es auch in Verbindung mit ihrem Leibe, da der ihr verbundene Leib ihr in dieser Bewegung einfach zu folgen habe. Sie könne also den Leib durch rein natürliche Kraft auf doppelte Art bewegen, in ähnlicher Weise wie der Engel den von ihm angenommenen Leib in doppelter Weise bewegen könne, sei es, daß er in ihm die dem Menschen eigenthümliche progressive Bewegung nachahme, oder sei es, daß er ihn gleichmäßig, durch einen einfachen Impuls von Ort zu Ort versetze. Freilich könne die Seele in diesem verweslichen und unvollkommenen Leibe eine solche Art der Bewegung nicht ausführen, sie werde aber in dem bessern und vollkommneren Leibe der Zukunft recht wohl dazu im Stande sein.[1]

Mit Recht bestreitet Suarez diese Sätze des Scotus. Der Seele eine solche natürliche Befähigung zuzuschreiben, wie Scotus es thue, sei ganz willkürlich und grundlos. Diese Annahme habe alle Erfahrung gegen sich, und die Folgerung, was die vom Leibe getrennte Seele zu leisten im Stande sei, das könne sie auch in ihrer Vereinigung mit dem Leibe, sei durchaus fehlerhaft. Denn das sei doch wohl sicher, daß die Seele keine solche Gewalt über den Leib habe, wie über sich selbst. Der Engel freilich bewege die Körper unmittelbar durch die bloße Kraft seines Willens, denn eine andere Weise gebe es für ihn ja gar nicht. Die naturgemäße Art, in welcher die menschliche Seele den Leib bewege, sei aber die organische oder progressive. Und wenn Scotus meine, die einfache Bewegung ihres Leibes sei der Seele jetzt unmöglich, nicht weil ihr die Kraft dazu gebreche, sondern weil die unvollkommene Disposition unseres jetzigen

---

[1] Existimat enim animam habere virtutem ad movendum corpus non tantum organice, sed etiam alio genere motus. Quod hac ratione suadet, quia anima separata potest seipsam movere, tunc autem non se movet organice; ergo etiam quando informat corpus, habet eandem vim movendi et seipsam et corpus coniunctum: sicut angelus potest movere corpus assumptum vel imitando motum progressivum vel simpliciter et aeque primo totum corpus movendo. l. c. n. 8.

Leibes hindernd im Wege stehe, so sei das eine ganz unphilosophische Sentenz. Denn der naturgemäße Bau des Leibes, die Einrichtung seiner Bewegungsorgane, wie sie vom Schöpfer selbst ursprünglich getroffen sei, liefere unwiderleglich den Beweis, daß gerade die organische, progressive Bewegung und nur sie allein dem Menschen naturgemäß und wesentlich sei.[1]

Es ist also gewiß, daß es keine natürliche, sondern daß es eine höhere Kraft ist, welche die Seele befähigen muß, in der zweiten, einfachen Weise ihren Leib zu bewegen. Kehren wir also jetzt zu der oben gestellten Frage zurück und untersuchen und erläutern wir, in welcher Weise durch höhere Kraft, bez. durch Steigerung und Vermehrung der bereits vorhandenen natürlichen Bewegungskraft, jenes Phänomen zu Stande komme, welches wir einfache Bewegung nennen.

7) Alle Körper unterliegen dem Gesetze der Schwere, und es fragt sich also zunächst, was unter dieser Schwere zu verstehen sei. Die Naturwissenschaft gibt uns folgende Antwort: Der Erdkörper, so lehrt sie, übt eine anziehende Kraft aus; und diese Kraft beherrscht nicht bloß die Massen, aus denen er selbst besteht, sondern sie ergreift auch die Dinge, die sich an seiner Oberfläche befinden oder in seine Nähe kommen; ihr Einfluß reicht sogar weit in die Region der übrigen Himmelskörper hinein. Die Schwere der Körper ist nun nichts anderes, als eine Wirkung dieser Kraft, die alles an sich zieht,

---

[1] Id enim repugnat experientiae et naturali compositioni corporis et membrorum eius. Argumentum vero desumptum ex anima separata non est efficax. Quia licet verum sit, animam separatam posse se movere sine organis, non inde fit, eodem modo posse movere corpus coniunctum. Fieri namque potest, ut non habeat tantam virtutem supra corpus, sicut supra seipsam. Item, quia non potest movere corpus sola voluntate sicut potest angelus; et ideo, quando movet corpus, quod informat, id praestare non potest nisi modo tali corpori accomodato, sc. organice movendo unam partem mediante alia. Praetera quod Scotus inquit, quasi per accidens esse, ut nunc moveat anima corpus tantum motu progressivo propter membrorum indispositionem, alienum videtur a vera philosophia. Quia considerata naturali hominis dispositione et compositione non est per accidens, sed intrinsecum ac per se humano corpori sic moveri. Nam ex primaria institutione naturae ipsa membra corporis sunt ad hunc motum accommodata et non ad alium. l. c.

um es dem Mittelpunkte der Erde näher zu bringen.[1] — Da also die Schwere die Wirkung einer Kraft ist, unter welchen Bedingungen wird dann ein Körper aufhören, schwer zu sein? — Es wird dieses auf doppeltem Wege geschehen können. Ein Körper wird seine Schwere verlieren und wird absolut leicht erscheinen, wenn die anziehende Kraft aufhört thätig zu sein; oder aber, sollte die anziehende Kraft in Thätigkeit bleiben, so wird er es auch dann sein, wenn der anziehenden Kraft eine gleich große Kraft entgegenwirkt, um die Wirkung derselben zu paralysiren.[2] Das also wird es sein, was zunächst geschehen muß, um jene höhere Form der Bewegung möglich zu machen, welche wir den Seligen zuschreiben. Da die für den Bestand der Schöpfung wesentliche Attractionskraft der Erde und der übrigen Himmelskörper niemals zu wirken aufhören wird, so wird die Kraft, durch welche unsere Seele den Leib bewegt, eine Steigerung und Stärkung erfahren müssen, eine höhere Kraft wird sich ihr beigesellen müssen, damit die Wirkung der anziehenden Kraft paralysirt, die Schwere des Körpers suspendirt und völlig gebunden werde. Der Körper, in solcher Weise seiner Schwere entkleidet, wird leicht wie eine Feder sein; er wird auf den Wassern wandeln, ohne zu sinken; er wird frei im Raume schweben, ohne herabgezogen zu werden. „Steigen die Fluthen der Begeisterung", schreibt Görres, „noch höher an, dann bietet schon die Luft hinreichenden Widerstand; oder es bedarf auch gar keiner körperlichen Unterlage, um dem der Schwere noch mehr entketteten Leib hinreichenden Halt zu geben, daß er in sicherer Haltung im Gleichgewicht steht. Da die abwärts sollicitirenden Kräfte sich gemindert, die aufwärts strebenden aber dafür sich ihrerseits gekräftigt finden, so müssen beide um den allgemeinen Schwerpunkt her ein anderes Gleichgewicht aufsuchen; die letzteren treten in die Stelle des im gewöhnlichen Zustande nöthigen Widerstandes ein; und so wird der entstoffte Leib von der begeistigten Seele in beliebiger Höhe schwebend erhalten."[3] Zur Illustrirung dessen gibt dann Görres eine ganze Reihe von Beispielen. So wandelte mehr als einmal Christo ähnlich der h. Peter von Alcantara über den

---

[1] Eisenlohr. S. 8.
[2] Eisenlohr. S. 58.
[3] S. 519 f.

Waſſern; die h. Alma ging trockenen Fußes über die Senna, die h. Jutta über die Nahe, der h. Konrad, Biſchof von Conſtanz, über den Bodenſee. Aehnliches ereignete ſich mit vielen andern Dienern und Dienerinnen Gottes.¹) Von Maria von Agreda erzählt derſelbe Verfaſſer, daß ſie in ihren Ekſtaſen über der Erde ſchwebend federleicht geweſen, ſo daß ſie, nur leiſe angehaucht, wie ein leichtes Baumblatt ſich bewegt habe. Gerade ſo verhielt es ſich mit Dominicus von Jeſu Maria, als er vor Philipp II. in Madrid in die Ekſtaſe kam, und der König den Schwebenden durch einen bloßen Hauch ſeines Mundes mit Leichtigkeit bewegte. Von der Christina Mirabilis erzählt Görres: „Ihr Körper war von ſolcher Leichtigkeit und Zartheit, daß ſie auf den abſchüſſigſten Höhen zu wandeln vermochte und gleich einem Sperling an den zarteſten Baumäſten hing. Wollte ſie beten, dann wurde ſie getrieben, auf die Gipfel der Bäume, Thürme oder ſonſtige Höhen zu fliehen, damit dort ihr Geiſt fern von Allem Ruhe finde."²) Den h. Joſeph von Cupertino ſah man längere Zeit auf dem Zweige eines Baumes knieend, und es bedünkte die Zuſchauer überaus wunderbar, daß der Aſt ſich unter ihm nur leicht auf und niederbewegte, als ob ein Vogel ſich auf ihm wiege.³) Der h. Peter von Alcantara hatte im Garten von Bajadoz ſich eine Einſiedelei unter ſehr hohen Fichten erbaut, wo er ſich in der Einſamkeit frei ſeinen Bewegungen überlaſſen konnte. Man ſah ihn dort im Gebete oft in die Luft erhoben und manchmal in ſehr großen Diſtanzen hoch über den Wipfeln dieſer Bäume ſchweben und in dieſem Zuſtande ſehr lange verweilen. Ebenſo hatte er es in Plaſencia gehalten; und auch hier ſah man ihn oft hoch ſchwebend, die Hände in Kreuzesform ausgeſtreckt; während eine große Menge kleiner Vögel um ihn flogen, die durch ihren Geſang ein angenehmes Concert bildeten und ſich ſogar auf ſeine Arme ſetzten, von denen ſie nicht wegflogen, bis er wieder bei ſich ſelber war.⁴) Zahlloſe andere Beiſpiele, auf das beſte beglaubigt, finden ſich bei Görres zuſammengeſtellt.⁵)

---

1) Görres. S. 515 ff.
2) S. 533.
3) S. 543.
4) S. 529 f.
5) S. 515 — 553.

8) Durch die vorstehenden Bemerkungen ist nun aber die Behendigkeit der auferstandenen Leiber nur erst zum Theil erklärt. Wir haben gezeigt, wie durch die Verbindung einer höhern Kraft mit der bewegenden Kraft der Seele zunächst eine negative Wirkung erzielt wird, die Hinwegräumung eines Hindernisses, der Schwere. Nun werden aber die Seligen nicht bloß dem Gesetze der Schwere überhoben sein, sondern sie werden im Stande sein mit der wunderbarsten Behendigkeit durch ganz einfache Bewegung, wie Suarez sagte, oder auch im Fluge, wie wir sagen wollen, die weitesten Raumstrecken zu durchmessen. Wie also dürfte dieses zu erreichen sein? — Von der Größe der bewegenden Kraft und von der Intensität, mit der sie wirkt, hängt selbstredend die Bewegung und ihre Schnelligkeit ab. Jene höhere Kraft also wird es sein, welche mit der natürlichen Kraft der Seele sich verbindend den Heiligen Bewegung und Schnelligkeit mittheilen wird. Sie wird folglich ein Doppeltes wirken: sie wird negativ die der Bewegung hinderliche Schwerkraft paralisiren; sie wird positiv die Fähigkeit geben, mit beliebiger Geschwindigkeit die weitesten räumlichen Entfernungen zu überwinden. Schon in der bestehenden Ordnung der Dinge finden wir die ersten Anfänge einer solchen Bewegungsart. Mit Ueberwindung der ihm eigenen Schwere erhebt sich der Vogel in die Lüfte und schwebt eilenden Fluges über die Erde dahin. Aber die Art seiner Bewegung ist gleichwohl eine unvollkommene, weil die wirkende Kraft beschränkt und unzulänglich ist. Denn um zum Himmel emporsteigen und über die Erde dahinschweben zu können, bedarf der Vogel der Luft; auf sie sich stützend steigt er empor, und von ihr getragen hält er sich schwebend in seiner Höhe. Ist die bewegende Kraft noch größer, so bedarf es auch solcher äußerer Stützen nicht mehr, sondern die Kraft allein ist es, welche den Körper bewegt und trägt. Die Mystik liefert wiederum eine Reihe von Beispielen, denen Görres folgende Bemerkung vorausschickt: „Fällt aber der Geist plötzlich und mit Ungestüm wie mit Blitzeskraft ein, dann steht die Wirkung natürlich mit der Heftigkeit dieses Einfalles im Verhältniß; und es kommt nicht etwa bloß zu einer mit Gemach langsam ansteigenden Schwebung, sondern die ergriffene Persönlichkeit wird von der gewaltsam wirkenden Gotteskraft wie mit einem Rucke aufgerissen und in einem Schlage aufgezuckt; und in Gefolge dieser

blitzähnlichen Wirkungsweise wird sie hoch zum Fluge aufgeschnellt und in Entrückung (raptus) hingenommen." — ¹) „Sehr merkwürdig ist, was sich einst am Himmelfahrtstage mit der h. Agnes von Böhmen in Gegenwart der Schwestern Priska und Bratislava zugetragen. Beide begingen nach dem Zeugnisse alter Manuscripte mit ihr die Nachfeier des Tages im Klostergarten durch fromme, herzerhebende Gesänge unter vielen Blumen und duftenden Wohlgerüchen wandelnd. Mit einem Male wurde Agnes von der Erde aufgehoben und ohne eine irgend sichtbare Hülfe zu den Wolken getragen, so daß sie zuletzt den Augen entschwand und zum Himmel aufgefahren zu sein schien. Die Schwestern hielten erstaunt mit Singen inne und vor Verwunderung wie außer sich gebracht ließen sie nicht ab, zum Himmel aufzuschauen und die Entschwundene mit ihren Thränen zurückzurufen. Eine ganze Stunde ging über ängstlichem Harren hin, dann erschien Agnes wieder in ihrer Mitte; und da die Schwestern mit Nachforschungen über ihre Abwesenheit in sie drangen, brachten sie nichts aus ihr heraus, als ein mildes liebliches Lächeln." — ²) „Dies schwebende Aufsteigen wird nun zum eigentlichen Fluge, wenn es absichtlich zu bestimmtem Ziele gerichtet ist. Als Bruder Bernard von Corleone einst am Frohnleichnamstage mit den andern Brüdern vor der Prozession im Chor der Hauptkirche kniete und die Augen zum Hochaltar erhebend das zur Verehrung ausgesetzte Sakrament gewahrte, wurde seine Seele mit solcher Inbrunst dagegen entzündet, daß sie zugleich mit dem Leibe sich erhob und angesichts aller Menschen durch die Luft hinfliegend vor dem Gegenstande ihrer Verehrung in der Luft schwebend blieb. — Vor allen Andern war aber der h. Joseph von Cupertino durch die ihm verliehene Eigenschaft solchen Schwebens und Fliegens ausgezeichnet; und da er in neuern Zeiten gelebt († 1663), konnte diese wunderbare Beschaffenheit an ihm in authentischer Weise leicht ermittelt werden. — — Als er in der Nacht des Weihnachtsabends den Schall der Pfeifen einiger Hirten, die er zur Verehrung der Geburt des göttlichen Kindes eingeladen hatte, vernahm, hub er zuerst aus übermäßiger Freude an zu tanzen, seufzte dann tief auf, stieß einen lauten Schrei aus und flog nun

---

¹) S. 529.
²) S. 537 f.

einem Vogel gleich von der Mitte der Kirche bis zum Hochaltar, der mehr als fünfzig Fuß entfernt war, und umfaßte das Tabernakel in Verzückung etwa eine Viertelstunde lang. Das Erstaunen der Hirten war groß gewesen; nicht geringer aber die Verwunderung seiner Amtsbrüder und der Einwohner von Cupertino, als er einst mit einem Chormantel angethan der Prozession am Franziskusfeste beiwohnen sollte und nun mit einem Male auf die fünfzehn Spannen hohe Kanzel der Kirche flog und auf ihrem äußersten Rande mit ausgestreckten Armen lange entzückt und wundersam knieend verweilte. Ebenso staunenerregend war die Verzückung, die ihn an einem Gründonnerstag Abends ergriff, als er mit andern Religiosen vor dem auf dem Altar gerüsteten, mit vielen Lampen und leuchtenden Wolken gezierten heiligen Grabe betete. Er flog nämlich mit einem Male auf, um den Kelch, der seine Liebe beschloß, zu umfassen; nichts von den umgebenden Zierrathen wurde dabei beschädigt oder verrückt; und so flog er nach einiger Zeit von seinen Oberen zurückgerufen wieder an den Ort, wo er zuvor gewesen. [1]

9) In unsern allgemeinen Bemerkungen über die Verklärung des Leibes führten wir aus, daß die Verklärungsphänomene im Unterschiede von den Wundererscheinungen der Mystik ihr unmittelbares Princip nicht in der Thätigkeit Gottes, sondern in einem höhern Vermögen haben, welches der Seele von Gott mitgetheilt wird und ihr dauernd innewohnt. Das gilt nun auch von der Agilität. Die bewegende Kraft (virtus motiva) bildet ein Moment des sensitiven Seelenvermögens und hat ihr nächstes Organ in den motorischen Nerven. In der Glorification der Seele wird also jener natürlichen Kraft eine neue und höhere beigesellt werden, und so wird der Mensch befähigt sein, unter Anwendung dieser Kraft mit beliebiger Geschwindigkeit seine Bewegungen im Raume auszuführen. Und weil diese Kraft dem Leibe innerlich ist und durch Vermittlung des motorischen Nervensystems den ganzen Leib und alle Theile desselben zugleich zu ergreifen und fortwährend auf sie einzuwirken befähigt ist, so kommt eben dadurch, im Gegensatz zur natürlichen, progressiven, die einfache Bewegung (Entrückung und Flug) zu Stande,

---

[1] S. 539 ff.

die so lange andauert, als der Selige nach seinem Wohlgefallen die ihm verliehene Kraft bethätigt.

Suarez erwähnt eine Ansicht, welche jene höhere Weise der Bewegung nach Art eines fortgesetzten Wunders erklärt. Gott könne einem Menschen, so sagten einzelne Theologen, dauernd die Wundergabe verleihen, und so werde er den Seligen dauernd die Gabe verleihen, jene Wunder der Behendigkeit an ihrem Leibe wirken zu können. Und Suarez fügt hinzu, man könne diese Erklärung nicht ganz und gar verwerfen. Denn auch unter dieser Voraussetzung könne man noch immer sagen, daß die Behendigkeit nicht ausschließlich in einem äußern Influxe Gottes bestehe, sondern daß sie ihren Grund innerlich im Seligen selbst habe, da ja der menschliche Wille es sei, an dessen Thätigkeit kraft Gottes Anordnung die göttliche Mitwirkung unabänderlich sich knüpfe.[1] Allein diese Erklärung und ihre Rechtfertigung durch Suarez will uns doch etwas schwach bedünken, und es will scheinen, als könne bei einer solchen Annahme die Agilität doch nur in einem sehr uneigentlichen Sinne eine innere, dem Seligen selbst innewohnende Qualität genannt werden. Wir halten also an der andern, von uns vorgelegten Ansicht entschieden fest, die auch von Suarez selbst empfohlen und begründet wird. — Jene höhere Bewegungskraft, so führt er nämlich aus, ist eine dem himmlischen Leibe selbst innewohnende Potenz, deren Bethätigung vom freien Wohlgefallen der Seligen abhängt. Denn wenn eine Wirkung von der Art ist, daß auch eine geschaffene Kraft an sie hinanreicht, dann verleiht Gott diese Kraft und setzt nicht selbst und unmittelbar die Wirkung. Nun ist aber jene Bewegungsweise zwar über unserer jetzigen, nicht aber über aller endlichen Kraft erhaben. Und folglich wird Gott bei der Glorification des Menschen die entsprechende Kraft mittheilen.[2] Schon früher (n. 5 ff.) hatte Suarez

---

[1] Respondetur verum esse iuxta hanc explicationem agilitatem non addere qualitatem activam, non tamen propterea dicenda est extrinseca tantum motio seu denominatio, quia ille effectus non tantum a Deo fit, sed ab ipsa anima per virtutem intrinsecam, non mere naturalem, sed obedientialem activam; sicut virtus miraculorum non est denominatio extrinseca, sed aliquid intrinsecum cum praeparatione divini auxilii. l. c. n. 9.

[2] Quando effectus fieri potest per virtutem intrinsecam natura sua proportionatam, Deus praebet illam: motus autem localis et velocitas eius,

auf die bekannten Schriftstellen hingewiesen, um darzuthun, daß es nicht Gottes- oder Engelskraft, sondern daß es der Verklärten eigene Kraft sei, welche die Phänomene der Agilität zur Erscheinung bringen werde. — Außerdem bemerkt er noch, daß, wie bei der Klarheit, so auch bei der Behendigkeit Gradunterschiede anzunehmen seien. Dem Einen werde eine größere, dem Andern eine geringere Kraft verliehen werden, und darum werde auch die Wirkung bei den verschiedenen verschieden sein. Um seine Ausführungen auch durch Auctoritäten zu stützen, verweist Suarez endlich auf die ganz gleichlautende Lehre des h. Thomas, des h. Bonaventura, des Paludanus und Richard's von St. Victor, und es dürfte zweckmäßig, aber auch hinreichend sein, wenigstens aus dem h. Thomas noch einige Gedanken nachzutragen.

In unserm jetzigen Zustande, so bemerkt derselbe in der philosophischen Summa, ist unser Leib mit Schwäche behaftet und er besitzt nicht die Kraft, dem Verlangen der Seele rücksichtlich aller jener Bewegungen und Thätigkeiten zu entsprechen, die sie ihm vorschreibt. Aber diese Schwäche wird dereinstens völlig schwinden, denn aus der Seele, die mit Gott verbunden, wird auch über den Leib sich Kraft ergießen. — [1]) In Uebereinstimmung hiermit schreibt der h. Lehrer im Supplemente: Der gloriöse Leib wird der glorificirten Seele vollkommen unterworfen sein. Und diese Unterwerfung wird nicht bloß darin bestehen, daß nichts im Leibe dem Willen des Geistes widerstrebt — denn dann würde der Leib der Verklärung sich vom Leibe Adams nicht unterscheiden —, sondern vorzugsweise darin, daß ihm selbst (dem lebendigen Leibe) eine höhere Vollkommenheit innewohnt, die in der Glorie der Seele ihre Wurzel hat. Und so wird die dritte Verklärungsgabe den Leib seiner Bewegerin vollständig unterthan machen, damit er zu allen Bewegungen und Thätigkeiten der Seele ein ganz gehorsames und dienstfertiges Werkzeug

---

licet interdum superent naturalem virtatem animae, tamen in se sunt effectus naturales, quos a virtute creata propriis viribus fieri nihil repugnat. Ergo potest infundi virtus intrinseca effectiva huius motus. l. c. n. 10.

[1]) Infirmitatem enim experimur in corpore, quia invalidum invenitur ad satisfaciendum desiderio animae in motibus et actionibus, quas anima imperat; quae infirmitas tunc totaliter tolletur virtute redundante in corpus ex anima Deo coniuncta. 4. c. gent. c. 86.

sei. — ¹) Sowohl im Supplemente, als auch in der philosophischen Summa unterläßt es auch der h. Thomas nicht, auf die bezüglichen Schrifttexte kurz aufmerksam zu machen. Speciell spricht er von der Stelle im Briefe an die Thessalonicher, wo gesagt wird, die Erstandenen würden auf Wolken hinweggerafft werden Christo entgegen in die Luft. Könnte es hiernach nicht scheinen, als vollzögen sich die localen Bewegungen der Seligen unter dem Einflusse einer äußern Macht? — Nicht doch, antwortet der h. Thomas. Wenn die Wolken jene Leiber bei ihrer Himmelfahrt tragen werden, und wenn bei dem Hinwegraffen vielleicht auch mit einigen Auslegern an eine Mitwirkung der Engel zu denken ist, so geschieht dieses nicht deshalb, weil die Seligen einer solchen Hülfeleistung bedürftig sind, sondern darum, damit alle die Ehre und die Huldigung schauen, welche die Engel und alle Geschöpfe ihnen zollen. ²)

Man könnte gegen unsere Ausführungen vielleicht noch eine kleine Schwierigkeit geltend machen. — Die Leiber der Seligen werden in Kraft der Agilität zu einer unglaublichen Geschwindigkeit befähigt sein. Wie also, wenn sie sich in diesen untern Luftregionen bewegen? Wird nicht die Luft einem derartigen Fluge gewaltigen Widerstand entgegensetzen? Kann es doch geschehen, daß ein Körper, der den Raum durcheilt, in Folge der heftigen Reibung sich entzündet und glühend wird! — Der verklärte Leib, so antworten wir, ausgerüstet mit höherer Kraft, wird diesen Widerstand einfach überwinden. Zu einer Zersetzung aber kann es bei ihm nicht kommen, da er ja unverweslich und unverletzlich ist. Oder — so kann ebenfalls geantwortet werden — der verklärte Leib wird mit der Gabe der Durchdringlichkeit ausgestattet sein; er wird im Stande sein, mit andern

¹) Corpus gloriosum erit omnino subiectum animae glorificatae, non solum ut nihil in eo sit, quod resistat voluntati spiritus, quia hoc fuit etiam in corpore Adae; sed etiam ut sit in eo aliqua perfectio effluens ab anima glorificata in corpus, per quam habile reddatur ad praedictam subiectionem. — — Ita per dotem agilitatis subiicitur ei, in quantum est motor, ut scilicet sit expeditum et habile ad obediendum spiritui in omnibus motibus et actionibus animae. q. 84. a. 1.

²) Corpora gloriosa dicuntur ferri ab angelis et etiam in nubibus, non quasi eis indigeant, sed ad reverentiam designandam, quae corporibus gloriosis et ab angelis et ab omnibus creaturis defertur. l. c. ad 1.

Körpern zugleich denselben Ort einzunehmen, indem er selbst in diese Körper eindringt und sich von ihnen durchdringen läßt. Er wird also die Luft, die sich seinen Bewegungen entgegenstellt, durchdringen und sich von ihr durchdringen lassen, und von einem Widerstande der Luft kann dann keine Rede mehr sein.

10) Suarez unterschied noch eine dritte Bewegungsart, die er die in sta n ta ne, augenblickliche nannte, und er definirte sie als eine Bewegung, die in einem ganz untheilbaren Zeitmomente, in instanti sich vollzieht. — Auch der h. Thomas (Suppl. q. 84. a. 3.) behandelt diese Frage sehr ausführlich, und wir werden sehen, wie die Ansichten der beiden großen Scholastiker in diesem Punkte sich bedeutend von einander entfernen. Ein besonderes theologisches Interesse hat freilich diese Frage nicht; da sie aber ein wissenschaftliches Interesse hat, und da die großen Theologen der Vorzeit dieselbe mit großem Fleiße und mit großem Scharfsinn zu behandeln pflegen, so glauben wir sie nicht ganz übergehen zu dürfen. Erklären wir aber vorab etwas genauer, was unter dem Ausdruck instans eigentlich zu verstehen sei.

Zur Erläuterung desselben geht der h. Thomas von der Erklärung der mathematischen Punktes aus. Nach den Begriffen der Mathematiker entsteht die Linie aus der stetigen Fortbewegung des Punktes; der Punkt selbst ist aber unausgedehnt und untheilbar. Weil nämlich die Linie nur eine Dimension hat, die Länge, aber keine Breite und Dicke, so muß der Punkt als solcher, bevor er sich bewegt hat, als etwas Unausgedehntes und Untheilbares im Raume angesehen werden.[1]) Obgleich nun aber die Linie durch die stetige Fortbewegung des Punktes entsteht, so besteht sie darum nicht aus einem Nebeneinander von Punkten. Denn aus einer Vielheit unausgedehnter Punkte kann niemals etwas Ausgedehntes entstehen.

---

[1]) Geometrae autem imaginantur punctum per motum suum causare lineam; quorum ratio est, quia linea non habet nisi unam dimensionem, unde indivisilis est secundum latum et profundum; et ideo non est in linea, unde punctum excedat in latum. Quum autem in longum linea excedat punctum, si imaginemur punctum quiescere, non poterimus imaginari ipsum esse causam lineae; si vero imaginemur ipsum moveri, licet in ipso nulla sit dimensio nec aliqua divisio per consequens, per naturam tamen motus sui relinquitur aliquid divisibile. Opusc. 36. de instant. c. 2.

Man kann also die Linie zwar in immer kleinere Linien, aber niemals in Puncte theilen, und die Theilbarkeit der Linie geht insofern ins Unendliche, als man mit der wirklichen oder doch gedachten Theilung fortfahren kann, ohne jemals zum Ende, zum untheilbaren Puncte zu gelangen. Nur das, von dem die Bewegung ausging und was sich bewegte und in dem die Bewegung endigte, muß als ein unausgedehnter Punct angesehen werden. — Was nun vom Puncte mit Beziehung auf die Linie gilt, das gilt in ähnlicher Weise vom instans mit Beziehung auf die Zeit.[1]) Die Zeit besteht nicht aus aneinandergereihten Zeitpuncten, sondern sie muß als das stetige Hinfließen des untheilbaren Jetzt angesehen werden. Und wie die Linie, so können wir auch die Zeit in immer kleinere Zeiten, aber nicht in Puncte theilen. Denn wie wir durch keine Theilung des Raumes je den mathematischen Punct gewinnen, so vermögen wir auch in der hinfließenden Zeit das Jetzt (nunc, praesens, instans) nimmer zu erfassen.[2]) „Das Jetzt, was gegenwärtig ist, bemerkt der h. Augustinus, eilt dergestalt aus der Zukunft in die Vergangenheit an uns vorüber, daß Dauer und Ausdehnung an ihm nicht gefunden werden kann. Denn wäre es ausgedehnt, so würde es theilbar sein und würde theils der Vergangenheit, theils der Zukunft angehören, und immer wäre, was übrig bleibt, das Jetzt, nichts anderes, als ein einfacher untheilbarer Punct."[3])

Unter dem instans haben wir also das absolut untheilbare, dauerlose Jetzt zu verstehen, und unsere Frage geht folglich dahin, ob es möglich sei, daß sich ein Körper in einem dauerlosen Jetzt, in einem untheilbaren Zeitmomente von Ort zu Ort bewege.

---

[1]) In hac ergo linea constituta per diversitatem puncti erunt puncta quaedam duo actu ut eius termini, qui cadunt in eius definitione, et infinita alia in potentia, secundum quod ipsa est in infinitum divisibilis potentialiter. Per quem modum de instanti temporis est agendum. Oder, wie es etwas früher hieß: Sicut punctum se habet ad lineam, ita se habet nunc ad tempus. l. c.

[2]) Vgl. Kleutgen. Phil. der Vorz. I. n. 342 ff II. 729 ff.

[3]) Praesens vocatur, quod — ita raptim a futuro in praeteritum transvolat, ut nulla morula extendatur. Nam si extenditur, dividitur in praeteritum et futurum, praesens autem nullum habet spatium. Conf. l. 11. c. 15.

11) Suarez ist der Meinung, daß eine solche instantane Bewegung unter gewissen Bedingungen möglich sei. Sie sei unter der Bedingung möglich, daß sich der Körper von Ort zu Ort versetze, ohne das zwischenliegende Medium zu berühren.[1]) Denn nehme derselbe seinen Weg durch dieses Medium, dann müsse er, weil die Bewegung sich in einem untheilbaren Momente vollziehe, nothwendig zu derselben Zeit an mehreren Orten sein. Die Fähigkeit einer Bilocation und Multilocation aber dürfe man dem verklärten Leibe nicht zuschreiben, weil man keinen Grund hierfür habe, und weil die Verhältnisse des jenseitigen Lebens ein solches Wunder in keinerlei Weise erheischten. Christo freilich sei diese Fähigkeit zuzuschreiben, aber nicht auf Grund der Glorie, sondern in Kraft der hypostatischen Union. Eine instantane Bewegung sei also möglich, schließt Suarez, aber nur unter der Bedingung, daß der Körper das Medium unberührt lasse.[2]) — Dabei ist er freimüthig genug, einzugestehen, daß seine Ansicht fast alle Theologen, namentlich auch den h. Thomas, gegen sich habe, und wir wollen uns die Argumentation des englischen Lehrers vorführen, um die Haltlosigkeit der suaresischen Theorie klar zu stellen.

Einzelne nehmen an, sagt der h. Lehrer, die Seligen besäßen auf Grund der Glorie die Fähigkeit, ohne das zwischenliegende Medium zu berühren, sich in instanti zu bewegen. Das aber sei

---

[1]) Ob wir das Wort medium von dem zwischen den beiden termini der Bewegung liegenden Zwischenraum, oder von einem den Zwischenraum füllenden luftigen oder aetherischen Körper verstehen, macht in unsrer Frage keinen Unterschied.

[2]) De qua (mutatione instantanea) unum est certum, scilicet non posse talem modum mutationis fieri transeundo per medium; quia oporteret vel totum corpus vel aliquas partes eius simul esse in duobus locis quantitative quod suppono esse impossibile secundum ordinariam potentiam. Et praesertim est indubitatum, non esse in potestate cuiuscumque beati, corpus suum in pluribus locis constituere, quia hoc nullum habet fundamentum neque ad statum vel perfectionem gloriae ulla ratione pertinet. Verum quidem est, habere Christum hanc potestatem supra corpus suum, non tamen habet illam ratione solius gloriae corporis, sed propter hypostaticam unionem ad Verbum. Itaque si esse potest huiusmodi instantanea mutatio in corpore glorioso, necesse est ut fiat transeundo ab extremo in extremum sine medio. l. c. n. 11.

unmöglich und schließe einen Widerspruch in sich. So lange nämlich
der Körper in termino a quo sei, bewege er sich nicht, sondern
müsse noch bewegt werden; sei er aber in termino ad quem, so
bewege er sich ebenfalls nicht, sondern sei bereits bewegt. Wo also
sei der Körper während der zwischenliegenden Bewegung? Wenn
man sage, er sei nirgendwo, so sei das ein Widerspruch, weil es
dem ausgedehnten Körper wesentlich sei, einen bestimmten Ort im
Raume einzunehmen. Der Körper müsse folglich in seiner Bewegung
irgendwo, also im Medium sein, denn sonst würde er sich von Ort
zu Ort bewegen, ohne sich zu bewegen. Die locale Bewegung
schließe eben eine Succession der Orte in sich, und darum gehe sie
einerseits nothwendig durch das Medium hindurch und könne andererseits keine instantane sein, weil sonst der Körper in demselben Augenblicke an den beiden termini und in allen Theilen des Mediums
sich befinden müßte.[1]

Suarez will diese Widerlegung nicht gelten lassen und hält
gegen den h. Thomas und die übrigen Theologen seine Thesis aufrecht. Freilich, bemerkt er, dürfe die instantane Bewegung nicht
als eine successive betrachtet werden, denn dann würde allerdings
die Folgerung sich ergeben, daß derselbe Körper zu derselben Zeit an
den verschiedensten Orten sei. Aber er betrachte sie auch gar nicht
als eine successive, denn das sei ja gerade der instantanen Bewegung
eigen, keine successive im Raume zu sein.[2] — Doch was ist hiermit
bewiesen? — Successive Bewegung und Bewegung durch das Medium hindurch besagen doch wohl ganz dasselbe. Und wenn also
Suarez behauptet, es sei der instantanen Bewegung eigen, keine successive zu sein, d. h. also, durch kein Medium hindurchzugehen, so
ist das ja gerade der Satz, dessen Möglichkeit er beweisen soll und
dessen Unmöglichkeit der h. Thomas soeben nachwies.

---

[1] cf. Suppl. l. c. a. 3. — Die Ausführungen des h. Lehrers sind etwas
zu eingehend, um hier wörtlich mitgetheilt werden zu können.

[2] In hoc genere transitus non intercedit motus successivus, sed mutatio
instantanea. Unde fit, ut mobile tunc mutetur, quando totum primo est
in termino ad quem, quia tunc se habet aliter, quam prius. Nec refert,
quod iam totum sit mutatum, quia in mutationibus instantaneis simul est
fieri et factum esse, mutari et mutatum esse. l. c. n. 12.

Alsdann sucht Suarez bei einzelnen Vätern eine vermeintliche Stütze. Laurentius Justiniani z. B. sage, die Leiber der Seligen würden ohne Verzug, in einem Augenblick dort sein, wohin die Seele sie führe. — Allein dieser Heilige will offenbar in populärer Darstellungsweise nur ausdrücken, daß die Dauer der Bewegung eine verschwindend kleine sein werde. Daß er eine instantane Bewegung im eigentlichen und wissenschaftlichen Sinne im Auge habe, deutet er nicht im Entferntesten an. — Ebensowenig verschlägt die Berufung auf den h. Augustin (Enchirid. c. 90) und den h. Bernhard (serm. 4. in festo omnium Sctorum), welche die Schnelligkeit der verklärten Leiber mit der Schnelligkeit der Gedanken vergleichen und hinzufügen, die Leiber würden ebenso schnell von dem einen Orte zum andern gelangen können, als es der Gedanke könne. Der Gedanke aber, folgert Suarez, bewege sich in instanti, und er eile ebenso in instanti von dem einen Orte zum andern, ohne ein Medium zu durchlaufen. — Dagegen ist nun aber zu bemerken, daß der Gedanke keineswegs einen instantanen Verlauf hat, sondern daß er, um zu kommen und zu gehen, einer meßbaren Zeitdauer bedarf.[1]) Was dann aber die angeblich instantane Bewegung des Gedankens von dem einen Orte zum andern betrifft, so gibt hier der h. Thomas die richtige Antwort, wenn er sagt, daß der Gedanke bez. der Wille sich nicht seiner Substanz, sondern nur der Intention nach von Ort zu Ort bewege.[2]) — Die Aussprüche jener beiden Kirchenlehrer können also ihrem einfachen Wortlaute nach von einer instantanen Bewegung nicht verstanden werden, und auch die h. Lehrer selbst verbanden sicherlich nicht diesen Sinn mit ihren Worten. Auch sie wollen mit dem h. Laurentius nur auf eine unscheinbar kleine Dauer hinweisen, auf eine Dauer, die wegen ihrer unglaublichen Geringheit beinahe für eine instantane würde gelten können.

Endlich glaubt Suarez noch mit einem Hinweis auf die Bewegung der Engel seiner Ansicht eine Stütze geben zu können. Er

---

[1]) Nat u. Offb. XIX. S. 51 f.
[2]) Voluntas quum dicitur moveri de uno loco in alium, non transfertur essentialiter de loco in locum, quia neutro locorum illorum essentialiter continetur, sed dirigitur in unum locum, postquam fuerit directa per intentionem ad alium. l. c.

sagt: es dürfe angenommen werden, daß die Engel sich in instanti bewegen könnten, ohne das zwischenliegende Medium zu berühren. Darum stehe der Annahme nichts im Wege, daß auch die vom Leibe geschiedene Menschenseele zu einer solchen Bewegung befähigt sei. Sei aber die Seele als solche dazu im Stande, dann werde sie es auch in Verbindung mit ihrem Leibe sein, da im Zustande der Verklärung der Leib für die Vollkommenheiten der Seele und deren Bethätigung kein Hinderniß mehr bilden werde.[1] — Allein da dürften sich doch mancherlei Anstände erheben. Zunächst machte schon oben Suarez selbst darauf aufmerksam, daß, wenn die Seele in ihrer Trennung vom Leibe etwas vermöge, daraus noch keineswegs folge, sie könne dieses auch in Verbindung mit demselben. Dazu kommt aber, daß es überdies noch sehr zweifelhaft ist, ob die Seele nach Trennung von ihrem Leibe zu einer solchen Art der Bewegung wirklich befähigt sei. Denn selbst mit Rücksicht auf den Engel ist dieser Punkt in hohem Grade ungewiß, so daß am allerwenigsten sichere Folgerungen aus ihm hergeleitet werden können. Freilich gibt der h. Thomas zu, daß der Engel sich unter Umständen in instanti bewegen könne, aber — fügt unser Commentator hinzu — die Zeit, in welcher der Engel sei, sei nach der Lehre des h. Thomas eine ganz andere, als bei uns, die wir alle Bewegung nach der Bewegung der Sonne berechnen und bemessen; was also beim Engel ein einfacher, untheilbarer Zeitmoment sei, entspreche möglicherweise, auf unsere Zeit übertragen, der Dauer einer Stunde oder gar eines ganzen Tages.[2] Und wenn der h. Thomas im unmittelbar vorhergehenden Artikel zugibt, daß der Engel sich unter Umständen von einem Extrem zum andern bewegen könne, ohne das Medium zu berühren, so bemerkt auch hier der Commentator, daß der h. Lehrer in diesem Punkte recht viele Theologen gegen sich habe. Besteht ja nach der gewöhnlichen Lehre der Philosophie die naturgemäße locale Bewegung des Geistes und des Engels darin, daß er successive mit seiner Substanz den verschiedenen Theilen des Raumes gegenwärtig

---

[1] Quia si angelus id potest, cur non etiam anima? Sed in beatitudine non privabitur anima propter unionem ad corpus ulla spirituali perfectione et quasi libertate. Ergo idem potest coniuncta corpori, quod secum eodem modo movebit. n. 13.

[2] Vgl. S. 1. q. 53. a. 3. und Opusc. 36 de instant. c. 4.

wird.¹) Wie dem auch sei, an der zuletzt genannten Stelle macht der h. Thomas selbst ausdrücklich darauf aufmerksam, daß aus einer solchen möglichen Bewegungsart des Engels keine Folgerung für die Bewegung des Körpers gezogen werden könne und dürfe. Denn ein anderes sei das Verhältniß des Engels zum Raume, und ein anderes das des Körpers. Der Engel umschließe den Raum, der Körper aber werde vom Raume umschlossen, und daher müsse der Körper in seinen Bewegungen sich den Gesetzen und Schranken des Raumes fügen.²)

Suarez selbst sagt zum Schlusse über seine Theorie etwas kleinlaut, sie sei immerhin wahrscheinlich genug, zumal wenn es wahr sei, daß dem reinen Geiste eine solche Bewegung eigen sei; aber selbst dieses sei noch ungewiß.³) Außerdem bemerkt er in der folgenden Nummer, daß bei wirklicher Annahme einer solchen Bewegung des gloriösen Leibes jedenfalls daran festzuhalten sei, daß der Selige nur durch einen besonderen unmittelbaren Wunderbeistand Gottes im Stande sei, sie auszuführen. Denn da dieselbe über alle geschaffene Kraft hinausgehe, so könne die Befähigung dazu auch keinem Menschen als eine ihm selber innewohnende Gabe verliehen werden, sondern erheische jedesmal das unmittelbare Eingreifen des allmächtigen Gottes selbst. —

Aus allem dürfte genugsam hervorgehen, daß Suarez Ansicht keine hinlänglichen Gründe für sich hat, daß sie vielmehr nicht bloß schwierig, sondern geradezu unfaßbar und unmöglich erscheint. Und darum stellen wir uns ganz entschieden zu der Ansicht des h. Thomas, die er Suppl. q. 84. a. 3. ausspricht: „Viel größern Grund hat also die Annahme derjenigen Theologen, welche sagen, daß die Bewegung der gloriösen Leiber zwar eine meßbar zeitliche, die Dauer dieser Zeit aber wegen ihrer großen Kürze für unsre Wahrnehmung eine ganz unmerkliche sein werde. Dabei bleibe bestehen, daß der

---

¹) Stöckl, Metaph. S. 105.
²) Hoc autem, sc. moveri de extremo in extremum et non per medium, potest convenire angelo, sed non corpori, quia corpus mensuratur et continetur sub loco. Unde oportet, quod sequatur leges loci in suo motu.
³) Est ergo haec sententia satis verisimilis, praesertim si verum est, hoc genus mutationis esse rebus spiritualibus connaturale, quod tamen incertum est. n. 13.

eine Selige sich werde schneller bewegen können, als der andere, da
die Zeit einer endlosen Theilung fähig sei.¹)" — In der That hat
die neuere Wissenschaft, wie wir bereits sahen, die Theilbarkeit der
Zeit bis zu einem Puncte verfolgt, daß wir kaum ein Verständniß
für die Zahlen haben, welche sich dabei ergeben. Beim rothen Lichte
schwingt ja das Aethertheilchen 420 billionenmal in einer Secunde,
beim violetten ungefähr 800 billionenmal. Und alle diese Schwingungen
erfolgen doch nacheinander und jede beansprucht für sich ein Theilchen
Zeit. Man weise also dem verklärten Leibe den 400= oder 800
billionsten Theil einer Secunde an, um sich vom Himmel zur Erde,
oder von der Erde zum Himmel, oder von dem einen Pole der
Schöpfung bis zum andern hinüberzuschwingen, und man hat dann
eine Schnelligkeit, die doch wohl nichts zu wünschen übrig läßt,
und braucht nicht mit Suarez Dinge zu behaupten, für welche wir
keine Gründe und auch kein Verständniß haben.

§ 29.

**Die Durchdringungsfähigkeit. Realität derselben und ihre
Erklärung. — Bemerkungen über die Multilocation.**

1) Schon früher hörten wir, wie falsch die Vergeistigung und
Verklärung der auferstandenen Leiber von manchen Origenisten be=
griffen wurde, die der Meinung waren, der verklärte Leib werde
seinem Aggregationszustande nach luftförmig oder gasförmig (ätherisch)
und darum untastbar und ungreifbar sein. Auch in unsern Tagen
spricht bisweilen der populäre Mund von einer **ätherischen Fein=
heit** der auferstandenen Leiber, vermöge welcher sie im Stande seien,
dem Lichte oder dem Sonnenstrahle gleich durch die dichtesten Körper
mit Leichtigkeit hindurchzugehen. Solche Ausdrücke — sie finden sich
auch wohl in theologischen Werken — können richtig verstanden und
erklärt werden, wie es z. B. bei Oswald geschieht;²) doch wäre es

---

¹) Et ideo probabilius alii dicunt, quod corpus gloriosum movetur in
tempore, sed imperceptibili propter brevitatem; et tamen quod unum corpus gloriosum potest in minori tempore idem spatium pertransire, quam
aliud, quia tempus, quantumcunque parvum accipiatur, est in infinitum
divisibile.

²) Esch. S. 318.

vielleicht rathsamer, sie gänzlich zu vermeiden, um nicht der Unklarheit oder dem Mißverständnisse Anlaß und Gelegenheit zu geben.

Um also gleich von vorneherein über das räumliche Verhalten, den Aggregationszustand und die Dichtigkeit der verklärten Leiber der Deutlichkeit halber einige wenige Bemerkungen vorauszuschicken, so ist es zunächst ganz selbstverständlich, daß jene Leiber ihre ganz naturgemäße Ausdehnung im Raume haben werden. Gottes Macht ist freilich im Stande, einem Körper seine actuelle Ausdehnung im Raume zu entziehen, und er thut es thatsächlich im eucharistischen Geheimnisse. Allein mit Rücksicht auf die verklärten Leiber überhaupt wird dieses nicht geschehen. Denn die Ausdehnung im Raume ist eine naturgemäße Eigenschaft des Körpers, und es gehört demnach zur vollen, naturgemäßen Unversehrtheit desselben, daß ihm diese Eigenschaft nicht bloß der innern Befähigung, sondern der äußern Wirklichkeit, dem Acte nach, zukomme. Zudem würde der Leib im Zustande der Unausgedehntheit nicht einmal im Stande sein, wie die Theologen mit Recht lehren, durch die ihm eigene Kraft sich räumlich bewegen, seine Sinne und seine übrigen Vermögen bethätigen zu können.[1])

Was die Weise der Aggregation betrifft, so unterscheidet die Physik feste und flüssige Körper, und diese letztern theilt sie wieder in tropfbar-flüssige, in dampfförmige und in gasförmige oder ätherische. Zwischen den festen und flüssigen Körpern besteht die wesentliche Differenz, daß bei den erstern die einzelnen Moleküle einen ganz bestimmten Ort einnehmen, während bei den flüssigen Körpern mit Rücksicht auf ihre eigenthümliche Natur und ihre geringe Cohäsionskraft dieses weder nothwendig, noch auch thatsächlich der Fall ist.[2]) Es liegt nun in der Natur des menschlichen Körpers, ein fester Körper zu sein; er ist ja ein organischer Körper, der nur unter der Bedingung Bestand haben kann, daß alle seine Theile an ihrem bestimmten Orte bleiben. Und weil der verklärte Leib ein wahrhaft menschlicher, organischer Leib sein wird, so folgt daraus ganz ein-

---

[1]) Suarez in 3. Disp. 53. sect. 1. n. 8. — sect. 2. n. 2. — Dalgairns die h. Communion. S. 156 ff.

[2]) Eisenlohr. S. 13.

fach), daß er ein fester Körper im strengsten Sinne des Wortes sein wird.

Eine andere Frage ist die nach der **Dichtigkeit** der verklärten Menschenleiber. Denn bei aller Festigkeit kann die Dichtigkeit eines Körpers eine ganz verschiedene sein. Die Festigkeit des Körpers ist ja nicht wesentlich durch die Masse seiner Moleküle, sondern dadurch bedingt, daß diese Moleküle durch die Cohäsion fest verbunden an ihrer Stelle unbeweglich ausharren. Und da überdies auch die substantielle Natur des organischen Körpers, seiner Glieder und Organe nicht so sehr von der Masse, als vielmehr von der Natur der Moleküle abhängt, so ist es eine, wenn auch nicht nothwendige, so doch immerhin **mögliche** Annahme, daß die verklärten Leiber nicht von jener stofflichen Dichtigkeit sein werden, die unserm jetzigen Leibe eigenthümlich ist. Namentlich erscheint es möglich, daß einzelne für den Aufbau des Organismus weniger bedeutsame Flüssigkeiten, z. B. das Wasser, nicht in jener Menge wiederkehren werden, in welcher sie gegenwärtig im Menschenleibe enthalten sind. Und in diesem Sinne dürfte also der Ansicht einzelner neuerer Theologen nichts im Wege stehen, daß der gloriöse Leib seine frühere grobe Materialität und schwerfällige Masse abstreifen und in feinerer und leichterer Bildung aus dem Grabe hervorgehen werde.[1]) — Auch die alte Schule fordert strenggenommen nur die Rückkehr aller derjenigen früheren Leibesstoffe, die zum naturgemäßen Aufbau eines completen Menschenleibes nothwendig sind. Daß diese Stoffe gerade in derselben **Masse** wiederkehren müssen, in der sie jetzt im Körper sind, fordert sie gerade nicht und braucht es nicht zu fordern. Zwar scheint der h. Thomas der Meinung zu widersprechen, daß der verklärte Leib von einer geringern Dichtigkeit sein werde, als der jetzige. Aber, wie man sofort sieht, hat er es mit den origenistischen und andern Gegnern zu thun, und will nur jene häretische Feinheit des Leibes ausschließen, bei welcher die Tastbarkeit, Gestalt, die wahrhaft organische und menschliche Natur desselben nicht mehr bestehen bleiben können.[2]) — Man kann auch nicht einwenden, daß bei geringerer

---

[1]) Berlage, Kath. Dogmatik. VII. S. 948; 950. Schwane, I. S. 388. Oswald, Esch. S. 318.

[2]) Unde quidam haeretici dixerunt, quod corpus in resurrectione remanebit, sed habebit subtilitatem secundum modum rarefactionis, ita quod

Dichtigkeit die dem verklärten Leibe zukommende Festigkeit und Fülle nicht mehr möglich seien, da doch früher behauptet worden, jener Leib werde von einer Festigkeit sein, die ihn befähige, selbst der Einwirkung von Feuer und Schwert unüberwindlichen Widerstand entgegenzusetzen. Denn die Masse ist es in erster Linie nicht, welche dem Körper seine Festigkeit gibt, sondern die in ihm wirkende und alle seine Moleküle zusammenhaltende Kraft. Ist ja bekanntlich das Wasser dichter, als das Eis; und doch ist das Wasser ein flüssiger, das Eis aber ein sehr fester und widerstandsfähiger Körper.[1] — Uebrigens hat diese Frage nur eine untergeordnete Bedeutung Denn sei auch der auferstandene Leib von derselben Dichtigkeit, als der jetzige, vermöge der Attribute der Verklärung kann und wird ihn der Geist in seine volle Dienstbarkeit bringen. Auch für die Erklärung der Durchdringungsfähigkeit bilden Masse und Dichtigkeit unseres jetzigen Leibes gar kein Hinderniß.

2) Wir erklärten früher (§. 23) in Uebereinstimmung mit Suarez die vierte Verklärungsgabe als Durchdringungsfähigkeit, d. h. als jenes Vermögen, durch welches der verklärte Leib in den Stand gesetzt ist, mit Ueberwindung des Widerstandes fremder Körper sich ganz frei zu bewegen. Durch diese Fähigkeit nämlich, sagte uns Suarez, erhalte der Leib eine ganz specielle Conformität mit dem reinen Geiste, und auf eine solche weise ganz unverkennbar des $\sigma\tilde{\omega}\mu\alpha$ $\pi\nu\varepsilon\nu\mu\alpha\tau\iota\varkappa\acute{o}\nu$ des h. Paulus hin. — Wir fügten noch hinzu, daß, wenn der Zweck des vierten Verklärungsattributes wirklich dahin gehe, dem Leibe eine besondere Conformität mit dem reinen Geiste zu geben, wir dann füglich mit manchen Theologen noch ein anderes, secundäres Moment hierher beziehen könnten. Der reine Geist unterscheidet sich nämlich unter anderem auch dadurch vom sinnlich-geistigen Menschen, daß er, wie er kein sinnliches Vermögen hat, so auch keine sinnlichen Triebe und Bewegungen kennt. Nun wird freilich durch die Incorruptibilität den verklärten wie auch den

---

corpora humana in resurrectione erunt aeri vel vento similia, ut Gregorius narrat. Sed hoc etiam non potest stare, quia corpus post resurrectionem palpabile habuit Dominus. — Et praeterea corpus humanum cum carnibus et ossibus resurget, sicut corpus Domini. — Natura autem carnis et ossis praedictam raritatem non patitur. Suppl. q. 83. a. 1.

[1] Eisenlohr. S. 420.

verdammten Menschen jeder äußere Act niederer Sinnlichkeit unmöglich gemacht. Damit ist nun aber noch nicht die innere Bewegung des Appetitus im sinnlichen Theile ausgeschlossen. Bei den Verdammten werden Bewegungen unordentlicher Sinnlichkeit ohne Frage möglich sein, wenn ihnen auch thatsächlich nach einer frühern Bemerkung des Suarez im Uebermaße ihres Schmerzes kaum eine Anwandlung zu solchen Dingen kommen dürfte. Bei den Seligen hingegen werden sie absolut unmöglich sein, und diese werden also auch nach dieser Seite hin eine besondere Gleichförmigkeit mit dem Geiste aufweisen. Nichts dürfte im Wege stehen, auch diese vollkommene Herrschaft über die innern, sinnlichen Bewegungen mit dem vierten Verklärungsattribute in Verbindung zu bringen und als ein secundäres Moment in seinen Begriff aufzunehmen. Es hat dieser Punct übrigens keine weitern Schwierigkeiten, und wir brauchen ihn darum auch nicht weiter zu verfolgen. — Nun gibt es aber noch eine andere Eigenthümlichkeit des reinen Geistes, die darin besteht, daß er fähig ist, mit seiner ganzen Wesenheit in mehreren Theilen des Raumes zugleich gegenwärtig zu sein; und man kann die Frage aufwerfen, ob derartiges auch dem verklärten Leibe möglich sein werde. — Es ist kein Grund vorhanden, so antworten wir mit Suarez,[1]) für das jenseitige Leben ein solches Wunder anzunehmen, und es ist nicht ersichtlich, welchen Zweck es haben könnte. Dazu kommt, daß der Selige selbst durch eine ihm mitgetheilte höhere Kraft kaum im Stande sein dürfte, eine solche Veränderung mit sich vorzunehmen; es würde dazu, wie es scheint, gegebenes Falles jedesmal ein wunderbares Eingreifen der göttlichen Allmacht erforderlich sein. Das fragliche Phänomen — die Bilocation und Multilocation — steht also mit der Verklärung in keinem innern und nothwendigen Zusammenhang; es hat in derselben weder seinen Grund, noch auch wird es von ihr gefordert; und darum braucht über dasselbe an dieser Stelle eigentlich auch keine Rede zu sein. Weil es aber am allerh. Leibe Christi als fortdauerndes Wunder uns entgegentritt, und weil es im Leben der Heiligen mitunter hervorgetreten zu sein scheint, so dürften wenigstens einige Bemerkungen am Schlusse dieses

---

[1]) Disp. 48. sect. 4. n. 11.

Abschnittes angezeigt sein. Was uns hier zunächst beschäftigt, ist also die Durchdringungsfähigkeit allein.

3) Directe und expresse Texte der h. Schrift, welche den Auferstandenen die Durchdringungsfähigkeit zuschreiben, finden sich nicht. Doch hat Suarez vielleicht Recht, wenn er oben das paulinische σῶμα πνευματικόν in diesem Sinne deutete. Auch die δύναμις, welche der h. Paulus dem verklärten Leibe zuschreibt, kann hierhergezogen werden, nicht minder das Wort unseres Herrn, daß die Söhne der Auferstehung den Engeln Gottes gleichförmig sein werden. Von durchschlagender Beweiskraft ist aber die Exemplarität unseres Erlösers. Eine Anticipation der vierten Verklärungsgabe ist bereits, wie Suarez sich ausdrückt, in der nativitas Christi ex virgine integra et omnino intacta permanente gegeben.[1]) Die Gabe selbst aber tritt uns bei der Auferstehung unsres Herrn entgegen, der aus dem verschlossenen und unverletzten Grabe glorreich hervorging. Auch auf dieses Factum weist Suarez hin, und zwar dem Durandus und Palndanus gegenüber, die behaupteten, es sei unmöglich, daß zwei ausgedehnte Körper zu gleicher Zeit sich an demselben Orte befänden, und aus der biblischen Erzählung sei durchaus nicht klar, daß dieses bei der Auferstehung Christi geschehen sei. Dagegen bemerkt Suarez mit allem Nachdrucke, daß, möge die Schrift auch nicht evident sein, die sententia communis patrum antiquorum und die perpetua ecclesiae traditio das Dasein jenes Wunders außer Zweifel stellten, und daß es demnach verwegen (temerarium) sei, dieses läugnen zu wollen.[2]) So sage z. B. der h. Justinus: „Durch eigene Kraft ging Christus aus dem verschlossenen Grabe hervor, und nicht darum wurde der Stein hinweggewälzt, damit der Herr einen Ausgang habe, sondern darum, daß man schaue und sich von seiner Auferstehung überzeuge.[3])" Und der h. Augustin: „Wie sollte es Christo

---

[1]) Disp. 48. sect. 5. n. 3.

[2]) Sed at verum sit, hoc non esse expressum in scriptura, habetur tamen ex communi sententia antiquorum patrum, qui ita videntur Evangelistas intellexisse ex perpetua ecclesiae traditione. l. c. n. 5. sqq.

[3]) Snapte potentia e monumento, cui lapis impositus fuit, egressus est, et ad discipulos iannis clausis ingressus. Non enim excitationis eius gratia saxi ipsius de monumento facta est devolutio, sed eorum causa, qui id erant conspecturi, ut ipsis resurrectio ostenderetur. q. 117. ad Gentes.

unmöglich gewesen sein, aus verschlossenem Grabe emporzusteigen, ihm, der ja ins Leben trat, ohne daß seine Mutter aufgehört hätte, unverletzte Jungfrau zu sein?¹)" Außerdem citirt Suarez noch eine Reihe anderer Väter und Exegeten, so den h. Gregor von Nazianz, Hieronymus, Johannes Chrysostomus, Bernard, Theophylact, Euthymius und Beda.²)

Expreß lehrt dann endlich die h. Schrift, daß unser Heiland mehrmals bei verschlossenen Thüren inmitten seiner Jünger im Saale erschienen sei, und die sämmtlichen Väter und katholischen Exegeten: Cyrill von Alexandrien, Chrysostomus, Augustinus, Hieronymus, Ambrosius, Gregor der Große, Leo, Gregor von Nazianz, Athanasius, Euthymius u. A. finden auch hierin einen evidenten Beweis für die Durchdringungsfähigkeit des verklärten Leibes Christi.³) — Durandus und Paludanus suchten freilich die betreffenden Schrifttexte in der lächerlichsten Weise zu mißdeuten und zu verdrehen, indem sie sagten, Christus sei durch das geöffnete Fenster, oder durch die schnell geöffnete und wieder verschlossene Thüre in den Saal gelangt, oder er habe seinen Leib durch eine Mauerspalte oder Ritze hindurchgezwängt; aber mit vollem Rechte wirft ihnen Suarez vor, daß ein solches Gerede katholischer Männer wahrhaft unwürdig sei.⁴) — Besaß nun aber Christus evident die Durchdringungsfähigkeit, dann schließen wir mit Recht, daß auch die Nachbilder seiner Verklärung an dieser Gabe participiren werden. So lehren es die Väter und Scholastiker einstimmig, und nur Durandus und Paludanus bilden eine Ausnahme.⁵)

Ebenso spricht sich auch die Speculation für die hohe Congruenz

---

¹) Quomodo de sepulchro exire non posset, qui ex incorruptis matris visceribus salva virginitate processit? serm. 138 de temp.

²) l. c.

³) Suarez l. c.

⁴) Evasiones Paludani et Durandi indignae plane catholicis viris. Dicunt enim aut iannas velocissime fuisse apertas et iterum subito clausas; aut fuisse quidem clausas semper, Christum tamen non per illas intrasse, sed per fenestram: aut ita corpus suum accommodasse, ut per rimulas aliquas intrare potuerit, quod de Christi corpore sentire indignum est. l. c.

⁵) Suarez l. c. n. 11.

eines Verklärungsattributes aus, das eine Conformität des Leibes mit dem Geiste begründet, die den Seligen in ganz vorzüglicher Weise zur Verherrlichung und Wonne, dem Geber jeglicher guten Gabe aber zur Ehre und zum Preise dienen muß. — Nicht minder dürfen wir uns auf beglaubigte Thatsachen der Mystik berufen, die auch hier wieder bedeutsame Fingerzeige gibt. — Görres schreibt nämlich: „So ist im Leben des h. Dominicus aufbehalten, wie der h. Mann im Albigenserkriege, als er einst von einem Kampfe zurück= gekehrt, mit seinen Gefährten, einem Cistercienserlaienbruder, am Abend vor eine Kirche gekommen, deren Thüre aber verschlossen gewesen. Da hätten beide vor dem Thore sich ins Gebet begeben und über ein Kleines mit Verwunderung, ohne daß die Pforten sich geöffnet, sich innerhalb des Gebäudes befunden. Gott danksagend deßwegen hätten sie die ganze Nacht in Beten und Lobsingen zu= gebracht. — Der sel. Mauritius vom Predigerorden war in Waizen, einem Orte von Ungarn an der Donau, bei einem frommen Manne, Benedict genannt, eingekehrt. Diesen hatte zur Nachtzeit ein Ver= langen angewandelt, nachzusehen, was sein Gast wohl vornehme. Er war daher in sein Schlafzimmer gegangen, hatte ihn aber dort nicht gefunden. Nachdem er darauf das ganze Haus durchforscht, die Thüre aber wohl verwahrt und mit dem Schlüssel beschlossen gefunden, ihn selber aber nirgendwo gewahren konnte, begab er sich, in seinem Geiste ahnend, was geschehen, in die Kirche, und fand ihn dort zu seinem allergrößten Erstaunen im Gebete, und der Priester sagte ihm, der Betende sei durch die verschlossenen Thüren in die Kirche eingegangen. — Ebenso pflegte die sel. Clara de Agolantibus, die Stifterin der Engelnonnen in Rimini, wenn sie die Sorgen des Tages überstanden, bei nächtlicher Weile in einen Garten sich zu begeben, um dort vor dem Bilde des Erlösers mit harten Geißel= schlägen und andern Peinigungen ihren Leib abzutödten. Die Kloster= schwestern wollten einst diese Selbstpeinigung verhindern und beschlossen die Pforte des Gartens mit Riegeln und Vorhängschlössern aufs sorgfältigste. Aber wunderbar! als die nächtliche Zeit herangekommen, wurde Clara vom Geiste durch die beschlossenen Thüren und die Mauer hindurch in den Garten geführt, zum Entsetzen der Nonnen, die Augenzeugen des Vorgangs waren und zusahen, wie sie in gewohnter Weise wieder ihre Mortificationen übte. — Schon in frühester Zeit geschah es wohl zu verschiedenen Malen, daß der Vater Patermutius, als die Brüder im oberen Stockwerk bei verschlossenen Thüren versammelt waren, plötzlich in ihrer Mitte erschien. [1])"

4) Versuchen wir jetzt, eine Erklärung dieser wunderbaren Erscheinung zu geben und führen wir uns zu dem Ende zunächst dasjenige vor, was von den Meistern der Scholastik zur Erklärung gesagt wird. — Durandus und Paludanus behaupteten, Christus habe möglicherweise, um zu den Aposteln in den Saal gelangen zu können, die Ausdehnung seines Leibes auf ein ganz geringes Maß zurückgeführt und habe sich dann durch eine Mauerspalte hindurchgezwängt; beide Theologen aber wurden von Suarez verdientermaßen abgefertigt. Uebrigens hatten bereits vor ihnen noch einige andere dieselbe Meinung aufgestellt, um die Durchdringungsfähigkeit des verklärten Leibes zu erklären. Die Seligen, so sagten sie gemäß der Darstellung des h. Thomas, [2]) seien im Stande, bald in der naturgemäßen Ausdehnung zu erscheinen, bald aber durch Zusammenziehung und Verdichtung ihrer Leibesstoffe diese Ausdehnung auf das allergeringste Maß zu reduciren. — Der h. Thomas verwirft diese Erklärung, die er mit der Würde und der guten Verfassung der auferstandenen Leiber ganz unvereinbar hält. Denn die naturgemäße Ausdehnung sei eine ihnen gebührende Vollkommenheit; nach der Ansicht jener Theologen aber würden jene Leiber bald groß, bald unnatürlich klein erscheinen; und dementsprechend würde auch ihre Dichtigkeit bald die naturgemäße, bald eine ganz naturwidrige sein. Es sei aber durchaus unstatthaft, von verklärten Leibern solcherlei Dinge auszusagen. [3])

Noch eine andere Theorie wird vom h. Thomas angeführt. — Einzelne hätten nämlich behauptet, die Seligen seien im Stande, nicht etwa bloß durch Verdichtung der materiellen Theile die Ausdehnung

---

[1]) S. 576 f.
[2]) l. c. a. 5.
[3]) Et hoc quidem posuerunt in corporibus gloriosis, dicentes, quod quantitas eis subest ad nutum, ita quod quum voluerint, possint habere magnam quantitatem, et quum voluerint, parvam. Sed hoc non potest esse, — —, quia quum nihil dividi possit ab eo (corpore) de materia sua, quandoque eadem materia esset sub parvis dimensionibus et quandoque sub magnis, et ita rarefieret et densaretur, quod non potest esse. l. c.

des Leibes zu vergeringern, sondern sie könnten ihrem Leibe die ac=
tuelle Ausdehnung überhaupt entziehen, indem sie, das Nebeneinander
der Theile im Raume aufhebend, ein totales Ineinander derselben
herbeiführten. Unter solcher Voraussetzung aber würde der verklärte
Leib im Stande sein, durch die allergeringste Pore eines andern
Körpers seinen Weg hindurchzunehmen.[1] Dabei unterließen sie nicht,
wie aus der ersten Einwendung hervorgeht, zur Begründung und
Bestätigung auf die eucharistische Präsenzweise hinzuweisen. — Daß
so etwas durch göttliche Allmacht möglich sei, folgt allerdings ganz
unzweideutig aus dem Dogma vom Altarsgeheimnisse, und Suarez
erklärt die innere Möglichkeit eines solchen Wunders auch auf specu=
lativem Wege dem Durandus gegenüber. Dem ausgedehnten Körper
sei es nicht wesentlich, bemerkt er, daß seine Theile im Raume
wirklich nebeneinander seien; nur das sei ihm wesentlich, daß er
die **Fähigkeit** habe, seine Theile auch äußerlich im Raume auszu=
breiten. Daher sei es der göttlichen Allmacht möglich, unter Auf=
hebung der räumlichen Juxtaposition ein Ineinandersein der Theile
herbeizuführen und allenfalls den ganzen Himmel (totum coelum)
in ein kleines Gefäß einzuschließen.[2] — Aber so möglich diese Theorie
an sich auch ist, den übernatürlichen göttlichen Concurs natürlich
vorausgesetzt, zur Erklärung unserer Frage ist sie ungenügend, und

[1] Alio modo potest intelligi — —, ita sc., quod partes corporis gloriosi subintrent se invicem et sic redeat ad quantamcumque parvam quantitatem. Et hoc quidam posuerunt, - — intantum, quod totum corpus
gloriosum poterit intrare per minimum porum alterius corporis. l. c.

[2] Sicut duae quantitates discretae possunt penetrari in eodem loco,
ita et duae vel plures partes eiusdem quantitatis continuae, neque est inconveniens, quod totum coelum divina potentia possit in parvo vase concludi. Quum autem dicitur, de ratione quantitatis esse, ut habeat partem
extra partem, si his verbis explicatur essentia quantitatis et illa particula
„extra" dicit ordinem ad locum, non debet significare actum, sed aptitudinem. Non enim est de ratione quantitatis, ut una pars actu sit extra
locum alterius, sed solum, quod natura sua apta sit ad existendum in loco
tali modo. Quodsi supponatur quantitas esse extensa in ordine ad locum,
sic necesse est, ut habeat aliquas partes, quarum una sit actu extra locum
alterius, quia haec est ratio formalis extensionis in ordine ad locum; potue-
runt tamen per divinam potentiam in eodem spatio vel extensione esse
penetrative plures partes aequales. l. c. n. 9.

zwar aus demselben Grunde, den der h. Thomas der zuerst genannten Ansicht entgegenstellte. Denn eine solche Leibesverfassung, bemerkt der h. Lehrer, widerspricht der naturgemäßen Vollkommenheit eines Menschenleibes, zumal des verklärten, der eine normale Ausdehnung und ein Nebeneinander seiner Theile verlangt.[1]

In einem andern Theile seines Werkes erwähnt Suarez noch eine dritte Ansicht, die den h. Bonaventura zum Vertreter hat. Dieser h. Lehrer meinte, nicht der gloriöse Leib werde zum Zwecke der Penetration der actuellen Ausdehnung entkleidet werden, sondern es werde dieses kraft göttlicher Allmacht mit dem fremden Körper geschehen, der sich der Bewegung des gloriösen Leibes als Hinderniß entgegenstellt. — Man muß dieser Theorie ebenso wie der vorgenannten einräumen, daß unter solcher Voraussetzung das Zusammensein zweier Körper an demselben Orte keine weitere Schwierigkeit für unser Denken hat. Aber eben so sehr muß mit Suarez behauptet werden, daß von einer eigentlichen gegenseitigen Durchdringung beider Körper im Sinne der Väter und Doctoren alsdann keine Rede mehr sein könne. Denn zwei Körper durchdringen sich erst dann gegenseitig im eigentlichen Sinne, wenn beide ihre naturgemäße Ausdehnung beibehalten.[2] Dazu kommt, daß bei dieser Annahme die vierte Verklärungsgabe als eine den Seligen selbst innewohnende Gabe nicht mehr festgehalten werden kann. Gott der Herr wäre es dann ja allein, der durch seine Allmacht den Seligen den Durchgang durch fremde Körper ermöglichen müßte.

Alle diese Erklärungsversuche sind demnach als verfehlte anzusehen, und wir können dazu übergehen, uns die Lösungsversuche des h. Thomas und des Suarez vorzuführen, denen wir aber noch eine erklärende Bemerkung vorausschicken müssen.

Man kann sich eine körperliche Größe in einer doppelten Weise vorstellen: als eine stetige (quantitas continua) und als eine discrete (quantitas discreta). Die letztere ist vorhanden, wenn ein Körper aus real verschiedenen Theilen zusammengesetzt ist, so zwar, daß sich diese Theile entweder nur äußerlich berühren, oder gar durch größere

---

[1] Repugnaret rectae dispositioni corporis humani, quae requirit determinatum situm et distantiam partium. l. c.
[2] in 3. Disp. 48. sect. 4. n. 7. 9. 21.

oder geringere Zwischenräume (Intervalle, Poren) von einander getrennt sind. Ein Körper würde aber eine stetige Größe sein, wenn alle seine Theile vollkommen mit einander verbunden und in keiner Weise gegen einander abgegrenzt wären. In dem Stetigen würde also das, was oben ist, von dem, was unten ist, verschieden sein; und ebenso das, was auf der einen Seite ist, von dem, was auf der andern, und daher würde es möglich sein, den stetigen Körper in Theile zu trennen, thatsächlich aber würde er aus verschiedenen Theilen nicht bestehen.[1] —

Wie also denken sich die beiden Scholastiker die Zusammensetzung der auferstandenen Leiber, und was ist es, dessen gegenseitige Durchdringung sie bei der gegenseitigen Penetration derselben annehmen? — Suarez ist in Zweifel darüber, ob die auferstandenen Leiber Poren haben würden; denn nur für den Fall gibt er das Vorhandensein derselben zu, daß solche vielleicht zur naturgemäßen Zusammensetzung des menschlichen Leibes nothwendig seien.[2] Der h. Thomas aber, so weit wir finden konnten, erklärt sich nicht näher über die Porosität der auferstandenen Menschenleiber. Doch scheint auch er eine Durchdringung der Massen selber anzunehmen, da nach ihm die Durchdringung zweier Körper darin besteht, daß die Masse des einen sich mit der des andern an einem und demselben Orte befindet.[3] — Führen wir uns also die Erklärungsversuche dieser beiden Lehrer vor.

---

[1] Kleutgen. Phil. der Vorz. II. n. 724 f. Stöckl. Metaph. S. 61.

[2] Addo illa corpora non posse dici pervia propter poros, quia vel in corporibus beatis non erunt pori, vel certe licet poros habeant, quum fortasse consequantur naturaliter compositionem corpori humano debitam, non sunt tamen proportionatum medium ad visionem. Disp. 48. sect. 2. n. 7.

[3] Virtute divina et ea sola fieri potest, quod corpori remaneat esse distinctum, quamvis eius materia non sit distincta in situ ab alterius corporis materia. l. c. a. 3. — Ueberhaupt betrachtet die Scholastik gemäß der Darstellung Schneid's die sämmtlichen Körper ihrer naturgemäßen Constitution nach als continuirliche Quantitäten, wobei freilich bestehen bleibt, daß sie aus zufälligen Ursachen Poren haben oder annehmen können. Der so geartete Körper kann dann ohne Zu- oder Abnahme seiner Masse und ohne Compenetration seiner Theile eine größere oder geringere Ausdehnung annehmen, er kann sich verdichten oder verdünnen, wobei aber seine Quantität nicht aufhört, eine continuirliche zu sein. Die Ausdehnung in Form der Continuität ist

5) Soll ein Körper sein selbstständiges Dasein bewahren, lehrt zuvörderst der h. Thomas, dann muß seine Materie von der Materie eines andern Körpers örtlich geschieden bleiben. Denn sobald zwei Körper an demselben Orte sind, hört das selbstständige Dasein des einen und des andern auf, indem beide sich zu einem neuen, dritten Körper verbinden. Die örtliche Besonderung ist also die nächste Ursache, durch welche ein Körper sein selbstständiges Dasein hat und erhält. Aber über den nächsten, zweiten Ursachen gibt es eine erste und höchste Ursache, Gott. Und da die erste Ursache das Sein der Dinge erhalten kann, auch wenn das Dasein und die Wirksamkeit der zweiten Ursachen aufgehört hat, so ist es durch ein Wunder der Allmacht, und nur durch dieses allein möglich, daß das Sein zweier Körper erhalten werde, obgleich die Masse des einen mit der des andern denselben Raum ausfüllt.[4]) Die Subtilität, bemerkt er im vorhergehenden Artikel, beläßt dem Körper seine Masse und seine Ausdehnung. Und daher besitzt der gloriöse Leib in seiner Subtilität auch nicht das Vermögen, mit einem andern Körper an dem-

---

eben eine der körperlichen Substanz innewohnende Potenzialität, die je nach den wirkenden Ursachen mehr oder weniger actualisirt werden kann. — S. 122. ff. — Die Durchdringung einer continuirlichen Masse durch eine andere vollzieht sich dadurch, daß der Körper beim Durchgange des andern seine Ausdehnung verändert, indem er sich in sich selbst restringirt oder verdichtet. — S. 133. — Es leuchtet ein, daß auf dieser Grundlage — ihre wissenschaftliche Haltbarkeit vorausgesetzt — unsere Schwierigkeit ohne Mühe gelöst werden könnte. Indessen schließen Suarez und der h. Thomas, wie wir zum Theil schon sahen, gerade eine derartige Veränderung in der Ausdehnung und Dichtigkeit von ihrer Lösung aus.

[1]) Videmus, quod quando conveniunt duo corpora in unum, destruitur esse distinctum utriusque et acquiritur utrique simul esse unum indistinctum. Non potest ergo esse, quod duo corpora remaneant duo et tamen sint simul, nisi utrumque conservet esse distinctum, quod prius habebat. — Hoc autem esse distinctum dependet a principiis essentialibus rei sicut a causis proximis, sed a Deo sicut a causa prima. Et quia causa prima potest conservare rem in esse cessantibus causis secundis, — virtute divina fieri potest et ea sola, quod corpori remaneat esse distinctum ab alio corpore, quamvis eius materia non sit distincta in situ ab alterius corporis materia. Et sic miraculose fieri potest, quod duo corpora sint simul in eodem loco. l. c.

selben Orte sein zu können, sondern Gottes Macht ist es, welche
allein ein solches Wunder wirkt.¹) —

Suarez löst die Schwierigkeit in folgender Weise. — Es liegt
in der Natur des ausgedehnten Körpers, Raum einzunehmen. Was
aber heißt das, Raum einnehmen? — Es heißt zunächst und wesent=
lich nichts anderes, als den Raum so erfüllen, daß der ganze Körper
im ganzen Raume und der Theil im Theile sei. Aus dem Um=
stande, daß ein Körper den Raum erfüllt, folgt dann aber weiter=
hin, daß er zugleich fähig ist, einen andern Körper von seinem Orte
auszuschließen, und diese Fähigkeit kann ihm niemals verloren gehen,
so lange er Körper ist. Weil nun aber das Einnehmen des Raumes
das Frühere ist, die Ausschließung eines andern Körpers aber das
Spätere, das aus dem Frühern folgt, so kann durch göttlichen Ein=
fluß das Spätere ohne Widerspruch von dem Frühern getrennt wer=
den, und dann erfüllt der Körper den Raum, ohne einen andern
von diesem Raume auszuschließen, und beide können dann zugleich
an einem und demselben Orte sein.²)

Alsdann wirft Suarez die Frage auf, ob die Durchdringungs=
fähigkeit eine Verfassung oder Disposition des Leibes selber sei,
und er verneint diese Frage. Denn worin könnte denkbarer Weise
eine solche Disposition bestehen? — Darin, daß es dem verklärten
Leibe möglich wäre, sich seine Quantität und seine räumliche Aus=
dehnung zu entziehen. Allein solches widerspricht, wie oben bemerkt
wurde, dem Begriffe einer eigentlichen Penetration und ist obendrein

---

¹) Subtilitas antem a corpore glorioso dimensionem non aufert. — —
Et ideo corpus gloriosum non habebit ratione suae subtilitatis, quod possit
esse simul cum alio corpore, sed poterit simul cum alio corpore esse ex
operatione divinae virtutis.

²) Quamvis repugnet corpus esse quantitative in loco et non occupare
locum, tamen hoc ipsum occupare locum praecise ac formaliter non est
distare ab alia quantitate vel illam expellere ab eodem loco, sed est ita
replere illum locum, ut totum sit in toto et pars in parte. Ex quo fit, ut
corpus existens in loco natura sua aptum sit ad expellendum aliud corpus
et distandum ab illo; et hanc aptitudinem semper retinet, quamvis actu non
expellat. Ergo formaliter non repugnat corpus occupare locum et actu non
expellere aliud corpus ab eodem loco, quia hoc est quid posterius. Potest
ergo separari a priori. l. c. n. 3.

für jede creatürliche Kraft unausführbar.¹) Es muß also eine wirkende Kraft angenommen werden, welche die Körper sich gegenseitig durchdringen läßt, ohne an ihrer Quantität und an ihrer räumlichen Ausdehnung etwas zu ändern. Eine solche Kraft kann aber keine den Seligen selbst innewohnende sein, da ihre Wirkung mirakulös und über aller geschaffenen Kraft schlechthin erhaben ist. Gott selbst ist also das unmittelbar wirkende Princip; er allein ist es, der durch seine Macht die gegenseitige Durchdringung zweier Körper herbeiführt.²) Das ist auch die Ansicht einer Reihe anderer Doctoren, bemerkt Suarez schließlich, so des h. Thomas, des Scotus, Capreolus, Sotus u. A.³)

6) In diesen beiden scholastischen Erklärungen finden wir übrigens, was wir nicht verhehlen wollen, einige Schwierigkeiten, die wir nicht hinlänglich zu lösen im Stande sind. — Allem Anscheine nach nehmen beide Doctoren, wie wir schon andeuteten, eine Durchdringung der stofflichen Massen selbst an, und das ist es zunächst, dessen Möglichkeit uns nicht einleuchten will. Daß, wenn die Massen zweier Körper sich einmal wirklich durchdrungen haben, Gottes Macht im Stande sei, ihre chemische Verbindung zu hindern und so das selbstständige Sein beider aufrecht zu erhalten, wie der h. Thomas sagte, begreift sich leicht genug. Schwer begreiflich aber ist uns das andere, wie es möglich sei, daß an dem Orte, der durch eine stetige Masse bereits vollkommen erfüllt ist, zugleich noch eine andere stetige Masse sich ausbreiten könne. Gottes Macht kann dem einen oder andern der beiden Körper, oder auch beiden zugleich die actuelle Ausdehnung nehmen, und dann kann und muß eine Coexistenz beider an demselben Orte als möglich zugegeben werden. Aber zum Begriffe der Durchdringung gehört, wie uns Suarez auseinandersetzte, daß beide

---

¹) Id non videtur posse intelligi, quia illa qualitas non privat corpus sua quantitate, ut per se constat; neque etiam tollere potest extensionem eius in ordine ad locum. Nam haec tam intrinsece coniuncta est ex natura rei cum quantitate, ut nulla qualitate creata impediri queat. l. c. n. 12.

²) Investiganda est virtus activa, qua corpus gloriosum possit ita moveri, ut penetret alia corpora. — — Si autem haec virtus non est intrinseca corpori glorioso, ergo a solo Deo movetur, quum transit per aliud corpus. l. c. n. 13.

³) l. c. n. 15.

Körper dabei ihre naturgemäße Masse, Größe und Ausdehnung beibehalten. Nun nimmt aber ein stetiger Körper seinen Ort vollkommen ein, jeden Theil desselben mit seiner Masse vollkommen erfüllend. Und es ist folglich kein Raumtheilchen übrig, in welches ein fremder Körper eindringen könnte, oder man müßte das Widersprechende behaupten, daß ein Körper seinen Raum vollkommen ausfüllen könne, ohne ihn vollkommen auszufüllen. Auch was Suarez sagte, als er zwischen der Anwesenheit eines Körpers im Raume und der Ausschließung eines andern Körpers von diesem Raume unterschied, hilft über die Schwierigkeit nicht hinweg. Denn so lange der Körper, der stetige nämlich, seinen Ort einnimmt, muß er, wie es scheint, ausschließen; die Anwesenheit seiner Masse ist es, welche ausschließt, da sie, so lange sie den Raum vollkommen ausfüllt, kein Theilchen desselben für die Anwesenheit eines andern Körpers übrig läßt.

Ein zweites Bedenken ist dieses, daß bei der Voraussetzung unserer beiden Doctoren doch eigentlich von einer vierten Verklärungsgabe, als einer dem verklärten Leibe selbst dauernd innewohnenden positiven Vollkommenheit keine Rede mehr sein kann. Gott allein ist es ja, der durch sein unmittelbares Eingreifen die in Rede stehende Wirkung hervorruft. Und gerade dieses dürfte auch wohl der Grund sein, weßhalb der h. Thomas, anstatt die vierte Verklärungsgabe einfach als Durchdringungsfähigkeit zu fassen, jene eigenthümliche Definition derselben aufstellte, die wir früher kennen lernten. —

Suarez freilich glaubt trotzdem die Durchdringungsfähigkeit noch immer als ein dem Seligen selbst angehöriges Attribut festhalten zu können. Denn Gott habe ein für allemal und unabänderlich an den Willen der Seligen seinen miraculösen Concurs geknüpft, und bediene sich dieses ihres Willens als eines Werkzeuges, sobald und so oft sie es nur wollten.[1]) Auch der h. Thomas theile im Wesentlichen diese Auffassung, und mit ihr seien nach seinem Dafürhalten auch die Aussprüche der Väter, des h. Gregor, des h. Ambrosius und

---

[1]) Addo vero hanc virtutem penetrandi alia corpora non esse omnino extrinsecam, ita ut solum consistat in quodam pacto, quo Deus statuit movere corpus beati, quandocumque ipse voluerit, sed in virtute intrinseca et instrumentali animae vel corporis beati, cui ratione beatitudinis datum est, ut possit se hoc modo movere tamquam instrumentum Dei. l. c. n. 16.

des h. Laurentius Justiniani recht wohl vereinbar, wenn sie den auferstandenen Leibern eine ihnen selbst eigene Befähigung zur Penetration andrer Körper beilegten. — [1]) Indessen auch alles dieses zugegeben, dürfte doch ein Erklärungsversuch vorzuziehen sein, der die zuerst genannte Schwierigkeit vermeidet, und in letzterer Beziehung die Durchdringungsfähigkeit in einer Weise deutet, daß sie als ein eigentliches Attribut des seligen Leibes selbst festgehalten werden kann.

7) Um die Möglichkeit einer gegenseitigen Durchdringung zweier Körper erklären zu können, ist die uns unerklärlich scheinende Annahme keineswegs nothwendig, daß eine gegenseitige Durchdringung der Massen und der Massentheilchen als solcher erforderlich sei. Die Naturwissenschaft weist nämlich mit guten Gründen nach, daß die uns umgebenden physischen Körper, welche es auch sein mögen, keine stetigen, sondern discrete Quantitäten sind; daß die Moleküle und Atome der Körper durch zahllose Zwischenräume oder Poren aus einander gehalten werden, von denen man die größern schon mit unbewaffnetem Auge, die kleinern aber mit Hülfe eines optischen Instrumentes wahrzunehmen im Stande ist. Und sollte man auch auf keine dieser beiden Weisen das Vorhandensein der Poren nachweisen können, so kann ihr Dasein doch auf dem Wege des Experimentes, [2]) oder auch durch Vernunftschluß dargethan werden. [3]) Die Wissenschaft nimmt an, daß jedes kleinste Theilchen

---

[1]) Et ita intelligendus est Gregorius hom. 26. in Evangel., quum dicit corpus beatum esse subtile per effectum spiritualis potentiae; et Ambrosius Luc. 24, dicens, per resurgentis corporis qualitatem Christum ianuas penetrasse; et Laur. Just. c. 2. de perf. monast. conv., quum dicit: Caro spiritualis effecta liberam ingrediendi quocumque recipit facultatem. Ad haec enim omnia satis est dicta instrumentalis virtus activa. (?) l. c. n. 17.

[2]) So lassen die festesten Metalle, z. B. das Gold, unter der Einwirkung eines starken Druckes Flüssigkeiten durch. Eisenlohr. S. 10.

[3]) Die neuere Wissenschaft führt die Phänomene des Schalles, des Lichtes, des Magnetismus, der Electricität auf die Schwingungen kleinster, materieller Theile zurück, sei es nun jener Theile, aus denen die Masse des Körpers besteht, was wohl die gewöhnliche Annahme ist, oder sei es jener, die in dieser Masse eingeschlossen sind (Aethertheile). Nun leuchtet aber ein, daß jedes dieser Theilchen, um schwingen zu können, eines freien Raumtheiles für sich bedarf, um seine Bewegungen ausführen zu können.

auch des festesten und dichtesten Körpers von freiem Raum umgeben, und daß der Durchmesser dieses Raumintervalles größer sei, als der Durchmesser des Massentheilchens selbst.[1] Vor allen andern Körpern aber schreibt sie gerade den organischen die größte Porosität zu.[2]

Aus dem Gesagten ergibt sich also, daß ein Körper, auch der festeste, nur zum geringern Theile aus fester Masse besteht, und daß folglich in ihm Raum genug enthalten ist, um die Masse eines andern Körpers von gleicher Größe und von gleicher oder noch größerer Dichtigkeit aufzunehmen. Eben hiermit ist aber die Hauptschwierigkeit hinweggeräumt, welche bei der Erklärung des vierten Verklärungsattributes unseres Erachtens zu überwinden ist. Denn ist dieses die thatsächliche Lage der Dinge, dann braucht zur Erklärung der gegenseitigen Durchdringung kein Ineinander, sondern nur noch ein Nebeneinander der Massentheilchen behauptet zu werden..

Doch ist hiermit die ganze Schwierigkeit noch nicht gelöst, und das Phänomen in seiner Totalität noch nicht hinlänglich erklärt. Die Körper bestehen freilich aus real geschiedenen Theilen, aber diese Theile bilden kein loses Aggregat, so daß sie unter Anwendung der geringsten Kraft aus ihrer Lage verdrängt werden könnten. Vielmehr werden sie alle in Kraft der Wesensform, unter der Mitwirkung chemischer und physischer Kräfte (Affinität, Cohäsion) in festem Verbande zusammengehalten und leisten in dieser ihrer engen und festen Verkettung jedem andern auf sie eindringenden Körper kräftigen Widerstand (Repulsion). Was ist also noch erforderlich, damit die gegenseitige Durchdringung zweier Körpermassen zu Stande kommen könne? — Eine Erweiterung des Volumens ist nicht erforderlich, da der eine Körper in seinem Innern für die Aufnahme des andern hinlänglichen Raum darbietet. Ebensowenig ist es nothwendig, daß die Kräfte, welche die Theile der Körper in gegenseitigem Verbande halten, ihre Thätigkeit unterbrechen, denn das käme einer vorübergehenden Auflösung und Zerstörung beider Körper gleich. Nur dieses ist erforderlich, daß die energische Thätigkeit der in beiden Körpern

---

[1] Eisenlohr a. a. O.
[2] Eisenlohr a. a. O.

waltenden cohäsiven und repulsiven Kräfte soweit herabgemindert und herabgestimmt werde, als es für den Zweck der Penetration geboten ist.

Um also sogleich die Anwendung auf unsern Fall zu machen, so würde den Seligen die Fähigkeit innewohnen müssen, ihrem Leibe die soeben angedeutete Verfassung selbst zu geben, damit er, gegen einen andern Körper bewegt, die Theile desselben in sich herein und durch sich hindurchlasse. Und eine solche Fähigkeit werden wir ihnen ohne Bedenken zuschreiben können und müssen, da ihnen ja ihr Leib, seine Stoffe und Kräfte vollkommen dienstbar sind. Damit ist dann im Wesentlichen auch das andre Bedenken hinweggeräumt, welches wir den scholastischen Erklärungen entgegenstellten, daß nämlich die Durchdringung ihr Princip lediglich in Gott, nicht aber, nicht einmal theilweise, in einer positiven Verfassung des verklärten Leibes selbst habe. Unsre Theorie, soweit wir sie entwickelten, läßt doch den Menschen selbst mitwirken, nicht rein instrumentaliter, sondern positiv, durch eine ihm selbst innewohnende positive Disposition. — Aber wir glauben noch einen Schritt weiter gehen zu dürfen. Nicht bloß der Menschenleib, der gegen einen andern Körper bewegt wird, leistet diesem Körper Widerstand, sondern dieser andre Körper leistet auch dem verklärten Leibe Widerstand, und dieser Widerstand des fremden Körpers muß gleicher Weise überwunden werden. Nun könnte man immerhin annehmen, Gott selbst sei es, der diesen Theil des Durchdringungswerkes besorge; indessen scheint es uns, daß auch diese Aufgabe den Seligen selbst zugewiesen werden könne. Denn es handelt sich ja nicht um die substantielle Veränderung eines andern Körpers, sondern lediglich um eine theilweise Bewältigung seiner cohäsiven und repulsiven Kräfte. Und an eine solche Aufgabe dürfte unzweifelhaft eine geschaffene Kraft hinanreichen, die der Mensch jetzt zwar nicht besitzt, die ihm aber in der Verklärung mitgetheilt werden könnte. Unter Anwendung dieser Kraft, die sich unter Vermittelung der motorischen Nerven durch alle Theile des Leibes ergießen und wirksam erweisen würde, wäre dann der Selige im Stande, auch die widerstrebenden Kräfte des fremden Körpers durch seine höhere Macht zu überwinden, und der gegenseitigen Durchdringung würde dann nicht das Mindeste mehr im Wege stehen. — Die hier aufgestellte Theorie hat den Vortheil, daß bei solcher Annahme der

Begriff einer eigentlichen Verklärungsgabe aufrecht erhalten wird, zudem ist uns nichts ersichtlich, was gegen ihre innere Möglichkeit sprechen könnte. Dabei bleibt freilich bestehen, daß dieser Gegenstand wohl zu den schwierigsten Punkten auf diesem Gebiete gerechnet werden muß.

8) Zum Schlusse wollten wir noch einige Bemerkungen über die Multilocation des Menschenleibes beifügen. Wenn auch die Annahme solcher Wunder für das jenseitige Leben nicht nothwendig erscheint, so darf doch immerhin gezeigt werden, ob und unter welchen Bedingungen sie möglich seien, und wie weit mit Rücksicht auf das Verhältniß zum Raume die Conformität des Leibes mit dem Geiste durch göttliche Dazwischenkunft geführt werden könne. Außerdem wiesen wir bereits darauf hin, daß wir ja im h. Altarssacramente das Phänomen seinem eigentlichen Kerne nach verwirklicht sehen, und daß dasselbe auch im Leben der Heiligen mitunter hervorgetreten zu sein scheint. „Dieselbe Strömung, schreibt Görres, die den von ihr Ergriffenen durch die Masse des Stoffes hindurchgedrängt, wird ihn auch über sie hinaus in die Weite führen können, um dort zu erreichen, was ihm sonst unerreichbar steht. Betrachtet man die Thatsachen, die auf ein solches Hinnehmen lauten, genauer, dann findet sich, daß dieses auf dreifach verschiedene Weise geschehen mag. Einmal wird nämlich die Person selbst an Ort und Stelle mit Ungestüm hingetragen, und eine solche Hinnahme wird alsdann am meisten von der Art des Bewegungssystemes haben. Oder zum andern: die Person beharrt zwar an ihrer Stätte, wird aber im Geiste in die Ferne geführt; vollführt, was ihr aufgetragen worden, und bringt dem zum Beweise gewisse Zeichen an ihrer Leiblichkeit mit, was am meisten von der Art des Vitalsystemes hat, in der sich die Stigmatisation erwirkt. Oder endlich die handelnde Persönlichkeit, fortdauernd beharrlich an ihrer Stätte bleibend und dort wahrgenommen, wird zu gleicher Zeit auch anderwärts gesehen und in ihrer wirksamen Thätigkeit erkannt, welches Doppelsehen am meisten von der Natur der Vision an sich trägt."[1] — Auf den folgenden Blättern bringt dann Görres eine Reihe von Beispielen, namentlich für die

---

[1] S. 575 f.

beiden zuletzt genannten Classen von Phänomenen, für die gleichzeitige geistige und geistig-leibliche Anwesenheit an mehreren Orten. "Ebenso wird berichtet, erzählt er beispielsweise vom h. Antonius von Padua, zur Zeit, als er auf Monte Pessulo gewohnt, habe er an einem heiligen Tage vor dem Clerus und allem Volke gepredigt. Es war aber dort im Orden üblich, daß an allen Feiertagen zwei Brüder während dem Gottesdienste Alleluja sangen, welchen Sang man gerade zu der Zeit dem Heiligen aufgetragen, mit dem er aber zuvor einen Andern zu beauftragen vergessen hatte. Das war ihm kurz, nachdem er die Predigt angefangen, eingefallen; sehr betrübt deßwegen hatte er auf der Kanzel sich zurückgelehnt, die Kapuze über das Haupt gezogen, und war in solcher Stellung vor der ganzen Versammlung eine Zeit lang stille geblieben. Unterdessen hatte er, wie man später erfuhr, das ihm aufliegende Geschäft verrichtet; als er aber damit zu Ende gekommen, sah man ihn wieder bei sich, und er setzte die angefangene Predigt fort, wo er sie zuvor gelassen."[1]) Auch beim h. Franziskus Xaverius u. A. wurde Aehnliches beobachtet.

9) Fragen wir nun nach dem Erklärungsgrunde solcher Erscheinungen, so ist sofort ersichtlich, daß die dem Körper eigene Ausdehnung im Raume das wesentliche Hinderniß seiner gleichzeitigen Anwesenheit an verschiedenen Orten ist. Denn die Ausdehnung des Körpers besteht darin, daß er, aus geschiedenen Theilen bestehend, ganz im ganzen Raume und theilweise in den verschiedenen Theilen desselben enthalten ist. Ganz anders verhält es sich mit der einfachen und darum unausgedehnten, geistigen Substanz. Sie ist ganz im ganzen Raume und ist zu derselben Zeit ganz in den verschiedenen Theilen desselben.

Wie verhält sich nun aber die Ausdehnung zum Sein und Wesen des Körpers? — Die Ausdehnung ist keine rein subjective Form des äußern Sinnes, die wir bloß auf die äußern Dinge übertragen, wie Kant wollte, sondern sie ist etwas Wirkliches in den Dingen selbst. Aber darum ist sie nicht das Wesen derselben wie Cartesius annahm, sondern eine dem Wesen anhaftende Eigenschaft, wie mit den alten Philosophen und Theologen auch die Ver-

---

[1]) S. 584.

treter der modernen Naturwissenschaft übereinstimmend annehmen.[1] — Die Eigenschaften eines Dinges sind nun entweder solche, die innerlich und nothwendig mit seiner Wesenheit gegeben sind und also unbeschadet der Wesenheit ihm nicht entzogen werden können, oder solche, die mit der Wesenheit nicht innerlich und nothwendig gegeben sind und demnach ohne Beeinträchtigung derselben dem Dinge genommen werden können. Zu den erstern gehört offenbar die Ausdehnung des Körpers, da sie mit seiner Zusammensetzung aus real verschiedenen Theilen innerlich und nothwendig gegeben ist. — Aus dem Umstande, daß ein Vermögen oder eine Eigenschaft innerlich und nothwendig in der Wesenheit eines Dinges begründet ist, folgt nun aber noch nicht, daß das Ding sein Vermögen oder seine Eigenschaft auch nothwendig äußern und bethätigen müsse. Vielmehr muß auch hier zwischen Vermögen und Wirklichkeit, zwischen Potenz und Act ein realer Unterschied angenommen werden. Die wesentliche Eigenschaft hat ihren Grund in der Wesenheit und ruht als ein reales Vermögen nothwendig in ihr, aber es ist nicht nothwendig, daß die Wesenheit das Vermögen aus sich hervortreten lasse, um es zu offenbaren und zu bethätigen. Eben darum kann die Ausdehnung als reales Vermögen in der körperlichen Substanz schlummern, ohne sich gerade nach Außen hin zu manifestiren. Und wenn auch in der bestehenden Ordnung alle körperlichen Substanzen mit Naturnothwendigkeit sich im Raume ausdehnen, so muß und kann doch ohne Widerspruch behauptet werden, daß der Schöpfer der Dinge dem Körper jene Seinsweise geben kann, bei welcher die Ausdehnung im Raume nicht äußerlich hervortritt, sondern als reale Potenz in der Substanz des Körpers beschlossen liegt. Der Glaube gibt uns hierüber absolute Gewißheit, weil ja ihm zufolge der Leib unsres Herrn im h. Sacramente thatsächlich diese Seinsweise an sich hat.

Was also folgt aus dem Gesagten? — Ist der Körper des Actes seiner Ausdehnung beraubt, dann befinden sich seine Theile nicht mehr nebeneinander im Raume, sondern er verhält sich dem Raume

---

[1] Vgl. Aristoteles bei Kleutgen, Philosophie der Vorzeit. II. n. 725 ff. — Augustinus, de trin. VI. 6. — Thomas in 4. Dist. 12. q. 1. a. 1. Sol. 3. — Suarez, Metaph. sect. 2. — in III Disp. 48. sect. 1. n. 21 ff. (Tom. 21). Leibnitz, System. theol. n. 49. — Graham=Otto, Chemie, 1. S. 1. — Eisenlohr, Physik. S. 1. u. 4.

gegenüber in ähnlicher Weise, wie der reine Geist. Er ist nicht mehr ganz im ganzen Raume und theilweise in den Theilen desselben, sondern er ist ganz im ganzen Raume und ganz in seinen Theilen. Wir sagen, der Körper, oder besser die körperliche **Substanz**, verhält sich dann **mit Beziehung auf den Raum** ähnlich wie der reine Geist. Denn es versteht sich ja von selbst, daß er im Uebrigen wirklicher, zusammengesetzter Körper geblieben und keineswegs zur einfachen Substanz geworden ist. Er besteht vielmehr aus Theilen, und zwar aus verschiedenen Theilen; aber diese Theile sind untereinander nur dem **Sein** nach geschieden, nicht aber dem **Raume** nach.¹)

Aus dem Umstande, daß die Theile des Körpers räumlich nicht auseinander, sondern ineinander sind, folgt auch nicht, daß nun die Ordnung dieser Theile gestört sei, um ein regelloses, wirres Durcheinander zu bilden. Denn alle Theile behalten innerlich ihre Natur und ihre Beschaffenheit bei und verbleiben innerlich in denjenigen Beziehungen, in denen sie naturgemäß zueinander stehen. Ebendarum behält auch der Körper innerlich seine Gestalt und seine Schönheit bei, obgleich er sie äußerlich im Raume nicht zur Anschauung bringt.²)

Eine solche Daseinsweise des Körpers ist allerdings nicht vorstellbar für die sinnliche Anschauung, aber unsere Vernunft sagt uns, daß es so sein müsse und daß sie analog der Daseinsweise des reinen Geistes zu begreifen sei.³) — Der Leib, seiner äußern Ausdehnung beraubt, bemerkt Franzelin, ist deßwegen auch nicht mehr in Form des Ausgedehnten im Raume gegenwärtig, sondern seine Daseinsweise, seine Gegenwart im Raume ist eine einfache und untheilbare geworden. Mit andern Worten, es können im Raume keine Theile mehr unterschieden werden, denen Theile des Körpers entsprechen

---

¹) Daher unterscheiden die Theologen zwischen quantitas intrinseca und quantitas extrinseca, oder auch zwischen extensio corporis in ordine ad se und extensio in ordine ad locum. Vgl. Suarez in III Disp. 48. sect. 1. n. 21. (Tom. 21.) Franzelin tract. de euch. pag. 156.

²) Vgl. Thomas in 4. Dist. 10. q. 1. a. 2. Sol. 4. ad 3. — Suarez a. a. O. n. 25. — Lessius, de perf. div. XII. c. 16. n. 124. — Franzelin a. a. O.

³) Franzelin a. a. O. S. 151.

müßten, vielmehr hat der ganze Körper eine und dieselbe untheilbare Gegenwart im Raume, eine Gegenwart, die durch begrenzte räumliche Dimensionen nicht mehr gemessen werden kann. Obgleich aber diese Gegenwart eine untheilbare ist, so umschließt nichtsdestoweniger der Körper mit dieser seiner Gegenwart verschiedene Theile des Raumes, so zwar, daß er mit seiner Wesenheit auch den einzelnen Raumtheilen ganz gegenwärtig ist. Und nur insofern, als die Gegenwart des Körpers in dem einen Raumtheile aufhören kann, während sie in einem andern fortbesteht, kann gesagt werden, daß sie eine theilbare sei.[1] — Weil die unausgedehnte Substanz eine unausgedehnte, untheilbare Gegenwart hat, bemerkt Lessius, so folgt einerseits, daß die ganze Substanz in einem untheilbaren Raumtheile, also in einem Punkte gegenwärtig sei; dabei muß aber andererseits festgehalten werden, daß ihre Gegenwart nicht auf diesen Punkt beschränkt ist, sondern über ihn hinausgeht, ohne daß hierdurch die innerliche Einheit und der innerliche Zusammenhang der Substanz unterbrochen werde. Wir sehen beides an der Daseinsweise Christi unter den sacramentalen Gestalten. Denn nicht bloß in irgend einem Punkte ist der ganze Christus gegenwärtig, sondern er ist zu gleicher Zeit auch in den übrigen Punkten und unter der ganzen Gestalt gegenwärtig, ohne daß in der Substanz Christi der innere Zusammenhang aufhörte.[2]

10) Die innere Möglichkeit der Multilocation eines Körpers ist durch die bisherigen Bemerkungen im Wesentlichen bereits dargethan. Ist es ja der ihrer äußern Ausdehnung entkleideten körperlichen

---

[1] Non existit per modum extensi ad spatium, sed modo indivisibili, i. e. ita, ut nullae possint assignari partes divisibilis spatii, quibus diversae partes corporis respondeant, sed totum corpus cum omnibus partibus suis habeat prorsus unam eandemque indivisibilem nulli extenso spatio commensuratam praesentiam. Habet tamen corpus in omnibus partibus spatii extensi praesentiam per se totum ita, ut in una parte posset cessare praesentia, quin ideo cessaret in aliis, et ita potest dici habere plures praesentias in partibus spatii invicem divisibiles. a. a. O. S. 155 f.

[2] Requiritur, ut totum (indivisibile substantiae) sit intra punctum indivisibile, et tamen totum extra, absque tamen discontinuatione. Utrumque hoc reperitur in modo existendi, quo corpus Christi existit in sacramento. Nam totum est sub quovis puncto indivisibili, et totum est continue absque intercisione diffusum per totam specierum quantitatem. a. a. O.

Substanz eigen, in verschiedenen Raumtheilen zu gleicher Zeit ganz gegenwärtig zu sein, ohne daß sie durch diese gleichzeitige Gegenwart in sich zerrissen und vervielfältigt wird. Die Daseinsweise unseres Herrn in der h. Hostie ist uns hierfür ein thatsächlicher Beweis. — Ohne neue Schwierigkeit können wir nun aber sofort einen Schritt weiter gehen. Mit Recht lehrt nämlich der h. Thomas von der unausgedehnten geistigen Substanz, daß sie ihren Ort umschließe, ohne von ihm umschlossen zu sein. Die Seele z. B. umschließe mit ihrer Gegenwart den Leib, keineswegs aber werde sie selbst vom Leibe umschlossen; ebenso umfasse der Engel mit seiner Wesenheit und Kraft den Ort, werde aber selbst nicht vom Orte umschlossen; er sei zwar an einen bestimmten Ort gebunden, werde aber von diesem Orte nicht umgrenzt und umschrieben.[1]) Dabei müsse, fügt der h. Lehrer noch hinzu, der ganze Raum, den der Engel mit seiner unmittelbaren Thätigkeit durchdringe, als der eine Ort desselben betrachtet werden, möge derselbe auch nach unserer sinnfälligen Betrachtung kein stetiger, sondern durch zwischenliegende Körper in viele Orte auseinandergeschieden sein.[2])

Um von dem Gesagten die Anwendung zu machen, so wird sich also die unausgedehnte körperliche Substanz mit Beziehung auf den Raum in ganz analoger Weise verhalten müssen; sie wird den Raum umschließen, ohne von ihm umschlossen zu sein; und auch von ihr muß behauptet werden, daß sie einen Raum umfassen könne, der für unsere Betrachtung kein stetiger, sondern eine Vielheit von Orten ist. Und ebenhierdurch erklärt es sich, wie die eine Leibessubstanz unseres Herrn, ohne in sich selbst zertheilt zu werden, durch eine und dieselbe ungetheilte und in sich selbst zusammenhangende Gegenwart nicht bloß den Ort einer einzigen Hostie, sondern viele

---

[1]) Substantia incorporea (angeli) sua virtute (et substantia cf. in 4. Dist. 10. q. 1. a. 3. Sol. 2. ad. 1.) contingens rem corpoream continet ipsam et non continetur ab ea. Anima enim est in corpore ut contineus et non ut contenta, et similiter angelus dicitur esse in loco corporeo non ut contentum, sed ut continens aliquo modo. S. 1. q. 52. a. 1. Angelus non circumscriptive (est in loco), sed definitive, quia ita est in uno loco, quod non in alio. l. c. a. 2.

[2]) Totum illud, cui immediate applicatur virtus angeli, reputatur unus locus, licet non sit continuum. l. c.

solcher Orte umschließend auf den Altären der ganzen Erde zu
gleicher Zeit gegenwärtig ist. Es geschehe dieses, bemerkt Suarez,
in Form einer in sich zusammenhangenden Gegenwart (per modum
unius continuae praesentiae), und die nach unsern Begriffen bestehende
räumliche Ferne und räumliche Trennung ändere hierin nichts (divi-
sionem autem locorum nihil conferre ad rationem indivisibilis
praesentiae). [1]

11) Aber noch eine fernere Bemerkung muß hinzugefügt werden.
— Die Multilocation, soweit wir sie bis dahin erläuterten, besteht
darin, daß eine körperliche Substanz in Form äußerer Ausdehnungs-
losigkeit zu gleicher Zeit durch ungetheilte Gegenwart das als ihren
einen Ort umfaßt, was für unsere Vorstellung aus einer Vielheit
getrennter Orte besteht. — Obgleich nun aber diese Gegenwart nur
eine einzige und ungetheilte ist, so kann in ihr doch eine Vielheit
und Verschiedenheit der Weisen zu Tage treten. Die Gegenwart
der Seele im Leibe ist nur eine, und doch ist die Weise ihrer Gegenwart in den verschiedenen Theilen des Leibes verschieden. Sie ist
anders im Haupte, anders im Fuße; hier übt die Seele in Verbindung
mit dem Organe sensitive, dort vegetative Functionen; hier wird sie
mit dem einen Körpertheile bewegt, dort in einem andern Körpertheile wird sie nicht bewegt. — Aehnlich verhält es sich mit der
multilocirten Körpersubstanz, und auch hier gibt uns die sacramentale
Gegenwart die Illustration. Die Gegenwart des sacramentalen
Christus ist nur eine, aber in dieser einen Gegenwart lassen sich
der Zahl nach verschiedene Weisen unterscheiden, so viele nämlich,
als heilige Hostien da sind, in denen Christus gegenwärtig ist. Und
so ist es begreiflich, wie derselbe Christus hier im Tabernakel ruht,
dort zum Kranken getragen wird, dort endlich, von den Gläubigen
als geistige Speise genossen, die sacramentale Gegenwart wieder verliert.
— Aber nicht bloß der Zahl, sondern auch der Art nach verschiedene
Weisen sind in der einen Gegenwart des multilocirten Körpers
denkbar und möglich. Es ist möglich und denkbar, daß dieselbe Leibessubstanz hier in der Form naturgemäßer Ausdehnung, dort in der Form
äußerer Unausgedehntheit zugegen sei. Ist ja Christus im Himmel in
naturgemäßer, auf unsern Altären in sacramentaler Weise gegenwärtig.

---

[1] in 3. Disp. 48. sect. 3. n. 3 et 4.

Daß die Gegenwart hier eine sinnfällige und naturgemäße, dort eine unsichtbare, übernatürliche sei, steigert, wie Suarez bemerkt, die Schwierigkeit nicht, sondern vermindert sie eher. Denn es erscheint viel begreiflicher, wenn ein Körper hier seine naturgemäße Ausdehnung behält und sie dort verliert, als wenn er sie hier und dort zugleich verliert.[1]

12) Durch das Gesagte dürfte die Frage nach der Möglichkeit der Multilocation im Wesentlichen gelöst sein, wenn auch nur in zusammenfassender Kürze. Zur Vervollständigung muß aber noch Eins zugesetzt werden. — Zum vollen Begriffe der Multilocation gehört nämlich, daß ein Körper zu gleicher Zeit an verschiedenen Orten in sinnfälliger Weise, in sichtbaren räumlichen Dimensionen gegenwärtig sei, und es fragt sich also noch, ob und inwiefern auch dieses möglich sei. Die Möglichkeit wird von allen Theologen zugegeben, aber in der Erklärung des Phänomens gehen ihre Ansichten auseinander. — Es sei möglich, bemerkt der h. Thomas, daß ein Körper an verschiedenen Orten zugleich gegenwärtig sei, aber mit der Maßgabe, daß er nur an einem dieser Orte in naturgemäßer Ausdehnung sich darstelle. Thatsächlich sind ja in Christus diese beiden Präsenzweisen vereinigt. Daß ein Körper zu derselben Zeit in naturgemäßer Größe und Ausdehnung an verschiedenen Orten erscheine, hält der h. Lehrer für innerlich unmöglich. Denn in diesem Falle, so argumentirt er, könne die numerische Einheit des Individuums nicht mehr festgehalten werden, in dessen Begriff es liege, eins und ungetheilt zu sein.[2] — Bei andern Gelegenheiten, namentlich bei Besprechung des eucharistischen Mysteriums, spricht der h. Lehrer dieselbe Anschauung aus. Es sei wohl vorgekommen, bemerkt er, daß nach der h. Wandlung der h. Hostie Blut entquollen, oder daß menschliches Fleisch, oder gar das Kind Jesu selbst

---

[1] Quod una praesentia pateat sensibus et non alia; aut quod una coextendatur spatio et repleat illud materiali modo, alia vero altiori modo, non auget difficultatem vel repugnantiam in hoc miraculo, sed potius in altero. Quia tunc privatur corpus in utroque loco naturali modo existendi in loco, iuxta hanc vero conclusionem solum caret illo in altero loco. l. c. sect. 4. n. 4.

[2] Esse simul in pluribus locis repugnat individuo ratione eius, quod est esse indivisum in se. Sequeretur enim, quod esset distinctum in situ. in 4. Dist. 44. q. 2. a. 2. Sol. 3. ad. 4.

sichtbar geworden sei. Bisweilen hätten solche Erscheinungen bloß in den Augen und in der Vorstellung der Zuschauer Realität gehabt, indem Gott sie hervorgerufen habe, um den Glauben jener zu stärken. Und dieses sei jedesmal dann der Fall gewesen, wenn nur der eine oder andere Zuschauer die Erscheinung gesehen, nicht aber die übrigen, und wenn nach der Erscheinung nichts Greifbares auf dem Altare zurückgeblieben sei. Bisweilen aber seien solche Erscheinungen von allen wahrgenommen worden, und es sei auch auf dem Altare etwas Greifbares zurückgeblieben, Blut oder Fleisch, was dann auf Geheiß der Bischöfe in einer Pyxis reponirt worden. — Einzelne nähmen nun an, solches Fleisch und Blut rühre in der That vom h. Leibe unseres Herrn her, welcher Ansicht er, der h. Lehrer, aber nicht beitreten könne. Denn unser Heiland könne in naturgemäßer Ausdehnung nur an einem Orte sein, und wenn er in dieser Form im Himmel sei, könne er nicht zugleich auf dieselbe Weise auf dem Altare sein. Außerdem könne auch nicht zugegeben werden, daß sich vom h. Leibe unseres Herrn etwas abscheiden und auf Erden zurückbleiben könne. Man müsse also annehmen, daß dasjenige, was auf dem Altare in der angegebenen Weise erscheine und zurückbleibe, Dinge seien, welche die göttliche Allmacht schaffe, um damit den eucharistischen Christus zu umgeben, zur Stärkung und Belebung unseres Glaubens.[1]

Was hier der h. Thomas zur Erklärung des fraglichen Wunders beibringt, reicht nun ohne Frage hin, um auch das Phänomen zu erklären, mit dem wir es hier zu thun haben. Bei der Multilocation, in welcher dasselbe Individuum zu derselben Zeit an verschiedenen Orten erscheint, und zwar in räumlich ausgedehnter, körperlicher Form, ist dieses Individuum nur an einem Orte in seiner naturgemäßen Ausdehnung vorhanden; an den übrigen Orten aber ist es nur mit seiner unausgedehnten Substanz geistig und leiblich gegenwärtig, während Gottes Allmacht diese Substanz mit sinnlich wahrnehmbaren leiblichen Accidenzien oder auch mit einer wirklichen Leiblichkeit umgibt, derer sich das multilocirte Individuum in ähnlicher Weise bedient, wie der Engel seines angenommenen Leibes. — Suarez indessen glaubt weiter gehen zu dürfen, und behauptet, es

---

[1] S. 3. q. 76. a. 8. cf. in 4 Dist. 10. q. 1. a. 4. Sol. 2.

sei recht wohl möglich, daß ein Individuum in der ihm eigenen naturgemäßen Größe und Ausdehnung an verschiedenen Stellen zugleich anwesend sei, und ergeht sich dann in einer weitläufigen Polemik gegen den h. Thomas, wobei er sich zugleich auf die Auctorität mehrerer anderer Theologen beruft.[1]) — Es würde zu weit führen, und ist für unsern Zweck auch nicht erforderlich, Suarez in dieser langen Auseinandersetzung zu folgen. Wir wollten eben nur die innere Möglichkeit einer Bilocation und Multilocation in kurzen Zügen erläutern; und diese Möglichkeit wird durch die Ausführungen des h. Thomas in einer Weise dargethan, die vollkommen ausreichend und auch für das Denken befriedigend ist. Die Hypothese des Suarez dagegen ist zur Erklärung des Phänomens einmal nicht nothwendig, außerdem aber will sie uns doch etwas gewagt, schwer verständlich und auch nicht hinlänglich begründet vorkommen. — Daß solche Erscheinungen, sollten sie — von der h. Eucharistie abgesehen — auch sonst für das Diesseits und Jenseits wirklich angenommen werden müssen, nur durch ein unmittelbares, miraculöses Eingreifen Gottes möglich seien, bedarf wohl keiner Erwähnung.

[1]) in 3. Disp. 48. sect. 4.

www.ingramcontent.com/pod-product-compliance
Lightning Source LLC
Chambersburg PA
CBHW022137300426
44115CB00006B/221